深化农村改革的理论与实践探索

尹成杰　主　编

秦　富　李玉勤　段艳艳　副主编

中国农业出版社

图书在版编目（CIP）数据

深化农村改革的理论与实践探索 / 尹成杰主编. —北京：中国农业出版社，2015.8
ISBN 978-7-109-20733-2

Ⅰ.①深… Ⅱ.①尹… Ⅲ.①农村经济-经济体制改革-中国-文集 Ⅳ.①F320.2－53

中国版本图书馆 CIP 数据核字（2015）第 179222 号

中国农业出版社出版
（北京市朝阳区麦子店街 18 号楼）
（邮政编码 100125）
责任编辑 刘明昌

北京通州皇家印刷厂印刷 新华书店北京发行所发行
2015 年 8 月第 1 版 2015 年 8 月北京第 1 次印刷

开本：787mm×1092mm 1/16 印张：33.5
字数：650 千字
定价：65.00 元

目　　录

农　村　发　展

农　业　发　展

资　源　配　置

其　他

农村集体土地确权与深化农村改革

中国农业经济学会会长　尹成杰

农村集体土地确权，是“三农”工作的一项重要任务。搞好农村土地确权，是关系巩固和发展农村集体经济、富裕农民的大事，是事关农村改革与发展的大事，是立足当前、兼济长远的大事。农村集体土地确权，应以党的十八大和十八届三中、四中全会精神为指导，进一步深化认识，规范运作，发挥效用，促进改革，用足地权，富裕农村和农民。

第一，农村集体土地确权是依法治地、依策管地的重大实践，是进一步深化农村改革的基础和前提。

这次农村集体土地确权，是在我国农业发展新阶段、农村土地法律法规逐步地建立健全情况下进行的。从法律层面为农村基本经营制度和农民权益提供确认保障，具有鲜明的法律性和政策性，具有划时代的意义。这是依法治地、依策管地的重大实践，将有力促进农村改革与发展。

农村集体土地确权，意义非常重大，时间非常紧迫，关系非常复杂，影响非常深远。农村集体土地确权，牵涉摸清集体财产家底、保障农民合法权益、确保国家粮食安全、促进城乡一体化发展等一系列重大问题。当前，广大农民对土地确权的要求十分迫切，亟待通过确权解决当前土地承包和管理中存在的问题和矛盾。农村集体土地新旧矛盾交织叠加，特别是二轮承包以来，几十年的农村矛盾聚焦到农村土地上。土地确权使得一些隐藏的矛盾浮出水面。一些农村执行承包政策不公、干部在土地承包和征用上的腐败问题、国家征用土地对农民权益的侵占，备受农民关注。农村集体土地确权，既关系到维护农村社会和谐稳定，巩固党的执政地位，又关系到我国经济社会和城乡一体化发展全局。因此，农村土地确权工作是深化农村改革的重要任务，应把确权作为进一步释放农村发展潜力和深化农村改革的突破口和着力点。

第二，农村集体土地确权，实质是从法律和政策层面，明确和确认农村集体土地的权利主体、地权边界和用益物权具体权能。

从法律和政策层面，确认农村集体土地的用益物权具体权能，是这次农村集体土地确权的基本内涵和要求，即将农村集体土地的所有权和用益物权及其相关具体权能确认到相应主体。具体而言，就是明确和确认“五权”：稳定所有权、明晰承包权、强化经营权、规范流转权、实现收益权。分离

“三权”，即农村集体土地的所有权、承包权与经营权分离。

稳定所有权，就是按照宪法和土地管理法规定，坚持农村土地集体所有，把农村集体土地所有权确权给集体经济组织，或确权给村委会、村民小组。

明晰承包权，就是坚持《农村土地承包法》和农村基本经营制度，进一步明晰农村承包地的发包方和承包方，赋予承包者更加充分完善的土地用益物权权能，明确承包主体的承包资格和权利义务。

强化经营权，就是强化土地经营者的自主经营权能，改变以往政策只对承包者负责、忽视经营者的状况，新出台的政策要对经营者给予支持和扶持。

规范流转权，就是规范农村集体土地流转行为，形成符合用途、自愿平等、等价有偿的农村土地流转秩序，特别是要规范和明确流转程序、严格土地用途管制和方向。建立农村产权流转交易市场，推动农村产权流转交易公开、公正、规范运行。

实现收益权，就是实现农村集体土地财产性收益的权利，维护农村集体土地征收、流转、担保、抵押、经营等过程中所有者、承包者、经营者等主体的合法权益。

第三，农村集体土地确权的要义和作用，不仅在于依法以策明确农村集体土地的权能，而且还在于催生和促进农村制度完善和创新。

由于农村集体土地权能是当今农业生产力与生产关系中的核心要素，因此这次农村集体土地确权不是一项单一的工作，而是要通过确权有力推进农村改革深化，促进农村制度创新，努力做到“五个结合”。

一是把农村集体土地确权和改革农村土地制度结合起来。在确认“五权”的基础上，分离“三权”，兼顾“三利”（兼顾国家、集体和农民三者的利益）。通过确认“五权”，分离“三权”，兼顾“三利”，对农村集体土地加强管理，活化权能，提高效率，释放潜力。根据实现农村集体土地权能的要求，通过土地确权，赋予农民更加明确和充分的土地权能，增加农民在国家征地和土地流转中的谈判话语权；要尽量减少国家征地，保护农民对集体土地权能占有的主体地位。提高国家征用农村集体土地的补偿标准，合理分配土地增值收益。

二是把农村集体土地确权和完善农村基本经营制度结合起来。通过土地确权，正确处理“统”和“分”的关系，坚持农村集体土地集体所有，坚持家庭承包经营、统分结合的双层经营体制。从“统”和“分结合”的两个方面，完善农村基本经营制度。在“分”的方面，通过确权进一步明确发包主体和承包主体，解决两个主体缺位的问题；在“统”的方面，通过确权清晰界定土地主体和相关权利义务，促进和规范土地流转和规模经营，提高统的层次和水平。

三是把农村集体土地确权与深化农村集体产权制度改革结合起来。农村集体资产是中国规模最大、涉及最广、管理最难的资产。现行农村集体产权制度普遍存在的归属不清晰、权责不明确、保护不严格、流转不顺畅、组织不健全等制度缺陷，成为阻碍城乡要素平等交换和农村经济社会发展的根源。与此同时，随着我国工业化、城镇化的推进，城市的边界不断扩大，许多地方实行撤乡并村，尤其是城乡结合部实行“村改居”，原集体经济组织成员和村组集体资产的关系被变更、资产被平调或流失。因此，要通过土地确权明确农村集体土地所有权的承担主体，强化保护农村集体经济组织的土地所有权，依法保障农民的土地承包经营权、宅基地使用权、集体收益分配权，推动农村产权经营和集体经济发展壮大。

四是把农村集体土地确权和建立新型农村经营体系结合起来。土地确权是催生和发展新型农村经营主体的基础。通过发挥土地权能作用，把土地利用的方向引导到实现农业经营集约化、专业化、组织化、社会化的轨道上来。要通过土地确权，鼓励和培育新型农业经营主体，大力发展种养大户、家庭农场、农民合作社、农村股份经济、农业产业化龙头企业，推进家庭经营、集体经营、合作经营、企业经营等共同发展的方式创新。

五是把农村集体土地确权和创新农村金融制度结合起来。农民缺少法律认可可供抵押、担保的有效财产，是农民融资难的瓶颈制约，也是现行农村金融制度存在的主要问题之一。要通过土地确权，赋予农民充分有效的土地财产权能，充分发挥赋予农民土地抵押、担保的权能，既允许农民以土地入股，又允许农民土地抵押和担保。应通过土地确权，进一步盘活农民本应享有的土地财产权，把土地确权纳入农村金融改革的总体框架，促进农村金融制度创新，改善农村经营主体融资和贷款难的状况。

第四，加快健全土地确权相关配套制度建设。

农村集体土地确权是一项涉及土地管理和利用、土地增值收益分配、城乡一体化发展基本机制等多方面的综合性工作。因此，必须在开展土地确权的同时，抓紧研究制定相关配套制度。通过相关配套政策出台，逐步解决农村集体土地管理中的新矛盾新问题，并充分发挥土地确权成果的作用。

一是尽快编制覆盖国有和集体土地统一利用的总体规划和城乡发展一体化规划。

二是建立严格的土地用途管制制度，切实做到依法用地、保护耕地、维护城乡统一的土地市场秩序。

三是建立合理调节集体土地收益在国家、集体和农民之间公平分配制度。开展集体土地税费制度研究，明确覆盖城乡土地一体的土地流转、保有和增值的相关税费种类和标准，强化税费的征收和管理。逐步实现农民基本生活保障与城镇居民同等待遇，形成城乡统一的社会保障体系。

四是尽快建立土地争议协调处理制度，完善土地权属争议调处机制，及时解决争议土地权利归属，明确对“一户多宅”、宅基地和集体建设用地隐形流转、违法占地等问题的政策。

五是加快建立和实施不动产统一登记制度。以完善土地登记簿内容为基础，建设土地登记信息系统，实现网上实时动态监管查询，实时掌握土地产权变化情况，掌握土地抵押、转让信息，实现对土地二级市场的有效监管。

六是制定土地确权证书效力制度。土地确权证书效力涉及土地征收、土地供应等相关管理环节，实现以图管地、凭证征地、凭证补偿、凭证供地、凭证用地，促进登记发证全覆盖，让政府、农民和市场认可确权证书。

正确认识和把握国家粮食安全新战略

——在中国农经学会年会上的致辞

农业部副部长　陈晓华

（2014 年 11 月 2 日）

同志们：

今年中国农经学会年会围绕深化农村改革，聚焦粮食安全战略、农业支持保护和体制机制创新，交流政策理论研究成果，研讨热点难点问题，很有意义。在此，我谨代表农业部向大会表示热烈祝贺，对出席会议的各位专家学者表示热烈欢迎，对大家多年来对农业部工作的大力支持表示衷心感谢！结合这次会议的主题，我着重就新形势下的国家粮食安全战略谈点看法，与大家进行交流。

我们常讲，国以民为本，民以食为天；手中有粮，心中不慌。对我们这样一个 13 亿人口的发展中大国来说，解决好吃饭问题始终是治国安邦的头等大事。习近平总书记多次强调，粮食出了问题谁也救不了我们，要把饭碗牢牢端在自己手中。近些年，在复杂多变的形势面前，我们之所以能够从容应对和处理各种矛盾问题，重要原因之一就是农业保持稳定发展，掌握了粮食安全的主动权。

改革开放以来，特别是 21 世纪以来，我国粮食产量多年稳居世界第一，粮食生产能力不断迈上新台阶。2013 年达 12 039 亿斤*，是新中国成立初期的 6 倍多，连续 7 年稳定在 1 万亿斤以上。谷物始终保持较高的自给水平，水稻、小麦等口粮自给率达到 98%以上。今年粮食生产仍有望获得丰收。

农业特别是粮食的稳定发展，为经济社会发展全局提供了有力支撑。但是，我们也要清醒地看到，粮食和农业生产还面临许多困难与矛盾，把饭碗牢牢端在自己手里，还有很大压力。

一是比较效益下滑对粮食生产的影响越来越大。农民在粮食生产中的角色已由过去的“生产者”变成了“经营者”，种粮效益成为农民发展粮食生产的首要目标。农民种不种粮，种多少粮，种粮投入多大，主要看比较效

* 斤为非法定计量单位，1 斤＝0.5 千克。——编者注

益。现在，一方面是生产成本不断上涨。过去主要是生产资料成本上涨，近年来，随着农村劳动力转移和土地流转加速，人工成本和土地流转费用也在快速上涨。现在种一亩地，农资、人工、流转租金算下来每亩成本要 700 元以上，正常年景可以实现纯收入 300 多元，抵不上一个人三天的打工钱，遇上灾年还会亏本。另一方面是价格上涨空间受限。现在国内外粮食价格倒挂，我们的关税保护水平又低，进口对国内价格形成抑制和打压，同时，受制于“天花板”效应，粮食生产成本上涨又不能在价格上得到体现。怎样协调产业政策、价格调控政策和进出口政策，为国内产业健康发展营造良好环境，使种粮农民获得必要收益，将直接影响到国家粮食安全。

二是转变农业发展方式的要求越来越迫切。我国农业资源“先天不足”，面对持续刚性增长的农产品需求，我国只能在日益趋紧的资源环境约束下谋划农业生产。虽然这些年我们也采取了退耕还林、退牧还草、休渔禁渔这些养护资源、改善环境的措施，但还不具备像资源大国那样长期、大范围的耕地休耕条件，农业发展不得不依赖资源的高强度开发，资源环境的弦已经绷得很紧。要看到今后一个时期，我国城镇化率将以每年 1 个百分点以上的水平提升，工业与农业、城市与农村争水、争地的矛盾越来越突出，环境污染加速向农业农村扩散，农业发展面临的资源环境约束不断趋紧。随着工业化城镇化推进，每年要占用耕地 600 万～700 万亩*。粮食主产区的农业用水问题越来越突出，有的地方地下水资源过度开发，灌溉设施老化失修，区域性和季节性干旱频繁发生，已经成为粮食生产的主要威胁。还要看到，目前农业资源利用方式也不够合理，不同程度存在耕地“重用轻养”、大水漫灌、化肥农药过量施用等问题，农业面源污染等问题日益突出，这与社会公众对农产品质量安全、对城乡生态环境的要求不断提升形成反差。如何在农业发展的同时保持农村青山绿水和良好生态环境，也成为十分艰巨的任务。

三是加强农业支持保护面临新的发展要求。21 世纪以来，随着国家财力增长，我国对农业的支持保护力度不断增强，为粮食生产“十连增”、农民增收“十连快”提供了重要支撑。但也要看到，在经济运行的新常态下，加强农业支持保护面临新的形势，需要适时调整和完善相关政策。随着整体经济运行由过去的高速增长逐步转向中高速增长区间，财政收入增幅也随之放缓。有专家估算，按照我国目前的经济规模，经济增速下调一个百分点，GDP 大约减少 6 000 亿元，税收相应减少 1 000 多亿元。从今年前三季度的经济数据看，国内生产总值同比增长 7.4%，全国财政收入同比增长 8.1%。在这样的大背景下，要保持前些年“三农”投入快速增长的势头殊为不易。这就要求在继续增加投入的同时，更加重视提高财政资金效率，充分发挥财政资金

* 亩为非法定计量单位，1 亩=1/15 公顷。——编者注

“四两拨千斤”的撬动作用，进一步提高政策的指向性和精准性。经济增速和财政增速放缓，还会影响到农民工资性收入和转移性收入的增长，这些变化都对农业支持保护政策提出了新要求，对国家粮食安全产生新影响。

针对新的形势，中央去年底提出了新的国家粮食安全战略，即“以我为主、立足国内、确保产能、适度进口、科技支撑”。我们要立足经济社会发展全局，深刻理解、准确把握这5句话20个字的丰富内涵。

第一，在发展目标上，始终坚持以我为主、立足国内。就是我们的饭碗应该主要装中国粮，这是由我国的基本国情决定的。我国作为世界上最大的粮食生产国和消费国，受资源约束，需要有效利用国际市场和国外资源。但十几亿中国人不能靠买饭吃、讨饭吃过日子。这是因为：一方面，国际市场调剂空间有限。目前全球的粮食贸易量仅有5 000亿～6 000亿斤，不到我国粮食消费量的一半，大米贸易量700亿斤左右，仅相当于我国大米消费量的1/4，既不够我们吃，也不可能都卖给我们。另一方面，大规模进口不可持续。在粮食贸易上，我国的大国效应明显，买什么什么贵，卖什么什么贱。如果我国长期从国际市场大量采购粮食，可能引起国际市场粮价大幅上涨，不仅要付出高昂代价，也会影响我国与一些发展中国家的关系。因此，只有立足于国内保障13亿人口的吃饭问题，才是可靠的。

第二，在发展优先序上，始终坚持确保谷物基本自给、口粮绝对安全。过去我们强调保全部、保所有，这是当时历史条件下没有办法的办法。现在耕地就这么多，需求又那么大，必须有取有舍，集中力量先把最基本最重要的保住。综合考虑未来一段时间我国农产品供需形势和资源条件，首先要“保口粮”，其次要“保谷物”。也就是说，稻谷、小麦这两个主要的口粮品种，要做到绝对安全，进口只能是品种调剂，而玉米随着饲料需求的快速增长，进口比例可以稍微高一些，但也要做到基本自给。这样定位，绝不是减轻保障国家粮食安全的责任，决不能误读为可以放松国内粮食生产，而是要合理配置资源，集中力量把最基本最重要的保住。一是优化品种布局。水稻核心是建设东北平原、长江流域和东南沿海3个优势区。东北地区着力发展优质粳稻；长江流域要稳定双季稻面积，逐步扩大江淮粳稻生产；东南沿海地区要稳定水稻面积，着力发展优质高档籼稻。种植面积要大体稳定在目前的4.5亿亩以上。小麦核心是建设黄淮海、长江中下游、西南、西北、东北5个优势区。种植面积要大体稳定在3.4亿亩以上。玉米核心是建设北方、黄淮海和西南3个优势区。目前，我国玉米面积5.45亿亩，应保持基本稳定。二是支持重点产区。主产区是粮食生产的压舱石，目前13个粮食主产省的产量占全国的75％，商品量占80％，调出量占90％。要加大对主产区的财政转移支付力度，逐步使800个产粮大县的人均财力达到全国平均水平，调动主产区重农抓粮的积极性。鼓励主销区与主产区建立长期稳定、互惠互利的区域合作关系，加快建立主销区对主产区的利益补偿机制。三是扶持新型主体。从发展趋势看，新型农业经营主体越来越成为发展粮食规模化生产、提供商品粮的重要力量，也是保障国家粮食安全的重点。要在稳定农村土地承包关系并保持长久不变的基础上，引导土地有序流转，扶持种粮大户、家庭农场、农民合作社等发展粮食适度规模经营，新增补贴要向这些新型经营主体倾斜，让多生产粮食者多得补贴。

第三，在发展着力点上，努力确保产能、强化科技支撑。尽管实现了“十连增”，但我国粮食生产在很大程度上仍然要看老天脸色，粮食生产的稳定性、可控性还不高。目前，我国中低产田占耕地面积的2/3，有效灌溉面积仅占一半多一点。据专家测算，我们的高产田提质后亩产可提高5%，中低产田改造后亩产可提高20%，加起来就会新增生产能力1 000亿斤。提高粮食发展稳定性，最根本的是增强粮食综合生产能力。近年来，我国农业科技取得了长足进展，2013年农业科技进步贡献率达到55%；我国农业生产方式已由传统的人力畜力为主转向以机械作业为主，2013年农作物耕种收综合机械化水平超过59%。农业科技和机械化发展，为粮食连年增产提供了有力支撑，但与发达国家相比，我国农业科技水平差距还不小，潜力也不小。因此，实现确保产能，关键是做到“两藏”：首先是藏粮于地。耕地是粮食生产的命根子，必须坚持既要保护耕地数量，也要提升耕地质量。要严防死守耕地红线。虽然第二次全国土地调查显示，耕地的账面数字有所增加，但耕地还是那么多，产能也还是那么多，实际并没有增加。对此，必须有清醒的“红线意识”，耕地红线要严防死守，农民可以非农化，耕地决不能非农化。要采取强有力的措施，保持耕地面积基本稳定，要划定永久基本农田，确保“有地可种”。要切实加强耕地质量建设。大兴农田水利，大力推广旱作节水农业技术，加强耕地质量建设与管理。应加大涉农资金整合力度，集中新增千亿斤粮食生产能力规划、农业综合开发、土地整治等项目资金，大力开展旱涝保收高标准农田建设。到2020年，全国要新建8亿亩旱涝保收高标准农田。其次是藏粮于技。解决我国农业问题最根本的出路在科技，要更加重视和依靠农业科技进步，走内涵式发展道路，给粮食生产插上科技的翅膀。一粒种子改变一个世界。要深化种业科技体制创新，强化种子企业技术创新主体地位，加快推进制种育种基地建设，开展重点品种联合攻关，充分运用传统育种技术和现代生物技术加快良种研发，选育一批高产、优质、高效新品种。推进劳动过程机械化，生产经营信息化。要完善农机购置补贴政策，在主产区推进水稻、小麦、玉米三大主粮全程机械化。我国农业信息化建设起步虽晚，但发展较快、前景广阔。要推动信息服务进村入户，直接面向农民开展政策、法律、市场、技术等全方位信息服务，发挥信息化对农业现代化建设的助推作用。

第四，在发展策略上，适度进口农产品，用好两种资源、两个市场。立足国内，并非所有粮食和农产品都要自给。为弥补部分国内农产品需求缺口、满足市场多样化的需求，适当进口，用好两种资源、两个市场是我们的必然选择。要抓紧谋划重要农产品贸易战略。统筹考虑国内生产供给和消费需求，加快研究编制我国粮食贸易战略，加强进口农产品规划指导，加快进口来源地布局，推进进口市场多元化，推动形成稳定的贸易格局。注重打好进口牌，增强在国际市场上的话语权。加强相关产业保护。当前，随着农产品内外价差扩大，进口农产品的压力加大。在新的形势下，既要充分利用国际市场调剂品种余缺、调节年度平衡、满足国内需求，又要考虑粮食生产对我国农民的重要性和国际粮食市场上我国的大国效应，综合运用国内政策和进出口调控政策，加强对国内产业和生产者的保护。在国际粮价低的时候，可适量进口粮食来补充国内库存，减轻国内资源环境压力。但要把握好进口的规模和节奏，防止个别品种集中大量进口冲击国内生产，给农民就业增收带来不利影响。要加快实施农业“走出去”战略。近年来，我国农业“走出去”发展较快，呈现出规模扩大、速度加快的特点。据统计，目前有超过300家企业在全球70多个国家和地区开展了农业投资合作，累计投资超过37亿美元。加快农业“走出去”步伐，已成为我国保障粮食安全、拓展农业发展空间、优化资源配置的重要战略。企业是农业“走出去”战略最重要的实施主体，要加强规划指导，加大政策扶持，引导农业企业到境外发展对外依存度高、对我国影响大的经济作物，在有条件的地区适当发展粮食作物，重点支持农业企业到境外投资建设农业基础设施、农产品加工厂以及收购码头和仓库等物流设施，为农业企业“走出去”创造良好外部环境。

同志们，党的十八届四中全会刚刚胜利闭幕，我们这次农经年会聚了我国“三农”研究领域众多有影响的专家学者，是研究“三农”问题的一个重要平台。希望大家围绕年会主题，畅所欲言、深入研讨，一方面推动农村政策理论研究上新水平，另一方面推动农业法治建设上新水平，为“三农”事业发展贡献智慧和力量。

最后，预祝本次农经学会年会取得圆满成功！

谢谢大家！

推进法治建设　保障农村改革

——在中国农业经济学会 2014 年年会暨学术研讨会上的发言

国务院发展研究中心副主任　张来明

（2014 年 11 月 2 日）

很高兴应尹会长邀请出席中国农业经济学会 2014 年年会暨学术研讨会。

本次会议以“深化农村改革”为主题，抓得很准确、很及时，抓住了农业农村工作的关键。面向未来，中国的前途在深化改革，中国农业、中国农村的前途也在深化改革。去年召开的党的十八届三中全会确定了深化农村改革的目标任务。前不久闭幕的党的十八届四中全会对全面推进依法治国作出了部署。习近平总书记强调，党的十八届四中全会决定与党的十八届三中全会决定是姊妹篇，是共同推动全面建设小康社会的两个轮子，深化改革要靠法治保障，推进依法治国也要靠深化改革。深化农村改革与推进农村领域法治建设的关系也是这样，要通过加强农村领域的法治建设，促进“三农”工作规范化、制度化。

借此机会，我想以“推进法治建设、保障农村改革”为题谈两点感想。

第一点感想：推进法治建设是新形势下深化农村改革的客观需要

我们知道，发端于 20 世纪 70 年代末的农村改革开启了中国改革开放的大幕。改革之初，中国刚走出“文化大革命”的动荡，还谈不上法治的社会秩序。农村改革不仅没有法律引领和规范，而且要突破僵化体制，是来自亿万农民自下而上的实践先导，催生和引发了有关农业农村的法制建设。30 多年来的农村改革，坚持党的领导，尊重农民首创，在实践中逐步形成了适应我国国情和社会生产力发展要求的农村经济体制，其主要成果以法律形式固定下来，成为中国特色社会主义法律体系的组成部分。这些法律法规为我国农村改革发展提供了重要的制度保障。这是前一个阶段农村改革和法治建设关系的大体轮廓。

现在，我们是在新的形势下和新的起点上深化农村改革。现在的改革同过去的改革有一个很大的区别，就是已经在农业农村方面建立起一套法律制度，而不是像改革开放伊始时法律制度基本上是一片空白，只能是“摸着石头过河”。现在的农村改革，同其他领域的改革一样，必须坚持一个重要的原则，那就是于法有据。具体讲，一是改革实践证明行之有效的，要及时上升为法律；二是实践条件还不成熟、需要先行先试的，要按照法定程序做出授权；三是对不适应改革要求的法律法规，要及时修改和废止。也就是说，要树立法治思维，秉持法治精神，在法治轨道上深化改革。在深化农村改革中，要充分发挥法治的引领和规范作用。具体怎么做，就是党的十八届四中全会决定明确的那三种情况。

第二点感想：适应农村改革需要，扎实推进农村领域法治建设

推进农村领域法治建设，首先要准确把握农村改革的法治需求。法治建设不是自转，而是公转。也就是说不是为了法治而搞法治，其根本目的还是保障改革发展的顺利进行。从当前深化农村改革的现实需要出发，推进农村领域法治建设是不是可以突出以下几个重点。

一是加强重点领域立法。党的十八届四中全会《决定》强调要加强重点领域立法，在部署加强市场法律制度建设时列出了7个方面，其中一个就是农业，可见农业立法任务之繁重和紧迫。总的看，健全以公平为核心原则的产权保护制度，要求推进农村集体产权制度改革，依法保障农民的财产权。保障人民当家作主，要求完善和发展基层民主制度，发挥乡规民约在农村社会治理中的积极作用。加快保障和改善民生，要求加大公共财政对农业和农村的支持，逐步实现城乡基本公共服务均等化。保护农村生态环境，推进美丽乡村建设，要求制定完善生态补偿和土壤、水、大气污染防治等法律法规。

二是构建新型农业经营体系。创新农业经营体系，培育新型农业经营主体，必须在切实保障农户承包土地的合法权利下推进土地要素的流动与重新组合。为此，在法律上应明确保障农民长久不变的土地承包权，修改《农村土地承包法》有关农民全家到设区市落户必须交出承包地等规定，加快土地确权登记颁证，使农民在承包地问题上能够吃上定心丸。应该按照依法自愿有偿原则，促进土地流转和发展适度规模经营。

三是保障农民财产权利。人民的各项权益要靠法治来保障。要依法赋予农民对承包地、宅基地用益物权和集体资产股份占有、收益、有偿退出及抵押、担保、继承权。完善相关农地法规，确保“农地农有”和“农地农用”。修改《土地管理法》，允许在符合规划和用途管制前提下，农村集体经营性建设用地出让、租赁、入股，实行与国有土地同等入市、同权同价。抓紧研究出台农村集体经营性建设用地流转条例，以规范流转为重点，对集体建设用地出让主体、流转方式、用途、程序、交易规则、基准地价、抵押融资、收益分配等事项，进行明确规定。制定农村宅基地使用法，明确宅基地用益物权的权利内涵和实现形式。出台法律法规，搭建农村产权交易平台，实现农村资源要素高效、合理、顺畅流转。

四是健全农业支持保护体系。要完善财政支农政策，增加“三农”支出，充分发挥财政资金引导作用，带动金融和社会资金更多投入农业农村。完善农业补贴政策，提高补贴精准性、指向性，既要保障农民的经济利益，又要考虑城镇中低收入者的承受能力。加大对粮食主产区的财政转移支付力度和对种粮农民的补贴，建立农村生态补偿机制，确保国家粮食安全和农村绿水青山常在。

五是促进城乡基本公共服务均等化。进入 21 世纪以来，我们在短短几年时间里基本建立起了覆盖广大农民的农村社会保障三项制度，但农村居民保障水平与城镇居民还有较大差距。因此，要按照完善制度、提高水平、逐步并轨的原则，修订相关法律法规，加快城乡基本公共服务制度一体化建设，建立健全符合国情、比较完整、覆盖城乡、可持续的基本公共服务体系，逐步推进基本公共服务均等化。

六是完善农村基层民主。民主离不开法治。巩固和加强党在农村的执政基础，必须完善和创新村民自治机制。深入推进村务公开、政务公开和党务公开，实现村民自治制度化和规范化。畅通民主渠道，健全基层选举、议事、公开、述职、问责等机制。促进群众在农村社区治理、基层公共事务和公益事业中依法自我管理、自我服务、自我教育、自我监督。特别要重视发挥村规民约在农村社会治理中的作用。

七是增强农民法治观念。法治的力量源泉是人民。要加强法律知识宣传普及，大力开展群众性法治文化活动，针对农村征地拆迁补偿、土地确权登记颁证、村民选举等热点难点问题，在农村推进《民法通则》《土地管理法》《农村土地承包法》《物权法》《村民委员会组织法》等相关法律法规的学习宣传工作，增强农民法治观念，引导农民在法律框架内维护自己权益，将矛盾化解在基层，维护社会稳定。这是加强和改进农村治理的要求，也是培养新型农民的需要。

就讲这些粗浅感想，不一定恰当，欢迎批评指正。

完善土地承包经营权政策建议

农业部原常务副部长　万宝瑞

（2014 年 11 月 2 月）

完善土地承包经营权是实现规模经营、发展现代农业的前提，也是土地制度改革的重要内容，涉及承包地的确权、颁证、流转、经营、抵押贷款等诸多环节。随着土地制度改革深入，出现土地确权不到位、过分追求土地流转数量、新型农业经营主体规模过大，以及土地承包经营权抵押融资难等问题，亟须政策指导和调整。

一、值得关注的问题

（一）"增人不增地，减人不减地"的政策有待完善

自 2013 年中央 1 号颁布以来，许多试点地区开展了土地确权、登记、颁证工作，为农村土地的还权赋能奠定了基础，有力地促进了农村经营制度的创新。在土地确权过程中，从出现的问题来看，认为在新的发展阶段，"增人不增地，减人不减地"的政策有待于完善和调整。

首先，我国农村土地二轮承包采取按人分地、按户承包的分配方式，到目前已 16 年，原有农户家庭人口数量和结构均发生了很大变化。有的家庭成员转移到城镇就业落户，致使人均承包地面积较多；有的家庭因新增人口或分家，致使人均承包面积较少；也有的家庭成员城镇就业不稳重新返乡，但承包地已转包转让，处于失地状态；加上国家实行征地和"耕地换社保"等政策，造成部分农村人口无地或少地的现象比较突出。这些人口，重新分得土地的欲望非常强烈。

其次，开展确权工作时，许多试点地区发现实测面积比二轮承包面积增加了，其中，一部分是农民新开垦的地，一部分是二轮承包时，农民为避税瞒报的地，还有一部分是由于以往测量方法不准确而少计算的面积。如今中央对农业生产实施惠农补贴政策，多一份土地就意味多得一份补贴及相应的土地权益。对于实测多出来的土地是否应登记颁证，多数地区存在疑惑。基层干部认为，为了保障基础社会稳定，迎合村民需求，"增人不增地，减人不减地"的政策应亟须完善。

（二）新型农业经营主体小马拉大车的现象值得关注

截至2013年年底，全国承包耕地流转面积3.4亿亩，是2008年年底的3.1倍，流转比例达26%。但在流转土地、扩大经营规模的同时，新型农业经营主体，如种粮大户、家庭农场等小马拉大车现象值得关注。有的地方政府为了发展现代农业，把土地流转作为农业农村工作的重点，片面追求扩大土地规模、快速提高土地流转率，把本属农民自愿流转土地的行为变为政府主导工作，"下指标、定任务、赶速度"等。通过行政动员将土地流转到粮食经营大户或家庭农场手中，从而提高土地流转率与经营规模。实践表明，新型农业经营主体的经营规模，是受农业产业特点、农业科技水平、农业机械化水平、经营者素质和社会化服务水平等因素制约的，当经营规模超过一定程度后，经营主体只能通过聘请劳动力、购买社会化服务、委托农机作业等措施来保障生产顺利进行。经营规模虽然扩大了，但农业生产成本却增加了，单位面积产量和收入也相应减少了。由于粮食生产效率下降，收入减少，导致新型农业经营主体的土地非粮化经营。截至2012年年底，全国流转后用于种植粮食作物土地面积为1.56亿亩，占总流转面积的56%，低于全国约68%的平均水平。

（三）工商资本经营农地要注意负面影响

部分地区在培育新型农业经营主体时，对于发展哪类经营主体，存在不同看法。有的鼓励工商资本下乡，以龙头企业带动发展现代农业。认为工商资本下乡，可以带来农业发展急需的资金、技术、人才等，可以引进先进的经营管理方式，以技术示范、市场引导等方式带动农民增收致富和发展农业。有的地方政府为促进现代农业的发展，为工商资本下乡发展种养业，提供优惠条件，创造宽松环境，期望通过规模经营，带动农民增收。实践表明，工商企业直接经营农地，多数农民难以进入企业工作。据有关调查，原承包农户土地流转到工商企业后，其劳动力能真正进入企业工作的只有20%左右。即使成为企业工人，农民却失去了土地主人的话语权，而其他多数失地农民只能进入城里打工，常常找不到稳定工作，面临着后退无路的局面。此外，工商企业直接经营农地，为了追求利润，搞"非粮化"生产屡见不鲜，有的甚至进行"非农化"建设。即使通过龙头企业带动了当地产加销、农工贸一体化经营，其产业链利润留给农户的却很少。有的农业企业甚至直接参与种养业，与民争利。

（四）土地承包经营权抵押融资势在必行

发展现代农业，金融部门支持是必不可少的。土地作为经营主体的重要资产，由于受限于法规的约束，其抵押融资贷款难的问题一直没有解决。其原因主要包括两方面：一是承包经营权抵押贷款存在逻辑障碍。承包地所有权归集体，承包权归农户，经营权可流转，并归承租的经营主体。承租经营主体拿着权属不完整的土地办理抵押贷款，如同住户拿房东的房子去做抵押贷款，是有法律风险的。农业受气候条件影响很大，若出现经营风险，金融机构难以处置抵押物。有的地方鼓励发展土地入股，成立合作社或引入龙头企业，承包经营权作为股份抵押融资，如果出现贷款违约或企业破产，金融机构仍然很难解决。从法律角度来讲，土地承包经营权抵押贷款与现有的《担保法》《农场土地承包法》《物权法》等法律是冲突的。二是涉农贷款效益低，金融机构没有积极性。由于农地规模小、价值低、交易成本高（需实地考察、给予贷款利率优惠、承包地价值评估、审批等程序），信贷供给意愿不强，尤其是对中小农户，贷款难的问题更为突出。

二、建　　议

上述问题直接关系到现代农业发展，通过实地考察，听取了地方干部和群众意见，以及参考一些专家意见，提出如下建议：

（一）遵循“大稳定、小调整”的原则处理确权出现的问题

“增人不增地，减人不减地”是1993年国务院明确提出的，进入第二轮承包期时，党中央又强调“30年不变，30年以后也没有必要再变”，此次确权，无疑是确“长久不变”之权。在遵照“增人不增地，减人不减地”政策下，对现实存在的问题，遵循“大稳定、小调整”的原则进行处理，即对于无地和少地农民的诉求，要充分依靠农民群众自主协商、民主自治的办法来解决，把多数村民表决同意作为决定的主要根据。对于部分农户多出的土地，如不能说明其合理来源，要本着农村承包地的平等、无偿原则，通过民主商议收回集体，以大家认可的价格再承包给本人或他人，防止出现新的不公。

（二）发展适度规模经营

适度规模的范围要与各地资源禀赋条件、经济社会发展水平以及农业社会化服务和机械化水平、劳动力转移程度等相适应。据专家调研，我国绝大部分一年两熟地区小麦、水稻、玉米规模报酬变化大体在30～50亩，大于50亩时规模报酬递减。我国地域辽阔，各地情况千差万别，要因地制宜确定适度规模，如我国南方粮食生产的适度规模多数农户为30～60亩，北方地区为60～120亩为宜。

（三）工商资本下乡主要参与产前产后服务

如何解决农业劳动力就地就业是关系农村发展，社会稳定大问题。工商资本下乡应着力解决农民办不了、办不好的事情，不鼓励直接从事土地种植经营，替代农民就业，与农民争地、争利。国家应尽早制定政策规范和引导工商资本投资农业，现阶段，无论是在土地流转还是在企业经营环节中，都要保证让农民参与进来，要明确农民在农业生产中的主体地位，确保农民的话语权，建立企业与农民直接紧密的利益联结机制。当前，引导工商资本下乡应把重点放在产前与产后服务上。

（四）通过制度明确金融部门支农责任

为防范农村产权抵押融资中的风险，迫切需要完善农村产权抵押融资风险防范机制。有关专家指出：为减小自然灾害、市场波动等对农业生产经营的影响，应建立抵押融资与农业保险的相结合机制；为降低金融机构的涉农贷款风险，建议成立政府牵头，银行、经营主体、信用担保机构等多方出资组建的农业担保体系，对土地经营权抵押贷款进行担保和反担保；为防止土地流转的承租方违约，应建立土地流转风险保障金制度，要求土地承租人每年交纳一定数量的风险保证金。

在中国农业经济学会 2014 年学术研讨会上的讲话提纲

中国农业科学院党组书记　陈萌山

（2014 年 11 月 2 日）

很高兴参加中国农业经济学会 2014 年学术研讨会。首先，我代表中国农科院向研讨会的召开表示热烈的祝贺，向出席这次会议的我国农经界权威的领导专家表示崇高的敬意。

中国农业经济学会成立于 1978 年，它与我国改革开放的进程相生相伴，既见证了我国改革开放取得的巨大成就，又有力推动了农业农村的改革发展。近年来，中国农经学会在会长尹部长的领导下，围绕中央关心、社会关注、亟待解答的有重大现实意义的热点和难点问题，组织全国性的学术研讨和重大调研活动，编辑出版高质量的学术刊物，开展国际学术交流合作，有力推动了我国农业经济研究工作，丰富和发展了中国特色社会主义"三农"理论，支撑了党中央、国务院"三农"政策的研究制定，为农业农村经济持续稳定发展做出了积极贡献。中国农经学会凝聚了一大批我国农业经济界的精英，在政府和农经学者之间架起了一座桥梁，发挥了独特的作用，值得肯定、尊敬和重托。中国农业科学院作为中国农经学会的服务挂靠单位，我们将继续做好后勤，更加有力、有效地保障学会的运行和发展。

同时，借今天的机会，我想和各位领导和专家交流一下关于农业科技机制创新方面的问题，建议将建立全国农业科技创新联盟，推动农业科技大联合、大协作，加快农业科技进步，作为明年农村工作文件的一个内容，通过这次年会向中央有关部门反映。

一、我国农业科技事业取得了显著进步

改革开放以来，我国农业科技实现了整体跃升。一大批高产、超高产、抗逆、广适性的超级稻、杂交小麦、杂交玉米等粮食新品种选育推广，支撑了粮食稳定增产；大量优质、专用、多抗、特色农业和动植物新品种的成功培育并推广应用，为我国肉、禽、蛋、果、蔬、水产等产量均跃居世界第一提供了有力支撑；主要农作物良种覆盖率超过 96%，农业科技成果产业化速度快速提高；一大批盐碱化、涝渍化、酸化等中低产田的改造，黄淮海地区、松嫩—三江平原以及南方红黄壤地区已成为我国重要的粮食生产基地；

农作物耕种收综合机械化水平达到59%，农业生产方式迈向了机械作业为主的新阶段；主要农产品深加工或二次以上加工的比例达到30%以上，有效提高了农产品附加值，延伸了产业链条。科技对农业增长的贡献率由“一五”时期的19.9%，提高到目前的55.2%，农业科技成为推动农业农村经济发展的主要力量。

在科技、农业装备及信息化支撑下，我国粮食生产已经进入一个新的稳态发展阶段。但随着人口总量持续增长和消费结构不断升级，粮食需求的刚性增长趋势没有改变。借鉴发达国家粮食消费水平和我国合理的膳食结构测算，人均400千克粮食必不可少，500千克粮食食物营养结构才会有较大改善，700千克粮食才能是实现根本改善。根据预测，到2020年我国粮食需求将达到0.72万亿千克，超出目前最高产量1 200亿千克。同时，耕地、水等资源硬约束不断加剧、生态安全压力不断加大、劳动力成本不断上升、国际影响不断加深，粮食增产压力持续加大，我国现代农业发展对科技创新的要求越来越迫切，对科技支撑的依赖越来越强烈。

现在，在农产品产量增加的同时，几乎所有农产品成本都已经高于国际水平。大量使用化肥、农药等，在增加了成本的同时，又使化学需氧量、总氮、总磷排放量很大，土地面源污染和重金属污染问题十分严重。实施创新驱动发展战略，大力推进农业科技自主创新，推动现代农业发展，已成为当前农业转型升级，加快我国现代化进程的必然选择。

二、现行科研体制不利于协同创新

经过几十年的发展，我国已经建立起比较完善的国家—省—地三级农业科研体系，农业科研机构有上千家，职工总数约10万人，其中科技人员约6.6万人。长期以来，这些政府所属农业科研机构，为我国农业发展做出了重大贡献。最突出的是在传统农业的总体格局下，稳定地解决了全国人民的温饱问题。但面对建设现代农业的新任务，面对建设市场经济体制的新要求，现行的科研体制机制存在不少弊端：一是科技创新任务分工不明、交叉重复、缺乏合作。我国现行农业科研体制，按中央、省、地的行政级别分层设立，随着竞争性项目课题制的广泛实施，原有的分别侧重基础研究、应用研究和技术推广的科研分工被弱化，上中下游研究界限不清，交叉重复、同质化竞争现象严重。据估算，全国从事小麦育种的课题组约500个，从事水稻育种的课题组600多个，从事玉米育种的课题组约850个。二是科研投入总量不足、结构不合理、多头管理。尽管中央财政逐步加大了经费投入力度，但农业科研项目投入强度仍低于全国平均水平。而且由于缺乏顶层设计以及经费管理政策不完善等，造成各级机构重复建设与重复购置严重、资金结构不合理、科研课题分散、经费使用效率不高不规范等问题普遍存在。三是科研管理缺乏统筹协调机制。科研项目归口管理部门多、渠道多；各级农业科研机构缺乏统筹协调；科研立项与产业需求脱节，项目考核注重论文等学术成果，对成果的转化应用关注不够；科研平台、设施设备和试验基地总量不够、共享不足。

现行农业科研体制，在一定程度上造成农业科研的分散化、小型化和短期化，不利于长期稳定开展协同创新，影响了重大农业科技成果的产生。现有的成果多是着眼于单一品种或单项技术，与20世纪80年代全国开展的黄淮海平原综合治理和杂交水稻科研攻关行动相比，在覆盖面和影响程度上都有一定局限。同时，现有的成果大多立足于传统农业生产经营方式，对农机农艺融合不够、高产高效集成不够，良种良法配套不够、生产生态协调不够，难以满足现代农业生产组织化、规模化、机械化和信息化发展的新特点和新要求，难以形成农业问题的整体性解决方案。

三、构建农业科技联盟推动农业科技大协作大联合

当前，全球科学技术发展迅猛，生物技术、信息技术、创新材料、先进制造等领域的科学技术成果在农业生产中应用，极大地促进了农业科学技术进步，推动传统农业技术的升级，农业科技正孕育新的革命。从农业科技创新能力看，我国与发达国家的差距逐步缩小，在水稻、小麦、棉花、油菜、动物疫病等领域的科技创新已与世界同步有的甚至领跑。但在畜禽品种、资源利用、农业机械、智慧农业等领域与国际先进水平还有较大的差距。特别是传统的条块分割的农业科研体系、单兵作战的科研组织方式、单项技术的突破与应用，已经难以适应现代科技多学科交叉融合的发展趋势，难以满足现代农业“大生产”的需求。

因此，迫切需要通过改革，建立农业科技创新联盟，以全国一盘棋的思路，顶层设计、统筹谋划全国农业学科发展，尽快组织全国农业科研系统开展联合攻关，加快推动形成上中下游紧密衔接的农业科技创新转化新局面；迫切需要创新科研组织方式，构建协同创新团队，积聚力量突破农业科技重大瓶颈，在战略必争的基础前沿和核心关键技术领域实现跨越发展，抢占国际农业科技竞争的“制高点”，加快推动传统农业向现代农业转型升级。

构建农业科技创新联盟，是超越现行体制束缚，推进农业科研联合攻关的重大机制创新。联盟组建要对接国家重大需求，组建大团队，开展大协作，产出大成果；用重大科研任务引领、优势科研资源集聚、科学运行机制保障；设立重大科技行动计划，组织联盟内有优势的团队集中开展协同攻关，构建“集团军式”大联合、大协作的高效协同创新机制。

农村发展

NONGCUN FAZHAN

未来农民增收的最大潜力在制度公平

张天佐

2013年农民收入增长实现了“十连快”，向着完成党的十八大确定的收入倍增目标又迈进了坚实一步。但当前城乡居民收入差距过大问题仍未扭转，农村内部收入失衡问题日益突出，农民增收长效机制尚未建立。从未来农民增收的渠道看，家庭经营收入增长空间越来越有限，工资性收入增幅不断下降，财产性和转移性收入增长潜力最大。现阶段，要实现农民收入快速增长，必须在制度创新上下功夫，彻底破除城乡二元结构下的制度不公平问题。

一、当前农民收入问题集中表现为“四大差距”

2004年以来，农民收入摆脱了持续徘徊局面。农民人均纯收入由2003年的2 622元增加到2013年的8 896元，年均实际增长8.9%，远远超过之前10年4.7%的年均增速。但在此背后，被平均数所掩盖的收入分配失衡问题日渐凸显。

一是城乡居民收入绝对差距持续扩大。城乡居民收入绝对差距由2004年6 486元升至2013年18 059元，连创新高。越是经济欠发达之地，城乡居民收入差距越大。2013年，北京、上海城乡居民收入之比分别为2.20和2.28，甘肃、贵州分别高达3.71和3.80。2013年全国城镇居民人均可支配收入是农民人均纯收入的3.03倍，如果都用人均可支配收入来比较，城乡居民收入的相对差距将更大。

二是区域间农民收入差距逐渐拉大。近年来，欠发达地区农民收入水平快速提高，与发达地区的相对差距有所缩小，但由于基数较低，绝对差距仍然持续扩大。2004年，最高的上海市与最低的甘肃省农民人均纯收入相对差距为4.17倍，绝对差距为6 268元；2013年，二者的相对差距虽然下降到3.76倍，但绝对差距扩大到14 100元。

三是农村内部收入差距日益明显。随着农村市场化改革的深入以及农民分工分业的深化，农民之间收入差距也在逐步扩大。2013年，有60%的农户收入没有达到全国平均水平，20%低收入农户人均纯收入仅为20%高收入农户的12%左右。农村居民人均纯收入基尼系数自2000年以来总体呈上升趋势，2013年达到0.385 7，比2000年提高0.032 1，逼近0.4的警戒线。

四是农民行业间收入差距日趋突出。从近年来主要收入来源的变动趋势看，农业对农民增收的贡献持续下降，工资性收入对农民增收的贡献较快上升。2004—2013年，农业收入年均名义增长9.0%，占农民人均纯收入的比重由47.6%持续下降到31.8%，增收贡献率由64.4%下降到10.8%；工资性收入年均增长15.9%，占农民人均纯收入的比重由34.0%上升到45.2%，增收贡献率由25.5%提高到58.9%。但在城镇化快速推进、农业转移人口市民化步伐加快的背景下，工资性收入对增加农民收入的作用在趋于弱化。务农农民特别是种粮农民增收问题将越来越突出。

受资源禀赋、发展机会、个人能力等因素影响，存在一定的收入差距是正常的，但如果收入差距过大特别是长期持续扩大则必须予以高度重视。我国农民收入大大低于城镇居民已持续30多年，在世界上是少有的。当前我国人均GDP已经达到6 700美元，进入了中等收入国家行列，但基尼系数也达到0.473，大大高于0.4的警戒线。要成功跨越“中等收入陷阱”，应更加重视发展的公平性，抓住机会促进农民收入增长和缩小城乡收入差距。

二、农民增收的潜力分析

改革开放以来，农民增收渠道逐渐多元化，这为促进农民增收提供了更坚实的基础。在新阶段，随着外部环境条件的改变，不同渠道的增收作用也发生了很大变化，农民增收格局到了积极调整的重要节点。

（一）家庭经营收入增长空间变窄

2013年，农民家庭经营纯收入占比已经降至42.6%，其中第一产业收入占3/4，农业收入对于家庭经营收入增长起决定性作用，而农业对农民增收的贡献已经趋于弱化。一方面，大宗农产品产量提升空间有限。短期内我国农业资源要素组合方式、技术水平和生产方式难有大的改变，农产品产量提升空间有限，增产对农民增收的作用将呈现递减态势。从粮食看，1979—2013年总产年均提高1.96%，2000—2013年年均仅提高1.21%；从油料看，1979—2013年总产年均提高5.61%，2000—2013年年均仅提高2.21%。另一方面，我国农业已经进入高成本时代，而主要农产品价格上涨空间很小。在政策支持下，近十年来农产品价格持续上涨，主要大宗农产品价格已经全面高于国际市场价格，达到或接近“天花板”，进一步上涨的空间有限。即使国家启动目标价格补贴试点，考虑到财政承受能力，目标价格不可能定得过高，纳入试点的产品范围不会太广，因此，农产品市场价格涨幅将依然有限，涨价对农民增收的作用也会趋于弱化。

（二）工资性收入增长短期受限较多

当前我国经济潜在增长率下调，平稳增长渐成常态。近年来经济增速平稳回落，2011 年开始低于两位数，2012 年和 2013 年分别为 7.8%和 7.7%。有研究显示，“十二五”时期经济潜在增长率为年均 7.6%，“十三五”时期会降到 6.2%。经济转型升级从长期看有利于农民收入增长，但经济增长趋缓和有效需求不足，在短期内则会影响就业增加，对劳动者工资增长形成制约。尤其是劳动密集型产业，在市场需求萎缩、产能过剩和劳动力供给紧张、工资上涨的双重压力下，一些企业会加快技术改造，提高自动化水平，减少用工需求。2011—2013 年，全国每年新增就业分别为 315 万人、284 万人和 273 万人，增量稳中有降；从农民工增量看，每年分别比上年增加 1 055万人、983 万人和 633 万人，下降很快；外出农民工月均收入增长率也从 2010 年和 2011 年的 20%左右，下降到近两年的 14%以下，乐观估计今后一个时期增长率可维持在 10%左右，比之前的水平大为下降。

（三）转移性收入和财产性收入增长空间很大

2004 年以来，国家强农惠农富农政策密集出台，一系列含金量较高的补贴补助政策付诸实施，农民得到的转移性收入绝对数量和占农民人均纯收入比重都增加较快，成为农民增收的一大亮点。同时，随着农村改革不断深化，农民的土地、房屋等财产更多地参与收入分配，农村的社区合作、股份合作快速发展，征地补偿标准逐步提高，农民的财产性收入增长很快，一些发达地区农民的财产性收入占到 1/3 以上。从全国看，1990—2000 年，转移性收入和财产性收入在农民收入中合计占比仅由 4.2%提高到 5.6%；近些年增长较快，2004—2013 年二者年均增速分别达到 23.3%和 16.1%，二者之和已经占到 12.2%。党的十八大提出，推动城乡要素平等交换和公共资源均衡配置，加快形成新型工农城乡关系，通过城乡一体化加大对农村发展的带动和支持，农民的转移性和财产性收入增长将迎来新的契机。

结构变迁是经济发展的重要结果，结构调整是促进发展的重要手段。农民收入结构变迁，是我国由农业国向工业国转变的结果，充分体现了经济市场化和政策重农化的过程。改革开放初期，农业收入是农民增收的主要来源。1978—1985 年，农民人均第一产业纯收入对增收的贡献率高达 87%。20 世纪 80 年代中期以后，随着乡镇企业发展壮大和农村劳动力外出就业迅速兴起，工资性收入重要性日益突显，目前已超越家庭经营收入成为农民收入首要来源。下一步，农民收入的每个构成部分，要想沿着既有路径靠自身力量实现快速增长，难度都很大。今后，应主要发挥政府作用加快制度创新，优化经济结构和财政支出结构，让农民更多地平等参与经济发展，让公共财政更多地覆盖农村，不断引导和支持农民收入结构的升级。

三、影响农民增收的制度障碍

改革开放以来，社会主义市场经济体制逐步完善，农业市场化进程不断加快，"三农"政策支持力度持续加大，农村发展体制机制日趋健全，农民增收政策环境总体向好。但总体上看，制度不公平仍然是制约现阶段农民收入增长的主要因素。主要表现在四个方面：

（一）农村土地征收制度不合理

土地是农民的衣食之源、生存之本，也是农民最重要的财产之一。在以权利二元、政府垄断、非市场配置和管经合一为特征的不合理农地征收制度下，由于征地范围宽、补偿标准低等，农民无法公平分享土地增值收益。据国务院发展研究中心几年前的调查，征地后土地增值收益分配中，投资者拿走40%～50%、政府拿走20%～30%、村级组织留下25%～30%，农民只拿到5%～10%。在近年来兴起的宅基地整理中，腾退土地或其指标转让获得的收益基本上被地方政府拿走。与农民土地财产收益严重流失形成鲜明对比的是，政府对土地财政依赖严重。2010—2013年，国有土地使用权出让收入分别为29 398亿元、33 477亿元、28 886亿元、41 250亿元，占当年国家财政收入的比重分别为35%、32%、25%、32%。在城镇化快速推进中，土地财产权益流失成为农民利益受损最主要的途径。关于农民的土地贡献到底有多少，目前没有精确的研究结果。据专家估算，1978—2001年国家通过地价"剪刀差"形式，为城市建设节省了至少2万亿元。还有学者估计，改革开放以来国家从农村征收了1亿多亩耕地，若按平均每亩农民损失10万元计算，农民的土地贡献也要高达10多万亿元。

（二）城乡平等就业制度不落实

改革开放以来，农村劳动力外出就业政策逐步放宽，特别是20世纪90年代以来农民工外出潮起云涌。近几年，农村劳动力转移进入"刘易斯转折区间"，农民工供求形势趋紧张，农民工劳动权益得到有效维护，农民工工资稳步提高。但受户籍制度等影响，农民工外出务工没有获得过完全平等的就业环境，被歧视现象长期存在，农民工"同工不同酬"问题依然突出。据国家统计局数据计算，2012年，制造业、建筑业、交通运输仓储邮政业、住宿餐饮业的外出农民工月均收入，分别相当于同行业城镇单位就业人员的61%、87%、61%、81%。研究显示，城镇居民与农民工工资差异的30%～76%可以用户籍歧视来解释。有学者估计，改革开放到2007年，农民工以工资差额的方式为城镇经济发展节省成本达8.5万亿元。同时，农民工社保权益也没有得到有效保障。根据国家统计局数据，2013 年，雇主或单位为农民工缴纳养老保险、工伤保险、医疗保险、失业保险和生育保险的比例分别仅为 15.7%、28.5%、17.6%、9.1%和 6.6%，不仅参保比例低，保障水平也比较低。有学者测算，改革开放到 2007 年，农民工为城镇经济节约社保成本至少 3 万亿元。

（三）城乡社保制度不平等

21 世纪以来，农村社会事业持续稳定发展。目前，城乡养老保险制度衔接暂行办法已经出台，新型农村合作医疗补助和筹资标准及报销比例都逐步提高，农民来自政府的转移性收入将稳定增长。但从城乡对比看，由于相关制度不统一、不平等，农村基本公共服务在领域、范围、质量上与城镇都有较大差距，农村享受的公共财政资源严重不足，医保、低保、养老等社会保障水平大大低于城市。2012 年，全国农村低保平均标准为 172 元，城镇则为 330 元；城镇居民人均基本医疗保险基金支出为 900 多元，新型农村合作医疗人均补助则为 240 元；城镇职工年人均养老保险金支出 5 100 多元，新型农村社会养老保险财政补助年人均还不足千元。

（四）相关法律法规不完善

经济主体应该拥有相应的财产处置权，我国城镇居民可以根据需要对其财产进行抵押、出租、出售等各种形式的处置。然而，由于农村财产处置的相关法律法规很不完善，农村生产要素市场发育不足，严重抑制了农民财产性收入的增长。土地、房屋、牲畜、农作物等是农民的重要财产，但其财产权能很不完整。虽然部分地区开展了农房、淡水养殖权、土地承包经营权等抵押贷款试点工作，但依据现行政策和法律法规，绝大部分地区农民无法通过农房、农地、牲畜、农作物获得抵押贷款，其财产功能发挥还受到较大约束，在很大程度上影响其生产活动的正常开展和收入的快速增长。如果制度创新到位，农民财产性收入增长前景不可限量。

收入分配制度是经济社会发展中一项带有根本性、基础性的制度安排。正是由于制度不公平，目前农民参与国民收入分配的状况不容乐观。农民收入占国民收入的份额不断下降。1983 年农民人均纯收入总额与国民总收入之比达到 41.8%，2010 年已降到 10%以下。1983 年农民人均纯收入与人均国内生产总值之比达到 0.53 的峰值，2010 年之后已降到 0.2 左右，而同期城镇居民人均可支配收入与人均国内生产总值之比分别为 0.97 和 0.64。农民在国民收入再分配中所占份额依然偏低。2004 年以来农民得到的转移性收入绝对数量和占农民人均纯收入比重都增加较快，但与城镇居民相比差距明显。2013 年，全国城镇居民人均转移性收入为 7010 元，是农村居民的

8.9倍。农民参与国民收入分配的状况表明，农民收入与我国经济发展水平相比明显偏低。因此，现阶段创造公平的制度环境是促进农民增收的根本途径，也是构建农民增收长效机制的核心内容。值得注意的是，同样的收入增量对于低收入农民而言，增幅更大、意义更大，所以收入分配制度改革还要突出对低收入农民的支持。

四、创新制度的政策建议

促进农民增收，除了要稳定发展农业和国民经济，健全和完善农业支持保护制度，更重要的制度创新还体现在以下四个方面：

（一）完善农村土地制度，充分尊重农民平等市场主体地位

一是深化征地制度改革。制定“公共利益征地否定式目录”，盈利性目的用地不得征收，保证农民在征地方面各项权利，规范征地程序，大幅度提高征地补偿标准。二是落实集体经营性建设用地入市流转政策。改变土地政策二元分割格局，实行集体土地和国有土地“同地、同权、同价”。制定集体经营性建设用地进入土地一级市场的操作细则，积极稳妥开展试点，尽快扩大试点范围。

（二）消除就业创业的制度障碍，加强农民工劳动权益保障

一是消除劳动力流动的限制和歧视，保障农民工同工同酬，推动城镇基本公共服务常住人口全覆盖，提高农业转移人口的劳动参与率。有研究表明，2011—2020年，如果每年把劳动参与率提高1个百分点，潜在经济增长率可提高0.88个百分点。二是完善最低工资制度，推广工资集体协商制度，让工资基本反映劳动生产率、经济发展和物价水平的变化，统筹兼顾扩大就业和增加收入目标。此外，还要消除投资体制障碍，促进民营经济和中小企业发展，以利于农民就业增收。研究表明，如果通过发展民营经济等途径每年将全要素生产率增速提高1个百分点，可把潜在增长率提高0.99个百分点。

（三）推进城乡基本公共服务均等化，提高农民增收的数量和质量

一是健全农村基本公共服务制度框架，逐步提高农村基本公共服务的标准和保障水平。切实把基础设施建设和社会事业发展的重点转向农村，强化各级政府基本公共服务支出责任，建立农村公共服务保障水平与财政支出增速、经济发展速度等挂钩的增长机制，让农民享受到与经济社会发展相协调的公共服务水平。二是推动城乡制度衔接，加快城乡基本公共服务一体化。加强规划，以服务人口、服务半径为基本依据，打破城乡界限，制定实施城

乡一体的基本公共服务设施配置和标准。三是重视对特殊区域和低收入群体的扶持。在农村低保、贫困地区发展、渔民转产转业、生态移民等方面，完善基本公共服务供给制度，探索建立特殊群体农民收入补贴制度。

（四）修改完善相关法律法规，不断释放农民的财产性收入红利

围绕以下两个方面，修改相关法律法规，加强对农民财产的物权化保护。一是探索建立土地承包权、经营权分离的有效办法，健全农村土地流转市场。二是深化农村产权制度改革，建立农村产权交易市场，发展农民股份合作、专业合作等，试点农民住房财产权抵押、担保和转让。此外，要健全完善农村金融市场，增加农民投资渠道，创造条件增加农民的投资性收入。

（作者单位：农业部产业政策与法规司）

农民市民化需要“三向思维”

刘　奇

城镇化的本意应是居民不论在哪里生活都能享受到与城市相仿的公共设施和公共服务。数以亿计的中国农民之所以千方百计地想挤入县以上城市，是因为二元制度推高了那里的“两公”水平。由此导致社会上对城镇化的理解陷入误区，认为农民只有进到县城以上的城镇，才能成为市民，才算实现了城镇化。这是典型的城乡二元思维，与中国国情、国际惯例、城镇化规律和城乡一体化战略等诸多方面相悖逆。

一是不符合中国现实。长期以来，我国的城镇化发展两极分化，一方面大中城市优质资源过度集中，好学校都在大中城市，北京市的医用 CT 机超过整个英国；全国省会城市大多形成一城独大的格局，有一半的省会经济总量约占全省 1/4 的份额。另一方面小城镇发展一直处于活力不足、成长不快、发育受限状态。要使我们这样一个拥有 270 万个村落的“村庄大国”和八九亿农民的“农民大国”走向“城市大国”“市民大国”，必须大力发展小城镇。大中城市有限的承载能力和高昂的生存代价使绝大多数农民工在相当长时期内无法扎根，而星罗棋布的小城镇根植于农村，是城乡融合的桥梁，又是农民就近兼业的主战场，对于解决“大城市病”和农民工大量外出引发的各种经济社会问题无疑是一剂良方。一个成熟的经济体，其发展方式转变、产业升级换代及实现城镇化的过程，从来都是设备、技术、资金等生产要素的流动，而非大规模长时期的劳动力流动。让几亿农民工实现就近就地城镇化，不仅有“扬汤止沸”之效，更是“釜底抽薪”之举。

二是不符合国际惯例。从国际视角看，现在我国的城镇化规划，只是城镇建设布局，没有考虑农村，不是本质意义上的城镇化。事实上，发达国家没有城市与乡村之别，只有人口密集区和非密集区之分。有关资料显示，日本人口密集区的定位标准是每平方公里 4 000 人以上，集聚人口 5 000 人以上，在这样的区域居住的人口只占日本总人口的 66%。有些国家 2 000 人以上聚居的地方，就是人口密集区，就是城镇化，这样的地方，国家投资的公共设施和公共服务与大城市相仿。如果以 2 000 人计算，我国不少村庄都超过了 2 000 人，乡镇更不用说。全国 3.3 万个乡镇中的 1.9 万个镇，镇镇都是城镇，只不过我们的基础设施和公共服务还相差甚远。城镇化水平高达 95%的德国，在城镇化过程中一直遵循“小的即是美的”原则，全国 70%

的人口居住在 2 000～10 000 人的小镇上。其产业政策的重点均以中小城镇为主，这些城镇虽然规模不大，但基础设施完善，城镇功能明确，经济异常发达。

三是不符合城镇化规律。城与乡的关系是相互配合的夫妻关系，各有分工，不是非此即彼的对立关系。发达国家的经验和教训表明，城市化是建立在农业发达、农村发展的基础上，不是要放弃农业和牺牲农村，大量农村人口迅速向大中城市迁移，最终必然导致城乡关系的断裂和畸形。国外很多国家正在流行的城镇化理念是建筑组团与田园组团相结合的布局，城市与边缘、城市与郊区甚至城市与乡村的差异已不明显，人口的密度因分布在若干个小城镇而相对分散。这种城镇发展战略实现了工业化、城镇化与农业现代化的和谐共存、协调发展，使城乡有机结合，融为一体。如日本东京市内已建几百个“市民农园”和“都市田园学校”，让城市人、特别是孩子们知道农作物是怎么生长的，让他们了解和把握动植物的生命规律，从更深层次的哲学角度理解和尊重生命的过程，不做或少做违背规律的蠢事，从而实现传统文明与现代文明相互关联、交融渗透、共存共荣，实现“各美其美、美人之美、美美与共、天下大同”。这是人类经过无数探索才找到的未来城市发展规律。

四是不符合城乡一体化战略。中央提出城乡一体化发展战略，就是要求城乡必须同时发展、同样发展、同步发展。要做到一体化发展，关键在于让作为硬件的公共设施和作为软件的公共服务这“两公”真正姓“公”，不能只姓“城”，不姓“乡”。如果还用传统二元思维模式配置资源，在此基础上推进城镇化，很难在城与乡的空间坐标上找到彼此之间的契合点，实现城乡之间的良性互动，只能是梗阻更重、鸿沟更深。说到底，农村优秀人才要进城享受市民待遇，城市优质资源更要下乡，建设强镇大村，使人口密集区实现城镇化，这样才符合城乡统筹战略的空间定位，才能实现城乡资源要素的自由合理流动，才是城乡之间带有根本性的深层次统筹、一体化发展。

五是不符合农民是一种职业的社会分工。农民不是一种身份，农民是就一种职业而言，市民是就居住地而言，农民与市民本是两个没有逻辑并列关系的角色。农民可以居住在城里，是市民；市民也可以从事农业，做农民。但城乡二元制度用“身份”的标签把二者分出高下等级。农民想改变身份成为市民就变得力所不能及了。如果抛开不合理的城乡二元制度讨论问题，“让农民市民化”的命题，就是让“职业居住地化”，这显然是逻辑上的荒谬。

“三农”问题的病根是城乡二元结构，推进农民市民化的制度设置，必须以瓦解和破除二元制度为根本，绝不能以保护和助长二元制度为目标。因此，新制度的建立必须摒弃二元思维的旧定式，树立三向思维的新理念。所谓三向思维，就是“向左进城、向右入镇、向上提升”。

向左进城，即让一些有条件有能力的农民成为市民。户籍制度确立的二元社会结构造就了城乡居民权利的不平等。有研究表明，户籍作为资源配置和利益分配的最大凭据，计划经济时代附着在市民户口本上的特权有 67 种，已渗透到经济、政治、社会、文化等各个领域，并且盘根错节，互为依存，剪不断理还乱。尽管随着改革的深入，诸如粮票、油票等计划经济时代的福利早已取消，但与城市户籍密切相关的购房、购车、教育、社保、医保、养老等方面的诸多先赋性障碍，农民工仍被边缘化。中国城市化率已达 54%，但真正具有城市户籍的人口只占 35%。

现在地级市及县城户籍已经放开，但农民要进入“北上广”这样的特大城市仍很艰难。例如，北京现有 800 万“北漂”，每年转户指标只有 18 万个，按此比例需要将近半个世纪才能转完。广州、上海、深圳等地有落户积分制度，一年靠积分入户的仅 3 000 人左右。深圳现有 700 多万外来人口，按此速度大约需要到 4 000 年以后才能转完。而 2014 年 9 月 16 日发布的《北京社会建设蓝皮书》称，北上广的农民工有 53.3%的选择留下，明确不留北上广的只占 23.9%，没想好的占 22.8%。“自由迁徙”的道路上仍旧横亘着巨大壁垒。即便成了市民，农民工的生存状态与市民也是天壤之别。据人社部测算，2013 年外出农民工月收入仅 2609 元，远低于城镇职工。在住房方面，受雇农民工在单位宿舍住的占 28.6%，在工棚住的占 11.9%，在生产经营场所住的占 5.8%，与他人合租住的占 18.5%，独立租住的占 18.2%，有 13%的农民工在乡镇以外从业而每天回家居住，仅 0.9%的农民工在务工地有自购房。在大城市里，农民只能迫于生活压力无奈选择住在城乡结合部或者城里的群租房中，买房对于绝大多数农民工来说是想也不敢想的事情。在劳动保障方面，与雇主或单位签订劳动合同的占 41.3%，雇主或单位为农民工缴纳养老、工伤、医疗、失业和计生保险的比例分别只有 15.7%、28.5%、17.6%、9.1%、6.6%。在今天的城市里，脏、累、差的工作是农民工的“专利”。即便农民工和市民同在一个单位，也不能一样累计工龄、评定职称、进修与培训。一遇经济不景气或政府治理整顿，可能就会成为无条件清退的对象，苦涩地回归农村将是他们摆脱不了的历史宿命。

向右入镇，即让绝大多数农民就近就地城镇化。小城镇及大农场正在受到上流社会的青睐，美国几位总统都喜欢在农场会见外国政要，世界上许多重大国际会议都选择到乡间小镇召开，世界第一届互联网大会选在浙江古镇乌镇召开，更不要说达沃斯论坛、博鳌论坛等名噪全球的会议了，欧洲许多国家正出现市民回流农村居住的风潮。中国农民不愿当小城镇的市民，是因为那里没有和大中城市相仿的公共设施和公共服务。

现在的问题是，如何使基本公共设施和公共服务这“两公”下乡，实现乡村的城镇化，让农民愿意在本土当市民？一条切实可行的做法是把靠行政手段形成的畸形资源集聚，再用行政干预的措施分散开来，即由顶层设计，通过政策动员推进四大资源下迁到强镇大村，由四大资源带动"两公"建设，推进小城镇发展。一是大学。大学对小城镇发展具有显著拉动作用，国外大多数名校都建在乡间小镇上。我国的大学和美国相比差距很大，美国3亿多人，3 500多所大学，2/3以上都在镇上；我国13亿多人，只有2 300多所大学。按照美国的比例，我们还要办1万多所大学。办这些大学靠财政的力量是不可能的，应把城市大学拆分，鼓励到强镇大村去办二级学院或分校，以低成本带动小城镇扩张，实现大学带城，城校相长，互为促进，协同发展。这样不需政府大规模投资，就能够"四两拨千斤"。美国加州大学办了9个分校，每个都带起一个小城镇。二是医院。截至2013年年底，全国城市共有医院近2.5万家，病床458万张，执业医生150万人，注册护士200万人，而居住着八九亿农民的农村，只有3.7万个卫生院，113万张病床，43万个职业医师，社区卫生服务中心8 488个，病床16.8万张，执业医师13万人。看病难依然是农民的痛。城市医疗资源下乡是医疗机构和农民双赢的大好事。国外许多著名医院都在乡间小镇上。三是研究机构。据估算，我国约有2 500家大大小小的政策研究机构或智库，拥有35 000名左右的政策研究人员。其他类型的科研机构和人员更多。我国许多研究机构都在大城市，国外的许多研究机构都在乡间小镇上，这些机构如下迁到小城镇，将是从根本上提高小城镇的竞争能力和资源集聚能力的砝码。四是国企。从世界发达国家城镇化道路来看，许多小城镇都是围绕企业发展起来的，如西雅图的林顿镇是因为波音公司而出名，硅谷是因为高科技企业云集而发展。据调查，德国前100位的企业，只有3家企业总部设在首都，其他都在镇上。我国央企就有155家，全挤在首都，每个省几十上百家省级国企也都挤在省会，这些企业总部完全可以下迁到乡镇。"总部经济"的效应一经释放，带动小城镇的能量将是超常的惊人。

向上提升，即打通社会阶层流动的通道。现代社会一定是一个开放、公正、社会流动通畅的社会。现阶段农民从乡村到城市的迁徙，只是完成了横向的水平位移，远没有实现纵向的垂直流动。所谓垂直流动就是不断提高农民工的经济、政治、社会、文化地位，打通他们上升的阶层通道。当前，社会阶层流动受阻的原因是多维度的，要想逾越阶层流动的障碍，为农民工向上流动开拓空间，需要搭建四级阶梯。

第一级阶梯是消除种种歧视，让农民站在一个公平的社会平台上。凭什么会唱歌会跳舞会弹琴就是高素质，而会养鸡会养猪会种田就是低素质！发达国家的农民不是谁都可以当的，必须像医生、教师一样获得职业资格证书。从农民工名字的变迁可以看出时代的印痕，他们想成为市民何其之难。

本名：农民工/小名：打工仔（妹）/别名：进城务工者/曾用名：盲流/尊称：城市建设者/昵称：农民兄弟/俗称：乡巴佬/绰号：游民/爷名：无产阶级同盟军/父名：人民民主专政的基石之一/临时户口名：暂住人口/鄙称：社会不稳定因素/永久宪法名：公民/家庭封号：主人/时髦称呼：弱势群体（《打工者的名字》深圳报业集团主任记者　刘虹）。不消除社会歧视，他们就无法提升地位。第二级阶梯是“吉祥三宝”。即低保、医保和养老保险，这三者不与城市统一，农民就没有基本生存的保障，向上流动更无从谈起。第三级阶梯是教育。教育是实现阶层流动的重要路径，只有教育公平，才能体现起点公平。但名牌大学里，农村孩子的比例逐年降低，清华北大已由过去的30%多下降到百分之十几。经过近十多年的撤并，全国59万多所农村学校，现在只剩20多万所，新的上学难已经摆在农村孩子的面前。据调查，现在农村小学生家离学校的平均距离5.4公里，初中生17.5公里。有的父母为孩子读书，不再工作，在镇上或县城租房专门陪读，成本倍增。义务教育有两个最基本的特点，一是免费，二是就近。如果这两条都做不到，就不叫义务教育。在美国如果孩子不能就近上学，当地政府马上会被告上法庭。目前，全国5亿多农村劳动力，平均受教育的年限不到8年。农村应该从农民的教育问题大力抓起，不仅要切实抓好义务教育，还要下功夫抓好农村的职业教育、继续教育和终身教育，让农民不输在起跑线上。第四级阶梯是让农民增收。农民幽默地说“俺们刚吃饱饭，城里人又减肥了；俺们刚吃上肉，城里人又吃素了；俺们刚用上机械干活不出汗了，城里人又到桑拿房、健身房找汗出了。”农民总是跟不上脚步的根本在于经济地位低下。要解决这一问题，需从两方面着手。一是强力注入现代元素，让农业成为第六次产业，解决就地就近城镇化的农民增收问题。即让农业成为一产、二产、三产相加的产业，构建一二三产联动、上中下游一体、产供销加互促的农业现代化产业体系，形成农民增收的合力，其生活水平才能提高，社会阶层流动的通道才能通畅。二是在城市建立良性的经济生态系统，即大中小微并重，解决到大中城市落户的农民增收问题。农民工在城市靠的就是见缝插针、摆摊设点的草根生存方式，城市管理应给他们留下生存空间，不能再以赶尽摊点是管理最优为标准。美国一些市府广场夜间即为自由市场，香港2013年财政专门拨款为全港4 000多个摊点进行改造发展。那种只为原住民着想，只为城市表面整洁的思路应该调整，不然农民工在城市即便成为市民也只能成为现代穷人。

（工作单位：安徽省人民政府）

城乡一体化背景下中国农村产权制度改革问题研究

方志权

中国农村集体经济组织产权制度改革始于20世纪90年代经济发达地区，进入21世纪后，随着工业化和城镇化进程的加快，各地加大了推进农村集体经济组织产权制度改革的力度，明确集体资产的产权归属，改变集体资产名义上"人人有份"、实际上"人人无份"的状态，真正做到"资产变股权、农民当股东"，农民开始享有稳定的分红收益。

一、基本情况

据农业部2013年度报表统计资料①，截至2012年年底，全国共有30个省份的3.2万个村开展了产权制度改革（其中，已完成改制的村23 092个），占全国总村数的5.3%。改制村当年股金分红188.5亿元，农民人均分红387.9元。按省分析，2012年，北京、广东、上海、江苏和浙江5省份完成改制的村占全国完成改制村数的80%左右。其中，上海市松江区14个乡镇、107个村已全部完成改制，共量化集体资产328.2亿元，认定集体经济组织成员57万人，在全国率先以区为单位完成了镇村两级农村集体经济组织产权制度改革。2013年部分省份农村集体经济组织产权制度改革情况如表1所示。

表1　2013年部分省份农村集体经济组织产权制度改革情况

地区	起始时间（年）	占总村数（%）	户均分红（元）	主要法规规章和政策文件
北京	1993	95	约1 500	《北京市农村集体资产管理条例》（1998年11月）
广东	1991	20	约1 000	《广东农村集体经济组织管理规定》（2006年7月）
江苏	1998	33	约1 000	《江苏省农民合作社条例》（2009年11月）
浙江	1993	30	约1 000	《浙江省村经济合作社组织条例》（2007年11月）
上海	1992	15	约3 000	《关于加快本市农村集体经济组织改革发展的若干意见（试行）》（2012年3月）

注：北京、广东、上海、江苏和浙江5省份为推进农村集体经济组织产权制度改革出台了不少地方性的政策法规，本表列举的是有典型代表性的法规和政策文件。

① 农业部农村经济体制与经营管理司：《2013年全国农村集体经营管理统计汇编》，2013年5月。

中国农村集体经济组织产权制度改革，按改制层面来分类，可分为村级改制和乡镇级改制，以村级改制为主；按改制时间来分类，可分为撤销行政村后改制和不撤销行政村建制直接改制，以撤村后改制为主；按资产构成来分类，可分为存量折股型改制和增量配股型改制，以存量折股型改制为主。从各地的实践看，改制的主要做法是将农村集体经济组织的经营性实物资产和货币资产，经过清产核资和评估以后，按照劳动年限折成股份量化给本集体经济组织成员，同时提取一定比例的公益金和公积金（集体股），主要用于村委会或社区公共管理和村民公共福利事业支出，并实行按劳分配与按股分红相结合的分配制度。

中国推进农村集体经济组织产权制度改革的核心内容主要有三项：一是对农村集体经济组织进行清产核资和资产评估。这是推进农村集体经济组织产权制度改革的基础性、前置性举措。在区、乡镇、村不同层级设立工作小组，负责指导、协调和实施农村集体经济组织的清产核资工作，妥善处理账物不符、坏账核销等遗留问题，并明确清产核资、资产评估以及资产评估报告的确认等相关程序和具体规则，为推进农村集体经济组织产权制度改革奠定基础。二是认定农村集体经济组织成员，开展“农龄”统计①。为确保农村集体经济组织产权制度改革“起点”公平，得到广大群众的认可与拥护，必须明确集体经济组织成员的范围。三是农村集体资产股份量化到人，明晰产权。对集体资产因地制宜地采取全部资产折股量化、部分资产折股量化或者土地承包经营权折股量化等形式量化到人。对于插队落户、返城知青等人员，原则上以股权的形式兑付量化资产。农户量化后的资产股份，根据情况采取全额入股、按成员资格全额或部分入股、按“农龄”分档入股、存量资产与增量资产合并入股等不同形式，入股改制后的农村集体经济组织。这样，农村集体经济组织中的成员真正成为了股民。

二、主要特征

多年来的实践证明，中国农村集体经济组织产权制度改革的前提是必须坚持集体所有制，而不能解散集体经济，不能否定集体经济数十年的发展成果。中国农村集体经济组织产权制度改革最适合的模式还是股份合作制②，通过股份合作制产权制度改革，真正实现还权于民。现阶段中国农村集体经

① “农龄”是指农民为集体经济组织工作的时间。“农龄”是由“工龄”衍生而来，其长短反映了农民对社会和农村集体贡献的大小和知识、经验、技术熟练程度的高低。

② 股份合作制以合作制为基础，吸收了股份制的一些做法，使劳动合作和资本合作有机结合，是中国合作经济发展的新方向，也是社会主义市场经济中集体经济的一种新的制度安排形式。股份合作制在收益分配上具有灵活性，采取按股分红与按劳分红相结合的形式。一般情况下，股份不转让、不上市、不交易、不流通。

济组织产权制度改革以村为对象，在制度安排上采取有限责任公司、社区股份合作社和经济合作社等多种形式。

（一）从内容和做法上看，农村集体经济组织产权制度改革主要通过调整早期股份合作制的某些制度安排，进一步明晰和界定集体产权

一是资产量化范围扩大，由原来只是对集体经营性资产净值按一定标准折股量化扩展到将土地股份合作与其他资产股份一起折股量化。二是股权设置上以个人股为主导，集体股弱化，现金募集股根据需要设置。三是实行固化股权配置，稳定分配关系。目前多数地方采取了固化股权的办法，即福利配股实行“生不增，死不减；迁入不增，迁出不减”，允许个人股、募集股通过一定程序在集体经济组织内部转让、继承和赠与他人，但不得抽回。

（二）从制度特征看，农村集体经济组织产权制度改革以股份合作制为主，其制度设计仍然兼有合作制和股份制的特点

在股权设置上，以集体经济组织成员个人股为主导，体现了劳动者联合的根本属性。在股权界定上，兼顾各类集体经济组织成员的利益，且股东资格不向社会开放，体现了合作经济非资本联合的特征。

（三）从组织功能看，改制后的新型农村集体经济组织在具有企业性质的同时，还负担着村委会或社区的公共服务与社会管理等公共管理职能

这些新型农村集体经济组织通过在分配前预先提取公积金、公益金的形式来保证村委会或社区的公共管理职能。

（四）从改制推进的区域次序看，农村集体经济组织产权制度改革由大城市近郊地区、经济发达地区率先兴起，并有向大城市远郊农村、经济欠发达地区城郊扩展的趋势

在经济梯度发展规律的作用下，工业化和城镇化逐步由大城市周边农村向远郊农村、由经济发达地区向经济欠发达地区城乡结合部推进，为各地开展农村集体经济组织产权制度改革提供了外在条件。

三、基本成效

以股份合作制为主要形式的农村集体经济组织产权制度改革，对于明晰集体资产产权和农民集体资产收益分配权、规范集体资产管理、激发集体经济活力、完善农村经济体制，都起到了重要作用，是继农村家庭联产承包责任制后中国农村的又一重大改革。

（一）制度成效

一是明晰了每个村民在农村集体经济组织中的产权份额，集体资产由共同共有变为按份共有，产权制度发生了根本变化。二是建立了农村集体经济组织成员按股份（份额）分红的制度，保障了集体经济组织成员的集体资产收益权。三是改制村普遍建立了“三会四权”（股东会、董事会、监事会，法人财产权、出资者所有权、出资者监督权、法人代理权）制衡机制，农民群众成为集体经济组织的投资主体、决策主体和受益主体，成为集体经济组织名副其实的主人，农村集体经济组织的治理结构发生了根本变化。

（二）经济成效

一是农村集体经济总量增长。通过改制，一方面，农村集体经济组织建立起现代企业制度，形成了与市场经济相适应的运行机制，为新型农村集体经济组织发展创造了良好的体制环境；另一方面，农民在集体资产中的产权得以明晰，可以更好地行使当家做主的权利。根据对上海市闵行区 29 个 2010 年改制的农村集体经济组织的调查，集体净资产由 2010 年的 21.64 亿元增长到 2013 年的 38.91 亿元，增长了 79.8%。二是农民收入显著增加。通过改制，集体资产产权得以明晰，农民开始享有分红收益，财产性收入稳定增加，初步建立起农民增收的长效机制。以上海为例，2013 年，全市 237 家村级改制集体经济组织中，有 89 家进行了收益分红，比上年增加了 28 家；年分红总额 5.38 亿元，比上年增加了 1.12 亿元；人均分红 3042 元。全国农村改革试验区——闵行区城乡居民可支配收入比由 2010 年的 1.53：1 缩小到 2013 年的 1.48：1，财产性收入在农民可支配收入中的占比由 2010 年的 17.1%上升到 2013 年的 18.3%[①]。近年来，通过农村集体经济组织产权制度改革，上海农民人均可支配收入中，财产性收入逐年增长（表 2）。

表 2 上海农村居民家庭人均可支配收入情况（2001—2013 年）

年份	人均可支配收入（元）	工资性收入（元）	经营纯收入（元）	财产性收入（元）	转移性收入（元）	占人均可支配收入的比重（%）			
						工资性收入	经营纯收入	财产性收入	转移性收入
2001	5 850	4 491	967	157	235	76.8	16.5	2.7	4.0
2002	6 212	4 920	774	205	313	79.2	12.5	3.3	5.0
2003	6 658	5 284	813	222	339	79.4	12.2	3.3	5.1
2004	7 337	5 757	886	297	397	78.5	12.1	4.1	5.3

① 上海市统计局、上海市农业委员会（编）：《上海郊区统计年鉴》，2014 年 7 月。

（续）

年份	人均可支配收入（元）	工资性收入（元）	经营纯收入（元）	财产性收入（元）	转移性收入（元）	占人均可支配收入的比重（%）			
						工资性收入	经营纯收入	财产性收入	转移性收入
2005	8 342	6 364	811	430	737	76.3	9.7	5.2	8.8
2006	9 213	6 892	766	556	999	74.8	8.4	6.0	10.8
2007	10 222	7 498	754	673	1 297	73.3	7.4	6.6	12.7
2008	11 385	8 182	711	837	1 655	71.9	6.3	7.4	14.4
2009	12 324	8 721	590	932	2 081	70.8	4.8	7.6	16.8
2010	13 746	9 606	589	970	2 581	69.9	4.3	7.1	18.7
2011	15 644	10 493	877	1 243	3 031	67.1	5.6	7.9	19.4
2012	17 401	11 496	905	1 382	3 618	66.1	5.2	7.9	20.8
2013	19 208	12 378	920	1 587	4 323	66.4	4.8	8.3	22.5

资料来源：上海市统计局、上海市农业委员会（编）：《上海郊区统计年鉴》，2014 年 7 月。

（三）社会成效

通过“还权于民”式的农村集体经济组织产权制度改革，建立新型农村集体经济治理机制，农民可按份共有集体资产、参与集体经济组织管理并分享集体资产收益，有效解决了长期存在的因土地征占、资产处置、财务管理和收益分配等问题引发的社会矛盾，维护了城镇化快速发展地区的社会稳定。改制后农村集体经济组织收益增加，农民分红逐年增长，农民入股积极性和满意度提高。

四、主要问题

中国各地在推进农村集体经济组织产权制度改革的过程中，普遍存在着几个突出的问题：

（一）关于思想认识问题

基层干部对推进农村集体经济组织产权制度改革存在的思想认识问题，比较有共性的有“五怕”：一怕难。农村集体经济组织产权制度改革是一项较复杂的系统性工作，政策性很强，没有现成的经验可以参照，工作难度很大。二怕烦。农村集体经济组织产权制度改革程序复杂，工作量大，势必更多牵制工作精力，难免存在怕烦情绪。三怕乱。农村集体经济在发展过程中或多或少遇到过这样那样的问题，不少问题都是历史形成的，基层干部不愿去捅“马蜂窝”。四怕失权。开展农村集体经济组织产权制度改革要求建立完善的组织治理结构，凡涉及集体资产和集体经济组织成员切身利益的重大事项，都必须提交成员（代表）会议讨论。一切权利运作都要在阳光下进行，基层干部因改革后失权难免会有失落感。五怕失利。长期以来，相对于财政资金，乡镇、村领导对集体经济收入的支配权更大，基层干部对推进农村集体经济组织产权制度改革没有积极性。

除上述“五怕”以外，乡镇、村干部反映最突出的是改制后集体经济组织成员普遍对股份（份额）分红期望较高，没有分红的盼分红，已经分红的希望分红比例能每年递增，而且村与村之间、乡镇与乡镇之间集体经济组织成员还会互相攀比，这对基层干部造成了较大的压力，不少乡镇、村干部都提出，担心改制后分红达不到集体经济组织成员的预期，会影响自己的威信和日常工作的开展。在村一级，村干部还提出，改制前村委会和集体经济组织的社会管理、公共福利、帮困救助等方面的开支都是“混账、混用”，而改制后细化并落实这些开支，困难很大。在乡镇一级，主要问题是土地补偿费不少已被乡镇用于开发建设，因此，乡镇对改制工作能拖则拖，工作积极性明显不高。上述推进农村集体经济组织产权制度改革中遇到的现实问题，并不是孤立存在，而是互相交织、互相影响的。对此，要针对不同问题，寻找不同的办法，通过有针对性的宣传和有操作性的指导，妥善加以解决，才会收到好的效果。

（二）关于农村集体资产量化范围问题

中国农村现有的集体经济组织是从人民公社时期的“三级所有、队为基础”演变而来的，与原生产队、生产大队、人民公社相对应的分别是组级、村级和乡镇级集体经济组织。各级农村集体经济组织按照集体土地所有权归属和集体资产产权归属，依法经营管理本组织集体所有的资产，任何公民、法人和其他组织不得侵犯。农村集体资产的量化，是对被认定为属于现有集体经济组织成员的共有资产，按照一定标准，采取股份的形式在本集体经济组织成员之间明晰产权的过程。因此，农村集体经济组织产权制度改革不能突破原有集体经济组织的范围，这是推进改革、制定政策的底线。目前，各地对于集体资产量化范围的认识还不尽相同：一种观点认为，应当对集体经营性净资产进行量化。这种资产量化方式易于操作，可以较好地规避土地等资源难以评估作价的问题，改革的困难会小一些。另一种观点认为，应该把经营性资产、非经营性资产和资源性资产均列入量化的范围。这样才能保证农村集体资产的完整性，才是彻底的改革，才可以盘活农村集体的全部资产，使其发挥更大的价值，更好地实现并保护农民的财产权益。

应该说，上述两种认识都有一定的理由。这是因为集体资产的范围有狭义与广义之分。狭义的集体资产仅指集体账面资产，也就是经营性资产和非经营性资产；广义的集体资产还包括土地等资源性资产，资源的使用、处置、经营收益分配也是集体资产管理的重要内容。因此，本文认为，对于集体资产量化的范围，在中央制定统一的标准前，各地可以先量化经营性资产，暂不量化非经营性资产和资源性资产。待经济发展到一定程度，各方面条件允许，农村集体资产监管制度比较健全后，则可以对这三类资产实行同步量化。主张当前应将集体资产量化的重点放在经营性资产方面的理由主要有两点：一是非经营性资产主要是公共使用的农村集体资产，属纯公益性的，现阶段没有必要折股量化；二是土地等资源性资产的价值一时难以评估，价值尚未显现，因而可以不量化，但集体经济组织因土地被征收而获得的土地补偿费和因集体资产置换增值而增加的收益，则应及时足额予以追加，以保障集体经济组织成员的集体收益分配权。当然，如果农村基层干部、农村集体经济组织成员一致要求对土地等资源性资产进行量化，则应允许农村基层组织进行探索。农村集体资产量化总的原则是，尊重集体经济组织成员选择，获得集体经济组织成员认可。

（三）关于农村集体经济组织成员资格认定问题

认定农村集体经济组织成员资格，是为了确定集体资产的归属。农村集体资产是一种特殊的财产，集体资产的问题总是与集体成员的身份联系在一起。目前农村集体经济组织成员身份的认定无法可依，多数处于乡村自我管理的状态，受当地乡规民约、传统观念和历史习惯等因素影响较大，“乡土”色彩较浓。在具体实践中，各地对农村集体经济组织成员身份的认定方法各不相同，但归纳起来，主要是以农民居住地和承担农村集体经济组织权利义务的情况作为认定标准。事实上，这种以户籍作为集体经济组织成员认定标准的做法在各个地方的执行情况也是不同的。

对农村集体经济组织成员身份的认定需要一个明确的标准，而这个标准不能由集体经济组织自行制定。由于在短期内制定一个全国统一的农村集体经济组织成员认定标准也不现实，但城镇化进程中或者“村改居”过程中对集体资产进行量化分配，不可避免地会遇到农村集体经济组织成员身份认定的问题。本文认为，对这一问题，各地可根据实际情况出台地方性法规或规范性文件，规定农村集体经济组织成员身份认定的标准，制定操作细则。待条件成熟后，由全国出台原则性的认定标准。总体考量是：农村集体经济组织成员资格应基于由该组织较为固定的成员所组成的具有延续性的共同体，其成员原则上应该在该组织所在地长期固定地生产、生活，形成事实上与该组织的权利义务关系及管理关系，并结合是否具有依法登记的该组织所在地常住户口来认定。在此大前提下，对一些特殊或者疑难问题，可充分尊重农村集体经济组织的自主权。

根据对发达地区不少农村集体经济组织改制实践的观察与总结，以“特定时间集体经济组织所在地农业户口和对集体资产贡献大小”作为依据，是目前能够找到的认定农村集体经济组织成员资格的有效方法，将其作为认定农村集体经济组织成员资格的依据，既比较合理，也具有可操作性。

本文认为，农村集体经济组织成员资格的认定大致有两个范畴：一般农村集体经济组织成员资格的认定和特殊群体成员资格的认定。后者可分为两个类别：一是具有本村户籍并居住在本村集体经济组织所在地，但未能对本集体经济组织尽义务的人员，例如未成年人、老弱病残和其他丧失劳动能力的人；二是长期居住在本组织所在地，对本集体经济组织尽了义务而没有本村户籍或户籍已迁移出去的人，例如超生子女、服役军人等。

鉴于农村各类人员的情况不同，在符合相关政策精神的前提下，农村集体经济组织成员资格的认定应充分尊重农村集体经济组织的自主权，遵循“尊重历史、照顾现实、实事求是”的原则。在具体操作过程中，可把握以下几个关键：一是涵盖不同群体。农村集体资产是各个历史阶段农村集体经济组织成员劳动成果的累积，因此，成员资格的认定也应涵盖各个阶段的不同群体。二是权利义务对等。履行义务是享受权利的前提，成员享有的权利应与其对农村集体经济组织承担的义务和做出的贡献相当。三是防止政策“翻烧饼”。成员资格的认定涉及每位农村集体经济组织成员的切身利益，应当采取一致的标准，不能实行双重标准。四是坚持程序公开。由于广大群众对农村集体经济组织成员的变化情况最了解，也最有发言权，应坚持程序的合法性与公开性相结合，将成员资格认定的决定权交给农村集体经济组织成员，由他们充分协商、民主决定。五是杜绝侵犯权益。在成员资格认定工作中既要坚持少数服从多数，又要保护少数人的利益，防止多数人侵犯少数人的合法权益。

（四）关于股权（份额）设置问题

在股权（份额）设置形式上，各地的做法不尽相同，主要区别在于是以“农龄”还是以“人头”为股份设置的依据，以及股份是否可以转让两个方面。本文认为，无论是产权制度改革还是撤村建居集体资产的处置，在股权（份额）设置上都应以“农龄”为主要依据，这已得到了基层干部和群众的充分认可。以“农龄”为股份设置的主要依据，较好地体现了人与户的有机结合。今后，可在继续维持以“农龄”为股份设置主要依据的基础上，适当考虑其他因素，同时进一步研究将人与户更有效地结合，以户为单位发放社员证，并相应明确户内每个成员的股权（份额）。

就全国各地农村集体经济组织产权制度改革的情况看，当前股权（份额）设置所面临的最大问题是是否设置集体股。一些地方在改制时设置了集体股，主要是出于两方面的考虑：一是担心没有集体股，集体经济组织就失去了公有制性质；二是集体经济组织目前承担了大量的公共服务职能，需要通过设置集体股筹集公共事业所需经费。而大部分地方则主张不设集体股，主要是因为如果改制时保留集体股，随着城镇化进程的急剧推进，集体积累逐渐增加，会再次出现集体股权属关系不清晰的问题，需要进行二次改制；此外，集体股在集体经济组织变更或重组时还将面临再分配、再确权的问题，极易产生新的矛盾。因此，上海、江苏、浙江等地在改制时原则上不提倡设置集体股。当然，如果基层干部和群众一致要求设置集体股，则应充分尊重群众的选择，由农村集体经济组织通过公开程序自主决定。对这一问题，本文认为，对于城镇化进程较快、已实现“村改居”的地方，应明确不设置集体股，其日常公共事业支出，可以通过在集体收益分配中提取公积金、公益金的方式来解决，其具体比例或数额由改制后的新型农村集体经济组织成员（代表）会议在讨论年度预决算时决定。

（五）关于改制后农村集体经济组织的产权制度安排和治理结构问题

《宪法》明确规定，社会主义经济制度的基础是生产资料的社会主义公有制，即全民所有制和劳动群众集体所有制；农村集体经济组织实行家庭承包经营为基础、统分结合的双层经营体制；农村中的生产、供销、信用、消费等各种形式的合作经济，是社会主义劳动群众集体所有制经济。这是《宪法》赋予农村集体经济组织的明确的法律地位。《民法通则》将民事主体区分为公民和法人，法人分为企业法人、机关法人、事业单位法人和社会团体法人四类。农村集体经济组织与企业等法人组织属于完全不同的组织类型，其法人地位并未明确。有法律地位而无法人地位，导致农村集体经济组织无法作为完整的市场主体参与经营竞争，这个问题始终困扰着中国农村集体经济组织产权制度改革。

表3　新型农村集体经济组织内部管理及外部环境比较

	类型内容	经济合作社	有限责任公司	社区股份合作社
内部管理	成员（股东人数）	没有限制	50人以下	发起人为2～200人
	出资方式	不明确	可货币估价并可依法转让的财产	可货币估价并可依法转让的财产
	承担责任	无限责任	以出资为限	以出资为限
	权力机构	成员大会	股东会	股东大会
	决策方式	一人一票	按投资额	一股一票
	日常权力机构	成员代表大会	执行董事；或董事会，人数3～13人	董事会，人数5～19人
	监督机构	监督委员会，3～5人	1～2名监事；或监事会，人数不少于3人	监事会，人数不少于3人

（续）

类型内容		经济合作社	有限责任公司	社区股份合作社
	法人地位	无	公司法人	参照农民专业合作社法人
外部环境	营业执照	无	有	有
	经营税费	无	有	有

对完成产权制度改革后的农村集体经济组织的产权制度安排和治理结构，各地主要采取了三种形式：一是有限责任公司，二是社区股份合作社，三是经济合作社。这三种形式中，有限责任公司是按照《公司法》进行工商登记的公司法人，但其股东只能在50人以下，与乡镇、村集体经济组织成员成千上万的特点不相适应，因此，改制的农村集体经济组织只能采取隐性股东的做法，大部分集体经济组织成员的权利难以得到法律的认可和保护。社区股份合作社在工商部门登记的，主要是参照《中华人民共和国农民专业合作社法》登记的法人①，它有效解决了股东人数限制的问题，但由于社区股份合作社是较特殊的法人，对它没有专门的税收、财务制度，因此，在税收、财务方面所执行的是适用于公司法人的相关制度，在运营中社区股份合作社要缴纳营业税、城市维护建设税、房产税、土地使用税、企业所得税等各项税赋，税费负担较重。无论是有限责任公司还是社区股份合作社，它们都对股东（集体经济组织成员）进行收益分配，而股东都要缴纳20%的红利税（即个人所得税），这在很大程度上增加了新型农村集体经济组织的负担（一般情况下，为增加农民收入，红利税由公司、社区股份合作社代缴），影响了农村集体经济组织改制的积极性。经济合作社是一种组织创新，不需进行工商登记，由县级以上人民政府颁发证明书，并可凭此证明书申领组织机构代码证，分红时不需要缴纳红利税。但是，经济合作社不是法人主体，无法作为出资人对外投资，这在一定程度上影响了经济合作社的持续发展。新型农村集体经济组织的内部管理及外部环境如表3所示。

（六）关于集体资产股份流转问题

在市场经济体制下，只有集体资产股权自由流转，才能实现生产要素的优化组合，才能体现农民所持集体资产股份的价值，也才能显现它们作为生

① 中国目前大多数社区股份合作社是参照《中华人民共和国农民专业合作社法》在工商部门进行法人登记的。在税费方面，国家缺乏具体的农村集体资产交易、投资等免税法律规定，因此，社区股份合作社不享受按照农民专业合作社运行中的农产品销售优惠政策，而是需要像公司那样进行缴税。

产要素的潜在市场价值。如果仅对集体资产确权，而不允许其股权流转，那么，量化的集体资产就只能是“僵化的资产”，不能与其他要素实现优化组合，也不能像其他产权一样产生增值的效能。因此，从长远看，为充分发挥集体资产股份自由流转的效应，应该赋予其流转的权能。

然而，考虑到当前中国农村社会的开放程度和农村集体经济组织产权制度改革的发展状况，本文认为，目前农村集体资产股份可在本集体经济组织内部转让，全面对外流转的条件尚不具备。这是因为改制后的农村集体经济组织，其成员所获得的股权，大多还是福利性质的，在很大程度上还承担着农村社会保障的职能，农村集体经济组织成员也没有将集体资产股权对外流转的意愿。加之目前大部分地方未将土地资源纳入改制的范围，农村集体资产的价值并未完全显化。为了切实保护农村集体经济组织成员的资产收益权，确保农村集体资产保值增值，本文认为，现阶段农村集体资产股权不宜对外开放流转，以防止外来资金进入后控股农村集体经济。当然，将来随着农村集体资产价值的不断显化，股权流转制度的不断健全，可以在风险可控的前提下试行农村集体资产股权对外开放流转，逐步探索生产要素的流动方式。

（七）关于新型农村集体经济组织治理结构完善问题

农村集体经济组织产权制度改革的目的是实现“政企分开”“政资（财政资金与集体资金）分离”，建立较为完善的现代企业制度和法人治理结构。但是，目前已完成产权制度改革的农村集体经济组织，其董事长或理事长大多仍由乡镇书记或村书记兼任（书记多为外派的，往往不是本集体经济组织成员）。这种做法在改革起步时，体现了强有力的组织保障，也符合农村的实际情况，但与集体经济组织的本质特征并不相符，长远来说还需进一步规范。由于长期以来村级组织的运转经费主要依靠农村集体经济来保障，一些村改制后，并未真正实现村委会经费和集体经济组织经费分账管理、分账使用；同时，新型农村集体经济组织的董事会或理事会、监事会成员大多仍由乡镇党政主要领导和机关干部、村领导班子成员等兼任，管理上仍沿用原有管理乡镇、村级组织的方式，难以真正改变政府主导的固有模式，一定程度上也缺乏驾驭市场经济、适应市场竞争的能力。

对于这一问题，本文认为，要进一步健全各级农村集体资产监督管理委员会的职能，加强对农村集体经济组织重大项目投资、大额度资金使用、资产变动、收益分配方案、财务审计和重要人事安排等重大事项的审核。全面建立健全乡镇农经站，由农经站具体承担乡镇和村集体资产监督管理的日常工作。改制为有限责任公司和社区股份合作社的农村集体经济组织的治理机构，则按照相关法律政策规定来操作。改制后成立的经济合作社依法代表全体成员行使农村集体资产所有权，是农村集体资产管理的主体。经济合作社依照章程建立成员代表会议制度、成立理事会和监事会。成员代表会议是改制后农村集体经济组织的权力机构，凡涉及集体资产和成员切身利益的重大事项，必须提交成员代表会议讨论，经 2/3 以上代表同意方可实行，并及时上报给上级集体资产监督管理委员会。理事会作为成员代表会议的执行机构，负责经济合作社的日常事务管理工作。监事会作为监督机构，代表经济合作社全体成员对集体资产经营管理活动进行监督。经济合作社理事会理事和理事长候选人应当具有农村集体经济组织成员的资格，奉公守法、熟悉经营管理、善于组织协调、在成员中有一定的声望。理事会理事和理事长由成员代表会议一并选举产生。经济合作社理事会可以聘用职业经理人来经营管理经济合作社。经济合作社监事长由上级集体资产监督管理委员会委派，监事会监事由成员代表会议选举产生。

（八）关于新型农村集体经济组织与村委会或社区管理关系问题

当前已改制地区普遍反映，改制后村党支部、农村集体经济组织与村民自治组织职能交叉，未能做到各司其职、各负其责。事实上，新型农村集体经济组织仍然承担了村委会或社区公共管理的职能和相应的费用，长此以往这既会影响甚至拖累新型农村集体经济组织发展，又易引发农村集体经济组织成员与村委会或社区居民之间的矛盾。

本文认为，应积极创造条件，加快推进改制后农村基层组织政治职能、公共服务职能和经济职能的相互分离。村级党组织要发挥好领导核心的作用，领导和支持基层各种组织依法行使职权。村民自治组织要依法开展群众自治，搞好自治管理和公共服务。农村集体经济组织负责集体经济的运营和管理，发展壮大集体经济，提高集体经济组织成员的财产性收入。

推进农村集体经济组织产权制度改革后的一项重要制度安排就是实行“村经分离”。所谓“村经分离”，是指新型农村集体经济组织和村委会在职能、经费、人员等方面实行分离，其中主要是经费的分账使用和分账管理。这项改革在广东东莞、江苏苏州等地都已进行了有益的探索。本文认为，在城镇化进程很快、已经撤村建居的地方，原村委会承担的社会管理职能可以转交相应的社区（居委会），相关费用纳入社区（居委会）财政支出予以保障。改制后的农村集体经济组织主要负责集体资产的经营管理，并按股向其成员分红，不再承担社会管理的相关费用。在尚未撤村建居、但农村集体经济组织已经改制的地方，村委会主要承担社会管理的职能，相关费用由财政予以保障；新型农村集体经济组织承担经济职能，主要负责集体资产的经营管理，并按股（份额）向其成员分红。村委会和新型农村集体经济组织要分设账目，并按相应的会计制度加强账务管理。

五、相关建议

总结各地经验，当前和今后一个时期，中国农村集体经济组织产权制度改革要以保护农村集体经济组织及其成员的合法权益为核心，以创新农村集体经济组织产权制度改革形式为手段，以建立农村集体资产、资金和资源运营管理新机制为要求，建立“归属清晰、权责明确、保护严格、流转顺畅”的农村集体经济组织产权制度，确保农民收入持续增长。

为加快推进农村集体经济组织产权制度改革，本文对改革进程中亟待解决的共性问题提出两点建议：一是落实税费减免政策。对改制为有限责任公司、社区股份合作社的新型农村集体经济组织按照股份向成员进行收益分配的，暂缓征收个人所得税；或将分红所得计入农村集体经济组织成员的工资薪金，对超过月均 3500 元的部分，再按规定征收个人所得税。上述政策，可以在全国农村改革试验区内先行先试，取得经验后再逐步向全国推开。二是加快启动农村集体经济组织立法。目前中国对农村集体经济组织还没有专门立法，农村集体经济组织一直无名无实，实践中村民委员会往往代行了农村集体经济组织的权利和职能。要抓紧开展农村集体经济组织立法调研，制定《农村集体经济组织法》或者相关条例，赋予农村集体经济组织法人地位，明确其组织形式、职能定位和管理办法。

（作者单位：中共上海市委农村工作办公室、
上海市农业委员会政策法规处）

陕西杨凌区创新就地城镇化好处多

罗久序

陕西杨凌农业高新技术产业示范区在体制机制创新上，从当地实际出发，探索了一条新的城乡发展一体化、使农村就地城镇化、农民就地市民化的路子。

一、杨凌的基本情况和示范区的由来

杨凌位于陕西关中平原中部，总面积 135 平方公里，城市规划区 35 平方公里，下辖一个县级杨陵区，有 3 镇 2 个街道办事处，73 个行政村，总人口 20.65 万人，城市人口 11.28 万人。杨凌是我国著名的农科城，更是东方农耕文明的发源地。据《史记·周本记》记载，早在 4 000 多年前，我国历史上最早的农官——后稷，就在这一带“教民稼穑，树艺五谷”，开创了中华农耕文明的先河。1934 年，于右任先生与杨虎城将军，在这里建立了西北地区第一所农业高等学校——国立西北农林专科学校，即西北农林科技大学的前身。此后的几十年间，特别是新中国建立以来，国家和陕西省在杨凌又陆续布局建设了包括 2 所大学、5 个研究院所、3 所中专等 10 家农科教单位，聚集着农林水等 70 多个学科近 6 000 多名科教专门人才。但是，过去僵化的体制，使大量的农业科研教学人才外流，最多时一年要流失近 100 名农业科研教学人员。

1997 年 7 月 29 日，国家批准成立杨凌农业高新技术产业示范区，并纳入国家高新技术产业开发区序列管理，实行“省部共建、以省为主”的领导和管理模式。示范区党工委、管委会分别为陕西省委、省政府派出机构，享有地市级行政管理权。国家交给杨凌的任务是：通过体制改革和科技创新，把科技优势迅速转化为产业优势，依靠科技示范和产业化带动，推动我国干旱、半干旱地区农业实现可持续发展，带动这一地区农业产业结构战略性调整和农民增收，为我国农业的产业化、现代化做出贡献。作为全国唯一的农业高新技术产业示范区，杨凌已在这块“试验田”上耕耘了 17 年，由艰苦创业到示范带动，一步一个脚印，履行着国家赋予的历史责任，成效明显。1997—2013 年，杨凌示范区生产总值从 3.83 亿元增加到 84.7 亿元，财政总收入从 1 369万元增加到 11.7 亿元，农民人均纯收入从 1 396 元增加到 12 435 元。连续 5 年位居陕西省增速第一，城乡居民收入比也逐渐下降到 2.6∶1。示范区科研投入占 GDP 比重超过 6%，每年引进高端人才 100 名以上。

杨凌示范区不仅在农业科技创新和推广方面取得瞩目成就，而且在统筹城乡发展、推动城乡一体化方面进行了积极探索。杨凌全面坚持“政策一致、建设一体、公共服务均等、收入水平相当”的发展思路，以产业为支撑，以现代农业示范园区建设和城镇化建设为特点，加快推动就地城镇化。通过产业向园区集中、农民向社区集中等方式，推动农业产业化、农村社区化和农民职业化融合发展，形成了独具特色的城乡统筹发展新路子，呈现出“经济社会统筹协调发展、城乡居民生活水平共同提高”的局面。逐步实现城乡规划、产业布局、基础设施、公共服务、劳动就业、社会管理“六个一体化”的目标。初步实现了基础设施完善与公共服务均等，城镇化率不断攀高，创业环境进一步优化，城乡面貌焕然一新。

二、杨凌创新城乡发展一体化体制机制的实践

做个“城里人”，恐怕是很多“农村人”一生的梦想。自己不能，也要拼尽全力让子女跃出农门。人们追求的不仅仅是一种“洋气”的身份，而是附着其上的种种福利保障。但是现在的杨凌示范区，“城里人”和“农村人”的身份界限被打破，过去的城乡保障“鸿沟”也正在填平。城与乡，渐渐融会成“同一个世界”。

从 2008 年开始，围绕“现代农业看杨凌”的目标，杨凌累计投资 20 多亿元，基本建成的现代农业示范园区，培育形成了设施蔬菜、经济林果、畜牧养殖等八类主导产业。通过园区建设实践，杨凌也探索出了行政推动、项目整合、土地流转、龙头企业和专业合作社带动等一套有效机制，破解了建设过程中“组织方式、资金、土地”等诸多难题，基本形成了较为完整的现代农业标准化生产、技术服务、质量安全、市场营销等体系。2012 年，杨凌示范区对全区各类民生政策进行了调查摸底，逐条梳理出涉及城乡居民不一致的 22 项民生政策，重点对城乡政策存在较大差异的医保、低保、计生家庭生活补助、教师编制、计划生育扶持政策、失独家庭一次性补助等各项政策，按城乡执行标准“就高不就低”、“量力而行”和“达到一致”的原则，由示范区和下辖的杨陵区两级政府共筹措资金 1 000 多万元，把城乡居民 22 项民生政策提到统一的新标准，实现了城乡政策执行标准一致，探索出了一条统筹城乡发展、推动城乡一体化的新路子，着力加快推动以人为本的就地城镇化发展。杨凌创新城乡发展一体化体制机制可以归纳为“三化”：农业产业化、农村社区化、农民职业化。

（一）农业产业化：就地城镇化获得坚实产业支撑

在发展现代农业的实践中，杨凌示范区深刻体会到一家一户的小规模生

产方式，越来越与现代农业规模化、集约化、机械化的生产要求不相适应。为此，杨凌示范区把组建土地银行促进土地流转作为一项基础工作常抓不懈，引导农户将承包土地向龙头企业、专业大户、家庭农场和农民合作社流转，近年来全区共组建土地银行38家，流转土地4.48万亩，占总耕地面积的52%，涉及3个镇38个行政村11 767户，占总农户数的54.9%。一些重大农业产业化项目，如省果树中心苗木基地、秦川牛公司育肥基地、杨凌本香集团20万头生猪饲养基地等，就是通过这种形式顺利实现了合计约10 000余亩的土地流转，有效促进了杨凌示范区农业规模化生产经营。

2008年杨凌示范区按照“现代农业看杨凌”的目标，结合区域发展现状和产业特征，顶层设计，科学布局，规划建设100平方公里的杨凌现代农业示范园区，采用全产业链推广模式的经营思想，按照全产业链条推广示范的理念，规划设计了八个功能园区，推动农业生产经营方式向规模化和产业化转变。对有意发展现代农业的农民通过土地经营权流转，达到户均经营30～150亩，实现土地适度规模经营，发展家庭农场和种养大户。有力促进了现代农业发展和农民增收，为杨凌就地城镇化提供坚实的产业支撑。

现代农业模式与机制的探索，调整了产业结构、促进了科技创新创业、增加了农民收入，杨凌示范区农民人均纯收入增幅连续五年位居陕西第一，走出了一条可复制的现代农业发展“杨凌模式”。城乡一体化与农业现代化之间的关系是密不可分、相辅相成的。因此，必须把现代农业建设和城乡一体化放在同等的位置，坚持“四化同步”。一方面，大力推进现代农业建设，提高农业生产经营水平，促进农民持续稳定增收，解放富余劳动力，从而为推进城乡一体化提供人力支持和基础保障；另一方面，加大统筹城乡发展力度，增强农村发展活力，为农业现代化提供人、财、物等要素保障，推动现代农业的持续发展，最终实现二者良性互动、共同繁荣。

通过政策引导和就业扶持，促进农民居住和就业统一，逐步形成从事二、三产业的农民进城居住，从事现代农业的农民在田园农庄生活的格局，实现“三农”融合发展。对进城镇的农民，通过加强招商引资、建设工业园区、完善城镇功能，发展二、三产业，解决好就业问题。完全享受到“城里人”一样的生活质量与公共服务，真正实现了安居乐业，为产业发展增添了坚实的基础力量，加快推进了工业化、城镇化的发展。

（二）农村社区化：就地城镇化空间布局不断优化

实现城乡政策一体化是从本质上实现城乡发展一体化的先决条件，是农村社区化的重要内容。2012年以来，杨凌示范区对22项民生政策进行全面梳理，对城乡标准不一致的政策，全部按照就高不就低的原则已全面达到城乡一致。针对计生家庭生活补助、低保、教师编制和医保等4项政策，制定了城乡一体化实施方案，确保城乡居民早日享受同等待遇。同时，杨凌示范区全面推行了惠农财政补贴直通到户制度，实行各种补贴“一卡通”，严格方法程序，粮食综合直补、农机具购置补贴、新型农村合作医疗、农村养老保险等各项涉农补贴补助等强农惠农政策得到全面落实。

杨凌示范区按照“城乡一盘棋”的发展思路，编制了《杨凌城乡一体化发展规划》，遵循“政府主导、政策鼓励、自愿有偿，有序推进”的原则，引导农民向城镇和社区集中居住。积极推进“村改居”工作，顺利实现了2.6万农民进城落户。大力推进行政村的搬迁改造工作，建成温馨社区等共计占地66.5万平方米的6个新型社区，实现了1 700多户农民就地向社区转移，使杨凌城镇化率达到54%，高出陕西全省3个百分点。积极开展田园村庄创建活动，营造林草丰茂、绿色自然、环保安全的宜居环境，使广大农民居住在农村享受城市同等生活。通过一体规划城乡建设，杨凌示范区原“一城一镇四乡87个行政村”的旧架构，逐渐优化为“一城三镇五个新型社区”的空间结构新格局。

杨凌示范区按照‘村村优美、家家富足、处处和谐、人人幸福’的总体思路，大力实施‘环境、产业、服务、素质’四大提升工程，计划利用3～5年时间基本将全区农村全部建成独具魅力的新型田园村庄。

城乡发展，基础先行。3年来，杨凌示范区不断加大基础设施投入力度，一大批农村基础设施项目建成投用，新增农村和农业园区道路210多公里，解决了4.4万人的饮水安全问题。完成了康乐路延伸等市政基础设施建设工程。城乡环境卫生一体化管理机制运行良好，2010年顺利通过“国家级卫生区”复查验收。按照“农村交通城市化、城乡客运一体化”思路，统筹建设城乡道路客运服务设施和运营线路，推动城市公交向农村延伸，力争率先在陕西省实现城乡道路交通一体化。

随着杨凌示范区公共财政向农村逐渐倾斜，城乡社会事业也得到统筹发展，原本只有城市居民享受的优质公共服务也开始惠泽农家。整合城乡教育资源，全面实施“双高双普”合格区创建工作。扎实推进医药卫生体制改革，新农合和医疗机构信息化建设全面启动，药品“三统一”制度有效实施，公立医院改革成效显著，解决了群众看病难、看病贵问题，困难弱势群体生产生活问题得到较好解决。杨陵区崔东沟村村民徐新旺的母亲今年年初生了一场大病，花了不少钱，医保报销完还是负担不起，后来申请了区上的大病医疗救助，解决了医疗报销问题。徐新旺告诉我们：“真的救了我妈一条命！现在我们城乡医保都统一了，这在以前想都不敢想！”

徐新旺家里享受的，正是城乡一体的医疗救助政策，针对城乡低保对象、五保对象、城镇“三无人员”，对在患大病后经农村合作医疗和城镇医疗保险报销后，仍不能负担的城乡低保户、五保户、城镇三无人员给予大病医疗救助。

杨陵区五泉镇是城乡发展一体化中比较成功的一个典型。五泉镇把产业发展、农民增收作为发展的重要支撑，催生了全镇 15 家土地银行和 57 个“农业合作社”，流转土地达到 1.5 万亩，发展大棚种植和养殖业，农民收入快速增长。五泉镇斜上村 73 岁的低保户任万鱼老人感慨地说：“就拿我来说，家里有 2 亩地，前些年种庄稼辛辛苦苦一年也就能挣个 2 000 块钱。后来村里号召大家种猕猴桃，一年下来能挣 3 万多元!”斜上村一个孵化厂里，8 台孵化机，4 000 多只种鸡，年产蛋鸡 3 200 多只，常年销售到省内外。全村村民人均纯收入高达 1.2 万元。任老汉自豪地说：“村里人都有了钱，生活质量就上去了，楼房也盖起来了，电器、家具要啥有啥！以前觉得城里好，住楼房开小车，可现在，我一点也不羡慕城里人，挣得比他们多，空气还比他们好。”

（三）农民职业化：就地城镇化的基石不断巩固

职业农民作为现代农业理念和科技的承接者和传播者，是农业科技“二传手”，是发展现代农业的主力军，是解决未来“谁来种地”的根本途径。

自 2009 年开始，杨凌示范区年年都制定《新型农民培训工作实施方案》，大力实施职业农民塑造工程，积极培育新型农业生产经营主体。主要做法是：①加强创业培训。每年鼓励 500 名以上的失地农民和有创业愿望的城乡富余劳动力参加创业培训。②规范技能培训。每年全区有 1 000 多名群众在区内两所大学完成技能培训课程并取得农民专业技术证书。③推进点面结合培训。在重点加强对种养大户、农村经纪人、合作社理事长培训的同时，构建农民终身教育公共服务平台，打造新型职业农民队伍，2013 年全年培训农民 30 000 人次以上。

同时，逐步建立起覆盖全区的三级人力资源服务网络，实行城乡统一的就业失业登记制度，建立完善城乡统一的就业失业统计登记标准，累计新增就业岗位 8 000 多个，转移农村劳动力 6 万多人次，城镇登记失业率控制在 2.3%以内，连续五年被陕西省评为“劳动力转移就业工作先进区”。如今杨凌的农民已经成为一种正式职业，不但通过领取土地租金增加财产性收入，还通过领取薪酬增加工资性收入。拥有了“农业科技身份证”的农民技师，成为传播先进农业技术、带动农民致富、发展现代农业的重要力量。杨凌杨村乡崔东沟农民徐绒利，先后参加了示范区组织的多次果树嫁接培训班，获得首批农技师职称证书。此后，她动员其他有技术的同村妇女 30 余人，组建了“杨凌女子嫁接队”，专门从事杂果、花卉及苗木嫁接工作。因为手艺过硬，嫁接队声名远扬，已多次受邀赴新疆、甘肃、山西等地工作，年人均科技服务收入超过 2 万元。

三、杨凌示范区就地城镇化的启示

城乡发展一体化体制机制创新在杨凌的实践，以农业产业化、农村社区化和农民职业化的三农融合发展为亮点，有效地破解“三农”问题，实现以人为本的就地城镇化，让城乡环境与农民生活水平同步提高，让农民满意度和幸福指数持续提升。杨凌的就地城镇化经验为我们创新城乡发展一体化体制机制提供了有益的借鉴。

启示一：抓创新转观念，规划合理，功能区分。充分发挥规划的先导和引领作用，以深化土地流转为突破口，集约节约利用土地和资源，提高农村可持续发展能力，建设农村空间一体化格局。在小城镇、中心社区、田园村庄建设等规划中，促进小城镇和新型农村社区的科学布局，加强现代农业示范园区和农村社区的合理建设，明确生产区和生活区的功能定位，优化公共设施规划建设，形成规划合理，功能完备的城乡发展一体化新格局，切实使规划落到实处，取得实效。

启示二：抓产业聚人气，产业为基，就业为本。产业转型是就地城镇化的基础，农民就业是就地城镇化的根本。强化产业的支撑作用，推进现代农业示范园区全产业链的生产经营方式，使农民由从事农业生产转向投入到园区产业链中从事生产经营活动，进一步转变农民就业方式，积极促进农民就地就近稳定就业，增强农村就业吸纳能力，形成农民增收致富的稳定来源。同时，加大农民技能培训力度，提高农村人口素质，为农村居民自由流动谋职创业创造条件。一方面全面提高了现代农业的规模化、科技化、标准化、品牌化、信息化和生态化水平；另一方面培育了职业农民、龙头企业、合作社“三位一体”的新型农业生产经营主体。

启示三：抓品质促升级，服务均等，政策一体。就地城镇化是以人为本的城镇化道路，其核心和主导是实现人的城镇化，将农民利益作为出发点和落脚点，尊重民意，保护民利。公共服务均衡配置是就地城镇化的关键。这就要求公共服务体系不断完善，在城乡同时实现高质量的基础设施建设和高效率的公共服务供给。同时，城乡政策一体化为就地城镇化提供制度保障，确保农村居民在低保、养老、医疗保险等方面与城市居民享受同等政策待遇。以政策一体为基础，引导职业农民进入现代农业示范园区就业，进入农村社区和田园村庄生活，最终实现农民、企业、合作社融合，城镇、田园村庄融合，生产、生活、生态融合，形成产业结构调整、空间布局优化、基础设施到位、社会公共事业全面发展的城乡一体化新局面。

（作者单位：陕西省委政策研究室）

论村镇化为基础的城乡一体化道路

——关于湖北宜昌市22个村的调查

傅光明

2014年5月6—12日，笔者参加了对湖北省宜昌市13个县（市、区）的“三万”活动的检查考核，共调研了22个村或社区。行程2 200公里，平均到达每个村或社区100公里。调查的方式主要是当面交谈、座谈、现场观看。普遍的村镇建设面貌是：公路越来越宽敞，楼房越来越亮堂，村庄越来越美丽，环境越来越整洁，山林越来越浓绿，网格越来越发达，审批和购买越来越快捷，收入越来越增加，文化生活越来越活跃，各种纠纷越来越减少，幸福感越来越增强，脱贫致富信心越来越充足，脸上越来越笑逐颜开，对政府的感激之情溢于言表，城乡差别越来越缩小。

调查表明，连续四年的“三万”活动，有力推动了以村镇化为基础的城镇化快速发展，走出了一条具有湖北特色的城乡一体化发展新路，迅速改变着贫困地区的落后面貌，加速了农村全面建设小康步伐和进程。

一、村镇化发展的四种模式

22个村，共有139个小组22 830户56 158人。耕地面积79 357亩，人均1.41亩耕地，其中水田11054亩、旱地68 303亩，山林面积83 255亩，人均山林面积1.48亩。2013年人均纯收入9 102元。在这22个村中，有四种模式的村镇化道路：

第一种是“城中村”，已经或正在溶入城市化的村庄。最典型的是西陵区石板村和伍家岗共同村。这两个村的产业主要是靠征用集体土地，村集体和农民收入主要依靠征用土地的补偿，基础设施完备，人均收入高，上年人均纯收入都在1.2万元，村集体经济雄厚，农民从事了城市的工商业活动，有的住房有好几套，同时享受与城镇人一样的养老统筹和医疗保险等待遇。伍家岗共同村，886户，2 200人，耕地面积6 000亩，上年人均纯收入12 700元。建工业园区14万平方米，总投资3.3亿元。建设4万平方米的仓储用房民。土地是征用集体土地的15%提取的。

第二种是城郊的村镇化。这类农村仍然保持了农业主业的特征，如夷陵区仓屋榜村，村前建成了一个大广场。全村1 607户，4 936人，耕地面积

1.5 万亩，上年人均纯收入 1.43 万元。实现了住房楼房化，出行车辆化，通信数字化，烧饭沼气化，农业机械化。猇亭区福善场村，山岗上耸立着一栋栋机新楼房，楼房前后种有柑橘等，公路硬化，实现了养老保障和医疗保险的全覆盖。

第三种是经济较发达的县域经济中的功能齐全的村镇化。如宜都市、当阳市、枝江市等县市县域经济较发达，一些村级经济较发达，工商业发达，农村产业结构调整力度大，农村基础设施比较完备，农民收入接近城郊村镇的收入水平。宜都市五眼泉镇响水洞村距宜都市城区 6 公里，陆渔一级公路贯穿全境，交通十分便捷。全村总面积 7.84 平方公里，下辖 4 个村民小组，总人口 2 032 人。耕地面积 1 767 亩。先后投资 165 万元的自来水工程，到组、到集中片区主管网道工程已全面完工。投资 110.1 万元的村委会阵地建设，占地面积 187 平方米，设有办事大厅、会议室、党员群众服务中心室，方便村民一站式服务。投资 117.8 万元完成硬化公路 9 条，6.5 公里，改善了交通条件。投资 92.5 万元征地 36.8 亩进行中心村小区建设。全村生产总值达到 3 200 万元，农民人均纯收入 10 885 元。经济以务工经济为主，主要农作物为柑橘，外出务工人员 380 人。全村 2014 年村级预算收入 2 004 万元，其中土地征用收入 1 655 万元、财政转移支付 9.3 万元、村资产收入 40.5 万元，土地承包收入 35 万元、企业上交收入 5 万元。公共设施道路管理到人到户。

第四种是县域经济欠发达、地处大山区、贫困地区的正在发育成长完善的村镇化。这类村镇包括兴山、秭归、长阳、五峰等县域经济欠发达地区、贫困地区。其特征是：各种基础设施正在快速完善之中，产业结构正在加快提档升级之中，农民收入正在快速增长之中，村庄整治和美丽村庄建设正在形成之中。如五峰县长乐坪镇腰牌村，只见两山之间——一条狭长的平原地带上，盖有数十幢土家风格的新式二层建筑，形成一道亮丽的风景线。全村 484 户，1 593 人，耕地面积 1 799 亩，2013 年人均纯收入 3 934 元。到村公路已经修通，饮水问题初步解决。白岩坪村 6 个小组，780 户，2 600 人，4 750亩耕地，人均纯收入 3 500 元。水泥路修了 20 公里，兴办茶厂 3 700 亩，街上已经有 110 个门面，营业收入 450 万元。年旅游收入 5 000 万元。

二、村镇化发展的要素驱动和基本特征

村镇化是城镇化的雏形和初级阶段，从 22 个村级发展的模式看，主要有 9 个基本要素和特征：基础设施完备化、产业结构升级化、城乡网格一体化、村级经济股权化、审批购买快捷化、环境卫生长效化、社区管理精细化、社会保障延伸化、财政供给适度化。

基础设施完备化。调查表明，22 个村的基础设施基本完备。首先是路。

除枝江的平湖村的公路修到村，修到组、修到了户外，其他的村都将公路修到村级。兴修一公里泥路，在平原地区要投资 30 万～40 万元，而兴山县的普安村，6 公里公路花费了 500 万元，平均 1 公里需投资 100 万元。因此，山区的交通设施投资更大。其次是饮水安全。城中村、县域经济较发达的村解决了饮水问题。而经济欠发达的县域村，主要采取挖水池的办法解决饮水安全。是一种初级阶段的饮水。再次是用电。基本有用电得到了普遍解决。最后是住房，所有村庄普遍盖起来了楼房。远安县左家坪村，地界，远处两山对峙，左山如同一头巨大咆哮的雄狮，扑向相隔的右一座山峰。阳光从两山之间倾泄下来。山下新盖起了两排象街道形式的新楼房，全村新盖 57 栋新楼房，一栋投资 20 万～30 万元。新添了 42 个太阳灯。一幅深山中的新城镇情景。

产业结构的升级化。充分利用本地资源优势，发展具有竞争比较优势的柑橘、茶叶等产业和产品，同时不断改良品种，提档升级，扩大销售，占领市场，争取卖出好价钱，增加村民收入。这是所有村镇高度重视的大问题。可以说村镇之本，村镇之魂，村镇之基，村镇之要务。秭归县盐关村全村 822 户 2 180 人，有耕地面积 2 500 亩，其中水田 1 070 亩。山林 4 500 亩。全村不少农户的柑橘年收入达 10 万元，全县 10 万元的柑橘收入户达 1 000 多户。2014 年全村修通了到果园的 4.5 公里公路，投入 70 多万元；改造柑橘品种 2 500 亩，提升了品种质量。柑橘平均价格由上年每千克 0.8 元提高到 1.2 元。兴山县普安村引进湖北昭君生态农业有限公司董事长、总经理王辉军发展白茶生产，白茶基地采取“企业＋专业合作社＋农户”的模式，上年公司茶叶销售收入 4 820 万元，2014 年可突破 6 000 万元。白茶每千克价格卖到 8 000 元。村里一个农民种一亩白茶的收益高出原来种粮的 10 倍。上年人均纯收入 6 300 元。

城乡网格一体化。在 2014 年全省“三万”中，22 个村普遍推进了农村网格化管理，一般是以组设为一个“网格”，将村内划分成多个网格；把每个网格作为社会管理的基本单元，配备一名网格服务管理员，网格员由政府统一招录，主要职能是收集管理信息、开展便民服务等。配备了 139 名网格员。做到建体系，定制度，强保障，以村为单元，所有村民的个人、家庭、财产资料信息全部录入了网格，并与县市网格联网和覆盖。构建了乡村“三位一体”（网格化服务、便民服务、综治维稳服务），网格平台建设完成 60％以上，建立了长效机制。当阳市玉泉办事处岩屋庙村，打开网格，视屏上显示出每个人的照片、住房面积、承包耕地、地理位置等所有信息，同时网络上显示出亮光的具体位置。选拔 6 名年轻、文化程度高的网格员，年工资补助 1 140 元。社区还安装了 5 个探头。实现了城乡一体，一网打尽，大大增强了政府治理能力。

村级经济股权化。农村在实现了“耕者有其田”之后，正在向村级有其股，劳者有其产转变。2013 年 22 个村共有村级集体收入 2 673.5 万元，村均收入 121.5 万元，除去宜都市响水洞村年集体收入 2 004 万元的不可比因素后，村均集体收入 31.9 万元。这些村级集体收入来源主要是村级集体企业（如小水电站、各种矿场）、各种承包经营收入、各种服务收入等。普遍采取了股权的形式，固定取得股权收入，成为村级开支的重要来源。伍家岗共同村，已经不满足于征用土地得现金的方式，经与政府协商，将征用集体土地的 15%，建设工业园区，招商引资，发展企业。

审批购买快捷化。每个村部建立了电子政务会网，村民办事实行网上办公。据统计乡村各种直接办理和委托办理事项有 83 项，可以直接在网上办理 27 件审批事项，比如结婚证和生育证，直接将身份证和照片扫描，上传到市，直接办证。仓屋榜村在供销社设立公共服务站点，直接办理村民的社保卡和涉农支付，2014 年以来取款 450 笔 145 万元。钱由服务站垫付，财政或银行再支付合站点。随着村级网络的开通，网上购买红火起来。

环境卫生长效化。各村组普遍设立了垃圾箱，购买了垃圾车，负责转运垃圾。安排了专人负责管理，安排了专门预算支付。猇亭区福善场村开挖了 65 个垃圾池，大的 15 个，每个 6 000 元，投资 9 万元。建小垃圾池以奖代补，一次奖补 500 元，50 个 2.5 万元。安排专人收垃圾，有专车，一次 100 元。安排专人管理，年支出 2.5 万元。

社区管理精细化。无论是城中村，还是贫困地区的农村，普遍按照社区管理的要求，对公共事务进行了具体划分，明确责任人，进行了精细化、规范化管理。陈家垸的宣传栏上，将全村所有的公共事务细化，村组干部和聘用人员明确了具体管理事务，一季度一检查，一年一评比。

社会保障延伸化。无论是城区农民，还是贫困地区农民，普遍建立了养老统筹和农村或城市合作医疗，享受到了改革开放城乡统一的成果。新型农村合作医疗参保率 100%。虽然制度还不完善，标准有待提高，城乡有待统一，但农民表示满意。

财政供给适度化。2013 年 22 个村转移支付金额达到 136.1 万元，村均 6.18 万元。最多的村如长阳郑家榜村达到 18 万元，最少的也有 3 万元。村干部人均年工资补助 2.3 万元。

三、“三万”活动和对口帮扶加速了村镇发展

近四年来，全省每年开展一次“三万”活动，有针对性地解决农村一项突出问题。各级政府部门开展了结对子的帮扶活动，有力地推动了村镇发展。

一是帮扶力度加大。每个村都有帮扶部门，每年都有资金和项目投入。

22个村中有3个村是由省直3个部门驻点支持的，其他的19个村，都是由宜昌市和当地县直部门驻点支持。远安县的村镇都有县直部门的负责同志担任第一村支书。每个部门一般有3个人长期驻点，2014年共扶持资金184万元，村均9.2万元，村级投入和项目引进资金2 560万元，村均116.4万元。2014年共帮助村级办实事93件，村均4.2件。主要帮助解决村级公路、安全饮水、用电和产业结构调整以及环境卫生整治等问题。

二是一些部门长期对口帮扶，发挥了关键作用。五峰县长乐坪镇腰牌村，是省民宗委的驻点，已经住了4年。白岩坪村风景秀丽，“百里幽峡柴埠溪，三千奇峰仙境地”，省民宗委在此村支持了8年，每年投入20万元，水泥路修了20公里，兴办茶厂3 700亩，街上已经有110个门面，营业收入450万元。村有茶厂收入6万元，年旅游收入5 000万元。提起省民宗委的同志，老百姓赞不绝口。

三是资金投入超规模。创新资金筹措方式，2014年宜昌市以县（市、区）为单位、以规划为依据、以项目为抓手，整合项目、整合资源，建立部门会商机制和项目建设长效管护机制。坚持“政府主导、农民主体、社会参与、县市统筹”原则，努力破解资金筹措难题。据统计，全市财政投入资金3.62亿元，整合项目资金13.14亿元，各级工作组帮扶6 430万元，社会捐资3 838万元，群众筹资筹劳2.2亿元。22个村年共投入和项目引进资金2 560万元，村均116.4万元。

四、启　　示

一是继续加大对村镇基础设施建设和产业支持力度。面对22个村，笔者都要提出同样的一个问题：村镇建设还有什么新要求和希望？农民提出的更高需求，概括起来就是水、电、路、产。

水就是安全饮水和生产用水。一些富裕村庄的农民有的提出对现行饮水质量进行检验的要求，迫切要求喝上安全卫生的饮水，喝上与城市人一样的自来水。这对全社会的水源管理、环境保护提出了新的要求，对加强农村安全用水的设施提出了新的要求。一些位于大山区的农民，不仅生活饮水困难，而且对生产用水提出了更大的需求，而解决生产用水的问题，需要巨额的投资。

电是农民用电量大幅增加，现行的农民用电设施和用电供应量远远不能满意需求，特别随着城乡网格化的实施，不少乡村建立了网格化，农民办事不出村，通过上网购买各种商品，通过网上办理各种行政审批事项，因此，现行农民用电设施和用电量不能适应农民的需要。在宜都市一个村调查，仅新的电网改造，这个村就投入了近200万元。因此，保障农民的新的用电需求和设施，同样需要巨额投资。

路是农村公路提档升级和延伸到组到户。目前，各级政府的扶持主要是将农村公路修通到村。村村通公路不再是梦想，而已经成为了现实。但是由于宜昌相当一部分村是由原来几个村合并成的，一个村相当于过去一个管理区，面积大，范围广，公路到村后远远不能解决全村的交通问题，于是公路通到组的呼声非常强烈。在山区，1 公里公路的投资需要上百万元，如果修到组，投资会更多。有的已经修到了组的村，农民呼声修到户，有的提出修到果园，因为可以大大提高劳动生产率。

产是产品、产业、产权和股权。随着农村基础设施的快速成改善，农民致富的热情高涨，迫切要求加快产业结构调整，要求政府提供市场服务，对当地的柑橘和茶叶等传统产品质量和水平提级，在激烈的市场竞争中，提高质量和提高价格水平，这样可以卖出更好的价钱。而对现有产品进行品种改良和升级，更是巨大的投资。同时，农民对土地、山村的产权保护提出了更高的要求，对传统的土地征用，不再满意于一定数字的资金补偿，而是要求参与股权。不少村级组织对原有的资产、土地和企业，采取与企业入股经营的方式，取得股权收益。可以说，农村已经由过去“耕地地有期田”向劳者有其产、农者有其股转变。

二是继续深化政府改革，真正把政府职能转变到为村镇的社会服务和市场服务上来。县级各种行政审批权项目要进一步精简和下放。如结婚证、农民建房证、低保、临时救助等应当下放到乡村办理。加强村镇网格化和信息化建设，让农村真正融入市场化进程，加速农村市场化发展。

三是加强村镇干部的培养和教育。随着村镇化的发展，农村社区和城镇化管理人才越来越缺乏的问题非常突出，因此一方面，要加强农村年轻后备人才的培训；另一方面，鼓励城市各方面的人才进入村镇服务，逐步在村镇配备专业化的人员，加强对村镇各项工作的指导。

（作者单位：湖北省财政厅）

财政支持农业科技推广示范县建设的问题与对策

蔡世忠

《中共中央国务院关于加快推进农业科技创新持续增强农产品供给保障能力的若干意见》中提出：要引导农业科研、教学单位成为公益性农技推广的重要力量，支持和鼓励科研、教学单位承担农技推广项目，建立农业试验示范基地，推行院县共建等服务模式，集成、熟化和推广农业科技成果。以科研、教学单位为主导，将农业科技成果直接推向生产一线，在实践中已探索出多种有效模式和途径，其中最有代表性的是河南省农业科学院实施的"现代农业科技示范工程"（主要包括5个现代农业综合示范县、20个特色高效农业示范基地县和3个帮扶县等）。该工程以搭建院县合作为平台，以创建现代农业示范基地为重点，带动了新品种、新技术、新产品、新标准、新农机和新生产方式的推广应用，促进了科研与生产的紧密结合，发挥了科技支撑作用，引领了全省现代农业建设。

一、农业科技推广示范县建设的必要性

（一）持续增强国家粮食安全和农产品供给保障能力的需要

尽管河南农业连年丰收，但由于需求刚性增长，使农产品供给面临的压力越来越大。目前，农产品供求处于"总量基本平衡、结构性紧缺"状况。在资源约束越来越紧、水旱灾害影响加大、种粮比较效益不高等诸多压力下，粮食增产的难度不断加大。因此，迫切需要加强农业动植物新品种、优质高效种养技术的成果转化应用，大幅度提高粮食等主要农产品的单产，不断改善农产品品质，确保国家粮食安全和主要农产品供给的能力稳步提高。

（二）全面提升农业优势产业发展的需要

农业生产在空间分布上具有地域性，在时间变化上具有季节性和周期性，由此促成了优势农业产品带的形成与发展。河南省作为全国重要的农业大省、粮食生产大省，有着显著的农业生产优势、创新资源、区位条件，《国家粮食战略工程河南粮食核心区建设规划》依据全省气候、土壤、水资源、地形地貌和地理空间的连贯性，将河南粮食核心区划分为黄淮海平原、

豫北豫西山前平原和南阳盆地三大区域；《中原经济区规划》确立了全省不同的农产品优势产区：畜产品优势产区、油料优势产区、棉花优势产区和特色农产品优势产区。不同区域对农业科技资源配置和农业科技推广示范县建设有着不同的要求，因此，建立完善配置高效、支撑有力、引领发展的区域农业科技创新与示范推广体系，也是有效地发挥区位优势，全面提升农业优势产业发展的需要。

（三）转变农业发展方式，发展现代农业的需要

与发达国家和地区相比，全省农业发展方式粗放，农业基础设施和技术装备落后，水土资源利用率不高，农业生态环境退化严重，支撑粮食和农业生产的各种条件已经绷得很紧，下一步靠增加面积增产的潜力越来越小，因此，迫切需要大力促进节水型农业、循环农业、生态农业技术等科技成果的转化，大幅度改善农业生态环境，促进农业可持续发展，使其成为现代农业持续发展的强大动力。

（四）统筹城乡发展，提高农民收入的需要

受国内外多种因素影响，近年来，农业生产资料价格持续高位运行，人工费用、土地流转费用、机械作业成本等均呈上升态势，全省农业生产成本上升速度明显加快。尽管河南农业和粮食生产的绝对收益总体上有所提高，但农业比较效益依然偏低。目前，农民务农收入的增长速度明显低于外出务工，农业劳动生产率远低于二、三产业。实现城乡统筹发展，确保农民收入持续增加，迫切需要加强节本增效、农产品加工等技术的应用，通过农业科技推广示范县建设，切实提高科技对农民增收和生活质量提升的支撑能力。

（五）提升自主科技创新能力，争创国内一流科研院所的需要

农业科技体制改革以来，河南农业科技自主创新能力大大增强，科研实力稳步提高，科技成果产出数量不断增多。但是，农业科技成果转化能力与科技成果研发能力极不匹配，是整个农业科技创新体系中最薄弱的环节，已成为农业科技转化为现实生产力的“瓶颈”。因此，提升农业科技创新效率和水平的关键在于不断推进成果转化和应用，迫切需要通过农业科技推广示范县建设，进一步加大成果转化的速度和规模，提高科技成果转化率和科技进步贡献率，提升科技对农业产业健康持续发展的支撑能力。农业科技推广示范县是农业科研院所展示其科技实力、大力促进科技成果转化的平台。因此，建设好这个平台，也是农业科研院所提升自主科技创新能力，争创国内一流科研院所的需要。

二、财政在农业科技推广示范县建设投入中应占主导地位

（一）农业科技的特点决定了政府公共财政的倾斜支持

农业科研是以有生命的动植物为研究对象，从农业生物的生长发育规律来看，具有研究周期长，农业科研成果扩散受农业外部环境制约，成果扩大生产周期长，又有较强的季节性和地域性，不确定因素多、风险大等特点。国内外实践表明，从一个农业科技创新思想的产生，到科技成果的取得，再到农业科技成果转化为现实生产力，创造出新产品的整个过程，需要几年、十几年甚至更长的时间。这期间的科研费用、中间试验费用、风险性费用及科技成果工程化能力建设等项费用，都需要公共财政投资。此外，农业科技具有公益性、基础性的特点，产生外部性，导致市场配置失灵。尽管农业科技投入有较高的投资回报率，但市场无法达到农业科技投资的最佳均衡点。这就决定了一般金融机构、企业或社会团体难以成为公益性农业科技创新与示范推广投资的主体，政府财政投入必须占据主体地位。

（二）现代农业科技发展的高投入高回报，决定了财政应给予更多的资金投入

现代农业是一种高投入高产出的农业，现代农业科技简单地说就是能够对现代农业发展起保障支撑作用的科技能力（科技创新与成果转化能力），其系统性、高新性、显效性、产业性、关联性等特点决定了现代农业科技也是高投入高回报的农业科技。农业科技推广示范县建设就是农业科研单位把最先进、最新型、最有效的现代农业科技成果通过示范县集成配套推广应用于农业生产，以促进传统农业向现代农业的转变。因此，在河南省农业科技推广示范县建设中，财政应给予更多的资金投入和政策支持，以便为示范县建设提供资金和政策保障。

（三）与发达国家和国内先进省份相比，河南财政支持农业科技推广的资金投入远远不够，须加大政府资金投入

发达国家科学研究与成果转化投入的比例一般为 1∶10，而我国用于农业科技成果转化的资金不足农业科技支出的 5%，河南省则更低。国内经济较发达的先进省份，农业科技进步在农业增长中的贡献份额要高一些，用于农业科技成果转化的资金相对较多。河南省科技成果转化资金严重偏低，农业科技成果转化环节极其薄弱，大量农业科技成果因缺乏资金支持而无法转化。科技成果示范县建设资金供求矛盾突出，极大地影响了农业科技推广示

范县建设进程。因此，要加快农业科技推广示范县建设步伐，必须加大政府财政资金投入力度。

三、财政支持省农科院农业科技推广示范县建设取得的初步成效

为了有效提升农业科技成果转化的效果和效率，2001 年国务院批准设立了国家政策性引导专项资金——农业科技成果转化资金，旨在引导具有自主知识产权和重大应用前景的农业科技成果实现二次开发，并大面积示范推广应用。截至 2012 年年底，中央财政累计投入 41.5 亿元，支持项目 6 386 项，在促进农业增产增效、农民增收，推动农业产业集群优化升级、培育农村新型创业人才等方面取得了显著成效。河南省农科院在承担国家农业科技成果转化资金项目的同时，启动实施了“现代农业科技示范工程”，通过院县合作的平台，共建农业科技推广示范县。省财政厅投资约 1 500 万元，连续 3 年通过项目的形式，支持农业科技推广示范县建设。该工程实施两年多来，来自河南农科系统省、市、县多层次与种、养、加多学科的技术人员共计 450 余人深入全省粮食主产区和特色农业产区，开展了贯穿农业生产全过程的科技成果示范推广和科技服务工作，取得了显著的社会经济效益。

一是良种良法推广应用，提升粮油综合生产能力。在全省粮油主产区的 45 个县（市），创建小麦、玉米、水稻、大豆、花生、油菜等作物高产示范方 87 个，其中万亩示范方 36 个，推广应用 32 个粮油作物新品种和 45 项先进适用配套技术，示范方累计面积达 120 余万亩，推广辐射面积达 1 000 万亩以上，总增产粮食 83.6 万吨，总增产油料 12.7 万吨，新增社会经济效益 20 多亿元。

二是关键技术集成示范，促进科研与生产紧密结合。通过将高产优质品种、轻简化栽培技术、病虫草害综合防控、机械化作业等多学科技术集成，实现了各示范基地良种覆盖率 100%，测土配方施肥技术应用率和病虫草害统防统治率在 95%以上。

三是创培科技致富典型，推动农民收入稳步增长。相继培育了洛阳龙门和泌阳优质葡萄、虞城和武陟棚架梨、濮阳甜瓜、罗山有机茶叶、西平双孢蘑菇和中牟香椿等特色高效农业示范基地 26 个，累计新增社会经济效益近 1.5 亿元，直接带动相关农户年人均增收 3 000 元以上。

四是促进畜禽健康养殖、农产品精深加工示范基地建设。结合河南省实施的现代农业产业化集群培育工程，发挥省院畜牧兽医和动物免疫专业技术优势，在 5 个示范基地县（市），推进标准化规模畜禽健康养殖，帮助畜禽养殖重点企业建立标准化规模养殖示范场区，引进畜禽健康养殖新技术，提高了养殖标准化水平；进一步完善猪、牛等动物防疫体系建设，增强了重大

动物疫病防控能力；在粮油食品加工产业优势突出的永城、延津和商水，与当地粮油加工企业开展技术合作，重点建立小麦胚芽油、大豆、芝麻、花生和食用菌等农产品精深加工及综合利用技术示范基地，促进了当地粮油加工企业的集聚和农产品生产加工基地式布局发展。

五是构建立体循环农业，实现资源与环境良性互动。在西平综合示范县，技术人员指导当地合作社建立了种养业相结合的“猪—沼—菜”循环农业发展模式，把养猪、沼气和种菜合理配置，既减少了化肥、农药等的使用量，节约了农业生产成本，又提高了废弃资源的有效利用，减少了环境污染。

六是创新科技服务方式，培育新型农业经营主体。科技人员依托分布在各地的120余家农民专业合作组织和涉农企业，建立起“省院专家—县（市）技术人员—科技示范户”的技术服务模式，累计培训合作社领办人、农村技术能手和农民群众95万人次，有效提高了广大农民对先进适用技术的接受能力和应用水平。

四、农业科技推广示范县建设存在的主要问题

农业科技推广示范县是“院县共建型”农业科技成果转化的重要方式。目前，在建设中还存在如下方面的问题：

（一）农业科技示范县建设的标准不够高

农业科技示范基地建设标准有待进一步提高。依托“现代农业科技示范工程”，河南省农科院与有关县（市）联合建立的农村科技示范基地数量快速增长，范围涉及广泛。但与新型农业现代化的发展要求相比，农村科技示范基地的科技示范和辐射带动作用仍不够强，集中表现为整体规模偏小、技术集成偏少、建设方式相对单一，缺乏良种、良法、农机、农艺等全方位建设的高标准示范样板。

（二）面向农民的科技培训机制有待进一步完善

结合各类项目的实施，省农科院科技人员、基层农技部门技术人员和科技示范户等逐渐形成了良性技术沟通机制。但针对项目区农户普遍种养规模偏小，生产分散的现实，科技培训工作无论数量质量，还是方式方法都需要进一步完善，技术棚架问题亟待解决。

（三）政策导向乏力，影响了科技示范县建设的深度和广度

现阶段，由于我国依然残留了计划经济条块分割的部门设置，致使农业科研和推广部门分属两大系统，难以互补长短。虽然中央和河南省委都鼓励和支持农业科研单位从事自身科技成果的集成、熟化和示范推广工作，但由

于政策本身缺乏实质导向性，致使其难以落实，这在很大程度上限制了全省农业科研系统农业科技推广示范县建设的深度和广度。

（四）缺乏长期稳定的财政资金投入

农业科技成果推广示范县建设是科技成果二次创新（集成创新）和产业化应用的过程，需要大量的田间试验示范和技术熟化、标准化研究，更需要大规模的建设示范基地、开展技术培训、加强技术宣传和及时解决在转化过程中出现的技术问题，物化技术成果还需要产业化开发，是比成果创新阶段投入更大、耗费精力更多的科技工作。但目前农业科研单位搞农业科技推广示范县建设，缺乏长期稳定的资金投入。由于体制原因，现有的农业科技成果转化资金和农技推广补助资金都有着明确的指向，对农业科研单位“自助式”成果转化工作都难以形成长期资助；在省级财政方面，虽然河南省农科院一直希望将“现代农业科技示范工程”中5个综合示范县建设纳入到河南省财政年度预算项目，但这一过程仍相对漫长，院县合作项目始终缺乏长期的、相对稳定的财政经费支持渠道。

（五）农业科技成果转化方式不适合现代农业产业发展的需要

现在的成果转化还是以成果为中心的转化，不是以新型农业经营主体经营的现代农业产业为中心的转化，因而使农业科技成果转化率不高或者由于不配套而难以转化。这是由于，现有的项目大多分散在各个领域之中，仅针对产业发展的某项技术进行转化应用，现代农业产业技术集成转化的较少。并且，这种单项技术成果的转化对现代农业产业发展的推动作用有限，难以满足现代农业发展中实现全方位现代化的总体需求和高产、优质、高效、安全、环保的多目标需要。

（六）农民农户技术需求能力十分有限，给农业科技推广示范县建设带来了一定的困难

现在，由于广大农民收入水平不高，受教育程度偏低，人力资本积累不足，缺少科技意识，缺乏经营远见，制约了农民采用新技术的能力。目前，河南省农民中有21％左右的是小学及以下水平，平均文化程度也只有初中一年级。在农民中，受过专业技能培训的仅占13.6％。广大农民群众科技文化素质较低，对现代农业技术缺乏了解，这就使农户对可替代的新技术内在需求动力明显不足。另外，农户经营规模过于狭小且分散，吸纳农业科技的能力十分有限，给先进的耕作方式、饲养方式和农业机械等新技术的应用造成不便。这两方面直接限制了农业技术创新和成果的转化，也给农业科技推广示范县建设带来一定困难。

五、财政支持农业科技推广示范县建设的政策建议

(一) 有效整合农业科技资源，切实提高示范县建设的标准和辐射带动力

整合农业科研资源，提高农业科技创新能力和农业科研成果系统集成、组装配套的能力。农业科研机构，要围绕中原经济区的战略定位，即：国家重要的粮食生产和现代农业基地，按照“现代农业科技示范工程”的要求，全省农业科研单位要把自身农业科技资源集中布局到优势学科和重点课题中来，科技示范县建设活动，主要安排在粮食主产区和特色农业产区，由财政出资，省农科院牵头，以增产增效并重、良种良法配套、农机农艺结合、生产生态协调的方式，集成、组装、配套出一批轻简化、集成化、标准化、配套化、系列化的高新技术成果，形成市场竞争能力强的科技产品和优势技术。以便为农业科技推广示范县建设注入新的科技活力，提高示范建设的水平和辐射带动能力。

围绕区域农业资源特点和产业优势，重新整合农业科技推广资源，构建新型的有区域特色的农业科技推广模式，为提高农业科技成果转化能力提供组织保障。政府部门应逐渐消除条块分割，密切农业科研、推广之间的合作关系，出台支持科研单位承担农技推广项目、鼓励科研人员从事农技服务的具体政策，进一步激发农业科研单位建设农业科技推广示范县的潜能和活力。

整合农业科技人才资源，提高科技人才的整体素质和科技创新能力。省、市、县三级农业科技人才要形成整体优势，合理分工，加强协作，联合攻关，集成创新，最终形成重大科技成果和成果转化能力。

整合农业科技投入资源，提高农业科技资金投入的科研开发效益。通过政府部门的整合作用，使涉农科技资金形成拳头，形成区域科技开发和重大科技攻关的规模效应。

(二) 构建新型科技需求主体，加快农业科技推广示范县建设步伐

构建新型科技需求主体，包括两个方面。一方面是构建规模经营主体，增强农业吸纳科技的能力；另一方面是提高农民科技文化素质，增强农民认识、吸收、消化科技的能力。利用农业科技发展成果特别是高科技成果，一家一户的小规模分散经营是做不到的，因此，财政应投资健全完善各级土地流转机构，建立土地公开流转市场，鼓励和扶持农户实施农地承包经营权在公开市场上流转，发展专业大户、家庭农场、农民专业合作社等规模经营主体，逐步实行农业规模经营。同时，财政部门要重视对农业劳动者的技术和

技能培训，把提高农民的素质作为一个重点来抓。通过支持职业培训机构，实施“在岗新型职业农民培育计划”。对在岗务农的农民，通过“送教下乡、农学结合、弹性学制”，开展免费的农科中等职业教育和农业系统培训，把具有一定文化基础的和生产经营规模的骨干农民，尽快培养成为具有新型职业农民素质的现代农业生产经营者，以加快农业科技推广示范县建设步伐。

（三）围绕现代农业产业发展需要，完善以财政为主导的多元化资金支持体系

加大农业科技成果转化和示范县建设的支持力度，构建以财政投入为主导的多元化资金支持体系。首先，应进一步增加国家财政、省级财政对农业科技推广示范县建设项目的资金投入，并将其列入财政长期预算，同时，要建立起高效、稳定的农业科技成果转化专项资金渠道，积极组织实施各类科技成果专项，支持农业科技成果转化和农业科技推广示范县建设工作。现阶段，财政主管部门特别须要依据现代农业产业发展对技术全面性、配套性和多目标性的需求，加大科技转化资金的全面投入，把一大批高水平成果围绕突破某一农业产业发展瓶颈和提升产量品质进行组装配套，大规模转化应用，构建现代农业产业技术体系，以提升科技对现代农业产业发展的引领和支撑能力。其次，省科技、发改委、农业、畜牧和土地等部门，根据示范县建设项目的需要，列出科技投入资金，为新成果、新技术的转化应用提供资金支持。最后，农业科研单位也应当在开发创收中，逐渐建立起自我积累与发展的机制，以完善资金支撑体系。

（四）抓好农业科技推广体系建设，彻底解决技术棚架问题

从总体上看，目前河南省农业科技成果的转化率还比较低，近年来每年得到推广应用的科技成果占科研成果的40%，形成规模的不到20%。农业科技推广工作任重道远。财政部门支持农业科技推广示范县建设，要抓住农业科技推广体系的延伸工作，从根本上解决先进适用技术传播普及中的“最后一公里”的技术棚架问题。要推动与市场经济相适应的农技推广体系的建立和完善。在计划经济体制下，农技推广体系建设的重点是县中心和乡站的建立和完善，经过几十年的努力，这种体系已经基本形成。在市场经济体制下，农户分散经管，迫切需要建立村级服务组织和科技示范户。因此，财政部门要结合农技推广体系建设的实际，帮助建立村级服务组织和科技示范户。要通过示范培训，架起县乡推广单位和农户的桥梁，拉近科技推广单位与农民的距离，最终形成科技示范户、村级服务组织（农民专业技术协会）、乡镇推广站和县推广中心相结合，专业队伍与群众相结合，各方面共同参

与，与市场经济体制相适应的完善的农业技术推广网络。

（五）大胆进行利益机制创新，增强示范县建设的生命力

一是要在示范区内建立利益分配和利益驱动机制。要积极探索股份合作制、科技承包等有效方式，在示范区内形成合理的利益分配关系，调动广大农技人员的积极性，吸引社会各方面参与示范县建设。特别是要处理好示范县建设者与示范区农户的利益关系，真正做到为民服务。二是要拉长健条，建立科学的运营机制。在示范区内，要实行科技引进、试验、示范、推广、培训等一条龙服务，走产业化发展的路子，逐步形成产业群，并形成农业科技推广经济实体，建立科学的经营管理机制，按照企业化管理的要求，做到自主经营、保本徽利，提高自我发展、自我积系的能力，增强财政支持农业科技成果推广示范县建设的生命力。

参 考 文 献

程泽强，田云峰，李保全，等．抓好“3+1”模式，加快现代农业发展．农业科技管理，2013（6）：8-11.

褚利明，符金陵．以试点示范推动农技推广——河南省财政支持农业科技成果推广示范试点工作的调查．农村财政与财务，1998（12）：16-18.

方运战．新时期我国农村剩余劳动力转移存在的问题与对策．农业现代化研究，2012（1）：41-45.

冯海发．对十八届三中全会《决定》有关农村改革几个重大问题的理解．农业经济问题，2013（11）：8.

葛兆建，杨华．实施创新驱动战略，构建新型农业科技成果转化体系．农业科技管理，2014（1）：55-57.

李佳．农业科技成果转化的现实矛盾和对策研究．河南农业科学，2013（8）：191-193.

王敬华，钟春燕．加快农业科技成果转化 促进农业发展方式转变．农业现代化研究，2012（2）：195-198.

王雪梅，雷家骕，邓艳．从一个实例看高校成果转化存在的问题．科学学研究，2008，26（增刊）：178-182.

张琳，吴敬学，等．我国农业科技成果转化资金绩效评价研究．中国科技论坛，2014（5）：149-154.

（作者单位：河南省农业科学院）

从理性选择制度主义视角看村庄一事一议合作困境的破解

——基于福建的调查分析*

李秀义 刘伟平

随着从2000年安徽开始的农村税费改革，作为村庄公益事业建设新办法的一事一议制度就开始实行了，至今该制度已经成为我国农村村级公共物品供给的基本制度，它彻底改变了村级公共物品自上而下强制性的财政外筹集资金和劳动的模式，构建了自下而上的民主决策和资金劳动筹集机制。一事一议对村级公益事业发展的效果如何呢？其实早在古希腊时期的亚里士多德曾指出，凡是属于最多数人的公共事物常常是最少受人照顾的事物。国家统计局农村社会经济调查总队（2004）抽样调查就显示，之前真正开展了一事一议的行政村的比例也就是10%多一点。财政部的统计显示，截至2008年全国开展一事一议的村庄比例为累计为14%（胡静林，2009)，而来自福建的调查显示，2005—2008年四年开展一事一议的村庄平均比例为7.20%（陈杰，刘伟平，余丽燕，2013)。国农改［2008］2号文件也承认：一事一议筹资筹劳工作开展不平衡，整体覆盖面较小，不能满足村级公益事业建设投入的需求，村级公益事业建设投入总体上呈下滑趋势。

为了解决这个问题，国家尝试对一事一议制度进行革新：一方面不断完善制度内容和制度程序。包括完善民主决策程序、降低村民出资比例、加强公益事业建设项目招标验收公示机制等；另一方面，推行了财政奖补制度，也就是对村庄按照一事一议程序形成的筹资筹劳额度进行奖励性的财政补贴①。财政奖补是区别与旧的一事一议制度的最大革新，这标志着政府在村级公共物品供给上职能的回归。革新后的一事一议往往被称为“一事一议，

* 本研究是2012年度福建省社会科学规划青年项目《福建村级公益事业“一事一议”制度创新发展研究——基于走出村庄集体行动困境的视角分析》(2012C012) 阶段性结果。

① 所谓财政奖补，就是对村庄按照一事一议程序开在公益事业建设的，政府会按照一定比例对村庄实际形成的筹资筹劳额度进行奖励性的财政补贴，奖补的比例各地不尽相同，目前一般为1/3～1/2。进入奖补范围的公益事业项目主要包括农村小型水利建设、农村人饮工程、村内道路硬化工程、清洁家园项目、文化体育设施建设、农业综合开发土地治理项目、村庄整治中的公共建设项目和村民认为需要兴办的集体生产生活等。

财政奖补”，我们把它简称为新一事一议制度。新制度从 2008 年开始在在黑龙江、河北、云南三个省试点，2009 年以后逐步扩大到全国。截至 2012 年开展一事一议的村庄比例由 14%上升到 37.3%（胡静林，2009）。福建从 2009 年开始试行新的一事一议制度，仅 2011 年全省上报受到一事一议财政奖补的村总数为 7443 个，占总村庄数的 51.56%[①]；2009—2011 年，全省共建成村级公益事业项目 15 004 个，受益人口 2 500 万人（李存才，2012）占全省常住人口的 67.76%[②]。而来自福建南平市延平全区财政局的数据显示，从 2010—2012 年福建南平市延平全区 244 个村庄中的 236 个开展了一事一议财政奖补项目，比例高达 96.72%以上（徐行孝，2013）。

上述数据表明，一事一议从难以发挥作用到现在打破合作困境有效促成村级公益事业建设，这不得不引起我们的思考，原来一事一议制度下合作困境产生的原因是什么？新一事一议制度如何有效地克服这种困境而促使村庄合作积极发展？新制度在继续变迁中还应该注意哪些问题？这些问题的解决对于完善财政奖补及一事一议制度，促进村庄公益事业发展意义重大。

一、文献简评、分析框架和研究假说

（一）文献综述与简评

由于一事一议制度已经成为农业税改革后我国农村村级公共物品供给的基本制度，所以这个制度 2000 年一开始试行就引起了众多学者的关注，这种关注主要因为该制度在具体执行中，由于村民不愿进行一事一议的合作而出现了明显的集体行动困境。以理性选择理论为基础，以具有成本—收益计算能力的理性人为逻辑起点，分析集体行动困境产生的原因，并提出要多元化资金来源降低村民合作成本、减小议事规模降低交易成本（不是以村为单位，而是以小组为单位开展一事一议）、对村干部进行选择性激励提高村干部积极性、惩罚搭便车者乃至对公益事业项目收费等防止机会主义等对策（何雪峰，2007；陈潭，刘建义，2009）。但是事实证明这些基于理论的简单对策在实践中往往很难有实际效果。其实有些学者从一开始就基于“阿罗不可能定理”[③]，认为一事一议制度无法达成村庄合作，是无效的制度应该取消之（聂苏，2004；李琴，2005；常伟，2008）。

---

① 福建省财政厅农村综合改革处 2011 年工作总结报告。

② 福建省财政厅的统计根据第六次人口普查，福建常住人口总数为 36 894 216 人。

③ 由诺贝尔经济学奖获得者美国经济学家肯尼思·J. 阿罗最先提出，该定理通过数学论证证明在民主制度下，要想借助于投票过程来就一个合理的公共产品供给达成达到协调一致的集体选择结果，一般是不可能的。

出人意料的是，原来不被人们看好的一事一议，在经过财政奖补等改造后竟然重新焕发活力，促使村庄合作的积极性大增，这又是为什么呢？基于CNKI的检索，现有针对一事一议财政奖补的研究大多来自有关政府部门的基层工作者的工作总结，而为数不多的理论研究基本都一致强调是财政奖补使村级公益事业建设实现了民办公助，这大大降低了村民合作成本，这是促使一事一议合作迅猛发展的最主要原因（彭长生，2011；谢洲，2012；陈杰，刘伟平，余丽燕，2013）。除此之外，还有人认为是村干部发挥了关键性作用（彭长生，2012；陈杰，刘伟平，余丽燕，2013）。彭长生（2011）还特别指出，由于财政资金的有限性，这就为村庄行动设置了很高的机会成本，如果某一村庄没能通过一事一议形成决议，那么财政奖补资金和公共品的修建机会就很有可能落入到别的村，作为理性人的村民自然会积极合作把握这种机会，这样提高了村庄进行合作的积极性。

如果从理性人成本—收益分析的视角来看，这些研究好像能很好地解释新一事一议制度下合作的积极发展，但是深入分析就发现这些研究有几个关键问题并没有讲清楚。首先，财政奖补确实能降低村民合作成本，但是村民仍然需要承担很大部分公益事业建设成本，而且财政奖补导致的成本下降是一种普遍性激励，这时候理性个体会更关注个人的收益问题，如果不能使自己在合作中实现利益最大化，这种成本下降能否促成村民合作值得怀疑。其次，上述研究认识到正是村干部发挥了关键的作用而促成村民合作，然而新一事一议制度并没有对村干部进行直接的选择性激励，是什么原因促使村干部积极行动起来促成村庄合作，上述研究无法说明；第三，虽然财政奖补成为了村庄是否开展一事一议的机会成本，机会成本到底属不属于成本的范围还有争议，从成本一收益的视角分析这种损失对村民的惩罚作用有多大，还值得讨论。理论与现实的差距促使我们不得不超越理性分析的简化思维，寻找新的分析框架。

（二）新的分析框架——理性选择制度主义

理性选择制度主义从理性选择理论和行为主义发展而来，该理论认为集体行动不是个人理性选择的简单集合，必须要将制度因素渗透到理性选择理论当中并作为其考察的一个中心来研究制度与行为的关系。与其他新制度主义流派相比较，理性选择制度主义对行为的逻辑假定最为严格：①行为者的偏好是内生并且稳定的，不受制度变迁的影响；②行动者的目标也是自我设定的；③行动者追求利益的最大化；④行为者实现目标的手段是策略性的（曹胜，2009）。在上面假设的基础上，理性选择制度主义重点分析了分析制度与行为的关系，回答了两个基本问题要：一是制度如何影响人们行为，二是个人为何服从制度。

对于第一个问题，制度如何影响人们行为，理性选择制度主义对此分析具有浓厚的利益算计色彩。B. GUY PETERS（1999）指出：制度为行动者提供有关其他行为者现在或将来行为或大或小的确定性程度，制度还提供了博弈规则的执行机制、对背叛行为的惩罚等。在制度体系下，所有行为者不得不在选择前作出如下策略计算：①自己的行为被限定在怎样选择范围内，遵循制度规则会有怎样的利益获得，不遵循会得到怎样的惩罚；②制度内博弈相对方的诉求及其会采取的行为的基本方式是怎样的，这会对自己的利益得失形成怎样的影响；③基于互动相对方的行动诉求，自己应当采取怎样的作为才能够达成目标；④在博弈行为者互动的过程中，不同的行为者的行为会有怎样的变化，对这种变化可以或者应当采取怎样的替代方案。也就是说制度对行为的作用是通过影响相关行为者的策略性计算而发挥作用的（曹胜，2009）。

对于第二个问题，人们为何服从制度。理性选择制度主义认为制度是激励机制：从个体行动者的角度，服从制度能够在既定约束条件下降低交易成本乃至实际成本，并实现利益最大化，这会对对行为者形成激励；从行动者之间关系的角度，在可以预期他人选择合作的条件下，理性行动者会采取制度化的策略行动，从而能够促成合作避免困境，行动者把这看成是实现自己利益目标的最有效方式（Guy Peters，2005 ）。

（三）简单假设

理性选择制度主义理论认为制度与理性人的动机、行为存在内在联系性，甚至可以把制度看作是人与人之间相对固定的关系模式。这为我们研究新旧一事一议条件下村庄合作的集体行动提供了一个更全面、更有效的视角。在此基础上，本研究作出一个简单的假设：不论是原来的合作困境还是新制度下合作的积极开展，都不是个体理性选择的简单集合，而是因为理性个体在新旧一事一议制度影响下做出的策略选择，尤其是新一事一议制度下合作的积极开展。一方面是因为新制度给博弈各方提供了要求各方进行合作或者促成合作的明确信息，这些信息有效地影响了各方的策略计算，促成各方不得不做出合作的选择预期；另一方面新制度也建立了较有效的激励兼容机制，通过合作使策略各方实现了自身利益最大化，这反而使合作成为各方理性预期而制度化，一事一议制度得以持续进行而获得了生命力。理论的判断需要实证的支持，为此本研究在福建展开了深入的调研。

二、调研数据来源与结果基本描述

（一）数据来源

针对假设所设问题，笔者设计了相关问题，并在 2012 年 8 月至 2013 年

2月，对福建省宁德、三明、泉州、南平的39个村庄进行随机调研，调研这些村庄2005—2012年村级公益事业一事一议情况。调查方式主要是对村干部、村民进行问卷调查，其中村干部主要选择的是村主要干部（村书记和主任），每村选择1～2名；村民是随机选择3～4人。调查中村干部问卷共发放65份，经过整理分析得到63份有效问卷；村民问卷发放135份，经过整理分析得到130份有效问卷。

（二）新一事一议制度有效促成了村庄合作

调查结果显示这8年间有30个村庄实际开展了一事一议，占总村庄数的76.92%。福建省从2009年开始实行新的一事一议，在此之前的2005—2008年实际通过一事一议筹资筹劳方式开展村级公益事业建设的村庄只有2个，占总数的5.12%；而从2009年后，村级公益事业一事一议合作迅猛发展，2009年有8个村庄开展，占总数的20.51%，2010年开展的有18个村，占总数的46.15%；2011年开展的有24个村庄，占调研村庄的61.54%。这个情况与全国的情况基本一致。从这个角度证明了新一事一议制度促进了村庄合作并提高了村庄公益事业建设水平。

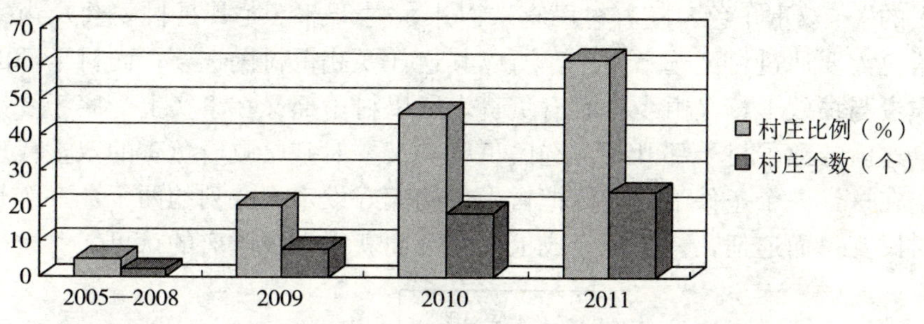

图1　2005—2012年受调查村庄村级公益事业一事一议开展情况

三、基于理性选择制度主义视角分析一事一议制度发展与各方行动关系

（一）博弈各方偏好设定

理性选择制度主义往往把制度看成是博弈规则，那么我们首先要明确一事一议村级公益事业合作博弈中的博弈各方是谁。正像国农改［2008］2号文件指出的：村级公益事业与农民生产生活直接相关，受益面广，具有较强的公益性，属于准公共产品，政府、村集体经济组织和农民都有建设的责任。因此本研究认为就单个村庄而言博弈三方主要是政府、村委会（村干部）、村民三个理性的策略行动者。理性选择制度主义视角的研究，大都需

要假定博弈中策略行动者具有一套稳定的偏好，个体行动的偏好是独立于政治制度外的，偏好决定了对收益与成本的不同计算标准。偏好的设定尽管与现实可能有一些出入，但是偏好稳定仍然是理性选择制度主义的一个强假设。在进行具体的理论分析时，这种偏好一般是由理论者归纳或者假设后，注入分析模型中的（徐静波，张莉，杨光坤，2012）。

1. 假设一事一议博弈中村民的首要偏好为获得公共物品，提高生活质量。这个偏好是稳定的，不以农村公共物品供给的制度改变而改变。而且这个需求水平会随着经济社会水平的提高而不断提高。根据经济学的偏好假设，消费者对偏好的设定并不考虑成本，但是实际的行动选择却要考虑成本。

2. 设定政府的偏好为增强统治合法性。我国政府已经逐步从革命者、经济建设者角色向执政角色转变，这就意味着政府会越来越将增强执政合法性作为首要偏好。为公民提供公共物品是政府的基本责任，也是提高政府合法性的基本途径。

3. 村干部的偏好是获得连任和绩效考优。任何通过政治选举产生的领导都希望获得连任。而基于中国特色，中国村干部是“国家代理人和村庄当家人的”[①] 双重角色，随着村民直选以来，村干部（尤其是村委会）当家人的角色需要通过村民选举产生，所以其连任要获得村民选票；而村干部的工作职责与绩效考核又由乡镇政府负责，所以村干部又在事实上受雇于乡镇政府。这就导致了村干部既要对选民负责，又要对基层政府负责的双重代理身份。在这样一个条件下，我们把村干部的偏好设定为并列的两个：一个是获得村民支持而连任，一个是完成上级任务而获得上级政府的认可。

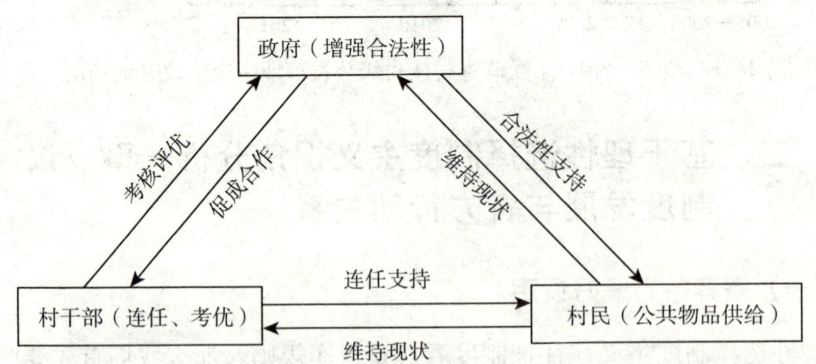

图 2　旧一事一议制度下政府—村委（村干部）—村民三方关系图

注：箭头代表的是行动各方在既定制度体系下，对行动相对方作出的诉求。

① 徐勇．村干部的双重角色：代理人与当家人［J］．二十一世纪（香港），1997（8）．

（二）制度如何影响各方的选择

1. 旧一事一议制度提供的确定性信息及其对互动各方行为选择预期的影响。

（1）一事一议制度是以农业税及其附加取消为前提的，就村民而言，由于当时农业税及附加刚取消，与以前相比农民对这个现状已经是很大的满足。而旧的一事一议制度下，由于国家的退出，村民要承担村级公益事业建设的几乎所有成本，这时候村民宁愿放弃自己的获得公共物品的偏好，退而求次优选择——没有获得也没有损失，也就是维持不用交税也不用承担义务工这一良好现状。所以这时候村民对政府的诉求就是维持免税的现状；村民对村干部的诉求也是要求其维持现状，而不是要求其积极促成一事一议合作。

（2）就政府而言，出台一事一议制度当然是希望合作能够形成，而且又不要承担什么成本，反而可以通过更多公共服务供给而提高政府合法性。所以政府对村干部的诉求是希望其促成合作，但是这一诉求并不是十分强烈，原因如下：首先是通过取消农业税及附加，政府已经能够很好地赢得村民的满意度，与以前相比政府的合法性已经得到很大的增强，一事一议刚刚推出，政府并不想由于工作过快出问题而降低村民满意度；其次，这一时期政府不再需要村干部来完成征税收粮的任务了，与此同时政府原来那套基于对村干部完成任务后的激励考核制度也失效了，对于村干部在一事一议方面的表现好坏，政府还没有建成新的绩效考核制度，这实际导致政府对村干部的控制也在变弱。

（3）就村干部而言，促成一事一议合作的交易成本是非常高的，村干部当然了解这一点。更关键是作为“国家代理人和村庄当家人的”双重角色的村干部，他们清楚地了解到村民的诉求，也了解政府的心态，所以其促成一事一议的积极性也不强。这时候村干部更可以做个得过且过的“撞钟人”。

总之，旧一事一议制度下村民合作难以进展，其实恰恰是在既有制度提供的奖惩信息和互动各方诉求信息背景下，各方通过计算途径作出的理性选择，是制度影响的结果。

2. 新一事一议制度提供的确定性信息及其对互动各方行为选择预期的影响。旧一事一议制度艰难地维持了近10年时间，这段时间村级公益事业建设投入总体上呈下滑趋势，这最终带来了村民的不满，国农改［2008］2号文件也承认这一点。这实际也降低了政府的合法性，伴随着城乡统筹理念的提出，政府推出了以财政奖补为主要内容的新一事一议制度，通过促成村庄合作有效增加村级公益事业供给。以福建为例，新一事一议主要包括如下内容：

首先，政府对村庄进行财政奖补。根据福建有关规定，从2009年开始福建对部分村庄一事一议形成的村民筹资筹劳进行1/3的财政奖补，至2011年财政奖补比例最高提高到55%。奖补资金由省市县共同出资，以省为主。其次，严格禁止各级政府和村委以一事一议名义增加村民负担。除了执行中央规定的每年每人筹资不得超过上一年度农民人均纯收入的1%，福建进一步明确每人每年筹资不得超过20元，每个劳动力一年筹劳不得超过3个工作日。违规增加村民负担的，县（市、区）减负部门会对乡村上报的需财政奖补的一事一议项目进行否决。第三，为了降低村民合作成本，允许以村集体出资和社会捐助资金充抵村民筹资款。第四，进一步规范民主议事程序，省财政厅要求，凡一事一议财政奖补项目必须按“民主议事、申报审批、项目实施、考核验收、资金兑现、设施管护、档案保存”① 7个步骤12张表格进行，这些程序给一事一议各级各方设定了比较严格的行为规范，违反程序的会受到相应的惩处。第五，对无正当理由不承担筹资筹劳的村民，按照有关规定中所说的“村委应进行说服，也可以根据村民会议通过符合法律规定的村规民约、村自治章程进行处理”②。

新的一事一议制度标志着政府的在村庄公益事业建设上的职能回归，也形成了政府—村委（村干部）—村民三方博弈新的规则，限定了各方的行动范围，提供了与其它行为者相关的诉求信息、协议的执行机制，对违反制度行为的惩罚等。博弈的三方在此基础上通过计算途径考量自己的得失，并最终形成了应该选择合作或者促成合作的心理预期。

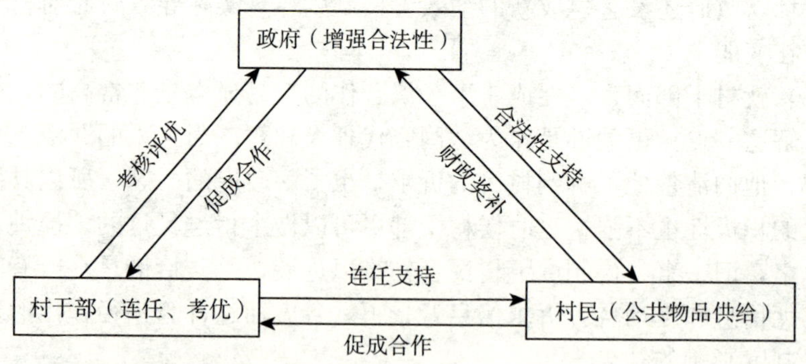

图3　新一事一议制度下政府—村委会（村干部）—村民三方关系图

注：箭头代表的是行动各方在既定制度体系下，对行动相对方作出的诉求。

根据图3，制度影响下各方的具体诉求与行为选择预期如下：

① 福建省2011年《福建省村级公益事业建设一事一议财政奖补工作操作指南》。

② 《国务院办公厅关于转发农业部村民一事一议筹资筹劳管理办法的通知》和《福建省村民一事一议筹资筹劳管理办法》。

（1）就村民而言，村民的偏好仍然是获得村庄公共服务。新一事一议制度设立了比较高的财政奖补，村庄一旦形成合作就可以比较容易的获得，从而降低村民获得公共物品的成本。调查显示对通过新一事一议制度进行公益事业建设表示较好的村民占 83.08%（表 1）。所以这时候村民对政府的直接诉求变成了通过一事一议获得财政奖补；对村干部的诉求变成了要其积极协调村庄利益促成一事一议的合作，并把能否促成合作看成是村干部工作能力强弱的主要标准，调研数据证明了这一点，我们调研的村庄中有 9 个村两年没有开展一事一议，结果在 2011 年的换届选举中这其中的 6 个村的村主任连任没有成功。

表 1　村民对通过新一事一议制度进行公益事业建设的认可程度

评价	频率（人次）	百分比（%）	累计百分比（%）
很好	61	46.92	46.92
较好	47	36.15	83.08
一般	16	12.30	95.38
较差	3	2.31	97.69
很差	3	2.31	100
合计	130	100	

（2）就政府而言，基于提高合法性的偏好，其诉求已经很明确：首先对村民诉求是希望村民积极进行合作，从而通过一事一议形成村庄公共物品供给。为此政府作出实际的行动：一方面政府积极增加财政奖补额度和比例，以对村民产生激励感。以福建为例：奖补标准由 2009 年筹资总额的 1/3 提高到 2012 年的 50%，最高达到 55%。从总数量上．2009 年福建省财政投入 1.07 亿元，村均奖补 25 万元；2010 年全省财政投入 3.55 亿元，村均奖 6.87 万元；2011 年全省财政投入 7.07 亿元，村均补 9.75 万元；2012 年全省财政投入 8.98 亿元。村奖补 11.52 万元。与 2011 年同期相比，全省财政入增长了 27.01%，村均奖补增长了 18.15%。（陈杰，刘伟平，余丽艳，2013）。其次，政府认识到一事一议作为自下而上的民主决策，村干部在促成合作中能发挥关键作用。所以政府对村干部的诉求也很明确，就是要求其促成合作。在调研中我们了解到，为了让新当选的村委尽快做好一事一议建设规划，当地乡镇政府一般都会要求村委候选人在选举承诺中提出公益事业建设规划设想。同时乡镇政府对于当选村干部的绩效考核，村庄基础设施建设也成为重要的考核任务，在村干部眼中这项任务的重要性已经排在考核表的第四位。

表 2 村干部眼中乡镇对其各项工作的看重程度序列（2011 年）

序列	项目
1	计划生育
2	村庄综合治理
3	新农保新农合费用征收
4	村庄规划与基础建设
5	党建与政务公开
6	发展集体经济
7	征地拆迁

（3）就村干部而言，其偏好当然还是考优和连任，但是新一事一议提供了新的信息，那就是村级公益事业建设方面政府与村民实现了诉求的统一，都要求村干部积极促成一事一议合作。这种情况下村干部无法再做一个得过且过的“撞钟人”了，否则其偏好无法实现。而且由于财政奖补的有限性，本村与其他村也形成竞争关系，如果本村不能尽快通过一事一议形成合作，那么财政奖补就会被别的村庄抢走，虽然机会成本对村民而言也许不构成实际损失，但是对由此造成的机会损失会对村干部的声誉造成极大的损害，这会对村干部造成实际损失。

正是认识到这些，村干部把主要精力更多地投入到村庄基础建设上。调研数据显示，2011 年村庄规划与基础建设工作占了村干部精力的第二位，仅次于计划生育工作。

表 3 村干部各项工作占用精力排序（2011 年）

序列	工作项目	选择频次（人次）	百分比（%）	累计百分比（%）
1	计划生育	30	18.63	18.63
2	村庄规划与基础建设	29	18.01	36.64
3	发展集体经济新	16	9.94	46.58
4	农保新农合费用征收	14	8.70	55.28
5	村庄综合治理	11	6.83	62.11
6	党建与政务公开	10	6.21	68.32
7	征地拆迁	8	5.00	73.32
8	其他 21 种工作	43	26.71	100
合计	28 种	161	100	

（三）人们为什么要服从制度

理性选择制度主义把有效的制度看成是激励机制，旧一事一议制度之所以没有得到有效执行，除了由于在原有制度背景下各方通过计算途径作出的不合作的理性选择预期，还有一个重要原因是制度无法对博弈各方合作形成实际激励。而新的一事一议制度下，合作的进行使各方都能受益，进而各方把合作和促成合作看做是实现自己利益最大化的策略选择，从而自愿地服从制度而进行合作。

1. 从个体角度角度而言，村民—村干部—政府各方都能获得实际收益，激励各方合作积极性。

（1）村民以较低成本获得了村级公益事业供给。2009—2011 年调研村庄开展一事一议接受财政奖补的项目有 76 个，平均每村 1.95 个。新的一事一议制度中，政府允许村集体出资、社会捐助资金充抵村民筹资额，这样可以极大地降低村民的出资比例。调研的数据显示，2009—2011 年村民筹资比例已经降到总投资比例的 31.48%，也就是说通过合作公益事业建设所需资金的 68.52%可以通过非村民筹资渠道获得，村民以小的成本实现了利益最大化。

表 4　2009—2011 年开展一事一议的 30 个村庄各方资金投入情况

名称	金额	占比
1. 总投资额（万元）	4 189.08	100%
2. 村民筹资总额（万元）	1 318.68	31.48%
3. 村集体出资（万元）	954.70	22.79%
4. 财政奖补（万元）	979.17	23.37%
5. 其他财政投入（万元）	293.93	7.02%
6. 社会捐助（万元）	642.6	15.34%
7. 建成各类村级公益项目（个）	76	
8. 平均每村公益项目数（个）	2.53	

（2）政府执政合法性增强。调查显示，已经通过一事一议方式建成村级公益事业项目的，农民对这些项目表示满意的占 91.41%（表 5）。村民之所以有这么高的满意度，一个原因是因为降低了成本，另外一个原因是自下而上的民主决策过程使建成的公益事业更符合村民需求。而村民满意度的提高当然会带来对政府支持的提高。

表 5　村民对本村一事一议建设的公益事业项目总体满意度

评价	频率（人次）	百分比（%）	累计百分比（%）
很满意	64	60.38	60.38
比较满意	33	31.13	91.41
一般	5	4.72	95.25
较差	3	2.83	98.08
很差	1	192	100
合计	106	100	

针对本次目前公共服务的具体情况，满意度最高的是村庄道路硬化项目，达到 8.82 分，其次是村内生活用水设施、村庄文体设施、村内路灯、村庄卫生环境设施等项目，这些都在一事一议财政奖补的项目范围内。而得分最低的是村庄老人及儿童照料场所和照料服务、村庄医疗场所和医疗服务，这些项目恰恰还没有进入到当前财政奖补项目库，因此开展的村庄也比较少。

表 6　村民对本村公共服务项目的满意度评分

满意程度序列	公益事业项目	平均得分
1	村内道路硬化	8.82
2	村庄文体设施	8.56
3	村内生活用水设施	8.23
4	村内路灯等电力通信等设施	8.11
5	村庄卫生环境设施	8.01
6	小型农田水利设施	7.84
7	村庄医疗场所和医疗服务	6.94
8	村庄老人及儿童照料场所和服务	5.54

注：得分最高 10 分，最低 0 分，从高到低来表达从满意到不满意的程度。

（3）新一事一议制度使得村干部收获了政绩，为其连任和考优提供了条件。以往的研究认为，只有对村干部直接激励才是激励，然而在座谈中村干部表示，新制度下村民愿意进行合作，这反而鼓励了村干部的工作积极性，对于执行者而言，一个具备操作性的制度，实际上就是对他们工作努力的有效激励。新制度除了可以降低村干部工作难度，还可以通过促成合作达成自己的偏好，更关键的是不仅不用为政府和村民利益冲突而纠结，还可以获到村民的高度认可，这又可以为村干部带来从未有过的内在激励。所以受调查的村干部中有 90.48%人对新一事一议制度表示认可（表 7）。

表 7　村干部对通过新一事一议制度进行公益事业建设的认可程度

评价	频率（人次）	百分比（%）	累计百分比（%）
很好	45	71.43	71.43
较好	12	19.05	90.48
一般	5	7.94	98.42
较差	1	1.58	100
很差	0	0	
合计	63	100	

2. 从行动者之间关系的角度而言，由于合作从理论变成现实实现了各方利益最大化，制度得到各方的认可而被继续遵守，又使制度获得了生命力，使一事一议的博弈由一次博弈变成重复博弈，调研中进行了一事一议的 30 个村庄平均每个村庄进行了 2.53 个公益事业项目（表 4）。而重复博弈下各方会预期到其他各方也会继续选择合作，因此理性行动者会采取制度化的策略行动，愿意牺牲部分利益而换来后续更大的受益，行动者把合作看成是实现自己利益目标的最有效方式，这又为新一事一议制度被长期遵守提供了可能。

四、结论与政策含义

（一）结论

通过上述分析，我们的假设得到了验证：不论是旧制度下合作的困境还是新制度下合作的积极发展，各方的行为是基于制度影响和激励下的理性选择结果，而不是理性个体行动的简单集合。一方面，新的制度提供的明确信息使得基于计算的策略各方不得不做出合作或者促成合作的行为选择预期；另一方面，新制度建立了较有效的激励兼容规则，合作给政府—村委会（村干部）—村民各方带来了实际利益。而在可以预期他人选择合作的条件下，理性行动者会采取制度化的策略行动，这使得合作变成了重复博弈，进一步摆脱了机会主义，最终实现合作的结构诱致型均衡。这样基于理性选择制度主义的本研究就很好地回答了上面简单理性人成本—收益分析无法回答的问题。由本研究也可以得出新一事一议制度是一个基本成功的制度变迁，当然不论是全国的数据还是福建的数据也说明了还有一部分村庄没有开展一事一议，这也许意味着制度还有变迁的空间。

（二）隐含的政策启示（新制度继续变迁的基本原则）

1. 政府应该巩固新一事一议制度而不是废除之，在巩固的基础上要通过不断完善制度而提高制度对各方的影响力。新一事一议制度下合作的成功，村干部积极促成合作发挥了关键作用，而新制度下政府和村民合力要求村干部促成合作，又是促使村干部积极采取行动的关键。因此一事一议制度在下一步变迁中，政府一方面要更深入了解村民不断变化的诉求，正如上面分析所表现出来的，随着村庄基础设施的不断完善和村民老龄化问题，村民对村庄社区养老、合作养老的公共服务的需求越来越迫切；另一方面政府要不断完善奖补事项库，并通过制度设计表达政府支持村民这些合理诉求的明确信息，这样才能对村干部形成足够的影响力，使其努力促成这些方面的一事一议合作，提高这些方面公共服务的供给。

2. 制度能够得到执行并形成生命力，最关键的是要形成对各方激励兼容并实际有效的激励机制。

（1）要继续加大财政奖励，继续降低村民的合租成本。来自调研的数据也证明了这一问题，财政奖补占总投资的比例为 23.37%，加上其他财政投入的 7.02%，财政占总投资的比例为 30.39%（表 4），但是这个比例还是比较低的。来自政府部门的数据也证实了这一点：2009—2011 年，福建省各级财政共投入村级公益事业一事一议财政奖补资金 13.72 亿元，带动农民筹资筹劳 30.19 亿元，村集体投入 4.54 亿元，社会捐赠赞助 2.78 亿元，整合部门涉农资金 3.29 亿元，其他资金 1.43 亿元，使村级公益事业建设总投入达到 55.86 亿元（李存才，2012）。从这个数据计算得知，财政奖补金占总投入的比例仅为 24.56%，加上其他部门涉农资金也才达到 30.43%，所以应该随着国家经济发展不断提升财政奖补比例。

（2）建立对社会捐助者激励机制。调研显示，开展一事一议的 30 个村庄中社会捐助金占项目投资总额的 15.34%（表 4），上述政府部门数据（李存才，2012）也显示社会捐助达到 9.21%。但是在调研中我们没有发现新一事一议制度中有对社会捐助者的直接激励机制，调查中大多村庄通过给捐助者树碑立传的方式表达敬意。虽然慈善行动本身通过服务社会可以获得自我激励，但是我们认为既然一事一议作为一种长期的制度，那么对社会捐助的需求应该是长期的，这需要建立一个对社会捐助形成激励的配套制度，比如建立一个一事一议监事会，将捐助者纳入以确保公益事业建设符合捐助者的意愿，政府要建立荣誉机制来激励捐助者，还要完善对捐助企业的税收优惠等制度。

（3）村干部所以能在村庄合作中发挥关键作用，除了其掌握村庄治理的正式权力，很大程度上还因为在熟人社会的农村，村民把获得村庄伦理、规范的认同看得尤为重要。

村干部可以通过非正式权力来感召村民进行合作。因此要完善村民选举制度，使得那些受到村民信赖的精英和权威能够通过合法途径进入村委会，这样村干部的权力合法性增强，为下一步促成合作提供更牢固的基础。

（4）继续完善对村干部的激励考核制度。村干部作为“国家代理人和村庄当家人”双重代理的独特身份还要长期存在，这就要建立符合这种情况的村干部激励考核制度。首先，这种制度的基本原则是必须使国家、村民和村干部三方都收益，激励考核制度要避免由于政府与村民利益冲突导致村干部产生内在的冲突，要使村干部通过积极工作形成内在荣誉感而不是纠结感；其次，为了弥补村干部的工作付出，要进一步健全务工补贴制度、提升村干部晋升空间、明确村干部利用村规民约对不合作者处理的权力边界等手段，这些都可以对村干部形成直接激励。

参考文献

曹胜．制度与行为关系：理论差异与交流整合——新制度主义诸流派的比较研究．中共天津市委党校学报，2009（4）：57.

常伟．一事一议为何寸步难行？．调研世界，2008（7）：34-36．

陈杰，刘伟平，余丽燕．“一事一议”财政奖补制度绩效及评价研究——以福建省为例. 福建论坛·人文社会科学版，2013（9）：135-138.

胡静林．深刻学习领会党的十八大精神，加快一事一议财政奖补政策转型升级．农村财政与财务，2013（7）：2-4.

李存才．让每一分奖补资金都发挥最佳效益——福建省创新一事一议财政奖补机制纪实. 中国财经报，2012-08-09.

李琴，熊启泉，孙良媛．利益主体博弈与农村公共品供给的困境．农业经济问题，2005（4）．

马宝成．税费改革、“一事一议”与村级治理的困境．中国行政管理，2003（9）．

聂苏．农村一事一议难以求成．调研世界，2004（8）：48.

彭长生．“一事一议”将何去何从 ——后农业税时代村级公共品供给的制度变迁与机制创新．农村经济，2011（10）：7-10.

彭长生．基于村干部视角的“一事一议”制度绩效及评价研究．农业经济问题，2012（2）：24-31.

谢洲．农村公共品供给一事一议财政奖补制度研究．重庆：西南大学，2012.

胥爱贵，韩卫兵．农村税费改革后实施村民一事一议的几点思考．现代经济探讨，2002（9）．

徐静波．张莉．杨光坤．理性选择制度主义．改革与开放，2012（10）：96-97.

B. GUY PETERS. Institutional Theory in Political Science. London and New York：Wellington House，1999：24.

Guy Peters，Institutional Theory in political science：the New Institutionalism. New York：Continuum，2005：52-53.

（作者单位：李秀义：福建江夏学院公共管理学院
刘伟平：福建农林大学经济学院）

农民分化代际差异：基于安徽省的调查分析*

张藕香

分化是事物发展的标志，农民分化是农村经济发展和社会进步的重要表现。改革以前，我国农村是一个高度均质同构的社会；改革以后，农村社会开始分化异构。但由于受土地制度、户籍制度等因素的影响，改革以来的农民分化具有不彻底性，主要表现为：一是分化群体之间的职业界限不明晰，兼业性突出，社会身份尴尬；二是分化群体之间的收入差距日益拉大。一般认为，农民分化包括职业分化、收入分化、阶层分化、权力分化等。然而，现有文献对农民分化的关注大多着眼于农民阶层分化，鲜见考察导致农民阶层分化背后的职业分化和收入分化，而这恰恰是从两个维度构成了包括阶层分化、权力分化等在内的其他分化的前提和基础。而且，随着以人为本的新型城镇化、农村土地确权等政策的推进，农民彻底分化必将加速，其结果将会突破原来仅局限于农村内部的阶层分化、权力分化，将会在更大范围内（城乡统筹）形成新的社会秩序格局；另一方面，农村新老两代农民①对当前的政策形势和分化与否反应不一。因此，在新形势下，考察新老两代农民的分化差异，找到影响两代农民分化的个性因素和共性因素，对于当前培育新型农业经营主体、促进以人为本的新型城镇化发展尤为重要。

尽管改革以来学术界对农民分化问题的研究与农民分化问题在现实中的出现和发展几乎同步。但相对于日益突出的农民分化现实来说，农民分化理论研究显得尤为薄弱。在以社会分层（分化）为主题进行文献检索后发现，直接涉及农民分化的研究非常有限。通过梳理文献发现，农民分化研究较早出现在20世纪80年代末期，研究内容主要集中在农民阶层的划分，比较典型的要数我国社会学家陆学艺，他将农民划分为八个阶层；随后的研究进一步将农民划分为10个阶层，但这些划分也存在着争议。总体来看，这一时期的研究大多从社会学角度，主要采用调查研究的方法，通过具体的案例，

---

* 基金项目：国家社会科学基金一般项目《新形势下农民“双重”分化及其结构变化趋势研究》（项目编号：12BGL077）、教育部人文社科规划基金项目《‘三化同步’背景下农民分化与收入差距关系研究——以安徽省为例》（项目编号：12YJAZH194）。

① 新老两代农民的划分是以1978年我国改革开放为时间节点，1978年以前出生的为老一代，此后出生的为新一代。

用解剖麻雀的方式，从纷繁的农民分化现状中梳理出分化农民的群体特征和结构变化，并且在划分标准上逐步从农民的阶级、阶层属性，理性地过渡到以分工为基础的职业属性和以收入为标准的利益属性。90 年代中期，集中出现一批典型的研究成果，从农民的分化历程到分化特征，再到就业模式以及与之相关的经济行为等，并且在调查研究的基础上开始运用计量经济分析方法。进入 21 世纪，受国家宏观政策的导向和推动，农民分化愈演愈烈，相关研究也随之跟进，出现了一批新的研究成果。这一时期的研究，在内容上已经拓展到诸多方面，或重新划分农民阶层、或分析农民分化产生的影响、或寻找农民分化不彻底的原因等，并且在方法上已突破了原来的局限，越来越多的研究开始更加注重应用严格的计量分析手段。

上述研究为我们勾勒了农民分化的大体轮廓，但仍存在有待进一步研究的地方。首先，农民分化的形式是职业分化，本质是经济分化。只有结合职业状况的收入分层研究则更为深入。然而，同时从职业和收入两个维度来考察农民分化的专门研究并不多见。将二者割裂开来研究，显然不利于我们全面把握新时期农民的分化特征。而且，现有文献对分化农民群体的划分仍然带有高低贵贱之分的层级属性，这不利于消除农民不同职业群体之间的不平等或歧视，其结果是，由此形成的政策导向可能会进一步加剧生产要素（包括农民本身）在不同职业或部门间的非均衡配置，这样就难以满足实现“四化”同步发展对农村各类人才（工业化、信息化—产业工人，城镇化—市民，农业现代化—新型农民或职业农民）的需求。其次，相关研究大多将农民作为一个整体，尚未注意到农民代与代之间的分化差异。事实上，农民分化本身在一定程度上是代际差异的结果，无视这种差异可能导致出台的相关政策不能很好地着眼于已经变化了的农民群体。第三，国际上（如日本）对农民分化或兼业的考察主要依赖两个指标，即农户劳动时间构成和农户收入构成①。研究认为，在其他条件相同的情况下，非农劳动时间（总劳动时间－农业劳动时间）的多寡直接影响农户的现金收入，进而影响其就业选择。再加上由于我国农民分化的不彻底性，当前农民从业更具多元化、兼业化特征。因此，仅从职业和收入两个方面仍不能准确、全面地刻画农民分化全貌。有基于此，我们加入“年农业劳动时间”这个变量，这样本文最终从三个维度来考察农民分化的代际差异，这是现有文献所未及的。

① 农户所有家庭成员每年从事非农劳动 30 天以下的为纯农户；所有家庭成员每年从事非农劳动 30 天以上，且农业所得（指农业净所得）大于 50%的为Ⅰ兼农户；所有家庭成员每年从事非农劳动 30 天以上，且农业所得少于 50%的为Ⅱ兼农户。

一、数据、变量与模型

（一）数据说明

本文所用数据来源于课题组 2012 年 12 月至 2013 年 3 月对安徽省农户的抽样调查。调查地之所以选择安徽，是因为安徽是农业大省，亦是农民大省，是农村改革的发祥地；并且根据自然地带、经济类型和种植结构的不同，可将安徽划分为淮北平原、江淮丘陵、皖南山区①三大地区，具有地域上的典型性和代表性。此外，本次调查还涵盖了中国社会科学院“中国农村社会结构研究”课题组早在 20 世纪 80 年代末在安徽的调查点，这可以在一定程度上考察不同时期的农民分化差异。

调查涵盖安徽三大地区，每个地区选 3 个市②，每个市选 2 个乡镇，每个乡镇选 1 个村，采取随机调查的方式，共访问农户 1 316 户，剔除因信息不全和数据有出入的无效问卷后，获得有效问卷 1 228 份，问卷有效率为 93.3%。内容涉及农民的个体特征、家庭特征、就业状况、收入状况、其他社会经济状况、未来生活意愿、政策期待等方面。各变量的定义及样本分布特征见表 1。

表 1　变量的定义及样本分布特征

单位：%

变量名称	变量定义	变量赋值	总样本	新一代	老一代
			100	38.6	61.4
因变量					
职业分化	样本数据所分布的行业	1=农林牧渔业	13.7	8.9	16.7
		2=工业	53.4	50.6	54.9
		3=服务业	29.6	37.6	24.7
		4=行政事业	3.4	2.9	3.7
收入分化	非农收入在家庭总收入中所占的百分比	1=10%以下（纯农户）	5.4	4.2	6.1
		2=10%～50%（Ⅰ兼农户）	10.4	10.5	10.3
		3=50%～90%（Ⅱ兼农户）	33.7	31.6	34.7
		4=90%以上（非农户）	50.5	53.6	48.8
自变量					
个体特征	性别	1=男	75.4	74.3	76.1
		0=女	24.6	25.7	23.9

① 以下简称皖北、皖中、皖南。其中，皖北经济发展相对落后，而皖南则较为发达。

② 皖北：阜阳、亳州、宿州；皖中：合肥、六安、滁州；皖南：芜湖、马鞍山、宣城。

（续）

变量名称	变量定义	变量赋值	总样本	新一代	老一代
			100	38.6	61.4
个体特征	年龄	1＝35岁及以下	38.8	100	0
		2＝36～54岁	52.9	0	87
		3＝55岁及以上	8.3	0	13
	健康与否	1＝健康	78.9	89.9	71.4
		0＝否	21.1	10.1	28.6
	婚姻状况	1＝已婚	83.4	63.7	98.4
		0＝未婚	16.6	36.3	1.6
	文化程度	1＝小学及以下	28.8	9.3	41.1
		2＝初中	47.4	53.1	43.8
		3＝高中或中专	12.1	12.7	11.7
		4＝大专及以上	11.7	24.9	3.4
家庭特征	户籍性质	1＝城市	8.5	13.1	5.6
		0＝农村	91.5	86.9	94.4
	耕地面积	家庭总耕地面积（亩）（均值）	4	3.9	3.7
	人口负担率	单位劳动力扶养非生产性人口（人）（均值）	1.1	0.87	1.3
	非农就业比	打工劳动力数量/家庭总人口（均值）	0.4	0.5	0.4
	外出时长	非农部门工作时间（年）（均值）	9.5	6.7	11.4
分化条件	从业资质	1＝学历	13.8	15.2	13
		2＝技术	51.3	46.8	54.1
		3＝经验	15.3	21.1	11.7
		4＝关系	10.3	12.7	8.7
		5＝体力	9.3	4.2	12.5
		6＝其他	3.5	1.7	4.8
	培训与否	1＝培训	33.4	46	25.5
		0＝否	66.6	54	74.5
其他因素	生活意愿	1＝城市	45.4	54.9	39.5
		0＝农村	54.6	45.1	60.5
	政策期待	1＝土地与户籍	11.7	10.1	12.7
		2＝就业与创业	30	33.8	27.6

（续）

变量名称	变量定义	变量赋值	总样本	新一代	老一代
			100	38.6	61.4
其他因素	政策期待	3＝工资待遇	50.5	49.3	51.1
		4＝权益保护	7.8	6.8	8.5
	地区特征	1＝皖北	44.6	47.2	43
		2＝皖中	36.9	35.9	37.6
		3＝皖南	18.5	16.9	19.4

注：①每一变量的百分比是指各分类指标占相应样本总量（本表第一行数据）的百分比，各指标类别的百分比之和等于100%。②定性分类变量按百分比统计；定量连续变量按均值统计。

（二）变量的界定及样本分布特征

1. 职业分化。农民职业分化主要表现为农民从业的多元化、兼业化。依据调查结果，样本数据涉及的职业几乎遍及各行各业。受现有研究的启发，并考虑模型的简洁性和分析结果的稳健性，将调查的职业按现行的统计方法归为四大类：第一类为农林牧渔业；第二类包括制造、建筑、采矿和能源等工业部门；第三类包括餐饮住宿、交通运输、批发零售、家政等服务业部门；第四类包括乡镇干部、乡村教师、医生等行政事业部门。

表1中的样本数据显示，工业部门在各类样本总量中的比例均为最大，达到50%以上，并且老一代比新一代高出4个百分点以上；其次是服务业，在总样本中占1/3，但新一代比老一代高出13个百分点；行政事业部门在总样本中占比最小，说明分化出去的农民大多集中在二、三产业的非正规部门。值得注意的是，老一代在农业部门的比例比新一代高出近8个百分点，平均而言，仍然有13.7%的农民留在农业部门从业。

2. 收入分化。农民收入分化主要表现为收入来源的多元化和收入水平差距。依据农业部农村固定观察点的划分方法①，结合本次调查的实际，本文用除农业生产以外的收入在家庭总收入中所占的比重来划分，即非农收入占家庭总收入的比例在10%以下为纯农户；非农收入占比在10%～50%为Ⅰ兼农户；非农收入占比在50%～90%为Ⅱ兼农户；非农收入占比在90%以上为非农户，之所以称为非农户而不是城镇户是因为分化的不彻底性。

从表1可以看出，非农户在三类样本中②的比例均达到50%，但新一代要比老一代高出近5个百分点，说明新一代在市民化或准市民化过程中具有

① 农业生产收入占家庭生产性收入80%以上的为纯农户，农业生产收入占家庭生产性收入50%～80%的为Ⅰ兼农户，农业生产收入占家庭生产性收入20%～50%的为Ⅱ兼农户，农业生产收入占家庭生产性收入低于20%的为纯非农户。

② 三类样本分别指总样本、新一代样本和老一代样本。

绝对的优势。可以预计，这类农户有可能是未来农民向非农产业分化的主体，也是新型城镇化的主要群体；Ⅱ兼农户的比例占 1/3 以上，未来将有可能与Ⅰ兼农户共同孕育新型农业经营主体的培育对象；纯农户不仅比例最小，而且处于传统经营状态的居多，是农村中需要扶持的对象，尤其老一代。

3. 时间分化。时间分化主要考察农民从业时间在农业与非农部门之间的分配。根据农业部农村固定观察点的划分标准，结合本次调查的实际，我们用农业劳动时间在全年劳动时间中所占的比重来划分（这与廖洪乐 2012 年的划分有所不同），即年农业劳动时间在 6 个月以上为纯农民；年农业劳动时间在 3～6 个月为趋农型农民；年农业劳动时间在 1～3 个月为离农型农民；年农业劳动时间不到 1 个月为非农民，之所以称为非农民而不是市民同样是因为分化的不彻底性。

与收入分化类似，非农民在总样本中占的比例为最大，其中，新一代非农民的占比高达 60％以上，而老一代则以离农型的比例为最大，说明大多数老一代农民每年仍然要在农业中投入 1～3 个月的劳动时间。这两类农民的比例之和在各类样本总量中的占比均达到 80％以上，新一代更是高达 94％。与之相对的是，新一代纯农民占的比例很小，即便是趋农型农民也只有 4.2％，而老一代纯农民和趋农型农民的总比例仍在 17％以上，比新一代高出 11 个百分点之多。这一方面说明新、老两代农民的时间分化差异明显；另一方面也说明目前留在农村从事农业活动的仍然是老一代居多。

4. 个体特征。在农村，户主是一个家庭中的关键人物，其个体特征直接影响家庭的社会经济生活及未来走向。因此，我们将户主的个体特征用性别、年龄、健康状况、文化程度来表示。虽然个人拥有的政治资本、社会资本会影响其优先获得某些优势资源的可能性，但实证研究结果表明，是否拥有党员身份对就业选择没有显著影响，而且当前分化出去的农民大多就业于非正规部门，因此，我们没有考虑户主是否拥有党员身份。

在户主的个体特征中，男性样本占的比例最大，三类样本均在 75％左右，其中，新一代女性样本不仅高于老一代，也高于总样本，说明新一代女性拥有更多的职业化倾向。老一代的健康状况不容忽视，有 28.6％的从业者健康存在问题，接近全部样本的 1/3，比新一代要高出 18.5 个百分点。平均而言，有 1/5 以上的农民从业者健康有问题。受访者中，已婚农民占的比例最大，平均为 83.4％。其中，老一代已婚者高达 98％以上，而新一代有 36.3％为未婚。就文化程度而言，75％以上的从业者只有初中及以下文化水平，其中，老一代的比例接近 85％，尤其是小学及以下文化程度，老一代的比例高达 40％以上，比新一代高出近 32 个百分点；而且老一代大专及以上文化程度仅为 3.4％，比新一代低 21.5 个百分点。值得注意的是，虽然新一代小学以下文化程度的比例较低，但仍有53%的新一代只有初中文化水平。

5. 家庭特征。农民能否实现分化往往受到其家庭因素的制约。本文将反映家庭特征的变量设定为户籍性质、耕地面积、人口负担率、非农就业比、外出时长。其中，人口负担率是指单位劳动力所负担的非生产性人口（包括老人、孩子、病残人员等）的数量；非农就业比定义为外出打工的劳动力占家庭总人口的比例，之所以用家庭总人口而不是家庭中劳动力的数量来衡量主要考虑数据的可靠性；外出时长则定义为农民在非农部门工作的年数，可体现农民彻底分化的可能性和就业的稳定性。一般而言，家庭所在地到中心城镇距离会制约人们的行为选择。然而，根据已有研究，家庭所在地及其到中心城镇距离的远近对非农就业影响不显著。这可能与近年来国家加大对基础设施和新农村建设的投入有关。基于此，我们没有考虑这一因素。

从户籍性质来看，90%以上的受访者为农村户口。其中，新一代的城镇户口比例达到了13.1%，比老一代高出7.5个百分点。样本家庭的平均耕地面积为4亩，这与陆文聪、吴连翠（2011）的调查结果（6.4亩）有较大差异，可能与他们的样本量较小（381份）有关。令人意外的是，新一代家庭拥有耕地面积略多于老一代，可能是当前留在农村的新一代农民更多地通过土地流转发展规模经营，而老一代仍然依赖于一家一户的传统经营的缘故。数据显示，老一代的人口负担率明显高于新一代，也高于总样本的平均水平。其中，新一代家庭中小孩数量明显低于老一代，平均每个家庭只有0.9个孩子，比老一代低0.5个；而新一代家庭中60岁以上的老人比较多，平均每个家庭比老一代多0.4个，这种情况与我国的人口政策有关。平均而言，新一代的非农就业比要比老一代高；老一代的外出就业时长高达11年以上，比新一代高出近5年。

6. 分化条件。农民能否实现分化在一定程度上取决于其自身所具备的职业素质。本文用从业资质、培训与否来衡量。从业资质是指农民凭何种条件（学历、技术、经验、关系、体力、外貌等）实现职业转换的，该指标能够体现当前各行业对从业者职业素质的需求差异；培训与否是指工作期间是否参加过培训，反映用人单位对从业技能的专门要求。

数据显示，有一半以上的农民是靠技术来实现职业转换的，有15.3%的农民是凭经验进入非农部门的。令人不解的是，老一代凭技术转换工作比新一代高出7.3个百分点，而新一代凭经验转换工作竟然比老一代高出近10个百分点。目前凭学历进入非农部门的农民并不多，只有13%左右，即便是新一代也只有15.2%，这可能是当前农民群体中拥有学历的人较少的缘故。代表农村社会网络的关系对农民转业的作用不可忽视，农民通过关系进入非农部门的占10.3%，并且新一代具有优势，比老一代高出4个百分点。目前仍然有近6%的农民是靠体力吃饭，这种情况老一代更为突出。从业者中有1/3以上的农民在工作期间接受了培训，这意味着仍有2/3的农民未经过培训，老一代更是高达3/4；新一代培训者与未培训者的比例接近1∶1，这说明当前的职业培训更多的是针对35岁以下的青年从业者。

7. 其他因素。农民对未来的打算在某种程度上会影响当期的决策和行为，农民外出就业对政策的期待反映了实现彻底分化对政策的需求①；不同的地域分异特征和经济发展水平决定了不同的就业模式，这些分别用生活意愿、政策期待和地区特征来表示。调查显示，55%的新一代愿意生活在城市，比总样本高出10个百分点。与之不同的是，老一代有60%以上愿意生活在农村。这可能缘于老一代对农村的特殊情结，同时也可能是城市生活艰难程度让老一代望而却步。政策方面，有一半左右的受访者关注工资待遇；有1/3的关心就业与创业方面的政策，这在新一代中更为明显；仍有10%以上的受访者强调制度方面的因素，尤以老一代为甚。同时，老一代也更加期待政府在权益保护方面发挥作用。样本数据自北向南依次递减（44.6∶36.9∶18.5）。其中，新一代样本的南北分异最大，达30个百分点以上。

（三）模型选择

本文的农民分化，用职业分化、收入分化和时间分化三个因变量来表示。

1. 职业分化。由于因变量 Y 为职业类别，因此，我们设立多分类无序Logistic模型（Multinomial Non-ordered Logistic Model），其概率函数为：

$$P(Y=k|X)=\frac{\exp(\alpha_k+\sum_{i=1}^{m}\beta_i X_i+\sum_{j=1}^{n}\gamma_j X_j)}{\sum_{k=1}^{K}\exp(\alpha_k+\sum_{i=1}^{m}\beta_k X_i+\sum_{j=1}^{n}\gamma_k X_j)} \tag{1}$$

2. 收入分化和时间分化。由于因变量 Y 均为多分类有序变量，因此，设立多分类有序Logistic模型（Multinomial Ordered Logistic Model），其概率函数为：

$$P(Y\leqslant k|X)=\frac{\exp(\alpha_k+\sum_{i=1}^{m}\beta_i X_i+\sum_{j=1}^{n}\gamma_j X_j)}{1+\exp(\alpha_k+\sum_{i=1}^{m}\beta_i X_i+\sum_{j=1}^{n}\gamma_j X_j)} \tag{2}$$

① 将样本数据涉及的政策归为四类：制度因素（包括土地、户籍等）、就业与创业（包括就业歧视、创业扶持、职业培训、提供信息和技术指导等）、工资待遇（包括工资福利、子女教育和住房保障）和权益保护。

式中，因变量 Y 均有四个类别，$k=4$，对应的概率分别为 P_1, P_2, P_3, P_4，并且满足 $\sum_{k=1}^{4} P_k = 1$。X_i 为分类变量矩阵，X_j 为协变量矩阵。α_k 为截距项，β_i 和 γ_j 为 X 待估的偏回归系数。

二、估计结果分析

本文运用 SPSS18.0 软件对上述模型进行估计，结果显示：职业分化、收入分化、时间分化三个模型均通过了似然比检验，似然比统计量对应的临界值远小于系统的置信水平 0.05，说明模型的拟合效果较好。考虑到文章的篇幅，这里仅给出对因变量影响显著因素的估计结果。

（一）无序 Logistic 模型的估计结果：职业分化代际差异

表 2 报告的是职业分化代际差异的估计结果。结果显示：以农林牧渔业为参照组，在对农民职业分化影响显著的因素中，不同部门同一因素对职业分化的影响均存在明显的代际差异。

就工业部门而言，回归系数显示，第一是非农就业比，它是影响农民进入该部门最大的因素，但对新一代的正向影响程度是老一代的 2 倍之多。第二是从业资质。其中，新一代除了体力没有通过显著性检验外，学历、技术、经验、关系均通过了 1%、5%、10%的显著性检验，其正向影响程度由大到小依次为学历、关系、技术、经验，显然学历成为从业资质中影响农民分化到该部门的首要因素。与之不同的是，老一代仅有关系和体力通过了检验。其中，关系成为新、老两代唯一全部通过显著性检验的从业资质，也是唯一对老一代实现职业分化具有正向影响的因素。说明以关系为主导的农村社会网络对农民职业分化的重要作用；另一方面也说明，与新一代相比，老一代在从业资质方面没有什么优势，仅能靠建立起来的社会关系实现职业流动，并且老一代体力越强者，越不倾向于分化。第三是文化程度。只有大专及以上文化程度在新、老两代全部通过了检验，而老一代高中或中专文化程度就通过了检验，说明文化程度对老一代职业分化的影响要比新一代低一个层次。第四是性别，对新、老两代的影响也高度显著，但对新一代的负向影响程度远大于老一代，说明相对于男性来说，新一代女性更不倾向于分化到该部门，这可能与调查数据主要集中在建筑业和制造业有关。第五是政策变量，仅对新一代有显著的正向影响，说明 35 岁以下青年一代尤为关注的就业（或创业）以及工资待遇方面的政策。此外，外出时间越长，农民职业分化的可能性越大，尤其是老一代；技能培训能显著地促进新一代分化；地区变量对新一代没有显著影响，老一代越往北去，分化的可能性越低，这与这些地区第二产业发展滞后有关。

表 2　职业分化代际差异

变量			新一代 系数	新一代 标准误	老一代 系数	老一代 标准误
工业	性别		−2.421***	0.425	−0.695***	0.257
	婚姻状况		0.870*	0.514	−0.429	0.79
	户籍性质		−0.744	0.511	−1.036*	0.592
	非农就业比		6.984***	1.26	3.368***	0.616
	外出时长		0.114**	0.046	0.163***	0.018
	培训与否		1.363***	0.434	0.026	0.275
	文化程度	小学及以下＝参照组				
		高中或中专	−0.353	0.916	−1.265***	0.374
		大专及以上	−2.142***	0.815	−2.574***	0.619
	从业资质	小其他资质＝参照组				
		学历	3.109***	1.13	0.141	0.477
		技术	1.741**	0.878	0.037	0.415
		经验	1.555*	0.934	−0.342	0.474
		关系	2.291*	1.199	1.276**	0.587
		体力	−1.581	1.289	−2.274***	0.549
	政策变量	权益保护＝参照组				
		就业与创业	1.763**	0.771	0.028	0.458
		工资待遇	1.968***	0.764	−0.241	0.439
	地区变量	皖南＝参照组				
		皖中	−1.697	19.471	−0.525*	0.303
		皖北	−1.799	19.471	−0.545*	0.332
服务业	性别		−1.538***	0.419	0.767***	0.26
	户籍性质		0.143	0.532	−1.608***	0.57
	耕地面积		−0.178***	0.047	0.070**	0.032
	非农就业比		6.722***	1.259	3.371***	0.64
	外出时长		0.041	0.048	0.110***	0.019
	培训与否		1.125***	0.437	−0.818***	0.28
	生活意愿		−1.099***	0.398	−0.195	0.232
	文化程度	小学及以下＝参照组				
		大专及以上	−1.660**	0.835	−1.471**	0.643
	从业资质	其他资质＝参照组				
		学历	2.116	50.215	1.142**	0.578

（续）

变量			新一代		老一代	
			系数	标准误	系数	标准误
服务业	政策变量	权益保护=参照组				
		就业与创业	1.763**	0.775	−0.246	0.493
		工资待遇	1.439*	0.773	−0.478	0.468
	地区变量	皖南=参照组				
		淮北地区	−1.684	19.471	−0.816**	0.328
行政事业	性别		−1.829**	0.831	0.536	0.502
	耕地面积		−0.268**	0.111	−0.01	0.072
	人口负担率		−0.079	0.861	0.862**	0.371
	外出时长		0.102	0.078	0.087***	0.034
	培训与否		0.151	0.777	−1.467***	0.476
	文化程度	小学及以下=参照组				
		高中或中专	1.878	33.509	1.676***	0.621
	政策变量	权益保护=参照组				
		土地与户籍	1.806***	1.083	1.815***	0.664
		就业与创业	1.709***	0.862	1.870***	0.513
Chi-Square / X^2_{LR}			346.975		646.660	
Sig.			0.000		0.000	
Pseudo R-Square			R^2CS（0.386）/R^2N（0.442）		R^2CS（0.435）/R^2N（0.449）	

注：①因变量以农林牧渔业为参照组；自变量中二分类变量以表1中赋值较大者为参照组。②年龄变量的影响体现在代际的划分上。③*、**、*** 分别表示10%、5%、1%的显著性水平。

从服务业来看，影响农民分化到该部门的因素同样存在着代际差异。与前面类似，非农就业比仍然是影响农民流向该部门的第一大因素，并且对新、老代与代之间的影响程度有2倍左右的差异。但与前面不同，从业资质中仅有老一代在学历上通过了5%的显著性检验，说明老一代稍有学历上的优势就能显著地促进其职业分化，同时也说明农民在该部门从事的大多是入业资质较低职业。性别之间的代际差异仍然存在，但要远小于工业部门。与工业部门相比，文化程度的显著性影响在下降，并且只有大专及以上文化程度通过了检验；技能培训对老一代的显著性作用增强，但其作用方向与新一代相反；外出时长的显著性影响也在下降，尤其是新一代。耕地面积对新一代的负向影响更为显著，可能的原因是，新一代农民在农村拥有的耕地面积越大，越愿意留在农村发展规模经济，从事现代农业。此外，户籍性质对老一代有显著负向影响，说明户籍性质对老一代的制约作用仍然存在；而未来生活意愿对新一代有显著的负向影响，说明农村青年一代更愿意选择在城市生活；政策变量对新一代仍有显著的正向影响，说明进一步的政策措施能显著地促进新一代分化；地区变量仅对皖北地区的老一代有显著的负向影响，这一方面说明该地区老一代分化程度低，另一方面也说明该地区的第三产业发展滞后。

与前面两大部门相比，行政事业部门通过显著性检验的因素并不多，说明可能是模型以外的因素（如人事体制等）决定了农民能否向该部门流动。相对而言，老一代通过显著性检验的因素明显多于新一代。与前面不同的是，政策变量对农民能否进入行政事业部门的影响最大，并且新、老两代农民均通过了1%的显著性检验，关注的政策除了就业与创业外，也由原来的工资待遇转向了土地与户籍政策，说明制约农民向正规部门流动主要还是传统的制度性因素。文化程度、人口负担率、外出时长均对老一代有显著的正向影响。其中，高中或中专文化程度的影响位居第二，说明拥有高中或中专文化程度的老一代进入该部门有明显优势，可能是拥有这一文化程度的老一代大多是当年的“老中专”的缘故。人口负担率越高，老一代越愿意选择在就近的乡镇部门工作，以方便照顾家人。技能培训对老一代的影响为负，说明相对于培训者来说，未经培训的人很难进入该部门，反映了该部门入职要求较高的事实。性别和耕地面积仅对新一代有显著的负向影响，说明新一代女性很难进入该部门，反映了这一部门具有较高的入职门槛；耕地面积越大，新一代分化到该部门的可能性越低，这与前面的结论是一致的。

（二）有序Logistic模型的估计结果

1. 收入分化代际差异。表3给出了收入分化代际差异的估计结果。结果显示：在对农民收入分化影响显著的因素中，同一因素代与代之间存在明显的差异，并且老一代通过显著性检验的因素要远多于新一代。从影响程度来看，从业资质对收入分化的影响最大，并且从业资质的所有变量在老一代全部通过检验，而新一代经验和体力没有通过检验，这符合青年一代的现实情况；从业资质中经验对老一代的影响位居第一，而关系对新一代的影响居于首位，超过了学历和技术的影响，再次体现了关系对农民分化的重要性。性别、耕地面积、地区变量对两代农民的收入分化均有显著影响，人口负担率、非农就业比、外出时长、技能培训、文化程度和政策变量仅对老一代影响显著。值得一提的是，健康状况是唯一对新一代收入分化有显著影响的变量，并且其影响程度仅次于从业资质；户籍性质反而能够显著地促进新一代的收入分化，这可能与近年来政府出台了一系列有利于新一代农民发展的政策有关，使得他们拥有农村户籍，反而在就业、创业和城市融入等方面得到实惠。

表 3　收入分化代际差异

变　量		新一代		老一代	
		系数	标准误	系数	标准误
性别		0.530***	0.197	0.473***	0.166
健康与否		1.030***	0.322	0.034	0.145
户籍性质		0.654**	0.288	−0.391	0.375
耕地面积		−0.346***	0.029	−0.500***	0.029
人口负担率		−0.065	0.168	−0.176*	0.104
非农就业比		0.572	0.372	0.938***	0.311
外出时长		−0.031	0.021	0.017**	0.008
技能培训		0.218	0.177	−0.359**	0.159
文化程度	小学及以下＝参照组				
	高中或中专	−0.101	0.242	0.762**	0.38
从业资质	其他资质＝参照组				
	学历	1.470**	0.637	0.941***	0.339
	技术	1.446**	0.607	0.949***	0.306
	经验	0.979	0.62	1.090***	0.34
	关系	1.768***	0.656	0.783**	0.357
	体力	0.563	0.79	0.799**	0.373
政策变量	权益保护＝参照组				
	就业与创业	−0.117	0.343	0.524*	0.277
地区变量	皖南＝参照组				
	皖北	−0.836***	0.273	−0.440**	0.182
Chi-Square / χ^2_{LR}		295.214		620.949	
Sig.		0.000		0.000	
Pseudo R-Square		R^2_{CS}（0.340）/R^2_N（0.385）		R^2_{CS}（0.422）/R^2_N（0.473）	

注：①在收入分化的四个类别中，以非农户为对照组。②其他解释同表 2。

2. 时间分化代际差异。表 4 给出了时间分化代际差异的估计结果。可以看出，与职业分化和收入分化相比，时间分化通过显著性检验的因素并不多。在影响显著的因素中，从业资质对新一代的影响为最大，并且五个变量均通过了显著检验，但老一代均未通过检验。其中，关系超过了所有从业资质对时间分化的影响，也是对时间分化影响程度最大的因素，这又一次验证了关系在当前农民分化中的重要作用。高中或中专文化程度对新、老两代时间分化均有高度显著的正向影响，对新一代的影响程度仅次于从业资质，而对老一代的影响程度仅次于非农就业比，但后者对新一代影响不显著。户籍性质、耕地面积无论对新一代还是老一代都有显著的负向影响，说明传统的制度性因素对时间分化的制约作用仍然存在。此外，其他因素对时间分化的影响也存在或多或少的代际差异，有的与前面类似，这里不再赘述。

表4　时间分化代际差异

变　量		新一代		老一代	
		系数	标准误	系数	标准误
户籍性质		−0.576*	0.32	−0.809**	0.334
耕地面积		−0.048*	0.026	−0.100***	0.018
非农就业比		0.352	0.395	1.779***	0.302
外出时长		−0.043**	0.022	0.050***	0.008
生活意愿		−0.399**	0.179	−0.307**	0.127
文化程度	小学及以下=参照组				
	初中	0.421	0.288	0.241*	0.142
	高中或中专	1.217***	0.406	1.439***	0.231
	大专及以上	0.716**	0.372	0.55	0.372
从业资质	学历	2.755***	0.641	−0.436	0.32
	技术	2.045***	0.603	−0.433	0.289
	经验	2.316***	0.622	−0.218	0.322
	关系	3.202***	0.674	0.301	0.342
	体力	1.890**	0.78	−0.047	0.358
地区变量	皖南=参照组				
	皖中	0.637**	0.274	0.108	0.181
	皖北	−0.422	0.267	−1.057**	0.176
Chi-Square / χ^2_{LR}		148.394		430.824	
Sig.		0.000		0.000	
Pseudo R-Square		R^2_{CS}（0.218）/R^2_N（0.299）		R^2_{CS}（0.317）/R^2_N（0.352）	

注：①在时间分化的四个类别中，以非农民为对照组。②其他解释同表2。

（三）农民分化的影响因素

前面从职业分化、收入分化、时间分化三个维度考察了农民分化，分析了不同影响因素的代际差异。在对农民分化影响显著的因素中，表5进一步给出了影响农民分化的共性因素和个性因素，可以看出，除了没有通过显著性检验的因素外，个性因素很少，大多为共性因素。在共性因素中，大致可以分为三个层次：一是对所有类型的分化均有显著影响的因素，共有2个，占全部影响因素的15.38%，分别是外出时长和文化程度；二是对大多数类型的分化有显著影响的因素，共有8个，占61.5%，分别是性别、户籍、耕地面积、非农就业比、培训与否、从业资质、政策变量、地区变量；三是对少数类型的分化有显著影响的因素，共有2个，占15.38%，分别是人口负担率和未来生活意愿。

表5　影响农民分化的共性因素与个性因素

影响因素	职业分化			收入分化	时间分化	共性因素	个性因素
	工业	服务	行政				
性别	√	√	√	√		△	
婚姻	√						○
户籍	√	√		√	√	△	
耕地面积		√	√	√	√	△	
人口负担率			√	√		▽	
非农就业比	√	√		√	√	△	
外出时长	√	√	√	√	√	☆	
文化程度	√	√	√	√	√	☆	
培训与否	√	√	√	√		△	
从业资质	√	√		√	√	△	
生活意愿		√			√	▽	
政策变量	√	√	√	√		△	
地区变量	√	√		√	√	△	

注：√：有显著影响；☆：对所有类型的分化均有影响的共性因素；△：对大多数类型的分化有影响的共性因素；▽：对少数类型的分化有影响的共性因素；○：个性因素。

三、结论与启示

本文运用安徽省三大地区1 228个农户的抽样调查数据，采用多分类Logistic模型，从职业、收入、时间三个维度对农民分化的代际差异进行了分析。结果表明：①分化农民的职业大多集中在非正规的工业部门，服务业次之，正规的行政事业部门最少；新一代进入工业部门的优势显著，老一代留在农业部门的比例较高，具有高中或中专文化程度的老一代则更倾向于流向行政事业部门。②农民收入分化和时间分化的特征基本一致，但新一代的时间分化要比收入分化更加明显；未来农民向非农部门分化的主体主要是Ⅱ兼农户和离农型农民群体；Ⅰ兼农户和趋农型农民群体主要倾向于在农业内部分化。③农民分化是众多因素作用的结果，但这些因素存在代际差异：非农就业比是影响新一代职业分化最大的因素，其影响程度远大于老一代；从业资质对老一代收入分化影响显著，对新一代时间分化影响显著，尤其是关系，成为当前影响新一代时间分化的第一大因素，也是影响老一代收入分化的首要因素，说明以关系为主导的农村社会网络对当前农民分化的重要性。④农民文化程度普遍偏低：老一代以小学及以下文化程度为主，新一代初中文化程度高达一半以上；技能培训不能普惠到35岁以上的农民，从业者中有3/4的老一代农民没有参加过任何培训；文化程度对农民分化有显著影响，尤其是时间分化。其中，高中或中专文化程度对老一代的影响最为显著。⑤农地流转有利于新一代农民从事规模经营，发展现代农业；农民分化与地区经济发展水平相关，经济越发达，农民分化的可能性越大；户籍性质、耕地面积等传统因素对农民收入分化的制约作用仍然存在，但已非常有限；新一代期待国家在就业和创业以及工资待遇和社会福利方面有更多的政策出台，老一代则关注诸如户籍、土地等方面的政策，并期待国家在权益保护方面发展更大的作用。⑥在对农民分化影响显著的因素中，共性因素较多、个性因素较少，其中，对所有类型的分化均有影响的共性因素是外出时长和文化程度。

基于上述结论，本文认为，当前无论是农业新型经营主体的培育、还是以人为本新型城镇化发展，都会极大地促进农民分化，而农民的进一步分化也是实现“四化”同步发展的需要。因此，政府首先要解决的不仅是帮助已经分化的农民实现彻底分化（城市化），而且还应促进农民在农业内部分化，使之从业更加专业化；同时应大力发展第三产业，增加服务业对农民分化的拉力，并消除传统的地方特权对新一代农民进入正规部门的不利影响，让他们有平等的机会参与竞争。其次，增加对农村公共事业的投入，提高农村人力资本水平：在九年制义务教育的基础上，提高农村高中教育的入学率，均衡高中教育在各级教育层次中的比例关系；加强对农民的专业技能培训，培训内容不仅仅局限于向非农产业转移的专业技能，同时也应有针对农业从业者的专门培训，在此基础上发展农村图书、网络等文化事业；增加对农村从业者健康的投入与保护。第三，积极创造条件，提高农民的非农参与率；利用农民自行建立起来的社会网络，继续发挥“关系”在农民分化中的重要作用；同时搭建就业信息服务平台，拓展非农部门的就业渠道和就业空间，让符合条件的农民在城市部门稳定就业，尤其是年轻一代。第四，经济欠发达的皖北地区应充分利用地域优势、资源优势和政策优势，大力发展二、三产业，使产—城联动发展，变人口劣势为经济发展的优势。第五，要促进农民分化，进一步的政策措施很有必要：进一步消除诸如户籍、土地等制度性障碍，在放活农地经营权的同时，要赋予经营权的合法地位，为农民稳定从事规模经营，发展家庭农场、专业大户等现代新型农业经营主体提供支持；进一步消除来城市部门的就业歧视和同工不同酬现象，并在就业机会、工资待遇、社会福利、权益保护方面平等对待；进一步完善医疗、养老等保障制度，实行家庭养老、社区养老等多种方式并举的发展格局。

参 考 文 献

陈柏峰．土地流转对农民阶层分化的影响——基于湖北省京山县调研的分析．中国农村观察，2009（4）：57－64.

韩梁，姜长云．农民就业模式分化和选择的影响因素分析．农业技术经济，1996（6）38－44.

姜长云．农村非农化过程中农户（农民）分化的动态考察——以安徽省天长市为例．中国农村经济，1995（9）：50－56.

姜长云．农民就业模式的分化与经济行为——对安徽省天长市农户的问卷分析．调研世界，1995（2）：32－35.

李强．当代中国社会分层：测量与分析．北京：北京师范大学出版社，2010.

廖洪乐．农户兼业及其对农地承包经营权流转的影响．管理世界，2012（5）：62－87.

刘洪仁，杨学成．转型期农民分化问题的实证研究．中国农村观察，2005（4）：74－80.

刘洪仁．世纪初农民分化的实证追踪研究——以山东省为例．农业经济问题，2009（5）：55－62.

刘洪仁．我国农民分化问题研究．泰安：山东农业大学，2006.

陆文聪，吴连翠．兼业农民的非农就业行为及其性别差异．中国农村经济，2011（6）：54－62.

陆学艺，张厚义，张其仔．转型时期农民的阶层分化——对大寨、刘庄、华西等13个村庄的实证研究．中国杜会科学，1992（4）：137－151.

陆学艺．当代中国社会流动．北京：社会科学文献出版社，2004.

陆学艺．重新认识农民问题——十年来中国农民的变化．社会学研究，1989（6）：1－14.

陆益龙．户籍制度与社会分层和流动．中国社会科学，2008（1）：149－162.

马永良．中国农户兼业问题的经济分析．东京：日本京都大学，2002.

牟少岩，杨学成．农民职业分化微观影响因素的实证研究．农业经济问题，2008（11）：90－95.

万能，原新．1978年以来中国农民的阶层分化：回顾与反思．中国农村观察，2009（4）：65－72.

许恒周，郭玉燕，石淑芹．农民分化对农户农地流转意愿的影响分析——基于结构方程模型的估计．中国土地科学，2012，26（8）：74－79.

许恒周，郭玉燕，吴冠岑．农民分化对耕地利用效率的影响——基于农户调查数据的实证分析．中国农村经济，2012（6）：31－47.

严善平．市场经济体制下农户的收入决定与就业选择．管理世界，2005（1）：59－69.

宇传华．SPSS与统计分析．北京：电子工业出版社，2007.

张宛丽．近期我国社会阶层、阶级研究综述．中国社会科学，1990（5）：173－180.

张晓辉．农村劳动力就业结构研究．中国农村经济，1999（10）：68－72.

中共中央政策研究室，农业部农村固定观察点办公室．对农民职业分化的调查．中国农村经济，1994（3）：33－38.

中国城市、农村社会变迁的实证研究课题组．一个山村的农民职业分化——对农民结构变迁的个案研究．农村经济与社会，1993（5）：36－43.

周批改．改革以来农民分化研究的回顾与商榷．前沿，2002（11）：153－156.

A. Walder. Income Determination and Market Opportunity in Rural China，1978—1996. Journal of Comparative Economics，no. 30，2002，pp. 354－375.

Q. F. Zhang and J. A. Donaldson. From Peasants to Farmers：Peasant Differentiation，Labor Regimes，and Land-Rights Institutions in China’s Agrarian Transition. Chinese Geographical Science，vol. 20，no. 6，2010，pp. 545－553.

W. Xiaogang and T. Donald. The Household Registration System and Social Stratification in China：1955—1996. Demography，vol. 41，no. 2，2004，pp. 363－384.

（作者单位：安徽农业大学经济管理学院）

农业发展

NONGYE FAZHAN

玉米临时收储价格困境及其改革

郭庆海

2008年以来，国家对玉米主产区实施了临时收储价格政策，类似于小麦和水稻的保护价收购，但属于每年根据实际情况确定的临时性保护价格。这一政策在保证农民卖粮并能够得到正常收益方面发挥了积极的效应。随着市场供求关系的变化及相关政策的调整，玉米临时收储价格的运行也带来了不容忽视的负面效应。这种负面效应集中表现在扭曲了玉米市场的供求关系，制约了玉米下游产业的发展。

以吉林省为例，近几年玉米临时收储价为每千克2.24元，按临时收储价格收购的玉米实行顺价销售政策，致使产区玉米价格高于销区，出现产区和销区价格倒挂现象。临时收储价格的初衷是保护种植玉米农户的生产积极性，这一目标已经达到了。但玉米与小麦和水稻不同，除了不到10%的玉米进入主食消费外，其余部分都要以原料形态进入畜牧业和加工业，农民出售的玉米基本上都进入了原料市场，而非最终消费市场。因此，高位的玉米临时收储价格在保护种玉米农民利益的同时，却伤害了以玉米为原料的玉米加工企业、养殖企业和养殖户的利益。近两年来，吉林省的畜牧业和玉米加工业因玉米高价，蒙受了巨大损失。目前全省22户规模以上玉米加工企业在高成本的压力下，基本都处于亏损状态，其中已经有1户企业破产、10户企业停产，开工率不足10%。与此同时，畜牧业发展也面临着冲击，2014年吉林省农户养猪平均每头猪赔200～300元，其中固然有生猪市场供求失衡的问题，但也包含作为精饲料主体的玉米价格过高问题。过去吉林省畜牧业发展一直占据着玉米大省玉米价格相对便宜的优势，现在这个优势已经消失。玉米加工业和畜牧业是吉林省的重要产业，在增加农民收入、转移剩余劳动力方面发挥着重要作用。玉米临时收储价格政策旨在保护种玉米农民的利益，就其出发点而言，无可争议。但一项政策如果在释放正效应的同时也释放出较大的负效应，就应当考虑这项政策的可行性。事实上，玉米临时收储价格在保护农民利益的同时，不仅仅伤害了加工企业和养殖企业，也在不同程度上伤害了从事养殖业的农民和在玉米加工业从业的农民的利益。事实证明，玉米临时收储价格是不成功的政策，在客观上已经形成了“保一伤二”的双重效应，对其进行改革已经到了刻不容缓的程度。

玉米临时收储价格除了造成下游产业的巨大成本压力外，还扭曲了我国玉米市场正常的供求关系和玉米的市场竞争力，形成供求市场的“背逆”现象。一方面玉米主产区造成巨额库存积压，另一方面又出现玉米大量进口。据有关方面反映，我国玉米库存近亿吨，吉林省的库存玉米几近两年的玉米产量。历史上我国是玉米净出口国，2010 年后，转变为净出口国。2012 年以后，玉米进口量已经超过 500 万吨。近几年玉米临时收储价格为每吨 2 240元，而美国二号黄玉米到岸价格只有 1 900 元，甚至更低，每吨数百元的价差是吸引粮食企业进口玉米的根本原因。作为粮食进出口企业，其经济理性是获取利润，只要国际市场玉米价格低于国内市场，就会调动其进口的积极性。由此必然会出现玉米库存积压与玉米进口同时增长的“背逆”现象，这种价格机制已经使本来竞争力不高的我国粮食生产进一步丧失了竞争力。

玉米临时收储价与水稻、小麦的保护价没有什么本质区别，只不过没有形成相对固定的制度。其弊端在于扭曲了市场供求关系所决定的价格，在客观上起到了抬价托市的作用，使玉米加工企业分享不到产区市场价格带来的利益，增加了企业成本，降低了企业的竞争力。如何改革？目前在方式和方向上似乎已经形成共识，即实行目标价格制度。在具体运行思路上，就是国家在调查测算的基础上，按照生产成本＋正常利润的规则确定具有保护性的目标价格。然后，在玉米收购市场上，发挥市场形成价格的作用，由市场供求关系形成市场价格。玉米种植户按照市场形成的价格随行就市地销售玉米。当玉米市场价格低于目标价格时，市场价格与目标价格之间的差额由政府补贴。从 2014 年起，国家先行在黑龙江和吉林进行了大豆的目标价格制度改革，从目前已知的方案进展情况看，并不顺利，主要难点在于如何对众多的种植户实施量化到位的价格补贴。这样的问题似乎又回到了 2004 年粮食直补政策时遇到的同样问题，当时对农民的种粮补贴难以核定准确的种粮数量，无奈采取了按地块补贴的方式。这种粗放的补贴方式使粮食直补政策一直受到非议，主要原因在于，作为支持粮食生产积极性的政策，未能在政策投入和政策目标之间建立有效的函数关系。在目前研究如何实施目标价格政策的调研中，试点单位仍提出按种植地块的方式实施补贴，显然这是不可继续复制的政策模式。从目前实施目标价格所遇到的困难可以发现，经过 30 多年的发展，我国至今尚未建立与现代农业相适应的粮食市场流通体系，无法为实施现代农业支持政策提供有效的流通平台及有效的政策实施路径。从东北玉米主产区现状看，粮食收购市场上的经营主体仍然是经纪人。在具体收购方式上，经纪人直接到农户收购，一手交货，一手付钱，然后经纪人再转售到国有粮库，通常经纪人与粮库之间存在约定关系或委托关系。这种收购方式看起来简便快捷，效率较高，但毕竟表现为一种原始、粗放、分散的特征，未能形成严密的现代市场流通体系，无法实现国家支持政策与农户之间的对接。由此，不能不反思我国粮食流通体制改革走过的艰难曲折过程，至今国有粮食收储企业仍然不能有效胜任调控国家粮食市场的职能，不能不说这是长期持续在我国粮食流通领域难以抚平的改革之痛。

目标价格在发达国家已经是一个成熟的政策，对于保护农民的利益发挥较好的作用。毫无疑问，不能照搬国外的做法，要从我国的实际情况出发研究目标价格实施的路径与方式。以目前吉林省玉米市场为例，临时收储价格显著高于国际市场，如果将临时收储价格政策改变为目标价格政策，将目前的临时收储价格水平确定为目标价格水平，农民按市场目标价格销售粮食。如果市场价格降到每千克 1.80 元，市场价格与目标价格的差额为每千克 0.44 元，这 0.44 元的差额由政府补贴。显然，这样的市场价格水平既有利于下游企业降低成本，也有利于提高玉米的市场竞争力。目标价格操作的难点在于如何确定农民的粮食出售量，粮食出售量的真实性及其相关的道德风险。与发达国家不同，我国农户总量大，经营规模小，组织化程度低，控制难度大，运行成本高，但并不意味着目标价格就无法操作。所幸的是，信息化的发展为收集农户信息提供了基本平台，目前我国粮食直补款的发放已经利用这个信息平台。应当看到，农村信息化发展给农村改革与发展带来了有利条件，目标价格改革已经具备了信息化提供的基本技术平台。在具体操作方式上，农户和收粮企业（从监管的角度看，也需要资质认定）在授权的金融机构同时开户，载入农户相关信息，并设定超常规红线。例如，假定一个农户种植 1 公顷玉米，常年产量为 7 500 千克，极值产量为 9 000 千克，超过了极值产量不予补贴。同时，增加信息透明度，加强监管，对收粮企业和农户确定若干道德风险惩罚措施，增大违规成本。就粮食流通企业而言，主要可分为三大类，一是国有粮食流通企业，包括国家储备库和地方储备库；二是粮食加工企业；三是民营粮食流通企业。在三类粮食收储企业中，国有粮食收储企业发挥着调控保护作用，承担着公益性的市场调节功能。有人担心，当价格由市场形成的条件下，如果价格很低，农民粮食卖不出去怎么办？事实上，既然是市场形成价格，那么就意味着市场要发挥调节作用，价格低本身就是竞争优势，可以促进玉米向更大的市场流动，减少进口或增加出口。而粮食本身是市场供给弹性不大的产品，通常情况下不会形成超常供求差额。同时，作为目标价格也不是一成不变的，国家也可以根据市场供求关系适时调整目标价格水平，以调整供给的导向和数量。也有人担心在目标价格政策下，如果市场价格长期或较大幅度地低于目标价格，国家财政背负不起怎么办？如果从我国粮食供求关系的走势看，这种担心很难出现。近十年来，我国粮食市场自给率一直处于下降的趋势，未来 15 年内，我国的人口和耕地的变化继续呈逆向运动，粮食供给不足是基本趋势。不但发生这种状况的概率很低，而且从长期过程看，在目标价格政策下，发挥市场机制的调节作用，国家可能比目前的临时收储价格政策节省财政开支。

尽管目标价格的实施在目前的现状下确实要投入较大工作量，但在目前农村信息化已经提供基本平台的基础上，以及农村金融机构网点布局的基础上，经过努力可以实现购销之间的衔接，可以获取市场交易信息，以达到对农户收入差额的补贴。技术上的难点已经构不成实施目标价格的绝对障碍，相反，改革中利益相关者的利益流失倒可能成为目标价格改革方案实施的阻力，这也是改革中需要高层设计者重视的问题，否则，将会使我国粮食市场流通体制和农业支持保护政策的改革徘徊不前，甚至进入迷局。

目标价格改革方案推进的困境，从另一角度也显现了我国农民组织化程度仍然十分落后，与建设现代大农业严重不适应。1983 年我国农村普遍实施家庭联产承包制之后，确定了统一经营与分散经营相结合的经营体制，但在实际运行中，集体经济组织绝大多数名存实亡，农村基本进入了超小农户、高度分散的组织结构之中。20 世纪 80 年代后期，农民之间的合作重新发展，主要在专业化生产领域。2007 年实施的《中华人民共和国农民专业合作社法》是我国第一部农民合作社法，这是一个巨大的历史进步。但遗憾的是该法将农民合作社限定在专业合作范围内，其组织结构、组织功能和涵盖群体受到了很大的限制。截止到目前，虽然我国目前专业合作社总量已经超过 120 万个，但切实发挥作用的合作社最多也不会超过 10%。这意味着我国专门从事农业生产的近 2 亿户农民仍然处在高度分散化的组织结构中。那么，国家的若干支农政策当面对这样一种松散状态时，就会变得束手无力。因此，按照符合农民意愿、符合市场经济规律、符合农业组织规律的要求，以家庭经营制度为基础，实施农业组织制度创新，提高农民的组织化程度，确实到了迫在眉睫的时候。

（作者单位：吉林农业大学粮食主产区农村经济研究中心）

农村家庭承包经营基础上的农业经营主体多样化发展之思考

吕火明　刘宗敏

随着我国工业化、城镇化进程的快速推进和农村劳动力大量转移，农业经营主体呈现多样化发展格局。党的十八大明确提出要培育新型经营主体，发展多种形式规模经营，构建集约化、专业化、组织化、社会化相结合的新型农业经营体系。十八届三中全会提出要坚持家庭经营在农业中的基础性地位，推进家庭经营、集体经营、合作经营、企业经营等共同发展的农业经营方式创新。2014 年中央 1 号文件对扶持发展新型农业经营主体做出了具体安排部署。随着农业经营主体的重塑和多样化趋势，如何正确认识各类农业经营主体的功能定位和相互关系，促进各类农业经营主体的更好更快发展，具有重要意义。

一、农业经营主体多样化是现代农业发展的必然趋势

农业经营主体是指直接或间接从事农产品生产、加工、销售和服务的任何个人和组织。一般而言，农业经营主体主要包括传统的、小规模、自给半自给农户家庭生产主体和专业大户、家庭农场、农民合作社、社会化服务组织、农业企业等新型农业经营主体。

（一）农业经营主体多样化是现代农业发展的必然趋势

1. 农业经营主体多样化是适应农业农村发展的现实需要。随着现代农业的发展、社会主义新农村建设的加快以及农村劳动力的大量外出务工，农业的老龄化、兼业化、副业化趋势明显，农业发展面临严峻挑战，必须要转移到依靠科技进步和提高劳动者素质的方式上来。而培育专业大户、家庭农场、农民合作社和农业企业，可以利用现代农业技术和现代经营管理，有效填补传统农户经营的缺失，促进农业生产要素向专业经营主体集中，提升农业生产的专业化、标准化、规模化、集约化水平。

2. 农业经营主体多样化是确保粮食安全与农产品安全的必然选择。随着城镇化水平的提高、城乡居民食品消费的升级，农产品需求呈现刚性增长趋势，保障粮食安全和重要农产品供给的压力明显增加。农户小而全的经营，难以实现粮食等大宗农产品的规模效益，在供求因素双重制约下，只有

加快专业大户、家庭农场等规模经营主体的发展，更多地采用先进科学技术和生产手段，增加技术、资本等生产要素投入，通过提高经营农业的比较效益，才能有效解决“谁来种田，谁来养猪”的问题。随着城乡居民对农产品质量安全要求的日益提高，迫切需要发展新型农业经营主体，来实现从产前、产中、产后各个环节的标准化生产，建立全过程、全产业链的质量管理，实现“从餐桌到田头”的农产品质量安全保障体系。

3. 农业经营主体多样化是促进农业社会化服务体系发展的需要。农业社会化服务体系是构建新型农业经营体系、实现农业现代化的重要内容。原有的公益性服务体系主要是针对传统家庭经营户提供生产技术服务，目前正处于重新改革时期，而新的社会化服务体系才逐步形成。社会化服务体系可以为农业经营主体提供个性化、全程化和综合性服务，但一家一户的农户经营对社会化服务需求不足，难以对社会化服务形成正面刺激。而规模化的农业经营主体一方面具有强烈的社会化服务的需求，另一方面也是农业社会化服务的重要供给者。因而，建立新型农业社会化服务体系需要农业经营主体发挥更大的作用。

4. 农业经营主体多样化是国内外农业发展的现实写照。无论从国外和国内改革开放成功的例子看，农业经营主体多元化都是很成功的。在西方发达国家，既有家庭农场，也有龙头企业和协会（农会），如美欧的家庭农场、日本农协组织、以色列农业合作组织、澳大利亚的农民联合会、荷兰农业合作组织等，都有效促进了农业生产。从国内看，江苏、浙江、山东等发达地区的龙头企业经营农业、合作社经营农业、家庭农场经营农业等，都取得了不俗的成绩。

（二）不同农业经营主体具有不同的特点与适应性

1. 普通农户。家庭经营是我国农业生产的基础，对不同类型的农业生产经营都具有很强的适应性。家庭经营不仅适应以手工业劳动为主的传统农业，也能适应采用先进科学技术和生产手段的现代农业。特别是农户家庭经营在解决农民就业、粮食安全、提供原材料保障等方面具有不可替代的作用。农户家庭经营是新型农业经营主体的基础，更是产生各种新型农业经营主体的主要摇篮。这种传统的农业农户经营模式还将长期存在，但其生产规模小、市场竞争力弱、抗风险能力不强、收入偏低等问题也将长期存在，将逐步从商品生产者逐渐衰退为生计型小农。

2. 专业大户。专业大户是指从事农业某一领域从事专业化生产的农户，从种养规模来看明显地大于传统农户或一般农户，是初步实现规模经营的农户，有时也将专业大户称为种养大户。在要素投入上，专业大户具有资本和劳动双重密级的特点，兼具家庭经营和规模经营的优势，主要提供初级农产品和加工原材料。目前，随着农村外出务工人数增加，农村土地流转速度加快，农村土地不断向专业生产大户集中，专业大户不断发展壮大。

3. 家庭农场。家庭农场是以家庭成员为主要劳动力，从事农业规模化、集约化、商品化生产经营，并以农业收入为家庭主要收入来源的新型农业经营主体。从目前各地的实践看，家庭农场一般都是独立的农业法人，土地经营规模较大，土地承包关系稳定，主要从事种养业生产，生产的集约化、农产品商品化和经营管理水平较高。家庭农场多产生于农村劳动力转移比较充分，农业生产服务较为完善的地区，其带头人多是从外出务工回来，眼界、思路开阔，能迅速接受外界信息，并转化为生产力。与专业大户相比，家庭农场是制度化、规范化的专业大户，具有较高的稳定性。

4. 农民合作社。农民合作社是农民自愿参加，在农村家庭承包经营基础上，同类农产品的生产经营者或者同类农业生产经营服务的提供者、利用者，自愿联合、民主管理的互助性经济组织。农民合作社以其成员为主要服务对象，提供农业生产资料的购买，农产品的销售、加工、运输、贮藏以及与农业生产经营有关的技术、信息等服务。农民合作社通过土地合作，把一家一户的农户集中起来，共同闯市场，能够帮助农户分享来自加工、销售、服务等不同产业链条节点的利润增值。农民合作社多数属于能人带动型，对领头人的要求比较高。目前，农民合作社在规模上逐渐向联合社发展，在管理制度上不断规范，未来将会成为现代农业社会化服务的主体。

5. 农业企业。农业企业已成为现代农业的社会投资主体。农业企业在适应复杂多变的市场环境中具有较大优势，可以接进行大规模、集约化、高技术农业生产，发挥市场的组织者和引领者作用。经营良好的龙头企业不止能带动一批相关产业的发展，还能促进产品延长产业链，最终形成一个具有区域经济特色的大基地、大产业、大市场。但农业企业存在与农民利益联结不紧密，与农民“抢地、争利”以及“非农化”“非粮化”倾向，且其本身管理成本较高，不适合介入整个农业生产领域。

6. 农业社会化服务组织。我国农业服务组织包括公益性服务组织和经营性服务组织。公益性服务组织主要为各级政府的农业技术推广服务机构；经营性服务组织主要包括提供农技推广、农经管理、农机服务、农资供给、农产品流通等服务的公司、合作社或个人。农业社会化服务组织主要为其他各类农业经营主体持续发展提供有力支持。农业社会化服务组织提供公共服务的能力还不能与其他农业经营主体的需求相符合。农业社会化服务组织在其运行机制上需要进一步探索和实践，带动农民增收的能力还需要进一步提高。

不同农业经营主体的主要特点比较

	经营规模	商品率	组织特征	是否法人主体	品牌	管理体制	带动能力	适宜农业产业
普通农户	一般	自给半自给	一家一户	否	无	自由	一般	半自给型生产
专业大户	较大	较高	少量雇工	否	无	一般	一般	适度规模粮食、经济作物、养殖
家庭农场	较大	较高	少量雇工	是	可有	一般	一般	适度规模粮食、经济作物、养殖
农民合作社	大	高	5户以上	是	可有	较规范	高	规模化粮食、经济作物、养殖
农业企业	大	高	股份制	是	有	规范	高	规模化养殖、设施化农业和示范性生产
农业社会化服务组织	较大	高	联营	可以是	可有	较规范	高	社会化服务

不同类型的经营主体，在农业生产中比较优势各不相同，功能定位也各不相同，都有各自的适应性和发展空间，都是农业经营体系的有机组成部分，是相互补充、相互融合、相互促进的关系，并无高低、优劣之分。在市场经济条件下，普通农户、专业大户、家庭农场、农民合作社、农业社会化服务组织与龙头企业之间由于产品或服务形成相互交织的网络状合作关系，通过股份合作、订单生产等市场经济手段发生相互联系。

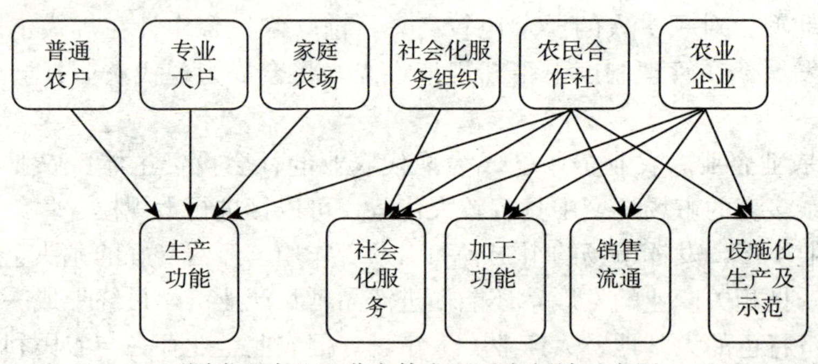

不同类型农业经营主体主要适宜领域示意图

二、影响农业经营主体多样化发展的因素分析

（一）农业经营主体的规模经营土地自由流转渠道尚不畅通

农业经营主体多样化发展离不开土地流转及规模化经营，而目前土地流转临诸多困难。从流转前看，农民承包地确权登记颁证工作尚未全部结束，农村土地产权主体模糊不清，使得土地流转利益主体被虚化。从土地转出的农户看，对农地流转有顾虑，担心流转后失地或田地收回后不再适合继续耕种。从转入方的规模经营主体看，土地租期较短，不能长期有效承包土地，

导致其打消规模投资和加强基础设施建设。土地的零散户增加了转入方的成本。从流转过程中看，流转过程中信息不对称，流转双方获得信息的渠道很少。虽然各地都建立了土地流转程序、规范流转合同文本，但在实际操作中仍存在着不规范的现象。

（二）农业经营主体自身人才缺乏

农业经营主体对带头人能力素质和创新能力要求较高。目前，农民受教育程度普遍较低，加之农村劳动力的大量外出务工，导致农业经营主体带头人在数量和规模上都严重不足，农业生产后备力量薄弱。农村致富能人、农村科技示范户、返乡创业农民、大学生村官与军转干部等成为经营主体的新来源，但数量分布不均、综合素质不齐，供求矛盾突出。农业经营主体创新意识不强，生产经营主要还是依靠传统习惯和自身经验，经营管理能力不足，市场意识差，发展空间有待于进一步拓展。

（三）农业经营主体的针对性扶持政策力度不大

目前，农业补贴政策体系是以家庭承包经营为基础，针对新型主体的专项扶持政策还不多。以种粮补贴政策为例，种粮补贴是按原有的计税承包面积发放，在土地流转后，存在“拿钱的不种粮、种粮的不拿钱”现象，一些粮食经营大户一方面拿不到补贴，另一方面还要支付土地流转费用，导致单位面积的生产成本大大增加。支农政策合力尚未形成，各种农业扶持资金多渠道下达，多部门掌握，资金分散，缺乏有效整合，难以协调抓重点、办大事。虽然财政支农资金快速增加，但主要支持民生事业、农村基础设施建设和传统农户，一些规模较小的专业合作社和龙头企业，很难得到项目和资金的扶持。

（四）农业经营主体融资难的问题仍未得到有效解决

调研看，贷款难及农业特色产业保险覆盖面小，是各类农业经营主体反映较多的问题。规模化经营主体由于经营规模扩大，对资金的需求远远大于传统经营户，但涉农贷款“卡脖子”、经营大户融资难的问题日显突出。金融机构贷款需要抵押、担保，但经营主体农村贷款缺乏有效的抵押和担保，存在缺乏抵押物、找不到担保人的问题，流转的土地使用权、大棚、机械、圈舍等生产设施设备不能抵押，或者抵押率很低。农业保险存在财政补贴少、保险覆盖面窄、保障水平低等问题，农业保险尤其是政策性保险、巨灾保险和再保险等远远满足不了农业新型主体发展的需要。

（五）农业经营主体所需的社会化服务较脱节

推进农业社会化服务体系建设，是新型农业经营主体快速发展不可或缺的重要条件。培育新型农业经营主体和建立完善新型农业社会化服务体系是构建新型农业经营体系的两个基本点。新型农业经营主体随着经营规模的扩大，出于对生产稳定和利润最大化的追求，更愿意接受农业信息、市场营销、统防统治等专业化、社会化服务。农业社会化服务组织不健全、定位不清晰，农业社会化服务组织数量偏少，服务功能较弱，关键服务项目缺失且服务能力较弱，难以满足不同类型经营主体的差异性需求，制约了经营主体生产效率的提高和发展。

三、农业经营主体多样化发展的模式

（一）以股份合作制为基础的农业主体多样化发展模式

农业股份合作制经营是指在保证家庭承包经营的基础上，通过土地使用权的入股，以资金、实物、技术、劳动力等资源折为股份，合作经营管理，实行按劳分配与按股分配相结合的经营模式。股份合作是一种紧密型的农业主体多样化发展模式。在这种模式中，普通农户、专业大户、家庭农场、农民合作社和农业企业等农业经营主体以各种要素折价入股，开展合作经营。这种模式最终形成的农业经营主体可能是几种经营主体的联合体。

崇州“1+4”模式是新型农业经营主体与新型农业经营体系良好结合的典范。“1”即土地承包经营权股份合作社（杨柳土地股份合作社），“4”即农业科技服务体系、农业综合社会化服务、农业公共品牌服务体系和新型农村金融等服务体系，形成“1+4”新型农业经营体系。

（二）以农业园区为载体的农业主体多样化发展模式

农业园区是现代农业建设的示范区和领跑者，在各地农业发展中起着重要作用。在这种模式中，由政府或者企业出资建设农业园区，园区土地由园区管理方统一与农民签订合同流转，在完善园区的基础设施条件后，对外招商引进专业大户、家庭农场、农民合作社和农业企业等农业经营主体到园区开展生产经营，即“大园区、小业主”，最终形成园区的集群效应。

新津柳江万亩蔬菜基地的“大园区、小业主”运作模式，由政府成立园区管委会负责协调推进基础设施建设，农业部门负责制定发展规划，开展农业科技服务。由种植、营销大户等联合成立柳江蔬菜专业合作社，开展种苗繁育、农资配送、市场营销等方面工作。农户（业主）根据技术专长和种植习惯，确定种植品种、生产时间和方式，自主经营。

（三）以村级集体为主体的农业主体多样化发展模式

在这种模式中，由村集体经济组织发起，流转集体农户的土地成立合作农场，由农场自己经营土地或者将土地对外承包经营。合作农场成员可以是农民、专业大户、合作社、家庭农场，也可以是从事农产品加工、营销的企业。一般农户通过三种模式入股：以土地入股，拿租金；以资金入股，拿股金；以劳务入股，拿薪金。

江苏省太仓市合作农场是这种模式的典型代表。太仓市从 2009 年开始探索合作农场的路径。合作农场是由村级集体经济牵头农户组建合作农场，农户以土地承包经营权入股于合作农场，土地入股实行保底分红，盈余部分两次分配。在经营方式上，合作农场的基础设施、物资装备、生产资料等由村级集体经济组织投入，实行单独建账、独立核算，采取“大承包、小包干”和“成本核算、绩效挂钩”的运行方式。目前，全市有合作农场 102 家，有常年管理人员 345 人，常年从业人员 1 017 人，总经营面积 20 万亩（自主经营面积 11.2 万亩），总收入 4.24 亿元，总收益 1.25 亿元，社员分红总额 8 075 亿元（保底分红 6 180 万元、二次分配总额 1 895 万元）。

四、政策建议

（一）完善农村家庭承包经营基础上的土地流转政策

家庭承包经营为基础、统分结合的双层经营体制是农村政策的基石，必须要加以坚持和完善，以稳定农民土地预期，促进土地流转关系保持稳定。一是要完善农村土地承包经营权登记制度，加快推进确权颁证工作。在充分确权的基础上，按照依法自愿有偿的原则，引导土地承包经营权向专业大户、家庭农场等生产和经营能手集中，避免出现片面追求流转规模，定指标、下任务，甚至变相强迫命令，存在着求大、求快的倾向。二是依托现有的农村土地流转中心或政务中心，建立以县为中枢、乡为平台、村为网点的县域全覆盖的农村土地承包经营权流转交易市场，开展流转供求信息、合同指导、价格协调、纠纷调解等服务。

（二）强化对经营主体经营农业的能力培训

积极培育新型职业农民，完善外部人才引进制度。一是加强内部从业人员培训，使之向新型职业农民转变。加强农业职业技能培训、农业创业培训和农业实用技术普及性培训，提高农业经营主体经营能力，着力打造高素质的经营型人才和技能型人才等人才队伍。二是加大外部人才引进力度。要营造农业创业和就业的良好环境，完善从事现代农业创业补助政策，引导和鼓励投资农业的企业家、农村内部的带头人、返乡务农的农民工、基层创业的大学生成为新型农业经营主体。制订专项鼓励计划，对符合条件的中高等学校毕业生、退役军人、返乡农民工务农创业给予补助和贷款支持。

（三）调整政府对农业经营主体扶持的投入方式

一是增加农业新型经营主体发展资金，通过贴息、补助、奖励等形式，支持新型农业经营主体兴建生产服务设施、建设原料生产基地扩大生产规模、推进技术改造升级、建立科技研发机构等。二是调整良种补贴发放方式，每年将良种补贴、农资综合补贴和农机具购置补贴的增量主要用于规模种粮的新型经营主体。三是加大对粮食以外规模经营主体的补贴力度。将畜禽良种补贴、农机具补贴、测土配方施肥等政策，向专业种养大户、家庭农场、合作社、中小型农业企业等适度规模经营主体倾斜。四是实行项目制和以奖代补。由原来财政对农业项目的直接补助，改为由农业经营主体先行筹资投入，待项目竣工验收合格后，再由财政给予一定额度的奖励补助的扶持方式。

（四）加强农村金融制度和农业政策性保险创新

一是创新农村贷款担保抵押方式。扩大抵押物范围，将新型经营主体的应收账款和农副产品的订单、保单、仓单等权利，以及权属清晰、风险可控的大型机械设备、林权、水域滩涂使用权、房屋、厂房、汽车等财产纳入抵（质）押范围，建立财政出资的农业担保公司，为新型农业经营主体提供担保。在财政贴息上，应加强对减少对较大规模主体的贴息力度，重点向一般经营主体倾斜。二是创新财政支持农业经营主体方式。由政府财政出资担保授信，选取省内金融机构、民营资本，设立农业经营主体专项基金，为农业经营主体发展农业生产提供信贷金融支持。三是扩大政策性保险覆盖范围和标准，将新型农业经营主体的粮食生产、大宗农产品生产、特色农产品生产和农机具等纳入保险范围。政策性农业保险机构要优化保险服务，引导农业经营主体参保。提供多种档次的风险保障，对不同档次的实行差别化的补贴标准。

（五）创新农业社会化服务体系

新型农业经营主体加上农业社会化服务，是构建新型农业经营体系，推进现代农业建设的核心路径。一是加快农业社会化服务体系和农村经营管理体系建设，在强化公益性农业服务体系建设的基础上，大力发展社会化、专业化的经营性社会化农业服务组织，为加快新型农业经营主体发展提供全方位的社会化服务。二是采取政府订购、定向委托、奖励补助、招投标等方式，引导各类服务组织在技术推广、农资配送、机械作业、统防统治、抗旱排涝、信息服务、产品销售等方面提供社会化服务。三是加大政策扶持力度，在土地利用、税收减免、绿色通道、农业用电、工商登记、人才培训等方面给予优惠政策，提升农机作业、技术培训、农资配送、产品营销等专业化服务能力。

（六）建立农业经营主体的进入与退出机制

根据产业发展水平和生产要求，设置农业经营者资格认定、进入条件、退出机制。制定不同类型经营主体的认定条件和认定标准，采取自下到上的申报认定程序，加强对经营主体资格认定管理。按照优胜劣汰原则，健全准入及退出机制。处理好进入者和退出者的利益关系，进入者资格与能力的认定，进入者之间的公平竞争和择优，进入者经营行为和经营领域的控制。要引导工商企业规范有序进入现代农业，鼓励工商企业为农户提供产前产中产后服务、投资农业农村基础设施建设。工商企业经营领域必须与农业相关，租地企业负有保护农地的责任，明确企业租地如果没有从事农业生产，农户和集体有权解除租地合同等。

（七）细化不同经营主体出台针对性扶持政策

不同类型的经营主体，在农业生产发展实践中承担的角色不同，定位也不同。要针对各类主体的不同特点，发挥各自的比较优势，努力形成各类主体间合作与联合的组织形态。要把农民增收作为发展农业经营主体的最重要指标，防止地方片面追求新型农业经营主体数量、忽视质量的倾向。要对中小型经营主体、适度规模的经营主体给予更多关怀和帮助，切忌拔苗助长，人为“垒大户”。同时，对于外地招商引资进来的农业经营主体，应给与一视同仁的政策。

对于普通家庭经营农户，主要是加强实用技能和经营能力培训，促进其向专业大户和家庭农场转变。对于专业大户和家庭农场，在强化其农业技术与经营能力培训的基础上，重点是增加生产性支持，鼓励有一定规模、符合规定的种植、养殖大户申领个体工商户或个人独资企业营业执照，成立家庭农场。对于农民合作社，支持农民专业合作社合作与联合，对联合社进行引导、规范，发展生产型联合社、销售型联合社、产业链型联合社和综合型联合社四种类型的联合社。对于农业企业，鼓励其通过品牌嫁接、资本运作、产业延伸等方式进行联合，支持企业开展技术改造，推行 ISO、GAP 等认证。

参 考 文 献

刘同山，周振，孔祥智．实证分析农民合作社联合社成立动因、发展类型及问题．农村经济，2104（4）．

潘慧琳．家庭农场：现代农业发展新道路——对中央一号文件首次提出发展家庭农场的解读．决策探索，2013（2）．
钱克明，彭廷军．关于现代农业经营主体的调研报告．农业经济问题（2013）（6）．
任大鹏，杨娅芬．农地家庭经营的价值和法律保护．农村经济，2013（5）．
王慧敏．新型农业经营主体发展路径选择．农村经营管理，2013（11）．
张义珍．我国农业经营主体的现状与发展趋势．新疆农垦经济，1998（5）
张照新，赵海．新型农业经营主体的困境摆脱及其体制机制创新．改革，2013（2）．

（作者单位：四川省农业科学院）

国家现代农业示范区新型农业经营体系建设研究*

韩　洁　张祚本　栾义君

构建新型农业经营体系，是推进现代农业建设的核心和基础，也是加快我国农业现代化进程的必然要求。党的十八大报告明确提出，培育新型经营主体，发展多种形式规模经营，构建集约化、专业化、组织化、社会化相结合的新型农业经营体系。党的十八届三中全会进一步指出，加快构建新型农业经营体系，推进农业经营方式创新。按照中央部署，农业部于2010年和2012年先后认定的153个国家现代农业示范区，在新型农业经营体系建设方面做了积极探索。目前，示范区农业管理、生产经营、财政投入、金融服务等体制机制不断优化，辐射带动区域现代农业发展能力明显提高。据不完全统计，截至2012年年底，153个示范区旱涝保收标准农田占耕地面积比重约为47.8%，耕种收综合机械化水平约为71%，土地适度规模经营面积比重约为30.3%，农民加入专业合作社比重约为33%，均比全国平均水平高出十几个百分点。

一、新型农业经营体系的内涵

构建新型农业经营体系是首次作为中央文件的内容在党的十八大报告中被提出。这是顺应新型城镇化和农业现代化进程，顺应农村劳动力转移和土地规模经营趋势的必然要求，是提高劳动生产率和土地产出率的机制创新。

“新型”是指经营主体和方式的创新，即由传统农户分散经营向专业大户、家庭农场、农民合作社和农业企业等新型农业经营主体规模经营发展。“经营”，据《说文解字》，“经，织也。营，帀居也。”“经营”的本质在于创造。“农业经营”包括生产、加工和销售等各个环节。“体系”是指有机整体，是不同系统组成的系统。

“集约化、专业化、组织化、社会化相结合”，是构建新型农业经营体系的要求。其中，专业化、组织化、社会化都是在分业、分工基础上发展起来的。分业，包括同一产业的不同环节，不同产业，及其同类相关配套服务等

---

* 项目来源：2013年农业部发展计划司委托课题《现代农业示范区新型农业经营体系建设研究》。

内容。分工，是配合分业的生产经营者劳动。

专业化，包括经营对象、经营载体和地区经济的专业化。专业化过程，农业经营对象由“采购－生产－加工－销售”全过程、全环节的“小而全”向某一过程、某一环节的“大而专”进化；农业经营载体由单一的传统农户家庭向传统农户家庭、专业大户、家庭农场、农民合作社和农业企业并存进化；同时出现地区经济的专业化，即根据当地自然条件、资源禀赋和地理区位形成了一批各具特点的专业化生产部门，如粮食、畜禽、水产品等农业产业，构成地区农业经济的主体。在专业化基础上，可能产生农业生产的区域化布局，这是专业生产者与同类农产品生产在地域上高度集聚的结果。

组织化，既包括组织规模的扩大，也包括组织体系和制度的建设，目的是通过联合与合作提升能力。具体包括：同一产业环节多种（多个）生产经营主体的联结，目的是提高专业化生产经营能力；不同产业环节生产经营主体的联结，目的是提高社会化生产和服务能力；经营组织体系的健全和内部制度的完善，目的是将个体有机结合，形成目标明确、结构完整、制度完善的有机整体，达到“1＋1＞1”的效果。

社会化，伴随分工分业而生，以协作形式完成生产，与商品经济、市场经济互促互进。构建新型农业经营体系提出的“社会化”要求，在当前形势下更加强调“服务”，原因主要在于农业劳动力兼业化、农业生产规模化趋势明显，亟须加强某一产业或某一环节服务的专业化水准和合作水平。作为一种有效的经营模式，产业化既是组织化的具体表现形式，也是社会化在产业经济领域的体现。产业集群，是一种空间经济组织形式，可以理解为产业化的空间布局，其特征是布局更加集中、联结更加紧密。比如河南省，农业产业化集群已成为一种重要的现代农业发展模式。

集约化，是从要素投入和组合的角度给出定义，一般是指通过生产要素投入的集中、要素含量的增加、要素质量的提高以及要素组合方式的调整，来提高土地产出率、增加农业效益，它与专业化、组织化、社会化相互联系相互影响。精耕细作、品牌化经营等都是集约化的具体表现形式。

基于上述理论研究，下文将展开现代农业示范区新型农业经营体系建设研究。

二、示范区新型农业经营体系建设的主要做法和成效

（一）强化分工分业，努力实现市场主体、经营内容和区域布局专业化

1. 积极培育新型主体，进一步促进市场主体专业化。目前，示范区专业大户、家庭农场、农民合作社和农业龙头企业等新型主体得到了快速发

展。农民合作社数量快速增加，其土地经营面积也逐步扩大，销售农业产品能力日益增强，对农业经营的影响力不断提高。家庭农场的规模和种植（养殖）的标准化、专业性不断提升，同时涌现出一批集住宿、餐饮、娱乐、采摘为一体的综合性家庭农场。农业龙头企业数量和规模快速增加，对农产品的收购能力和对农户的增收带动能力不断增强。以黑龙江省肇东市为例，2006—2012年，农民合作社经营农地面积占全县农地面积的比例从0.21%增至4.61%，农民合作社销售的农产品占全县农产品的比例从1.32%增至13.63%；100亩以上土地经营者从2 288个增至7 021个，规模养殖大户从1 258个增至2007个；县级以上农业龙头企业从16个增至37个，农户卖给龙头企业的农产品金额从20亿元增至56.4亿元。

2. 积极调整农业结构，进一步促进经营内容专业化。示范区粮棉油糖、畜禽水产、蔬菜水果等主导产业明晰，尤其是在稳定粮食种植面积、提高粮食产量方面，做出了重要贡献。黑龙江省8个示范区以占全省12.6%的耕地面积，实现了全省29.4%的粮食产量。浙江省8个示范区累计建成粮食生产功能区81.9万亩，占全省的22.9%。江苏省10个示范区粮食总产81.1亿千克，占全省24.1%。

3. 积极优化区域布局，进一步促进区域布局专业化。示范区以高效生态农业为目标，深入推进各类产业园区建设，提高主导产业集中度，有力促进了农业产业的集聚度和主导产业的区域化布局。以山东省滕州市为例，该示范区形成了西南优质粮食产业带、40万亩高产示范区，北部蔬菜产业带、20万亩设施高效示范区，东部畜牧林果产业带、10万亩农牧循环示范区等“三带三区”格局。

（二）加强联合合作，努力实现合作社规模扩大和能力提升

1. 以增加农民收入为目标，积极开展多种形式的农民合作。在新疆呼图壁县，土地股份联合经营已经成为规模化生产的主要形式，目前全县发展土地合作联营62万亩，约占总耕地面积的53%；该县在农区推行的“托牛所”模式，鼓励奶牛散养户将奶牛入托，由合作社进行集中养殖确保了养殖户的收益水平。该县在牧区探索的“草畜联营”模式，鼓励牧民以其牧区草场管护使用权、牲畜生产经营权、设施使用权作为资本入股，由合作社统一经营管理使用，极大提高了牧民的收入水平。

2. 以资源整合共享为目标，积极开展多种形式的合作与联合。浙江省湖州市吴兴区将“中味”集团和8家粮油专业合作社组建成联合社，实现了生产合作、土地合作、资本合作、资金互助和品牌共享。联合社成员贷款额度上调至1 500万元；农机资源实现了整合利用，机插率由62%提高到100%；技术服务实现了专业化，由“小而全”转变为“大而专”；产品实现了品牌化，

打造了“粮梦”品牌，提高了产品附加值（蒋文龙，彭启龙，2013）。

3. 以健全合作社的运行机制为目标，强化合作社能力建设。示范区鼓励农民合作社通过多方面、深层次联合与合作，不断健全其内部治理和运行机制，大大增强了合作社的生产经营能力。如青岛平度市，先后投入653万元财政专项资金，扶持了55个基础条件好、市场潜力大的合作社，同时通过贴息贷款手段，增强了合作社承担各种农业产业项目的能力，带动项目资金投入达1 491万元。

（三）注重协作联结，努力健全公益性服务和完善经营性服务

1. 健全公益性服务，加快构建适应规模经营需要的多种模式的公益性服务体系。黑龙江省肇东市建成了由市农业局垂直管理，市农技推广中心、乡镇农技推广站、村级服务室三级服务机构构成的农业公共服务体系。浙江省各示范区全部乡镇均建立起集农技推广、动植物疫病防控、农产品质量安全服务“三位一体”的基层农业公共服务中心。广西壮族自治区加强示范区基层农技推广体系建设，建立了“农业技术员＋示范基地＋示范户＋农户”的农业科技入户新模式。

2. 完善经营性服务，积极扶持农民合作社、专业服务公司、专业技术协会、涉农企业等经营性服务组织开展社会化的公益性服务。江苏省通过政府购买服务的方式，建立了对农业社会化服务的补贴机制，其中泰州市姜堰区被列为农业生产全程社会服务改革试点县。山东省平度市依托“青岛烟青塑料制品有限公司”，注册成立了山东省首家“新型农业经营主体联合会”，目前已开展农业技术培训80余次、田间技术服务160余次，为家庭农场、专业大户、农民合作社等提供信用担保和抵押融资等达2.1亿元。

（四）集约使用要素，努力提高要素使用效率和效益

1. 集约使用资本。江苏省太仓市因地制宜，将有限资金集中用于大力发展休闲观光农业。目前，全市累计建设各类生态园17个，集科技成果展示、休闲观光、餐饮娱乐于一体。仅2011年就接待游客145.05万人，旅游收入达2.57亿元。

2. 集成推广技术。黑龙江省肇东市大力推动良种、良法、良田配套，农机、农艺、农户结合，促使新品种、新技术、新模式集成推广应用。该市在水稻产业中全面推行了“智能催芽、毯式育秧、配方施肥、超稀机插、叶龄检测、绿色防控”的高产创建关键技术，在玉米产业全面推行了“秋整深松、选用良种、种子包衣、配方施肥、大垄双行、精点密植、节水灌溉、科学防控”的关键技术集成推广模式，大大提高了农业集约化水平。

3. 加强农业品牌化建设。青岛平度市立足资源优势，推进农业标准化

生产和品牌化建设，取得了明显的经济效益。该市注重加强营销宣传，扩大农业品牌的知名度和影响力。一方面剥离出少数精细产品，瞄准高端市场和高收入群体；另一方面对不同等级农产品实行差别价格，以满足不同消费群体的需求。

（五）有机融合“四化”，探索多样化的农业规模经营实现方式

1. 探索集约化的土地集中型规模经营。部分示范区采取多种手段推进土地向大户、集体组织、合作社、股份制组织等流转，提高单一经营主体土地经营规模和连片水平。广西田东县流转土地面积累计达到10.2万亩，占耕地面积的26.2%，培育规模经营户200多户。

2. 探索专业化的示范引领型规模经营。部分示范区根据当地生产传统和市场需求，有组织地推动农产品生产基地和园区建设。河北省玉田县规划建设了“一园、四区、四基地”，培育了特色农产品产业带，壮大了主导农产品产业片，有效地推进了农业产业专业化布局和规模化发展。

3. 探索组织化的产业联结型规模经营。一些示范区积极探索“龙头企业＋合作社＋基地＋农户”“合作社＋龙头企业＋基地＋农户”等运作模式，建立健全了专业化的产业分工协作和利益联结机制。山东省滕州市与北京高校联合采购中心、上海江桥批发市场、广州江南果菜批发市场等签订了紧密的合作基地协议，实现订单面积50万亩。

4. 探索社会化的服务带动型规模经营。一些示范区不断健全新型农业社会化服务体系，鼓励农民合作社、专业大户、家庭农场以及社会化服务组织提供全程或部分农业生产经营服务，河北省玉田县此类新型组织服务面积已达12万亩。

三、示范区新型农业经营体系建设面临的具体问题

（一）土地承包经营权流转市场机制亟须健全

目前示范区在土地承包经营权流转过程中，主要表现出以下三方面问题：一是土地供需双方衔接困难。有资金的人往往没有土地经营管理的经验和能力，不敢面对流转风险；会种田的人却又缺乏资金，无力承担流转投入，造成“有地无人要、有人无地转”的现象。二是土地流转指导服务机构还不健全，对土地流转合同缺乏指导和管理。不少土地流转仍然以口头协议为主，较少签订合同。即使签订合同也存在手续不规范、条款不完备等问题。三是奖励补贴政策扭曲土地流转价格。突出表现为一些示范区对土地流转双方（或单方）给予财政资金补贴奖励，造成农民对土地流转价格的心理预期不断攀高。一些地区农民对转出土地的价格预期甚至高于自己经营的

收益。

（二）农业规模经营仍然存在基础性制约因素

目前示范区发展农业规模经营主要存在以下三方面制约：一是认识上存在误区。当前示范区普遍存在将土地集中等同于农业规模经营的认识误区。一些地区单纯强调扩大土地规模，忽视了农业集约化生产、社会化服务和产业化经营，忽视了通过服务带动、组织引领等形式实现农业规模经营。二是农田基础设施差影响规模经营。一些示范区农田基础设施较差，很多田块的路桥建设、灌排设施等水平较低，仓库、晒场等附属设施建设相对滞后，影响土地流转和规模经营。三是示范区普遍存在土地集中连片流转难度大、土地细碎化等问题。有些示范区，特别是传统农区和西部地区的一些示范区，土地流转进程缓慢，流转土地相对分散、细碎，导致土地规模经营水平不高。如广西壮族自治区提出，当前在本地土地流转困难很大，细碎化问题难以解决。再如云南省宣威市，到 2011 年年底土地流转面积总计为 10.34 万亩，仅占耕地面积的 4.4%，流转进程缓慢；经营耕地 30 亩以上的大户有 916 个，面积 69 810 亩，仅占耕地面积的 2.97%，低于土地流转面积比重 1.4 个百分点，流转相对分散。

（三）农民合作社的能力素质有待进一步提升

当前示范区农民合作社主要存在发展不够规范、生产能力不强、服务层次偏低、利益联结松散、带动能力有限等问题。据对河北省玉田县、山东省平度市、安徽省宿州市埇桥区、贵州省湄潭县和浙江省平湖市 5 个国家现代农业示范区农民合作社的调研，按章程运作、发挥作用的合作社不足 10%。其中河北省玉田县 12%的合作社仅发挥中介作用，65%的合作社与其成员只是单纯的市场交易关系，仅不到 5%的合作社通过成员股金分红或交易量返利等方式建立了较为稳固的利益联结机制。云南省宣威市多数合作社只提供农资等单一服务，生产能力极为有限：玉米产量只占全市玉米总产量的 1.6%、马铃薯只占 5.6%、蔬菜只占 1.9%、生猪只占 4%。

（四）农业全产业链发展水平有待进一步提高

目前一些示范区的农业龙头企业规模偏小，农产品综合加工和精深加工程度偏低，大部分优质农产品以低附加值的原料形式出售。部分示范区农产品加工企业技术水平相似、同质化严重，企业之间横向合作少，产业关联度不高，未能发挥产业集群效应。部分龙头企业在社会化服务方面存在利益联结机制不完善、辐射带动能力不强的弊病。此外，一些企业社会责任感不强，在获取政府扶持、赚取高额利润的同时，对培育壮大其他新型经营主体带来了恶性竞争阻力，不能有效带动当地产业发展和农民增收。

（五）新型农业社会化服务体系需进一步完善

具体表现在两个方面：一是公益性服务机制不健全，农村基层公共服务机构难以满足现代农业发展需要。农村公益性服务体制不顺、机制不活、队伍不稳、保障不足等方面的问题仍然突出。包括示范区在内的许多地方，农业科技推广、农产品质量安全、动植物疫病防控、农村经营管理等现代农业必需的公共服务机构难以适应发展需要。二是服务内容针对性不强，无法满足农民多样化的生产经营服务需求。当前示范区农民对农业社会化服务的需求，逐渐由单纯的生产环节服务向资金、技术、信息、金融、保险、经营管理等综合性服务扩展。但现有的服务组织大多功能单一，注重产前、产中服务而忽视产后服务，农民亟需的农产品保鲜、储运、加工、销售以及农业金融、保险、信息等服务仍然比较缺乏。

（六）工商资本营农有“非粮（农）化”隐忧

目前工商资本投资示范区农业经营主要存在以下隐忧：部分工商资本为谋求财政项目资金支持而盲目进入农业，对自身“务农”能力和经营风险估计不足；一些工商资本过于追逐市场利润，“非粮化”“非农化”现象突出；有的工商资本在土地流转中存在侵犯农民权益的问题。

四、示范区新型农业经营体系建设的思路与重点

（一）建设思路

现代农业示范区构建新型农业经营体系，要充分发挥农村基本经营制度的优越性，坚持家庭经营基础性地位，推进家庭经营、集体经营、合作经营、企业经营等共同发展，促进农业生产经营的集约化、专业化、组织化和社会化。要以新型经营主体替代传统农户为骨干力量，以适度规模经营替代分散经营为主要形式，以全产业链发展替代传统分工为重要方式，以现代要素组合替代传统要素为本质特征，加快建立起以农户家庭经营为基础、合作与联合为纽带、社会化服务为支撑的立体式复合型现代农业经营体系，促进现代农业示范区率先基本实现农业现代化。

（二）建设重点

1. 加快培育新型农业经营主体。在坚持家庭经营基础性地位的基础上，适应新型城镇化和农业现代化发展新形势和新趋势，着力培育适合规模经营、素质和能力较高的新型农业经营主体。积极升级传统农户承包经营，着

力发展专业大户和家庭农场，使其成为务农种地的骨干力量；大力发展合作经济，加强专业合作、股份合作，使合作组织成为带动农户走向大市场、实现规模经营的重要纽带；推动发展农业产业集群，积极创新农业龙头企业与农民合作社、专业大户、家庭农场之间的紧密型利益联结机制。

2. 积极发展多种形式规模经营。构建新型农业经营体系，以规模化为平台，在稳定土地承包关系的基础上，规范有序推进土地流转，发展多种形式规模经营。发展土地集中型规模经营，通过提高单一经营主体土地经营规模和连片水平实现规模经营；发展组织引领型规模经营，通过推进农业主导产业区域化布局实现规模经营；发展产业联结型规模经营，通过"龙头企业＋合作社＋基地＋农户""合作社＋龙头企业＋基地＋农户"等运作模式实现规模经营；发展服务带动型规模经营，通过提供全程或部分农业生产经营服务形成新的统分结合的规模经营。

3. 大力促进全产业链发展。积极发展农业产业化，加快促进产业间融合，实现全产业链发展。以市场为导向，以效益为中心，依靠龙头带动和科技进步，对农业和农村经济实行区域化布局、专业化生产、一体化经营、社会化服务和企业化管理，形成贸工农一体化、产加销一条龙的经营方式和产业组织形式。

4. 不断加强现代要素投入。正确认识当前我国面临农业资源环境约束加剧、农业劳动力大量转移、农业物质技术支撑能力不足的严峻形势，积极转变农业发展方式，以现代要素组合替代传统要素投入，促进农业集约化生产。

五、示范区新型农业经营体系建设的对策建议

（一）加快培养新型职业农民，提高农民素质能力

现代农业示范区应加快建立适应现代农业发展的农民职业教育制度，构建普及性培训、职业技能培训和农民学历教育培训"三位一体"的新型职业农民和农村实用人才培训体系。按照财政收入一定比例提取资金，专项用于新型职业农民和农村实用人才培养，并把培养工作纳入示范区农业农村工作成效考核和政府部门绩效考核指标体系。

（二）创新新型主体培育机制，完善主体成长环境

现代农业示范区应不断创新探索，优化家庭农场、农民合作社、龙头企业等新型主体的培育环境。积极推进家庭农场的认定、统计、登记、建档工作。完善农民合作社内部治理机制，强化合作社承担财政项目建设的能力，鼓励生产合作、资本合作、土地合作、信用合作。引导农业龙头企业与农民

合作社、家庭农场、农户建立紧密型利益联结机制，鼓励农户、家庭农场、农民合作社以资金、技术等要素入股龙头企业，形成产权联合的利益共同体。

（三）健全新型农业服务体系，优化农业服务机制

现代农业示范区应不断建立健全农业公益性社会化服务体系，打造以公益服务人员包村联户（合作社、企业、基地等）为主要模式的公益性服务工作新机制。积极培育经营性社会化服务组织，发展“合作社＋农户”“专业服务公司＋农户”“涉农企业＋农户”等多种服务模式，加快建立新型农业社会化服务体系。

（四）推动农业技术集成推广，促进农机农艺融合

现代农业示范区应积极推进产学研结合，与农业科研院校开展农业科技结对活动，加快农业科技研发推广。积极促进技术、资金、市场、人才等要素的系统整合，培育示范区农业技术集成创新体系。重点围绕农业主导产业，依托新型经营主体开展示范点、示范基地建设，集成推广节本增效新技术。构建农机农艺相适应的技术体系，完善农机农艺融合合作机制，加强关键环节农机化技术示范推广力度，大力推广增产增效型、资源节约型和环境友好型农机化技术。

（五）规范有序推进土地流转，发展适度规模经营

现代农业示范区应加快推进土地承包经营权确权登记颁证，做到地块、面积、合同、权证“四到户”，“证、账、簿、地”相一致，完善确权登记档案。建立土地承包经营权流转县乡村三级公开市场，加快推进县级农村产权交易所和仲裁庭建设，规范乡镇土地流转服务站和村级服务点建设。鼓励探索农民对承包地占有、使用、收益、流转及承包经营权抵押、担保权能的实现形式，发展多种形式规模经营。鼓励引导农村土地流向可以实现适度规模经营的专业大户、家庭农场，积极创造条件促进土地适度规模经营。应对工商企业租赁农户承包地实行严格准入和监管制度，规范工商企业租赁农户承包地行为，抑制“非粮化”“非农化”。

（六）正确引导工商资本投资，规范企业经营农业

现代农业示范区应积极鼓励建立和发展企业制度，提升农业生产经营的组织化程度。应加快农产品加工业发展，发挥工商资本对内拉动农业发展、对外促进出口的“双赢”优势，鼓励示范区部分乡镇企业转产农业，支持乡镇企业通过搬迁逐步向小城镇集中，吸引社会各方面到小城镇投资创办农产

品加工、贮运、销售企业。应积极引导大中型工商企业对创业服务中心、大学科技园、留学人员创业园等进行投入，大幅度提高示范区孵化农业高科技企业的能力。

参 考 文 献

编写组．农业农村有关重大问题研究．北京：中国农业出版社，2013.

蒋文龙，彭启龙．浙江湖州市吴兴区：让主体唱“主角”．农民日报，2013-08-15.

李相宏．农业规模经营模式分析．农业经济问题，2003（8）：48-51.

宋洪远，赵海．构建新型农业经营体系，推进经营体制创新．团结，2013（1）：31-34.

郑文凯，胡建锋．农业适度规模经营的现实选择．瞭望新闻周刊，2006（13）：40-41.

（作者单位：韩洁：农业部管理干部学院

张祚本：农业部信息中心

栾义君：农业部规划设计研究院）

关于“两大平原”现代农业综合配套改革试验的思考与建议

郭翔宇

黑龙江省松嫩平原、三江平原是我国黑土资源的主要分布地区，位于黑龙江省腹地，包括11个市的51个县（市、区）和黑龙江农垦总局9个管理局的114个农场，面积28.9万平方公里，人口2 367万人。“两大平原”农业资源富集，耕地面积1.62亿亩，占全省的80%以上，占全国的8%；2012年粮食产量521.5亿千克，占全省的90%以上，占全国的8.8%，是我国重要的粮食主产区和商品粮生产基地。

在“两大平原”开展现代农业综合配套改革试验，既是进一步释放农业发展潜力，保障国家粮食安全的现实需要，也是巩固和完善农村基本经营制度，探索农业现代化与工业化、信息化、城镇化协调发展的重大举措。这是国家目前开展的唯一涉及农业生产关系的重大调整和变革，是黑龙江省经济建设史上唯一上升到国家层面的重大发展战略，是全国综合配套改革试验区的重要组成部分。对全国来说，意义重大；对黑龙江省来说，机遇难得。

一、“两大平原”现代农业改革的重点是调整农业生产关系，应进一步强化“改革”色彩

“两大平原”现代农业改革试验的重点是调整农业生产关系，主要是破解制约现代农业发展的体制机制障碍和深层次矛盾，目的是使其更好地适应和促进农业生产力的发展，加快现代化大农业建设进程。为此，建议突出五个方面的改革：一是改革体制，主要是要改革农业生产经营组织形式，创新农业生产经营体制；改革土地、水利、资金等管理体制，提高生产要素利用效率。二是完善机制，主要是完善粮食主产区利益补偿机制，完善农产品价格形成机制，完善农业用水价格形成机制，建立农业保险大灾风险分散机制等。三是健全体系，主要是调整、优化农业结构与布局，建立现代农业产业体系；创新农村金融、农业保险和农业科技服务，完善农业社会化服务体系；搞活流通，完善农产品市场体系；强化监管，完善农产品质量和食品安全体系；推进城乡一体化，完善农村基本公共服务和社会保障体系。四是创新制度，主要是改革农业补贴制度，完善农业保险制度，创新耕地保护制度，改革农村征地和宅基地制度，健全政府调控和法律保障制度等。五是理

顺关系，重点是改善城乡、工农关系，实现城乡统筹与一体化发展；正确处理政府与市场的关系，使市场在资源配置中发挥决定性作用和更好发挥政府作用；理顺中央与地方、粮食主产区与主销区、农垦与农村等不同主体与地区之间的责权利及相互关系，发挥各方的积极性；理顺农村土地所有权、承包权和经营权之间的关系，进一步坚持和完善农村基本经济制度和基本经营制度。

改革农业生产关系，目的是为了进一步解放和发展农业生产力，进一步激发农业农村活力，促进现代化大农业加快发展。发展农业生产力，对黑龙江"两大平原"和全省来说，一是要进一步增加农业产出数量，主要是增加农产品尤其是粮食生产总量，扩大农产品商品量，把黑龙江省建成国家最重要的粮食主产区和商品粮基地，把"两大平原"建成国家商品粮基地核心区，进一步提高农业综合生产能力和保障国家粮食安全的能力；二是要进一步提高农产品产出质量，使黑龙江省生产出的农产品更加优质、绿色、有机和安全，把黑龙江省建成全国最大的绿色食品生产基地，把"两大平原"建成绿色食品生产样板区，增强农业可持续发展能力和保障食品安全的能力；三是进一步提高农业生产效率，主要是提高农业劳动生产率、土地产出率、农业科技进步贡献率、农业机械化率、农业资源利用率等；四是进一步提高农民收入水平，主要是提高农户农业经营收入水平。

过去36年的农村改革，黑龙江省和全国一样，就是依靠改革农村生产关系，实行土地承包经营等一系列体制机制创新，极大地解放了农业与农村生产力，实现了农业的快速发展和农村繁荣。今后，要加快现代农业发展，更需要深化农业生产关系改革，通过改革试验，在"两大平原"初步建立起适应现代农业发展的体制机制和以工促农、以城带乡的长效机制，进一步释放农业发展潜力，为保障国家粮食安全和重要农产品有效供给做出更大贡献。

二、"两大平原"现代农业改革的本质是创新，应大胆试验，加大创新力度

进行"两大平原"现代农业综合配套改革，"胆子要大"，要积极探索，大胆试验，要敢于突破，勇于创新。实现创新，是"两大平原"现代农业改革试验的基本要求，是改革要实现的过程性目标和阶段性结果，最终目的是要促进和加快现代农业的发展；同时，创新也是判断、评价"两大平原"现代农业改革进展程度与成效的重要标准。党的十八大提出了创新驱动发展战略，现代农业的发展与改革也需要创新驱动。其中，现代农业的发展主要是依靠科技创新来驱动，特别是黑龙江省发展的现代化大农业，更是依靠先进的科学技术进步驱动、具有更高技术密集度的现代农业。农业与农村改革则

主要是依靠制度创新来推动。因此，推进“两大平原”现代农业综合配套改革试验，应树立创新思维，增强创新意识，加大创新力度，要进一步解放思想，更新观念，努力实现制度创新。“两大平原”现代农业综合配套改革试验中的制度创新，应包括农业生产经营体制、农村土地管理体制、水利管理体制等体制创新，粮食生产利益补偿机制、粮食价格形成机制、农业用水价格形成机制等机制创新，农产品市场体系、农产品质量与食品安全体系、城乡基本公共服务与社会保障体系等体系创新，农业补贴政策、粮食价格政策、农业保险政策、农产品市场调控政策等政策创新，农村金融服务、农业保险服务、农业科技服务等服务创新，农业生产经营主体、农业社会化服务主体、市场及其调控主体等主体创新，农村土地承包经营权流转模式、农业规模经营模式等模式创新，农村土地集体所有制的实现方式、农村基本经营制度的实现形式等路径创新；同时，在推进改革过程中还要注重管理创新。努力实现上述制度创新和管理创新，是实现“两大平原”现代农业综合配套改革试验目标的基本保证。特别是在全国改革已经进入攻坚期和深水区的情况下，农业与农村改革需要解决的问题也是更加艰巨，需要攻克的体制机制障碍更加顽固，也将不可避免地触及更深层次的矛盾，涉及利益关系的深度调整。因此，面对更加艰巨、复杂的改革任务，必须在程度上深化改革，在措施上加大力度，通过大胆创新来促进“两大平原”和全省现代化大农业加快发展。

三、“两大平原”现代农业改革有底线要求，要在保持稳定的前提下探索创新

在改革创新过程中，“步子要稳”，改革要坚持基本底线，要在保持稳定的前提下进行改革创新。

首先，要坚持农村土地农民集体所有，坚持农村基本经济制度。我国宪法规定，农村土地属于农民集体所有。农村土地集体所有制是农村的基本经济制度，是我国基本经济制度的重要组成部分，是农村基本经营制度和村民自治制度的重要基础。深化农村土地制度改革，推进农地承包经营权流转和规模经营，都不能改变农村土地农民集体所有这个农村最大的制度，不能把农村集体所有制改垮了。当然，在坚持农村土地集体所有这一基本经济制度下，可以积极探索改革农村土地集体所有的组织形式和有效实现形式、集体经济组织的成员资格确定及进入与退出方式、农民在集体经济组织中的财产权益及其对所承包土地和所使用宅基地权能扩大途径等。

其次，要坚持家庭经营的基础性地位，坚持农村基本经营制度。以家庭经营为基础、统分结合的双层经营体制是我国农村的基本经营制度。在坚持农村基本经营制度中，重点是坚持家庭经营的基础性地位。在《“两大平原”

现代农业改革试验总体实施方案》中，提出了培育、发展农民合作组织、专业大户、家庭农场和农业企业等四种经营主体，要逐步建立起以农民合作组织为主体、以专业大户和家庭农场为两翼的新型农业生产经营体系的改革任务。自2013年4月启动“两大平原”现代农业综合配套改革试验以来，四种新型农业经营主体快速发展。到目前为止，黑龙江省经营耕地面积在200亩以上的家庭农场和种植大户发展到10.3万户，农民合作社发展到5.45万个。这是一个好的趋势。但是，必须要注意，培育、发展新型农业经营主体必须坚持农民家庭经营的基础性地位，这是坚持农村基本经营制度的根本要求。农民家庭是集体土地承包经营的法定主体，家庭经营在农业生产经营中居于基础性地位。农村集体土地必须由集体经济组织内的农民家庭承包，其他任何主体都不能取代农民家庭的土地承包地位。创新农业经营主体，不能忽视数量众多、比例最大的普通农户。

再次，要坚持稳定土地承包关系，坚持农地农用。中央明确要求，稳定农村土地承包关系并保持长久不变，任何组织和个人都不能剥夺和非法限制农民承包土地的权利。近年来，农村土地流转速度在不断加快。党的十八届三中全会关于全面深化改革的决定和2014年的中央1号文件都提出，鼓励和支持有条件的农户进行农地流转，发展适度规模经营。特别是黑龙江省发展现代化大农业，就是要发展以更大规模土地经营为基础的现代农业，这是现代化大农业最直观的基本特征和最重要的物质基础。进行土地“大规模”经营，在耕地总面积不可能增加的情况下，必须在转移农村富余劳动力的基础上通过加快土地流转来实现。但是，必须明确，推进农地流转不能改变现有土地承包关系，流转的既不是土地所有权，也不是土地承包权，而只是土地的经营权，是在坚持农村土地集体所有权、稳定农户承包权的前提下放活、用活土地经营权。而且，经营权流转之后的土地不得改变用途，农地不能非农化，改革不能把耕地改少了。

最后，要坚持保障农民的物质利益，坚持维护农民合法权益。改革的出发点和落脚点是在加快现代农业发展的基础上增加农民收入，改革不能损害农民利益，这是农村工作的基本准则。

这“四大底线”在农业与农村改革过程中是不能突破的，必须作为原则要求来坚持，尤其是在农村土地制度改革过程中，必须坚持这些基本底线不动摇，避免改革不慎带来意外的全局性风险和震荡。

四、“两大平原”现代农业改革是一项全新的探索性实践，应加强理论研究

黑龙江省政府制订了《“两大平原”现代农业综合配套改革试验总体方案》，国务院批复之后又制订了实施方案，在总体思路上明确了改革试验的

指导思想、基本原则和阶段目标，在改革试验内容上确定了11个方面的主要任务，并提出了保障措施。应该说，省委省政府对“两大平原”现代农业改革进行了很好的顶层设计，各地各部门正在有序地推进、实施改革试验。

但是，“两大平原”现代农业综合配套改革试验是一项全新的任务，是一个探索性实践过程，没有现成的路可走。整体改革试验，要把握正确的方向，要有明确的目标定位；要把握改革的重点内容，要有合理的任务安排；要把握当前改革的背景变化，要有鲜明的时代特征；要把握国家的战略方针，要有基本的原则要求。改革试验中的每一项具体任务都是一个大课题，进行任何一个方面的改革试验，都需要全面把握该项改革试验任务的历史演进与现状，客观了解主要问题及其不利影响，深入分析成因与制约因素，比较借鉴国内外发达地区的成功做法和先进经验，科学制定完成改革试验任务的思路途径和政策措施等并付诸实施。所有这些都需要进行深入系统的理论研究和综合设计。同时，在改革实践过程中，还要进行跟踪研究和深化研究，及时考察评估改革试验进程与绩效，总结分析成功经验或失败教训，进一步修订、完善改革思路和方案。对于改革试验过程中出现的新情况、新问题，要及时分析研究，妥善提出对策。

因此，建议改革试验领导小组办公室和承担不同改革试验任务的有关部门设立若干专项课题，组织政府部门和高等院校、科研院所的专家学者进行联合研究，为改革试验提供理论依据和决策参考。

从当前来看，有许多关键的科学问题和重大的现实课题需要深入系统地研究，比如，农村土地制度变革与耕地保护的协调机制、农村土地承包经营权流转模式及其促农增收机理与实现途径、农业支持保护政策体系与农业补贴方式创新、合理粮食价格形成机制与调控、农村公共基础设施对增加农民收入的作用机理和实证研究、农田水利基础设施的建设、运营与管理规律、新型城乡一体化规律及相关政策、农村城镇化与农业可持续发展的协调机制、农地所有权、承包权与经营权的关系，等等。在理论研究中，一方面要加强对农民参与农地流转、加入农业合作社、购买农业保险等意愿及其影响因素进行研究，从组织、制度、政策等方面加强绩效研究，为改革试验提供参考和决策依据；另一方面要加强比较分析，对农地制度变迁与农地流转、农业保护与补贴、农业经营主体与社会化服务、农村金融与农业保险、农产品质量安全与政府监管等问题，进行国际比较和国内区域比较研究，总结其共性特点，探索发展规律，寻求对黑龙江省的有益启示和可借鉴之处。

五、“两大平原”现代农业改革依靠政府推动，但必须充分尊重农民意愿和经济规律

改革试验的实施主体是政府，各项改革试验任务需要各级政府及其相关

部门推进落实。政府不仅要研究制定改革试验方案，细化分解改革试验内容，落实改革试验措施，还要协调解决改革试验过程中出现的新情况、新问题，评估考核改革试验绩效，总结推广改革试验经验与成功做法。因此，各级政府应发挥主导作用，以高度的政治责任感积极推动改革试验。

但是，农民是农业生产经营主体和现代农业建设主体，改革试验的主要目的是在加快现代农业发展过程中提高农民收入，让农民在参与农业现代化进程中充分享受现代化成果。因此，政府在推进改革试验过程中，一方面要充分尊重农民意愿，注重发挥农民的首创精神；另一方面要尊重农业生产规律和市场经济规律，注重发挥市场机制和经济规律的作用。也就是说，推进任何改革试验措施，都不能违背农民意愿，不能违反经济规律，特别是在推进城镇化、农地流转、培育新型农业经营主体过程中不能操之过急，不能强行追求进度，不能行政干预过度，否则可能事与愿违。习近平总书记对近期一些地方在农村土地流转中出现的问题，明确批示指出，在土地流转中不能搞大跃进，不能搞强迫命令，不能搞行政瞎指挥。

六、“两大平原”现代农业改革是政策红利，应抓住机遇、用好政策并争取国家更大支持

黑龙江省“两大平原”现代农业综合配套改革试验，是国家目前开展的唯一涉及农业生产关系的重大调整和变革，是黑龙江省经济建设史上唯一上升到国家层面的重大发展战略，是全国综合配套改革试验区的重要组成部分。在黑龙江省先行开展现代农业综合配套改革试验，体现了党中央和国务院对黑龙江省的高度重视和充分信任，是黑龙江省加快发展难得的历史机遇和重大政策红利。

首先，必须紧紧抓住这个不可多得的发展机遇，积极创造条件，营造良好的改革环境，确保改革试验取得预期成效。改革试验成功，对于提高黑龙江省农业综合生产能力，增加农民收入，保障国家粮食安全，具有重大意义。这需要省委省政府进行科学的顶层设计，需要各级政府共同努力，需要发挥全省人民的聪明智慧。其实，自改革开放以来，黑龙江省经历过国企改革、老工业基地振兴、非公经济发展等重大改革良机。但是，由于各种原因，黑龙江省并没有抓住改革机遇，没有用好国家政策，发展一直较慢，而且与发达地区的差距越拉越大。对于这次可以先行先试的“两大平原”现代农业改革试验，决不能再错失良机。

其次，必须用好用足国家政策，充分释放政策红利。国务院在批复《方案》时，要求国家有关部门按照职责分工，积极指导和支持黑龙江省开展“两大平原”现代农业综合配套改革试验，对拟推出的与现代农业发展相关的改革事项要优先在“两大平原”先行先试，并要求国家发展和改革委员会

将“两大平原”现代农业综合配套改革试验纳入全国综合配套改革试验区管理，牵头建立省部际协调机制，加强指导和协调，有序推进改革试验工作。作为全国现代农业综合配套改革试验的“特区”，黑龙江省必须用好用足国家政策，使改革试验成为加快龙江现代农业发展的强大动力。

再次，应积极争取更多国家支持。在“两大平原”进行现代农业改革试验本身就是国家对黑龙江省的最大政策支持。除了对于国家拟推出的与现代农业发展相关的改革事项争取优先在“两大平原”先行先试，对于具有突破性的重大改革试验事项争取国家及时批复之外，还要主动争取国家更多的技术指导和国家有关部门的协调配合，更主要的是要大力争取国家的经济支持。对于完善粮食主产区利益补偿机制、完善农业支持保护政策特别是农业补贴政策、创新政策性农业保险、农业水利工程和基础设施建设、生态环境保护、大豆目标价格补贴试点、农产品目标价格保险试点等改革事项，应积极争取对黑龙江省的资金倾斜。

七、“两大平原”现代农业改革试验是“趟路子”，应发挥示范引领作用，为全国创造经验

进行“两大平原”现代农业综合配套改革试验，首先是黑龙江省农业发展过程中的一项重大政策安排，其直接目的和作用是通过改革试验加快我省现代农业发展，进一步提高我省农业综合生产能力和农民收入水平。

其次，这是黑龙江省经济建设过程中的一项重大战略部署，现代农业改革试验的思路、做法和经验可为全省全面深化改革提供有益启示和可借鉴之处。

再次，这是国家目前开展的唯一涉及农业生产关系的重大调整和变革，是国家层面的重大发展战略，是全国综合配套改革试验区的重要组成部分。改革试验要为全国粮食主产区实现“四化同步”发展发挥示范引领作用，要为全国现代农业发展和农村改革提供经验，“趟路子”。当然，对黑龙江省来说，这既是难得发展机遇，也是重大考验。考验我们的思想观念、能力水平、工作态度等能否适应改革的需要。

（作者单位：东北农业大学）

适度规模现代农业实现路径比较与关键环节分析

李宪宝　高　强

从世界各国农业现代化的实践来看，农业经营规模扩大是现代农业发展的客观要求。农业经营规模较小的国家如日本、英国、法国、荷兰、瑞士等都实行了各种鼓励扩大农业经营规模的政策。例如引导土地的流向，使土地向有活力的农户集中；通过控制地租，来鼓励农户租地扩大规模；通过财政补贴，鼓励小型兼业农户放弃土地经营；等等。因此，随着经济的不断发展，建立适度规模的农业经营，是农业经济发展的内在要求（黄祖辉，2003）。

从我国新中国成立以来农业发展的历程看，扩大农业经营规模在不同的阶段曾经产生的不同影响。20 世纪 50 年代初期，我国开始利用农业生产互助组和初级农业生产合作社的形式进行农业规模经营的有益探索。在各种因素的共同作用下，初级农业合作社发展速度迅猛，短期内扩散至全国的大部分地区。而在实现形式上，则迅速向集体化水平更高的高级社演化，直至人民公社的出现。人民公社彻底否定了农业家庭经营制度，在形式上实现了土地集中连片的规模经营要求，有效解决了家庭经营环境中的细碎化问题。但实践证明，受制于人民公社内在制度缺陷所带来的高昂监督成本，以及对农业劳动力生产积极性的严重制约，人民公社形式的规模经营并未产生积极效果，反而使得农业产出水平下滑严重。1978 年开始，以家庭承包制为核心的农业经营制度改革适应了农业生产的产业特征，极大地激发了农户的生产积极性，农业产出效率得以大大提升，特别是土地要素产出效率的增加更为显著。在家庭承包制环境中，土地经营形式又恢复到了人民公社前的小规模分散经营状态，与此同时，农村要素市场的完善及工业化城镇化带动的非农就业机会供给水平的上升，使得农村劳动力的就业领域不再仅仅局限于农业生产，大量高素质农业劳动力开始流失，非农化收入水平较高农户对农业产出收益的依赖性下降。小规模分散经营、农业经营主体素质下降以及对农业产出收益依赖性下降，使得先进农业要素如大型农业机械、新型农业技术、农作物品种的推广应用面临的制约愈加显著。同时，小规模分散化经营农户在生产资料购买、农产品销售和农业信贷等方面农民家庭常常处于不利地位，由此影响了农户农业生产要素投入及农产品市场化的积极性，必然会对保障我国的粮食安全产生负面的冲击。而从未来农业发展的视角看，小规模分散经营格局使得农业从业者难以获得平均的社会生产收益，因此农业劳动力纷纷选择兼业作为拓展收入的主要途径，大规模农业劳动力兼业行为对培育我国农业经营主体是非常不利的。

一、适度规模现代农业目标解析

适度规模现代农业的核心内容在于通过农业经营规模的调整，优化农业生产中的要素配置结构，提升要素作用效率，提高农业产出水平，为社会经济发展提供规模充足、结构合理、质量安全的农产品供给，同时培育现代农业经营主体，实现农业增产、农民增收、农村发展的目标。在此过程中，农业经营规模的调整并非无限度盲目扩大或减小规模的过程，而是追求各生产要素效率帕累托改进的过程。而从农业生产规模变动的视角看，这一帕累托改进过程既可能表现为生产规模的扩大，也可能表现为生产规模的减小，具体方向取决于各生产要素的供给规模与配置结构，因而这一过程的关键在于寻找适度经营规模。

就我国农业发展的要素禀赋条件而言，受制于农业人口数量巨大而耕地规模有限的制约，小规模分散化经营格局是我国农业的最大特点，这一特征被普遍认为是制约我国农业发展的主要因素之一，因而我国适度规模现代农业的发展更多地表现为农业经营主体经营规模扩大的过程。具体而言，指的是在既有条件下，适度扩大生产经营单位的规模，使土地、资本、劳动力等生产要素配置趋向合理，以达到最佳经营规模效益的活动（许庆，2011）。实现最佳经营规模效益实质上是农业产出收益增加的过程，这一过程既可能通过调整要素配置结构，带动要素作用效率提升从而获取更高的产出水平，即实现实物层面的规模收益，进而获取更高的产出收益来实现；同时，也可能借助于生产规模扩大带来的生产要素购置及使用成本的节约，以及规模产出情形下市场价值收益增加带来的收益水平提升，即实现价值层面的规模收益。

理想状态的适度规模现代农业，是在要素投入结构变动的情况下，所有要素产出效率均有提升的情况。即表现为土地产出效率、劳动产出效率及资本产出效率均能得到提升，这一点可以看作是农业规模经营的最高要求。而现实的观察是，农业规模经营最常见的实现手段是土地向农业劳动能手的集中，正常的生产情形下，土地要素规模上升较大情况下劳动产出效率及资本产出效率的提升是容易实现的。常常引起争论的问题是土地要素的产出效率在此过程中发生的变化，许多研究表明随着土地与劳动比例关系的变动，土地要素产出效率的变动情况并不是确定的。一个常常被提起的问题是劳均土地面积的上升会引起粗放经营，从而导致土地产出效率的下降，这一点也得到了许多实证研究的支持。因此，适度规模现代农业发的最基本要求在于：从我国农业发展责任的整体目标出发，通过改变农业生产要素配置结构实现规模报酬递增的过程中，各生产要素的作用效率至少要保持不降低的水平，特别是要保障土地要素产出效率的提升。

二、农业规模效益产生的源泉

（一）实物层面的规模效益源自规模扩大带来的要素作用对象拓展及效率提升

适度规模经营能够达到最佳经营效益的关键，在于在经营规模扩大的过程中充分实现了规模经济。规模经济的含义是扩大经营规模，采用先进的技术和设备，大规模地进行生产，充分发挥各生产要素的生产力，达到降低产品成本、增加收益的目的（任治君，1995）。规模经济的本质特征在于随生产规模扩大而达到更高的收益水平，因而表现为规模报酬递增的过程。报酬递增可以归因于：劳动分工、专业化、技术进步、人力资本的积累、经济思想和知识、经济制度、经济组织、恢复经济均衡（舒尔茨，2001）。社会分工深化带动了专业化发展，一直以来专业化是人们所熟知的形成规模经济的基本因素，1776年亚当·斯密在其《国富论》中就将专业化放在了重要的位置（谢泼德，2007）。专业化带来规模经济的原因在于其生产过程中对要素配置结构的调整所带来的产出效率提升及生产成本节约。在这一过程中，一方面，对于生产函数中的能动性生产要素，例如劳动者要素，其作用对象在时间及空间密集度的提升使得转换作用对象的成本大大下降，而且作用对象规模的上升有助于通过“干中学”形式的人力资本积累提升其作用效率，由此实现规模报酬递增；另一方面，对于生产函数中的不可无限细分生产要素，例如农业生产中的大型农业机械，其最佳使用效益的实现有赖于最低的生产规模，否则小规模分散化作用对象既可能带来其生产成本的上升，也可能出现小规模生产产出收益难以有效弥补要素购置成本的局面。因而不可细分生产要素应用需要大规模作用对象与之匹配，以充分稀释其购置成本，由此带动更高的产出效率，实现规模报酬递增。

综合以上两方面的分析，可以发现实物层面规模经济实现的过程中，一般伴随着生产函数种要素配置优化调整的过程，如果没有要素配置结构的优化，而只是维持相同要素配置结构下生产要素简单叠加带来的规模扩大，一定难以实现规模报酬递增。例如在我国的人民公社时期，在缺乏专业化和社会分工的情况下，只是将原来分散劳动的农民简单地集中在一起实行集体生产劳动，最多只能得到一些简单协作的好处，而规模经济——分工协作或专业化所引起的劳动生产率提高，并不会随着生产规模的扩大而与生俱来（陈锡文，1993）。具体而言，追求实物层面规模效益的农业生产经营主体经营规模变动包含了两种类型：要素配置结构不变的规模扩大与要素配置结构变动的规模扩大。人民公社时期的合作化运动是一种典型的要素配置结构不变的规模扩大，实质上是不同农户的简单加总，并未大规模改变要素配置的结构，反而受其制度安排缺陷的影响，导致要素作用效率的下降，这一点也是造成其最终灭亡的关键性原因之一。与之相对，要素配置结构变动情形下的规模经营，则意味着要素在生产经营主体之间进行重新配置的过程，理想的状态是生产要素向高效率生产者集中，并实现与其他高效生产要素的有机结合。具体到我国农业生产过程中，表现为分散化、细碎化的耕地资源向高效率生产者的有效集中，或者耕地资源与可分析较差农业机械等高效生产要素的充分结合，提升农业生产的专业化水平。

（二）价值层面的规模效益源自规模扩大带来的生产成本下降及产出价值提升

农产品消费区别于其他消费品的显著特征在于其较低的需求价格弹性，即受制于人类生存对食物需求阈值的限制，对农产品的消费不会随收入水平的提升而呈现同步增长的态势。而另一方面受制于现阶段生物产品贮藏技术的限制，农产品的往往存在一定的最佳食用期限，超过一定时限则农产品的价值会迅速下降甚至消逝。因此受制于需求总量限制，以及难以实现有效的供给平滑化，农产品生产效率提升带来的短期内供给量上升往往导致其价格大幅下滑，反而可能导致农业经营主体收益水平的下降，即农业生产经营中的“谷贱伤农”。因此对农业经营主体而言，纯粹通过规模经营带来的要素作用效率提升可能并非理想的追求目标，而通过经营规模的调整，降低生产成本的同时提升产出收益水平可能对其更有吸引力。

规模经营反映的是生产要素的集中程度同经济效益之间的关系，随着经营规模的扩大，单位投资可以获得更高比例的经济效益，或者经营规模达到一定水平后，带来单位成本费用下降，由此实现价值层面的规模效益。价值层面的规模效益主要体现在规模扩大过程中带来的生产成本下降及产品市场价值的提升。农业生产经营主体通过生产经营规模的调整，降低农业生产经营的成本，同时获得更高的生产经营收益水平同样是适度规模现代农业所追求的目标。

生产成本下降主要包括要素购置成本及使用成本下降两方面。购置成本方面，从农业生产要素供给者的角度看，要素需求规模越大，则更有助于带动要素供给者的分工深化及专业化水平的提升，由此带来要素生产效率的提升，降低了要素的生产成本，同时更大规模的要素购置行为可以节约要素供给过程中的交易成本，因而一般情况下农业要素的购置规模越大，则其单位购置成本越低。例如农业合作社、农业协会等合作组织对农资的大规模采购往往可以获得更高的价格折扣。使用成本方面，在生产过程中所必需的生产要素难以无限分割的情况下，某些大型生产要素的购置成本高昂，小规模经营者单独购买的负担较重，需要联合其他农户合作购买，或者单个农户购买了之后，进行要素租赁以扩大其应用的范围，补偿高昂的购置成本。因而规模经营中的要素使用过程中，通过要素作用对象拓展带来的"成本稀释"，可以有效降低农业经营主体的要素使用成本。而在更广泛的视角中，规模化经营也可能带来资本可获得性的提升以及使用成本的降低。分散化经营农户因为缺少可抵押物品面临着较强的信贷约束，农户有效联合起来以企业相类似的身份进行贷款，则信贷的可得性会大大提升。而且还可能以更低的利率获得银行的贷款。以上两方面大大降低了农户的资本使用成本，即使生产效率不能提升，同样也因成本的下降而获得更多的收益，其根源则是合作组织带来的规模效应。

规模经营收益的提升，主要源自规模经营中通过发展品牌化、专业化、规模化农业扩大了市场占有率，以及通过延伸农产品加工链带动的产品增值。首先，农业规模生产经营中，经营主体有更强烈的通过品牌化发展高端农业的积极性，而且与农户分散化经营格局相比较而言，规模化经营主体树立农产品品牌过程中交易成本及维护成本更低，因而农业规模经营主体走高端品牌化农业发展道路面临的制约因素更少。而通过发展高端品牌农业，有助于提升农产品价格、提高产品市场占有率，从而对提升规模经营收益带来积极影响。其次，农业规模经营的显著特征之一在于其农产品商品化、市场化导向，因而规模经营主体采纳新型作物品种、生态种植技术、农产品冷藏及加工技术等先进农业科技，从而提升农业生产经营收益的积极性是非常强烈的。而且规模经营主体的技术成本支付能力、市场信息获取能力、生产及市场风险抵御能力更强，因而对于新型农业技术采纳的概率远高于分散经营主体。显然，通过生态化种植技术生产的绿色、有机农产品更受市场的青睐，由此带来农业产出效益的提升。第三，农业规模经营的产出水平较高，因而有更为优越的发展农产品加工业，以及围绕其生产基地建立专业产品交易市场的优势。通过发展农产品加工业延伸农产品的价值链，可以将更多的农业增值收益留在农业生产经营环节，提升了生产经营收入水平。而围绕规模经营生产基地所构建的农产品专业交易市场，对于经营主体获取市场信息、调整生产结构、丰富销售渠道都将产生显著的积极影响，从而有效提升规模经营主体的收益水平。

三、适度规模现代农业实现路径探析

（一）适度规模现代农业实现路径模型

关于适度规模现代农业的实现途径，应当从规模经营的本质属性上进行探究，特别是从农业生产函数中分析要素之间作用关系对所决定的规模经营的关系，或对适度规模的内在规定性，由此可以更系统地探析适度规模经营的实现途径。通过对适度规模现代农业内涵的探讨，可以发现理想状态的适度规模现代农业处于生产过程中的要素报酬递增阶段。在明确适度规模现代农业发展基本要求的基础上，对其实现路径的探究就转化为如何培育适度规模现代农业经营主体，以及如何实现同适度规模经营发展需求相适应的要素配置结构问题。

就适度规模农业经营主体的培育而言，在农村土地及劳动力要素市场日益完善的环境中，一个值得关注的问题是农户面临的要素配置决策空间已经从农业内部扩散至不同产业之间，农户放弃农业生产进入非农就业领域的机会越来越多。作为理性的决策主体，农户可以结合其自身要素特征选择将土地出租同时选择全职非农就业，也可以选择亦工亦农的兼业行为，同时还有可能专注于农业生产经营活动。促使农户选择农业生产经营而非其他要素配置行为的决策点在于，保障从事农业生产农户的劳动力收入水平不低于全职非农就业或兼业情形下的收入水平，否则农户便可能放弃经营农业而进入收益水平更高的非农产业。因此农业生产经营户中劳动力平均收入水平对农户的生产要素配置决策有着决定性影响，只有农户劳动力的平均收入水平不低于社会平均收益水平的情况下，农户才有可能做出从事农业经营的决策，从而具备成长为适度规模现代农业经营主体的可能。而在对适度规模现代农业主体成长的分析中，其市场化导向的农业生产行为必定激励其充分提升农业生产要素的利用及产出效率，因此农业经营主体在获取最大化农业经营收益的同时，农业生产各要素的作用效率也得以充分实现。而这一点同发展适度规模现代农业的根本出发点是相一致的，因此通过对农业经营主体生产经营行为的分析，可以从中探究适度规模现代农业的主要实现形式。

1. 农业生产函数模型的构建。假设农业生产通过劳动力、土地及资本三种主要生产要素共同作用来实现，因此农业生产函数可以表示为：

$$Y=F(L, S, K)$$

式中，Y 为农业生产收益；L 为农业劳动力数量；S 为土地数量；K 为农业资本数量。

依据上文关于农业生产函数的设定，农业生产经营户劳动力农业生产效率 I 可以表示为：

$$I=\frac{Y}{L}=\frac{F(L,S,K)}{L}$$

2. 以土地要素为中介时规模经营模型分析。考虑到土地要素 S，上式可以换算为：

$$I=\frac{Y}{L}=\frac{S}{L}/\frac{S}{Y}=\frac{S}{L}/\frac{1}{(Y/S)}$$

式中，Y/L 为农业劳动力生产效率；Y/S 为土地生产效率；S/L 为农业劳动力平均土地数量。

由公式可知，农业劳动力生产效率的提升取决于劳动力平均土地要素数量，以及土地生产效率。农业劳动力平均土地要素数量越高、土地生产效率越高则其生产效率越高，因此，对于农业生产经营户而言，扩大可以应用于生产的土地要素数量，以及提升土地要素的产出效率，便成为其选择农业生产以最大化劳动力收益水平的有效路径。

在我国的农业经营制度中，土地要素的承包经营权分属不同的农业经营主体，因此提升农业劳动力平均土地要素数量的关键在于土地要素向农业生产经营户集中。因此对于适度规模现代农业而言，扩大生产经营规模的重要路径在于获取分布于不同农户手中的土地资源的使用权，从而提升其劳均土地要素的规模，为提升劳动力生产效率奠定基础。同时，土地要素产出效率的提升取决于经营主体的生产技能、机械化水平等因素，特别是在大规模经营环境中，借助于专业化社会服务可以获取更高的土地产出效率。因此，通过土地要素向农业经营主体集中的形式实现的规模经营，可以定义为土地集中型适度规模现代农业实现路径。

在土地集中型适度规模现代农业实现路径中，一方面，土地要素在不同农户之间流转的过程，实质上是其在承包经营权所有者与使用权所有者之间的交易过程，由此农业劳动力获得更多的土地要素，而转出土地要素的劳动力则进入非农产业，从而实现农业适度规模现代农业经营主体劳均土地规模的扩大。另一方面，农业经营主体生产过程中，通过租赁农耕机械、灌溉设备等形式购买社会化服务，以实现土地要素作用效率提升。

3. 以资本要素为中介时规模经营模型分析。农业机械、水利设施、化学肥料等生产资料也会对农业产出效率产生影响，从而影响农业劳动力的平均生产效率，将各种农业生产资料统一界定为农业生产资本要素，在此情形中，农业劳动力平均生产效率 I 可以表示为：

$$I=\frac{Y}{L}=\frac{K}{L}/\frac{K}{Y}=\frac{K}{L}/\frac{1}{(Y/K)}$$

式中，K/L 为农业劳动力平均资本数量；Y/K 为农业资本生产效率。

由公式可知，考虑农业生产资本的情况下，农业劳动力生产效率受到劳均资本数量和农业资本生产效率的影响，因此，提升劳动生产效率可以通过提升劳动力人均资本数量及提升资本生产效率来实现。农业劳动力人均资本数量的提升即可以通过劳动力购置农业生产资料实现，同时也可以通过购买资本的服务来实现，及即通过租赁农业社会化服务组织的资本使用权来实现。另一方面，对于农业资本的产出效率，资本有效状态的情形下提升效率的关键性途径在于有效拓展其作用对象，即现实中发生的“机械设备租赁、农机跨区作业”，通过社会性分工推动专业化，提升资本的生产效率。特别是对于一些购置成本较高的农业生产资料，由社会化专业服务机构供给，有助于降低农业经营主体的资本购置成本，同时专业服务机构也可以通过服务于不同对象而提升资本要素的使用效率。特别是对分散的小规模经营农户而言，其自身的可利用资本存量是有限的，将农业生产过程中的耕种、灌溉、农产品运输加工等资本需求规模较大环节的操作交由专业化服务组织，可以成本耗费较低的同时提高农户的资本装备率。因此，从农业资本使用效率提升的角度而言，通过农业生产资本的社会化服务提升分散农户农业生产效率的过程，有效实现了农业规模经营的效果，因此发展农业社会化服务构成了适度规模现代农业实现路径之一。

4. 市场价值实现过程中规模经营模型分析。前两部分对土地及资本要素分析的落脚点在于提升农业产出的效率，对于农业经营主体而言，农业生产效率提升只是实现其生产经营目标的第一步，农业产出能否转化为较高的市场价值，从而获得较高的经营收益才是市场化导向农业生产的最终目标。从农业生产成本及收益的角度，经营主体收益水平的高低取决于农产品市场价值与农业生产成本之间的差值。即：

$$\Delta Y = Y - C = pF(S,L,K) - (\alpha S + \omega L + \lambda K)$$

式中，ΔY 为经营主体农业生产收益；C 为农业生产成本，主要由地租、劳动力工资及资本使用成本构成；p 为农产品市场价格；α 为地租；ω 为农业劳动力工资；λ 为农业资本使用成本。

由公式可知，在农业产出效率既定的基础上，提升农业经营主体农业生产收益的有效途径在于提升农产品市场价格、扩大产品市场占有率以及降低农业生产成本。在市场经济环境中，产品价格受产品质量、市场需求规模、产品信誉度等因素影响，因而提升农产品市场价格意味着该产品与同类其他产品相比在产品质量、品牌形象等方面表现出一定的差异性。而这种差异性的产生往往需要一定的生产规模与之相适应，否则追求差异性所产生的高昂成本可能难以得到充分稀释，因而创新的收益可能并不显著。扩大市场占有率的过程中，农产品产出规模是基础，小规模分散经营农户的产品供给往往是难以支撑的，因而需要大规模的农业经营主体或小规模经营主体间进行合作，特别是规模经营中通过农产品品牌建设对于扩大农产品市场占有率的积极影响是非常显著的。农业生产成本中，地租及劳动力工资往往同生产规模呈同比例变动关系，因而规模变动过程中单位土地要素的地租及劳动力使用成本往往变动较小。农业资本使用成本同规模变动间的关系较为显著，其逻辑在于农业生产资料购置过程中，大规模经营主体往往可以获得更高的折扣，以及更少的交易及购置成本。同时，大规模经营主体中，不可无限细分的农业生产资料可以在花费较少转换成本的基础上实现作用对象的拓展，因而购置及使用成本可以得到充分稀释。综上所述，从提升农业经营收益水平的角度而言，农业规模经营对于提升农产品价格、扩大产品市场占有率以及降低农业生产成本的积极影响是非常显著的。而在更广泛的视角中，农业规模经营中往往有更高的技术采纳率，由此带动的产品收益增值同样非常显著。扩大农业经营规模以提升农产品收益的过程，一方面依赖于大规模经营主体的培育；另一方面一些小规模经营主体有效联合起来，以合作组织的身份参与农产品生产经营同样是重要的实现途径。实践中蓬勃发展的各种农业专业合作社、农民协会、农业股份合作组织等实现形式便是典型的表现。

（二）适度规模现代农业实现路径比较

通过农业生产函数的分析，可以发现以土地要素为中介时的实物产出层面规模经营体现出显著的土地集中特征，以资本要素为中介时的实物产出层面的规模经营体现出显著的社会服务特征，而价值层面的规模经营则体出现显著的合作经营特征，因此，适度规模经营的实现路径主要有三种：土地集中型实现路径、社会服务型实现路径以及合作经营型实现路径。各实现路径的具体内涵及特征如下：

1. 土地集中型适度规模现代农业实现路径。土地是农业生产必不可少的要素之一，而且土地的自然属性决定了其难以像其他生产要素一样进行再生产，因而土地要素对现代农业发展的制约性是最为显著的。特别是在我国快速工业化、城镇化发展过程中，大量优质耕地资源被非农业生产占用。新中国成立初期全国人均耕地面积为2.5亩，到2006年已下降到1.39亩，仅相当于世界平均水平的40%，而且增加耕地的后备资源几乎为零（周诚，2010）。我国人均耕地规模较小且分布零散的状态，是发展现代农业的主要制约因素之一。特别是从追求规模经济视角开展的现代农业发展研究中，问题的焦点通常集中在关于如何改变耕地资源小规模分散化的状态的讨论之中。正因如此，以耕地有效集中、扩大经营规模为核心发展现代农业成为诸多理论研究及实践操作者关注的焦点。

土地集中型适度规模现代农业是指通过连片土地的集中，适度扩大农业经营主体的耕地规模，使其能够高效利用先进的农业耕种收机械及灌溉设施等生产要素，以改善农业劳动力与土地及其他生产要素的配置结构，提高土地、劳动力、机械等生产要素的利用效率和产出效率，实现农业产出效率提升、农民收入增加、农业可持续发展等现代农业发展目标。土地集中型适度规模现代农业实现的关键在于扩大农业经营主体的耕地规模，在我国现阶段的耕地制度安排中，耕地的承包经营权分属不同主体，但其使用权可以采取租赁、转让、互换等形式在不同经营主体之间进行交易。由此农业规模经营主体通过同其他农户交易土地使用权实现耕地规模的扩大，同时借助机械、农技等社会化服务组织的专业化服务，实现农业产出效率的提升。

土地集中型适度规模现代农业的优势是显著的，因为在土地使用权流转这种直接协议型合作行为过程中，土地要素按市场经济的原则，交给了愿出最高地租的最有效率经营者使用，由此带动了农业生产效率的提升（文贯中，1994）。但是，土地集中型适度规模现代农业的发展是需要具备一定条件的，主要集中于两方面的内容：一方面在于土地使用权交易双方能够就其土地使用权交易行为达成一致，进而实现直接协议的合作模式。在这一过程中，影响直接协议合作实现的首先在于合作双方的自身特征，例如在同一区域内部，农户是否会同时出现土地流转的需求户及供给户，供求双方能否就流转的价格、交易方式、持续时间等达成一致等；土地流转供求双方的信息传递是否畅通，是否有中介结构对土地流转的规范性进行指导等，也会产生影响。另一方面，转入土地的规模经营主体在提升土地要素生产效率的过程中，也会产生租赁农业机械服务、购买技术指导服务，即发生市场化的合作行为。在这一过程中，服务需求者的需求意愿特征、需求因素的变动等均可能对其市场化的合作行为产生影响。

2. 社会服务型适度规模现代农业实现路径。土地集中型适度规模现代农业的优势显著，并非我国现代农业发展的唯一途径，特别是考虑到我国农业发展特征的情况下，大规模推进土地集中型适度规模现代农业的条件并不具备。过去 30 年间，我国的城市化速度每年增长约 0.9 个百分点，哪怕用更快的速度（例如 1.2%）进行计算，到 2030 年城市居民占总人口的比例也只有 70%。按人口增长的速度推算，届时我国的总人口会稳定在 15 亿人左右，但仍有 4.5 亿人居住在农村。即使大胆地假设能将我国的耕地保持在 20 亿亩，那么将来每个农村居民也只能拥有 4.4 亩地，这肯定不足以维持一个人的生计，兼业仍将像今天一样普遍。现实是中国农业现在是、将来也将是小农经济（姚洋。2008）。因此，从我国的人地关系看，即使随着工业化和城市化的推进，农业劳动力还会继续向非农产业转移，但我国农业建立在小规模农户经营基础上的格局恐怕在相当长的时期内不会改变（黄祖辉，2008）。面对这一农业发展格局，在条件适宜地区推进土地集中型适度规模现代农业发展的同时，通过发展专业化社会服务组织，为分散的小规模经营农户提供机械化耕种收、农田灌溉、农产品加工等服务，同样可以实现提升要素作用效率的效果。

社会服务型适度规模现代农业是指农业生产中的可分性较差，购置成本较高的生产要素，由专业服务机构提供给不同农户进行有偿使用，以此实现其作用对象的有效拓展，以充分提升其利用效率并稀释其购置成本，由此实现农业产出效率提升、农民收入增长等现代农业发展目标。社会服务型适度规模发展过程中，通过服务于不同农户，实现不可分割生产要素同土地要素的有效结合，尽管与土地规模经营相比可能面临一定的作用对象转换成本，但与无社会化服务状态相比，其带来的收益增加仍可能是较为显著的。而且在此过程中，作用对象拓展带来的成本稀释效果显著，因而更有利于先进生产要素的推广应用。同时对购买社会化服务的农户而言，农业社会化服务对劳动力的替代效果显著，由此农户劳动力得以摆脱农业生产的束缚进入非农产业，往往获得更高的收益水平。另一方面，农技服务及农产品购销机构在农业技术、农产品市场信息等方面的服务供给，也可以有效弥补家庭经营在信息收集、交易成本、市场地位等方面的不足（农业部课题组，2009），从而提升农户农业生产收益水平。因此综合而言，农业社会化服务业发展同现代农业的发展要求是相一致的，特别是对于我国农业发展中普遍存在的亦工亦农兼业农户，以及劳动力较弱农户农业生产效率提升的价值是非常显著的。

3. 合作经营型适度规模现代农业实现路径。土地集中型及社会服务型适度规模现代农业实现路径的主要优势，在于通过农业生产要素配置结构的调整，引进先进生产要素的同时，拓展劳动力及农业机械等能动性生产要素的利用效率与产出效率，由此实现实物层面上的规模经济效益，提升农业产出水平。另一方面，对农业生产经营主体而言，实物层面上的规模报酬递增仅仅是其选择农业规模经营的第一阶段的目标，更为关键的发展目标在于规模经营能够为其创造更高的市场价值。农产品价值实现过程中，同质性农户有效联合，或农户同其他互补性群体如销售中介、专业市场、农业企业等联合起来开展合作经营，可以通过应对市场波动、降低生产成本、提升产品价格等途径实现农产品市场价值的提升。因而对于农业经营主体而言，合作经营是其实现价值层面规模报酬递增的有效途径。

合作经营型适度规模现代农业是指生产相同农产品的农户之间、农户与生产资料及技术供给者之间、农户与涉农企业之间以农民专业合作社、农业技术协会、农业股份合作社、“公司＋农户”式订单农业等形式开展的合作行为，在这一过程中，通过先进生产要素投入、生产成本节约、农产品市场价值提升等途径实现提高农业产出、增加农民收入、提升农业发展可持续性等现代农业发展目标。一个半世纪世界合作运动的经验表明，农民合作组织是广大分散的小规模经营的农户进入市场、改善自身经济地位的有效选择（苑鹏，2001），分散经营的小规模农户，可以在不改变各自土地占用规模的条件下，实行一定的产前、产中和产后联合，从而也可以实现经营规模的扩大（柯炳生，2007）。而许多国家现代农业的发展实践也表明，小规模农户生产实现农业规模化经营和农业现代化的过程中，农民合作组织发挥了关键性作用。特别是通过合作组织的制度设计和安排，可以走出一条生产小规模、经营规模化的现代农业发展道路（黄祖辉，2008）。因此，合作经营型适度规模现代农业实现路径同现代农业的发展目标相一致，特别是对于提升农业经营主体农业产出的市场价值有着较为显著的影响。

四、适度规模现代农业实现路径关键环节

通过以上从农业经营主体经营决策行为视角的分析，可以总结出适度规模现代农业实现路径的三种主要形式：土地集中型、社会服务型及合作经营型。而就三种实现路径的本质而言，均表现出典型的合作行为特征。其中以土地集中发展适度规模现代农业的过程中，土地交易行为发生过程中交易双方通过直接、面对面的讨价还价来实现合作结果，是一种典型的直接协议合作模式（何维·莫林，2010），与此同时，提升土地要素作用效率的农业社会化服务供求过程中，供求交易的发生出于两者最大化收益水平的自利行为，即农业社会化服务需求者希望通过购置社会化服务来提升其农业产出效率，而供给者则希望通过提供社会化服务获得相应的服务收益。这种行为结果依赖于个体自利性策略互动的合作过程，属于典型的市场化合作模式。与此相似，社会服务型适度规模现代农业实现路径的实质在于农业社会化服务供求者的合作过程，而且是供求双方拥有充分决策权下的自利性策略互动行为，因而属于典型的市场化合作模式。合作经营型适度规模现代农业实现路径中，合作组织一般有系统的合作规则，参与者的行为要遵循一系列规范性原则来进行，而其主要决策权则往往被赋予一个权威的组织机构，例如合作组织的议事会等，因此这类组织中的合作行为是一种典型的基于正义的合作模式。

因此，我们可以认为适度规模现代农业实现路径的本质特征在于农业生产要素的不同所有者之间以及不同农业生产经营者之间进行合作的过程，这种合作行为既可以表现为通过土地流转等交易行为进行的社会分工，也可以体现为农业社会化服务服务供求者之间的市场化交易性合作，还可能体现为农业合作组织、农技协会、农业股份合作社以及订单农业的组织中的契约式合作行为。合作是一种人类基本的经济行为，是两个或两个以上的主体之间从各自的利益出发而自愿进行的协作性和互利性的关系。影响合作行为的因素是多种多样的，大致上可以分为群体的自身特征（比如群体成员的异质性、群体成员财富的平均程度、群体的规模和群体的生命阶段等）、群体的制度安排（有无惩罚和激励措施、有无道德和文化约束等）和外部因素（技

术进步等）三个方面（黄少安，2011）。在适度规模现代农业的实现路径中，农户分化形成的异质性农户作为行为主体参与了不同形式的合作行为。群体自身特征对这一合作过程可能产生显著的影响，原因在于异质性农户的自身特征可能是显著差异的。因此，异质性农户自身特征的差异性可能对适度规模现代农业实现路径中的合作行为产生影响，从而促进或制约适度规模现代农业的实现过程。

土地集中型适度规模现代农业发展建立在一系列条件的基础上，包括农户对土地产出的依赖性，农户家庭经营结构等均可能对其土地流转的行为产生负面影响，从而阻碍土地要素的有效集中。例如有学者认为，在目前我国农村经济和社会发展水平不高且不平衡的状况下，在土地为大多数农民提供主要生产经营收入、维持其家庭基本生活消费的条件下，在土地承担着农民核心社会保障功能的背景下，不可能通过大规模的土地流转实现土地集中型的规模经营（王志刚，2011）。因此，土地集中型适度规模现代农业发展的关键在于辨识土地流转意愿较强的转入户及转出户，并探析影响其土地流转意愿的主要因素，在此基础上因势利导创造有利的条件，促进土地流转行为的发展，以实现土地集中型适度规模现代农业。

农业社会化服务的购买过程体现了市场化合作模式的特征，这一合作过程实现的重点在于不同合作参与主体自身特征对其合作参与诉求的影响，例如不同农户在劳动力年龄、家庭劳动力配置结构、农业生产规模、农业生产的目标取、社会化服务支付能力等方面的差异系可能对其社会化服务购置意愿产生不同的影响。另外，与农户社会化服务使用成本相关的补贴政策等制度条件也可能对其购置意愿产生影响。因此，在发展社会服务型适度规模现代农业的过程中，关键性的环节在于辨识不同农户对于社会化服务需求的差异性，并探究其需求决策产生的主要因素。在此基础上结合本地区不同农户社会化服务需求意愿的差异性及主要特征，从农业社会化服务供给的规模、结构及方式等方面采取差异化供给策略。在此基础上，通过有针对性的社会化服务，提升那些无土地流转意愿、缺乏先进生产设备的小规模分散经营农户的农业生产效率，推动社会服务型适度规模现代农业的发展。

合作经营型适度规模现代农业实现路径具有显著的基于正义的合作行为特征，在其合作过程中，合作参与者的相关行为是在一系列规范性要求或制度的环境中进行的。特别是对于参与合作组织的农户而言，参与行为意味着接受合作组织相关规则的约束，由此可能需要其在生产投入规模、生产过程规范性、产品收获及加工的规范性等方面做出调整。显然对于不同农户而言，其家庭经营结构、劳动力从业结构、农业劳动力技能水平、对农业产出的依赖性等方面的差异，可能会对其参与合作组织的意愿产生不同的影响。因此，合作经营型适度规模现代农业实现路径发展的关键环节首先在于从农户中辨识那些有较强参与合作组织意愿的农户，以及探究影响其参与决策的主要因素。在此基础上，通过相应政策环境的完善，为合作经营型适度规模现代农业发展创造良好的发展条件。

参 考 文 献

黄祖辉，等．农业现代化：理论、进程与途径．北京：中国农业出版社，2003：16.

许庆，尹荣梁，章辉．规模经济、规模报酬与农业适度规模经营——基于我国粮食生产的实证研究．经济研究，2011（3）：59-71.

任治君．中国农业规模经营的制约．经济研究，1995（6）：54-58.

西奥多·W. 舒尔茨．报酬递增的源泉．姚志勇，刘群艺，译．北京：北京大学出版社，2001：8.

谢泼德．产业组织经济学．5 版．张志奇，等，译．北京：中国人民大学出版社，2007：188.

陈锡文．中国农村改革：回顾与展望．天津：天津人民出版社，1993：115.

周诚．“农业解困律”概论．中国农村经济，2010（3）：55-59.

文贯中．中国当代土地制度论文集．长沙：湖南科学技术出版社，1994：11.

姚洋．作为制度创新过程的经济改革．上海：格致出版社，2008：145.

黄祖辉．中国农民合作组织发展的若干理论与实践问题．中国农村经济，2008（11）：4-7，26.

农业部课题组编．推动农业农村经济科学发展重大问题研究．北京：中国农业出版社，2009：203.

苑鹏．中国农村市场化进程中的农民合作组织研究．中国社会科学，2001（6）：63-73.

柯炳生．正确认识和处理发展现代农业中的若干问题．中国农村经济，2007（9）：4-8.

何维·莫林．合作的微观经济学：一种博弈论的阐释．童乙伦，梁碧，译．上海：格致出版社，2010：6.

黄少安．经济学研究重心的转移与“合作”经济学构想——对创建“中国经济学”的思考．经济研究，2000（5）：60-67.

王志刚，申红芳，廖西元．农业规模经营：从生产环节外包开始——以水稻为例．中国农村经济，2011（9）：4-12.

（作者单位：中国海洋大学）

家庭农场为基础的农民合作：制度逻辑、制度困境与政策前瞻*

王伟新　祁春节

在社会化大生产的今天，传统小农经济与现代市场经济的矛盾日渐突出。突破人地关系紧张局面，实现农业适度规模经营是农业现代化的内在要求，也是中国未来农业发展的基本方向。2013 年中央 1 号文件明确提出要“创造良好的政策和法律环境，采取奖励补助等多种方法，扶持联户经营、专业大户、家庭农场”。家庭农场作为新型农业经营主体之一，成为我国创新农业经营体系的新方向。另一方面，传统以小农户为基础的农民合作道路经过多年发展取得了较大成效，却不可避免地掉入了“集体行动困境”“精英俘获”及“假合作社”的陷阱，发展前景堪忧。以此为背景，从制度变迁与制度效应的角度出发，对以家庭农场为基础的农民合作的制度逻辑进行剖析，深入挖掘这一制度安排必需的制度条件以及面临的制度困境，对当前我国新型农业经营主体培育与农村改革道路选择具有重要借鉴意义。

一、制度逻辑

以家庭农场为基础的农民合作是一种适应新阶段农村改革的制度安排，欲解析其制度逻辑，必须从制度变迁和制度效应两个方面进行解释。

（一）制度变迁

1. 制度需求。对制度安排的需求，可以简单归结为：按照现有制度安排，无法获得潜在的利益，所以追求制度安排的调整（罗必良，2005）。以家庭农场为基础的农民合作是一种适应新阶段农村改革的制度安排，其产生源自多方面的制度需求。

（1）“制度无关论”与要素相对价格变化。规模是农业竞争力的重要决定因素，也是我国发展家庭农场的基本出发点。家庭农场对规模化经营的要求固然有利于克服小农经济无法实现内部规模经济的先天不足，但我们常常忽视一个基本事实，即中国农业发展所面临的刚性资源约束——人多地少。

---

* 项目来源：教育部博士点基金项目（编号：20110146110008）；中央高校基本科研业务费专项资金（编号：2012MBDX002）

从春秋战国的"一夫挟五口，治田百亩"到今天的人均耕地仅1亩左右，当前中国农村的人地关系已经极为紧张（王伟新等，2014）。本文援引李谷成等（2012）提出的"制度无关论"观点，即当今农业因为规模细小而产生的各种问题，与经营组织形式无关，中国小农经济所面临的尴尬只是人地关系紧张的自然结果，这在很大程度上又与人口压力过大有关。正如丁长发（2010）估计，即便到2050年全面实现现代化，城市化率达到70%的最优情况下，按照18亿亩耕地安全线计算，每户大约也只有18亩耕地。显然，我国人多地少的基本国情短期内难以改变，也就决定了我国农业规模经营的刚性资源约束会长期存在。

换个角度来看，假设我们家庭农场的规模达到一个较为合理的水平，如罗艳等（2012）通过模型计算出较合理的家庭农场规模为户均126亩①，这种状态下全国仅需5 000多万人从事农业生产，超过6亿的农业劳动力需要转移到二、三产业就业，显然这已经大大超出了我国工业化、城镇化对农业人口的吸聚能力。况且，户均126亩的经营规模并不算大，仍远低于美国等发达国家约500亩的户均水平。制度变迁理论认为，要素相对价格的变化改变了人们之间的激励结构以及行为人讨价还价的能力，从而刺激制度创新者重新作出制度安排的努力。在我国人多地少的刚性资源禀赋短期内无法根本改观条件下，土地要素价格较劳动力价格为高，制度变迁倾向于土地产权制度变革，表现为通过土地流转扩大农场经营规模。受人地关系紧张影响，家庭农场规模的理论上限较低，加上小农经济普遍存在的不完全契约、机会主义行为与不确定性，大规模扩大家庭农场的成本极高。仅仅依靠扩大单个农场经营规模来实现内部规模经济显然不现实，由此引发制度变迁的需求。

（2）以小农户为基础的农民合作存在制度缺陷。从制度绩效的角度来看，农业的家庭经营制度与合作制度的结合是迄今为止最有效的农业制度安排（克里斯托福·D. 捷拉德等，2001）。以小农户为基础的农民合作道路历来都被官方和学界视为中国实现农业现代化的必由之路。但是，农民合作社成功与否取决于合作社内部的组织管理状况和外部环境的适生程度（罗必良，2014）。无论从现实还是理论上看，以小农户为基础组成的农民合作虽以实现外部规模经济为初衷，但却不可避免地继承了小农经济下的固有弱点，存在先天的制度缺陷。尤其是在农业技术进步促进了劳动生产率提高和专业化分工扩大的情况下，这种以小规模分散经营为基础的劳动联合的制度缺陷就越发明显。如果仅仅将其作为小农经济下农业组织的一种补充方式，而不对内部参与主体特征进行改造的话，其发展前景堪忧。

具体而言，以小农户为基础的农民合作社通常成员数量众多，各个农户

① 当前国家和各地政府对家庭农场规模的认定标准一般为50～100亩。

的利益诉求和行为选择难以达成一致，容易导致“集体行动困境”而产生高昂的组织制度成本；入社大农户和农村精英往往凭借自身优势主导合作社运转，致使合作社陷入不同程度的“精英俘获”，小农户社员的权益容易受到侵害；现代市场经济要求交易主体具备完全的市场地位，合作社的作用之一即是通过联合谋求市场地位平等化，但小农户普遍缺乏市场意识和竞争精神，经营观念相对保守抑制了农民合作社的功能发挥；小农户面临的许多市场问题本质上实为农场规模细小化的衍生问题，小农户之间的联合并不能从根本上解决生产领域上的规模问题，对市场问题解决的预期效果当然也就十分有限。因此有学者认为，传统以小农户为基础的农民合作道路是缺乏前途的，必须立足农户层面进行合理的制度安排配套（罗必良，2014）。

2. 制度供给。制度供给是指一项制度安排被创新和设立的过程。由于以家庭农场为基础的农民合作还处于制度探索过程中，并未形成自上而下的制度安排。故严格来讲，本文所指的制度供给应该视为制度产生和形成过程中的某种推动力。当然，这种推动力主要来自于政府。

政府的改革意愿和家庭农场的试点探索是制度供给的重要推动力。制度供给较一般的物品供给复杂，这是因为制度创新更多的是多个行为主体多次博弈下公共选择的结果，具备公共物品性质。私人部门对公共物品的供给是缺乏激励的，因此，制度供给主要取决于政府提供新的制度安排的意愿和能力。当前，超小规模的家庭经营与现代市场经济不匹配的矛盾越来越突出，党和国家也始终把解决“三农”问题作为工作的重中之重。2012 年中共十八大报告指出，“必须坚持和完善农村基本经营制度，依法维护农民土地承包经营权……，发展农民专业合作和股份合作，培育新型经营主体，发展多种形式规模经营，构建集约化、专业化、组织化、社会化相结合的新型农业经营体系。”2013 年中央 1 号文件提出，坚持依法自愿有偿的原则，引导农村土地承包经营权有序流转，鼓励和支持承包土地向专业大户、家庭农场、农民合作社流转，发展多种形式的适度规模经营。2013 年全国两会又进一步明确，必须通过农村土地确权土地流转制度，保障农村经营体系改革顺利进行。

一系列的改革举措表明，构建新型农业经营体系，发展适度规模经营已经成为党和政府在解决“三农”问题思路上的共识。家庭农场作为新型经营主体之一，与专业大户、农民合作社一起成为发展适度规模经营的重要途径。事实上，家庭农场发展较早的地区已开始实施一揽子扶持政策，依法登记的家庭农场在各类支农惠农补贴、技术、金融、市场服务等方面享受支持。另一方面，21 世纪初以来，在国家农村改革试点工作安排下，上海松江、湖北武汉、吉林延边、安徽郎溪等地积极培育家庭农场，取得了丰富的经验，探索出了“松江模式”“武汉经验”“郎溪模式”等家庭农场发展的改革样本。以“郎溪模式”为例，郎溪的农场主关某在实践过程中开创了“家庭农场—合作社”模式。与以往的合作社不同，在“家庭农场—合作社”模式中，农场与农场之间是对等的经营主体，通过“农场+农场”的“场场联合”方式，可以实现优势互补、互惠互利，更是创新出了“四代一管”（代育秧、代耕作、代机插、代机收和田间管理）的高效的农业社会化服务模式。“家庭农场—合作社”模式不仅是郎溪农民在生产实践中的创造，更为新一轮的中国农村改革提供了一条崭新的思路。

此外，农业经济与农村经营理论的演进发展也促进了新的制度安排的形成。正如拉坦所言，我们掌握的社会科学知识越多，我们设计和实施制度变迁就会越有成效（罗必良，2005）。以家庭农场为基础的农民合作的制度供需逻辑见图1。

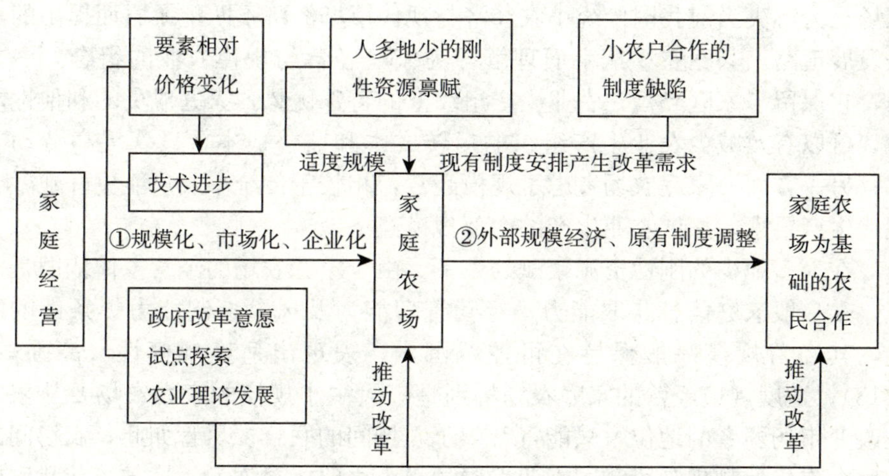

图1　以家庭农场为基础的农民合作的制度供需逻辑

3. 制度变迁方式。从不同的角度，制度变迁方式可以做不同的划分（黄少安，1995），本文主要从强制性变迁与诱致性变迁角度探讨以家庭农场为基础的农民合作这一制度安排的变迁方式。

（1）强制性变迁。强制性变迁由国家出台相关法律、政策自上而下实现，实施主体是政府。中共十八大以来，党和政府出台了一系列法律、政策，对家庭农场建设、农村土地流转、农村劳动力转移、城乡一体化建设等方面作出了相关部署，基本明确了构建新型农业经营体系，发展适度规模经营的农村改革思路。在国家强有力地推动下，以家庭农场为基础的农民合作这种适应当下农村改革形势的新型制度安排呼之欲出。

（2）诱致性变迁。诱致性变迁由一个（群）人在利益驱动下自发组织自下而上实现，实施主体是个人或团体。小农户为改善经济状况天然地追求经营规模扩大，家庭农场正是为迎合农户对规模的要求而逐步产生的。现有的制度安排下农业合作经济发展困难，“假合作社”“集体行动困境”以及“精英俘获”等问题导致小农户合作效果有限，迫使农民进行新的制度探索。郎溪模式中的“场场联合”模式就是当地农民自发探索的产物。

当然，以家庭农场为基础的农民合作并非仅仅来自政府的有意设计，也是“理性小农”在利益驱动下的一种自发选择。这种强制性与诱致性变迁有机结合的制度变迁方式一方面可以充分发挥政府在制度供给上的规模经济优势，节约制度变迁成本，另一方面也能充分体现制度主体的意愿，提高社会预期收益。

（二）制度效应

1. 以家庭农场为基础的农民合作可以同时实现内外部规模经济。家庭农场是为解决当前我国传统小农经济与现代市场经济不匹配矛盾而提出的一条发展道路。家庭农场从字面理解即为家庭经营与规模农业的组合。一方面，它保留了家庭经营在农业生产组织上的特殊优势，家庭成员的利他性动机，可以有效减少农业生产组织的运转成本和监督成本，显著提高劳动效率；另一方面，家庭农场考虑了规模经营，相较于传统小农户能更好地融合现代生产要素，拓展农业生产的内部规模经济。

在人多地少的刚性资源禀赋约束下，由于家庭农场的经营主体依旧是家庭，受一般家庭信息获取能力、经营管理能力及风险控制能力等条件的制约，其经营规模一般保持在可控范围内，表现出适度规模性（高强等，2013）。适度规模经营的家庭农场特别是广大中小规模的家庭农场要从根本上改变市场弱者的地位，只能寄希望于农场间的联合。尽管如此，农场间的农民合作仍然是现阶段我国农业发展的必由之路。一方面，这与当前我国因人多地少、农村剩余劳动力转移能力有限、农村社会保障体系不健全等而不适宜进行大规模土地流转的现实是相适应的；另一方面，通过农场间的劳动联合形成的合作经济不仅可以改善家庭农场的外部条件，提高单个农场的市场生存能力，而且还能通过专业化分工与协作来实现外部规模经济。

2. 以家庭农场为基础的农民合作可以打破小农户合作的“制度悖论”。“制度悖论”指的是在既定制度约束下的人的最优行为，即个人理性并未实现制度理性，其结果与适宜制度所对应的结果不相吻合（张宇燕，1992）。以小农户为基础的农民合作道路尽管被寄予厚望，却并未像预期一样从根本上改造中国的传统小农经济。事实上，多年来我们所推崇的合作化取得的制度效果十分有限，甚至在一定程度上掉入了“集体行动困境”“精英俘获”及“假合作社”的陷阱。而以规模化经营为特征的家庭农场与传统小农户有着显著差别，家庭农场在资金实力、管理能力、合作意识等方面都显著优于小农户，更有利于资本积累和农业生产技术改进，也有利于自身经济力量的壮大（何多奇，2009），农场间合作刚好可以弥补小农户联合所具有的先天制度缺陷。尤其是在农业技术进步促进了劳动生产率提高和专业化分工扩大的情况下，家庭农场合作对小农户合作在制度上的优势就会越发明显。

3. 以家庭农场为基础的农民合作有利于“四化”同步发展。未来改造传统小农经济的根本出路在于千方百计减少农民数量，缓解紧张的人地关系，这必须依赖于经济社会的整体发展，于是“四化”同步便成为改造传统小农经济的新思路（王伟新等，2014）。以家庭农场为基础的农民合作以改造传统小农经济为基本出发点，其最终目的是实现农业现代化，这与“四化”同步的目标是一致的。一方面，以家庭农场为基础的农民合作有利于农业现代化，这主要得益于家庭农场规模化、专业化、市场化、企业化特征带来的农业内部规模经济，以及农场间合作形成组织化、社会化的农业外部规模经济；另一方面，以家庭农场为基础的农民合作有利于工业化和城镇化。一是家庭农场的发展以及家庭农场间的联合必然刺激农业领域更大规模地分工与专业化，对农业科技、农业机械等现代生产要素提出更高的要求，从而成为工业化发展的需求性力量；二是家庭农场对劳动力的释放与工业化、城镇化对劳动力的需求形成互补，发展以家庭农场为基础的农民合作，可以释放大量剩余劳动力，为工业化和城镇化的发展提供劳动力资源与潜在人口，反过来工业化、城镇化的快速发展能够为农村剩余劳动力转移提供承载，缓和人地紧张关系，为家庭农场规模化发展创造条件；三是发展以家庭农场为基础的农民合作必然加速城乡之间、工农之间的要素流动，彼此之间的协调互动有利于形成“进可市民化、退可保收入”的良性循环。

二、制度困境

当然，任何一项制度安排的产生和发展必然受制于特定的制度环境，需要满足一定的条件（高强等，2013）。以家庭农场为基础的农民合作要真正实施和发挥制度效应，至少应该具备以下制度条件：一是产权明晰且稳定的农场土地制度；二是城乡之间自由流动的劳动力要素市场；三是健全成熟的社会化服务体系。由于我国农业整体上还处于传统农业向现代农业的转型阶段，多数地区并不具备适宜家庭农场以及农场间合作的充分制度条件，以家庭农场为基础的农民合作还存在亟待改善的制度困境。

（一）土地流转制度不健全

一是我国农村土地的所有权在集体或国家，农民对土地所有权、承包权与经营权权属认识不清，导致农民普遍缺乏对承包经营土地的长期经营收益预期；二是土地流转费用普遍不高，但变化较快，农民长期流转土地的激励不足，例如湖北省租种农民土地的费用在 2008 年时每亩还只有一两百元，而目前已升至500～1 000元/亩，许多农户不愿长期转包土地，而是以2～3年的短租为主；三是土地流转行为不规范，口头约定多，书面协议少，出现土地流转纠纷往往难以解决，据了解，湖北省安陆市2007年全年流转土地27 615亩，其中19 845亩是以口头约定形式流转的，占流转土地总量的72%；四是土地流转配套机制不健全，特别是土地流转的服务跟不上，缺乏功能完善的农村集体土地交易所与信息平台，致使土地流转效率低，土地需求与供给脱节；五是在城乡二元结构体制下，当前中国农村土地肩负着福利与社会保障功能，从土地中获得生存所需是农民最后的保障（温铁军，2002），这是农民不愿长期转包土地的根本原因。因此，土地流转制度不健全成为以家庭农场为基础的农民合作最基本的制度困境。事实上，由于农业生产具有极强的资产专用性，对于家庭农场这种以转租土地为经营对象的经营主体，如果土地流转成本过高或承包合同不稳定就要面临极大的经营风险，其发展必然受阻。

（二）农村劳动力资源分配不合理

我国当前农村劳动力资源分配不合理，农村劳动力市场制度不健全，发展家庭农场与农场间合作面临严峻挑战。随着工业化、城镇化的加速推进，近2亿的农村青壮年劳动力转向非农产业就业，导致农村出现大面积的“青壮年荒”，有知识、懂技术、会经营的人才极为短缺，留在农村的多是40～60岁的中老年人，他们文化程度普遍不高，主要依赖传统经验从事农业生产经营，这与现代家庭农场以及农民合作化对人才的需求显然是脱节的。正如黄宗智（2006）所言，我国农场社会整体上进入了一种“制度化的半工半耕的小农经济形态”。未来由谁来种粮已经成为一个亟待解决的社会问题。虽然从理论上讲，引导农村剩余劳动力向城镇和非农产业转移是缓解农村人地紧张关系，推行农业适度规模经营的前提条件。但是在城乡二元结构体制下，由于城乡之间的劳动力市场不统一，劳动力资源由农村向城市单向流动。因此，出现上述“青壮年荒”问题的原因不在于农村劳动力转移过快，而是在于我国农村劳动力市场制度不健全，农村劳动力转移结构不合理。

（三）农业社会化服务发展滞后

家庭农场生产规模较大，基于分工的生产专业性较强，因而对农业社会化服务的需要也更为迫切。事实上，家庭农场之间的联合在很大程度上也是将这种社会服务内部化，节约交易费用的需要。但是，当前我国农业社会化服务总体发展水平不高，已经成为家庭农场与农场间合作快速发展的制约瓶颈。一是社会化服务体系建设滞后，现有的以农技推广部门、农机站、经管站等部门形成的公益性服务机构机制不活、基层人员缺乏、服务意识淡薄、服务手段落后、服务功能弱化、服务质量有待提高，而以农机公司、农民合作社为代表的经营性、合作性等新型农业社会化服务主体发育不足，服务层次较低、规范化程度不高、服务能力不强；二是服务内容与农民需求有差距，现阶段多数服务组织功能都比较单一，重产前产中、轻产后，对于农民在贮运、加工、销售、信贷、保险等服务日益增长的需求涉及较少，尤其是对规模化经营至关重要的信贷、保险等服务明显不足，涉农贷款申请难、额度小、周期短，涉农保险门槛高、保费高、理赔难等问题还普遍存在，如2010年7月的一场水灾让昔日湖北大冶的“粮王”的近4千亩的水稻颗粒无收，但由于无水稻险可投，损失惨重。

此外，现有制度安排的阻碍也是以家庭农场为基础的农民合作面临的制度困境之一。由于我国长期推行以小农户为基础的农民合作道路，对农民合作社采取扶持政策，截至2013年，全国注册登记的大大小小的农民合作社已经超过90万家。发展以家庭农场为基础的农民合作本质上是对现行制度安排的调整，是利益博弈过程，涉及利益再分配，必然会触动既得利益集团或个人的利益，从而引致对新的制度安排的排斥反应。

三、政策前瞻

（一）完善农村土地流转制度

实行农村土地“三权分离”，在坚持农场土地集体所有的基础上，加快推进土地承包经营权确权登记颁证工作。一是赋予农民长久的土地承包权，明确承包权在继承、转租、转让及抵押等方面的功能；二是明确土地经营权归从事农业生产经营活动的主体所有，通过法律赋予经营主体占有全部土地收益的权利。建立规范的土地流转制度，推行土地流转合同化，引导土地流转双方增强契约意识，积极处理土地纠纷，提供规范的调解、仲裁服务。加快土地流转配套机制建设，建立土地流转管理服务中心，提供规范的政策服务；加快建设农村土地产权交易所和信息平台，为农村土地流转提供交易平台和信息服务。

（二）健全农村劳动力市场制度

建立健全农村劳动力市场制度，引导农村劳动力合理转移，培养新型职业农民。一是加快建立城乡统一、规范的劳动力市场，引导农村人口向工业、城镇合理有序转移，缓解农村紧张的人地关系；二是鼓励和扶持有知识、懂技术、会经营的青壮年农民留乡从事农业规模化经营；三是不断完善惠及全民的社会保障体系，缩小城乡收入差距，从体制上消除农村劳动力从事农业生产的心理障碍；四是培养新型职业农民，对新型职业农民进行登记注册，明确其平等的职业身份，设立新型职业农民培育专项基金，依托农业高校、科研院所及农业职业技术学校，构建新型职业农民教育培训体系，提高其农业生产经营知识与技能。

（三）完善新型农业社会化服务体系

加快完善新型农业社会化服务体系，努力提高农业社会化服务水平，为家庭农场及家庭农场间合作提供优质高效的专业化服务。一是积极推进基层公益性服务机构建设，扩大基层人才队伍，培养服务意识，改善服务质量，鼓励基层服务部门与家庭农场及合作组织对接，提供专门化服务；二是扶持经营性服务机构发展，引导其面向市场，开展多元化、层次化的服务，鼓励家庭农场就专业化服务开展互助性合作，实现农业社会化服务内部化，促进农业从“土地规模经营”向“服务规模经营”转变；三是引导农业社会化服务向农业产后环节延伸，尤其是针对家庭农场及家庭农场间合作规模化经营资金需求量大、经营风险高的特点，加强农村金融和农业保险服务，完善农村金融信贷体系，运用税收优惠和“奖补”政策，引导金融保险机构服务家庭农场及其合作组织。

（四）稳步推进家庭农场间合作的试点工作

农民合作组织在我国已经发展多年，无论是在组织建设上还是带动农业发展方面都取得了不错的成效。而家庭农场在我国还是一个新鲜事物，尽管经过近几年的试点取得了较大的发展，积累了丰富的经验，但开展以家庭农场为基础的农民合作还尚无经验可循。任何理论上可行的制度安排在放之实践时都有可能因为各种因素“水土不服”，因此必须在借鉴国际先进经验与了解中国基本国情的基础上，选取适当地区样本开展试点工作，防止盲目推进可能导致的制度风险。此外，在制度推进过程中，要注意合理协调利益分配机制，尽量减小制度变迁成本。

参考文献

丁长发．百年小农经济理论逻辑与现实发展与张新光商榷．农业经济问题，2010（1）：96－102.

高强，刘同山，孔祥智．家庭农场的制度解析：特征、发生机制与效应．经济学家，2013（6）：48－56.

何多奇．19世纪美国西部家庭农场制度与传统农业转型．华南师范大学学报（社会科学版），2009（4）：26－30.

黄少安．产权经济学导论．济南：山东人民出版社，1995.

黄宗智．制度化了的“半工半耕”过密型农业（上）．读书，2006（2）：30－37.

克里斯托福·D. 捷拉德，黄祖辉，蒋文华．农业和农村发展的制度透视及其对中国的政策含义．中国农村经济，2001（5）：9－16.

李谷成，李崇光．十字路口的农户家庭经营：何去何从．经济学家，2012（1）：55－63.

罗必良，李玉勤．农业经营制度：制度底线、性质辨识与创新空间——基于“农村家庭经营制度研讨会”的思考．农业经济问题，2014（1）：8－18.

罗必良．新制度经济学．太原：山西经济出版社，2005.

罗燕，王青．基于小农户制现状探索家庭农场制及其规模．湖北农业科学，2012（6）：1281－1284.

王伟新，祁春节．“四化”同步与中国小农经济出路．农业现代化研究，2014（1）：53－56.

温铁军．“三农问题”的症结在于两个基本矛盾．群言，2002（6）：12－14.

张宇燕．经济发展与制度选择．北京：中国人民大学出版社，1992.

（作者单位：华中农业大学）

利益相关者视角的国家粮食安全战略

——以河南省为例

解宗方

农业是国民经济的基础，而粮食是农业的基础。河南作为全国农业大省和产粮大省，粮食生产在全国占有举足轻重的地位，为国家粮食安全做出了重要贡献。2000—2010 年，河南省粮食产量连续 11 年居全国第一。2004 年以来，河南省粮食产量实现连续 10 年增产。2006 年以来，连续 8 年超过 500 亿千克。2013 年，河南省全年粮食总产量达到 571.35 亿千克，比上年增产 7.5 亿千克，成为维系全国粮食安全的战略基地。在河南省粮食生产取得巨大成就的同时，必须清醒地认识到粮食生产发展中仍存在一些亟待解决的问题。目前有关基于粮食安全的中央政府、地方政府和种粮农民三者之间利益关系的研究较少。因此，结合河南省情和粮食生产实际，利用统计数据，对中央政府、地方政府和农民农户之间的关系进行研究就具有重要理论价值和现实意义。探讨粮食生产过程中存在的突出问题，分析粮食生产过程中的不协调现象，构建粮食主产区与主销区之间的利益协调机制；建立粮食主产区利益补偿机制和粮食增产、农民增收的长效机制，促进主产区经济社会协调发展。理顺中央政府、区域（主产区）政府和种粮农民（农户）三者之间利益关系，探索粮食产量与农民收入同步提高、主产区与主销区利益协调和不以牺牲粮食主产区生态和环境为代价的粮食生产持续稳定和谐发展之路，为河南乃至全国的粮食生产发展提供依据。

一、粮食生产模式的演化

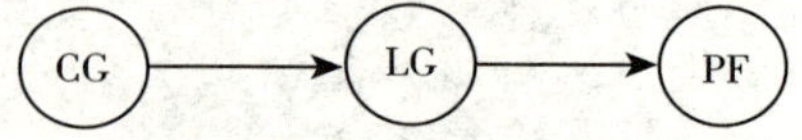

图 1　粮食生产指令服从线性模式

注：CG 表示中央政府，LG 表示地方政府，PF 表示农户。

（一）指令服从线性模式

在计划经济时代，中央政府、地方政府和种粮农民三者之间关系是一种层级式和服从的关系，是一种线性和单向的关系，是一种指令性的计划模式。国家以确保粮食自给和粮食安全为基本国策，忽视粮食生产的商品属性，不惜牺牲粮食生产主产区和种粮食农民的经济利益，种粮农民的利益得不到保障。实行粮食统购统销政策，虽然平抑了市场的波动，使得粮食供求不平衡的现象不太明显和不太经常出现，通过粮食配给制度保障了粮食供需的低水平平衡，国家财政对粮食生产基本没有补贴，是以剥削和牺牲粮食生产者利益为代价的。由于粮食短缺和计划经济的束缚，粮食作为私人物品，具有的竞争属性、市场属性被人为抑制，致使国家为粮食问题背上了沉重包袱。国家通过粮食的统购统销、城镇居民粮食定量供应等政策安排，把粮食看作纯公共物品，全国大办粮食，完全扼制了粮食经济运行的市场机制的作用。政府花费了大量的“粮食消费补贴”在城镇居民身上，付出了较高的粮食安全成本，种粮农民的利益没有得到保障，粮食产量上不去，粮食供给始终徘徊在低水平状态。

（二）指导互动联结模式

改革开放以来，保障国家粮食安全的内涵已发生根本的变化。粮食生产的三个利益相关者——国家政府、地方政府和农民农户，已由计划经济时期的指令服从型转变为指导引导型和一定程度上的松散互动型，三者利益关系出现了矛盾和不一致。除粮食价格仍由中央政府控制以外，农民种粮行为已基本不再受行政力量干预，粮食价格和经济效益成为农民粮食生产的重要因素。粮食生产由依靠行政力量转变为依靠经济手段和服从市场经济规律。

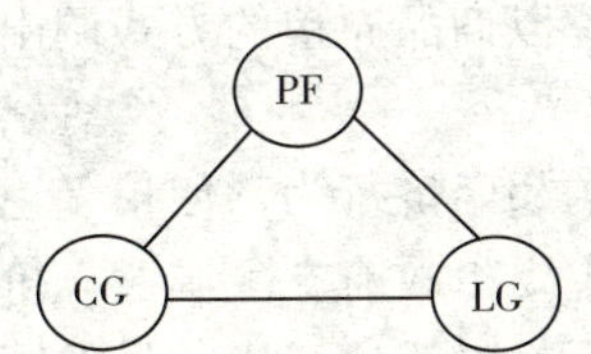

图 2　粮食生产指导互动联结模式

二、粮食生产问题分析

（一）政府宏观目标与农民微观目标不一致

在计划经济体制下，价格基本上是由政府制定的，它不受市场供求关系的影响，在固定不变的计划价格下，农产品供给目标与农民收入目标是基本一致的。农民生产的农产品越多，其售出产品的收入也就越多。然而，在市场经济条件下，农产品使用价值与价值的矛盾以及由此而引起的产量和收入、农民追求收入最大化目标和政府追求增加农产品供给目标的矛盾日益突出。换言之，对单个农民而言可能是生产越多越有利，对农民整体而言则可能是生产越多，整个市场价格将会降低，农民的平均销售收入越少，当价格降低的幅度大于产量增加的幅度，就会出现农民增产不增收的结果。政府的产量目标和农民的收入目标是否会发生冲突，还要取决于农产品需求的价格弹性。受恩格尔定律的支配，我国农产品总体的价格需求弹性较小，农民增产并非必然意味着增收。由于农业低下的比较利益，农民的生产目标很难与收入目标相吻合，导致政府的宏观目标与农民微观目标的错位，政府通过各种措施号召农民发展生产的愿望总是难以得到广大农民的响应。非常能体现这种矛盾的一个案例，是中央、地方和农民三方对2008年年底至2009年年初北方冬麦区特大干旱的不同态度。当2009年2月初连续百天不降水的特大干旱已成定局，中央政府表现出异常的不安。在国务院领导的直接督促下，各有关部委迅速行动起来，层层下派督导组。而大多数农民对抗旱并不积极，其原因是种1亩小麦，好了能赚一两百元钱，想尽办法抗旱浇麦不划算，是受小麦生产经济利益驱动的选择结果。

（二）粮食主产区与主销区利益不协调

一是国家长期向工业倾斜、向城市倾斜的政策，造成粮食主产区价值的过分流失，削弱了粮食主产区经济发展的基础。长期以来，由于超经济（主要是政府）力量的作用，粮食主产区商品粮在交换中存在较大的工农产品剪刀差和国家定购粮食价格与市场价格的差价。粮食主产区因粮食低价而利益受损。这些剪刀差价值和差价流入城市工业、粮食消费区或消费者。另外，主产区粮食的调出基本上是以商品原粮的方式调出，粮食加工或转化增值的价值流入粮食调入区。

二是粮食产销政策中的超经济行为，使粮食主产区不能获得社会平均利润。粮食主产区的商品粮主要由政府支配调拨，价格由政府制定，而且粮食主产区出售商品粮承担着巨额的流通费用。虽然国家制定粮食保护价格，补偿生产成本并有适当利润。但是，有时粮食主产区粮食保护价格却低于市场价格，甚至是低于成本价格，缺乏对生产者经济利益的保护。对于粮食主产区或粮食生产者在商品粮交换过程中的价值流失，虽然国家也采取了一定的补贴方式给予经济补偿，但效果有限。

三是粮食主产区与主销区的博弈关系失衡，粮食主产区处于明显不利地位。从粮食主产区与主销区的博弈关系看，在粮食供大于求时，主销区处于主动地位，主产区处于被动地位。"九五"期间，主销区在粮食不愁买不到的前提下，加大农业结构调整，大力发展非粮非农经济，推进农村城镇化进程，农民收入提高幅度很大。而国家一方面支持主销区进行放开粮食市场改革的同时，另一方面又继续对主产区实行粮食保护价收购政策，结果造成了主产区粮食库存压力和财政压力。

（三）粮食产量增长与区域经济发展不平衡

粮食生产格局发生逆转。在我国经济总体水平不断提升的同时，由于地区间经济的不均衡发展，东南沿海地区工业化、城镇化的强力推进，内陆地区为解决温饱的不懈奋斗，并由此引发了我国粮食生产流通格局发生了由“南粮北运”到“北粮南运”的大逆转。

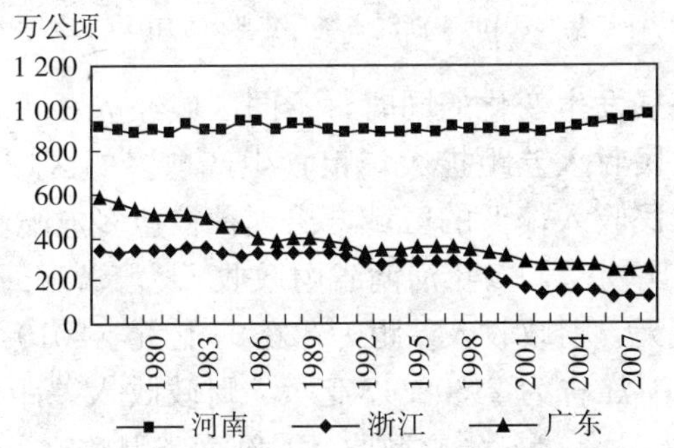

图 3　河南省、浙江省和广东省粮食播种面积比较

资料来源：中国农业统计年鉴（2010）。

进入 20 世纪 90 年代后，沿海发达地区（广东、浙江等省份）自给率迅速下降，过去的粮食调出省份转变为产销平衡区或主销区。历史上的“湖广熟，天下足”“苏湖熟，天下足”已经被“河南熟，天下足”所代替，广东、浙江成了粮食调入大省，湖南、湖北的粮食仅仅局限于满足自己省的需求。商品粮调出省份越来越少，到 2009 年能够年调出 1 000 万吨以上商品粮的仅有河南、黑龙江、吉林和安徽。粮食主产区对保障国家粮食安全具有重要作用。以河南省为例，河南省 1978 年粮食播种面积为 9 12.33 万公顷，2009 年为 968.36 万公顷，比 1978 年增加 6.14％；浙江省 1978 年粮食播种面积为 335 万公顷，2009 年为 129.01 万公顷，比 1978 年减少 61.49％；广东省 1978 年粮食播种面积为 582.53 万公顷，2009 年为 253.85 万公顷，比 1978 年减少 56.42％。河南省 1978 年粮食总产为 1 900 万吨，2009 年为 5 389 万吨，比 1978 年增加 183.63％；浙江省 1978 年粮食总产为 1 395 万吨，2009 年为 789.15 万吨，比 1978 年减少 43.43％；广东省 1978 年粮食总产为 1 632 万吨，2009 年为 1 314.5 万吨，比 1978 年减少 19.46％。

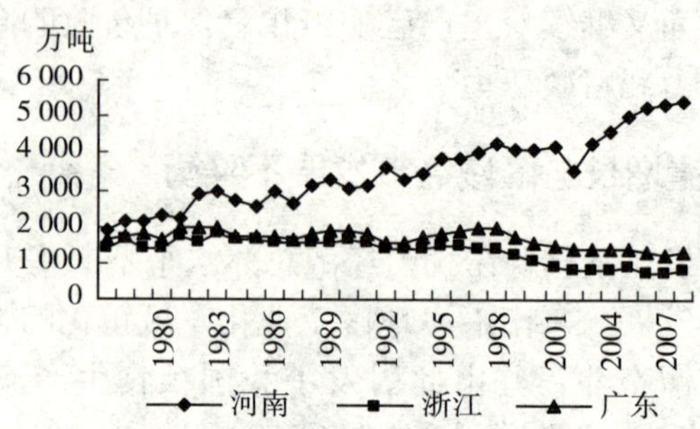

图 4　河南省、浙江省和广东省粮食产量比较

资料来源：河南省统计年鉴（2010）、浙江省统计年鉴（2010）、广东省统计年鉴（2010）。

在粮食生产格局发生变化的同时，不同区域经济发展的差距拉大，不同区域财政收入和农民收入差距扩大，粮食生产愈多的区域是经济发展缓慢、财政收入不高和农民收入偏低的区域，出现种粮愈多愈吃亏愈受穷的现象。

区域财政收入比较。2005 年河南省财政收入为 537.65 亿元，浙江省财政收入为 1 066.60 亿元，财政收入差距为 528.95 亿元。2010 年河南省财政收入为 1 381.32 亿元，浙江省为 2 608.47 亿元，财政收入差距为 1 227.15 亿元，财政收入差距继续扩大，浙江省财政收入是河南省财政收入的近 2 倍。

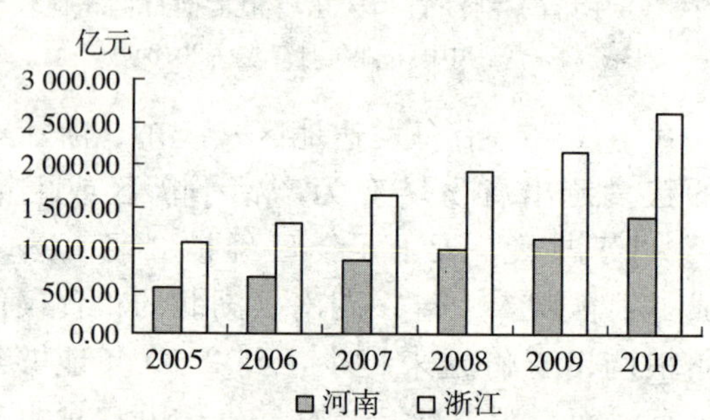

图 5　河南省和浙江省财政收入比较

资料来源：河南省统计年鉴（2011）、浙江省统计年鉴（2011）

区域农民纯收入比较。1980 年河南省农民人均纯收入为 160.78 元，浙江省为 219.18 元，收入差距为 58.4 元，河南省农民人均纯收入为浙江省的 73.36％；2009 年河南省农民人均纯收入为 4 806.95 元，浙江省为 10 007.31元，收入差距为 5 200.36 元，河南省农民人均纯收入仅为浙江省的 48.03％，收入差距不断扩大。

粮食主产区和主销区财政收入和农民纯收入不断扩大的原因，一是国家长期向工业倾斜、向城市倾斜的政策，造成粮食主产区价值的过分流失，削弱了粮食主产区经济发展的基础。长期以来，由于超经济（主要是政府）力量的作用，粮食主产区商品粮在交换中存在较大的工农产品剪刀差和国家定

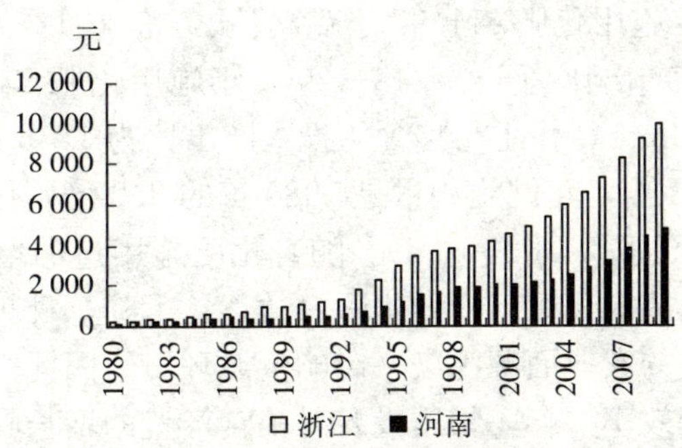

图 6 河南省和浙江省农民纯收入比较

资料来源：河南省统计年鉴（2010）、浙江省统计年鉴（2010）。

购粮食价格与市场价格的差价。这些剪刀差价值和差价流入城市工业、粮食消费区或消费者。二是粮食产销政策中的超经济行为，使粮食主产区不能获得粮食超额利润，而且连社会平均利润也难以实现。虽然国家制定粮食保护价格，补偿生产成本并有适当利润。但是，有时粮食主产区粮食保护价格却低于市场价格，甚至是低于成本价格，缺乏对生产者经济利益的保护，粮食主产区因粮食价低而利益受损。粮食主产区财政收入和农民收入偏低，将会挫伤其种粮积极性，影响粮食生产稳定发展。

(四) 粮食生产增长与农民收入不同步

根据统计，农民人均纯收入全省排名后 30 名的县中有 25 个县属于平原农区粮食主产县。更为尴尬的是，河南贫困人口出现了向粮食主产区集中的趋势。2000 年，河南省 52 个县的贫困人口 576.12 万人，占全省贫困人口的 69.41%；到 2008 年年底，贫困人口为 334.55 万人，占全省贫困人口的 78.9%。8 年间 52 个产量大县（市、区）的贫困人口比例上升了 9.49 个百分点。按照《国家粮食战略工程河南核心区建设规划》确定的 93 个粮食主产区县，有 52 个县农民人均纯收入低于全省平均水平，其耕地面积占全省耕地面积的 48%，粮食产量占全省粮食产量的 57%，目前还有 33 个县是扶贫开发工作重点县，占全省重点县数的 3/4。粮食产量的增长过程中，农民收入并没有出现与其同步增长，出现粮食生产大县与较低的农民收入和尴尬的贫困现象。究其原因：一是粮食单产提升与物质投入效率下降。改革开放以来，化肥和农药的使用量一直在增加，我国已成为世界上化肥用量最大的国家。以河南省为例，1980 年施用化肥（折纯，下同）101.70 千克/公顷，粮食单产 2 430 千克/公顷，每千克化肥生产 23.89 千克粮食，化肥与粮食的投入产出比为 1∶23.89；1990 年施用化肥 307.50 千克/公顷，是 1980 年化肥施用量的 3 倍；粮食单产 3 540 千克/公顷，是 1980 年粮食单产的 1.46 倍，每千克化肥生产 11.51 千克粮食，化肥与粮食的投入产出比为

1∶11.51；2000 年施用化肥 611.92 千克/公顷，粮食单产 4 542 千克/公顷，化肥与粮食的投入产出比为 1∶7.42；2008 年施用化肥 835.40 千克/公顷，粮食单产 5589 kg/hm²，化肥与粮食的投入产出比为 1∶6.69；2008 年粮食单产是 1980 年 2.3 倍，化肥施用量是 1980 年的 8.2 倍，化肥与粮食的投入产出比由 1∶23.89 下降到 1∶6.69。随着化肥施用量的增加，增加了粮食生产成本。一方面造成化肥增产的边际效益逐年下降，种粮食效益不高；另一方面造成了严重的农业面源污染，影响资源环境。因此，土地高产出（粮食单产）与资源低效率并存，物质投入对粮食产量的增长具有重要作用，但也付出了资源环境代价。

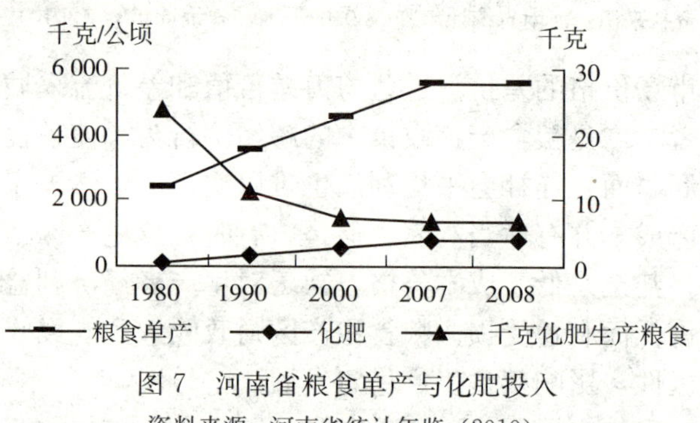

图 7　河南省粮食单产与化肥投入

资料来源：河南省统计年鉴（2010）。

二是粮食生产成本与粮食价格的背离。现行粮食价格不完全反映和真实地粮食生产成本。我国历来没有农地成本，更谈不上计入总成本和决定粮价，造成了名义上粮食总成本长期偏低的局面，如果计入土地成本，粮食生产成本是比较高的。我国现行的粮食收购“最低保护价”，是在不计算土地成本的前提下给予农民略有微利的粮价，远远低于发达国家推行的保护价，有时甚至还低于市场价。现行粮价过低还反映在与国际粮价的巨大差异上，2008 年国际粮价几乎是国内粮价的 3～4 倍。如果加上生产资料的涨价因素，则粮食生产成本大幅上升，甚至粮食直接补贴额还抵不上生产资料价格的上涨。

农业生产成本增幅远超农产品价格上升幅度，急剧挤压农业生产获益空间。以化肥和玉米为例，2007—2008 年，辽宁省北票市尿素、嘉吉二铵、三元复合肥的涨幅都在 35%以上，而玉米价格仅提高了 1.4%。在成本快速上涨的挤压下，2008 年安徽省南陵县早稻平均净收益比上年减少 33.7%，辽宁省朝阳市玉米平均净收益减少 28.6%。农业生产资料价格提高，不仅严重侵蚀着减免农业税、农业补贴等惠农政策带给农民的好处，也给农业生产带来严重的负面影响。种粮收益下降挫伤农民增加农业投入的积极性。不少农户削减农资、人工和农业技术投入，许多地方种植业复种指数下降，精耕细作减少，“冬闲田”“抛荒田”增加。

2011 年，虽然河南粮食丰收、粮价走高，但由于农资、用工等价格的大幅上涨，导致种粮收益增幅低于成本幅增近一成。据对全省 40 个县（市、区）600 个农户粮食生产成本及收益情况的调查结果显示：2011 年被调查农户全年种植夏秋粮生产成本平均为 14 370.0 元/公顷，比上年增加 1 954.5 元/公顷，增幅为 15.7%；平均净收益为 9 291.0 元/公顷，比上年增加 472.5 元/公顷，增幅为 5.4%；如果加上种粮实际得到的补贴后，平均总收益为 10 513.5 元/公顷，比上年增 6.5%，低于成本增幅 9.2 个百分点。其中，夏粮生产成本增加收益减少；秋粮成本收益均增，但收益增幅赶不上成本增幅。从粮食生产成本和收益情况来看，粮食生产正逐步步入高成本时代，粮食生产比较效益低的问题日益显现。

基于国际粮食供给偏紧形势和我国又是人口大国的国情，在粮食安全问题上的必须立足于国内粮食生产和供需平衡的基本方略。面对我国人多地少和资源匮乏的现实，在耕地面积基本稳定或可能减少的情况下，必须靠提高粮食单产来实现粮食总产的增长。粮食主产区在提高粮食总产过程中居于重要地位，而主产区政府和农民生产粮食积极性不高，与粮食安全保障相关的中央政府、地方政府和农民农户三者利益不一致、合力不强，致使保障国家粮食安全的基础不牢和动力不强，因此，在相当长的时期内，粮食供需处于一种供给偏紧的平衡态，粮食安全保障“短期无虑，长期有忧”。

三、粮食安全三螺旋模型和政策建议

三螺旋模型理论。三螺旋是由美国的亨利·埃茨科瓦茨和荷兰的勒特·雷德斯道夫首次提出的关于创新模式的概念模型。该模型认为大学、产业、政府都可以成为创新的来源，三者之间是平等的伙伴关系。大学产业政府这三个机构都表现出另两者的一些能力，同时又保留着自己原有的作用和独特的身份。用中央政府、地方政府和农民农户来代替大学、产业、政府来分析三螺旋关系，虽然内容不完全一样，但三者相互作用、相互耦合的关系是相似的，故用三螺旋来分析中央政府、地方政府、农民农户三者之间的关系仍然是可行的。周金胜等用三螺旋理论对政府、农业企业和农民专业合作社的互动关系进行了研究。

在三螺旋模型中，每个螺旋之所以能够自运动以及产生交互作用，其蕴含的理论前提是每条螺旋体都是能够独立做出决定的理性组织。一是每个组织符合追求利益最大化的特点。不同的螺旋体追求的利益不同，如中央政府追求粮食生产数量，确保国家粮食安全，实现国家和全社会利益最大化；地方政府追求区域经济利益最大化，实现区域经济发展；农民农户追求种粮收益最大化等。对于利益的原始渴望，使螺旋体产生需求，从而具有旋转的可能。二是理性组织具有自身的社会功能和主体意愿。每个螺旋都具有追求实现自己的社会功能，符合自身利益，尽量与社会期望靠拢的特点。三螺旋模型要求每个螺旋体能够独立做出决定。在保障粮食安全参与主体以中央政府、地方政府、和农民农户为主要利益相关者，三条螺旋要保持相对独立，某一利益相关者自身过于弱势的深度融合不仅会导致自身的瓦解，还将破坏三螺旋的耦合协同结构。

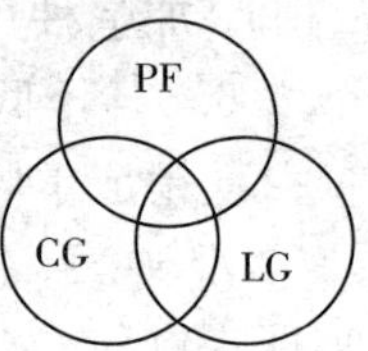

图 8　粮食生产耦合互动共赢模式——三螺旋模型

面对粮食生产和粮食安全的新形势，三螺旋模型是粮食安全保障的理想模型。中央政府、地方政府和农民农户是保障国家粮食安全的重要的三大利益者，三者在粮食生产和发展过程中有着直接和间接的联系，国家粮食安全目标和粮食产量增长是三者努力实现的共同点，粮食生产是基础，粮食生产效益是动力，粮食政策是保障，三种力量和利益交叉影响又相互依存，共同促进和保障国家粮食安全。正确处理中央政府、地方政府和农民农户的三者之间的利益关系，实现三者目标的耦合互动，形成三者各得其所、协同合作、行为适度、利益均衡、履行职责、共生互赢的发展格局。中央政府、地方政府和农民农户之间的关系由过去的单向服从变为双向互动，由过去的层级关系变为平等伙伴关系；由三者目标不一致变为相对一致、相对平等和相对独立，又相互依赖、相互耦合、协同进化和共同发展，不断强化粮食安全保障，改变“产粮大省，工业小省，财政穷省，发展缓慢”的局面。

（一）行为适度，利益均衡

国家粮食安全保障系统的各个主体行为只有保持适度和利益均衡，才能整体有效和谐、相辅相成、共生共长。

中央政府、地方政府和农民农户三者是互动互联的关系，有共同目标又都具有自身的利益。中央政府的目标是确保粮食产量增长、粮食供给稳定和国家粮食安全，保障社会经济稳定，重视粮食的社会价值，是一种“社会人”，是粮食生产和政策的主导者、调控者；产区政府重视区域经济增长和发展绩效，上对国家负责，下对农民服务，是一种“经营人”，是区域经济发展和粮食生产的组织者和经营者；农民农户是粮食生产的“经济人”，重视粮食的经济价值，关心种粮收益，是粮食生产者。三者具有不同的价值追求，国家和中央政府追求的是粮食的社会功能，地方政府需要的是粮食的发展价值，而农民农户追求的是粮食部分自用的使用价值和用于出售和交换的粮食的商品价值和经济价值。因此，中央政府利益与地方政府利益、地方政府之间的利益和粮食生产者与政府利益都不完全一致。这种不一致也是合情和理性的。但是，要想实现国家粮食安全的目标，又必须树立双赢乃至多赢的意识，使博弈局中的各方认识到：都根据各自的利益做出决策，但是最后的结果却是集体遭殃。单纯地追求一方利益最大化时，往往导致的不是集体利益的最大化，而只有在集体利益最大化的前提下，每一方的参与者才可以得到更大的发展。借用博弈论分析粮食安全中的中央、地方和农民的三者关系，如果各自单纯追求自身利益最大化，其结果是整体利益受损，国家粮食安全得不到有效保障，各自利益也不能实现最大化。由此可见，人们应塑造博弈的新理念——由单向的零和博弈转变为互动的变和博弈，追求均衡合作、双方共赢的新范式。“谢林定理”认为主动约束自己随意性和主动性反而会增强自我主动性，以便实现双方的合作。在博弈过程中，如果博弈的一方表现过于强势，其实并不是优势策略，有时往往让步是达成“均衡”的优势策略。托马斯·谢林还认为：博弈过程中参与人可以建立一个良好的博弈合作环境，从而实现长期合作；并且短期让步可以赢得长期利益，“合作是有利的‘利己策略’”。为了达到双方的共同目的——双赢，有时一方或双方需做必要的退让。

因此，基于保障国家粮食安全的目标，中央政府、地方政府和农民农户三者各自的行为要适度，三者利益要均衡，才能实现互利共赢的结果。粮食生产和粮食产量增长不仅是农民的事情，也是全国人民共同关心的产业和生存与发展的重要物质基础。随着社会经济发展，从事粮食生产农民数量不断减少，其准公共物品性质的特征就越突出，这就要求政府充分重视粮食的准公共物品特征，突出其主导者和供给者的职能，同时，应将农民视为合作者和优先保障者，加强政府的政策倾斜力度、调控力度和投入力度，给农民更多的发展机会和空间，巩固粮食安全保障基础。对中央政府而言，在保障国家粮食安全目标的前提下，要考虑主产区经济发展和粮农增收问题，不能为了粮食安全的单一目标，而牺牲粮食主产区发展和农民发展，通过加强对主产区的政策支持，实现粮食安全、区域发展和农民发展的适度均衡。对主产区政府而言，其三者的利益均衡也同样适用。对于种粮农民而言，不能一味追求种粮的经济效益，而是种粮的适度效益和长期效益，也是对粮食安全的支持和贡献。中央政府、地方政府和农民农户三者之间通过变和博弈、利益均衡、合作互动、互让互利，实现国家粮食安全的有效保障。

（二）履行职责，共同发展

1. 发挥中央政府国家粮食安全的主导性，强化对主产区的“输血”功能，提高粮食综合生产能力。中央政府是国家粮食安全的主导者，只有中央政府才具有宏观性全局视野、战略调控能力和强大的公共资源。宏观层次的政策支持能够提供必要的制度资源和经济资源，也是中央政府职责和国家意志的体现。国家力量和中央政府权威是无可替代的。因此，中央政府作为保障国家粮食安全的主导者和主导力量不仅是必要的，也是可行的。

加强对粮食主产区的财政支持和物质投入。加强耕地资源保护和改善，加大对粮食主产区建设物质投入，提高粮食综合生产能力，为国家粮食安全保障奠定坚实的基础。完善粮食生产补贴政策，加大对粮食主产区扶持力度。依据粮食生产状况，加大粮食价格支持与保护力度。根据粮食生产和生产要素价格变化，适时适度择机进行粮食价格调整，一方面防止“谷贱伤农”，另一方面要预防“粮贵通胀”。构建粮食产销区利益协调机制，促进主产区和主销区协调发展。粮食安全不仅仅是粮食主产区的事情，更是一个国家的问题，同时也是主销区的事情。建立产销区的利益协调机制，由粮食主产区和主销区共同承担由粮食供求不平衡以及由此引起的市场价格波动带来的市场风险和获得与所承担风险的相应收益。

2. 发挥地方政府粮食生产主动性，强化“活血”功能，提高粮食产业发展能力。地方政府是粮食生产的组织者。粮食主产区是我国粮食生产及商品粮供给的核心地区，对于国家粮食安全具有重要地位。地方政府是粮食生产组织者、经营者，粮食生产和市场信息传播者，生产技术普及者，公共产品提供者和服务者。地方政府要充分发挥主动性，把单一农户办不好、办不到的事情办好。对上把国家和中央粮食生产政策贯彻执行好，把国家粮食优惠政策争取好；对下为种粮食农民服务好，把区域资源整合好，把粮食产业经营好，提高粮食产业发展能力，充分发挥地方政府粮食安全的“活血功能”。

加强粮食产业发展能力建设。在提高粮食综合生产能力的基础上，大力发展粮食转化加工，提高粮食加工增效益，提升区域经济发展活力。加强科技服务、农民培训、市场信息等公共服务体系建设，满足主产区粮食产业发展的需要。重点推广化肥深施、配方施肥、精量半精量播种、旱作节水、重大病虫害防治等技术。挖掘中低田的生产潜力，推广与中低产田配套的作物品种、施肥栽培技术。加强粮食资金整合，发挥支农资金的使用效益。加强粮食生产资料监督管理。防止价格上涨而提高粮食生产成本，影响粮食生产收益。

3. 发挥农民农户粮食生产主体性，强化“造血”功能，提高农民自生发展能力。培育合作组织，保障农民权益。农民农户是保障国家粮食安全微观基础和粮食生产主体，提高农民种粮收入的关键是农民在更有利的经营环境中增强自生能力，即收入增长的“造血”功能要远远重要于政府外部的“输血”功能。在改革农村土地产权制度和管理制度的基础上，大力引导农民生产的合作化和组织化，在生产领域鼓励农民发展“农有、农治、农享”的自发性合作组织。

加强科技培训，提高农民素质。加大高产优质高效粮食生产栽培技术的培训力度，为农民提供全程技术指导和技术咨询服务，提高广大农民的科学种田水平，增强农民对粮食增产技术的应用能力。通过科技的普及，提高粮食单产水平，确保粮食综合生产能力的提高。

四、结论与讨论

改革开放以来，粮食生产的三个利益相关者——中央政府、产区政府和农民三者利益关系出现矛盾，政府的宏观目标与农民微观目标不一致。在粮食产量不断增长的同时，粮食主产区出现了“四低”状况，即粮食主产区财政收入低、农民收入低、种粮效益低和物质投入产出低。出现了“四不”现象，即政府宏观目标与农民微观目标不一致，粮食主产区与主销区利益不协调，粮食产量提高与区域发展不平衡，粮食生产发展与农民种粮效益不同步。粮食主产区经济发展、政府财政收入和农民纯收入与非主产区的差距越来越大；在粮食产量增长的同时，粮食生产成本不断提高，粮食物质投入出现边际效益递减。因此，国家粮食安全是以主产区经济发展缓慢、种粮食农民效益低下和资源环境为代价的，粮食安全保障“短期无虑，长期有忧”。

三螺旋耦合协同模式是保障粮食安全的理想模型。根据三螺旋理论，保障国家粮食安全应该在“国家粮食安全”“粮食生产者效益”和“区域经济发展”之间寻找一个平衡点，理顺粮食生产与粮食价格、粮食增产与粮农增收、粮食产区与粮食销区的关系，实现粮食的价值、使用价值和商品价值的统一，达到国家宏观粮食政策调控、中观区域经济发展和微观农民种粮食效益的协同。在保障途径上，要实现中央政府、地方政府和农民农户行为的协调耦合；在策略行为上粮食安全利益相关者之间，行为要适度，互让互动，互利互赢，共生共长，共济共荣。充分发挥中央政府主导性、地方政府主动性和农民农户主体性，实现国家粮食安全、粮食产量增长、区域经济发展和农民种粮收益的有机统一，争取粮食的社会价值、使用价值和商品价值的基本协调，促进粮食综合生产能力提高、粮食产业能力提速和农民发展能力的良性循环，保障粮食生产和粮食安全的持续稳定。

本文主要从粮食生产供给和政策的视角探讨了国家粮食安全问题，分析了基于粮食安全的中央政府、地方政府和农民农户的三者之间的利益关系，但未曾对粮食安全与粮食流通、贮存、市场和消费者等关系进行研究，显得研究不够系统和完整，这些问题有待进一步深入研究。

参 考 文 献

陈建先．博弈视角的冲突与合作均衡解．广州大学学报（社会科学版），2010（6）：40－41.

程序，邱化蛟，朱万斌．21世纪中国粮食问题新论．北京：中国农业出版，2009.

方松海，王为农．成本快速上升背景下的农业补贴政策研究．管理世界，2009（9）：92.

高帆．中国“三农”问题的突围之途．学术研究，2009（12）：64－68.

河南省地调队农产量与农村住户处．种粮成本增长快，粮农增收困难大．http：//www.ha.stats.gov.cn/hntj/tjfw/tjfx/qsfx/ztfx/webinfo/2012/01/1325804411781215.htm.2012－01－06.

解宗方，张 伟．提高河南省粮食综合生产能力的战略途径．农业现代化研究，2011，32（4）：398.

刘晨辰．三螺旋动力模型探索及在共性技术的应用．合肥：中国科学技术大学，2010.

罗光强．粮食大省粮食安全责任及其实现机理研究．长沙：湖南农业大学，2010.

毛惠忠．新阶段中国粮食问题研究．北京：中国农业出版社，2005：5.

田建民．粮食安全长效机制构建的核心．农业现代化研究，2010，31（2）.

王国敏．市场经济条件下的农业保护目标和保护政策（上）．http：//web.cenet.org.cn/web/wanggm/index.php3？file＝detail.php3&nowdir＝&id＝28131&detail＝1.2012－01－22.

闫建；陈建先．博弈论视角下的府际关系．理论探索．2010（2）：117.

赵文先．粮食安全和粮农增收目标的公共财政和农业政策性金融支持研究．济南：山东农业大学，2008.

周金胜，石晓东，周建鹏．三螺旋视角下政府农业企业农民专业合作社的互动关系研究．财会研究，2010（6）：78.

周立群，杨国新．现代农业的准公共物品特征及其政策意义．经济问题，2009（11）：34.

（作者单位：河南省农业科学院）

粮食属性及其衍生机理

——基于系统和历史的二维视角*

吴付新

从原始农业到现代农业的几千年发展进程中，粮食生产技术、人类食物结构、粮食流通空间、粮食属性和功能等发生了深刻变化，亘古未变的是粮食生产对自然的依赖，粮食是人类的主要食物，粮食短缺是对人类生存的挑战。粮食的生产、粮食消费和粮食安全依然是当代关注的重大社会经济问题。此外，与之相关的粮食流通、贸易、储备、加工、利用等问题，一并构成当今的粮食问题。解决粮食问题，所需要的粮食理论和粮食政策，也是研究粮食问题的重要内容。客观、全面和系统地认识粮食问题、理论和政策，需要选择一种基本的认识方法。本文旨在对通过粮食属性及其衍生机理的研究，为认识和解决粮食问题提供一个认识基础和基本视角。

一、有关粮食属性的文献综述

出于对粮食安全、粮食价格和农民增收等现实问题研究的需要，诸多文献涉及粮食属性问题的研究，因视角不同，有不同的划分方法和表述。粮食具有公共物品和私人物品二重性（肖国安，2005），粮食不具备效用的不可分割性和消费的非竞争性，只具备受益的非排他性，所以，粮食并非是纯粹的私人物品，而是一种混合物品，或者叫半公共物品、半私人物品。当然，粮食不是普通的混合物品，它是特殊的混合物品（李健成，2008）。粮食作为商品，除了具有商品的一般性之外还具有四个方面的特殊性：①人类最基本的生活必需品。②对自然条件的依存度强。③粮食生产具有季节性和周期性。④粮食价格是大多数商品的基础价格（李贺军，2008）。认识粮食属性是讨论粮食问题的前提，粮食有三个社会属性、三个经济属性和三个消费属性。粮食的第一个社会属性，是生存必需品；粮食的第二个社会属性，是战略品。粮食的第二社会属性，从属于第一社会属性，且不能超越第一社会属性。粮

---

* 国家教育部人文社科项目《国家粮食战略工程河南、吉林和黑龙江三大核心区微观基础研究》(09YJA630030)、河南省科学技术厅软科学项目《国家粮食战略工程河南粮食核心区建设的微观基础研究》(102400420020)。

食的第三个社会属性，是国家公共物品。粮食的三个经济属性，第一是准自然品，第二是私人物品，第三是准公共物品。粮食的三个消费属性是搜寻品、经验品和信任品。所以，将粮食功能单一化和将粮食属性单一化，都潜伏着巨大的粮食危机隐患（周立，2010）。2010年世界谷物产量接近2008年的创纪录水平，联合国还发出世界粮食危机的警告，究其根源，世界粮食不是患寡而是患不均，而不均的根源就来自人们赋予粮食太多的属性。从粮食属性这个侧面探寻世界粮食危机产生的根源，以美国为例，粮食的属性主要有公共物品属性、商品属性、金融属性、能源属性（包括资源属性）、政治和外交属性（苑基荣，2010）。总结新中国成立以来我国粮食市场的演变历程，从产品属性特征来看，粮食产品兼具农产品、工业品与金融产品的属性特征日益明显（刘晓雪，李书友，2010）。自古以来，粮食所具有的自然属性和社会属性决定着粮食在国家、社会、家庭中的重要地位，自然和社会原因导致的粮食生产和分配在时间、空间和社会阶层上的不均，导致宏观和微观两个层面的粮食安全问题（吴宾，党晓虹，2008）。在选择粮价形成机制和我国解决粮食安全问题时，基于粮食兼具社会属性（基本人权需求）和经济属性（商业性需求）两种属性，后者应服从于前者认识，采取在国家宏观调控下，由粮食市场供求为主形成粮价的机制；在解决我国粮食问题坚持国内供给为主要渠道方针的同时，应积极利用两种资源和两个市场，善于利用世界粮食市场为辅助渠道（丁声俊，2011）。在通常意义上，粮食就是一种普通商品，当然是很重要的商品。至于所谓的战略物资，只是对应于特定的时间、地点、问题，其实在那种背景下，即使在某种特定情况下，粮食能够称为战略物资时，我们似乎也没有必要对粮食问题做出过度的反应（陈百明，周小萍，2005）。2008年以来的国际粮食危机和粮价上涨，国际资本涌入粮食期货使粮食属性"金融化"，粮食成为投资品，人们分析粮价飙升的资本逻辑，更加引发对粮食属性的认识和思考。粮食问题的复杂性，突出粮食属性问题研究的迫切性，客观需要深化粮食属性问题研究，更好地为分析和解决粮食问题提供认识基础。

综合分析粮食属性研究成果，人们把粮食属性作为分析和解决粮食问题的认识基础和基本视角，丰富和扩展了对粮食属性的认知，主要是粮食属性的类型、内容和原因，并开始关注粮食属性之间的关系。现有成果突出两点特征：一是对粮食属性的特殊性的共识；二是对粮食属性划分和表述的非全面性和非统一性。就粮食属性需要深化研究的问题是：一是粮食属性类别如何划分，需要以一个客观的准则，来清晰认知粮食属性及其层次关系，给予粮食属性以规范描述和表达；二是粮食属性是如何产生、衍生和发展的，需要揭示其内在逻辑，以此来清晰认知粮食属性变化规律和粮食问题的本质。通过解决这两个问题，达到的研究目标是，一形成对粮食属性全面、统一的认识，二是揭示粮食属性特殊性的成因。为此，这里提出两个命题：一是粮食属性是人类在社会经济行动中赋予和认知的；二是在社会经济发展过程中，粮食属性有一个衍生过程，有其演变逻辑和衍生机理。

二、粮食的三类属性及其关系

粮食：行道曰粮，谓糒也；止居曰食，谓米也。粮食实体指供食用的谷类。粮食属性是粮食具有的性质特征，任何事物都具有多种属性，粮食的多重属性不是固有的，而是在人类社会经济活动中从粮食固有本质属性衍生而来。随着人类的社会经济发展，围绕粮食而产生人与自然的关系，人与人的经济关系和社会关系，粮食属性随之复杂化。人类的经济活动是从农业开始的，从人类的农业社会经济活动及其关系，来认知不断复杂化的粮食属性。

人类劳动和土地的原始结合，出现了生产粮食的农业。农业的根本特征是自然再生产和经济再生产相交织的再生产过程，粮食生产是劳动力与自然力共同作用的经济活动。所以，农业经济系统是“人”代表的社会系统与“地”代表的自然系统，相交叉和重叠形成的交集即经济系统。在自然、经济和社会三大系统中，所对应存在的人粮关系，分别表达着围绕粮食所发生的人与人之间的自然关系、经济关系和社会关系，即人粮自然关系、人粮经济关系和人粮社会关系，在三大系统内以不同的粮食的属性反映和表现这三种关系（图1）。以“人”为主体，以“粮”为对象，观察分析粮食属性，粮食有三类属性，即自然属性、经济属性和社会属性，各有不同的属性性质，在每类属性中有丰富的具体属性表现。

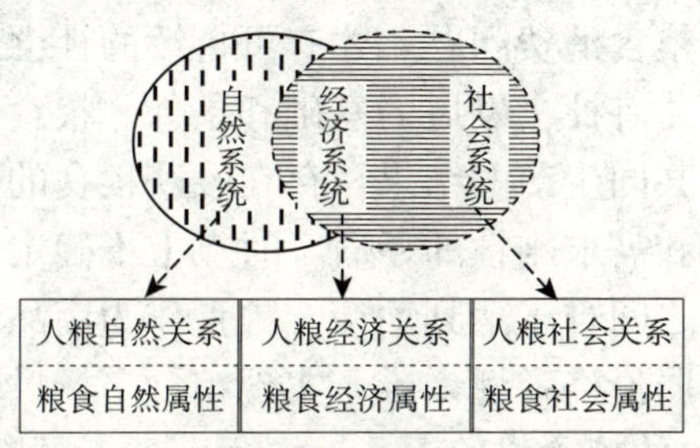

图1　三大系统、人粮关系与粮食食性

粮食属性分为自然属性、经济属性和社会属性，从自然属性依次衍生出经济属性和社会属性。在自然系统内，人和谷类植物都作为自然存在物，人依赖自然存在的植物籽实而存在，人类获得食物的途径是采集。在采集、狩猎时期，粮食作为植物籽实成为人类农业生产活动的产品之前，粮食仅有其自然属性，人类的食物是纯自然产物，人粮关系如同鸟食籽实和虎求百兽而食之。“古者丈夫不耕，草木之实足食也；妇人不织，禽兽之皮足衣也。”[①]

① 韩非《五蠹》。

自然系统内的人粮关系是人粮自然关系，人粮自然关系的法则是“自然存在”。粮食只是表现出自然资源性质的属性，具备有限性、地域性和有用性，可用于生产和生活。粮食既是人类的主食，又可用作饲料和能源。在自然属性范畴内利用的粮食，仅指劳动力作用外的自然力生产部分，即其中劳动产品外的自然资源部分。粮食自然属性是经济属性和社会属性的自然基础。在经济系统内存在的人粮经济关系随着农业的产生而出现。当神农氏“尝百草，播五谷”的原始农业产生，开始有了人类的经济活动，粮食是自然与人类经济活动的产物，粮食成为劳动产品，出现了其经济属性。粮食作为经济活动的产品，是其成为商品的基础和条件。当粮食作为口粮出现剩余进行交换时，粮食成为商品。所以，在经济系统内粮食的两个基本经济属性是产品与商品，表现为私人物品性质。在经济系统内人是经济活动主体，粮食既是人类经济活动的产品又是自然力产物，生产者出售的粮食是商品。在经济系统内，人类对粮食的消费可分为两个部分，一部分是劳动力再生产的经济活动之需，另一部分是维持自然存在之需要。在经济系统内人们获得粮食的两个途径，一是自产，二是交换。非农业经济活动的人口所需粮食，通过商品交换得到粮食。经济系统内的人粮关系为经济关系，所对应的粮食属性为经济属性。经济系统内的人粮经济关系法则是产量和收入最大化，既要从自然界获得最大粮食产量，又要在交换中获取最大收益。在粮食的两个经济属性中，产品属性与人粮自然关系相关，只有处理好人与自然的关系，才能持续获取粮食。商品属性与人粮社会关系相关，只有通过交换，才能满足非粮食生产经济活动人口的粮食消费问题，才有可持续的社会经济活动。人口供养家庭所需要的粮食，才有社会发展的基础和条件。粮食作为产品的特殊性是人类经济活动与自然共同生产的结果，存在收获粮食的季节性和风险性与食物消费的时间均衡性和需求刚性的矛盾，时点上不确定的粮食收获量和时期内一定的粮食消费量之间难于达到均衡。粮食作为商品的特殊性是作为生存必需品的需求刚性和弱价格弹性，难于实现粮食市场供求均衡。因灾减收或“谷贱伤农”减产导致的粮食供给不足，引发消费者的断粮恐慌和粮商投机，形成过度需求，出现缺粮时囤积，导致非完全自然原因形成的“人慌”加剧的“粮荒”，粮贵伤民。而在风调雨顺年景“多收了三五斗”时则低价抛售，谷贱伤农。粮食生产的不足或过剩，都会被市场放大，歉收或丰产都成灾。“当具有者半贾而卖，无者取倍称之息；于是有卖田宅、鬻子孙以偿债者矣。”[①]因此，随着市场经济的发展，产生了粮食期货，当今出现了粮食成为金融化的投资品现象，这是粮食的特殊商品属性新表现。粮食的社会属性的产生以自然属性和经济属性为基础和条件，粮食才得以成为反映人与人的经

① 晁错《论贵粟疏》。

济和社会关系的物质基础和工具。在社会系统内的人粮关系，是由于人与人的社会、经济、政治和外交等关系导致的人粮社会关系，人与人之间的关系通过粮食来反映和处理。在社会系统内，人们获取粮食的途径是社会分配，主要是政府的作用。满足个体（家庭）生存的粮食需求，是人类社会存在和发展最基本条件和要求，只有解决这一基本问题，才有社会的稳定和发展，所以，以确保所有的人在任何时候既能买得到又买得起他们所需要的基本食品为基本目标的粮食安全，成为政府解决的公共物品问题，粮食安全构成国家安全的重要部分，具有公共物品性质。对应于个体（家庭）、地区、国家和国际的不同层面的社会问题，政府对民众发放救济粮，政府间进行粮食援助。粮食具备了处理国家之间的政治和外交关系的功能，具有了政治和外交属性。对应于社会属性，粮食成为公粮、军粮、救济粮和粮食援助，甚至粮食武器。

表 1　三大系统与粮食属性

三大系统	自然系统	经济系统	社会系统
人粮关系	人粮自然关系	人粮经济关系	人粮社会关系
属性分类	自然属性	经济属性	社会属性
属性性质	自然资源属性	私人物品属性	公共物品属性
粮食属性	谷类籽实、人类主食	产品属性、商品属性	国家粮食安全，政治和外交属性
属性表现	口粮，饲料用粮，能源用粮	商品粮，粮食期货	公粮，军粮，救济粮，粮食援助
获粮途径	自然赋予	经济活动	社会分配

粮食的自然属性、经济属性和社会属性交叉影响，自然属性的主食性、经济属性的特殊性和社会属性的层次性相辅相成。在自然系统内，粮食区别于瓜果和畜禽，成为人类主食，具备满足人类生存和发展的主食性自然属性。在经济系统内，基于自然系统内人粮自然关系中粮食主食性属性，为满足人口生存和增长需要，人类种植粮食作物的生产活动赋予粮食的产品属性。粮食的产品属性特殊性是人力和自然力的共同结果。正是因为这种特殊性，在生产过程中人类的生产活动受不可控自然因素的影响，粮食生产具有周期性、地域性和风险性，从而导致粮食供给在时间上的不均衡和空间上的不平衡。粮食产品成为商品之前，只能满足生产者及其家庭和部族成员消费，作为生产者的消费是劳动力再生产的食物消费，而非生产者家庭成员的粮食消费，则是非生产消费。粮食生产者对供养家庭成员的粮食，类似“哺乳”行为，只有自然天成的自然属性。所以，当粮食作为产品，人类的粮食消费中有生产消费的经济属性和非生产消费的自然属性。同样当生产者出卖余粮，丰富和补充其家庭和部族多样化消费的同时，非粮食生产的经济活动

人口通过交换，获得自己、家庭和部族成员所需要的粮食，这种粮食消费同样具有生产消费的经济属性和非生产消费的自然属性。只有当粮食成为商品之后，才能在更大程度上表现出其经济属性和社会属性，促进非粮和非农产业的发展，粮食成为社会经济发展的基础。粮食作为商品，在经济属性中表现出比其他商品特殊的商品属性。其特殊性在于需求刚性和供给不稳定性，以及价格弹性小。粮食商品属性的特殊性对社会属性的影响，是特殊的商品属性导致的粮食价格波动幅度远大于供求量实际变化程度，影响非粮生产经济活动人口及其家庭获取粮食和社会稳定。粮食的产品属性和商品属性的特殊性，导致出现"谷贱伤农"的经济问题和"米贵伤民"的社会问题，无论是自然灾害引发的粮荒和青黄不接时的短粮，还是市场波动导致的粮价飞涨，都会产生社会问题，引发社会动乱。"兵旱相乘，天下大屈，有勇力者，聚徒而衡击；罢夫羸老，易子而咬其骨。"[①]粮食社会属性的层次性是宏观层次的粮食安全，表现为微观层次的个人和家庭粮食消费得到满足，社会阶层分化导致个体粮食消费差异。人作为粮食的消费者是无条件的，并且维持生存的粮食基本需求量是大致相同的，但是，粮食自然属性的主食性和经济属性的特殊性，以及社会系统内人的贫富差别和地位差异，影响到粮食保障可靠性、获取粮食可能性和粮食占有水平公平性，难于绝对公平和充分地满足个体生存和社会发展需要。表现为社会问题的粮食社会属性，影响粮食自然属性和经济属性。社会地位、贫富差距、税赋制度和国际政治等社会问题，影响粮食占有的不公平性，从而影响一部分人生存的基本粮食需求（人粮自然关系），也影响粮食市场和粮食生产（人粮经济关系）。封建社会有定点生产专供皇家"贡米"，当今的贫富分化和市场细分，生产供高端消费的"奢侈米"。由于粮食的生产、分配、交换和消费受自然资源、生产技术、市场条件和社会制度的共同作用，自然灾害、市场投机和社会动乱之间互为因果，形成灾难。1910 年 4 月，在尖锐社会矛盾背景下，粮商利用灾荒，囤积米粮，官府不开仓平粜，湖南长沙城内爆发匠人领导饥民抢米的风潮，成为中国近代史上的重大历史事件，是清朝覆亡民国建立前最大的一次民变。粮食成为自然灾害、市场波动和社会动乱之间的传导体和共振波。1942 年夏，河南中部 40 天无雨，夏粮减产，秋粮绝收，翌年大荒，再加战争和通货膨胀，粮价暴涨（表 2），一市斗（14 斤）小麦可换一亩耕地。草根、树皮食之殆尽，饥殍遍野，惨不忍睹。这是一场自然、经济与社会互动，共同作用形成的灾难。人类社会的存在与发展，富贵与贫贱，秩序与动乱，掠夺与援助，友好与战争，政治与外交等，都与粮食之间都存在相互作用关系，粮食问题贯穿整个社会发展进程。

---

① 贾谊《论积贮疏》

表 2　1937—1943 年河南省长葛县主要粮食价格变化

单位：元（法币）/市斤

年份	小麦		谷子		高粱		大豆	
	价格	变化	价格	变化	价格	变化	价格	变化
1937	0.059	1	0.019	1	0.026	1	0.034	1
1942	2.15	36	1.30	68	1.30	50	2.13	63
1943	25	424	20	1 053	10	385	22	647

资料来源：《长葛县志》，第 466 页。

三、粮食属性衍生过程及逻辑

由于人类的经济活动和社会运动，以粮食自然属性为基础和条件，产生粮食经济属性和社会属性。粮食属性随着社会经济发展而复杂化，形成一个从简单到复杂的衍生过程。

人类劳动和农业生产力发展驱动粮食属性的衍生。在人类处于渔猎采集时期，粮食仅有自然属性，因“种五谷”的种植业出现，粮食成为劳动产品而产生其经济属性，人类食物发生从“虫兽果蚌”到“粟黍牛鸡”的转变。原始农业阶段人类利用自然力进行农产品生产，主要供劳动者自身与家庭和部族成员消费。在石器木器时期的刀耕火种耕作方式下，土地自然肥力决定粮食生产量及对人消费需要的满足程度，为满足部族生存和发展需要而游耕。当出现金属农具，掌握易田休耕后，人类有了更为稳定的社会生活和社会分化。社会阶层分化后，不仅通过经济系统内的生产活动和交换活动获到粮食，还根据社会地位分配和占有粮食，“夏后氏五十而贡，殷人七十而助，周人百亩而彻，其实皆什一也”①，“贡者，自治其所受田，贡其税谷。”②粮食自然属性衍生出经济属性和社会属性的条件，是农业生产力的进步和发展，出现产品剩余后产生对产品占有的私有制，出现粮食交换，在推进社会高级阶段发展的同时，衍生粮食经济属性和社会属性。中国在春秋战国时期出现士、农、工、商四民分业，并带来政治结构和社会制度的变化，粮食为社会分工、阶级分层提供物质支撑。当出现铁农具，使用畜力，推广灌溉、施肥和中耕技术，土地开始连种和复种，农业生产从刀耕火种，发展到精耕细作，粮食出现更大剩余，成为军粮，资诸侯成霸业，在诸侯纷争中成为武器和工具。进入传统农业阶段后，封建国家以税赋形式征粮纳税，资国养兵。“‘有石城十仞，汤池百步，带甲

① 《孟子·滕文公上》。
② 《考工记·匠人》。

百万，而无粟，弗能守也。’以是观之，粟者，王者大用，政之本务。”[①]粮食市场随着国家的扩张而扩大，随着资本主义的全球扩张，全球化粮食市场逐步形成。随着国际粮食市场的形成和国际社会关系的复杂化，粮食的社会经济属性随之复杂化。

社会经济发展推动粮食属性的衍生。粮食属性的衍生是从自然属性开始，向经济属性和社会属性衍生。而推进粮食属性衍生的动力，则是从社会属性向经济属性和自然属性推动。人类社会的发展使粮食社会属性复杂化，围绕粮食形成了家庭、阶层、国家和国际等各种人与人的关系，家庭口粮的分配，国家粮食安全，国际粮食战争与援助等，存在着家庭生存、国家秩序和国际政治等关系，粮食不仅是家庭生存的必需品，粮食安全也成为国家的公共物品和处理国际关系手段，粮食的社会属性中增加了政治属性和外交属性。粮食社会功能需要通过发挥粮食的经济功能来实现，基于其商品属性进行交易和流通，交易范围的扩大和市场类型的发展，不仅是个人交换和消费的私人物品，也是资本逐利的投资品和国际贸易主要商品，粮食的经济属性中增加了资本属性。所以，农产品贸易摩擦成为政治经济混合体。社会发展对巩固经济基础需求产生的经济动力，驱动的粮食生产技术进步和用途的多样化，改变了粮食的自然属性，既用化肥、灌溉和良种改变了粮食作物原有物质能量的自然平衡方式和循环流量，又以粮食的生物能源用途改变了维持人类生命需要的初始功能，粮食具有了能源属性。粮食是支撑人类社会经济发展的物质基础，人类社会经济活动改变了粮食属性。

粮食生产技术的发展和人类经济社会形态的高级化，使粮食属性多样化和复杂化。首先，现代粮食生产技术使粮食自然属性从原始农业和传统农业阶段的纯自然产品，变化为含有人工技术干预的自然产品。原始农业是自然界能量和物质的流失性循环，人类生产和消费粮食过程中，没有浇灌和施肥，地力耗尽，只得游耕。传统农业是平衡性能量和物质循环，把土地产出物再以农家肥形式返还自然，但粮食产量难于大幅提高，人口增长严重受土地资源约束，人类为争夺土地和粮食不断征战。石油农业和化学农业等现代农业生产技术的出现，使农业生产中自然系统中的物质和能量成为输入性循环，粮食产量得以大幅提高。其次，粮食市场和流通范围的扩大，及期货市场的出现，使粮食的经济属性从一般商品转变为投资品，出现“金融化”，因为常用天灾、政策和战争等“概念”，粮食成为投资者炒作投机对象。最后，人类社会的国际化和复杂化，使粮食社会属性从维系社会存在的物质基础，成为国际政治关系中的粮食武器和外交手段。

---

① 晁错《论贵粟疏》。

四、结论及启示

粮食自然属性是其经济属性和社会属性产生的自然物质基础，由于人类的社会经济活动，产生了粮食的经济属性和社会属性，三类属性分别具有自然资源、私人物品和公共物品的性质。集三类属性于一体的粮食，被视为“混合物品”“准私人物品”或“准公共物品”，在特定条件下，粮食则是具单一性质的纯粹资源或物品。粮食的自然属性、经济属性和社会属性相互作用和影响，因受自然影响的特殊性和自然属性的作用，围绕粮食产生人类的经济社会问题，包括生产、交换、分配与消费，救济与援助，动乱与战争。人类劳动和农业生产力发展是粮食属性衍生的内在动力，而社会经济发展是推动粮食属性衍生的外部动力，粮食属性在社会经济发展过程中复杂化，使粮食成为武器和资本品。

根据以上结论，可以选择粮食属性视角，来认识有关粮食的问题、理论和政策。首先，人类粮食问题是有关自然、经济和社会的综合问题，并且是贯穿人类社会经济发展过程的永久性问题。解决粮食问题需要正确处理人与自然的关系和人与人的关系，保护环境实现可持续发展，完善粮食市场制度，追求社会公平。其次，粮食理论分别围绕三大系统中与粮食属性相对应的问题，形成相互关联的粮食理论，包括粮食生产的生态环保理论，生产、流通、储备和市场理论，保障社会稳定发展的粮食安全理论。再次，应用粮食理论解决粮食问题，政府需要采取农业资源保护政策，促进粮食生产技术进步，合理设计粮食市场制度及交易和流通政策，政府为粮食安全采取社会公平和利益公平的政策，公平是确保国家粮食安全的社会政策和经济政策首要目标。最后，粮食属性的多样性、复杂性及其相互作用的关系，突出认识和解决粮食问题手段的系统性、全面性和综合性，从技术和制度，政府和市场，自然、经济和社会等方面采取配套和协调的对策和措施。

参 考 文 献

长葛县志编纂委员会．长葛县志．上海：生活·读书·新知三联书店，1992：466.

陈百明，周小萍．中国粮食自给率与耕地资源安全底线的探讨．经济地理，2005（3）：145-148.

丁声俊．粮食属性、粮价形成与粮食安全，市场经济与价格．2011（5）：29-33.

李贺军．从粮食商品的特殊属性看如何发挥国有粮食购销企业市场主渠道作用．中国粮食经济．2008（9）：11-13.

李健成．从公共管理看粮食安全的属性，中国粮食经济．2008（9）：14-15.

刘晓雪，李书友．中国粮食市场60年发展历程与变迁特点．北京工商大学学报（社会科学版）．2010（3）：1-5.

吴宾，党晓虹．中国古代粮食安全问题及其影响因素．中国农史，2008（1）：24－31.
肖国安．论粮食的弱质特征本质属性与安全责任．中国粮食经济．2005（5）：22－25.
苑基荣．粮食的多重属性．http：//blog. sina. com. cn/yuanjirong，2010－12－23.
周立．极化的发展．海口：海南出版社，2010：85－105.

（作者单位：河南财经政法大学）

农产品质量安全机制研究

——以云南为例

张　平　李美琼　张娜娜

“民以食为天，食以安为先，安以质为本”。随着我国经济的不断发展，人民的生活水平已朝着小康社会稳步发展，作为人类生存和发展的粮食、果蔬、肉、鸡蛋等物质基础食品，不仅均达到了国际平均水平的人均消费量，而且这些农产品的质量安全也成为关乎我国国计民生的大事，关系国家政治、经济、文化的发展和社会的稳定。

近几年来，新闻媒体揭露了各种“地沟油”“瘦肉精”“假农药”以及等农产品质量安全事件，反映出了农产品的质量安全存在着严重的问题，特别是在经济全球化的今天，农产品质量的安全与否，已经关系到全人类的生命安全。现当今，云南省的农产品质量安全问题也日益突出，特别是 2014 年昆明的“毒米线”事件，云南丰瑞油脂有限公司使用非食品原料生产加工食用油脂事件等。拒不完全统计，截止到 2013 年 10 月，云南省行政执法部门查获有毒有害米线 6.5 吨，病死牛、马、驴肉 80 吨，这些农产品质量安全问题的产生均与老百姓食品安全意识不强、政府部门监管不严、农产品质量安全体系建设不健全等因素有关。国务院总理李克强日在十二届全国人大二次会议上的政府报告 2014 年重点工作时指出，人命关天，安全生产这根弦任何时候都要绷紧。严守法规和标准，用最严格的监管、最严厉的处罚、最严肃的问责，坚决治理餐桌上的污染，切实保障“舌尖上的安全”。李克强表示，要严格执行安全生产法律法规，全面落实安全生产责任制，坚决遏制重特大安全事故发生。大力整顿和规范市场秩序，继续开展专项整治，严厉打击制售假冒伪劣行为。建立从生产加工到流通消费的全过程监管机制、社会共治制度和可追溯体系，健全从中央到地方直至基层的食品药品安全监管体制。

因此，通过分析我国农产品质量安全存在问题，进而提出相应的对策，建立农产品质量安全机制，提高农产品质量安全的水平，保障生产和消费的安全，是提高我国农产品的国内外竞争力，促进我国农业的发展，保障国家的长治久安的根本要求。

云南省是我国的农业大省，农业品种资源和气候资源丰富，加之与泰国、缅甸、越南等东南亚国家接壤，更为发展优质农产品创造了得天独厚的有利条件和区位优势。目前全省已初步形成了以滇中、滇东北为主的烟草、畜牧、花卉、中草药、马铃薯产业区，以滇南、滇西南为主的优质稻米、甘蔗、茶叶、橡胶、咖啡产业区等，形成了区域化布局和专业化的生产，并促进了云南白药、盘龙云海药业、神农农业等一批龙头企业和名牌产品的快速增长。云南省提出的"建设绿色强省、民族文化强省和中国面向西南开放的桥头堡发展战略"要求本省农业发展要充分发挥资源优势，进一步增强农产品的市场竞争力，这就必须提高基层农产品质量安全检测条件，施行农产品产地准出管理，扩大优势品牌农产品的市场影响力。

因此，就现阶段云南省优质农产品质量安全体系存在的问题，采取有利于当下农产品质量安全体系建设的措施，优化农产品质量安全的标准体系，加强农产品质量检测体系和认证体系，完善农业标准化社会服务，是提高云南省农产品的市场竞争力，提升农产品质量安全，保障居民的健康安全的当务之急。

一、云南省农产品质量安全的现状

近年来，云南省在我国的综合经济实力大幅提升，特别是在党和国家西部大开发战略决策的带动下，云南省充分发挥其特有的地理、气候条件和现有的资源，依靠科技进步，因地制宜、因时制宜，大力发展特色产业。云南省认真落实《中共中央、国务院关于全面深化农村改革加快推进农业现代化的若干意见》（中发［2014］1号），按照稳定政策、改革创新、持续发展的总要求，大力发展高原特色现代化农业，农业农村发展呈现喜人局面，粮食生产连创历史新高，5年增加288.4万吨，肉、禽、蛋、奶产量大幅增加，特色经济林木和经济作物总面积增加到1.1亿亩。烟叶、茶叶、甘蔗、花卉、咖啡、核桃、橡胶等云南特色优质农产品种植面积、产量稳居全国前列，农产品出口总额连续多年保持西部第一。云南的烟草产业在生产规模上已经成熟，2013年烟草种植面积为525.54万亩，与2006年相比增长41.6%（图1），在国内的烟草行业中形成了比较优势，拥有较为丰富的管理经验、人力资源、品牌资源，积累了雄厚的资金基础和技术储备；茶叶产业快速发展，规模不断扩大，平均每年以16.27万亩的速度增长，截至2013年年底，全省茶园面积为400.57万亩，茶园面积和茶叶产量均居全国首位，云南丰富的茶叶资源和优良品种，使得云南的茶叶产业形成了以云南茶苑集团、滇红集团、云南普洱茶集团等为主的一大批重点龙头企业；蔗糖业已经成为云南省仅次于"两烟"的第二大生物资源产业，种植面积2013年与2012年相比增长4.5%，产量增加5%，成为600多万蔗农经济来源，蔗糖业的发展为云南地方经济的发展做出了巨大的贡献。据海关部门统计，

2014 年上半年云南省出口各类农产品 57.8 万吨，出口额达 63.8 亿元人民币，较上年同期增长 11.3%，占全国农产品出口额的 3.1%，居全国第 7 位。

然而在农业不断向前发展的同时，农产品质量安全问题也越来越受到重视，特别是在一切都讲速度、轻质量现代化发展的今天，农产品质量安全体系不健全、相关法律法规不完善、政府相关机构监管不严、工业化生产和人为等因素带来的环境污染、生产者质量安全意识薄弱等，都是影响农产品质量安全的重要因素，这就直接影响到了云南省乃至全国的农业现代化的良性发展和居民的身体健康。因此，建立健全的农产品质量安全体系，相关部门协力合作，加强农产品市场准入的监管和检测等是提高农产品质量安全，保障居民吃上放心优质农产品，是促进云南省高原特色农业产业现代化发展的根本途径。

在农产品质量安全体系建设方面，云南省已建立了国家级、省级和市县级三级农产品质量安全检测机构，为农业和农产品质量安全检测提供了一定的技术保障。据统计，目前云南省各级农业部门共有各类检测机构 208 个，其中专职机构 105 个、兼职机构 103 个，各类检测人员 4 313 人，检测实验室 2.5 万平方米，农产品质量安全检验检测体系初步建立。在农产品质量认证工作方面，云南省现已形成了职责分明、上下联动、“三位一体、整体推进”的农产品质量认证工作格局，大力发展“三品一标”经济，已经形成了无公害农产品、绿色食品和有机食品认证体系格局，目前已有 187 家生产单位 311 个产品通过无公害农产品认证，82 家企业 168 个产品通过绿色食品认证，11 家企业 36 个产品通过有机食品认证。在农业标准化体系建设方面，根据《云南省人民政府关于加快推进农业标准化工作的意见》，近年来，云南省农业标准化工作取得了一定的成绩：农业标准体系初步建立，已经制

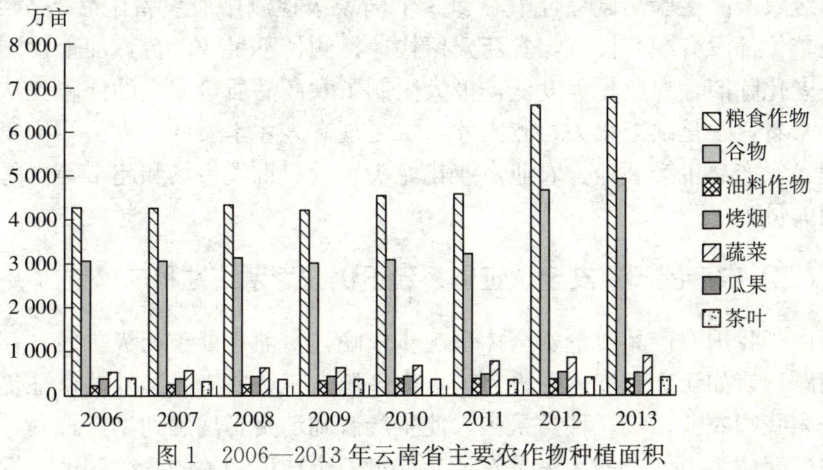

图 1　2006—2013 年云南省主要农作物种植面积

定农业类地方标准 318 项，其中强制性标准 132 项、推荐性标准 186 项。农业标准化示范区建设成效显著，创建了 8 个无公害农产品生产示范基地、11 个无公害农产品标准化生产综合示范区。这些都为云南省农产品质量安全体系的初步建立奠定了良好的基础。

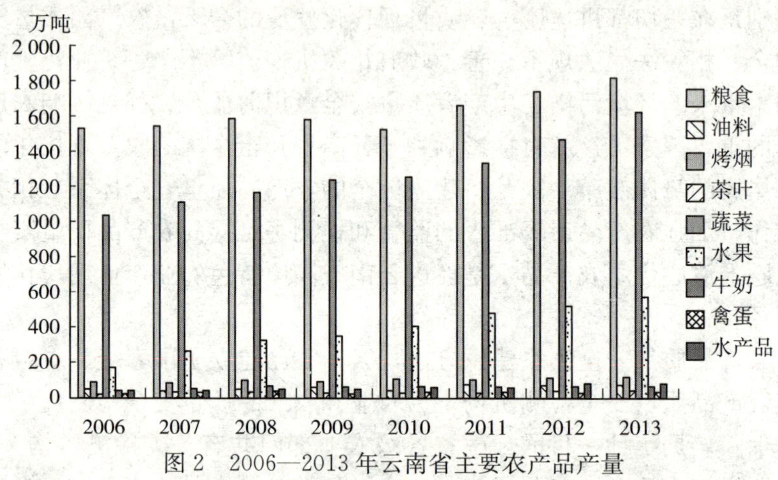

图 2　2006—2013 年云南省主要农产品产量

二、云南省农产品质量安全存在的问题

（一）农产品质量安全体系不健全

从地域分布来讲，云南省主要的农产品质量检测机构大多分布在昆明，其余各地州县分布极少，现有检测机构的类别与数量与现在所需的工作需求差距仍然较大，远远不能满足日益增长的农产品质量检测工作量的需求，严重限制了检测范围和检测能力。从检测设备上看，各地现有的检测设备，除了省级农产品检验测试综合中心和 3 个国家级检测中心设备配套齐全之外，其他单位都没有配套设备，农药残留快速检测仪不足 300 台，加上检测仪器设备老化陈旧，专业化程度低，极大限制了农产品质量安全的保障。从检测人员来看，一是缺乏相关检测人才，二是现有人才素质低、人员结构安排不合理，农产品生产基地、农业产业化龙头企业、批发市场和超市等更是缺乏检测人员。

（二）农产品质量安全认证体系建设仍缺乏系统性和前瞻性

由于我国农产品质量安全体系起步较晚，目前仍处于初级阶段，存在很多问题，诸如认证制度体系不完善，许多源自工业或来自国外的认证仍在不断进入我国农业领域，种类繁多，使生产者和消费者均感到难以选择；认证机构配套体系不健全，无论是农产品质量安全认证相关的法律制度、标准体系、检测检验体系、监督管理体系，还是认证的组织机构体系不完善，制约其功能分发挥；认证机构的独立性、人员素质和认证审核技术过低等方面有待于提高，影响农产品质量安全认证的科学性、规范性和有效性；消费者对认证农产品的认知度、认可度不高，积极够买认证农产品以促进农产品质量安全认证供给的正反馈机制没有形成，这些因素均限制了云南省农产品质量安全认证工作的正常高效进行。

（三）农产品质量安全监测工作未形成制度化

农业部2014年推行了源头管理、标准化生产、定点监测、市场准入和龙头企业带动等质量安全管理措施，但由于我国现行农产品全过程质量监控难度大，加上相关机构对农业生产投入品监管不力，使得非法生产、无证经营、使用违禁农药等行为屡禁不止，一些高毒违禁农药残留在农产品中仍有很高的检出率，无不说明了我们的监管部门在一些监管环节上未做到位，监管力度不够。

发达国家通常都由政府投资，通过建立农产品质量安全例行监测制度，对农产品实施从“田间到餐桌”的全过程监控，来保证农产品质量安全。但现今国内的监管机构职能交叉混乱，标准很难统一，在市场执法和产品质量监管方面难免存在相互推诿相互依赖的现象发生。

云南省目前对农产品质量安全监测管理的投入十分有限，市场准入性检测费用由农产品的生产者或经营者支付，既影响了政府部门职能的发挥，又无法带动生产者和经营者对农产品质量安全进行检测的积极性。

（四）农业标准化水平低，实施难

目前，云南省乃至中国还未真正形成从农产品产前、产中、产后及产品的深加工等整个生产过程的标准体系，标准化水平低，实施难，不能与国际接轨。由于云南省农业标准化工作起步晚，标准信息传递渠道不畅，尚未形成统一协调的工作机制，且资金和技术力量分散的现象比较突出；国家和各省制定的农业标准主要是农作物生产操作技术规程，农产品中的农药残留安全限量标准和农产品分级包装、运输、市场准入等方面标准数量很少，有的甚至还是空白，在一定程度下制约了云南省优质农产品的输出。

另外，农户是大多数农产品的生产者，但整体科学文化水平低，难以形成一支素质过硬的农业标准化技术队伍，无法普及无公害农产品生产栽种，导致生产出的农产品差异较大，难以形成品牌，不利于政府部门对农产品生产环节进行有效监督和管理。

三、影响农产品质量安全的因素

随着我国工业化、城市化和农业集约化的快速发展，工业“三废”污染日趋严重，再加上不合理地使用农药、化肥和无规划地倾倒城镇生活垃圾等，直接导致了农业产地环境污染问题越来越严重，农产品质量安全问题日益突出。

（一）大气污染

近几年来，我国部分城市由于人口压力大、汽车尾气多、生态环境破坏等问题，空气污染状况严重。以首都北京为例，2013 年环保局统计全年平均 PM2.5 值为 89.5 微克/立方米，超出标准值 1.5 倍，平均每周就有一天是重度污染。近两年，一直以空气质量为最佳著称的昆明，空气质量指数也在连年下降；据相关检测部门统计，在 2012 年以前，昆明空气质量优良率连续 5 年保持 100%，到 2012 年只达到 99.2%。

大气中的污染物随着雨水，以酸雨的形式沉降到农田和作物产品表面，一方面会直接污染农产品，使农产品质量和产量下降；另一方面污染土壤，导致土壤盐碱化，加重土传病害的发生，直接降低了农产品的营养品质。

2014 年 4 月云南省出台了《云南省大气污染防治行动实施方案》，提出 12 项大气污染防治任务，力争到 2017 年年底，云南省环境空气质量总体保持优良，部分地区持续改善，进一步保障居民良好的生活环境和优质安全的农产品。

（二）地表污染

地表污染主要来自几方面：一是工业废水的排放，工业生产过程中的废水废液，未处理达排放标准，即排出，污染地表水的同时，改变了土壤质地，破坏生态环境，影响了农作物的正常生长；二是城市垃圾污染，包括填埋或焚烧的城市建筑垃圾、居民生活垃圾和电子产品垃圾的污染，其中的油漆、电池等含有的有机物质、重金属等对土壤造成了二次污染，塑料等难以降解的物质残留在土壤中，通过食物链累积传递，为害人类健康；三是其他方面的污染，如大气中干物质沉降污染、养殖场死猪猪粪污染等。

中国科学研究院专家指出，当前中国土壤污染最严重的地区是云南、四川、湖南、安徽和贵州等地就云南而言，随着矿产冶金产业的发展以及化肥、农药的广泛使用，很多农田土壤重金属含量超标，从而影响了农产品的安全性，通过检测发现，一些蔬菜和其他作物产品中，重金属含量严重超标。土壤污染问题已经成为影响人类身体健康、破坏生态环境可持续发展的重要因素。

（三）水源污染

水是生命之源，中国是缺水比较严重的国家之一，而云南省则是中国比较严重的旱区，水资源的缺乏是限制农业可持续发展的重要因素。目前由于工业污水、城市生活污水的大量排放，加上大气中的污染随着雨水的沉降，使得地表水的污染越来越严重。水源污染主要来自以下几方面：一是工业废水污染，未经处理的工业废水通过管道排入江河湖海中，其中的化学物质和重金属等造成饮用水和土壤的污染；二是农业污染，近年来农药化肥使用量日益增多，部分农药化肥残留在土壤和大气中，通过降雨，经过地表径流的冲刷进入地表水和渗入地表形成污染；三是城市污染，人口集中、生活污水、垃圾和废气引起水体污染造成的。

以云南省滇池为例，滇池污染的源头主要来自于人类大规模的生产生活和对湖区资源不合理开发利用，近几年来云南省滇池水质在不断下降，饮用水源功能完全丧失，渔业损失率高达 90%，滇池流域有 3.2 万亩农田，花卉作为云南省特色经济产业，规模大、复种指数高，施肥量大，大量未吸收、未降解的化肥随雨水冲刷进入池水中，加重了水体的富营养化；被污染的水流通过地下渗透和人为灌溉进入农田，被农作物吸收，影响农作物的生长。据统计，仅 2010 年，滇池水污染直接造成的经济损失总计 72.25 亿元，严重限制了当地农业经济的发展。

（四）农药残留污染

农药残留污染是影响云南省优质农产品质量安全的重要因素。一方面，由于利益的驱使，一些不法商贩贩卖假劣农药，不但延误了农作物病虫草害的防治，还危害了农作物本身的品质；再者，像高毒高残留不易降解的有机氯、有机磷农药如 DDT、六六六等，虽然早在 20 世纪 70 年代就被禁用，但这些农药半衰期长达 60 年，容易通过食物链在之舞体内形成生物累积，危害人类身体健康。另一方面，生产者素质低，缺乏安全用药意识，致使农药过量不合理使用，既污染了土壤和地下水，又使农产品农残超标。笔者在 2014 年 7 月份云南省保山市、大理州、楚雄州等地进行烟草病虫草害防治情况调查时发现，现在农户乱用药、用错药和不规范用药情况严重，归根结底在于对病虫草害的科学认识不够，结果不但不能有效地控制病虫害，还使烟叶产生药害，影响烟草的品质和产量。

（五）生态破坏造成的污染

云南省多山、多河、多民族，有着丰富的自然资源，但是近年来，随着森林的砍伐破坏和林地质量的退化，生态环境急剧退化、恶化范围迅速扩大，生态失衡、环境破坏已成为云南省经济发展的主要制约因素，直接导致了资源减少、环境恶化、经济滞后等恶性循环，全省农业农村生态环境问题日益突出，严重阻碍经济尤其是生态农业的可持续发展。据有关资料统计，在全省73个国家扶贫开发工作重点县中，有19个县水土流失面积占国土面积的50%以上，因环境恶化造成的贫困现象非常突出；长期以来，采选业形成的采空区、采矿废石、冶炼渣及尾矿占地面积近百平方公里，而复垦率仅为0.1%～0.2%，远远低于全国12%的平均水平，造成的地质灾害和土壤污染，加剧了当地的人地矛盾。

（六）城市建设带来的污染

随着工业化水平的不断提高，云南省的城市化建设日新月异，城市建设对环境的影响也日益突出。一些工程负责人环境意识淡薄，忽视与自然的和谐，片面追求经济效益和眼前利益，肆意侵占自然绿化空间，使绿化面积越来越小。

据统计，2013年云南省房屋建筑施工总面积为15 649.93万平方米，与2012年相比增加17%，特别是这两年昆明城中村的改造，产生越来越多的建筑垃圾，露天堆放或填埋，耗用大量的征用土地费、垃圾清运费等建设经费，产生的粉尘、灰沙飞扬等又造成了严重的环境污染。

对于城市环境问题人们未形成正确的认识，尚未形成社会动力，在城市规划与建设中仍缺乏具有可操作性的环保措施。多年来，昆明市的一些地方忽略了城市生态系统的和谐发展，一味追求城市美化或亮化，营造越来越多的人工环境，不仅严重破坏了原有的自然生态系统，更牢牢地囚困于自己建造的钢铁监狱中。

（七）人为污染

人是整个生态系统中最活跃、最积极的生物，人为因素是导致生态环境破坏的主导因素。首先，现在人们对生态环境保护的认识程度不够，相应的素质也低，为了生存，在贫穷和愚昧的双重影响下只有陡坡垦殖、毁林开荒、广种薄收等；其次，日益增加的生活垃圾的填埋或焚烧，污染土壤和大气，农作物生长环境遭到破坏，影响农产品质量安全；第三，相关政策法规不健全也是造成人为污染严重的原因之一，目前我国环境保护的立法重点局限于城市与工业，有关农村环境保护的法规不多，城乡环境保护法制建设、环境保护机构设置、环境保护组织以及执法管理等差异化明显，这就限制了对生态环境保护相关措施的实行。

四、农产品质量安全体系建设的建议

（一）抓源头，将农产品质量安全第一道防线筑牢筑实

预先断其流，必先遏其源。要保障农产品质量安全，必须先从源头上解决生态破坏、环境污染的问题，确保农产品质量安全第一道防线的稳固。

严格产地环境管理，完善环境保护相关法律法规，遏制不达标企业的废水、废气和废渣的排放，对大气污染、水污染和土壤污染进行监测预警，推行绿色出行；重点解决好化肥、农药、兽药、饲料等农业投入品对农业生态环境的污染，相关部门加大对高毒、假冒伪劣农药的监管力度，大力推进高毒农药定点经营和实名购买制度，并鼓励生产者使用生态农药，加强对生态生物农药的市场投入；推进机械化深松整地和秸秆还田等综合利用，支持开展病虫害绿色防控和病死畜禽无害化处理，加大生态治理、环境保护相关法律法规的宣传力度，提高社会各界对生态环保和节能减排的意识和农户安全用药意识；政府制定适当的激励机制，大力推广低碳农业，严格控制工业用地、推广动物排泄物处理技术、生产高效有机肥、采取农作物轮作技术等生态植保技术，保护土壤肥力，以提高农业系统的生产力，可持续保证农产品质量安全。

（二）抓政策引导，政府部门应加强对相关部门进行合理分工和金融支持

从政府职能上讲，农产品质量安全管理涉及农业、卫生、质检、工商、环保等多个部门，既有越位的问题，也有缺位的问题，如果不能明确分工，很容易导致管理真空。国际经验认为，一个有效的食物控制系统由三部分组成：行政部门、监督检验部门和分析实验室。农业行政主管部门承担着初级农产品加工、运输、进出口贸易一体化趋势的迫切要求，参照世界各国的通行管理制度，根据我国农产品质量安全管理的内在需要，明确农业行政主管部门在初级农产品质量安全标准、检测检验、质量监督、质量认证、市场准入管理中的主导地位。通过对食物生产加工、流通、销售的全过程的食物安全性问题进行监督、检查、管理、执法，保护消费者的利益。在完善农产品质量监管机构的同时，更好地完善相关的法律制度，让那些抱着侥幸心理的生产者和销售者不敢违背法律准则。

另外，政府应积极调整国家和地方财政的投资方向，不断增加农产品质量安全管理和安全农产品发展专项资金，支持有条件的地方政府和民间出资

设立融资性担保公司，为农业经营主体提供贷款担保服务，支持农产品生产、加工、运输和销售等中小企业的发展，加大对安全农产品生产基地、标准化生产综合示范区、农产品质量安全科技攻关、农业技术推广体系等方面建设的力度。

（三）抓认证，进一步完善农产品质量安全认证体系，将农业标准化体系建设贯穿整个生产流程

根据农业发展新阶段的要求，以国家和省级农业标准化基地和无公害生产示范基地创建活动为突破口，加快农业标准化示范基地建设。围绕农业生产和经营过程，对农产品的生产、加工、包装和流通环节进行全程监控，制定合理的农产品生产标准，通过标准化的生产促进农业发展；转变传统的发展模式，贯彻农产品的标准化生产，提高生产水平，缩小与发达国家的差距，促进农产品出口的顺利发展；结合我国实际情况，加强对农业生产的检测和监督，切实有效地推进农产品生产的标准化。

农产品质量安全认证已成为我国农产品质量安全体系建设的基本内容，是农产品质量安全工作的重要组成部分，也是优质农产品出口国外市场的通行证。在建立健全农产品认证和产地认定的同时，对农业投入品生产企业、农产品加工企业、农业生产“从土地到餐桌”全过程实施农产品质量安全认证，形成无公害农产品、绿色食品和有机食品“三位一体，全面推进”的农产品质量安全认证格局。

遵循国际通行条例，按照我国《认证认可条例》的基本要求，结合我国农业发展的实际，不断地规范、创新和完善农产品质量安全认证管理的运行体制和发展机制，充分发挥农业部门的职能作用，紧紧依托农业资源和技术条件的优势，加快发展农产品质量安全认证。

（四）抓引导，在资金投入和政策实施上完善农产品质量安全检测体系

政府部门应当对农产品质量安全的检测进行资金引导和政策引导，一方面明确设立农产品质量安全检验检测专项经费预算，改革目前的专项经费“打捆”管理模式。农产品质量安全检验检测机构是公益性、非营利性的技术机构，在资金投入上，要加大财政公益事业经费投入的力度，确保农产品质量安全检验检测工作满足云南省现代农业发展的需要。州市和县级也应在力所能及的范围内加大投入，落实配套资金，支持农药残留快速检测设备等小型仪器的购买，将检测机构的运转经费纳入地方财政预算。

另一方面，完善现有的农产品质量安全检验检测体系，强化农产品质量安全监督检验、农业投入品及农业环境质量监督监测职能，从管理体制上保

障农产品质量安全检验检测机构人员待遇，提高工作积极性。在加强基础建设的同时，支持检验检测机构的资质能力建设。

（五）抓培育，加大力度培育具有云南特色的优质农产品

首先，大力发展特色农业，确立品牌引领发展理念，推进品牌定位国际化、品牌打造高端化、品牌推广全球化，全力打造高原特色农业和生物产业品牌。瞄准有机、绿色、品质和文化高端定位，加快烟、糖、茶、胶、核桃、水果、蔬菜、花卉、中药材、食用菌等特色农业的发展，大力开发优质安全农产品。

其次，要开发安全优质农产品，就必须做好农产品生产培育过程中的植保工作，从根本上解决农作物生长过程中的病虫草害情况，因此专业化的植保技术越来越受到关注，特别是近些年来，国家加大对生态农业的支持力度，推行生态环保的病虫草害防治技术，这就意味着我国的农药经营行业必然要走向技术服务与销售服务一体化的道路。

近些年我国已经有不少这样的企业开始慢慢发展壮大，云南省昆明日晟农业科技有限公司作为国内唯一一家走向专业化生态植保服务的创新型农药销售模式公司，开创性地提出了农作物病虫草害＋农药＋技术服务的商业模式，利用生态植保技术对农作物各生育期的病虫草害进行防治，解决目前比较严重的农药残留、重金属超标的问题，改善、修复土壤，并解决化肥过量及不合理使用导致的水体富营养化问题等，保护生态环境提高农产品质量安全，让国民吃上放心优质农产品，实现健康中国梦。

该公司成立 18 年，一直以国家农产品质量安全相关法律法规为准则，将生态植保的理念应用在农业生产上，以生产无公害优质农产品作为公司的最终目标。公司以三大标准体系作指导：一是个性化定订生态植保方案。根据每个区域既往病虫草害史，以及未来病虫草害发生几率，制订出针对该区域的病虫草害的生态植保方案。二是优选国内外一流企业的高科技生态植保产品。主要包括生物源农药、高效低毒低残留药品、高科技物理防治器械、微生物菌肥等作为核心植保产品。三是提供全程生态植保技术信息化服务。该公司自主研发创建的第一个生态植保专业信息技术网络服务平台，为农户提供 24 小时一对一在线交流服务，让农户在第一时间明确病虫草害情况，并进行科学防治。

公司独特的农药经营模式既解决了农作物生长过程中病虫草害等问题，也规范了以往农药经营过程中存在的弊端，遏制了不合理用药和假劣农药的市场流通，从根源上，保护了生态环境不被破坏，提高了农产品质量安全，因此国家应当重视培育像日晟公司这样有潜质有能力的中小企业的发展，加大资金投入和人才投入，使其成为我国农业经济的发展壮大的后备力量。

（六）抓机制创新

创新是农产品质量安全体系不断完善、不断提高的必经之路。一方面实行农产品质量安全检测体系的机制创新，以强化县农产品检测中心建设为重点，配备适应要求的检验检测设备，建立健全农产品质量监测网络，建立起由县、镇、基地三级组成的、布局合理、职能明确、专业齐全、反应快捷、运行高效的农产品质量检测体系；另一方面实行安全农产品市场准入制度创新，把防范的关口前移，实行农业投入品市场禁入和限入制度，并逐步在大中城市实行安全农产品市场准入制度，加强市场准入管理，建立农产品质量安全控制制度，一旦发现农产品出现问题，必须严肃追究生产者、加工者和经营者的责任。建立农产品生产基地的质量安全追溯制度，督促产地严把质量安全关，并逐步推行资格认证制度，或通过完善市场体系，实现产地直销、直供、配送、连锁服务，实现产供销的一体化，将农产品质量安全管理责任落到实处。

参 考 文 献

李启平．低碳农业对农产品安全的影响研究．中国安全科学学报，2010，20（3）：145－150.

李伟佳．我国农产品质量安全的现状和对策．才智，2014（12）：320.

李业荣．云南省农产品质量安全问题探析．经济研究导刊，2012（27）：145－146.

钱敏，李丹彤，陈蕊，等．云南省农产品质量安全检验检测体系建设初探．云南农业科技，2011（3）：6－11.

王奇，李建松．云南省农产品质量安全检验检测体系建设的现状、问题及对策．安徽农学通报，2012，18（01）：163－165.

徐晶，席兴军，李光宇，等．我国农产品质量安全的现状及对策．中国标准化，2007（5）：21－22.

鄢敦望．我国农产品质量安全体系的研究．安徽农业科学，2011，39（25）：15703－15706.

云南省扶贫办．中共云南省委、省人民政府关于全面深化改革扎实推进高原特色农业现代化的意见．群众路线与扶贫开发，2014（2）：8－15.

（作者单位：张平：云南省扶贫办公室
李美琼　张娜娜：昆明日晟农业科技有限公司）

关于加快我国农垦事业改革发展的几点思考和建议

陈　进　陈复东　庞振月

由我国老一辈革命家开创的新中国农垦事业，经过60多年的开拓和奋斗，取得了巨大成就。农垦已成为我国农业的国家队、推进中国特色农业现代化的“排头兵”。当前，在深入学习贯彻以习近平总书记为核心的新一届中央领导集体关于“三农”工作的重要战略思想、加快推进农业现代化的新形势下，我国农垦事业又处于新的改革发展关键时期。如何深刻认识农垦、深入谋划农垦，深化农垦的体制机制改革创新，扎实建设农垦，已成为我国农垦事业发展的当务之急。

一、必须深刻认识当前我国农垦事业改革发展面临的新机遇和新挑战

（一）机遇

中央关于“三农”工作的战略思想和定位，给农垦事业发展搭建了新的历史平台，提供了良好改革条件。

1. 国家构建粮食安全战略的发展机遇。在当前改革开放的新形势下，中央把确保“谷物基本自给、口粮绝对安全”的国家粮食安全战略，放在“三农”工作各项战略的首位，把解决好吃饭问题始终作为治国理政的头等大事，这既为我国今后的农业生产指明了方向，也给农垦事业创造了新的机遇。60多年来，农垦在保证国家粮食等主要农产品供给，起到了关键时刻能调得动、顶得上、应得急的顶梁柱作用，这也是农垦的优势和王牌。2012年，全国农垦以占不到全国4.3%的耕地面积生产全国近6%的粮食产量。2013年，农垦粮食生产成功实现“十连增”，总产达344亿千克，在全国产粮大省中排名第五位。人均生产粮食是全国平均水平的5.56倍，粮食商品率高达88%。中央构建新形势的国家粮食安全战略，把饭碗牢牢端在中国人自己的手里，这正是农垦发挥农业国家队的优势所在。农垦必须抓住国家完善财政支农稳定增长机制、加大农业补贴政策、建立加大粮食主产区财政转移支付的有利机遇，进一步加强农业生产管理和高产创建攻关，进一步挖掘粮食增产潜力，建设保障粮食安全的国家流动的、绿色的“大粮仓”。

2. 推进中国特色农业现代化的发展机遇。推进农业现代化，正是农垦的优势所在，是国家赋予农垦率先实现农业现代化的历史使命，也是农垦在现代农业中起示范引领作用的重要领域。农垦的农业科技水平先进，标准化生产和模式化栽培广泛应用，主要农产品生产技术全国领先。2012 年，全国农垦的农业科技贡献率达到 56%，高出全国水平；农作物种子优良品种率达到 98%；病虫害统防统治面临达到 68%，高出全国平均水平 30 个百分点；小麦、大豆全程机械化水平达到 100%，水稻达到 90%以上。农垦规模化经营水平高，种植业人均承包耕地 36 亩，是全国平均水平的 5 倍多；奶牛规模饲养率 60%，生猪规模饲养率 77%，分别高出全国 19 和 17 个百分点。农垦农产品质量管理水平高，有一大批深受消费者欢迎的优质安全品牌，全系统有 220 家企业开展了农产品质量可追溯制度的应用，确保了舌尖上的安全。

在国家加快推进农业现代化的新形势下，农垦必须抓住农业科技创新、加快发展现代种业、建立农业可持续发展长效机制等机遇，加快农业现代化建设步伐，率先在全国实现农业现代化，进一步发挥农垦在发展现代农业方面的示范带动和引领作用。

3. 统筹国际国内两个市场、两种资源的战略发展机遇。改革开放以来，全国农垦系统已有 23 个垦区，开展了“走出去”探索。黑龙江垦区对俄罗斯农业合作开发已有十多年的历史，目前在俄远东注册公司 10 多家。垦区已有 9 个管理局、28 个农场、3 家龙头企业在俄罗斯远东地区建立种植业、养殖业、农业生产资料、加工业、粮食处理、木材采伐等项目 30 多个，种植小麦、大豆、玉米、水稻等 150 多万亩。累计生产粮食大豆 30 多万吨，实现经济效益 5 800 多万元。安徽农垦前几年赴非洲津巴布韦兴办农场，已取得明显成效。目前，赴津巴布韦合作开发联盟已正式成立，国内抱团赴津巴布韦发展态势已逐步形成。已开发出农场 7 个，土地面积达 1 万公顷，生产经营实现了盈利。近几年来，农垦系统在实施境外和周边国家“走出去”战略合作的同时，还积极开展农垦企业走出农场，走向社会，大力发展国内横向联合，打破农场、垦区、垦区与地方政府及不同所有制的界限，积极探索场县（市）共建、垦地合作的新机制，实行开放办农垦，取得了合作共赢的良好效果。黑龙江农垦打破过去的封闭格局，积极发展“影子垦区”。2011 年，通过龙头企业带动，在周边农村建立种植基地面积达 4 000 万亩，再造了一个黑龙江农垦。安徽农垦开展场、地合作，已与 15 个县、区签订了战略合作协议，与地方共建经济开发区，推进城乡一体化，共建农村改革试验区，已取得了场、地共赢的良好效果。农垦系统应抓住国家统筹国内国际两个市场、两种资源战略机遇，不断发展壮大我国的农垦事业。

（二）挑战

农垦系统要完成中央“三农”工作的战略任务，确保国家粮食安全、加快推进农业现代化，还存在一定的制约因素和困难。

1. 影响农垦改革发展的外部环境不容乐观。一些地方政府对农垦的发展重视支持不够，属于地方安排的资金和投资项目，农垦企业不能平等分享。有些地方政府只要农场的土地和资源，不要农垦的人，在土地开发使用上往往侵害农场的利益。一些农垦企业还继续承担办社会的职能，一些农场的城镇化建设、城镇管理和社会管理的巨大开支，仍由农场自行承担，影响农场对生产建设的投入。由于社会上对农垦的企业性质认识不清，往往在发生一些不当事情时，大加宣传报道，造成一些负面影响。新闻媒体对农垦在保障国家粮食安全、引领示范现代农业的作用宣传不够，人们对农垦也缺乏必要的了解，没有形成有利于农垦发展的良好氛围。

2. 农垦自身也存在不少影响发展的制约因素。一些农场的产业层次还比较低，单一经营农业，二、三产业发展不够，发展后劲不足。有些农场仅靠收取职工的承包费过日子，没有其他经济收入，投资和发展都存在一定困难。一些农场经济发展方式转变不够，仍主要依靠自然资源消耗，农场的土壤有机质不断下降，影响农业的可持续发展。一些农场在发展现代农业，实行集团化、产业化、股份化经营方面，缺少科技、市场营销、金融资本运营和产品深加工人才、制约农场向高层次发展。农场职工年龄老化，同样也存在“谁来种地”问题。农垦职工的第三代，已基本不愿呆在农场，农场种地不得不聘用大量农民工。据早在 2010 年 13 个垦区的统计，已雇请农民工 170 万人，不少垦区非职工从业人员已占到 50%以上。由于这些人员总体素质不高，影响了农垦现代农业的发展。

3. 农垦的管理体制和机制尚待进一步改革创新。自 1982 年撤销农垦部后，农垦的管理体制改革一直在探索之中。新疆兵团已是和 31 个省份一样的省部级建制，但仍是我国最大的政企合一农垦企业集团。农业部发文，只能发到兵团农业局。农业部农垦局作为全国农垦的主管机关，也不便对其进行指导和管理。广西、云南等垦区实行“十几加一”的管理体制，授予部分地市级行政、社会管理权，有的垦区因管理权限落实较好，取得了较快发展，有的垦区则很不成功。辽宁、河北等没有直属企业的垦区，采用在农场设立管理区、开发区方式，实行政企合一管理。北京、上海、安徽、江苏等 17 个省份有直属农场和企业，成功地组建了农垦集团公司，但也有待于进一步加大联合重组，做大、做强。海南农垦成立独立的农垦集团公司，与海南农垦总局政企分开，集团公司运行取得了很好的效果，但尚有更多的农场土地和资源未得到很好利用。

应当指出的是，全国农垦系统的农业经营机制还有待于进一步完善。早在 1983 年，农垦就兴办了职工家庭农场，建立起大农场套小农场的双层经营体制。直至几十年后的今天，家庭农场仍处于承包经营的低级阶段，急需深化改革，提高经营管理水平。

二、必须从农垦特殊的国有农业企业属性来谋划新形势下的农垦事业的改革和发展

（一）要立足于农垦企业的特殊性来谋划农垦的体制机制改革

早在 1979 年的全国国营农场会议上，国家就针对国营农场多年大多数亏损的情况，提出要把国营农场当作企业来办。从 1979—1985 年，国家对农垦企业实行“独立核算、自负盈亏、亏损不补，有利润自己发展生产，资金不足可以贷款的财务包干办法”，从而一举解决了农场“利多利少向上交，亏多亏少向上报”吃国家大锅饭的体制问题。随后，又兴办了职工家庭农场，解决职工吃国家大锅饭的问题。国家还借鉴南斯拉夫的经验，在全国农垦实行农工商综合经营，兴办了一批农工商综合经营公司。此后，国家把农场视同与大中型工业企业一样，由国家经贸委统一组织场长、经理培训和考试，提高国营农场场长现代企业管理水平，发给任职资格证书。在全国实行场长负责制，农场的企业化经营水平有了显著的提高。

国营农场除具有企业的一般的属性外，还具有社会性、区域性、国有性及从事农业生产经营的特点。国营农场大多是在荒无人烟的北大荒、新疆戈壁滩、内地的荒山荒坡、丘陵岗地、低洼湖边开荒建立起来的。农场自行办起了医院、学校、幼儿园，以及属于政府职能的公检法，承担农场办社会的职能。国营农场场部所在地，大多建起小城镇，农场承担了所在区域范围的经济、文化建设任务。新疆兵团在师部所在地建起了石河子市、奎屯市和五家渠等城市，实行政企合一，承担师部所在范围的城市建设和管理职能。在上述边疆和少数民族的农垦，还长期承担屯垦戍边的任务，成为国家一支不可或缺的维稳力量。国有农场又是从事农业生产的特殊国有企业，其土地资源、资产又均属国家所有。实行集团化公司改制后，各级政府的国资委则是其主管部门，集团公司负有对国有资产保值增值的职责。

农垦的特殊企业属性，决定了其在进行体制改革和机制创新时，必须根据各个垦区的不同情况实行分类指导，因地制宜，不搞一刀切和齐步走。从全国目前已初步形成的集团化、设立管理区和实行区域政企合一的三种体制模式的经营效果看，从建立现代企业制度的要求看，农垦的体制改革方向仍然是走建立企业集团化的模式最为理想。如上海光明集团、北京首农集团管理模式就是市场经济条件下，农垦体制改革的必然选择。新疆兵团的改革，

也可根据不同专业，不同产业和产品，成立各类专业公司，实行企业集团化经营。对农场属地管理的垦区改革，也可以逐步实行股份制改造，建立起各类农业公司。

在实行集团化公司体制的垦区，要完善现代企业制度，健全法人治理结构，母子公司运行体制和内部激励机制，提高运营水平。在农场内部，也要进一步创新农业经营体制机制，打造“升级版”的职工家庭农场，提高其集约化、专业化、规模化水平。要培育新型经营主体，着力打造一支懂技术、会经营的职业农工队伍，才能进一步提高农业的经营管理水平。

（二）要进一步明确新形势下农垦事业的地位、目标和主要任务

在新一届中央领导集体高度重视“三农”工作的新形势下，必须进一步明确农垦事业的地位，战略目标和长期任务。

1. 农垦事业的地位。是由其在国家现代化建设中的作用和贡献决定的。

新中国成立初期，十万官兵转战北大荒，把北大荒变成了“北大仓”，为国家粮食生产做出了贡献。王震将军带领几个师到新疆垦荒，起到了屯垦戍边、发展繁荣民族经济和维稳的重要作用。叶剑英元帅抽调2万多解放军官兵，在广东、海南、云南、广西组建了一批国营农场，种植天然橡胶，打破了帝国主义对天然橡胶战略性物资的封锁和禁运。正是由于农垦事业的重要作用和贡献，才得到党中央的高度重视，国家成立了农垦部。

“文化大革命”后，国家为了解决农垦发展的徘徊，打造城市农副产品供应基地，又相继成立了国家农垦总局、恢复了国家农垦部。全国农垦系统在安置大批上山下乡知识青年、保障城市农产品供应方面发挥了重要作用。如对大中城市的乳制品供应，农垦曾达80%以上的份额。

改革开放以来，农垦不断深化改革，积极探索，农垦事业发展又进入了一个新的历史阶段，成为农垦发展史上的最好时期。

在当前国家高度重视“三农”工作的新时期，农垦要再立新功、再创辉煌，就必须进一步明确农垦事业的战略地位：在推进中国特色农业现代化中的示范作用；在保障国家粮食安全中的重要支撑作用；在农村全面建成小康社会中的重要引领和带动作用；统筹国内国际两个市场、两种资源，在我国农业“走出去”中起骨干作用；在屯垦戍边、维护边疆少数民族地区稳定上发挥保障作用。农垦要真正成为农业的国家队、发展现代农业的排头兵。

2. 农垦事业的目标。是由其在国民经济中的地位所决定的。根据农垦事业要在推进农业现代化起示范作用、在农村全面建成小康社会的起引领和带动作用的要求，农垦事业的近期目标，就是在全国率先实现农业现代化、率先在农垦系统全面建成小康社会。农垦事业的最终目标是要建成国有经济为主的混合所有制经济大型现代化农业企业集团。要率先实现农业现代化，

就必须以转变农业发展方式为主线，以提高土地产出率和劳动生产率为目标，加快调整优化结构，建立健全农业产业体系，努力走出一条中国特色农业现代化道路。要率先建成小康社会，就必须在农垦企业推进小城镇和社区化建设，努力提高职工收入和生活水平，把农垦所在地建成生态宜居、文明和谐、职工富裕的安居乐业美好家园，成为新型城乡一体化的样板，成为带动周边新农村建设重要力量。

3. 农垦事业的根本任务。是由其地位和战略目标所决定的。根据新一届中央领导集体对“三农”工作总体部署和要求，农垦在今后一个时期，必须在体制机制创新上取得新突破，在现代农业发展上取得新成就，为保持经济社会持续健康发展提供有力支撑。因此，农垦在新时期的根本任务就是：在保障国家粮食和主要农产品的供给上起关键作用，在推进农业现代化进程中起示范带领作用，在维护边疆及少数民族地区稳定方面起保障作用。

（三）进一步增强农垦对农业战略产业的控制和影响力。提升农垦在国家经济中战略地位

一是抓好粮棉等战略农产品的生产。要抓好粮食高产攻关，建成国家级流动的、绿色的“大粮仓”。二是要推动奶牛等优势养殖业联营发展，加快标准化饲养、规模化生产，不断提质增效，努力提升奶产品供应的市场占有率。三是要进一步推动热作产业的持续发展。要研究谋划热作产业的发展思路、下大力气推动天然橡胶产业健康发展，提升农垦在橡胶产品市场上的话语权和控制力。四是要加快实施农垦“走出去”战略，要充分发挥农垦优势，在切实做好国内“走出去”的基础上，积极开展扩大境外“走出去”规模，健全境外产业体系，拓展境外经营领域，提升境外合作效益，进一步提升农垦在服务国家外交大局中的战略地位。

三、关于加快我国农垦事业改革发展的几点建议

（一）中央和国务院要高度重视和关注农垦事业的改革和发展

鉴于农垦事业在我国国民经济的地位和作用，农垦的资源优势及发展潜力，以及当前农垦事业发展需要解决的问题，建议中央和国务院能重视农垦事业的改革发展工作。

1. 建议中央全面深化改革领导小组经济体制改革专业组要加强对农垦体制改革的领导和研究。自 1982 年撤销农垦部以来，农垦管理体制几经变动，既有省部级的新疆生产建设兵团，又有政企合一的黑龙江农垦总局，还有下放到地方的农垦企业。需要进一步理顺关系，既要考虑到农垦的特殊性，又要按市场经济的要求，加大农垦集团化改革的力度。中央要对全国农

垦系统的体制改革提出指导性意见。

2. 建议中农办加强对农垦事业改革发展的调查研究，单独就农垦改革和发展出台专门文件。据了解，统领农垦系统改革发展文件已酝酿了十多年，至今尚很难出台，影响农垦事业的发展和优势的发挥，应当引起中央的重视。

3. 建议中央和国务院召开一次全国国有农场工作会议，进一步明确农垦事业发展目标和任务。这样的专业会议，已有几十年没有召开了，而类似的林业、水利系统均已多次召开了全国性会议。

4. 建议财政部、发改委等国家部委，加大对农垦业的资金和项目投入，使其为国家创造更多的效益。

（二）农业部要加强农垦事业发展的指导和支持

1. 要加强农垦事业的研究力度。要把农垦事业研究列入农业部软科研究课题范围，引导各大专院校、科研机构专家学者深入研究，提出建议。

2. 要加强对安徽龙亢农场农村改革试验区的指导。这是全国农垦系统唯一的一个试验区，要加大指导力度，使其试验成果能为全国农垦系统提供有益的借鉴和参考。

3. 农业部自身掌握的资金和项目要向农垦系统倾斜。各省、自治区、直辖市农委、农业厅的项目也要一视同仁的安排给农垦企业。

（三）农业部农垦局要全面履行对农垦事业的指导职能

1. 要加强调查研究。全国农垦系统在改革发展方面有很多典型和经验有待总结和推广，需要进一步加大调研力度。要充实中国农垦经济发展中心的研究力量，开展农垦改革发展方面的课题研究。要发挥中国农垦经济研究会的作用，召开各类学术研讨会，进一步从理论和实践上理清思路。学术研究和研讨会要吸收全国大专院校和科研机构参加，发挥社会研究机构智囊作用。

2. 要加强对全国农垦系统的业务指导。作为全国唯一的指导农垦事业国家行政机构，要对农垦的发展战略、发展思路及工作重点，及时提出指导意见，对农垦发展需要解决的困难和问题，积极向国家反映、提出建议。对于要国家出台哪些政策，要积极向中农办提出方案。

3. 要加大农垦事业的宣传力度。目前，反映农垦事业成就和典型的声音太小，除农民日报偶有报道外，其他媒体宣传得不多。建议要借助中央电视台七频道等媒体，大力宣传报道农垦工作，以取得全社会的理解和支持，形成利好于农垦事业发展的氛围。

4. 要进一步提高农垦干部的业务素质，引进急需的战略性人才。要发挥北京西三旗原农垦管理干部学院的作用，常年不间断地培训农垦场长、经理。为适应大集团的发展，还必须引进资本运营，跨国经营的高层战略性人才。

（作者单位：陈　进：安徽省农经学会、安徽省现代农业与新农村建设研究会
陈复东：安徽省政府发展研究中心
庞振月：安徽省行政学院）

基于最终需求的中国木制品业快速增长的动力源泉分析

秦光远　曾寅初　程宝栋

近10年来，中国木制品业经历了前所未有的快速增长期，1998—2007年，以1998年不变价格计算，中国木制品业增加值从455.83亿元增加到2 487.36亿元，年均增长率高达20.88%，是同期中国GDP增速的近2倍①。2000—2010年，中国人造板总产量从2001.66万立方米迅速增长到15 360.83万立方米，年均增长23.40%，2004年超越美国成为世界最大的生产国；竹木地板生产量从0.33亿立方米增加到4.79亿立方米，年均增长32.40%；木家具生产量从4 790.80万件增长到26 073.00万件，年均增长61.51%②。同期，中国林产品出口总额从76.06亿美元增长到463.17亿美元，年均增长26.27%。其中，木家具出口额从16.68亿美元增长到161.57亿美元，年均增长20.22%，2002年超过德国、2005年超过意大利成为世界最大木家具出口国，2010年中国木家具出口额已占到世界木家具出口总额的32.60%；胶合板出口额从1.89亿美元增长到34.02亿美元，年均增长40.51%，2005年超过印度尼西亚和马来西亚，成为世界最大的胶合板出口国，2010年中国胶合板出口额已占到世界胶合板出口总额的29.00%③。在此过程中，既有来自供给方面的推动作用，又有来自需求方面的拉动作用。供给角度，木制品业快速增长的动力源泉是要素投入，且主要是资本投入的贡献（秦光远，曾寅初，2014）；最终需求角度，一般认为，拉动经济或产业增长的“三驾马车”分别为国内消费、投资（或资本形成）和出口，中国木制品业的快速增长亦不例外，然而，中国木制品业快速增长的动力源泉到底是什么呢？不同需求要素的贡献又如何呢？不同发展阶段的动力源泉有什么变化呢？

学界关于最终需求的增长动因研究包括两个方面：一是使用投入产出模型研究不同需求因素对增长的贡献（Korres，1996；姜涛，2008；王智波，2011；刘瑞翔，安同良，2011；Pahlavan 等，2012；Rugani 等，2012）；二

① 根据中经网统计数据库和国泰安非上市企业数据库提供的基础数据整理计算。

② 国家林业局《中国林业发展报告》和中国造纸协会《中国造纸工业年报》。

③ UNComtrade 数据库。

是针对某个具体最终需求因素进行的分析（Lopez，2003；Javorcik，2004；姜瑾，朱桂龙，2007；Bernard 和 Jensen，2004；Bernard 等，2007）。而对林业产业、木制品业及相关产业的研究主要集中于第二类情况，且绝大部分文献集中于对贸易增长的考量（刘艺卓等，2008；张寒，聂影，2010；范悦，宋维明，2012；陈绍志，李剑泉，2012）。本文首次全面考察木制品业快速增长的需求角度动力源泉及其阶段变化，对于全面、正确认知木制品业快速增长的需求动力源泉具有重要价值，对于理解木制品业快速增长的原因具有重要的现实意义。

一、模型与数据来源

（一）基于非竞争型投入产出表的基本模型

由于国家统计局公布的投入产出表数据为进口竞争型，没有区分国内产品和进口产品的使用，无法直接计算最终需求对产出增长的影响（刘瑞翔，安同良，2011）。如果将国内产品和进口产品进行区分，构造非竞争性投入产出表（表 1），则可以得到包括消费、资本形成及出口对增长的驱动关系。

表 1　（进口）非竞争型投入产出表

<table>
<tr><th colspan="2" rowspan="2">产出
投入</th><th rowspan="2">中间使用
（国内生产）</th><th colspan="4">最终使用</th><th rowspan="2">国内总产出/
进口总额</th></tr>
<tr><th>消费</th><th>资本形成</th><th>出口</th><th>合计</th></tr>
<tr><td rowspan="2">中间投入</td><td>国内产品中间投入</td><td>A^dX</td><td>F_c^d</td><td>F_m^d</td><td>EX</td><td>F^d</td><td>X</td></tr>
<tr><td>进口产品中间投入</td><td>A^mX</td><td>F_c^m</td><td>F_m^m</td><td></td><td>Fm</td><td>M</td></tr>
<tr><td rowspan="2">增加值</td><td>固定资产折旧、劳动者报酬、税金、利润等</td><td>V</td><td></td><td></td><td></td><td></td><td></td></tr>
<tr><td>增加值合计</td><td>TV</td><td></td><td></td><td></td><td></td><td></td></tr>
<tr><td colspan="2">总投入</td><td>X^T</td><td colspan="5"></td></tr>
</table>

注：①所有的上标 d 表示国内产品，m 表示进口产品；②最终使用中的消费包括农村居民消费、城镇居民消费、政府消费三部分，资本形成包括固定资本形成和存货增加两部分；③假定进口产品中不直接用于出口。

在表 1 中：V 和 X 分别表示国内增加值和总产出向量，A^dX 和 A^mX 代表生产过程中国内产品和进口产品的直接消耗向量，其中 A^d 和 A^m 为直接消耗系数矩阵。F^d 和 F^m 分别表示国内产品和进口产品的最终使用量，前者包括消费向量 F_c^d、投资向量 F_m^d 和出口向量 EX，后者不包括出口向量。M 代表进口产品列向量。

根据投入产出表，在行向上存在以下恒等关系：

$$A^dX + F^d = X \tag{1}$$

$$A^m X + F^m = M \tag{2}$$

其中（1）、（2）两式分别表示国内总产出等于国内产品中间投入和最终需求、进口产品数量等于进口产品的中间需求和最终需求，而 $F^d = F_c^d + F_{in}^d + EX$，$F^m = F_c^m + F_{in}^m$。为了得到消费、资本形成、出口与总产出的关系，令 I 为与 A^d 同阶的单位向量，将（1）式转化为：

$$X = (I - A^d)^{-1} F^d = (I - A^d)^{-1} F_c^d + (I - A^d)^{-1} F_{in}^d + (I - A^d)^{-1} EX \tag{3}$$

进一步，假设 A_v 为增加值系数矩阵，用对角元素 a_{vi} 代表 i 部门单位产出所得到的国内增加值的对角矩阵表示：

$$V = A_v X = A_v (I - A_d)^{-1} F_d \tag{4}$$

为了分解增长的需求动力源泉，利用投入产出模型进行如下分解：

$$V_1 - V_0 = A_{v1} X_1 - A_{v0} X_0 = A_{v1} B_1 F_1^d - A_{v0} B_0 F_0^d \tag{5}$$

其中，$B = (I - A_d)^{-1}$，由于分解过程中存在“非唯一性问题”，从不同的因素排序进行分解会有不同的分解形式，不同的分解形式所获的结果具有较大的差异，因而在具体的实践中，一般选择“两极分解法”来弱化和规避该问题（Dietzenbacher 和 Los，1998；刘瑞翔，安同良，2011）。“两极法”对（5）式的分解为（6）式和（7）式：

$$V_1 - V_0 = A_{v1} B_1 (F_1^d - F_0^d) + A_{v1} (B_1 - B_0) F_0^d + (A_{v1} - A_{v0}) B_0 F_0^d \tag{6}$$

$$V_1 - V_0 = A_{v0} B_0 (F_1^d - F_0^d) + A_{v0} (B_1 - B_0) F_1^d + (A_{v1} - A_{v0}) B_1 F_1^d \tag{7}$$

对（6）式和（7）式取均值，则有：

$$\begin{aligned} V_1 - V_0 &= 0.5 [A_{v1} B_1 (F_1^d - F_0^d) + A_{v1} (B_1 - B_0) F_0^d + (A_{v1} - A_{v0}) B_0 F_0^d + A_{v0} B_0 (F_1^d - F_0^d) + A_{v0} (B_1 - B_0) F_1^d + (A_{v1} - A_{v0}) B_1 F_1^d] \\ &= 0.5 (A_{v1} B_1 + A_{v0} B_0)(F_1^d - F_0^d) + 0.5 (A_{v0} F_1^d + A_{v1} F_0^d)(B_1 - B_0) + 0.5 (A_{v1} - A_{v0})(B_1 F_1^d + B_0 F_0^d) \end{aligned} \tag{8}$$

其中，

$$(F_1^d - F_0^d) = (F_{c1}^d - F_{c0}^d) + (F_{in1}^d - F_{in0}^d) + (EX_1 - EX_0) \tag{9}$$

$$(A_{v0} F_1^d + A_{v1} F_0^d)(B_1 - B_0) = A_{v0} B_0 (A_1^d - A_0^d) B_1 F_1^d + A_{v1} B_1 (A_1^d - A_0^d) B_0 F_0^d \tag{10}$$

根据里昂惕夫矩阵的定义，则有：

$$A_1^d - A_0^d = (I - A_0^d) - (I - A_1^d) = [(I - A_0^d)^{-1}]^{-1} - [(I - A_1^d)^{-1}]^{-1} = B_0^{-1} - B_1^{-1} \tag{11}$$

将（11）式带入（10）式后，可以得到：

$(A_{v0} F_1^d + A_{v1} F_0^d)(B_1 - B_0) = A_{v0} B_0 (A_1^d - A_0^d) X_1 + A_{v1} B_1 (A_1^d -$

A_0^d）X_0　(12)

将 A_vB 记作增加值诱发系数矩阵 B_v，并将 BF^d 记作 X，因此，木制品业增加值增长可以表示为：

$V_1-V_0=0.5$（$B_{v0}+B_{v1}$）（$F_{c1}-F_{c0}$）$+0.5$（$B_{v0}+B_{v1}$）（$F_{in1}-F_{in0}$）$+0.5$（$B_{v0}+B_{v1}$）（EX_1-EX_0）$+0.5$（$A_{v1}-A_{v0}$）（X_1+X_0）$+0.5$［B_{v0}（$A_1^d-A_0^d$）X_1+B_{v1}（$A_1^d-A_0^d$）X_0］　(13)

其中，(13) 式中有五部分，前三部分分别表示国内消费、资本形成、出口所直接驱动的增加值增长，后两部分分别表示增加值率变动、中间投入结构变化所间接导致的产出增长。

为了表示增加值对于各项最终需求的依存结构，将不同的最终需求对增加值的诱发额除以增加值总额，即得到增加值诱发依存向量 S：

$$S_i=\vec{V}^{-1}B_vF_i^d, i=1,2,3 \quad (14)$$

在 (14) 式中 $\vec{V}$ 表示各产业国内增加值为对角元素的对角阵。根据 (14) 式，我们得到国内增加值与不同最终需求之间的依存关系。

（二）数据来源及处理策略

本研究所采用的原始数据来自国家统计局颁布的 1997 年、2002 年、2007 年三张全国投入产出表和 2005 年、2010 年两张全国投入产出延长表。基本表包括较粗分类的 40（41 或 42）部门的投入产出表和较细分类的 122（124 或 135）部门的投入产出表，前者分类没有将木制品业三大产业单独区分开来，后者则划分的较细的产业门类，故可以根据后者对前者较粗的产业分类进行细分，将木制品业三大产业独立出来①，同时为了计算和分析的便捷，在不影响本文分析前提下，将其他行业门类进行适当的合并，形成 25 个行业门类，分别为：农林牧副渔业、采矿业、食品制造及烟酒加工业、纺织业、纺织服装鞋帽皮革羽绒及其制品业、木材加工及木竹藤、棕草制品业、家具制造业、造纸及纸制品业、印刷及文教体育用品制造业、石油加工、炼焦及核燃料加工业、化学工业、非金属矿物制品业、金属冶炼及压延加工业、金属制品业、通用、专用设备制造业、交通运输设备制造业、电气机械及器材制造业、通信设备、计算机及其他电子设备制造业、仪器仪表及文化办公用机械制造业、工艺品及其他制造业（含废品原料）、其他行业

① 由于较粗部门的划分将木材加工业、家具制造业合并，造纸及纸制品业、印刷及文教体育用品制造业合并，较细部门的部门分类是单独列出的，包括 1997 年、2002 年和 2007 年的投入产出表，本研究以此三年的较细部门划分，计算木材加工业、家具制造业、造纸及纸制品业在较粗行业行业分类中的比重，根据该比重对 2005 年和 2010 年的投入产出延长表进行拆分，形成包括木制品业三大产业部门的新的投入产出表，从而使得 1997—2010 年各年投入产出表产业部门可比，便于进行比较和分析。

（包括电力、热力的生产和供应业、燃气生产和供应业、水的生产和供应业和第三产业中的邮政业、信息传输、计算机服务和软件业、批发和零售业、住宿和餐饮业、租赁和商务服务业、研究与试验发展业、综合技术服务业、水利、环境和公共设施管理业、居民服务和其他服务业、教育、卫生、社会保障和社会福利业、文化、体育和娱乐业、公共管理和社会组织）、建筑业、交通运输及仓储业、金融业、房地产业。

通过处理可以得到本研究所需产业门类的竞争型投入产出表，国家统计局公布的全国投入产出表及延长表均属于该范畴。在此类投入产出表中，中间使用及最终需求并没有对国内产品和进口产品进行区分，无法直接精确地计算出口对国家经济增长或部门经济增长的影响（刘瑞翔，安同良，2011；张芳，2011），故需要将竞争型投入产出表改编为非竞争型投入产出表。关于非竞争型投入产出表，刘遵义等（2007）和 Koopman 等．（2008）都给出了相应的反应加工贸易特征的非竞争型投入产出表编制方法，张芳（2011）则详细地提出了基于加工贸易非竞争型投入产出表的编制方法，方法本身并不复杂，但是需要大量翔实的数据作支撑，同时依然存在大量需要依赖主观和经验判断的部分，精确性、可靠性仍然存疑，而张友国（2010），刘瑞翔、安同良（2011）则是以按比例的方法将竞争型投入产出表转化为进口非竞争型投入产出表，该方法与前面几种方法相比，更为简单、便于操作，但也同时存在进口产品分配有偏的问题。尚没有研究对不同的非竞争型投入产出表构造方法的科学性、合理性和可靠性进行评价，综合考虑多种因素和条件，本研究也采用比例的处理办法，根据中间投入结构构造进口产品的中间投入矩阵。

二、1997—2010 年木制品业及其细分行业的投入产出描述分析

投入产出表提供了以行业或部门为基础的投入与产出关系：从产出角度看，包括中间使用、最终使用、进口、总产出，而最终使用又包括消费、资本形成和出口；从投入角度看，包括中间投入、增加值合计、总投入，增加值合计又包括劳动者报酬、生产税净额、固定资产折旧、营业盈余等。如表 2 所示，我们给出了木制品业及其细分行业的各项投入产出的具体情况。

对木制品业而言，1997—2010 年总产出（或总投入）从 4 678.72 亿元增加到 25 833.09 亿元，净增长了 4.42 倍，中间使用从 4 034.62 亿元增加到 23 359.96 亿元，净增长了 4.77 倍，初始投入（增加值合计）从1 342.08 亿元增加到 5 076.90 亿元，净增长了 2.78 倍，中间使用占总产出的比重从 86.23％上升到 90.04％，增加值率（初始投入（增加值合计）占总投入的比重）从 28.68％下降到 19.65％，下降了近 10 个百分点。最终使用中的消

费和出口呈现稳步上升趋势，而资本形成则表现出巨大的波动。不仅如此，我们还可以看出，进口也在稳步增加，进口规模从 456.15 亿元增加到 1 239.41亿元，净增加了 1.72 倍，反映了木制品业对国际市场的依赖不断上升。进口主要包括两个方面，即原材料和制成品。前者主要是原木、锯材和纸浆等。根据 UN COMTRADE 统计，2000—2010 年，原木、锯材和纸浆进口额分别从 16.56 亿美元、9.79 亿美元和 21.21 亿美元增长到 60.70 亿美元、38.68 亿美元和 88.17 亿美元，分别增长了 2.67 倍、2.95 倍和 3.16 倍，年均增长率分别达到 15.49%、15.87%和 15.95%。后者主要是高精尖的机械设备生产线及高档木质家具等，比如，官湖镇的华强木业、瑞兴木业、富林木业、恒德木业、华鑫木业、胜春木业、永兴木业等，东莞大岭山家具产业集聚区的台生家具、大宝家具、金石家具、振璇家具、大政家具、立富家具、时运通家具等，都不同程度的使用国际进口的先进的生产线。先进技术带来生产效率的提升，出口规模的增长更是明显，1997 年达到 355.12 亿元，2010 年已经达到 3 013.82 亿元，净增长了 7.49 倍，是需求要素中增长最快的要素，一定程度上显示了出口对木制品业增加值增长的巨大拉动效果。或许这也是已有研究大量集中于对木制品出口的原因之一。

表 2　1997—2010 年木制品业及其细分行业的投入产出情况

行业	年份	中间使用/中间投入（亿元）	消费（亿元）	资本形成（亿元）	出口（亿元）	进口（亿元）	增加值（亿元）	总产出/总投入（亿元）
木制品业	1997	4 034.62	478.25	235.17	355.12	456.15	1 342.08	4 678.72
	2002	6 599.75	513.39	188.09	796.48	666.07	2 095.49	7 401.31
	2005	9 849.95	563.93	23.12	1 844.66	1 097.44	2 538.88	11 196.27
	2007	16 172.75	615.38	1 285.22	2 739.05	893.43	4 429.08	19 345.77
	2010	23 259.96	912.50	273.13	3 013.82	1 239.41	5 076.90	25 833.09
木材加工业	1 997	903.04	35.17	−7.52	44.60	105.25	265.77	871.20
	2002	2 452.01	108.91	4.51	253.72	169.57	721.86	2 600.83
	2005	3 433.12	119.06	212.17	604.62	232.31	932.37	4 139.75
	2007	6 050.77	119.53	31.22	791.22	192.71	1 466.93	6 508.54
	2010	8 801.94	169.76	75.94	880.67	329.51	1 623.35	9 582.38
家具制造业	1997	601.89	367.99	163.02	249.89	13.29	360.37	1 369.99
	2002	593.62	290.79	110.75	412.65	21.48	355.63	1 348.11
	2005	831.14	318.36	−262.97	983.34	29.43	459.34	1 842.87
	2007	1 332.15	397.68	1 207.85	1 633.25	77.77	1 146.02	4 485.39
	2010	1 937.85	564.86	61.02	1 817.89	132.98	1 268.22	4 248.21

（续）

行业	年份	中间使用/中间投入（亿元）	消费（亿元）	资本形成（亿元）	出口（亿元）	进口（亿元）	增加值（亿元）	总产出/总投入（亿元）
造纸及纸制品业	1997	2 529.69	75.09	79.68	60.62	337.61	715.95	2 437.54
	2002	3 554.12	113.69	72.83	130.11	475.03	1 018.00	3 452.37
	2005	5 585.70	126.52	73.93	256.71	835.70	1 147.17	5 213.65
	2007	8 789.83	98.17	46.15	314.58	622.95	1 816.13	8 351.84
	2010	12 520.16	177.88	136.17	315.26	776.91	2 185.33	12 002.50

注：①数据来源于1997年、2002年、2007年全国投入产出表及2005年、2010年全国投入产出表延长表。②1997年、2002年、2007年全国投入产出表最细的行业划分到木材加工及木、竹、藤、棕、草制品业，家具制造业，造纸及纸制品业，而2005年、2010年全国投入产出表延长表最细的产业划分仅到木材加工及家具制造业、造纸印刷及文教用品制造业，没有更细的产业划分可以精确地涵盖木制品业，对于延长表的处理是分别根据2002年和2007年投入产出表中三大行业的占比情况，假定2005年和2010年的投入产出结构保持基本不变，从而将木材加工及家具制造业、造纸印刷及文教用品制造业进行拆分，以获得本文研究所需要的三大产业的投入产出数据。③1997年的行业划分与2002年以后的各次投入产出表公布的产业划分略有差异。与木制品业有关的产业划分为：锯材加工及人造板制造业，家具、木制品及竹藤棕草制品制造业，造纸及纸制品业。④资本形成包括固定资产投资、存货增加两部分，2007年的数值与其他各年份相差巨大，由于缺乏同类可验证对比的数据源，故只能使用该数据。

从具体行业看，木材加工业、家具制造业、造纸及纸制品业三大行业不论是投入还是产出都呈现大幅增长，但是资本形成却表现出较大波动，尤其是家具制造业。此外，增长的质量和效率有差异，一般而言，使用增加值率来衡量。如表3所示，木材加工业、造纸及纸制品业增加值率均表现为下降，分别从30.51%、29.37%下降到16.94%、18.21%，而家具制造业增加值率从26.30%增加到29.85%，反映了三大行业增长的质量和效率并不理想，虽然不同产业均在快速增长，但是对于质量和效率的关注及重视并不高，仍然属于相对粗放和低效的增长。此外，增加值率低的原因部分可以从产品价值链角度考虑，中国木制品业由于以加工、代工为主，仍然处于价值链的低端，所获取的增加值份额仍显偏低。

表3 木制品业及其细分行业的增加值率

单位：%

年份	木制品业	木材加工业	家具制造业	造纸及制制品业
1997	28.68	30.51	26.30	29.37
2002	28.31	27.75	26.38	29.49
2005	22.68	22.52	24.93	22.00
2007	22.89	22.54	25.55	21.75
2010	19.65	16.94	29.85	18.21

三、1997—2010 年木制品业对于最终需求的依存结构

需求依存度反映的是增加值增长对最终需求要素的依存关系，部分反映行业或部门的增长特征。如表 4 和表 5 所示，从行业的角度给出了增加值的最终需求依存度和依存结构。关于 1997—2010 年增加值对最终需求的依存度分析。从消费角度看，木材加工业、家具制造业和造纸及纸制品业的依存度分别从 0.314 7 下降到 0.211 9、0.458 0 下降到 0.201 9、0.433 2 下降到 0.410 3，可以看出：①木制品业三大行业对消费的依存度均表现为下降趋势，中间年份存在明显的波动；②家具制造业增加值对消费的依存度下降最快；③造纸及纸制品业增加值对消费的依存度最高。从资本形成角度看，三大行业的依存度分别从 0.490 9 增加到 0.506 2、0.289 7 增加到 0.333 4、0.316 7 增加到 0.326 8，可以看出：①三大行业的依存度均存在明显波动，但总体呈现依存度提高的趋势；②木材加工业对资本形成的依存度最大，家具制造业、造纸及纸制品业对资本形成的依存度相近，但是家具制造业对资本形成的依存度提高更为迅速。从出口角度看，三大行业的依存度分别从 0.204 9 增加到 0.354 8、0.257 4 增加到 0.360 9、0.243 6 增加到 0.328 7，可以看出：①三大行业对出口的依存度均表现上升态势，木材加工业增幅最大；②木材加工业出口依存度一直增加到 2007 年，达到 0.415 9，2010 年大幅下降，家具制造业增加到 2005 年，达到 0.584 7，进而一直下降，造纸及纸制品业增加到 2007 年，达到 0.398 0，进而下降，出口依存度在 2007 年后突然下降，与 2008 年全球金融危机不无关系。

表 4　分行业增加值的最终需求依存度

年份	木材加工业			家具制造业			造纸及纸制品业		
	消费	资本形成	出口	消费	资本形成	出口	消费	资本形成	出口
1997	0.314 7	0.490 9	0.204 9	0.458 0	0.289 7	0.257 4	0.433 2	0.316 7	0.243 6
2002	0.263 8	0.513 6	0.264 4	0.465 1	0.179 9	0.388 9	0.454 5	0.214 7	0.308 0
2005	0.205 7	0.405 6	0.397 6	0.347 7	0.075 2	0.584 7	0.361 9	0.234 2	0.384 1
2007	0.215 3	0.429 2	0.415 9	0.214 8	0.351 7	0.432 3	0.392 0	0.246 3	0.398 0
2010	0.211 9	0.506 2	0.354 8	0.201 9	0.333 4	0.360 9	0.410 3	0.326 8	0.328 7

关于增加值对最终需求的依存结构，通过表 5 可以明确看出：①对木材加工业来说，消费的依存度不断下降，对出口的依存度快速上升，对资本形成的依存度稳中有降，但仍居于主导地位；②对家具制造业而言，消费的依存度大幅下降，由最高变为最低，对出口的依存快速上升，并成为最主要的依存对象，对资本形成的依存稳中有升，但是波动较大；③对造纸及纸制品

业而言，消费的依存呈下降趋势，但其主导地位并未改变，对资本形成的依存略有下降，对出口的依存有明显的上升；④对木制品业任一行业而言，增加值对最终需求的依存结构并不是一成不变的，不同最终需求不同时期存在有差异的波动。

表 5　分行业增加值的最终需求依存结构

年份	木材加工业（%）			家具制造业（%）			造纸及纸制品业（%）		
	消费	资本形成	出口	消费	资本形成	出口	消费	资本形成	出口
1997	31.14	48.58	20.28	45.57	28.82	25.61	43.60	31.88	24.52
2002	25.32	49.30	25.38	44.99	17.40	37.61	46.51	21.97	31.52
2005	20.39	40.20	39.41	34.51	7.46	58.03	36.92	23.89	39.19
2007	20.30	40.48	39.22	21.51	35.21	43.28	37.83	23.77	38.41
2010	19.75	47.18	33.07	22.53	37.20	40.27	38.50	30.66	30.84

四、1997—2007 年木制品业增长的需求因素分解

通过分析，我们了解了木制品业对于最终需求的消费、资本形成和出口的依存结构，明确了木制品业及其细分行业对于最终需求的依存关系和依存度大小。但是，在木制品业快速增长过程中，不同最终需求对增长的贡献到底有多大？不同发展阶段的动力源泉的贡献有何变化？前述的分析并没有给出答案，而明确该问题，可以准确把握木制品业 1997—2010 年木制品业增长的需求方面的动力源泉，同时也可以对木制品业增长的趋势和动力有一个清晰的了解，进而与已有研究进行比较分析，明确木制品业的产业发展所处阶段，从而为我国木制品业的发展前景和未来走向提供判断依据。

如表 6 所示，1997—2010 年，木制品业增加值的增长主要是最终需求导致的，作为传统经济增长源泉的消费、资本形成和出口“三驾马车”发挥了关键作用，资本形成在三驾马车中的作用最为突出，其次是出口，消费的作用最低。从贡献度来看，“三驾马车”的贡献率分别达到 52.77%、44.55%、35.06%①。相比最终需求，中间投入结构和增加率变化对木制品业增长的影响更多地表现为消极方面，中间投入结构对增长的贡献仅为

① 根据沈利生（2009）的测算，2002—2006 年，中国经济依靠消费拉动的增加值比例从 51.0%下降到 41.4%，资本形成拉动的增加值比例在 30%左右波动，出口拉动的增加值比例从 20%增加到 28%。说明消费对中国经济的拉动越来越低，经济增长更加依赖投资和出口，尤其是出口对经济增长的贡献快速提升。如此的最终需求格局将极不利于我国产业结构的调整和升级，经济转型发展也将成为无本之木。经济整体由具体的产业组成，木制品业作为重要的制造业部门，从现有的数据来看，并没有从根本上改变其最终需求的结构，资本形成和出口依然占据绝对主导，换句话讲，木制品业的转型升级仍处于较为初级和原始的阶段。

7.34%，增加值率变化对增长的贡献却为－39.72%，这一结论与刘瑞翔、安同良（2011）对中国经济整体的研究结论相近，增加值率的贡献均为负，反映了木制品业增长过程中的效率并未发生明显改善，某种程度上还有一定的效率损失和下降。据此，本文认为：一方面，说明木制品业的增加值增长虽然速度可观，但是质量欠佳，增长的效率一般，还有很大的提升空间，仅仅是在制造业范畴内，木制品业仍然无法跨进优质高效的行业之列；另一方面，木制品业增加值的快速增长过程中增加值率却在不断地下降，对增长的贡献为负值。刘瑞翔、安同良（2011），刘瑞翔（2011）等认为，一方面是工业化进程中产业结构变迁的原因；另一方面是初次投入结构变动以及生产过程中进口中间品比例增加的原因。从投入产出表的角度看，产业结构变迁主要涉及初始投入结构及中间投入结构变化，对于前者，主要是收入结构及收入分配的合理性程度及其变化动向，对于后者，主要是国内中间投入和国际中间投入的变化及在不同产业的使用差异。对木制品业而言，一方面，属于劳动相对密集的产业，且就业以农民工为主，在收入分配中往往趋于劣势地位，对于收入分配的不合理往往缺乏诉求，没有对收入分配的合理化进程发挥积极作用；另一方面，属于“大进大出”型产业，国内中间投入和进口中间投入处于动态变化之中，两方面的因素导致了木制品业增加值的快速增长的同时增加值率变化的贡献却为负，但是更为具体的内在机理仍不甚清楚，有待于进一步地分析探讨。

然而，不同时段不同最终需求的贡献存在明显差异，1997—2002年、2002—2005年、2005—2007年、2007—2010年贡献最大的最终需求分别是出口、出口、资本形成、资本形成，贡献次大的最终需求分别是消费、资本形成、中间投入结构、消费，由此可以发现：一是在木制品业快速增长过程中，出口在早期发挥了非常重要的作用，而在后期逐渐被资本形成取代，主要是因为劳动力工资的快速上涨及2008年世界范围内的经济危机，中国木制品业转向加大资本投入以替代劳动，出口严重受限的情况下努力拓展国内市场；二是增加值率的贡献以负向为主，但是在2005—2007年为2.54%，而且该时期中间投入结构的贡献达到24.63%，反映了这一时期是木制品业发展质量较高的时期，然而究竟是什么因素导致的这一结果还需要进一步探讨。经过前面的分析，我们对木制品业整体最终需求的贡献有了一个清晰的认识，那么具体细分行业的情况又如何呢？不同细分行业之间有什么差异呢？与木制品业整体相比，又有哪些异同呢？

首先是木材加工业。整体而言，1997—2010年，资本形成对增长的贡献最大（46.68%），其次是中间投入结构（41.14%），再次是出口和消费，增加率变化的贡献为负。分阶段来看，1997—2002年、2002—2005年、2005—2007年、2007—2010年贡献最大的最终需求分别是中间投入结构、出口、资本形成、资本形成，但是增加率变化的贡献始终为负，但是中间投入结构的贡献在 1997—2002 年、2005—2007 年均为正值。与木制品业整体比较来看，资本形成的贡献占绝对主导这一结论并没有改变，关键的不同是木材加工业中间投入结构的贡献超过出口，成为仅次于资本形成的第二大贡献源泉。基于此，我们也可以发现：第一，木材加工业增长过程中主要依赖最终需求，但是中间投入结构变化带来的效率改善和质量提升不可忽视，增加值率变化对增长的贡献呈现较大波动；第二，木材加工业的增长路径大致可以概括为：首先是中间投入结构的改善和优化使得木材加工业效率提升，从而为出口国际市场奠定了坚实的基础，尤其是 2001 年中国正式加入世界贸易组织更是进一步打开国门增强与世界市场的联系，进而出口在木材加工业增长中发挥最关键的作用，此后，借助大量出口国际市场之机快速积累资本，更新技术，缩小与世界先进水平的差距，资本积累进一步加剧该产业的增长扩张，然而，由于 2008 年全球金融危机的爆发，出口市场严重受挫，同时劳动力成本快速上扬，大量企业濒临破产倒闭，而幸存企业大都被迫加大资本投入并转向国内市场。

表 6　1997—2010 年中国木制品业及其细分行业增长成因分解

最终需求	年份	消费（%）	资本形成（%）	出口（%）	增加值率变化（%）	中间投入结构（%）
木制品业	1997—2010	35.06	52.77	44.55	−39.72	7.34
	1997—2002	34.97	25.26	41.24	−5.54	4.06
	2002—2005	52.75	59.86	166.21	−131.83	−46.98
	2005—2007	13.63	35.18	24.03	2.54	24.63
	2007—2010	89.04	119.44	34.75	−136.96	−6.28
木材加工业	1997—2010	16.98	46.68	35.01	−39.82	41.14
	1997—2002	13.75	22.00	23.65	−9.96	50.57
	2002—2005	24.15	72.51	118.36	−68.62	−46.41
	2005—2007	11.06	45.40	25.85	−9.54	27.24
	2007—2010	62.56	158.77	36.35	−157.01	−0.66
家具制造业	1997—2010	31.82	66.89	64.85	−28.22	−35.34
	1997—2002	37.50	23.75	85.00	12.75	−59.00
	2002—2005	36.70	−17.84	172.68	−67.42	−24.12
	2005—2007	8.05	47.29	25.78	14.63	4.25
	2007—2010	−76.92	−88.46	−30.38	199.22	96.54

（续）

最终需求	年份	消费（%）	资本形成（%）	出口（%）	增加值率变化（%）	中间投入结构（%）
造纸及纸制品业	1997—2010	52.95	51.87	44.04	−44.83	−4.02
	1997—2002	62.02	27.98	49.93	1.18	−41.11
	2002—2005	111.23	101.06	237.54	−283.85	−65.98
	2005—2007	20.74	15.96	20.96	1.44	40.90
	2007—2010	74.95	73.00	19.24	−63.76	−3.44

注：①木家具制造业未出现在投入产出统计的行业划分中，因此使用家具制造业粗略代替，不作进一步区分；②1997年、2002年、2007年是全国投入产出表（包括较粗行业和较细行业的划分），而2005年和2010年是投入延长表（仅包括较粗行业的划分），本文的处理策略是根据全国投入产出表的较细行业划分对投入延长表进行拆分，从而将木制品业所包含的三大行业独立的区分出来。

其次是家具制造业。1997—2010年，最终需求贡献了增长的主要部分，构成了家具制造业增长的核心源泉，最重要的增长源泉是资本形成和出口，体现增长效率和增长质量的增加值率变化和中间投入结构对增长均表现为负作用。分阶段来看，2005年以前，出口是家具制造业增长的首要动力，2005年以后分别是资本形成和增加率变化，尤其是2007—2010年，家具制造业的增长动力源泉并不是最终需求，而是增加值率变化及中间投入结构，这与家具制造业整个时期以及木制品业的情况大相径庭。基于此，我们可以发现：第一，整体而言，家具制造业的增长源泉主要是最终需求，体现增长效率和质量的因素对增长并没有显著的贡献，与木制品业并无根本差异；第二，家具制造业增长的动力源泉表现出明显的阶段性，2007年以前主要是最终需求，2005年以后，增加率变化和中间投入结构开始对增长发挥积极贡献，尤其是2007年以来，更是成为家具制造业增长的主导和决定因素，虽然此间经历全球性质的金融危机，家具制造业出口、内销和资本形成都受到了严重的影响，然而危机倒逼家具制造业向效率和质量提升转变，家具制造业的增长转型初具雏形初见成效，增加率变化对增长的贡献达到最高，中间投入结构变化对增长的贡献次之，与之相比，“三驾马车”对增长的贡献均为负值。

再次是造纸及纸制品业。从整体来看，1997—2010年，造纸及纸制品业增长的主要动力源泉是最终需求，其中最终需求中的消费贡献最大，其次是资本形成，出口位列第三，增加值率变化和中间投入结构得贡献均为负值，这一结论与木材加工业和家具制造业并不本质差异。分阶段来看，不同时期最重要的增长源泉差异很大，1997—2002年、2002—2005年、2005—2007年、2007—2010年分别是消费、出口、中间投入结构、消费，第二重要的因素分别为出口、消费、出口、资本形成，与木材加工业、家具制造业的差异是消费作为重要的增长源泉和动力所发挥的关键作用。基于此，我们也可以发现：第一，造纸及纸制品业最重要的需求动力源泉乃是消费，这与木制品业另外两个产业截然不同，可能的原因在于对纸及纸板制造业的消费需求在快速上涨，成为拉动造纸及纸制品业快速增长的重要动力源泉，根据《中国造纸工业年度报告》数据显示，2000—2012 年纸及纸板消费总量从 3 575万吨增加到 10 048 万吨，增加了 1.81 倍；人均年消费纸及纸板从 29 千克增加到 74 千克，增加了 1.55 倍；第二，造纸及纸制品业需求角度的增长源泉表现出明显的阶段性，但是出口和消费作为重要的增长动力源泉贯穿始终，造纸及纸制品业快速增长过程中，增长质量及增长效率的改善集中于 2005—2007 年，其余年份则并不明显，或者相对于最终需求的贡献，增加值率变化及中间投入结构对增长的贡献并不突出。

从木制品业及其细分行业的最终需求拉动结构来看，仍然是依赖资本形成和出口为主，消费的比重偏低，而众多的研究（沈利生，2009，2011；乔为国，潘必胜，2005；贺铿，2006；李同宁，2008）都指出消费对增加值增长的贡献偏低，不利于产业发展和经济增长，更不利于产业转型升级。依靠资本形成和出口拉动的木制品业，其增长过程仍处于相对粗放和落后的增长阶段，对数量的关注胜于对质量和效率的关注，此种增长在一个产业扩张的早期是无可厚非的，世界范围内任何一个产业的扩张过程几乎都遵从这一进程，但是，中国木制品业已经增长到如此大规模，对于世界市场的影响举足轻重，应该说，已经接近或抵达追求增长质量和增长效率的节点，需求角度的增长动力源泉应该从资本形成和出口转向更多地依赖于国内消费，同时提升增加值率。从现有的数据来看，整体上，没有发现需求动力动力源泉的根本转变，唯有出口的贡献由于 2008 年的全球经济危机已经跌入谷底，但是，这并不意味着木制品业对出口的依赖就从此降了下来，而需要等待金融危机的影响逐渐弱化乃至消除之后，不同最终需求对增加值增长的贡献估计才更为客观，此时的增长动力源泉改变才更能说明木制品业发展的状况及前景。中国经济发展转型战略早在“九五”期间就开始推动，然而如今已经到了“十二五”，中国经济转型发展了近 20 年。从需求角度看，增长的动力源泉并未发生本质的变化，增长方式的转变以及产业的转型升级并未见显而易见的效果。由此也可以看出经济转型的困难和复杂性，整体经济转型的不前进，归根到底是具体产业的不作为不转型，或者转型困难太大、成本太高，具体到木制品业，我们可以更清楚地看到，过度依赖资本形成和出口的增长格局难以发生根本改观，对消费的依赖仍显偏低，产业转型发展依然面临诸多困难，追求增长质量和效率的实践仍十分匮乏。但是，我们同时也看到具体行业或产业在市场经济环境下的现实努力，木制品业正在朝着资金和技术密集型的方向发展，同时世界市场的重新调整与再布局不仅加大了中国木制品业转型升级的压力，同时也给了中国木制品业重新定位和占领世界市场的重大机遇。

五、结论与启示

本文基于1997—2010年投入产出基本表和延长表数据，采用非竞争型投入产出表方法核算了木制品业及其细分行业的需求角度动力源泉，明确了包括消费、资本形成和出口等不同最终需求及增加值率变化、中间投入结构等对增加值增长的贡献大小及其变化趋势。结果发现：①木制品业及细分产业的中间投入、初始投入及消费、资本形成、出口等最终需求在数量规模上均表现为较大幅度增长，但是增加值率却在下滑，反映了增长的质量和效率欠佳，木制品业整体、木材加工业、造纸及纸制品业等增加值率均出现明显下降，只有家具制造业增加值率有微幅上升。②不同细分产业增加值增长对最终需求的依存度方面，木材加工业对消费的依存度不断下降，对出口的依存度快速上升，对资本形成的依存度稳中有降，但仍居于主导地位；家具制造业对消费的依存度大幅下降，由最高变为最低，对出口的依存快速上升，并成为最主要的依存对象，对资本形成的依存稳中有升，但是波动较大；造纸及纸制品业对消费的依存呈下降趋势，但其主导地位并未改变，对资本形成的依存略有下降，对出口的依存有明显上升。③木制品业增加值的增长主要依赖最终需求，作为传统经济增长源泉的消费、资本形成和出口三驾马车发挥了关键主要的作用，资本形成在三驾马车中的作用最为突出，其次是出口，消费的作用最低，其贡献率分别达到52.77％、44.55％、35.06％，相比最终需求，中间投入结构和增加率变化对木制品业增长的影响更多地表现为消极方面，中间投入结构对增长的贡献仅为7.34％，增加值率变化对增长的贡献却为－39.72％。④木制品业及其细分产业在不同时期的增长动力源泉会有变化，主要是资本形成和出口，不同行业在不同时期存在明显差异，就增长质量和效率而言，家具制造业要优于木材加工业、造纸及纸制品业。

通过前述分析，我们可以得到两点启示：第一，木制品业发展依赖最终需求的基本格局并未变化，体现增长质量和效率的增加值率对增长的贡献仍然为负，只有中间投入结构变动对增长质量和效率提升发挥较小却积极的贡献，不仅如此，从对最终需求的依赖来看，主要是资本形成和出口，尤其是出口的贡献在2007年之前是比较突出的，可以认为，木制品业的增长仍然在走主要依赖要素投入的相对粗放的增长路径，转型升级对木制品业而言仍显遥远，对于资本形成和出口的依赖，尤其是对于出口的依赖，使得木制品业在应对世界市场的巨大波动时显得更为被动，所受的波及也更为明显和剧烈。第二，木制品业快速扩张的时期正在过去，随着劳动力工资和原料成本的快速上扬，正在倒逼木制品业走向转型升级的道路，追求技术和创新成为降低生产经营成本的根本之策，虽然，中国木制品业快速增长了多年时间，但是，跟世界先进水平的差距还很明显，对于先进技术的引进、消化、吸收、创新过程正在发生，越来越多的企业已经认识到不再可能依靠过去的劳动力优势和原料优势，受2008年全球金融危机影响，出口市场受到重创，市场的力量正在推进木制品业转型升级。

参 考 文 献

蔡跃洲，王玉霞．投资消费结构影响因素及合意投资消费区间——基于跨国数据的国际比较和实证分析．经济理论与经济管理，2010（1）：24-30.

陈绍志，李剑泉．入世后中国林产品市场与贸易发展变化及对策研究．林业经济，2012（09）：28-33，60.

范悦，宋维明．中国主要木质林产品出口增长因素分析——基于恒定市场份额模型测算. 林业经济，2010（12）：78-81，88.

贺铿．中国投资、消费比例与经济发展政策．数量经济技术经济研究，2006（5）：3-10.

姜瑾，朱桂龙．外商直接投资行业间技术溢出效应的实证分析．财经研究，2007，33（01）：112-121.

姜涛．转型时期中国产业发展动力的SDA分析．产业经济评论，2008，7（3）：115-132.

李同宁．中国投资率与投资效率的国际比较及启示．亚太经济，2008（2）：42-45.

刘瑞翔，安同良．中国经济增长的动力来源与转换展望——基于最终需求角度的分析．经济研究，2011（7）：30-41，64.

刘瑞翔．中国的增加值率为什么会出现下降？——基于非竞争型投入产出框架的视角．南方经济，2011（9）：30-42.

刘艺卓，左常升，田志宏．世界林产品贸易主要影响因素的实证分析．中国农村经济，2008（10）：54-66.

刘遵义，等．非竞争型投入占用产出模型及其应用——中美贸易顺差透视．中国社会科学，2007（5）：91-103.

乔为国，潘必胜．我国经济增长中合理投资率的确定．中国软科学，2005（7）：76-82.

沈利生．三驾马车的拉动作用评估．数量经济技术经济研究，2009（4）：139-151.

沈利生．最终需求结构变动怎样影响产业结构变动——基于投入产出模型的分析．数量经济技术经济研究，2011（12）：82-95，114.

王智波．我国产业结构变动的成因——基于投入产出表需求一侧的SDA模型分析．统计与决策，2011（08）：114-116.

张芳．针对加工贸易之非竞争型投入产出表的编制与应用分析．统计研究，2011（8）：

73－79.

张寒，聂影．中国林产品出口增长的动因分析：1997—2008. 中国农村经济，2010（01）：35－52.

张友国．中国贸易碳含量及其影响因素——基于（进口）非竞争型投入—产出表的分析．经济学（季刊），2010（4）：1287－1310.

Bernard，A. B. Jensen，J. B. Why some firms export. Review of Economics and Statistics，2004，86（2），561－569.

Bernard，A. B. Jensen，J. B. Entry，Expansion and Intensity in the US Export Boom：1987—1992. Review of International Economics，2004，12（4）：662－675.

Javorcik，B. S. Does foreign direct investment increase the productivity of domestic firms? In search of spillovers through backward linkages. The American Economic Review，2004，94（3）：605－627.

Korres，G. M. Sources of structural change：an input-output decomposition analysis for Greece. Applied Economics Letters，1996，3（11）：707－710.

López，C. Materials aspects of photonic crystals. Advanced Materials，2003，15（20）：1679－1704.

Pahlavan，R.，Omid，M. Akram，A. Energy input-output analysis and application of artificial neural networks for predicting greenhouse basil production. Energy，2012，37（1），171－176.

Robert Koopman，Zhi Wang，Shangjin Wei. How Much of Chinese Exports is Really Made in China? Assessing Domestic Value-added When Process Tradeis Pervasive? WorkingPaper，2008.

Rugani，B. Panasiuk，D. Benetto，E. An input-output based framework to evaluate human labour in life cycle assessment. The International Journal of Life Cycle Assessment，2012，17（6）：795－812.

（作者单位：秦光远　程宝栋：北京林业大学
曾寅初：中国人民大学）

水稻区域产量保险的风险等级划分及费率厘定研究：以云南为例*

钱振伟　范　杰　张　艳

目前，我国种植业保险主要是保生产环节的“物化成本”。推动种植业保险从保“物化成本”向保“产量”方向转变，对于保障我国粮食安全和促进农民增收具有重要意义。云南于2007年开始开展政策性种植业保险试点工作。在云南近年连续大旱情况下，我们发现云南种植业保险未能充分发挥出保障粮食安全和促进农民增收的制度功能。笔者认为保险产品设计不完善是主要原因之一。当前政策性种植业保险产品是以保“物化成本”为主，存在保障程度低、费率高和运营成本费用高等缺陷。Barnett（2004）、World Bank（2004）等研究指出，相比较于传统保物化的农业保险产品，区域产量保险能够有效降低道德风险和逆向选择的发生，具有管理成本低、产品标准化、程序简便和保障粮食安全等优势。区域产量风险等级划分及费率厘定是建立种植业区域产量保险的基础，也是实现农业保险费率区域化的前提。

国外学者在农作物损失评估及产量保险费率的研究方面，已提出了多种农作物单产数据的分布模型，比如Beta分布（Nelson C H，Preckel P V，1989）、Weibull分布（Sherrick B.J等，2004）、双曲线反正旋分布（Ramirez O.A等，2003）、Burr分布（Chen和Miranda，2008）等。但模型选择上并未形成统一的标准。学术研究中常用参数模型、半参数模型和非参数模型等统计模型对产量数据进行分布拟合。随着产量分布具体服从何种参数模型的争议越来越大，学者开始将研究方法从参数模型向非参数模型转变。Barry K. Goodwin（1998）等人通过非参数核密度模型拟合了农作物产量概率密度，由密度函数计算出农作物产量保险的费率。Goodwin（2000）等人利用经验贝叶斯非参数核密度方法对该问题进行重新探讨，得出的研究此方法对样本数据容量的要求更低，测算出的费率更准确。

国内学者对产量保险中农作物生产风险的量化和评估等问题的研究热情也伴随着政策性农业保险的深化开展不断升温。刘镰（1997）等提出，我国

* 2012年国家自然科学基金项目《现代农业巨灾风险保障体系及实施难点研究：基于粮食安全视角》（批准号：71263056）。

农业保险工作中保险费率、赔付率等决策过程基本依靠经验和协商，主观随意性较大，缺乏严谨的科学依据。邢鹂（2006）运用风险特征、生产风险程度大致类似以及粮食发展方向基本相同的原则，通过聚类分析法对全国粮食产地进行了风险等级划分，得出粮食主产区的生产风险明显高于全国平均和非主产区的结论。姜会飞（2009）根据保费收支平衡原理测算出了东北三省县级水稻保险的纯费率和保费。王克和张峭（2010）拟合新疆3个县（市）棉花的单产分布，分析了不同分布形态下的棉花产量保险费率的区别。郭兴旭和陶建平（2010）根据参数方法和非参数方法分别估计湖北省78个县市的油菜生产风险，并厘定其纯费率。梁来存（2010）在假设粮食单产服从正态分布情况下厘定全国各省份粮食的保险纯费率，并结合区划结果和政策取向作了相应调整。国内现有的有关农业保险费率厘定的实证研究中，少有考虑到不同县域产量间相互关系的研究，李文芳、刘锐金（2009）等收集了湖北省荆州市1991—2007年县级水稻单产数据，采用分层贝叶斯模型计算了荆州各县级水稻产量保险费率。

纵观国内外现有的文献成果可以发现，国内文献研究对农作物风险区域划分和产量保险涉及较少。相比较而言，国外已有文献的研究成果在内容更为广泛，层次更深刻。国外开办的农作物保险产品也比我国现有险种更丰富，例如美国的农作物收入保险和印度的气象指数保险。研究云南省水稻区域产量保险的风险等级划分及费率厘定，可以为农业保险区域产量保险的开发设计提供理论指导，从而丰富农作物保险产品的种类，满足多层次的农业保险需求，保障粮食安全，促进农民增收。

一、云南水稻区域生产风险的等级划分

关于风险概念的界定，学界一直存在两种观点：一是强调风险表现为不确定性；二是强调风险表现为损失的不确定性。二者皆认为风险是不确定的，但是后者突出损失的不确定才是风险，对于盈利或者无盈利无损失的不确定性不属于风险。本文对风险的理解属于广义风险范畴，即事件发生的不确定性，指实际结果偏离预期结果的程度。因此，对于水稻单产波动模型的拟合所采用的样本数据除了减产数据，还包含实际单产量高于或者等于趋势单产值的情况。在已有学术研究理论里，一般采用定性方法和定量方法对生产风险进行划分。前者主要有主导指标法、套迭法和经验法等，一般是设定一些指标对不同地区或不同农业种类进行衡量，并以指标为依据进行生产风险划分。后者常见方法有聚类分析法和线性规则法等，主要运用数理统计方法，通过一定的数据方法处理和模型来划分不同的生产风险区域。本文结合主导指标法与聚类分析法两种方法对云南省水稻生产风险进行等级划分。

（一）主导指标选择

风险区域划分的具体指标体系一般包括反映农作物灾害形成条件差异的指标、农作物灾害统计指标以及农作物损失产量指标三类。邢鹂（2004）对我国种植业进行生产风险划分时设计了3个主导指标：农作物单产变异系数、农作物种植专业化指数和农作物种植效率。本文再引入 P（农作物单产减产率>5%）和农作物受灾指数共同构建水稻生产风险的区域划分指标体系。

表1　水稻生产风险的区域划分指标及其解释

指标	指标含义	指标类型
A1	水稻单产量变异系数	综合型指标
A2	水稻种植的专业化系数	各地区种植业生产规模指标
A3	水稻种植的效率指数	各地区种植业生产水平指标
A4	水稻单产量减产率大于5%的概率	各地区自然条件指标
A5	水稻受灾指数	各地区灾害统计指标

1. 水稻单产量变异系数。A1为各地区水稻单产量变异系数，是衡量水稻单位面积产量年际变动幅度的综合型指标。变异系数的值越小说明水稻生产越稳定，其生产风险越小。其中，分析所需的水稻单产量数据要求平稳，对于非平稳的数据需要进行趋势化去除。

2. 水稻种植的专业化系数。A2水稻种植的专业化系数反映一个地区水稻生产的规模和专业化程度。一般而言，水稻的种植规模越大，其生产风险也越大。专业化指数的计算公式：

$$RSI_i = \frac{RP_i / TP_i}{RP / TP} \tag{1}$$

式中，RSI_i 为 i 区的水稻种植的专业化系数；RPI_i 为州市（县）i 区水稻的种植面积；TP_i 为州市（县）i 区所有农作物的种植面积，RP 为云南省水稻的种植面积，TP 为云南省所有农作物的种植面积。

$RSI_i > 1$ 表明与全省水稻种植平均专业化水平相比，i 区水稻的生产规模较大；反之，$RSI_i < 1$ 表明 i 区水稻的生产规模相对于全省平均水平较小。

3. 水稻种植的效率指数。A3水稻种植的效率指数主要是从资源内涵生产力的角度反映水稻的生产风险程度。计算公式如下：

$$REI_i = \frac{AY_i}{AY} \tag{2}$$

式中，REI_i 为 i 区水稻种植的效率指数；AY_i 为州市（县）i 区水稻的平均单产；AY 为云南省水稻的平均单产。一般而言，REI_i 值越大，表明生产优势越明显，同时生产风险也越大。$REI_i > 1$ 表明与 i 区水稻的生产效率比全省水稻平均种植效率水平更具有优势；$REI_i < 1$ 表明 i 区州市水稻平均单产量与全省平均水平相比，其生产效率处于劣势。

4. 水稻单产减产率大于5%的概率。A4 水稻单产减产率大于5%的概率是基于邓国等人将单产减产率大于5%的年份成为灾年①。从定义可以看出该指标反映某一地区自然条件的优劣。计算公式如下：

$$P(\text{水稻单产减产率} > 5\%) = F(-0.05) \tag{3}$$

$F(\cdot)$ 为单产波动的分布函数。$P(\text{水稻单产减产率} > 5\%)$ 的值越大说明该地区水稻也容易受灾，水稻的生产风险也越大。

采用随机单产波动模型评估水稻生产风险的步骤如下：①收集历年各州市水稻种植的单产数据；②检验各州市水稻单产数据的稳定性，如果单产数据是非平稳时间序列数据，则需要剔除趋势，进行平稳性转化；③拟合单产波动模型，在剔除趋势后，需要选择最优单产波动模型并估计参数得到最优模型；④根据已经所得的最优单产模型计算各州市水稻的单产风险。

（1）数据处理。在对一组时间序列数据进行分析之前，必须对时间序列数据进行稳定性检验，即进行单位根检验。常见的单位根检验方法主要有两种：ADF 检验和 Phillips－Perron（PP）检验。Walter Enders（1995）指出，较 ADF 检验而言，PP 检验具有残差假设较少，拒绝存在单位根原假设可信度更强的优点。因此，本文选择 PP 检验对云南省 16 个州市水稻的单产时间序列数据进行单位根检验。对于平稳序列数值可直接进行分布拟合，而对于非平稳序列需要进行趋势剔除转化为平稳序列。对于趋势值的确定，可以通过滑动平均值法和趋势线回归模型法等方法。简单的滑动平均值法经过滑动平均后，会损失序列数据，使得样本变小，进而损失样本信息。趋势线回归模型法具有较大的主观性，而且不适合随机性时间序列。本文采用的是滑动平均加权修正法。该方法是以一定的步长计算出滑动平均值，再将滑动平均值按照每个时期出现次数进行简单平均来模拟趋势产量，方法简单且不存在损失样本数据的情况。

假设 Y_t^1，Y_t^2，Y_t^3，Y_t^4，…，Y_t^{16} 分别表示云南省 16 个州市历年水稻种植的实际单产量数据，$t = 1,2,\cdots,24$ 对应的时间点为 1989—2012 年。

水稻实际种植的单产数据可表示为：

---

① 邓国，王昂生，周玉淑，李世奎．中国粮食产量不同风险类型的地理分布．自然资源学报，2002（2）．

$$Y_t^i = y_t^i + w_t^i \qquad i = 1,2,3,\cdots,16 \tag{4}$$

式中，y_t^i 为时间序列中的确定值，即趋势值；w_t^i 为随机波动值，即剔除趋势后的平稳时间序列数据。对于趋势值 y_t^i 的确定，本文采取滑动平均加权修正法，具体表达式为：

$$\overline{y_t^i} = \frac{1}{K}\sum_{t}^{K+t-1} Y_t^i \tag{5}$$

$$y_t^i = \frac{1}{Q}\sum_{t=1}^{Q} \overline{y}_t^i \tag{6}$$

式中，$\overline{y}_t^i$ 为简单滑动平均值；K 为滑动步长；Q 为每个时期在 $\overline{y}_t^i$ 中的累计次数。根据上面的式（5）和式（6），通过简单滑动平均后可以得出 $N-K+1$ 个 $\overline{y}_t^i$ 值（N 为样本容量）。每个 t 点均有 Q 个 $\overline{y}_t^i$ 值，Q 的大小与 N、K 有关。当 $K \leqslant N/2$ 时，$Q = 1,2,\cdots,K,\cdots,K,\cdots,2,1$ 。其中连续为 K 的个数为 $N-2(K-1)$ 。

确定了趋势值之后就可以将平稳的时间序列数据 w_t^i ，表达式为：

$$w_t^i = Y_t^i - y_t^i \tag{7}$$

虽然得到的 w_t^i 是一个平稳系列数据，但是具有量纲性，不具备可比性。张峭等认为采用相对随机波动（RSV）系列可以有效地进行无量纲化处理并作为生产风险的代表，其计算表达式为：

$$RSV_t^i = \frac{w_t^i}{y_t^i} \qquad i = 1,2,3,\cdots,16 \tag{8}$$

（2）单产波动模型的分布拟合。对单产随机波动模型进行选择前，可以根据柱状图或散点图对分布形式进一个简单的推断，进而对所选分布采用 Chi - Squared 检验、K - S 检验、AD 检验等方法来确定各个州市水稻单产波动模型的最优分布模型。对 RSV_t^i 系列值进行分布拟合，选择最优分布得到函数表达式 $f(x)$ 。

（3）生产风险的评估。根据最优分布的概率密度函数 $f(x)$ 可以得到单产分布函数 $F(x)$ ，赋予 x 一定的数值就可以得到水稻发生损失 x 的概率。例如赋予 $F(x)$ 函数表达式中 x 的值为 -0.05，就可以得到 $F(-0.05)$ 的值。

5. 水稻受灾指数。A5 水稻受灾指数是地区旱灾、冰雹及洪涝灾害发生频率及危害程度。主要依据第三章中各种灾害的区域划分及灾害等级来计算，计算公式如下：

$$CAI_i = \frac{1}{n}\sum_{j}^{n} X_{ij} \tag{9}$$

式中，CAI_i 为 i 区的水稻受灾指数；x_{ij} 为州市（县）i 区的发生 j 灾害的风险等级；n 为主要灾害种类的总数。

CAI_i 值越大，表明水稻生产更容易遭受灾害，生产风险也更大。

（二）聚类分析法

聚类分析法可以在没有先验知识的情况下，将一批样本数据按照各自性质上的亲疏程度进行自动分类。常见的聚类分析方法有层次聚类分析法和快速聚类分析法。聚类过程包括组内（间）连接法、最近（远）邻元素法、中位数聚类法和质心聚类法等。度量标准主要有欧式距离、欧式平方距离、余弦和皮尔森相关性等。

（三）实证

收集了 1989—2012 年云南省各州市水稻种植的产量、播种面积、农作物产量、农作物播种面积和灾害等级等数据①。若以 1%为显著水平，那么根据表 2 的结果可以看出只有曲靖、保山和西双版纳的水稻单产序列数据的 P 值等于 1%，其他 13 个地州（市）数据的 P 值均大于 1%。因此可以得出结论：曲靖、保山和西双版纳的水稻单产序列数据是平稳性的，其他 13 个地州（市）的水稻单产序列数据是非平稳性的。

表 2　云南省各州市水稻单产数据的 PP 检验结果

地区	P 值	地区	P 值	地区	P 值	地区	P 值
昆明	0.458 2	曲靖	0.01	玉溪	0.780 4	保山	0.01
昭通	0.157 7	丽江	0.048 7	普洱	0.923 4	临沧	0.165 6
楚雄	0.050 5	红河	0.798 7	文山	0.488 2	西双版纳	0.01
大理	0.058 2	德宏	0.144 5	怒江	0.147 8	迪庆	0.192 2

为了体现中长期的水稻产量趋势，本文采用步长 $k=10$ 。按照上述关于利用随机单产波动模型评估水稻生产风险的方法，首先对 13 组非平稳性数据进行趋势剔除处理，然后对 16 组平稳数据进行无量纲化处理得到 16 组相对随机波动序列值，最后利用每组相对随机波动序列值进行模型拟合得到最优模型。通过 Easyfit 软件对序列值拟合发现西双版纳、保山、大理、迪庆、普洱、文山、红河、临沧和曲靖服从 Gen Extreme Value 分布，楚雄、丽江和昆明服从 Dagum（4P）分布，昭通和德宏服从 Gumbel Min 分布，玉溪服从 Cauchy 分布，怒江服从正态分布。

① 数据来源于《云南统计年鉴》、中国种植业信息网、云南统计局网站、云南气象局网站和云南农业厅。

依据各指标的计算方法可以得出云南省各地州市风险指标值（表3）。

表3　云南省各地州市风险指标值

地区	C·V	SAI	EAI	F（−0.05）	CAI
昆明	7.29%	0.73	1.20	32.56%	2.00
曲靖	8.59%	0.46	1.03	27.89%	2.33
玉溪	4.69%	0.76	1.19	11.39%	2.30
保山	9.77%	1.48	1.14	28.73%	2.30
昭通	14.65%	0.34	0.97	27.02%	2.87
丽江	9.22%	0.91	1.03	50.64%	2.63
普洱	13.87%	1.64	0.71	19.76%	2.23
临沧	12.80%	0.86	0.82	18.01%	1.90
楚雄	12.47%	1.40	1.18	41.18%	2.00
红河	8.01%	1.44	1.03	15.26%	2.13
文山	13.16%	0.75	0.97	21.59%	2.50
西双版纳	12.57%	2.93	0.87	35.58%	1.83
大理	12.08%	1.33	1.20	22.35%	1.93
德宏	4.79%	2.18	0.92	13.02%	2.07
怒江	6.09%	0.60	0.89	12.30%	1.60
迪庆	12.54%	0.42	0.59	29.25%	2.20

选取欧式距离的平方作为指度量标，通过组间连接方法对表3的样本数据进行层次聚类分析，采用SPSS软件分析得到聚类冰柱图（图1）。由此可见，将云南省水稻生产风险可划分为五个类别。风险最高区：西双版纳；风险较高区：昆明、曲靖、玉溪、文山、丽江、昭通；风险中等区：普洱、大理、楚雄、红河、保山；风险较低区：临沧、怒江、迪庆；风险最低区：德宏。

二、水稻产量保险费率的测算

1. 水稻产量保险费率的测算方法。水稻产量保险纯费率的厘定方法主要有经验费率法和单产分布模型法两种。其中经验费率法是根据单个农户或地区的历史水稻种植损失情况和自身经验，对当期水稻种植保险的纯费率进行估计的一种方法，该方法需要有大量的经验数据。然而，云南整个农业保险的开展时间较晚，没有足够多的历史数据，因此根据经验费率法来厘定纯费率可能得到一些不严谨的结论。而单产分布模型法的是利用数理统计及概率论知识，拟合某地区某种水稻单产风险的分布函数，通过求得分布函数的

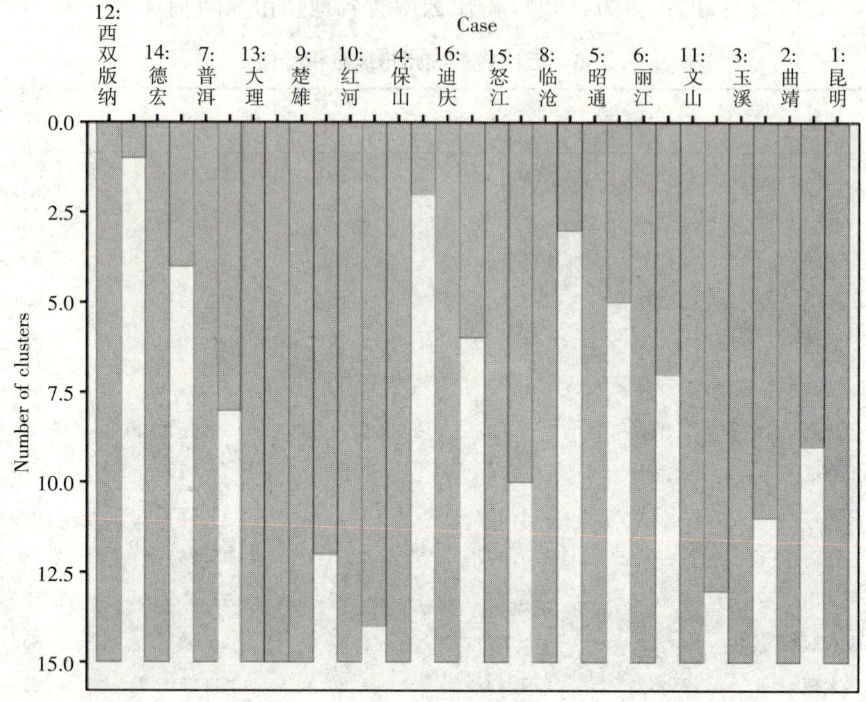

图 1　云南省各地州水稻生产风险聚类冰柱图

期望值来厘定纯费率的方法。相比较下，该方法理论严谨，其计算结果更为准确，近年来也得到了较为广泛的应用，因此本文也基于这种方法对云南省水稻产量保险的纯费率进行厘定。

本文主要采用的是基于水稻的单产风险来进行水稻产量保险纯保费率的厘定分析。某州市水稻产量保险的合理纯费率应该等于该州市水稻产量的期望损失百分比。设 x 为区域水稻的 RSV 序列值，水稻单产随机波动模型的分布函数为 $F(x)$，相应的概率密度函数为 $f(x)$，L 为在一定保障水平下水稻的损失值，水稻产量保险的保障水平为 Y_C，则有：

$$x = \frac{Y_t^i - y_t^i}{y_t^i} \tag{10}$$

$$L = Y_C y_t^i - y_t^i(1+x) = y_t^i[Y_C - (1+x)] \tag{11}$$

式中，Y_t^i 为水稻实际产量值；y_t^i 为水稻趋势产量值。根据式（10）可知 x 的取值范围为 $[-1, Y_C - 1]$，则水稻产量保险的纯费率表达式为：

$$r = E[Y_C - (1+x)] = \int_{-1}^{Y_c - 1} [Y_c - (1+x)] f(x) dx \times 100\% \tag{12}$$

从以上计算公式可以，纯保险费率 r 就等同于水稻产量的期望损失率，而水稻产量的期望损失率大小受两个关键因素的影响：一个是水稻单产分布

模型的密度函数 $f(x)$，另一个是水稻产量保险的保障水平 Y_C 。

由于农作物在生产过程中自然灾害往往呈现一定的区域性，因此以区域产量作物承保标准还应考虑相邻区域农作物生产过程中风险的相关性，为此需要对保险纯费率作出相应调整才能反应该区域纯粹的风险大小。本文借用加拿大 Manitoba 省农业保险产品根据相邻区域费率对某个特定区域的费率水平进行调整的做法，具体调整公式如下：

$$R_i = \frac{(N+1)RR_i + \sum_{j\neq i} RR_j}{2N+1} \tag{13}$$

式中，i 是目标区域；j 表示与目标区域 i 相邻的区域；RR_i 和 RR_j 是调整前的纯费率；R_i 是调整后的纯费率；N 是与目标区域处于相邻区域的个数。

2. 实证研究。由上可知，西双版纳、保山、大理、迪庆、普洱、文山、红河、临沧和曲靖服从 Gen Extreme Value 分布，楚雄、丽江和昆明服从 Dagum（4P）分布，昭通和德宏服从 Gumbel Min 分布，玉溪服从 Cauchy 分布，怒江服从正态分布。为了防范道德风险和降低业务管理成本，沿用当前水稻种植保险的绝对免赔率为 20%，规定水稻产量保险的保障水平为 80%。根据纯费率计算公式，利用 Matlab 软件测量保障水平为 80%的情况下（$Y_c = 0.8$），云南省各州市水稻产量保险的纯费率（图 2）。

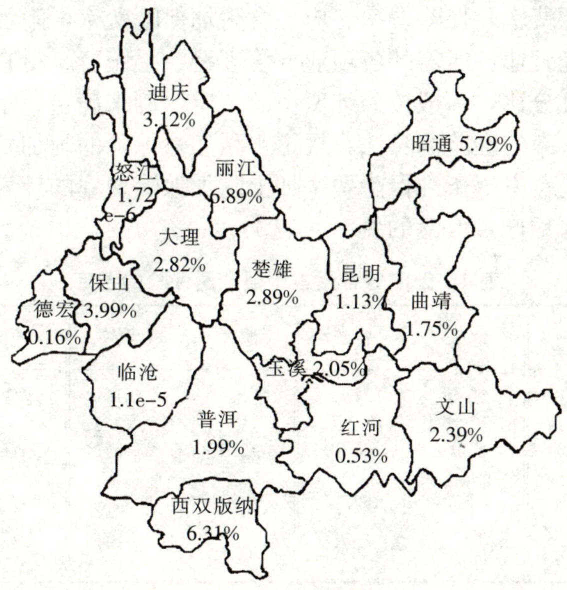

图 2　云南省各州市水稻产量保险调整前的纯费率

由于水稻种植生长的整个过程面临的灾害风险具有很强的系统性，相邻区域的水稻产量大小存在较强的依附性。单一地根据某个地州的水稻单产数据确定平均损失来计算相应的保险费率是不全面的。为了体现该区域水稻种植的系统性风险，需要依据式（13）对相邻区域的费率进行调整，最终得到含系统性风险的调整后费率（图3）。

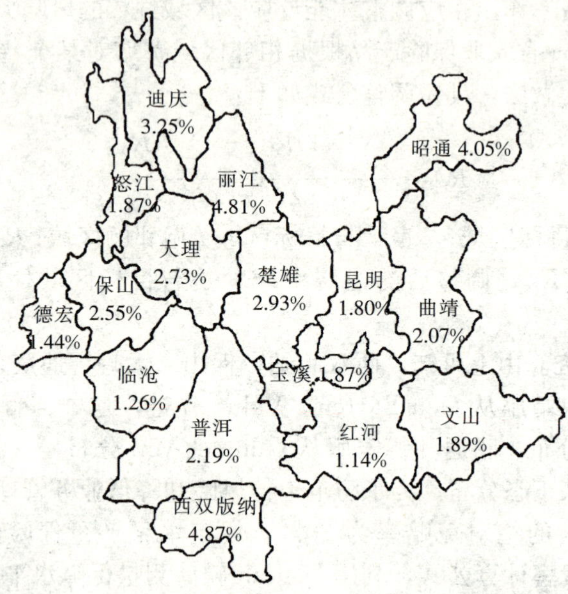

图3　云南省各州市水稻产量保险调整后的纯费率

除了纯保险费率，保险费率还应包含附加保险费率，附加费率指一定时期内保险机构经营业务所需的各项业务管理费、手续费、材料费等费用开支与保险金额的百分比，一般按照纯费率的一定比例来确定。本文借用财产保险公司对附加费率的经验测算法，规定水稻产量保险的附加费率为纯费率的30%。根据保险费率等于纯保险费率加上附加保险费率的计算公式，得到云南省各地州市水稻产量保险的费率（表4）。

表4　云南省各州市水稻产量保险的费率

地区	费率	地区	费率	地区	费率	地区	费率
昆明	2.34%	红河	1.48%	楚雄州	3.81%	德宏州	1.87%
曲靖	2.29%	普洱	2.85%	文山	2.46%	怒江州	2.43%
玉溪	2.43%	昭通	5.27%	临沧	1.64%	西双版纳	6.33%
大理州	3.55%	保山	3.31%				

三、结　　语

本文依据五项风险主导性指标进行系统聚类分析将云南省各州市的水稻

生产风险划分等级，并且基于单产波动模型测算了各个地州水稻区域产量保险的纯费率并进行区域调整及经验法附加费率，最终得到水稻区域产量保险的费率。各州市的水稻区域产量保险费率测算结果为：昆明 2.34%、玉溪 2.43%、红河 1.48%、普洱 2.85% 等，西双版纳州费率最高，达到 6.33%，均比当前费率 7.5%低①，效率更高，符合经验判断。另外，云南省各州市水稻产量保险的费率水平基本与生产风险区域划分保持相一致。风险等级越高，产量保险费率越高；反之亦成立。

本文虽然可以为云南省水稻区域产量保险的设计研发提供相应的理论参考，但也发现目前要进行精确风险度量还是难以做到的。这主要受两方面的局限：一是云南属于立体式气候，气象灾害的等级划分准确度不高。气象特征不断变化，准确的灾害等级不单单是干旱、冰雹和泥石流三种灾害就能体现的。二是综合衡量风险的指标或缺，例如没有考虑到土壤成分和海拔高度等可能影响因素。

参考文献

郭兴旭，陶建平．湖北省油菜保险纯费率比较研究——基于不同单产分布下的实证研究. 保险研究，2010（1）：65-72.

姜会飞．农业保险费率和保费的计算方法研究．中国农业大学学报，2009（6）：109-117.

李文芳，刘锐金，方伶俐．基于分层贝叶斯模型的农作物区域产量保险费率厘定研究．生态经济．2009（7）：40-42.

梁来存．我国粮食单产保险纯费率厘定的实证研究．统计研究，2010（5）：67-73.

刘镰，王卫，刘东都，等．河北三种农作物气象受灾程度分级与灾害损失率分区的研究. 中国生态农业学报．1997（4）：25-37.

钱振伟，李云仙，王翔，等．创新政策性农业保险模式及其巨灾风险分散机制研究：基于对云南省实践的调查．北京：经济科学出版社，2011.

钱振伟．农业保险发展理论与实践——基于对云南实践的跟踪调查．北京：中国金融出版社，2013.

王克，张峭．农作物单产风险分布对保险费率厘定的影响——以新疆 3 县（市）棉花单产保险为例．中国农业大学学报，2010，15（2）：114-120.

邢鹂．中国种植业生产风险与政策性农业保险研究．南京：南京农业大学，2004.

邢鹏，钟甫宁．粮食生产与风险区划研究．农业技术经济．2006（1）：19-23.

Barnett. B. Agriculture index insurance products：strengths and limitations. Presented at Agriculture Outlook Forums，Washington，USA，USDA. February19，2004.

① 2012—2015 年云南种植业保险中水稻保险的保险金额为 260 元，保险费率 7.5%，保险费为 19.5 元/亩，旱灾、虫灾等灾害为水稻保险的基本责任。目前云南种植业保险盈利较大。

Chen S L，Miranda J M. Modeling Tex as dry land cotton yields，with application t o crop insurance actuarial rating. Journal of Agricultural and Applied Economics，2008，40 (1)：239－252.

Goodwin BK，Piggott NE. Spatial market integration in the presence of threshold effects. American Journal o f Agricultural Economics，2001，83 (2)：302－317.

Goodwin. BK，M. C. Roberts and K. H. Coble. Measurement of Price risk in Revenue Insurance：Implications of Distributional Assumptions. Journal of Agricultural and Resource Economics，2000 (25)：195－214.

Nelson C H and Preckel P V. The conditional beta distribution as a stochastic production function. American Journal of Agricultural Economics，1989 (71)：370－378.

Ramirez O A，Misra S K，Field J E. Crop yield distributions revisited，American Journal of Agricultural Economics，2003，85 (1)：108－120.

Sherrick B J，Zanini F C，Schnitkey G D，et al. Crop insurance valuation under alternative yield distributions . American Journal o f Agricultural Economics，2004，86 (2)：406－419.

World Bank. Agriculture index insurance products：strengths and limitations. In Agriculture Investment Sourcebook Module 10，available at World Bank website，2004.

（作者单位：钱振伟：云南财经大学
范杰　张艳：中国人保财险云南分公司）

辽中县有机肥资源利用现状及潜力发展研究*

吕　杰　王志刚　郗凤明　郉龙飞　王美玲

在我国新型城镇化背景下，保护农村生态环境，加快建设资源节约型、环境友好型农业社会，发展循环农业经济已引起政府乃至全社会的广泛关注。循环农业实质上是将农业清洁生产与废弃物资源化利用有机结合，最大限度地提高农业资源的利用效率，以推进农村和农业可持续发展。循环农业中废弃物资源化利用是非常重要的一个环节，其中规模养殖畜禽粪便的资源化利用最为紧要。

近 20 年来，中国畜禽养殖业生产快速增长，其规模化、集约化程度越来越高，大量畜禽粪便排放使环境污染日趋严重，并且严重影响人类的健康。2000—2012 年，中国猪牛羊肉、奶类和禽蛋的产量分别增长了 2 373.3 万吨、2 956.3 万吨和 679.2 万吨，增长幅度分别为 39.4%、321.7%和 31.1%。随着人们对畜禽产品需求量的不断增加，畜禽养殖业的数量和规模不断扩大，同时畜禽粪便排放量也大幅增加。20 世纪 80 年代，中国畜禽粪便总产量仅为 6.9 亿吨，到 2009 年已达到 32.64 亿吨，据预测，到 2020 年，中国畜禽粪便排放量将达到 42.44 亿吨。

然而，研究表明，随着集约化畜禽养殖业不断发展，种植和养殖业日趋分离，畜禽粪便的资源化利用率却逐年下降，畜禽粪便给农村环境带来严重污染。传统农业中，畜禽养殖业主要以散养为主，农户将畜禽粪便收集处理，有机肥料由周边农田消纳吸收，但从 20 世纪 60 年代以来，有机肥逐渐被化肥替代，有机肥施用比例不断下降，大量畜禽粪便未经处理直接排放，对周围的地表和地下水体、土壤和空气造成严重污染，并对资源造成极大浪费。对于畜禽粪便资源化利用方面，国内外许多学者从不同方面进行探讨：有些学者从畜禽粪便资源化利用方式进行分析，如用作肥料、饲料、燃料及工业化原料等；有的从畜禽粪便资源化利用处理技术进行研究，如干燥处理法、除臭法、焚烧法及综合处理法等；有的从畜禽粪便资源存量估算及能源潜力评价进行论述，如估算中国畜禽粪便资源总排放量和沼气生产潜力等；

* 国家自然科学基金项目（No. L1222014）资助。

还有些国外学者从畜禽养殖业废弃物管理和控制方法进行研究，如利用氮平衡的方法控制区域畜禽养殖规模，对化肥使用征税，承包合同与畜禽废弃物污染之间的潜在关系依赖于畜禽养殖的规模化、专业化和集约化，畜禽废弃物贮存管理等。

综上可见，国内外学者从不同学科和角度对畜禽粪便资源化利用问题进行研究，这些研究大多是从资源化利用方式及技术、总量估算和能源潜力评价层面来展开，部分是从管理和监控层面进行分析研究，而针对区域畜禽粪便与同期化肥施用量中所含养分量对比分析的文献却不多，特别是从时间角度对畜禽粪便肥料化发展潜力分析很少研究。畜禽粪便中含有大量有机质和丰富的氮、磷、钾及微量元素，是优质有机肥料，能提高土壤肥力，稳定农作物产量，改善农产品品质，畜禽粪便肥料化利用是我国传统处理粪便方法，也是世界各国最为常用处理和利用方法，是一条行之有效的途径。本文以辽宁辽中县为例，研究区域畜禽粪便资源化利用现状，对近 7 年畜禽粪便所含养分量存量进行估算，对比分析畜禽粪便和使用化肥的养分含量，研究其资源化利用发展潜力，并针对目前畜禽粪便资源化利用率下降原因进行分析，提出促进畜禽粪便肥料化利用和有机肥发展的对策建议，旨在为相关研究提供参考依据。

一、研究地区和研究方法

（一）研究区概况

本文以沈阳市辽中县为研究区域。辽中县位于辽宁省中部，地处东经 122°28′～123°6′、北纬 41°12′～41°47′。全县区域面积 1 460 平方公里，地处辽河流域下游，属辽河、浑河冲积平原。地势平坦，土质肥沃，是全国粮食生产基地县。该县域处南温带亚湿润区，属大陆性气候，春季多风，夏季频雨。年平均气温 8℃，年平均降雨量 640 毫米。截至 2012 年，全县耕地面积 76 666.67 公顷，总人口 48.5 万人，农民人均纯收入达 12 595 元，同比增长 13.9%；境内种植业以水稻、玉米、花生、蔬菜为主，辽中县养殖业发达，2012 年肉牛出栏数为 43.8 万头，畜禽养殖以肉牛、猪、养鸡为主，其中肉牛养殖为一大特色。

（二）研究对象

本研究范围为辽中县规模化养殖畜禽粪便。以县为单位，估算 2006—2012 年全县肉牛、猪和肉鸡的粪便排放量、推算畜禽粪便中所含氮、磷、钾的含量以及 2006—2012 年全县农业化肥施用量及折纯量。

（三）研究方法

本文主要采用文献资料查阅、实地调研与估算畜禽养殖粪便存量等相结合的综合比较分析方法。参照畜禽粪便日排泄量系数以及畜禽粪便主要肥料成分含量系数等，在此基础上，对研究区农户种植业、养殖业情况进行调查，一方面调查农作物面积、产量、化肥使用、养殖类型和数量情况，另一方面调查农户对畜禽粪便和秸秆等有机废弃物的处理方式情况等。

（四）基础数据和参数来源

本文统计数据主要来源于《沈阳农村统计年鉴》和《沈阳统计年鉴》以及研究区动物卫生监督管理局、经济和信息化局和环境保护局等部门提供的数据资料，2006—2012 年研究区畜牧业主要畜禽养殖情况见表 1，通过对比分析不同学者研究成果来确定估算中所涉及的主要参数。

表 1　研究区主要畜禽养殖数量（2006—2012 年）

品种	2006 年	2007 年	2008 年	2009 年	2010 年	2011 年	2012 年
牛（头）	234 686	235 477	220 019	295 394	365 981	408 982	438 638
猪（头）	972 983	867 094	810 182	857 860	935 877	1 068 851	1 140 442
鸡（百只）	162 200	161 400	160 800	167 800	200 885	210 600	229 400

（五）畜禽粪便资源存量及主要畜禽粪便养分含量估算

1. 畜禽养殖数量和养殖周期。畜禽养殖数量依据其平均养殖周期来确定。一般平均养殖周期小于 1 年的，以当年出栏量作为养殖数量，存栏量不考虑，因为存栏的这部分畜禽会计算在下一年的出栏量中，平均养殖周期大于 1 年的畜禽，一般当年出栏较少，故以存栏量作为养殖数量，养殖周期计为 356 天。根据动物卫生监督管理局提供的资料数据，研究区肉牛养殖户多数是从新疆和内蒙古等地购进架子牛进行育肥饲养，故肉牛的平均养殖周期为 150 天；生猪的平均养殖周期为 150 天，肉鸡的平均养殖周期为 45 天。

2. 畜禽粪便排泄系数。单个动物每天排出的粪便数量为畜禽粪便排泄系数，即单头日产粪便量。畜禽粪便日排泄量与品种、性别、生长期、饲料成分、管理方式、季节甚至气候等多种因素有关，但一般波动不会太大。鉴于我国目前尚没有畜禽养殖粪便排泄系数标准，本文根据当地相关部门提供的数据，并结合实地调研数据，取其平均值作为畜禽粪便排泄估算系数（表 2）。

表2 研究区畜禽养殖粪便排泄系数

品种	养殖周期（天）	日粪便量（千克）	日废水量（千克）	周期固废量（吨）	周期废水量（吨）
肉牛	150	12	15.33	1.8	2.3
生猪	150	2	5.33	0.3	0.8
肉鸡	45	0.16	0	0.007	0

3. 畜禽粪便中主要养分含量系数。畜禽粪便中含有大量有机质，氮、磷、钾及微量元素含量丰富，碳氮比也比较低，是微生物的良好营养物质，非常适合作有机肥。根据国内对于畜禽粪便中各种主要肥料含量的研究，取其平均值作为畜禽主要养分含量系数，见表3。

表3 畜禽粪便主要养分含量

单位：%

品种	有机质	全氮	全磷	全钾	水分
牛粪	12.01	0.47	0.19	0.50	81.03
猪粪	10.60	1.09	0.32	0.68	74.14
鸡粪	21.58	1.41	0.90	0.78	56.00

（六）计算方法

1. 畜禽粪便排泄量估算。

$$Q_{ij}=N_{ij}C_iE_i \qquad i=1,2,\cdots,n$$

式中，Q_{ij}为在第j年畜禽i粪便排泄量；N_i为在第j年畜禽i养殖数量；C_i为畜禽i养殖周期；E_i为畜禽i排泄系数；n为畜禽品种数量。

2. 畜禽粪便资源主要养分含量估算。

$$N_{ij}=Q_{ij}\alpha_i \qquad i=1,2,\cdots,n$$

式中，N_{ij}为第j年畜禽i粪便中主要养分含量；Q_{ij}为在第j年畜禽i粪便排泄量；α_i为畜禽i粪便主要养分含量系数；n为畜禽品种数量。

3. 农用化肥折纯量计算。农用化肥折纯量是指把本年内实际用于农业生产的化肥数量（包括氮肥、磷肥、钾肥和复合肥）分别按含氮（N）、含五氧化二磷（P_2O_5）、含氧化钾（K_2O）的100%成分进行折算后的数量，表示化肥的实际肥效，复合肥按其所含主要成分折算①。

$$Y_{ij}=\sum_i^n F_{ij}\beta_{ik} \qquad i=1,2,\cdots,n \quad k=1,2,3$$

① 中国知网百科知识数据辞典。

式中，Y_{ij} 为第 j 年化肥 i 的折纯量；F_{ij} 为第 j 年化肥 i 施用数量；β_k 为化肥 i 含有效成分（N、P_2O_5、K_2O）的折纯率；n 为化肥品种数量。

二、结果与分析

（一）畜禽粪便排放总量及主要养分含量

依据主要畜禽的养殖数量、养殖周期、粪便排泄系数和畜禽粪便中主要可利用成分，估算出 2006—2012 年研究区主要畜禽粪便总排放量从 2006 年的 827 869.70 吨下降到 2008 年的 751 648.80 吨，下降比例为 9.21%，然后连续 4 年畜禽粪便排放量呈上升趋势，到 2012 年，排放量达到 1 292 261 吨，年均增长率为 14.51%；同样发展趋势下，2006 年畜禽粪便中总养分量为14 442.95 吨，到 2008 年总养分量下降到 13 092.76 吨，下降比例约 9.35%，然后连续 4 年总养分量增长到 2012 年的 21 168.57 吨，年均增长率为 12.76%。

以 2012 年为例，畜禽粪便排放量中全氮、全磷和全钾的含量分别为 9 650.39吨、4 000.14 吨和 7 518.04 吨，占总养分量的比重分别为 45.59%、18.90%和 35.52%。从畜禽粪便排放量构成来看，牛粪排放量最大，总计为 789 548.40 吨，约占总量的 61.1%，鸡粪排放量最小，总计为 160 580 吨，约占 12.43%，猪粪排放量约占 26.48%；从养分构成看，全氮含量最多的是猪粪，约计 3 712.14 吨，约占总氮含量的 38.47%，全磷含量最多的是牛粪，约计 1 473.82 吨，占总磷含量的 36.84%，其次是鸡粪，占总磷含量的 35.93%，全钾含量最多的是牛粪，约计 9 092.97 吨，占总钾含量的 52.51%。从畜禽固废排放量中总养分构成看，牛粪所含养分量最多，约 9 092.97 吨，比重为 42.96%，其次是猪粪，约 7 116.36 吨，比重为 33.62%，鸡粪所含养分量最小，约 4 959.25 吨，比重为 23.43%。（表 4）。

表 4　2006—2012 年研究区畜禽粪便产量及主要养分量

单位：吨

年份	品种	总量	全氮	全磷	全钾	总养分量
2006	牛粪	422 434.80	1 964.32	788.54	2 112.17	4 865.04
	猪粪	291 894.90	3 167.06	929.20	1 975.16	6 071.41
	鸡粪	113 540.00	1 602.81	1 016.18	887.50	3 506.49
	小计	827 869.70	6 734.19	2 733.93	4 974.83	14 442.95
2007	牛粪	423 858.60	1 970.94	791.20	2 119.29	4 881.44
	猪粪	260 128.20	2 822.39	828.07	1 760.20	5 410.67
	鸡粪	112 980.00	1 594.90	1 011.17	883.13	3 489.20
	小计	796 966.80	6 388.23	2 630.45	4 762.62	13 781.30

（续）

年份	品种	总量	全氮	全磷	全钾	总养分量
2008	牛粪	396 034.20	1 841.56	739.26	1 980.17	4 560.99
	猪粪	243 054.60	2 637.14	773.72	1 644.67	5 055.54
	鸡粪	112 560.00	1 588.97	1 007.41	879.84	3 476.23
	小计	751 648.80	6 067.67	2 520.40	4 504.68	13 092.76
2009	牛粪	531 709.20	2 472.45	992.52	2 658.55	6 123.52
	猪粪	257 358.00	2 792.33	819.26	1 741.46	5 353.05
	鸡粪	117 460.00	1 658.14	1 051.27	918.15	3 627.56
	小计	906 527.20	6 922.93	2 863.05	5 318.15	15 104.12
2010	牛粪	658 765.80	3 063.26	1 229.70	3 293.83	7 586.79
	猪粪	280 763.10	3 046.28	893.76	1 899.83	5 839.87
	鸡粪	140 619.50	1 985.08	1 258.54	1 099.18	4 342.80
	小计	1 080 148.40	8 094.62	3 382.00	6 292.84	17 769.46
2011	牛粪	736 167.60	3 423.18	1 374.18	3 680.84	8 478.20
	猪粪	320 655.30	3 479.11	1 020.75	2 169.77	6 669.63
	鸡粪	147 420.00	2 081.08	1 319.41	1 152.33	4 552.82
	小计	1 204 242.90	8 983.37	3 714.34	7 002.94	19 700.65
2012	牛粪	789 548.40	3 671.40	1 473.82	3 947.74	9 092.97
	猪粪	342 132.60	3 712.14	1 089.12	2 315.10	7 116.36
	鸡粪	160 580.00	2 266.85	1 437.19	1 255.20	4 959.25
	小计	1 292 261.00	9 650.39	4 000.14	7 518.04	21 168.57

（二）农业化肥施用量及折纯量变化情况

根据《沈阳农村统计年鉴》数据资料，列出 2006—2012 年研究区农业化肥使用总量及其折纯量（表 5）。表中显示，2006 年化肥总量从 113 618 吨下降到 2008 年的 91 123 吨，减少了 22 495 吨，下降比例约为 19.80%，然后连续 4 年农业化肥施用量基本持平，平均施用量为 97 140.75 吨。以 2012 年为例，农业化肥施用量为 97 213 吨，所含总养分量为 29 644 吨，其中氮肥 14 851 吨，磷肥 3 308 吨，钾肥 4 175 吨，复合肥 7 310 吨，分别占总养分量的比重为 50.10%、11.16%、14.08%和 24.66%。

表 5 2006—2012 年研究区化肥施用量及折纯量

单位：吨

年份	化肥总量	折纯量				总养分量
		氮肥	磷肥	钾肥	复合肥	
2006	113 618	18045	5 303	3 477	6 638	33 463
2007	93 290	14 603	3 932	2 914	6 279	27 728
2008	91 123	14 065	3 222	4 012	6 445	27 744
2009	96 972	14 746	3 323	4 304	7 225	29 598
2010	97 298	14 701	3 318	4 266	7 409	29 694
2011	97 080	14 690	3 320	4 189	7 406	29 605
2012	97 213	14 851	3 308	4 175	7 310	29 644

（三）畜禽粪便有机肥资源开发潜力分析

以 2012 年为例，研究区农业化肥施用量中总养分量为 29 644 吨，养殖业主要畜禽粪便排放量中所含养分量为 21 168.57 吨，从表 3 和表 4 对比分析显示，假定畜禽粪便完全实现肥料化利用，则后者所含养分量相当于前者同期农业化肥施用量的 71.41%，也就是说，同期农业化肥施用量的 71.41%可以用畜禽粪便有机肥料来替代，这样不仅实现区域内粪便污染物就地消纳，增加土壤有机质含量和生物活性物质，改良土壤结构，增强土壤肥力，提高和改善农产品的产量和品质，而且能够降低能源消耗，减少环境污染，保护生态平衡，进而创造经济价值。2006—2011 年畜禽粪便所含养分量来代替同期

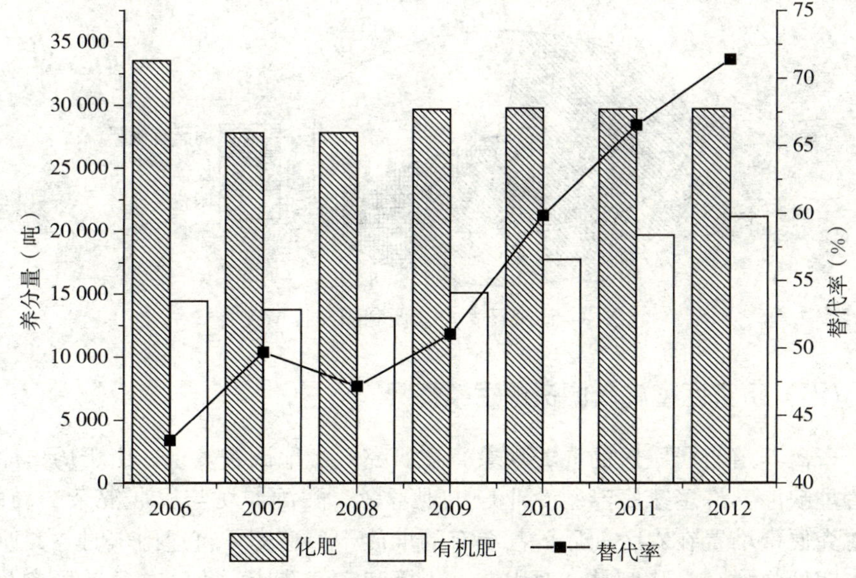

图 1 2006—2012 年研究区化肥和有机肥养分量对比及替代率

农业化肥施用量的比例分别为43.16%、49.70%、47.19%、51.03%、59.84%、66.55%，从总体上看两者之间替代率呈上升趋势（图1）。

（四）研究区畜禽粪便有机肥资源利用现状

从实地调研来看，研究区畜禽粪便主要利用途径有三种：一是集中无害化、资源化处理方式。通过畜禽粪便加入微生物菌剂，经过工厂化发酵，进行养分浓缩和无害化处理，制作成商品有机肥料。目前，研究区只有两家有机肥生产企业，一家为沈阳树新畜牧有限公司，年处理粪便2.5万吨，生产生物有机肥0.5万吨；另一家为沈阳海乐斯生物科技有限公司，年处理粪便8万吨，生产有机肥约2万吨。产品销售于周边和省外地区，主要应用于有机水稻、大棚蔬菜和果园。二是传统堆沤方式。即经过一段时间，让畜禽粪便自然腐熟，通过内部微生物发酵作用将有机物分解，转化为可利用小分子物质，作为肥料应用到农田，是一种传统畜禽粪便利用方式。三是闲置丢弃。畜禽粪便不经过任何处理而堆放在养殖场内、闲置于庭院前后，道路和河道旁等。

据调查估算，2012年研究区畜禽粪便有机肥资源总量为129.23万吨，其中生产商品有机肥利用畜禽粪便为10.5万吨，约占总量的8.13%；农户直接购买用于传统农家肥72.21万吨，约占55.87%；闲置丢弃畜禽粪便资源46.52万吨，约占36%（图2）。可以看出，畜禽粪便肥料化的商品利用率偏低，只有约一半的畜禽粪便资源用于传统农家肥，畜禽粪便有机肥资源浪费较大。

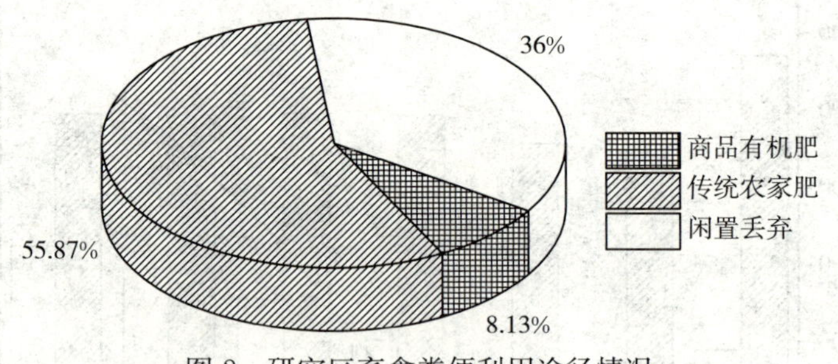

图2　研究区畜禽粪便利用途径情况

（五）研究区畜禽粪便资源污染情况

畜禽养殖与居民区的混养现象。在研究区实地调查发现，由于历史原因和管理缺漏，许多家庭养殖专业户出现畜舍、酿酒作坊与民居混杂的局面，畜禽粪便常堆置在农舍前后，甚至有的堆放于河道旁，每逢雨季时，粪便随雨水四处弥漫，臭味刺鼻，对水体、土壤和空气造成污染，并危及畜禽及人体健康，畜禽粪便没有及时有效处理利用，造成对资源极大浪费。

三、畜禽粪便资源化利用程度不足的主要原因分析

科学实践表明，农业生态系统是一个开放的物质循环过程，需从系统外输入一定有机质和营养元素，才能从系统中输出高而稳定的产出，该系统中的物质和能量主要是通过土壤库进行转换。人们为了提高单位面积产量而增加农田复种指数，土壤养分大量输出，造成农业生态系统物质循环的输入和输出失衡，为保持土壤肥力和农业可持续发展，需从系统外输入一定量的营养物质，即农业生产中需要大量有机肥料。但据农业部农业技术推广中心数据显示：有机肥在肥料总投入中的比例从1949年的99.9%降到了1965年的80.7%，又从1975年的66.4%下降到1985年的43.7%，再由1995年的32.1%降到了2000年的30.6%。据有关统计显示，2003年全国有机肥施用量仅占肥料施用量的25%，到2007年，该数字仍然维持在25%。可以说，一方面有机肥料对农业可持续发展有重要意义，而另一方面，历年我国有机肥施用量占施肥总量比例却逐年降低，造成大量畜禽粪便资源浪费，导致环境污染和生态破坏。其原因分析如下：

（一）从畜禽养殖业生产特点的演进角度分析

过去传统畜禽业多为农户分散经营为主，畜禽饲养头数少，规模小，畜禽废弃物可通过周围农田及时消纳，形成以“畜禽—肥料—粮食”循环的农业生产模式，能够维持一种生态环境平衡。伴随社会经济快速发展和居民生活水平不断提高，畜禽养殖方式逐渐从分散经营向集约化、规模化和专业化经营发展，从畜禽养殖空间分布上看，畜禽养殖业从广大农业区、牧区转移到城镇或大城市郊区。从农业结构关系变化来看，畜禽养殖业从过去传统的养殖业和种植业紧密结合转变为两者之间日渐分离，导致大量未经处理的畜禽粪便随意排放，不能及时有效处理利用。同时，由于现代农业发展片面地追求粮食产量和经济效益最大化，有机肥逐渐被高效化肥所取代，从而使得畜禽粪便资源变为废弃物，然而长期大量使用化肥、农药和除草剂，又容易导致土壤板结、化肥农药残留增加、地力衰竭，最终导致农作物产量不稳定，农产品质量下降。

（二）从农户生产角度分析

1. 农户施用有机肥费时费力，且机会成本高。有机肥包括农家肥和商品有机肥。对于传统的农家肥来说，因具有腐熟周期长、体积和重量大、气味恶臭、养分含量低，病菌传播、污染大，无害化程度低，劳动强度大、效率低，运输和施用很不方便等特点，即通常所谓的“三低三大”问题，这些特征制约着农家肥的推广和施用。相对于化肥而言，农家肥有利于土壤改良

和培肥地力，但施用后在短时期内肥效并不明显。另外，随着新型城镇化发展和农村劳动力转移，劳动力价值逐步提升，农户施用有机肥机会成本越来越高，农户更不愿费时费力使用农家肥。

2. 施用有机肥没有外部性内部化。施用农家肥可以解决粪便对环境造成的污染，保持整个农业生态体系的平衡，有益于绿色和有机食品的发展，具有经济、环境和社会效益，这种正的外部性并没有受到重视和激励，相反，畜禽粪便到处排放和堆积，对水体、空气、农田生态及病菌传播等危害亦没有得到有效遏制。也就是说，是否使用有机肥对周边生态环境的正、负外部性并没有内部化，没有对负外部性的物品进行税收或惩罚，也没有对正外部性的物品给予补贴和奖励，以便使个人和社会成本收益达到一致性。在某种程度上，造成农户使用有机肥积极性不高。

（三）从企业生产角度分析

1. 肥源差，有机肥产品质量不高。目前，在畜禽养殖饲养过程中，其饲料添加剂质量标准不够严格，随着饲料工业的发展，一些新型畜禽饲料添加剂中含有铜、砷、汞、硒等重金属元素；为防止畜禽养殖中的多发性疾病，我国已有 17 种抗生素、抗氧化剂和激素类药物和 11 种抗菌剂作为饲料添加剂用于喂养畜禽。据测算，全国仅从养殖场的猪粪中每年带入土壤的就有砷 230 吨、铜 2 400 吨、锌 90 000 吨、铁 40 000 吨，这些都会导致商品有机肥的原料受到污染，使肥效差、产品质量不高。

2. 商品有机肥生产和使用配套技术较落后。目前，研究区商品有机肥企业生产技术较落后，主要表现在：一是企业规模较小，厂房简陋。企业堆制有机肥的占地面积有限，约束企业发展规模。二是企业由于缺乏配套资金，生产设备相对落后，有些环节仍需要人工操作，增加了劳动成本。三是原料单一，企业生产有机肥原料大部分为畜禽粪便为主，而大量的农作物秸秆及城镇生活垃圾还未充分利用。四是有机肥发酵方式落后。大多企业采用平地堆制和发酵槽发酵，发酵周期较长，有机肥产品高效化程度低。农户经营规模小，单户家庭大多缺乏运输设备，由于有机肥本身“三低三大”等特征，在运输和使用过程中存在一定困难。

3. 商品有机肥成本较高，价格无竞争优势。从成本收益角度来看，农户在使用商品有机肥时，在同等投入条件下，有机肥所产生的增产效益在短时期内并不明显；与化肥相比，有机肥的价格并没有竞争力。根据辽宁省 2009 年调查的 79 家有机肥生产企业，其产品价格在每吨 500～1 000 元的企业占总企业数的 62.2%；在研究区调查显示，企业生产精制有机肥价格为 700 元/吨，按每亩平均施用 1 吨精制有机肥来算，其成本为 700 元；同样的条件下，尿素化肥的现价约为 2 500 元/吨，按每亩平均施用 150 千克来算，其成本只有375元，远低于施用有机肥的成本费用。有机肥价格无竞争优势的另一原因为有机肥的正外部性没有在价格中体现出来，有机肥施用过程中体现出的环境和社会效益为全社会所共享，但其成本却由农户自己承担。另外，前面所提到的有机肥自身特征的不足，有机肥与化肥在市场上很难有竞争优势。

（四）从政府管理角度分析

1. 农业政策和环境政策制定脱节，执行过程不到位。从农业政策制定来讲，其根源在于只重视产量和产值，而不管土壤是否板结，生态环境是否破坏。另外，农村土地属于集体所有，耕地的承包期虽为30年，但存在不确定性，大多农户缺乏稳定感。由于环境部门并非农业部门的核心职能，畜禽粪便的污染防治在政策目标中没有完全体现，再加上财力和物力限制，环保部主要职能是加强城市工业污染防治，而对畜禽养殖的环境管理没有落实到位，环境污染防范管理还相当薄弱，最终逐渐形成农业产量不断增加，农田土壤肥力不断衰竭，农村生态环境不断恶化的局面。

2. 畜禽养殖场规范化和标准化管理缺失，相关法律法规不完善。为减少规模化养殖畜禽粪便对周围环境污染，许多发达国家都通过立法对畜禽养殖进行规范化管理。例如，大多数欧盟国家严格规定每公顷饲养畜禽的数量，以控制农地对粪尿的消纳能力，要求农户根据养殖数量建立能贮存粪尿设施，并根据土壤所需的养分量，估算周围农地需要肥料数量，按照指标严格配置，对污染物排放总量控制进行环评监测等。目前，我国还没出台相应法律和法规，虽然在2001—2002年出台了《畜禽养殖污染防治管理办法》《畜禽养殖污染排放标准》和《畜禽养殖业污染防治技术规范》，但其操作性不强，在具体生产过程中实施难度较大。

3. 有机肥行业支持政策缺位，监管法规不健全。有机肥具有的正外部性没有完全通过补贴和奖励政策体现出来。如对有机肥企业和农户给予税收、信贷、补贴和用地等优惠政策。虽然从2006年起，中央和地方政府开始对农户使用有机肥进行补贴，但由于农户对有机肥重要性认识不足和监督机制不完善，很多地区政策并没有落实到位；有机肥市场监管不到位，抽样检查浮于形式，监管队伍的专业知识和素养有待提高；各地财政资金投入有限，地方领导对有机肥工作重要性认识不足等原因，很大程度上限制有机肥工作开展和落实。

（五）从市场角度分析

1. 有机肥市场较混乱，质量参差不齐。据研究区有机肥企业人员反映，目前，国内有机肥市场较为混乱。有机肥产品质量参差不齐，由于有机肥生产行业准入门槛较低，有些投机商为降低生产成本，在有机肥制作中加入大量的碳素含量很高而养分含量不高的肥料，这种碳素并非来自有机质，而是风化煤或褐煤粉（腐殖酸）充数，它们不是真正的有机质，养分含量低，无改良土壤的效果，供应养分的作用不明显，造成有机肥假冒伪劣产品充斥市场，市场竞争无序。另外，有机肥行业质量标准不高。一是有机肥质量控制标准不全面，仅是从氮、磷、钾的养分含量与作物需求等理化指标来考虑，没有用碳氮比来衡量其发酵程度。二是质量控制标准较落后，例如有机肥重金属标准仍是1987年颁布的，而发达国家标准更新频率快。

2. 有机农产品认证体系标准不健全，监管体系薄弱。有机农产品市场标准化和规范性是扩大有机肥产品市场需求的重要手段。有机农产品产业链的重要环节之一是有机产品的认证，而目前国内有机产品认证体系还不健全，有机农产品认证多数流于形式，甚至有些企业急功近利，通过不正当手段直接购买，造成有机农产品生产企业对有机肥购买和施用意识淡薄，同时，这些现象造成市场上假冒伪劣有机农产品现象时有发生，扰乱有机农产品市场秩序。由于有机农产品生产的整个产业链条分别由不同相关部门管理，各部门间的协调和沟通难度较大，另外，在有机农产品市场监管方面，还存在质量抽查不到位、奖罚不明、监管队伍专业素养亟待提高等问题，这在某种程度上进一步压缩有机肥产品市场需求空间。

四、研究结论及对策建议

（一）研究结论

本文在概述畜禽粪便资源化利用现状基础上，对2006—2012年畜禽粪便排放量进行估算，对比同期畜禽粪便排放量和施用化肥所含养分总量之间关系，分析畜禽粪便资源化利用程度低等问题，得出以下研究结论：

1. 研究区畜禽粪便资源总量为129.23万吨，商品化有机肥资源仅占总量的8.13%，农民直接购买用于传统肥料占总量的55.87%，闲置丢弃畜禽粪便约达36.00%，有机肥资源浪费较大，畜禽粪便污染较为严重。

2. 2006—2012年研究区养殖业主要畜禽粪便所含养分（氮、磷、钾含量）分别相当于同期该研究区施用化肥量的43.16%、49.70%、47.19%、51.03%、59.84%、66.55%和71.41%，平均替代率为55.55%，从总体上看两者之间替代率呈上升趋势。如果畜禽粪便资源充分合理利用，不仅降低化肥使用成本，减少能源消耗，而且改良土壤结构，增强土壤肥力，减少环境污染，促进农产品产量增加，改善农产品品质，创造经济价值，可以说，畜禽粪便资源化的充分利用是农业走绿色、循环、低碳、可持续发展道路的基本保证，说明研究区畜禽粪便资源化利用潜力巨大，在农业废弃物资源循环利用方面还存在较大空间。

3. 畜禽粪便资源化利用程度低的主要原因，一方面，由于畜禽饲养数量迅速增长，养殖业与种植业日趋分离，导致大量畜禽粪便堆积和排放，不能及时就地消纳利用，由于有机肥料本身的“三低三高”特征、肥源差、相对价格高，商品有机肥企业的生产和配套技术落后等因素阻碍了有机肥的施用和推广、另一方面，农户施用农家肥的外部经济性没有受到重视和有效激励，经济激励不足和日益增加劳动力机会成本降低农户使用有机肥积极性。同时，畜禽养殖场规范化和标准化管理不完善，有机肥行业准入门槛较低，质量标准不规范，有机肥和有机农产品市场监管不到位等进一步压缩其利润空间。

（二）对策建议

基于以上分析，提出如下对策建议，以期为充分利用畜禽粪便有机肥资源，促进有机肥产业健康发展以及农业可持续发展提供参考依据。具体措施包括：①加强畜禽养殖场规范化和标准化管理，健全相关法律体系；强化技术攻关，解决企业有机肥料资源化利用关键技术。②政府提供优惠政策和财政扶持，使有机肥经济正外部性内在化。③强化有机肥市场规范化管理，提高准入门槛和质量标准。④积极出台一系列管理手段，进行宏观性政策引导，一是用农业和环境政策一体化战略走可持续性农业道路，调整产业结构，特别是建立种养平衡一体化有机农业、生态农业和循环农业生产体系；二是在整个循环农业产业链上增加综合补贴，如加大畜禽养殖污染综合利用技术扶持力度，对畜禽养殖建设项目的环评费用给予补贴，各级政府对畜禽养殖示范企业给予奖励等。三是城镇发展与畜禽养殖环境管理相结合，合理规划布局，统筹经济发展和环境保护。四是加强宣传教育，提高农户、企业和各级领导环境保护意识，发挥典型示范和带动作用。

参 考 文 献

边炳鑫，赵由才，康文泽．农业固体废物的处理与综合利用．北京：化学工业出版社，2005.

陈智远，石东伟，王恩学，等．农业废弃物资源化利用技术的应用进展．中国人口·资源与环境，2010（12）：112－116.

程绍明，马杨晖，姜雄晖．我国畜禽粪便处理利用现状及展望．农机化研究，2009（2）：222－224.

仇焕广，莫海霞，白军飞，等．中国农村畜禽粪便处理方式及其影响因素——基于五省调查数据的实证分析．中国农村经济，2012（3）：78－87.

仇焕广，严健标，蔡亚庆，等．我国专业畜禽养殖的污染排放与治理对策分析——基于五省调查的实证研究．农业技术经济，2012（5）：29－35.

国家统计局．《中国统计年鉴2013》．北京：中国统计出版社，2013.

黄鸿翔，李书田，李向林，等．我国有机肥的现状与发展前景分析．土壤肥料，2006（1）：3－8.

姜娟，赵斌，刘海涛，等．辽宁省有机肥料利用现状、存在的问题、发展对策及前景．土壤通报，2003（4）：127－130.

李慧，黄文芳．阻碍我国有机肥推广的经济成因分析．中国环保产业，2010（3）：25－28.

李国学，周立祥，李彦明．固体废物处理与资源化．北京：中国环境科学出版社，2005.

李庆康，吴雷，刘海琴，等．我国集约化畜禽养殖场粪便处理利用现状及展望．农业环境保护，2000（4）：251－254.

农业部农业技术推广中心．中国有机肥料资源．北京：中国农业出版社，1999.

宋丹．辽宁省2009年畜禽养殖场有机肥资源及其利用状况．土壤通报，2012（2）：168－173.

孙铁珩，宋雪英．中国农业环境问题与对策．农业现代化研究，2008，169（6）：646－648.

田宜水．中国规模化养殖场畜禽粪便资源沼气生产潜力评价．农业工程学报，2012（8）：237－241.

吴景贵，孟安华，张振都，等．循环农业中畜禽粪便的资源化利用现状及展望．吉林农业大学学报，2011（3）：237－242.

张福锁．中国养分资源综合管理策略和技术［C］中国农学通报期社，2006：371－374.

张田，卜美东，耿维．中国畜禽粪便污染现状及产沼气潜力．生态学杂志，2012（5）：1241－1249.

张月平，毛伟，李文西．扬州市大型养殖场畜禽粪便资源化利用调查．江苏农业科学，2012（9）：345－347.

赵其国，钱海燕．低碳经济与农业发展思考．生态环境学报，2009，18（5）：1609－1614.

周震峰，王军，周燕，等．关于发展循环型农业的思考．农业现代化研究，2004（5）：348－351.

Günther Fischer，Tatiana Ermolieva，Yuri Ermoliev，et al. Livestock Production Planning Under Environmental Risks and Uncertainties . Journal of Systems Science and Systems Engineering，2006（4）：399－418.

Maria Rosa Teira-esmatges，X Flotats. A Method for Livestock Waste Management Planning in Ne Spain. Waste Management，2003，23（10）：917－932.

Maria Rosa Teira-esmatges，X Flotats. Livestock Waste Treatment Systems for Environmental Quality，Food Safety，and Sustainability. Bioresource Technology，2009，100（22）：5527－5536.

Robert Innes. The Economics of Livestock Waste and Its Regulation. American Journal of

Agricultural Economics，2000，82（1）：97－117.

Tomislav Vukina. The Relationship Between Contracting and Livestock Waste Pollution. Review of Agricultural Economics，2003，25（1）：66－88.

（作者单位：吕杰　王志刚：沈阳农业大学
郗凤阳　郈龙飞　王美玲：中国科学院沈阳应用生态研究所）

防范“变脸”生态有机农业套项和管控的机制　推动生态自我循环农业实践与模板的创新

朱思浩　朱　鼎

一、树立稳固文明而又能持续发展的农业模板和导向

弘扬和发展道德文明，树立“良心”工程的生态“自我”循环农业模板的规范标准，是为寻找我国农业导向和定位。校准正确的航标和航向，才能摆脱抑制我国农业发展的那种“摸着石头过河”“摇摆徘徊”左右反差的极端效果。

特别是全球生态和气候恶化，人类健康与生存出现了问题。我国也和世界发达国家一样，率先承担起保护地球环境与维持人类健康的责任。每年投巨资扶持生态绿色、循环发展的产业项目。当然建设生态有机循环农业的模板，更是中国“三农”经济持续发展的当务之急，国家投资、社会融资、风投均能突出生态有机循环农业模板项目扶持的力度。

所以一些不学无术的“智能先生”利用“变脸”农业的假象“艺术”，蒙骗社会，忽悠政府，让人买单为他服务，树他形象和类似“产学研”等高科楷模，还要配合他不断地“变脸”，为他跟踪立项买单，捞取财富，行贿腐败。满足他们利益链上的欲望才是他们唯一的目标和真相。

二、概述“戴面具”的“变脸”农业现状

建立生态“自我”循环农业模板，业内不了解此体系的人和同行，肯定认为与目前各地都在一拥而上的生态、有机、循环等农业模式案例没有什么两样。诚然我们把大家都在克隆的生态有机循环农业的“有机”二字变成了“自我”，这么简单就成为有生态“自我”循环农业实践和创新的理由吗？答案肯定不是。两者事实对照简析如下：

（一）“变脸”农业的目的

让我们简析目前我国那一小部分玩变戏法的黑心农业——新型“地主”“庄主”等实质性状吧。这些原本是商人和老板的手里有点黑心钱，觉得钱

能搞定一切，加之确信自己聪明绝顶。他们为什么不走正道，还要大搞“变脸”农业呢？因他们确信他是天生唯一不用手种田的人，他认为手脑兼顾的人是个傻子。为了体验他会“变脸”的脑筋好用，他只得假戏真演。为了不让社会和政府看清他们的真像面目，所以不断“变脸”作为核心技艺掩盖他那副贪婪的真相和苍白面目。

（二）“变脸”农业的手段

他们利用发达国家那些所谓的高科技农业技术，如智能型农业设施、系统、农业模式、模板等，不管在我国区域，水土或气候条件下应用如何，不管它是化学的还是有机的，不管它是否对我们的环境、人们的健康有无好处，只要气派、奢华，加之一般人看不明白，只要能配合他们的同步“变脸”便是他们利益共链的好步骤。

三、概述生态“自我”循环农业实践及模式的创新

（一）生态“自我”循环农业目标、标准和性状

1. 创新目标。利用生态“自我”循环农业技术，推动我国生态绿色农业发展，为摆脱发达国家对我国农业领域中的技术壁垒以及垄断和控制，开发我国自主的有独立知产权的生态农业全产业链上的实用技术，是我国生态循环农业前沿与世界尖端农业接轨的战略需求。培育、引领我国生态自我循农业的模板，规范、标准正确的导向，是为我国健康发展生态农业全产业链上系统领域中的可靠的保障。

创新使用生态“自我”循环农业系列的核心技术，是为驱动我国各区域，在不同种养农业产业链上持续发展非常必要的核心模板工程，是为我国生态农业持续发展转型的需要，也是为地球村的生态环境以及全人类的健康生存和发展，不断地提供持久而又强劲的动力源泉。

2. 创新的标准和效果。生态“自我”循环农业技术，是指在因地制宜的创建模板示范基地，体现生态文明，健康文明的重要支撑和实现途径；是绿色有机农业、现代农业的最新模式和最高层次，“天人合一”的回归和转型；是种、养、加工、贮运等全产业链上的生态生产标准化、规模化、集约化，内在和谐统一的新的农业全面增长方式；是发展战略性新兴农业、产业开发、农业生态环境保护，与农产品质量的公信力、正能量生态农业可靠的溯源需求。从而使我国全产业链上的“大五轮”农业会沿着我国独创的生态自我循环农业系统技术以及“四系农业”新体系的目标和标准，走上可持续发展的良性循环的光明大道。

四、不规范的“花色”农业效果与生态“自我”循环农业效果案例

（一）目前农业背景现状

绿色有机农业发展现存诸多的生态问题。在常规农业和化学农业，配套的种、养、加、贮、餐、送等化学生产链过程中，纵观水土资源的数量和质量呈日益下降趋势，生态恶化、水土流失、环境污染，无序地向地球索取不可再生的资源，造成大量的资源浪费等。目前农业有机废弃物再生利用率极低，如农业生产产生的藤蔓、废菜、次果等，白白地烂掉，不合理地过度使用化肥、农药，滥用化学激素，养殖依赖激素、抗生素等。

（二）多元化的观光旅游奢侈农业

这两年各地最盛行火爆的行业是观光旅游农业。这类农业中以度假村、农家乐、生态农庄、渔都、水上乐园等名目繁多的休闲农业为主体，以农耕文化，拉动体验享受另类的休闲娱乐、包房、别墅、林中木屋、水上鸟巢、生态餐厅、世外桃源为主题，有的还配有总统公馆级别的享受，住宿商务等多功周到服务为一体装备。

（三）不规范的观光旅游农业已在一些地区被无度地复制泛滥成灾

观光农业已成为“一家展现，百家争鸣”的趋势。有调查显示，一些地区这类餐饮业80%以上是无照经营。另外，这类餐饮业大多数均与“变脸”农业老板利益关系分不开。在“钱司令”指挥下，这里一切向钱看。

（四）观光农业“财神”行业的祕密

这些场所地下非法交易“养腐”“作娼”暗藏玄机。所以卫生、质量、污染等，政府职能部门无法监控。省心、省钱、美观、耐存，低劣的农副产品，无所不能的化学食品链系产品，高价竞吃、竞卖实践，成为这里市场经济的大展基地。化学食品惯用化学添加剂、化学保鲜剂，加之多数观光旅游农业，都有表面设华的种养基地、垂钓中心，或××好听的园的名称等，看来这里用“纯天然气息”养的鸡、鸭、鹅、鱼等均能达到，到处华丽的广告牌上那条条优美的宣传标准，殊不知这里才是造假、卖假，高档消费购买假冒伪劣产品的公开大本营。

（五）“变脸”老板抓“钱”的智囊团队

这里有周密的“潜规则”、管理制度、流程方案，应急和随机处理方法，

每个板块都有专人控制以假乱真每日进程，比如“观察员”根据白天消费多少鸡、多少魚，就通知专业“跑黑队”，在夜深人静时把最省钱的鲜活鸡鱼产品，小心翼翼地放到白天要供游人喝彩争先垂钓买单的散饲园区、水域场所等，这里种植区，认养、代养的农产品生产基地上，随时可见口号标语“远离农药、化肥、激素”等承诺和宣言，为了达到省工、省钱，美观多赚钱的目的，又不能放松病虫害的管理，也就是化学天地里寻找答案，那就是避开游客，让“夜安队”夜间不让外人看到去打药，只要省钱，能快速杀虫治病，速生好看，高产的什么药都可以打，这里的专业人员每日都重复这种操作流程和“安全”方案。

（六）华丽的外表盖不住大自然给予的警告

这里的餐饮业和养殖场的生物、泔水、油赋、盐渍污染，无论用过什么办法处理，都直接或间接地流入公共的水域。这里地下暗沟经常被泔水粪便油污塞滿。

这些不法场所一直暗下做着害人勾当，严重地影响到人类的生活、身心健康和子孙后代生存及发展。这里暗藏的污染、消防隐患比城镇专业服务业严重得多，这里是“变脸”老板唯一能保留不变的，也是最挣钱的板块

（七）“变脸”农业危害社会始末实例简述

如一个假瞒天地的农产品生产企业，生产基地挂上一个字足有一平方米大的××无农药农产品生产基地这么个招牌，给不懂农业的人们多大的安全感？再配上中国一绝的全套高科技的规划方案，无不打动地方政府全程买单，才有一个“空前绝后”近400亩无一平方米露天的高科农园。诚然这么一个完美的设施，加之无农药化肥激素等顶级的生产技术，对地方环境经济和社会贡献是可想而知了。这个企业在当地营业6年，不但没给百姓土地租金，且还不断地给政府施压，让政府不断地补偿。

又如一些打着××市的知名农业龙头企业，基础、生产设施全是政府买单，但一直经营下来每年还靠国家项目资金养着。

笔者在一个大型的龙头企业，租用过他们的生产大棚一年。得出的结论：这类企业就是当代的新型“地主”他们利用政府给的土地和大棚，在保证完成国家和百姓扣转补偿费的数额外，不断地向租户加价收取使用租金，有的加收1～2倍。这类企业仅收租金不种地，还独享国家和地方的农业补贴资金。这个企业有5 000亩每亩国家投资4万元的标准大棚，平均按每亩加价1 500元计算，1 500元×5 000＝7 500 000元纯收入。那么每年不同的季节，政府还有不同的补贴，有些地区累计亩补贴可达千元以上。另外企业每年还能拿到大中小项目拨款2～3个。总之不是区县或市农委的就是科

委的。

总之这些企业与“变脸”企业没有什么两样。为了应付有关部门的检查，提前把要检的产品找到合格的采样，并把基地打扮得“水净鹅飞”。为了应付政府的田间档案和农药肥料质量标准的抽检，请内行人做明暗两本账。

五、生态“自我”循环农业实践就是世界“四系”农业新体系的体验

生态“自我”循环农业，是融汇世界有农业史系以来的精华，规避了“一至三系”缺陷，发扬了始祖农业和二三系农业的优点，以人类健康、环境友好、社会和谐为宗旨，以生态农业、多元种养立体农业、实践创意创新农业等优质高效的农业为理论基础，利用自然与生态学、区域与气象学、生物与环境学、仿生与物理学、中草药与中医学、美学与创意学、健康与营养学等，以达到环境保护、人类健康，不断实践探求创新和不断地节能减排至零排放的目的，从而促进农业优质而增产、农村繁荣、农民增收、社会和谐稳定、经济腾飞，能够更好地推动“三农”的持续建设和发展。

广义地讲：生态“自我”循环农业，就是世界“四系”农业在中国实践的新体验，是我国自主创新的农业新模板，也是扬我中华民族对地球环境和人类健康和谐发展的责任。

生态“自我”循环农业是以实现资源节约化、无废再生利用化、生态环境友好化，农产品、食品优质化，经济市场繁荣化为目标。在农业种养生产加工经营活动中，利用自然生态循环链系，和谐生物资源多样性共生“自我”循环。以再生利用的原理，以生态、健康有机为核心主题，予以科技创新和人性化管理，不断地促进农产品附加值和质量的进一步提高，促进资源节约型，持续发展环境友好型社会的构建。

具体地说：生态“自我”循环农业是以整合资源、科技创新、环境改善为目标，以建设生态“自我”循环链系为核心，在多类立体高效农业、创意农业模式不断探索推进，结合因地制宜的区域气象工程学等一系列和谐有效的科技手段的基础上，实现由上“三系”农业向环境友好型、资源节约型、循环利用等经济高效型农业的转型。充分应用生态与仿生学、园艺与景观学、养生与健康学、生产设施与人体工程学、现代健康休闲与旅游学、生态环境与美学的基本原理和实践方法，提升“大五轮”农产品的高附加值性。将“大五轮”农业发展成完整的有各地适用发展特色的生态“自我”循环涟系农业。最终推动“三农”的全面发展，促进和谐社会的完美构建。

简单的讲，生态“自我”循环农业是遵循大自然生态循环的规律，实现

环境保护，人类永续健康，资源再生循环利用的目标，最终达到人与自然和谐共存的世界生态农业新体系。

六、生态“自我”循环农业家族中一个小板块的“天人合一”实例

（一）简述廊架农业概况

提起廊架农业，就想起观光园中的过路长廊，当然游客们并不陌生，可能印像中有“夏秋阿娜多姿景意浓，冬春姣龙缀枝绿情淡”的那种周年廊架半年亮的喜忧各半而又无奈的效果。同时也给廊架观光农业，带来半年兴旺半年衰的收获。诚然一些景观廊架的缔造者只会按模具克隆那种老套的同一种模式，种植的廊架无任何风险，所以一景塑模、万园雷同的那种廊架农业，在观光旅游农业中已成为不争事实。

（二）创新现代廊架农业简述

我们创新塑造的四季立体生态农业长廊，是建立在四季婀娜多姿景意浓，周年新奇瓜豆、果蔬轮上阵的基础上，然而为一改上述廊架农业半年空的缺陷，在遵循科学立体套作的前提下，利用新奇特品种互助和谐共生的组合链系外，周年进行了春、夏、秋、冬四季套种的科学主次栽培，既保证了游客周年收获的美好视觉外，还达到廊架上各种植物周年争艳、和谐共生，还能使生态环境友好。在这块天地里，我们友好的植物界和生物界的朋友们就是演员，一直按我们的流程要求，随季节准时登台“表演”。在收获我们独创的四季立体农业景观效果外，我们导演的新奇特植物品种愿为全国人民“唱响”独家的中国生态立体效应农业乐章。为填补解决我国乡村马路廊架立体农业，为配套生态家园，周年水果菜共生的难题，创新第一廊架立体效应农业模版，为我国生态有机“自我”循环农业奠基而做出贡献。

（三）实践“天人合一”四季生态立体过路廊架的概念

按照“天人合一”的生态自然规律，那就是人与动物、植物、天、地、水、土、光、气万物和谐而共生。农业是主要亲密实践“天人合一”自然规律最主要的环节，我们设定的生态自我循环农业目标和标准，就是根据上述自然规律，最和谐持效的实践模板而创建的，它的建立是引导中国化学链农业向持续农业经济发展驱动转型的新体系。那么生态家园、马路周年廊架景观立体生态农业、四季果园、果蔬套种、果菌生态立体套作等，更是直接体验人与动物、植物，与天、地、水土、万物和谐共生、共赢

的环节之一。

（四）“天人合一”乡村马路廊架舞台上的“乐章”

我们把天、地排为1＋1＝2，根据艾丰先生二三论的原理，那么生物，人类就是天地之合所生成，简单看就是2＋1＝3，实际上天地间的自然界，是通过一系列的良性互动过程才得来的。那么三生万物就是天地万物良性循环互动共赢的结果，简称“天人合一”。因地制宜地利用廊架有机的再生资源，如菌渣，来自各类能酵解无残的有机肥、滴灌系统、人性化的农资材料、新奇特植物品种、种植材料资源等，按“天人合一”的原理进行科学的利用组合。我们把天、气、温、光、水、土作为自然条件，也叫“天合”条件。根据大自然提供的“天合”条件，把马路、廊架、新奇特种苗资源、纯有机肥、废物有机资源、菌渣、生物酵解的有机物，物理技术灭菌、物理除草、生态供水系统等人为条件，也叫“人合”条件。这就是“天人合一”和谐共赢的开篇。那么如何让这里廊架上的“天人合一”四季生态自我循环农业的摸式奏响乐章呢？

我们把马路，廊架作为“天人合一”演艺的舞台。

我们把“天合”四季天象 作为周年生态天然“天供”能四季自然开落帘第一要素背景。

我们把新奇特植物、生物链源种苗，作为四季舞台上表演的群团演员，作为“人供”第一人性化的条件。

我们把四季变化的“天合”资源，光、温、气，当作舞台四季舞美，采光、温控、气调等作为“天供”的第二生态自然条件。

我们选择有实践生态“自我”循环农业经验的专家、一线技术人员、生产管理人员，在上述“天供”和“人供”的前题下推动团体合作。一线实践专家好比编剧和导演，他们按程序季节，编排好每个新奇特植物品种生长，成为周年廊架空间上的万紫千红。让我们植物界的绿色精灵们，四季轮班登台演出的新奇特种苗，群体共赢互动，并按照我们编导的流程，根据四季新奇特植物品种的生长规律，周年有序地进出廊架舞台，在这四季立体生态廊架里，处处体现每种植物、生物和人的和谐平等，除分享“天合”和“人合”共同资源外，我们的“天人合一”廊架空间就是“天人”共同创造的，能让万物周年在这里和谐互补，这里是天地万物共展各自才艺和成果的大舞台。

为了充分利用“天人合一”的万物资源，而且使资源持续再生循环利用，我们根据四季生态立体廊架观光农业的特点，人性化地配套生态自我循环中纯生态，低碳、节能、零排放的三液同供系统。

为保障动物界和植物界的资源互用、交息、交气、和谐共生、人性化定向配制共生健康生长能量营养外，我们把动物的粪便资源、可利用的植物有机废物资源，科学合理地通过生物工程，使这类资源再生利用。

七、农业的法规政策与生态"自我"循环农业模板功能效果对接

（一）积极创立适合各地农业各板块的农业系统

为贯彻执行2013年中央1号文件连续第十年聚焦"三农"的现代农业政策和导向，我们真对我国各地区的区域条件、气候、资源分布和水土条件，因地而务实地随机创新以下适合我国各地持续农业发展的模式模板。我们将其称之为生态"自我"循环农业实践创新的模板。生态自我循环型农业模板，是指在不同的土地上，为不同区域的开发商，实力条件不同的大、中、小型农企、农业专业合作社，因地量体构建的符合我国国策要求的农业项目。

生态"自我"循环的农业项目，具有随机可靠而务实的操作性。模式特点是因地制宜、随机性广，全国各地均可寻续发展。以种养链农业为定向基准的生态自我循环农业模板，它是以五个"自供"系统为良性互动的模板功能，一直是围绕企业的整体区域，各板块平衡、和谐共生互补，能紧密地为全面推进"三农"实践创新、理论创新、制度创新提供可借鉴的模板，从而能达到生产的产品品质优良，界内外生态环境同步友好，企业经济和社会公信力得到不断的提升。

在保证基础稳固、系统板块良性互动的前提下，该项目总投资比其他标准项目节省大量的资金。利用生态自我循环农业的运行规律，项目投资还可分期进行，还可根据投资人的资金条件，按长短结合的的标准，选择、落实品种生产。

经济效益倍增，界内外生态环境也会越来越好。该模板可大可小，最小的经营面积为100亩，大到万亩几万亩或几十万亩不等。当然大的模板比小的模板做起来更能体现标准化、规模化，也更容易抢占市场品牌的高度。

（二）生态"自我"循环农业模板中五个功能系统的作用

生态"自我"循环型农业模板中，实际是由五个"自供"系统组成。在完善市场中还要配套电商、网商人性化的管理系统等。

规模单位，可以一村一品或一社一品的专业化、规模化、标准化大循环农业模式（以村镇或县镇为大循环模版）鼓励民间资金，做良心农业工程。坚决杜绝"变脸"农业浪费资源，污染环境，危害社会。

（三）狠抓标准生态链循环系统是环境友好的保证

为避免他人养殖场有机粪便内的抗生素、激素、重金属和盐份等含量超标，影响土壤环境及农产品的产量和质量，可用一村专业生产粮用饲料和植物源农药产品，供应另一村专业养殖。养殖场安全可靠的有机肥源，通过科学系统的资源生物链的彻底利用，再把剩余的残渣粪便通过厌氧或生物能发酵，成为安全可靠的纯有机肥源。根据所种的作物不同和不同的土壤条件，再供应种植基地的配方纯有机肥，或供应因动禽粪便转化出的食源链上的优质蝇蛆，食用菌或再转化过程中产能，供给下一链再生利用生态“自我”循环农业中的养殖场，或农业面源的生产。

为规避暂时没彻底让人们放心因转基因品种、超化学链育成的种子、假冒伪劣种子影响到产品质量、产量，应按比例配套生态型可靠的种子，建立种苗自供系统。按比例配置植物源农药生产制备基地，为维持土壤生态平衡，可因地制宜地做好测土配方施肥的预案，做好一村一品或一社一品的规模化专业生产，规避因连年的单一品种种植，造成的土壤连作障碍。

八、让生态“自我”循环农业圆中国人创立的世界“四系”农业梦

生态“自我”循环农业，在保证农业高产、环境友好的同时，还复循了祖辈时的天蓝、水清、肉米香的效果。

时至今日农业已过渡了三个阶段：有机农业、石油农业、化学链农业。然而儿时的天蓝、水清，肉米香，却一去不复返，环境和人类健康黯然失色。近40年笔者不断坚持一线实践探研，随着研究的不断深入，越发感觉农业必须过渡至第四阶段——“生态自我循环”农业（环境友好、人类健康）。

九、规范生态农业市场，严防“变脸”农业再出花样

建议为保障我国生态农业持续有序健康发展，应从全方位多角度立法，严防“变脸”等农业套项，建立民间组织与国家职能部门联合共同监管，设严罚违章、重奖先进等机制，开通多渠道举报电话，结合媒体、教育、文化等重点宣传推广生态农业上的正能量。

（作者单位：上海四系生态农业科技有限公司）

资源配置

ZIYUAN PEIZHI

发展农村集体经济的几个问题

黄延信

习近平总书记强调，推进各项改革要于法有据。深化农村集体产权制度改革、发展壮大农村集体经济实力，需要从法律上理清有关农村集体经济的几个基本概念及内涵。

一、什么是农村集体经济

我国《宪法》第8条规定，“农村中的生产、供销、信用、消费等各种形式的合作经济，是社会主义劳动群众集体所有制经济。”宪法规定的意思非常清楚，合作经济是集体经济的一种形式，是劳动群众的联合与合作，而且集体经济形式是多种多样的。从实践看，我国农村集体经济有两大类，一类是建立在生产资料集体所有基础上，实行集体统一经营、劳动产品统一分配的传统的社区型集体经济，其组织载体为农村集体经济组织。一类是以产权清晰为前提，通过劳动群众出资入股等方式将生产资料集中起来，实行集体经营的合作经济，其组织载体为合作社或股份合作社等农民合作组织。因此，所谓集体经济即是若干分散的个体通过联合与合作实现共同发展的经济组织形态，可以是以生产资料集体所有制为基础的组织方式，也可以是在产权清晰基础上劳动者个人以资产入股形成的合作制或股份合作制形式。

过去，人们谈论集体经济的时候，主要是指生产资料集体所有的社区性集体经济，而对合作经济是集体经济的认识和重视不够。现在讨论农村集体经济，要回归宪法本意，明确相关概念，不能把各种类型的合作经济排除在集体经济之外，更不能把发展合作经济与发展集体经济对立起来。重要的是，农村集体经济的形式是多种多样的，无论是建立在生产资料集体所有基础上的集体所有制经济，还是在产权清晰前提下集体经营的合作经济，都是劳动群众的集体经济。从20世纪80年代中期开始，我国一些地方的农村集体经济组织通过产权制度改革形成的股份合作制经济仍是集体经济。在市场经济体制下，发展集体经济一定要体现多元包容精神，允许多种所有制、多种要素组合方式，多种治理结构，这里，重要的是坚持生产力标准，采取什么样的经济组织形态，关键是看这种组织形态是否能生产力的发展，是否尊重广大农民群众的意愿和选择。

二、传统的集体所有制经济与合作型集体经济的异同

从我国实践看，生产资料公有的传统集体经济组织与合作型集体经济组织有显著不同。

生产资料公有制集体经济的特征：一是生产资料由成员集体所有，任何成员不能单独行使所有权（占有、使用、收益、处置权），也不能在退出时分割集体所有的资产，集体所有的生产资料保持完整性，也使得集体所有制经济组织具有显著的社区性。二是通过“运动”形成的，农村集体所有制经济的前身是农民用自有生产资料入股建立的合作经济组织，后来经过人民公社化运动，将农民入股的私人财产无偿变为成员集体所有，不是建立在农民自愿基础上的，集体所有制并不是天然就存在的，带有明显的政经和一特征。三是成员边界是模糊不清的。尽管不同的集体经济组织之间成员边界是清楚的，但在同一个组织内部，成员边界并不清楚，一个人，只要父辈是组织成员，不需要具备其他条件，生来就具有集体组织的成员身份。四是生产集中经营，生产经营活动由集体统一计划安排，成员按照组织领导分派的任务参加生产劳动。五是经营决策少数干部说了算，成员参与度低，存在少数内部人控制问题。六是劳动成果在组织成员之间平均分配，不分男女老幼，不分付出劳动多少。

合作型集体经济组织的特征：一是产权清晰，生产资料分属不同的个人所有，即使入股参加合作后，资产仍是个人所有，只不过入股后实行的是集体经营；成员退出时可以带走或通过转让处理自己入股的资产。二是成员自愿参加，合作型集体经济是建立在成员自愿基础上的，合作组织的基本原则是成员入社自愿，退社自由，农民自愿组成的合作组织是单纯的经济组织。三是成员是有边界的，只有带资入股参加合作的人员才是组织成员，不入股不能成为组织的成员；而且，一个人入股成为组织的成员，其家庭成员并不是组织的成员。四是经营活动实行民主决策、民主管理、民主监督；合作经济组织的领导人员由入股成员民主选举产生，生产经营等重大决策由成员民主决定，不论成员入股多少，选举时实行一人一票的决策方式。五是集体经营，更多地体现在流通、信用等方面的合作，农业生产则主要以家庭经营为主。六是合作经济的经营收益在成员之间按股份分配或按交易量返还成员，有效克服了平均主义分配存在的弊端。

通过以上对比，笔者认为，集体经济包含劳动者通过联合与合作发展经济的多种组织形态，集体经济不等于集体所有制经济，集体所有制经济只是集体经济的一种组织形态，发展壮大集体经济应更多强调多种形式的集体经营，而不应一味追求生产资料集体所有。这应该是发展集体经济的本意。而

且，农村集体经济的组织形态是一个不断变化、逐步完善的过程。新中国成立以来，发展农村集体经济，我们实行过生产资料个人所有基础上的集体经营（互助组、合作社），经历过个人财产全部上交集体、“一大二公”的人民公社体制，也实行过“三级所有、队为基础”的组织形式，也实行过家庭经营与集体统一经营相结合的双层经营，再到目前广大农村蓬勃兴起的、多种形式的合作经济、股份合作经济，实践对农村集体经济的探索和完善从来没有停止。不同时期农村集体经济的实现形式各不相同，随着经济社会发展水平的不断提高，农村集体经济的实现形式也会不断调整完善。可以预言，今后相当长一个时期，建立在产权清晰基础上的合作制、股份合作制经济是发展集体经济的有效形式。应加快改革步伐，将农村传统集体所有制经济改造为产权清晰基础上的股份合作经济。

三、谁是集体所有的主人

物权法是规范财产关系的民事基本法律。物权是一种财产权，《物权法》规定，“农民集体所有的不动产和动产，属于本集体成员集体所有”。法律规定很清楚，集体所有不是集体经济组织所有，而是本集体成员集体所有，集体经济组织只是代表成员管理运营集体资产。这就给我们提出了一个现实紧迫的任务：界定集体经济组织成员身份，理清集体经济组织成员边界。

传统的社区性集体经济组织，生产资料由成员集体所有，经营收益由成员共同分享，但集体经济组织的成员是没有边界的。一个人是集体经济组织的成员，其家庭新出生人口无需支付任何成本就可以成为集体的成员。在这种情况下，集体经济组织成员数量的增加，实质是对原来老成员占有集体资产数量的稀释；一个家庭人口数量的增加，实质是对其他家庭所占有集体财产数量的稀释；由于在集体所有制下，成员个人不能处置集体所有的生产资料，成员对生产资料的所有权，就演变为对公共劳动成果的分配权，一个家庭人口数量的增加，也就导致了其收益分配占比的增加。于是，在集体内部就因成员身份不固定而出现了“搭便车”的现象，家庭人口多的户，比人口少的户可以从集体多分到产品，产生了分配不公，挫伤了成员的积极性，同时导致不同农户为了在产品分配方面不因人口比其他家庭少而吃亏，增加了多生育人口的动机，这是20世纪六七十年代我国农村人口高生育的制度根源；农村土地实行家庭承包后，人口变化就要求调整承包土地，弱化了承包经营制度的稳定性，这仍然是由于集体经济组织成员身份不固定引起的。因此，发展壮大集体经济必须明确集体成员身份，确定改革时点，明确成员身份，理清集体成员边界。

从实践看，随着市场经济的发展，城乡分割的社会管理体制已经被冲破，在城市郊区和东部发达地区，原来封闭型经济已经发展为开放型经济，社区人口构成发生了显著变化，有的地方出现了外来人口超过本地人口的倒挂现象，现在的社区人口与原集体经济组织人口极度不一致，按照村民委员会组织法的规定，外来人口在本地居住一年以上具有选举权。如不清晰界定成员边界，在涉及经济利益的决策时，外来人口会基于自身利益作出选择，从而侵害原集体经济组织成员的利益。

深刻学习和贯彻落实这一法律规定，对指导即将开展的农村不动产登记、保障农民财产权利至关重要。农村集体所有土地确权办证，应该确给谁？一般说法是确给集体经济组织。实际上，按照《物权法》的规定，不应确权给集体经济组织，而应确权给集体经济组织的成员；即使确给集体经济组织，也应注明组成集体的有资格的成员名单。这里基本的逻辑秩序是先定确员（确认集体经济组织成员），再确权（再对集体所有的各种资产确权）。如果不确员，就确权，把法律规定属于成员集体所有的土地等资产确给并不是所有者、成员边界不清的社区型集体经济组织，不仅违反《物权法》关于集体所有主体的规定，还会加剧农村集体产权不清的混乱状况。对此，我们应有清醒地认识，宁可不确员就不确权，也不要不确员就确权，一定要按照法律规定扎实稳妥开展不动产登记工作，使之经得起实践和历史的检验。

这里还涉及相关法律的修改问题，如集体经济组织与村民自治组织本质是两类不同性质的组织，人员构成不同，组织的任务、决策运行机制不同，让村民自治组织代行集体经济组织的职能，既与《物权法》对财产所有人主体的规定不符，也不适应市场经济体制下发展集体经济的需要，应尽快启动修法程序加以修改完善。

四、探索集体经济的有效实现形式

党的十七大报告提出“探索集体经济有效实现形式”，2013 年中央 1 号文件要求“因地制宜探索集体经济多种有效实现形式，不断壮大集体经济实力”。就是要探索发展集体经济的有效制度安排、科学的资产运行管理机制、公平合理的利益分配机制。理论研究和实践表明，相对于生产资料集体所有、成员边界不清的社区型集体经济组织，建立在产权清晰、个人自愿基础上的合作型集体经济，其运行更灵活，激励约束机制作用更明显，资源配置的效率更高。发展壮大集体经济，应注重发展在产权清晰基础上建立的各种形式的合作经济，这种经济组织形式更有生命力，农民更认可。在集体经济的资产运营管理方面，要建立较为完善的农村集体经济治理结构和管理机制，健全集体内部民主管理决策机制和外部审计监督机制，既要防止集体资产被侵蚀，农民权益受损害，又要防止集体经济被少数人控制。应参照现代企业制度的要求，建立以股东（代表）大会、理事会和监事会为架构的资产运营管理机制，重大事项实行民主决策、民主管理、民主监督。在收益分配方面，应制定经成员同意认可的分配办法，可以按交易量返还利润，也可以按股分红，确保农民群众真正成为发展集体经济的参与者和受益者。

五、赋予集体资产权能

发展集体经济是实现农民共同富裕的有效途径，党中央、国务院有明确要求，农民群众有强烈期盼。从全国看，农村集体经济发展很不均衡，地区差异很大，与中央的要求、农民的期盼差距很大。原因是多方面的，但根本原因是农村集体资产权能不完整，或者权能缺失。我国《民法通则》第71条对所有权规定了四项内容："财产所有权是指所有人对自己的财产享有占有、使用、收益和处分的权力。"《物权法》第39条规定："所有权人对自己的不动产或者动产，依法享有占有、使用、收益和处分的权利。"这四项权利就是财产所有权的权能。现实中，农民、农村集体经济组织有财产、无财产权利问题突出。目前，农民对集体资产的占有、使用和收益权能基本得到体现，但处置权（法律上、事实上的处置权）基本没有体现，导致各种生产要素难以向农村、向农业积聚，农村集体资产成为僵化的资产，限制了集体经济的发展。毋庸讳言，反观城市郊区、东部发达地区，之所以集体经济发展较快，无一不是集体资产权能得到体现的结果。

发展农村集体经济，关键是要推进农村集体产权制度改革，探索赋予农民更多财产权利，在明晰产权归属的基础上，完善集体资产权能，激活农村各类生产要素潜能，建立符合市场经济要求的农村集体经济运营新机制。必须改变农村集体资产权能缺失的状况，应通过调整政策、修改法律法规，完善农村集体资产权能，这也是使市场在资源配置中起决定性作用的要求。赋予农村集体资产完整的权能，是发展壮大集体经济的必要条件，这方面，但愿提倡发展集体经济的人们不要做"叶公"。

（作者单位：农业部农村经济体制与经营管理司）

推进农村土地制度改革的研究与思考

汪恭礼

随着工业化城镇化和农业现代化的发展，基本形成了以土地公有制为基础，以耕地保护和集约用地为目标，以土地用途管制，土地征收，土地有偿使用为核心的制度框架体系。本文结合安徽省宣城市的情况，通过对现行农村土地制度的分析与研究，提出加快征地制度等农村土地系列制度改革，理顺国家、集体、农民之间的收益分配关系，促进城乡土地要素合理流动和布局优化，着力破解城乡土地二元结构，推动城乡共同繁荣和统筹发展。

一、农村土地制度改革宣城市几点做法

（一）农房抵押，宅基地实现收益

《物权法》赋予了农民宅基地占有、使用权，没有收益权。安徽省宣城市从 1997 年就开始“悄悄地、大胆地”试点农村房屋产权登记制度改革，使农村房屋产权在进一步明晰后进入银行作为抵押物，并允许进行交易。在具体做法上，宣城采取了乡镇政府与土地、城建、金融等部门齐抓共管的方式。在初始启动阶段，动员乡镇及土地、规划部门对农民现有房屋的用地规划手续尽可能予以确认。在此基础上，加快村庄用地和建设规划的编制，促进规划管理工作的迅速跟进。在遵守担保法有关规定的同时，对符合流转条件的房屋，金融部门积极开展抵押贷款业务，使农民能够感受到申请房屋登记的现实功效。据调查，农民房屋抵押贷款用途和结构为：种植业占 10%、禽畜养殖业占 15%、水产特产占 10%、茶林特产占 10%、农产品加工业占 20%、农产品购销占 20%、运输业占 5%、服务业占 4%、其他工业及服务业占 6%。房屋抵押贷款融资，支持了一大批特色产业、特色市场的兴起，促进了农业发展，农民增收。贷款几乎全部用于经济发展，没有一笔流向生活消费或其他用途。这样的贷款流向更坚定了宣城市深化改革的决心。

宣城实施农村房屋产权登记、发证、流转制度，宅基地随房走，实现了宅基地收益权，有利于调整农村产业结构，发展农村经济，实现农民增收；有利于加强村镇规划管理，促进社会主义新农村建设，统筹城乡发展。这将引爆农村生产力的新一轮大解放。

（二）确权发证，农地还权赋能

早在 2009 年，宣城市结合本地实际，制订了农村集体土地确权登记发证工作计划，明确工作目标和任务，层层落实责任制。按照“先易后难，依次推进”“先进行试点，后全面铺开”的总原则，分类推进农村集体土地“三权”发证工作。截至 2011 年 7 月，全市集体土地所有权应发证 839 宗，实发 823 宗，发证率达 98.10%，其中市本级的 6 个街道办事处和郎溪县、广德县、宁国市、绩溪县、泾县已全面完成了该项工作，宣州区与旌德县分别达到 97.55%和 83.82%；集体建设用地使用权应发证 5 159 宗，实发 3 730宗，发证率 72.30%；宅基地使用权应发证 63.55 万宗，实发 54.08 万宗，发证率 85.10%，绩溪县已基本完成全县的宅基地登记发证工作，发证率达 99.27%。

通过农村集体土地确权登记发证，进一步查清宗地的权属、面积、用途、空间位置，将农民与土地物权紧密联系起来，明晰农村集体土地产权关系，依法确认和保障农民的土地物权，有效解决农村集体土地权属纠纷，化解农村社会矛盾，依法确认农民土地权利，强化农民特别是全社会的土地物权意识，最终形成产权明晰、权能明确、权益保障、流转顺畅、分配合理的农村集体土地产权制度。同时，能为发挥抵押融资功能作准备，加快城乡统一的建设用地市场建设，有助于在城镇化、工业化和农业现代化推进过程中，切实维护农民权益。

（三）土地整治，拓展发展空间

近年来，宣城市围绕坚持最严格的耕地保护制度和节约集约用地制度，将土地整理复垦开发与建设用地置换挂钩政策相结合，开展农村土地综合整治，着力完善保护耕地措施，支持新农村建设，统筹城乡发展，拓展城镇建设发展空间。据调查，全市农村居民点（自然村）12 454 个，648 101 户，1 977 009.55人，村庄用地面积 454 482.79 亩，农村人均占地面积 0.248 4 亩，预计通过旧村改造可增加耕地 101 278.65 亩。宣城市结合皖南山区自然特性，确定了因地制宜、田块适中、地力保护、设施配套和质量第一 5 个原则，切实可行地推进农村土地综合整治工作。在实施土地整治时，从试点村镇的选择、规划设计的编制到新村建设方案的实施，均尊重民意，示范引导，不搞强行拆迁。积极发挥村两委和村民代表的作用，让他们参与拆迁安置工作，切实维护农民权益。各县市区均设立土地整治专项资金，主要来源是耕地开垦费、地方新增建设土地有偿使用费和土地出让金用于农业土地开发的部分，有力地保障了项目建设的资金投入。同时，出台资金管理办法，坚持“一支笔”审批制度，加强监管和审计，实行专款专用，确保资金落到实处。本着“资金来源不变，使用用途不变，整合集中投放”的原则，各县市区政府统筹农村道路建设、水利基础设施、农业综合开发、农村扶贫开发、地质环境治理及其他新农村建设政策、项目和资金，开展田、水、路、林、村、房综合整治。10 年间，宣城市共批复立项的省级以上项目 18 个，建设总规模 9 924.487 3 公顷，项目总预算 32 083.45 万元。预计新增耕地 1 156.707 1公顷，新增耕地率平均为 11.66%。按照要求，目前宣城市已完成其中 4 个项目，承担的新增耕地项目共 309 个，新增耕地面积 3 257.482 8公顷，全力保障了全市的用地需求。

（四）土地流转，推进农业适度规模经营

早在 2008 年，宣城市就出台了《关于进一步加快农村土地流转推进农业适度规模经营的意见》，结合当地实际给予支持，鼓励各类主体通过土地流转建立农产品生产基地，多种形式推进适度规模经营。鼓励农户以土地承包经营权入股成立农民专业合作社，开展规模经营，发展特色产品，实行专业化生产。通过合作社将社员承包土地集中起来，可以对外招标开发，也可以集中经营，收益按合作社章程进行分配。鼓励外出务工又不愿放弃土地、有意流转土地的农民，采取各种形式依法把土地流转给专业种养大户、农场主、农民专业合作社和农业龙头企业。对农村四荒资源，实行公开招标开发和规模经营。引导同村同组农户以互换形式使土地相对集中，改善土地少而散的状况，发展生态高效农业，兴办各类家庭农场。鼓励龙头企业、科研单位、农户等以资金、技术、土地承包经营权、实物、劳动力等生产要素作为股份，按照自愿互利原则兴办公司制农场，实行企业化经营。鼓励龙头企业、农民专业合作社等农业经营实体，以服务为载体，以家庭经营为基础，与农民建立稳定产销协作关系，通过建立基地、订单农业、投资开发等方式统一品种、统一技术、统一产品质量标准、统一农资供应及产品销售，实现规模经营。

2002 年全市耕地流转面积 7.2 万亩，占耕地总面积的 3.2%；2004 年耕地流转面积 13 万亩，占耕地总面积的 5.8%；2007 年耕地流转面积 15.11 万亩，占耕地总面积的 6.7%；2008 年耕地流转面积达到 19.51 万亩，占耕地总面积的 8.7%，呈现出流转速度逐步加快趋势。截至 2007 年年底，全市实现林权流转面积 75.31 万亩，其中发展用材林 300 亩以上、经济林 50 亩以上、花卉苗木 10 亩以上的规模经营面积达 50.76 万亩，流转涉及农户 3.70 万户。通过流转，农村土地向专业大户和农业企业集中，有利于农村土地规模化、机械化、产业化生产。土地流转减少了“面朝黄土背朝天”的田间作业人数，使农村富余劳动力离开农业，进入第二、三产业，农民收入大幅提高。随着社会资本的进入，转租了大量的低效坡旱地和闲置的山场林地。这些公司根据市场需求投入巨资，或作为苗木生产基地，或作为

农家乐休闲观光基地，或作为畜禽养殖基地，或作为茶叶、吊瓜、山核桃生产基地，或作为烟叶种植基地，或进行综合性立体农业开发，极大地提高了闲置坡旱地以及丘陵山场的利用效率，昔日的荒丘柴岭，面貌为之一新，呈现出一派商机。同时，一些专业生产合作社转包耕地，作为绿色无公害农副产品生产基地，引进国内外优良品种，进行绿色无公害优质水稻、茭瓜和蔬菜的大规模种植和市场开发，改善了农业产业结构，极大地提高了耕地资源的利用效率，产品远销全国各地，深受市场欢迎和消费者青睐。土地流转还有效破解了因分散经营导致农业生产徘徊不前的困局，种植结构也由原来的水稻、小麦、油菜种植转变为多元化的发展，促进了农业产业结构的调整，加快了传统农业向现代农业的转变。

（五）土地征收，推进工业化、城镇化快速发展

近几年来，随着工业化、城市化的迅猛发展，农村集体土地被征收呈上升趋势。宣城市着重建立完善市（区）领导及市（区）直单位包保联系乡镇（街道）机制、每月调度通报机制、定期督查督办机制等，发挥基层组织的中坚作用和党员、干部的示范带头作用，努力形成“市、区（市开发区）联动，各部门互相配合，全社会共同参与”的征迁工作推进局面。在征收过程中，严格执行和落实政策，做到依法、阳光、和谐征迁。按照《关于被征地农民参加企业职工基本养老保险的实施意见》等被征地农民保障政策，做好被征地农民的安置、就业、养老等社会保障工作，确保被征迁群众现有生活水平不降低、长远生计有保障。加大对保障性住房的土地供应、资金投入和建设力度，确保2014年市本级保障房开工9 193套、基本建成6 693套，其中安置房开工4 100套、竣工6 000套。

二、现行农村土地制度缺陷逐步显露

随着我国经济体制改革的深入与发展，土地等生产要素市场制度改革滞后，土地的城乡二元结构问题突出，城乡土地市场分割严重，土地市场效率低下，影响我国市场经济体制的完善和经济的可持续发展。

（一）农村宅基地管理亟待加强

当前，农村宅基地管理已成为社会关注的热点、焦点和难点问题。长期以来，由于管理机制不健全，管理制度不完善，管理模式粗放，致使农村宅基地使用与管理不到位，造成乱占滥用土地现象十分严重。一是农村整体缺乏村庄布局规划和控制性详细规划，未能合理确定农村居民点的数量、布局和用地规模，导致农村住宅建设用地规模在一定程度上的失控。农民建房选址随意性大，乱圈乱占、乱搭乱建的现象严重，房屋坐落散乱，朝向、高矮

不一，既影响了村容村貌，又浪费了大量土地。二是城镇化、工业化速度加快，大量农村人口进城务工，在城里站稳了脚跟，积累了一定的财富，在城市购买了商品房，并落了户籍。这些人由于政策允许他们保留原来在农村的宅基地和责任田，宅基地空在那里，闲置量很大，不能达到地尽其用，产生不了应有的经济效益。三是随着广大农村逐渐摆脱贫困，走向富裕，农村旧宅由于建得早，大多数面积较小，设计陈旧，已不能满足建设现代化住房的需求，对改善居住环境要求愈加强烈。加上原村庄建设规划严重滞后，甚至根本没有规划，使村民所建房屋交互错落，导致一些交通、排水等居住、生活环境差的村庄，村民们纷纷搬到交通便利，通风、采光度高的地方建房。多数农民认为宅基地作为自己不动产财富，越多越好，新屋建成后也不拆旧房，一户两宅三宅现象不同程度地存在。超占宅基地有偿使用等政策在实际执行中存在风险，多占土地难以处理。四是在少数地方，有的村民“先斩后奏”擅自建房；有的村民一边申请一边占用，手续还未到手，房屋已建成。不少村民在批准的合法面积基础上擅自增加面积，造成批少占多、不好管理的局面。一些农户为了节省工程量，又方便出入，建房纷纷选址于路边良田，造成建起住房一栋，破坏良田一片的现象。五是部分村民钻法律的空子，擅自改变农村宅基地用途。在宅基地批准后，用宅基地建成小型工厂、商业房、饭店等。还有一部分在城乡结合部和集镇所在地的村民借宅基地之名搞房地产开发，向社会出售。六是在“城中村”和城乡结合的乡镇规划区内及相对条件发达的集镇中，少数农民为了谋取私利，不惜将自己的宅基地、自留地甚至责任田作价卖与他人建房，甚至把原来已有的住房卖给外村人自己重新以无住房申请占有新宅基地情况也屡见不鲜，形成宅基地非法流转的隐形市场。同时，现行担保法明确规定，农村宅基地不能抵押。诸多文件也禁止城里人到农村购买宅基地。这等于剥夺了农民对宅基地的收益和处分权。

（二）确权发证遇到的困难

眼下，各地正在有序推进农村集体土地确权登记发证工作，但是，由于历史原因，多年来土地形成的权属资料不全，加上确权登记发证工作任务重、时间紧、技术要求高、矛盾纠纷复杂、登记审批环节多，给确权登记发证工作带来了许多问题。一是过去所有的土地登记、审批、图件都是纸质档案，由于自然灾害或人员变动或保管不善，使部分资料丢失，再加上以前确权登记发证需要一定费用，大家积极性不高，农村集体建设用地绝大部分没有土地证，或虽然发放了集体建设用地使用证，但是土地证丢失，给依法登记发证带来一定的难度。二是集体所有与国家所有土地的权属界限划分不是十分明确，行政界线与发证过程中的权属界线不一致的问题较为突出，林权矛盾纠纷较多，村与村、村与社之间的土地所有权争议，县界、乡界、村界矛盾多发。村与村之间的飞地较多，权属不清，未登记前，大家都默认现状，一旦登记发证，这些隐藏的潜在矛盾就浮现了出来，加上近年征地补偿的利益驱动，大家认识到了这个问题的重要性，所以在权属问题上出现了争议。三是现在外出打工的人比较多，找不到人签字指界，有的甚至无法联系到人。在家的村民中，一些人认为自己既然是宅基地的使用者，那就应该由自己支配，搞调查进行登记发证与不搞调查进行登记发证关系不大，都住了几辈子了，谁也占不去的。而且很多人认为这次调查清楚签字后，政府会不会就像城里收取物业费那样向他们收费，心存疑虑。由于历史原因，有的村民拥有两三个院子，害怕调查登记后要退出多占的地块。这些都直接影响本宗地和相邻宗地界址的指界工作，给工作造成了一定的难度，进展缓慢。

（三）土地整治中不可忽视的问题

一是少数群众不理解，抱有抵触情绪。由于群众实际情况不尽相同，利益诉求不完全一致，少数群众抱有抵触情绪，工作难做。旧村改造让农民住进新居，而新居建设式样单一，难以体现乡土农耕文化特色和农民个性需求，存放农机具、饲养畜禽、发展庭院经济都不方便，有的耕作半径偏大，尤其是农作物收获后所需的脱粒、晾晒、储藏的场地无法解决，农民反映较多。二是少数县乡、村干部认识不到位，各地推进力度差异较大。少数县乡、村干部认识不统一、责任不明确、工作不到位。加上各地经济发展水平和地形地貌差异，不少地方仍实施原来的土地复垦和双置换项目，没有与村庄整治相结合。在一些已实施整治的地方，没有整村推进，有的小型集聚点，只有十几户，各地推进力度差异较大。三村庄规划缺位，成本增高、难度加大。长期以来，村庄规划滞后或缺位，导致农村建房占地无约束。农民建房无序、零星、散乱，普遍存在“有建设、无规划；有新房、无新村”的现象。许多农舍总体占地面积相对较大，实际利用率低下，而且多是占用最好的耕地，造成农村耕地浪费。四是资金整合难度较大，缺乏必要的资金支持。整治资金来源主要靠财政投入和整合项目资金，社会资金投入数量不大。各部门支农惠农的项目和资金都由各部门管理使用，实际工作中存在着“各唱各的调、各吹各的号”的问题，加之资金来源不同，使用用途不一样，建设内容产生独立性，验收标准出现差异性，要做到真正的科学整合难度很大。五是法律、政策障碍，农民财产性权益难以体现。《土地管理法》规定了村民宅基地只能使用本集体土地，而实施中跨自然村、行政村安置现象也存在，法律障碍造成群众工作十分难做。法律又规定一户只能占有一处宅基地，但实际上一户多宅的现象比较常见。同时，农民的土地及宅基地登记、办证率低，确权滞后，尤其是土地整治中权属争议处理机构缺位，给产权纠纷处理、权属调整、整治后的土地流转带来困难。六是土地整治长效机制没有建立，成果管护有待完善。土地整治项目完成后，后期的管护按照有关规定，项目承担单位与项目所在地的镇、村签订了管护合同，明确了责任要求。但因为管护资金不落实，管护工作往往流于形式，后期的管护长效机制需进一步建立和完善。

（四）土地流转有待完善

一是由于对土地流转政策的宣传不够深入，群众对土地流转的认识还存在误区，部分农民怕土地流转出去后，自己丧失了土地承包权，没有了生活的最低“保障线”，因此部分农民外出打工后，宁愿将土地交给亲戚朋友代耕，也不愿意签订长期流转合同对土地经营权进行流转。同时，中央惠农政策不断得到加强，农民依附土地得到实惠越来越多，也是现阶段农民对土地流转积极性不高的原因之一。二是工商资本驱动下的“非粮化”值得警惕。在种粮比较效益偏低的情况下，土地流转后，良田“非粮化”愈演愈烈。一些本来种粮食的土地被流转为搞养殖业、花卉业、生态农业、观光休闲农业，甚至直接变为建设用地等。如朱桥乡稻田养殖河蟹 14 000 亩，其中，魏村 96％、浑水村 90％的稻田从事河蟹生态养殖。水阳裘公社区蔬菜专业合作社流转 204 亩建大棚蔬菜，文昌镇鑫源公司租赁农民 128.4 亩耕地种植大棚蔬菜，施田村只有耕地 3 030 亩，通过流转，发展烟叶 1 802 亩。土地由粮田改为设施农业后，如发展畜禽养殖、水产养殖、经果林等，田间的水利设施、灌溉系统随之改变，更为重要的是土壤层也发生了改变甚至破坏。一旦流转期限到期或因经营原因中途退出，将已从事设施农业的土地恢复为种植粮食的农田将非常困难，甚至根本不可能恢复。三是在中央一系列惠农政策的激励下，农民发家致富的干劲空前高涨，掀起了一轮“要地热”，引发了一系列土地纠纷，直接影响了农村土地适度规模经营的推行。笔者是安徽省第二批选派的村党支部第一书记，在平常工作中主要遇到以下几类矛盾。①土地二轮承包时，少数农户因嫌税费过高、或外出经商务工自动放弃土地承包权，现今回乡后，向村委员会要求与本村村民组其他村民一样承包土地。②土地二轮承包后，由于大量农民涌向城市经商务工，各地出现了数量不小的抛荒地，而当时的村委会为了保证国家税费，不得不想方设法把这些抛荒地处理给他人耕种。现在面对大量要地的农户，村里基本上没有耕地可给。由于要不到耕地，享受不到国家政策的实惠，无地农民与村委会的矛盾日益突出。③农民外出经商务工前，为了不让自己的土地抛荒，交给他人耕种，由耕种人代他完成国家的税费任务。现在觉得种地划算，想要回耕地，可是对方又种植了林果等多年生作物。④村级公益事业占用农民的耕地，当时协商是每年通过减免一定数量的农业税作为补偿，现在农业税取消了，不仅得不到补偿，而且享受不到粮种补贴等国家政策的实惠。同时，现在村级公益事业占用农民的耕地更困难了。四是由于土地分户经营，承包大户在实施土地流转，实行规模经营时，往往因为一户或几户不愿流转土地，使土地规模化流转难以完成，从而导致土地比较分散，制约了规模经济的发展。五是流转手续不规范。①部分农户土地流转，只有口头约定，无书面合同，或者书面合同内容不规范，不具有法律效力。②合同条款、标的不明确，甚至与现行法规相冲突。由于土地流转手续不规范引起的纠纷，已严重影响了农民流转土地的积极性。六是土地流转服务体系不健全。由于土地流转还没有形成完善的市场体系，缺乏一个连接流转双方的中介机构，致使土地供求双方的信息受阻，延缓了土地流转进程。同时，出现流转纠纷时，也缺乏有效的仲裁机构进行调解、仲裁。

（五）土地征收障碍多

随着我国经济社会的快速发展，城镇化进程的不断加快，越来越多的农村集体土地被征用。在征地过程中产生的矛盾和问题越来越突出。一是由于历史原因，不少地方农村宅基地、林地未确权及地籍资料不详不全。过去农村无人问津的荒山、荒地在征地中能变成钱，土地权属不详则无法定论，常引发村民之间争议，给征地带来了困难。　二是土地征用时，对一个行政村或一个村民小组往往只是局部的征用，前后征用又有价格和人口变动的差异，分配对象的复杂性，土地征用款分配时，出现了分配方案和分配比例的分歧，导致村民之间矛盾重重。一次征地，补偿分配工作往往要拉锯数月，甚至数年之久。在矛盾没解决前，土地征收难以进行。三是由于社会保障机制还不健全，农民失去了世代赖以生存的土地，对大部分文化偏低、年龄偏大、缺乏技术的被征地群众来说，一次性领取有限的安置补助费用后，失地直接导致失业，一旦土地补偿款被花光，没有经济来源时，生活就失去保障。这部分对今后生活感到忧虑和担心的农民，有意或无意地给土地征收增加障碍。四是农村土地地上附着物多样性，也没有具体的补偿标准，农民一旦漫天要价，征收工作就难以正常进行。五是由于少数被征地群众法律意识比较淡薄，为了在征地中获取最大的经济利益和补偿，在政府发布征地公告后，在规划范围内搭建违章建筑，或者就在地面附着物上做文章，在拟征用范围内的土地上抢种、抢栽、抢建地面附着物和青苗等，突击造假，造成工作人员清点地面附着物时要花费很大精力辨别真伪。农户在非法利益得不到满足的情况下，拒绝在清点册上签字确认，甚至搞串通，无理阻挠征地工作。

三、推进农村土地制度改革的思考与建议

农村土地制度改革涉及面广、利益关系复杂，牵一发而动全身。推进农村土地制度改革，遵循产权明晰、用途管制、节约集约、严格管理的原则，坚持社会主义市场经济的改革方向，以保障农民权益为出发点和落脚点，保

护、尊重和实现农民土地财产权益，完善的土地要素市场配置和政府管控机制，促进城乡土地要素合理流动和布局优化，着力破解城乡土地二元结构，推动城乡共荣和统筹发展。

（一）完善农村宅基地制度，依法保障农户宅基地用益物权

在坚持一户一宅和标准控制的前提下，完善宅基地审批制度，确保农民宅基地建设必要用地。同时，弱化宅基地社会保障功能，探索建立宅基地退出和补偿机制，充实农民宅基地使用权，放开宅基地使用权流转，实现农民宅基地与房屋完整的财产权，用经济手段引导和规范闲置宅基地流转。一是严格按照控制建设用地总量、合理布局、改善居住条件、保护耕地的原则，因地制宜，科学制定适合农村宅基地发展的村庄建设规划，合理地规划村庄、农村居民点的数量、布局、范围和用地规模，同时要结合新农村建设，加大农村基础设施建设投入，创造农民集中成片建房、节约集约用地的平台。积极探索“宅基地置换”模式，将分散居住的农民集中起来，搬入新建多层或规划合理的住宅中。要本着节约集约用地的原则，加强农村宅基地用地计划控制，严格控制新增宅基地用地计划，严格控制新增宅基地用地标准，把农村宅基地新增用地计划指标和农村建设用地整理新增的耕地面积挂钩，对宅基地实行总量控制。二是规范宅基地审批管理，严格控制农村宅基地申请条件，认真贯彻“一户一宅”的法律规定，坚决贯彻各地农村宅基地面积规定标准。规范农村宅基地申请报批程序，对农村村民需要申请宅基地和经依法批准的宅基地，要在其所在地的集体经济组织或村民小组张榜公示。在符合土地利用总体规划和村庄规划的前提下，鼓励农村村民新建、改建、扩建住宅，要充分利用村内空闲地、老宅基地以及荒坡地、废弃地。凡村内有空闲地、老宅基地未利用的，不得批准占用耕地。三是制定农村宅基地退出和流转的奖励政策，农民主动将空闲的宅基地返还给集体的，地方政府给予一定的经济补偿，对那些符合宅基地申请条件而又主动放弃农村宅基地进城居住的农民，地方政府在购房上给予政策奖励补助。鼓励村民进城落户，对已在城镇购置商品房定居或愿意进入城镇规划区定居，并自愿退宅且不再申请新宅基地的农民，不影响其农村集体土地承包权益，不影响其作为农民身份享有的原有政策待遇。鼓励农民退出多余宅基地，凡新建住宅后应退出旧宅基地的，要采取必要的措施，确保按期拆除旧房，交出旧宅基地。允许村民将原宅基地和房屋与其他村民自愿协商后有偿调剂给有条件申请宅基地建房的本村农民。四是完善农村住宅产权制度，建立规范、有序的农村宅基地市场体系，让农村宅基地在一定范围区域有序流转，让农民在一定期限内能对宅基地及其上面的住宅享有充分的处置权，建立集体与农户合理的宅基地流转收益分配机制，让农民享有更大的土地收益权利。禁止城镇居民

在农村购置宅基地，对于城市居民在农村购置宅基地的，要求其退还其购置土地。对于拒绝退换者，按照相关法律规定处理。五是加强农村宅基地的日常监管，及时发现和制止土地违法行为。对乱占与滥用耕地建房等违法行为，国土、城管、法院等部门加强协调配合，形成执法合力，坚决依法查处。

（二）加大土地确权颁证工作力度，明确土地产权性质、归属

农村集体土地的确权与登记直接关系农民的切身利益，涉及面广，影响深远，不同利益群体立场和诉求有差异，处理不好容易激化矛盾，给社会带来不安定的因素，必须妥善处理。一是积极推进农村土地统一登记，对已经确定农村集体土地所有权和合法取得的各类农村集体土地使用权，由县（市、区）人民政府统一进行登记，建立以信息系统为支撑的登记数据库和登记薄册，明确规定土地权属一经登记就具有法律效益。在登记的基础上给土地权利人（所有权和使用权）颁发土地证书。加强农村土地的初始、变更登记工作，对农村土地登记实行动态管理，加强农村土地档案建设，推行电子档案管理信息化，充分发挥地籍档案在农村土地监督管理上的作用。二是搞清村集体与国有土地之间的权属界线，既不能损害农民土地权益，也不能侵害国家土地权益。同时，也要搞清村集体之间的土地权属界线，对有争议一时又难以解决的，应暂缓发证。属于村农民集体所有的土地，应优先确权给村集体经济组织，因为它代表着农村集体组织全体成员的利益。村民委员会是基层群众性自治组织，仅能在村集体经济组织未建立的情况下，代替行使土地所有权。同样，属于乡（镇）农民所有的土地，其所有权应确权给乡（镇）农村集体经济组织。历史上已属于村民小组（人民公社时称生产队）所有的土地，就应该直接确权给各村民小组农民集体。考虑村民小组组织机构不健全的实际，在具体登记发证时，可采取“组有村管”的方式，将集体土地所有证发放到村，由村委会代管。对于复杂疑难的权属问题，要依照《土地权属争议调处处理办法》等相关法律法规处理。在处理过程中，要采取因地制宜的原则，充分利用已有的调查、指界等资料。对于权属来源资料不完善的，要尊重历史，承认现实的原则，根据土地使用现状，合理确定权属。三是针对农村外出务工人口较多，在地籍调查时直接影响本宗地和相邻界址的指界工作。对此，对户主无法到场的情况，由村、组干部找其直系亲属指界，并明确要求指界人转告户主如有异议在公告期内提出，不提将视为同意。四是对空闲或房屋坍塌、拆除两年以上未恢复使用的宅基地，不予土地登记。已经登记确定使用权的，由集体报经县级人民政府批准，收回土地使用权，办理土地注销登记。农民宅基地少批多用、未批先用等违法用地必须依法进行处理，未经处理不得予以确权登记。严格执行城镇居民不能在农村购买和违法建造住宅的规定，对城镇居民在农村购买和违法建造住宅申请

宅基地使用权登记的，不予受理。对于因建新不拆旧造成“一户多宅”，村民申请第二宗宅基地登记的，在村民拆除其旧宅之前，土地登记机构暂不受理。

（三）推进农村土地整治，节约集约利用土地

农村土地整治涉及面广、政策性强，“红线”较多，情况复杂，必须坚持因地制宜、分类指导的原则，立足实际，突出乡村特点，充分利用现行土地整理、城乡建设用地增减挂钩、土地置换和塌陷区治理等各项政策，整体推进农村田、水、路、林、村综合整治，大力盘活农村建设用地，达到农业设施配套、土地节约集约利用、农村居住环境改善、经济效益和社会社会效益协调。一要鼓励群众积极参与土地整治，将土地整治的政策交给群众，让群众真切地感受到土地整治工作带来的新变化，使群众切实明白土地综合整治给他们带来的好处，从而积极主动自觉地参与、配合、支持此项工作，激活土地整治的内在活力，促进农村经济社会的全面健康发展。二要针对不同的情况划分土地整治类别，对每种类别设计出最大限度提高土地利用率的科学、合理的实施方案，规划设计和验收标准均要以改变农民的生产生活方式、实现农业现代化、实现城乡统筹发展为目标。对荒地开发整理，以小流域为单元，全面衡量田、水、路、林，确保合理布局；对低丘岗地改造项目整理，以实现“三个集中”为重点，即农民住宅向中心村和小集镇集中、乡镇村办企业向工业园区集中、农田向规模经营集中，重新界定村庄、居民点和乡村界限权属，科学修订镇村规划；对高产农田土地整理，通过移土回填、剥离回填等方式，改善耕作层，使“瘦田”变“肥田”“低产田”变“高产田”；集中整理“荒、废、闲”项目，重点是挖掘土地的整治潜力。对在新农村建设、小城镇建设过程中形成的空心村、闲置地要及时进行整理复垦，对圩区低洼地以及废弃的工矿点、沉陷区进行全面整治。坡耕地要注重水土保持，防止水土流失；冷浸田要注重地下水位降低，防止耕种条件的破坏；连片规模整治要重视保护耕作层，防止土壤肥力下降。郊区不能按农村的方法来做，要提倡平改套的办法，把老的宅基地整理出来，用套房来安置解决；集镇、旅游景区沿线、度假区所在范围、山区、丘陵、圩区、平原以及其他村的工作推动，都有不一样的情况和特点，要积极探索符合实际的新方法、新途径。三要创新制度，引导政策性资金、社会资金进入农业农村，做大支农资金总量、提高资金使用效益。加大配套投入，积极调整财政支出结构，不断加大对农村土地综合整治的投入力度。按照“预算不变、渠道不乱、用途不改、形成合力”的原则，“各炒一盘菜、共办一桌席”，资金跟着项目走，打捆投入，集中用于土地整治项目。鼓励土地承包经营者和各类社会投资主体，自筹资金开展农村土地综合整治，为弥补资金投入不足拓宽投资渠道，调动和保护好各个方面的积极性。

(四) 加快农村土地流转，推行农村土地适度规模经营

在长期稳定农村联产承包责任制基础上，按照依法自愿有偿的原则，建立农地合理流转制度，让土地集中到懂种田善经营的“能人”手里，让农业生产走上规模化和集约化的道路。一是土地集中要量力而行，规模不可盲目求大。土地面积越大，道路、水利等基础设施建设资金投入越大，土地经营权不能抵押。资金投入过大，一旦遭遇天灾人祸，种植大户多年积累可能一夜之间“血本无归”。还不上高利贷，则很有可能成为“压倒种植大户的最后一根稻草”。二是土流转期限要稳定，不可偏短。不稳，不好安排投资计划，也不敢加大投入；过短，种植大户就不愿投入，影响农业生产整体水平的进一步提升。三是发挥本地资源优势，集中土地后，积极发展生态农业、观光农业和高效农业；已有农民专业合作社参与土地流转的乡镇，要充分发挥农民的主体作用，引导农户本着自愿、互利的原则加入合作社，实现“合作社+农户”的利益联结；要以农民专业合作社和种植大户为依托，引导农户采取土地经营权入股、委托村组织流转等形式向农民专业合作社、种植大户等规模经营主体流转土地经营权，发展特色农业、设施农业等高效农业。四是对农村土地适度规模经营的用途限制。在不损害土地耕种条件和基本农田保护的前提下，将农作物种植（含果树、经济作物、苗木、大棚等）和畜禽、水产养殖等视为农业用途。粮食主产区通过土地流转后，要建设粮食生产功能区，使粮食生产组织化、规模化、现代化、商品化水平得到提高。要加强农田设施建设、农业主体培育、农机化推进和先进技术应用，优化水稻品种结构。提升了粮食生产社会化服务水平，推广测土配方施肥、增施有机肥等适应技术，从而培育了地力。农村建设用地，也要统筹城乡土地利用、开发整理规划，提高节约集约利用水平，实现农村集体建设用地减少与城镇建设用地增加挂钩，提高土地的合理利用水平，土地开发整理专项资金主要用于保护耕地占补平衡和基本农田建设，以增加有效耕地面积，提高耕地质量。五是建立合理的土地流转机制。首先，加强土地流转服务，促进土地流转市场化。由于目前农村土地流转市场中的中介组织发育很不完善，大部分地区都没有中介组织，而流转活动又迫切需要中介组织提供服务。为避免出现土地流转存在着“有买找不到卖，有卖找不到买”的现象，县、乡镇要建立土地流转服务机构，多渠道收集供需信息，给流转主体牵线搭桥。农业部门结合《农村土地承包法》制定促进土地流转的相关政策，统一规范土地流转合同并加强合同监管，以第三方或见证人的身份出现，促进公平交易的进行，并对农村土地承包中的合同纠纷做到及时处理，规范调处。其次，要把好“三关”，规范农村土地流转程序。①申请关。土地流入、流出必须由个人或单位向土地流转服务机构提出书面申请，申请时需要注明流入、流出的

条件、地类、面积及流转形式，在双方协商一致基础上，经发包方同意后，签订书面意见，真正做到有据可查，避免日后因土地流转发生矛盾。②合同关。经双方协商后依法签订土地流转合同，应规范管理，切实保护依法形成的土地流转关系和农民土地承包权。③登记关。签订土地流转合同时，由承包方向发包方所在地乡镇农业承包合同管理机构登记。乡镇、村两级对土地流转情况做到准确记录和反映土地流转情况，并实行土地承包动态管理。第三，坚持自愿、互利、有偿为原则，努力实现土地的集中连片。各地可因地制宜，坚持农民自愿的前提下，实行农村土地流转高效化，打破所有制、行业的界线，建立多形式、全方位的开放的流转机制，达到优化农业资源配置的目的。即使由于种种原因，出现绝大多数农户同意、极少数“钉子户”不同意的情况，也只能依靠乡村干部反复细致的思想工作，争取农户同意，或动员其置换土地，不可搞一刀切，损害农民利益。第四，要按照依法治国方略，加强农村土地流转的法律法规建设，使农村土地流转走上依法管理轨道，完善农村土地制度，依法保障农民的主体地位及土地流转关系。另外，还要加强执法力度，做到有法必依、违法必究、执法必严，确保党的农村政策依法落到实处，使群众反映的土地中“焦点”“热点”问题得以及时处理。五是正确处理农村土地矛盾纠纷。针对农村土地矛盾纠纷，本人认为应结合各地实际情况，本着尊重历史、兼顾现实的原则，不回避矛盾，不搞一刀切，站在保护农民利益的立场，想方设法满足要地农民的要求。①对自动放弃土地承包权的农户，我们要在他所在村民组召开会议，由村民表决。尽量多做村民思想工作，有预留田的将预留田发包无地户；无预留田的进行小调整。如村民反对，就向无地户解释，等下一轮承包时再考虑。②对由村委会处理的耕地，对一些已经被长期发包抵债的，依法终止合同，把耕地退还给回乡要地的农户；对一些由村委会出面将抛荒地集中承包给种田大户的，依法终止承包协议，由村集体和要地农户共同向现承包户适当支付一定比例的补偿金。③对一些承包原抛荒地而又种植了林果等多年生作物的，在合同到期前或果树淘汰前，仍可以由现在的承包户经营，在种植经营期间由现在的承包户向要地的原土地承包权所有者支付一定比例的补偿金。也可通过协调，现在的承包户将所经营的林果等多年生作物转让给要地的原土地承包权所有者。④对村级公益事业占用农民耕地的，尽量做通被占地农民的思想工作，或者给一定数额的补偿，一次性了结。兴建村级公益事业占用农民的耕地时，请村民代表作被占地农户思想工作，对占地多的，用预留田补给，少的也就算了。⑤对一些外出后承包地被本组农民捡种的，要协调捡地户将这些土地交给还给原承包户。协商不成，引导双方通过司法程序解决。总之，采取的措施不能违反国家法律，需各方接受，以圆满化解土地矛盾纠纷，保护农民土地权益。

（五）深化农村土地制度改革，加快构建城乡一体化土地制度

十八届三中全会提到：缩小征地范围，规范征地程序，完善对被征地农民合理、规范、多元保障机制。建立兼顾国家、集体、个人的土地增值收益分配机制，合理提高个人收益。一是科学界定“公共利益”，缩小征地范围。征地权作为国家的强制性行政权力，主要用于国家重点公共设施建设，满足“公共利益”需要，不能用于商业开发等经营性用途。对于“公共利益”要科学界定为：不以营利为目的、为社会公众服务、效益为社会共享的公共设施和公益事业项目。包括军事设施，国家重点投资用于交通运输的道路，能源、水利、市政等公用事业设施和其他公用场所，政府办公设施和政府、公共团体投资的文化、教育、卫生、科技等公共建筑等。除此以外的用地项目，均退出征地范围。公益性用途继续实行国家征收制度，按照法律程序征收的土地要合理确定对被征地农民的补偿标准并妥善安置失地农民，切实保障被征地农民的合法权益。土地补偿费，建议从基准地价内涵出发，采用农村集体土地无限年期基准地价结合区域因素与个别因素修正来进行评估。在征地补偿中，不再向被征地村及农民直接支付安置补助费，而将经费纳入劳动部门设立的“安置费”专户，实行封闭运行，使“失地”农民长期得到生活保障（养老保险、医疗保险、失业保险等），确保被征地农民生活水平不因征地而降低。地上附着物及青苗补偿，可按市场定价原则由专业评估公司评估后进行货币化补偿。二是严格规范征地程序，提高征地透明度。按照统筹城乡土地管理、城乡土地管理并重的思路，切实做好农村土地和房屋在规划、建设、权属登记等方面的动态管理，为征地补偿安置提供基本依据。在项目用地前期准备阶段，严格落实拟征地公告制度，包括拟征土地的范围、面积、征地时间、补偿标准等。被征地人要求听证的，相关主管部门或征地部门应当组织听证，切实维护被征地农民享有知情权、参与权。征地公告对征收范围内实行有限期的冻结，明确对“抢种、抢栽、抢建”现象不予补偿。三是加强被征地农民的职业技能培训，完善被征地农民的就业体系。要根据市场需求，以适应新劳动岗位的劳动技能为目标，以培训为手段，培养农民在其他劳动岗位的劳动技能。要积极为被征地农民提供职业介绍、职业指导、劳务输出等就业服务。支持被征地农民自主创业，政府部门为经商办厂、个体经营的被征地农民，提供小额贷款、采取税收优惠等。在征地项目建设过程中，建立被征地农民优先录用机制，多渠道促进被征地农民非农就业。四是加快城乡统一的建设用地市场的改革，实现城乡“同地同权、同地同价”。党的十八届三中全会明确指出，“让广大农民平等参与现代化进程、共同分享现代化成果”，健全农村集体土地权能，赋予其完整的产权，包括长久的占用权、使用权、收益权和处置权，还要逐步赋予发展权、典当权、

地上权等土地权利。经营性用地在符合土地利用规划和城镇规划的前提下，全面实行用地企业向国家、向农民集体购买、租赁等市场方式，采取协商谈判的办法，价格由市场决定，进而实现城乡“同地同权、同地同价”。在实现市场化补偿的同时，要通过税收调节实现增值归公，在国家、地方政府、集体经济组织和农民之间合理分配土地收益，消除地方政府对土地财政的依赖。建立土地基金制度，平抑市场波动。严格土地用途管制前提下，建立农村集体土集体经营性建设用地流转机制。2014 年，中央 1 号文件提出，“在符合规划和用途管制的前提下，允许农村集体经营性建设用地出让、租赁、入股，实行与国有土地同等入市、同权同价，加快建立农村集体经营性建设用地产权流转和增值收益分配制度”。要集中力量做好土地集中利用的规划，实行严格的宏观调控和监管，引导各地建立区域性的统一、规范、公平的农村集体经营性建设用地流转市场，培育流转过程中的中介服务机构，明确集体和农户之间的关系，确定农村集体经营性建设用地流转后的利益分配，以此提高农业现代化水平，促进农业增效、农民增收、农地增值。五是建立整套集约用地机制，提高土地的集约、节约水平。严格控制用地指标，对用地项目要认真筛选，对一些大的用地项目要经过充分论证，用地面积要根据企业的实力、项目投资规模、投资计划、经济社会效益的具体情况而定，不能任凭企业要求多少就供给多，防止“圈地”行为。制定相关政策鼓励企业用地向空中发展，在符合城市总体规划，不影响城市景观、城市安全、城市生态的前提下，适当提高容积率，提高土地空间利用率。在遵循严格保护和合理、节约用地原则的前提下，盘活现有存量土地。在目前用地指标日益紧张的情况下，要把工作重点转入到加强签约企业的用地跟踪管理上，建立企业用地信用制度，督促企业依法办理供地手续和按计划投入建设，保证报批一宗用一宗，不要批而不用、开而不发。对违反协议逾期未动工建设的企业，采取征收土地闲置费、免费或低价回收闲置土地等各种手段，督促企业按时开工建设，防止土地资源闲置。

参 考 文 献

汪恭礼．对安徽省宣州区农村土地流转的调查．中国财政杂志，2009（4）．

汪恭礼．对农村土地适度规模经营的理性分析与思考．中国财经信息资料，2010（35）：18－23.

汪恭礼；如何化解“要地热”中的农民土地纠纷. 中国改革报；2007.

汪恭礼．城镇化激流下的村庄整治．公共管理与政策评论，2014（3）：83－87.

（作者单位：安徽大学中国“三农”问题研究中心）

耕者有其田之辨析

丁长发

从 20 世纪 80 年代中期至今，我国许多学者对农地产权制度的改革做了持久、深入的研究和探讨，其研究文献汗牛充栋。但随着我国耕地锐减和“三农”问题的愈发严重，对于我国耕地产权改革的争论也越发激烈，出现了大量反对和支持耕者有其田的观点和论据。为此，本文根据马克思历史和逻辑相统一的方法，在深入分析支持和反对耕者有其田的相关论据的基础上，得出目前我国农地最重要的不仅仅是产权改革，而是农民农地产权权利保护的一系列问题。

一、耕者有其田——意识形态的刚性制约之辨析

目前反对耕者有其田的最主要论据就是我国意识形态的刚性制约，特别是宪法和我国生产资料公有制的制约。

我们看一下什么是意识形态？意识形态（Ideology）是指一种观念的集合。新制度经济学将意识形态定义为关于世界的一套信念，而成功的意识形态“是种节约机制，通过它，人们认识了他们所处环境，并被一种世界观导引，从而使决策过程简单明了。”[①] 即成功的意识形态可以通过抑制搭便车行为减少界定、维护产权的成本，降低交易费用。

第一，实现耕者有其田是否违背我国宪法？我国《宪法》对耕地的产权变革规定：在 1949 年 9 月 29 日通过的《共同纲领》（临时宪法）第 3 条规定：“中华人民共和国必须取消帝国主义国家在中国的一切特权，没收官僚资本归人民的国家所有，有步骤地将封建半封建的土地所有制改变为农民的土地所有制。”为实现这一根本目标，第 27 条又规定：“土地改革为发展生产力和国家工业化的必要条件。凡已实行土地改革的地区，必须保护农民已得土地的所有权。凡尚未实行土地改革的地区，必须发动农民群众，建立农民团体，经过清除恶霸，减租减息和分配土地等项步骤，实现耕者有其田。”透过这些条文中的“农民的土地所有制”“农民已得土地的所有权”“耕者有其田”“共同纲领”意欲建立农民土地所有制，实现耕者有其田。1954 年 9 月20 日《中华人民共和国宪法》第 5 条规定：“中华人民共和国的生产资

① North，Douglass C. Structure and Change in Economic History. New York：Norton，1981：p53.

料所有制现在主要有下列各种：国家所有制，即全民所有制；合作社所有制，即劳动群众集体所有制；个体劳动者所有制；资本家所有制。”同时，第8条规定：“国家依照法律保护农民的土地所有权和其他生产资料所有权。”“五四宪法”在农村土地制度上实行农民土地所有制，即实行耕者有其田的土地所有制。

随后在1975年的“七五宪法”第7条规定：“农村人民公社是政社合一的组织。现阶段农村人民公社的集体所有制经济，一般实行三级所有、队为基础，即以生产队为本核算单位的公社、生产大队和生产队三级所有。”和1978年的“七八宪法”第7条规定：“农村人民公社经济是社会主义劳动群众集体所有制经济，现在一般实行公社、生产大队、生产队三级所有，而以生产队为基本核算单位。生产大队在条件成熟的时候，可以向大队为基本核算单位过渡。”这两次的宪法规定了农村土地的全面公有的土地所有制。

1982年12月4日通过的“八二宪法”第10条规定：“城市的土地属于国家所有。农村和城市郊区的土地，除由法律规定属于国家所有的以外，属于集体所有；宅基地和自留地、自留山，也属于集体所有。”其第10条第4款规定：“任何组织或者个人不得侵占、买卖、出租或者以其他形式非法转让土地。”该条款实质上是否认了土地本身所具有的商品属性和市场价值。但是随着改革开放的发展和经济实际需要，1987年1月上海市率先制定了土地使用权流转的相关规定。1987年12月1日，深圳市政府第一次采取公开拍卖的方式有偿转让一块国有土地的使用权。1987年12月29日，广东省人大常委会通过《深圳经济特区土地管理条例》，第一次规定“特区国有土地实行有偿使用和有偿转让制度”[①]。深圳的土地制度改革直接促成了宪法的修改，1988年4月12日，七届人大一次会议通过的第2条宪法修正案把宪法第10条第4款修改为：“任何组织或者个人不得侵占、买卖或者以其他形式非法转让土地。土地的使用权可以依照法律的规定转让。”这一修改是以国家根本法的形式肯定了深圳土地制度的改革成果，为在全国范围内实行国有土地使用权有偿转让提供了基本的宪法依据和制度保障。

而1978年安徽省小岗村的农村实行承包制的改革得到了当时主政者的默认，被学者喻为“良性违宪”[②]，其本质上还是违宪。1993年4月第八届全国人大对1988年修正后的《宪法》进行了又一次修正，该次修正第一次将“家庭联产承包责任制”列入《宪法》的范畴，使其成为一项国家基本经济制度，从而解决了多年来人们对家庭联产承包责任制的争议与非难。1998年8月29日，第九届全国人大第十次会议通过了修订的《土地管理法》。该

---

① 韩大元．中国宪法事例研究（三）．北京：法律出版社，2009：78.

② 郝铁川．论良性违宪．法学研究，1996（4）：89.

法第一次将“土地承包经营期限为30年”这个党的土地政策上升为法律。这是我国土地政策法律化的一个典型例证，它使“土地承包期限30年”具有了法律保障。

当宪法禁止土地转让的时候，在改革开放最前沿的深圳，土地交易进行地如火如荼，虽然事后制定了一系列规范土地交易的法规，并且在后来的修宪中予以确认，但是在违宪成为常态的情况下，宪法只能在事后匆忙地加以追认①。

因此，从静态角度看，目前我国宪法是规定了农地集体所有，但我国土地产权制度改革总是实践先于理论，是一个不断修改宪法的过程。而我国改革的标准是“三个有利于”。为此，中国的改革，比如国企改革乃至经济体制改革都是一个不断修宪的过程。从动态角度看未必违反我国宪法。并且经过四次修宪，私有财产权的保护已经写入宪法。我国的宪法已经明确保护私人合法财产了。1982年《宪法》先后经过1988年、1993年、1999年和2004年四次修正，每次修正都与私有财产权有关。尤其是2004年宪法修正案对私有财产权的规定最为引人注目。该修正案将原第13条修改为：“公民的合法的私有财产不受侵犯。国家依照法律规定保护公民的私有财产权和继承权。国家为了公共利益的需要，可以依照法律规定对公民的私有财产实行征收或者征用并给予补偿。”不受侵犯和受到国家保护的“私有财产权”，光明正大地登上了共和国宪法的神圣殿堂。

目前，我国城市国有企业改革可以实现“劳者有其股”（职工股份所有制）、城乡居民正在逐步实现居者有其屋。那么，土地是一种特殊的资源，任何个人和单位都不可能将土地“搬走”或“消费掉”。就其实质而言，土地资源对任何个人和单位都只能是享有土地使用权，所谓“个人所有”，只不过是从法律上界定了对土地使用权的边界，土地真正的永恒的所有权还是在主权国家。

为此，为什么农民作为中国公民就不能耕者有其田呢？这个在逻辑上明显行不通。

第二，在社会主义初级阶段，中国坚持公有制为主体、多种所有制经济共同发展的基本经济制度同样适用于农村土地所有制改革。1997年9月，在党的十五大提出了“公有制为主体、多种所有制经济共同发展，是我国社会主义初级阶段的一项基本经济制度。”2002年11月，党的十六大报告再次强调了要“根据解放和发展生产力的要求，坚持和完善公有制为主体、多种所有制经济共同发展的基本经济制度”。2007年党的十七大提出“坚持和完善

① 杨天波，江国华．宪法中土地制度的历史变迁（1949—2010）——基于宪法文本的分析．时代法学，2011（1）：16.

公有制为主体、多种所有制经济共同发展的基本经济制度，毫不动摇地巩固和发展公有制经济，毫不动摇地鼓励、支持、引导非公有制经济发展，坚持平等保护物权，形成各种所有制经济平等竞争、相互促进新格局”。2012 年党十八大再次提出“公有制为主体、多种所有制经济共同发展的基本经济制度”。

而据 1996 年全国土地普查，中国国有土地面积占 53.17%，农村集体所有土地占 46.18%，尚未确定权属的公地占 0.65%；这在土地面积上，公有制占绝大部分。根据 2013 年公布的全国农地普查结果，目前我国总耕地面积为 20.37 亿亩，占全国土地总面积 144 亿亩的 14.14%。由此可知，即使将全部耕地实行耕者有其田，国家土地的公有制成份仍占主导地位，因而并未改变以公有制为主体的社会主义性质，更何况具有更大经济价值的矿藏等都被国家控制。

第三，耕者有其田一度是我党的主要政策，尤其是解放战争到新中国成立初期我党农村的主要政策。

很多学者从意识形态角度认为我党一贯坚持耕地公有制，这不符合史实。在历史上我党对土地的国有制、私有制和集体所有制都有过明确的主张，但无论实行何种土地所有制，都没有改变和动摇党的性质和根本宗旨。

在革命战争年代，中国共产党就认为土地制度的改革是中国革命的主要内容。1925 年中共发表《中国共产党告农民书》提出：“解决农民的困苦，根本是要实行‘耕者有其田’的办法，就是谁耕种的田地归谁自己所有。”1931 年 3 月《江西省苏维埃政府布告》指出“土地使用权、所有权通通归农民”①，必须“确定土地归农民私有……生的不补，死的不退”②“租借买卖，由他自主，田中出产，除交土地税与政府外，均归农民所有”③。1940 年毛泽东提出新民主主义的农村产权制度是：“没收地主的土地，分配给无地和少地的农民，实行中山先生‘耕者有其田’的口号，扫除农村中的封建关系，把土地变为农民的私产。”④ 尤其是 1947 年的《中国土地法大纲》，提出了废除封建半封建的土地制度，实行耕者有其田。被美国人韩丁评价为起到了林肯的《黑奴解放宣言》在 1861—1865 年南北战争时期的作用。而 1950 年 6 月公布《中华人民共和国土地改革法》指出“人民政府发给土地

---

① 江西省苏维埃政府：《土地是我们的，耕种起来呵！》（1931 年 3 月 15 日），见中国社科院经济所编：《第一、二次国内革命战争时期土地斗争史料选编》第 502 页。

② 江西省、县、区苏维埃主席联席会议通过：《土地问题提纲》（1931 年 3 月）和《闽西土地委员扩大会议议案》（1933 年 4 月 16 日），见中国社科院经济所编：《第一、二次国内革命战争时期土地斗争史料选编》第 507 - 519 页。

③ 中国革命军事委员会总政治部：《给江西省苏维埃政府的信》（1931 年 2 月 27 日）。见厦门大学历史系编：《土地斗争史汇编》（上册），第 191 页。

④ 毛泽东．毛泽东选集（第 2 卷）．北京：人民出版社，1991：678.

所有证，并承认一切土地所有者自由经营、买卖及出租其土地的权利”，随后的《共同纲领》规定了国家依法“保护农民的土地所有权和其他生产资料所有权”“公民的私有财产的继承权”。

第四，在实践上耕者有其田其产权的外部效应相当好。如根据《共同纲领》的规定和1950年6月颁布的《中华人民共和国土地改革法》规定了土地改革的目的和内容，建立了耕者有其田的土地制度安排。到1953年春，全国除一部分少数民族地区及台湾省外，全国3亿多无地、少地农民（包括老解放区农民在内）无偿地分得了约7亿亩土地和其他生产资料，免除了过去每年向地主交纳的约350亿千克粮食的苛重地租。至此，在我国存在几千年的封建剥削的土地制度被彻底废除①。与1949年相比，1952年农民人均纯收入增加30.1%，粮食单位面积产量增加了28.5%，说明农地生产能力有所提升；农业总产值年均递增率为12.3%，说明农地利用的效率增加。这几项指标综合表明农地利用经济绩效的提高。复种指数由1949年的127%增加到1952年的131%，说明农地利用程度提高，1952年的灾害抗逆指数达到0.735，说明人们对环境的影响加剧，综合表明了农地利用生态绩效的提高。与1949相比，1952年人均耕地面积增加了3.9%，人均粮食的占有量提高了37.9%，表明社会的稳定程度提高，农地利用社会绩效增长。1952年与1949年相比，中国的粮食总产量由11 318万吨增加到16 392万吨，年平均递增13.14%；棉花总产量由4.44万吨增加到130.4万吨，年平均递增43.15%；油料由25.64万吨增加到4 193万吨，年平均递增21.17%（表1）。

表1　我国不同时期的主要作物产量和人均量

单位：万吨，千克，元

年　份	粮食（总量和人均）	棉花（总量和人均）	油料（总量和人均）	糖类（总量和人均）	农民收入
1949	11 318 208.9	44.4 0.8	256.4 4.7	283.3 5.2	43.8
1952	16 391.5 288.1	130.4 2.3	419.3 7.4	759.5 13.4	57
增长的倍数	1.45 1.38	2.94 2.88	1.64 1.57	2.68 2.58	1.3
1957	19 504.5 306.0	164.0 2.6	419.6 6.6	1 189.3 5.7	73

① 胡绳．中国共产党的七十年．北京：中共党史出版社，1991：284.

（续）

年 份	粮食（总量和人均）	棉花（总量和人均）	油料（总量和人均）	糖类（总量和人均）	农民收入
1962	15 441.0 231.9	75.0 1.1	200.3 3	378.2 5.7	99.1
1978	30 476.5 318.7	216.7 2.3	521.8 5.5	2 381.9 24.9	133.6
增长的倍数	1.56 1.04	1.32 0.88	1.24 0.83	2.0 4.37	1.83
1978	30 476.5 318.7	216.7 2.3	521.8 5.5	2 381.9 24.9	133.6
1984	40 731 392.8	625.8 6.0	1 191.0 11.5	4 780.3 46.1	355.3
增长的倍数	1.34 1.23	2.89 2.61	2.28 2.09	2.01 1.85	2.66

资料来源：2012 年《中国农村统计年鉴》、《新中国 60 年农业统计资料》。

而 1978—1984 年，我国实现了农地家庭承包制，我国农业产出的年均增幅高达 11.1%，其中种植业产出的年均增长率也达到了 5.9%；而且，根据林毅夫的模型测算，农地家庭承包制的实施对农业增长的贡献更是达到了 46.89%[①]。粮食产量由 1978 年的 3.04 亿吨增加到 1984 年的 4.07 亿吨，增产 34%；1984 年，棉花总产量为 625.8 万吨棉花增长 1.9 倍，油料增长 1.3 倍，猪牛羊肉增长 1.6 倍，农民人均收入接近翻了一番（表 1）。

资料显示，1960—1978 年，凡家庭经营的政策得到确认（即承认农民拥有部分或全部产权）的时期（1961—1967 的农业政策调整时期和 1972—1973 年），农业总生产率就上升，反之则下降[②]。

第五，在现实中看，我国长期的外交政策和世界公认的社会主义国家中有如波兰和南斯拉夫等国，在建立社会主义国家后也没有实行农业集体经营，而保留了耕者有其田的农地产权制度[③]。

因此，不管是理论还是实践看，或者从宪法的制度变迁看，耕者有其田

① Lin，J. Y. Rural Reformrs and Agricultural Growth in China. The American Economic Review，1992（82）：34－51.

② Wen Guangzhong James. The Current Land Tenures System and Its Impacton Long Term Performance of Farming Sector：The Case of Modern China. Ph. D. dissertation，University of Chicago，1989.

③ D. 盖尔·约翰逊. 经济发展中的农业、农村、农民问题. 林毅夫，赵耀辉，译. 北京：商务印书馆，2005（303）.

制度并不一定违背我国的意识形态。我国的任何改革都是按照邓小平同志的“三个有利于”为指导思想，任何一种农地产权制度的变迁，都没有改变和动摇党的性质和根本宗旨。

二、我国农地资源禀赋的刚性的悖论之辨析

有学者从“土地的福利化分配和土地是农民的社会保障以及政府与农民之间的交易成本角度出发，认为在我国人地关系高度紧张的资源禀赋下，我国农地既不能国有化，也不能私有化[①]。

首先，从社会保障的定义和性质看，社会保障是指国家通过立法对社会成员给予物质帮助时采取的各种措施的综合，获得保障是每一个社会成员享有的基本权利，实行保障是国家对其成员应承担的基本义务。而社会保障是非竞争和非排他性的，是具有很大的溢出效应的公共产品，其供给主体应该是政府。而土地社会保障不能私有化是指其义务不能私有化，并混淆了权利和义务的关系，颠倒了主体。

其次，从内容看，社会保障包括社会保险、社会救济和社会福利，其中社会保险包括养老、医疗、伤残、失业和生育保险。而目前农村的集体农地只能保证农民在一定程度上的就业。而对农民的医疗保险，则是不可能的。2003 年，卫生部第三次国家卫生服务调查，79.1%的农村人口无任何医疗保障。在 2013 年我国农村领取退休金的人群仅占 18.7%，大量靠的是家庭和土地养老。经专家测算发现，农民如果参保新农保并连续缴费 15 年，60 岁后每月最低只能领取 73 元养老金，即便按照最高标准缴费，最多也只能获得每月 129 元的养老金。但随着工业化、城镇化的推进，“土地养老”模式也不断受到冲击。据统计，目前我国完全失去土地或部分失去土地的农民达 5 000 万人，预计到 2030 年，这一数字将超过 7 800 万人。目前，中国人均耕地 1.52 亩，不足世界平均水平的 35%，有 1/3 的省人均耕地不到 1 亩，有 666 多个县人均耕地不足 0.5 亩，低于联合国确定的 0.795 亩的最低标准线，土地的农业收入肯定不能保障医疗支出。另外由于农业的市场风险和自然风险，也不可能起到社会福利和社会救济的作用，反而是需要救济的对象。

再次，根据我国的《宪法》和已经签订的《公民权利和政治权利国际公约》等规定，社会保障权是国际人权公约规定的每一个公民都应当享有的基本人权，给全体国民提供社会保障是公认的国际准则，也是现代国家存在和发展的合法性基石。中国农民较少享有国家提供的社会保障，这是二元社会结构的结果，是对农民公共物品供给不足的表现，不能认为农民拥有一份土

① 温铁军. 三农问题与世纪反思. 上海：生活·读书·新知，三联书店，2005：143-169.

地就认为农民享有社会保障，而将政府应当提供社会保障的责任推给土地去承担，世界上没有将土地作为农民社会保障的惯例。

最后，退一步说如果农地集体所有是能够起到社会保障，难道变成自己的土地就没有社会保障了？因此，在实践上，东部富裕地区农民的社会保障在很大程度上不太依靠土地（土地在这里更多的是资本），而是依靠当地政府和社区，而西部贫困地区土地也无法提供社会保障。所谓以“土地保障”换社会保障，就是说在没有保障的情况下，有地权的农民还可以卖地救命，而无地权的农民只能望地等死。

从耕地资源禀赋和我国相当的国家或地区看，日本、韩国和我国台湾省都实行耕者有其田，它们也都是人地关系高度紧张，土地也没能提供社会保障，但在实际上都没有影响它们实现农业和农村现代化。

总之，从国际和国内看，无论历史还是现实，土地给农民提供了生存的手段，但土地本身并不是社会保障，土地是农民的社会保障的命题不能成立。

三、耕者有其田会导致土地自由买卖和土地兼并之辨析

反对耕者有其田的学者认为“农地私有→自由买卖→集中兼并→两极分化→农民战争→王朝更替”，这个推论不符合历史事实。

第一，历史上造成“土地兼并”主要是由封赐、圈地、投献、有赋税优免特权的权贵吞并不堪赋役负担的民地等政治原因造成的，与平民间的土地流转、甚至民间商业资本的土地购买没有太大的关系。“农地私有—土地买卖—两极分化”造成土地兼并之说纯属想象。而学者的研究，中国私有农地的买卖活动在历史上从未造成土地的高度集中与高度分散①。

第二，我国历史上的“农民战争”主要是因官民矛盾而非主佃矛盾所致。由于国家对贫民耕地产权保护不到位，例如：唐朝时，国家禁止转让世业口分田，但是贵族、官僚、富商通过巧取豪夺的方式“购买”世业口分田之所有权、使用权的情况已经非常普遍。后来，贫苦百姓的暴力革命使唐朝走向衰落和灭亡②。

第三，耕地可以兼并吗？其实，在世界上许多发达国家在没有农业现代化和农村大量人口转移之前，都限制耕地的非农化（现在也是），更不要说自由买卖了。如日本1946年的《土地改革法》限制公司拥有土地和限制非

① 赵冈．农业经济史论集——产权、人口与农业生产．北京：中国农业出版社，2001：22．
德·希·帕金斯．中国农业的发展（1368—1968年）．上海：上海译文出版社，1984：28．

② 霍俊江．中唐土地制度演变研究．广州：暨南大学出版社，2000：228-235．

农生产者拥有土地。1970年的《农地法》才允许为农地流转，但也对农地的转用进行严格的管制，包括：农地取得的面积管制（都府县为50亩）；用途的管制；进入的管制（进行从事农业的“认证农业人”制度）[①]。我国的台湾省20世纪50年代的土地改革，实现了耕者有其田后，也一直执行农地农有和农地农用的政策。即使在农地资源十分丰富的美国1977年通过的《粮食农业法案》也规定了农业家庭经营为主体，资本不能随意收购农地[②]。目前全世界发达国家都在农地的严格用途管制下才允许流转。这和我国耕地在严格农业用途管制下的流转是一样的。

四、热爱耕地的主体和农地需求与否之辨析

反对耕者有其田的学者一般都假设各级政府或者集体是最热爱耕地的主体，这个假设被事实所粉碎。

首先，从马克思历史和逻辑相统一的角度看，农民是中国最珍爱自己的土地的所有者[③]。步德茂等人（1994）在考察18世纪广东土地商品化过程中，揭示出农民大多憎恶与土地分离，他们典卖土地是不得已而为之的，并且尽可能地赎买回来[④]。而美国学者帕金斯认为中国农民不会为了要取得投机或经商的资本，或因为想变动一下处境而出卖他们自己的土地。大多数土地的转让都是因为天灾人祸被迫的，并且尽可能赎回自己的土地[⑤]。黄宗智认为，清代土地转让没有增加，但土地很少有绝对出售的，除非是天灾人祸实在迫不得已才典当的，并且都注明是活卖（即可出典者永远享有赎回的权利），没有注明是活卖的，典卖者在30年内可以赎回土地，只有当原订契约上特定注明交易是绝卖时，原主才无赎回的权利[⑥]。毛泽东同志的早期调查表明，农民即使要“出典、出租、转包或出卖给兄弟、族人、亲友耕种，以便日后还可能赎回或领回自己耕种。这是农民防范风险的自我优选法。同时，即使在清末民国前期，特殊困难导致农民卖地的比率也只占整个农户

---

① 关谷俊．日本的农地制度．金洪云，译．上海：生活·读书·新知，三联书店，2004：1，285.

② 邹先定，陈进红．现代农业导论．成都：四川大学出版社，2005：178.

③ 正是因为农地对农民的重要性，中国农民作为理性的经济人，是最热爱自己的土地的。这个可以从国土资源部的报告中指出，侵害耕地的主体是各级政府，而非农民，而且农民上访等最主要的原因也是因为耕地被侵害。因此，温铁军的论述在论据上是站不住脚的。见《80%违法用地面积的违法主体是政府》，《中国国土资源报》，2007年07月13日

④ 步德茂，等．从传家宝到商品：乾隆年代（1736—1795）广东省土地商品化与土地产权演化的过程//文贯中．中国当代土地制度论文集．长沙：湖南科学技术出版社，1994：17.

⑤ 德·希·帕金斯．中国农业的发展（1638—1968年）．上海：上海译文出版社，1984：114.

⑥ 黄宗智．长江三角洲小农家庭与乡村发展．北京：中华书局，2000：109.

的2%[①]。

因此，李昌平等学者认为农民没有这个需求[②]。但是未必符合调查实际（表2）。

表2　农户对农地产权的态度调查

选　项	统计百分比（%）
长期不变，永久归自家	64.8
长期不变，可以调整	25.9
永久归自家，自家有处置权	6.5
收回集体	0

资料来源：赵俊臣，乔召旗．贫困农户认为承包土地就是自家的——云南省大理白族自治州南涧彝族自治县沙乐村的问卷分析之二．中国农村研究网，2006-06-17.

此外，许志永在2002年夏天在河南山东等地做的调查，80%以上的农民主张土地私有。只有少数农民主张土地集体所有，这些人分别是村干部及其家属，以及因婚嫁生子造成明显人多地少的家庭[③]。

而近年来学者和政府工作人员的实践调查也表明了这点。如2013年9月6日，由学者和政府工作人员组成的对安徽省凤阳县大庙镇东陵村的调研对象包括：村支书、支委、文书和老村长、老队长以及普通农民等10人。大部分农民都有农地产权需求。正因为农民没有土地所有权，出现了土地的掠夺性经营，大量使用化肥、农药，造成土壤退化、毒化，农田水利建设基本没有投入，形成了种地靠化肥、吃粮靠天收的局面[④]。而中国经济体制改革研究会（2013）的对除西藏外的30个省份125个县级单位（城市郊区、县级市和县）250个乡镇500个行政村的调查显示，关于土地对农民家庭的意义，最重要的观念变化在于原有视土地为生存之本的观念让位于“土地是我家财产”的观念。在对9个子问题的回答中，“土地是我家财产，不能轻易失去”的评分排在第二位（78.3分）。与此相应，对该问题的反问题“承包地是集体财产，村里想收回就收回”的评分最低，回答“基本同意”和“完全同意”的户只占11.4%[⑤]。而在回答土地在什么条件下可以卖出时，

---

① 毛泽东．寻乌调查//毛泽东农村调查文集．北京：人民出版社，1982：143.

② 李昌平．慎言农村土地私有化．改革内参，2002（23）：16-20.

③ 许志永．农村土地应当私有化．东亚经济评论，http：//www.e-economic.com。笔者在2006年作为省百家社会科学专家在福建龙岩市上杭县、新罗区、永定县等的调查和笔者家乡南平的口头调查，绝大部分农户都希望耕者有其田。

④ 史啸虎．安徽省凤阳县大庙镇东陵村农民的心愿．共识网，http：//www.21ccom.net/articles/zgyj/ggcx/article_2013102494171.html.

⑤ 姜斯栋，等．2012年中国农村状况调查报告．http：//www.cser.org.cn/news/3427.aspx.

样本户中租出借出土地的348户的回答中有50.9%的户坚持“在任何情况下不同意”卖地；有4%的户回答“现在就可以卖”，即不需要再有附加条件。还有很多户回答满足一定条件就可以卖地。这类回答的户数合计157户，占回答户数的45.1%。尽管回答此问题的是租出借出土地户，但45.1%仍是一个不小的比例。在认为满足一定条件可以卖地的157户中，认为价格满意可以卖地的占第一位（占36.2%），这意味着农民在决定是否卖地时，土地的财产意义成为重要的决定因素①。

经过几十年农业社会主义改造，成年的中国农民仍然保留着拥有家庭私有土地的梦想。“土地就在那里，你可以每天看见它。强盗不能抢走它。小偷不能偷走它。人死了但土地还在。”“钱将被用光但土地永远不会。”这些是Fei在20世纪30年代记录的江苏南部村民对土地的看法（Fei，1939）②。

而最新的调查表明：“9成农民不愿交地换非农户口：没工作不如种地。”③ 因此，笔者认为，从经济理性逻辑推理，在存在极大级差地租的大中小城市的郊区以及沿海发达地区的农民和经济不发达或山区的农民，他们的态度可能是不同的。前者一般要求耕者有其田，而后者对保持目前的农地集体所有家庭耕种可能没有异议，但也对农地产权保持极大的热情和期盼。

其次，从公共选择理论看，作为集体耕地的代理人的各级政府（包括村集体）也是理性的经济人。由于层层的委托代理，信息的耗散，委托人和代理人之间的责、权、利不对称。特别是目前各级政府尤其是县乡（镇）政府由于财政压力下，我国有1 080个县发不出来工资，财政长期赤字的超过50%，超过50%的乡镇入不敷出④。于是土地成为很多地方政府的“第二财政”，成为干部追求GDP增长的资本原始积累的载体，因此侵害耕地的主体80%是各级政府，其中大部分是基层政府⑤。

最后，耕者有其田会阻碍中国的粮食安全吗？有些反对耕者有其田的学者认为农地耕者有其田后，农民可以在自己的耕地上建房子、种植经济作物等导致中国的粮食安全会出问题。这个看法是片面和错误的。一方面，我国的相关法律规定了耕地的保护法则；而实际上如前所述，侵害我国耕地的微观主体80%是各级政府，而不是农民。另一方面，我国的粮食安全最好的时间是在新中国成立后到1956年全面人民公社后之前，以及1979年开始的农村家庭承包制（从产权的角度来说是使用权的耕者所有），不仅一举解决了中国人的吃饭问题，而且是在20世纪50—70年代人口增加一倍的基础上解决的。

① 姜斯栋，等. 2012年中国农村状况调查报告. http：//www.cser.org.cn/news/3427.aspx.

② Fei，Hsiao-tung. Peasant Life in China，E. P. Dutton & Company，1939：182.

③ 调查称9成农民不愿交地换非农户口：没工作不如种地. 央视网，关闭2014-08-01.

④ 夏杰长，陈雷. “乡财县管“改革的社会学分析. 经济研究参考，2005（77）：9-10.

⑤ 80%违法用地面积的违法主体是政府. 中国国土资源报. 2007-07-13.

五、耕者有其田会阻碍城市化建设之辨析

首先，从国际上看，从来没有一个现代国家在城市化过程中因为耕者有其田而导致城市化滞后或市政建设滞后的问题，并阻碍城市化建设的。相反，我国由于二元社会结构等问题，2013 年年底城市化程度为 53.73%，但由于按照 2000 年国家统计局统计，在城市 6 个月以上的农民工大约有 2.63 亿人，这些农民工基本没有享受到城市的福利，因此，我国真实的城市化率为 36%左右，远落后于发达国家平均的 80%（表 3）。而"西欧、北美、日本的工业化和城市化领先全球，土地制度都是清楚的私人所有、自由买卖、按值成交。"①

表 3　2011 年世界各国的城市化水平　　单位：%

中国	美国	日本	德国	韩国	法国	巴西	俄罗斯	印度
50.57	82.40	91.27	73.93	83.22	85.82	84.46	73.82	31.28

资料来源：世界银行网站。

其次，耕者有其田会导致非农建设用地成本提高问题。一方面，如果通过市场等价交换的原则，农民可以获得大部分的征地款项（而不是目前的 5%～10%）②，如地方政府占 20%～30%、企业占 40%～50%、村级组织占 25%～30%，农民仅占 5%～10%。因此，根据国土资源部的公报数据，2005—2013 年各级政府获得的土地财政分别为 5 505 亿元、7 000 多亿元、9 200多亿元、9 600 亿元、1.59 万亿元、2.94 万亿元、3.15 万亿元、2.69 万亿元、4.2 万亿元。

如果能实现耕者有其田，不仅有利于土地的优化配置，而且促使农民获得更多财产性收入。另外，土地作为要素价格的提高有利于建立我国的节约型和谐社会，不会导致我国耕地被浪费使用。如 2013 年我国城市人均 134 平方米，远远超过国外人均 80 平方米的城市化水平。城市用地增长率与人口增长率的比例，我国的数据为 2.29∶1，而国际上比较合理的数据是 1.12∶1。我国单位用地的平均产出远低于国际平均水平，且近年来这种现象有增无减。国土部披露的数据表明，目前我国闲置的土地面积已经高达 17 万亩。

有学者认为中国目前的农地集体产权制度保证了城市没有贫民窟，这个应按照马克思辩证法看，一方面，我国现行的土地制度对进城农民工起到就业保障的作用；另一方面，城市虽然没有平民窟，却将贫困人口分散到广大

① 周其仁．产权与制度变迁（增订本）．北京：北京大学出版社，2004：109.

② 新望．城市化正成为掠夺农民新途径．财经时报，2005-10-09.

的农村地区，实际贫困人数依然居高不下。联合国发布的《2013 年人类发展报告》指出，目前中国绝对贫困人口（日平均生活费用低于 1.25 美元的人口）仍占总人口的 13.1%，这些贫困人口绝大多数分布在农村地区。

最后，如果真正公益目的用地需要征用土地，这在我国的《宪法》《土地管理法》等都有规定，“国家为了公共利益的需要，可以依照法律规定对土地实行征用。”被征地单位有服从国家需要的义务，并获得适当补偿的权利。并且，笔者认为国家作为一个暴力潜能的垄断组织，当然可以创造任何产权形式。君不见有多少房地产开发的农地，通过政府获得的，更不用说是公益用地了。

六、耕者有其田之规模经营和经济效益之辨析

首先，支持耕者有其田的学者（杨小凯[①]、文贯中[②]等）实现耕者有其田，就能实现我国农地规模经营，他们认为私有产权更能促进土地的合理流动和集中。从理论上讲，耕者有其田后，可以通过土地的自由买卖、出租、抵押等进行土地的流动和集中。这个设想在中国目前的耕地资源禀赋的国情下，是不可能实现的。除非是巧取豪夺，为什么呢？

农地资源禀赋和我国类似的日本、韩国和我国台湾省，耕者有其田后并没有促进土地的流动和集中，相反使土地小规模分散经营的格局凝固化。由于随着经济发展，由于农地资源稀缺，农地的经济价值大幅度提高了，导致农业就业大幅度下降并没有伴随着农场数量同比例的下降。日本 1950—1985 年农业就业下降了 70%，但农场的数量只下降了 29%（Hayami 和 Yamada，1991）[③] 到 2010 年的时候，日本的城镇化过程减少了 219 万农户，减少了 1/3。现在日本的耕地总面积不到 7 000 万亩，户均规模扩大了多少呢？在 2010 年日本有 137.4 万农户不种地，土地出租出去了，只有 253 万农户在耕地。经营面积小于 1 公顷的农户占 55%，经营面积大于 5 公顷的农户和企业等加在一起占 7%，其余 38%的农户经营面积为 1～5 公顷，平均每个经营主体为 1.82 公顷[④]。

韩国 1975—1997 年农业就业人数下降了 53%，而农场数量减少了不到 18%。在我国台湾地区的经验证明，农业人口从 1952 年的 4 257 136 人（占

---

① 杨小凯. 土地私有制与宪政共和的关系. 公法评论，http：//www.gongfa.com/.

② 文贯中. 解决三农问题不能回避农地私有化. 光明网—光明观察，guancha.gmw.cn/show.aspx？id=830125K 2007－6－21.

③ Hayami Yujiro and Saburo Yamada. The Agricultural Decelopment of Japan：A Century's Perspective. Tokyo：University of Tokyo Press. 1991：66，251－252.

④ 陈锡文. 在中国农业经济学会 2013 年会暨学术研讨会上的报告//尹成杰. 制度创新与农业现代化、新型城镇化. 北京：中国农业出版社，2014：4.

总人口的 52.37%）下降到 2012 年的 2 930 689 人（占总人口的 12.64%），户均耕地从 1.29 公顷下降到 1.03 公顷。2011 年经营低于 3 公顷所谓适度规模的农户占全部有耕地 772 074 户的 96.59%，达到 3 公顷及以上的只有 3.41%，其中 0.1～0.5 公顷的农户占 52.01%[①]。

想通过耕者有其田来实现耕地的规模经营，笔者认为在人多地少和耕地的经济价值越来越高的情况下，如果不能大量转移农村劳动力，即使到 2050 年中国实现了 70%的城市化，人口到了 15 亿人的拐点，中国农村仍然还有 4.5 亿农民。按 30%的农村劳动力算，也有 1 亿人。除非是国家的财政优惠政策刺激，否则实现耕地规模经营几乎是不可能的。从经济效益上看。中国如果要确保粮食安全，其小规模精耕细作的农地产出效率远远大于大规模的家庭经营。

因此，在现代国家中，耕者有其田的弊端，就在于妨碍兼并，而不是说促进兼并[②]。德国、法国、日本、韩国等耕地资源禀赋不很好的国家，都是通过财政优惠政策等来逐步实现耕地的适度规模的。

其次，坚持耕者有其田的人自然而然地认为农地耕者有其田就可以实现农地的经济效益，提高农地农业产出（陈东琪，1989[③]；周其仁，2002[④]；文贯中，2007[⑤]）。

从实际看，1960 年经常被看作是研究东欧社会化农业的起始年份，因为在这一年，除了波兰和南斯拉夫，其他东欧国家的个体农业基本上都消失了（Wadekin，1982）[⑥]而波兰与南斯拉夫农业基本上是坚持耕者有其田的，但是农业绩效与其他完全废除了私有部门的国家相比，并没有显著的差异[⑦]。目前中国的农业很大程度上还是从传统农业向现代农业的转变，而一个要有高效益的农业，必须具备完善的财政、金融（保险）体系和完善的产前、产中、产后的社会化服务体系，因为农业面临着自然风险和市场风险，受凯恩斯定律和恩格尔定律制约。不要忘记，即便是发达国家每公顷农地也

---

① 具体的每年数据见台湾地区“行政院农业委员会”的统计数据。

② 如法国、德国等欧盟国家以及日本和中国台湾省等都是通过一定的经济激励来实现耕者集中的。见丁长发《农业和农村经济学》第十章国外农业和农村建设。

③ 陈东琪. 新土地所有制. 重庆：重庆出版社，1989：33.

④ 周其仁. 农地制度，以俄为师. 21 世纪经济报道，2002-09-02.

⑤ 文贯中. 解决三农问题不能回避农地私有化. 光明网—光明观察，guancha. gmw. cn/show. aspx? id=830125K 2007-6-21.

⑥ Wadekin，Karl-Eugen. Agrarian Policies in Communist Europe：A Critical Introduction . Studies in East European and Soviet Russsian Agrarian Policy. Totowa，New Jersey：A llanheld，Osnum and Co.，Publishers，Inc. 1982：63-64.

⑦ D. 盖尔·约翰逊. 经济发展中的农业、农村、农民问题. 林毅夫，赵耀辉，编译. 北京：商务印书馆 2005：303.

获得了巨额补贴。如美国为100～150美元，欧盟为300～350美元，日本约为600美元[①]。因此，农地的经济效益主要取决于农地的外部规模效益问题。

七、建立我国公有制为主体，耕地有其田的农地产权制度

众所周知，我国目前农地集体产权存在很多弊端，但有效率的家庭经营是可以建立在长期土地承租权、使用权的基础上的。例如以色列的两大机构控制的国有土地占全国土地的92%，这些土地不能转让给私人，但是可以出租给私人使用。租期原来可以达到99年，现在则延长到196年[②]。我国从1987年也开始强调“增人不增地，减人不减地的做法”，但是却出现了大量问题。笔者认为目前耕地产权问题应在产权之外的农民耕地产权的保护问题。

首先，从上面分析可以看出，相对于产权而言，笔者认为更重要的是农民目前土地权利的保障问题，耕者有其田未必能遏制土地被强制征用的问题，问题的关键不是土地所有权，而是连法律明确规定的土地使用权都得不到尊重，因此耕者有其田的前提，是要保障农民农地产权权利不受侵犯，否则在强大的公权力面前，任何所有权都是脆弱的。

其次，笔者认为目前中国的耕地还承担着经济改革的成本即地方政府的“资本原始积累”和“土地财政”的功能。农地集体产权的制度安排就其实质来说，是国家控制农村经济权利的一种形式。由于中国改革目前已经不是帕累托改进时期，中国目前的经济高速发展，其中低廉的土地价格起到极其重要的作用。比如，改革开放的30多年中，仅征用农地的价格剪刀差，就从农村拿走20万亿～30万亿元。因此，如果不改变目前的干部政绩考核机制、不改变目前我国经济增长的粗放模式、不建立起我国中央和地方的财权和事权相对称的公共财政制度，任何的农地产权都没有作用。

最后，目前耕地产权的弊端和不可持续性。目前我国20.3亿亩耕地中，有超过3亿亩耕地受不同程度的重金属污染，约5 000万亩耕地受到中、高度污染不能复耕（2013年国土资源部第二次土地调查）。几乎所有耕地均受到不同程度的化肥、农药、农膜等污染。一方面，我国用占世界不足7%的耕地面积养活了世界近21%的人口。另一方面，却施用了5 704.2万吨化肥

① 丁长发．农业和农村经济学．厦门：厦门大学出版社，2006：260.

② Roy Prosterman & Tim Hanstad. Effective Rural Land Relations In ；ECA Countries：A Comparative Perspective. Prepared for The World Bank Group Europe and Central Asia Regional Office，1998：54.

（折纯）（2012 年农村统计年鉴），占世界的 35%，469 千克/公顷的施用量约为比国际平均 117 千克/公顷的 4 倍；农药施用量 178.7 万吨，占世界的 20%，14.7 千克/公顷，比国际平均 5.88 千克/公顷高约 2.5 倍。农膜使用量 124.5 万吨，覆盖 1 979.05 万公顷耕地，回收率比较低。这些都导致了我国耕地土壤板结化、质量退化、毒化和沙化，也严重地威胁到我国的粮食安全和食品安全。

因此，笔者相信，“当资源相对于社会需要变得日益短缺时，就会出现改变所有权的压力。”[①] 随着我国耕地面积越来越减少，我国农地的质量越来越受到破坏的时候，为激发耕地主体农民的投资热情等，我们是否可以把全国基本农田的耕地和西北、东北等偏远地方的耕地实现耕者有其田呢？建立我国土地公有制为主体，耕者有其田的农地产权制度，是目前我国最优的制度选择。

（作者单位：厦门大学）

① 道格拉斯·诺思，罗伯斯·托马斯. 西方世界的兴起. 北京：华夏出版社，1999：29.

关于完善农地产权"长久不变"立法的几点思考

杨久栋

我国现行农地产权制度已经走过 30 多年的发展历程，土地承包经营权等新型农地产权经历了权利从无到有、权能由少变多、期限由短及长的转变。自十七届三中全会之后，中央提出稳定农村土地承包关系并保持长久不变，并多次重申和强调要明确"长久不变"的具体内涵。当务之急，应从市场经济法则和现代产权理论出发，按照十八届四中全会提出要用法治思维和法治方式治理国家的方针指向，把延长农地产权期限作为深化农村改革的重要突破口，加快顶层设计和立法突破，将各地试点试验的有益探索和成熟经验制度化、规范化，为农地产权关系稳定和顺畅高效运行提供坚实有力的法律保障。

一、农地产权法律法规修订的理念与原则

一是农地产权期限安排应从公平和效率之间寻找新的平衡。农地产权的配置及其期限的长短，是一个国家经济增长、粮食安全和社会稳定的重要因素。当前，我国农村改革和农业农村法制建设面临的时代背景发生了较大变化，农业生产力水平、农村生产关系结构、城乡要素交换条件、农民收入来源和农村社会保障水平与以往不可同日而语。考虑到农地立法所处的时代背景和经济社会条件，不难看出农地产权期限立法一直面临着社会保障功能和生产要素功能相互冲突的选择，期限的调整在"公平"与"效率"价值之间寻找均衡。正是由于土地上"公平"与"效率"价值目标具有一定的内在冲突，也由于两种不同的价值目标在土地法律制度中存在的复杂性，才导致了长期以来对土地产权期限设置的把握偏差与认识滞后。作为体现公平价值的社会保障功能，农地产权期限立法围绕着平均分配、定期调整、限制交易的短期化路径展开；作为体现效率价值的生产要素功能，农地产权期限立法则围绕产权稳定、规模经营和流转顺畅的理念展开。随着我国经济发展和城乡一体化加快推进，农民经济活动和外出就业具有了更广阔的平台和空间，以及农村社会保障体系的建立和完善，土地上承载的社会保障功能已经远远被生产要素功能所超越。因此，未来的农地产权立法安排，应在土地经济属性和社会保障属性之中寻找新的平衡强化农地产权安排的"经济效率"目标，

兼顾土地社会保障公平价值目标，循序渐进地适度延长土地产权期限。

二是农地产权期限调整应从立法的统一性、渐进性、权威性和民主性原则出发。我国农地产权及其期限制度，主要散见于《宪法》《民法通则》《物权法》《土地管理法》《农村土地承包法》《草原法》等法律规范中。农地产权期限的再调整和再安排，不仅涉及诸多法律法规调整，还涉及诸多权利义务关系的变化，必将对我国立法领域和经济社会全局产生重大影响。

首先，要坚持立法的统一性原则。所有制是产权期限安排的基础和前提。我国农村土地集体所有制，是宪法确定的农村根本经济制度，农地产权期限调整和变化，都应当与宪法最高规范相一致，并巩固和完善这一根本制度。农地产权期限调整涉及相关法律法规必须按照一致性表述和统一性原则进行修改。

其次，要体现立法的渐进性原则。农地产权“长久不变”既是立法要求又是立法方向。农地产权期限安排要与农业生产力发展水平、农民财产权利认知和利用能力、农村社会保障水平等相一致。考虑到这些因素，特别是目前一些地方农地仍承载一定的社会保障功能，应初步将农村土地承包经营权期限提高到适度的长度，循序渐进地实现“长久不变”乃至“永久不变”，而不能一蹴而就、一步到位。此外，修法实际工作要求也不能同步完成全部法律修改和调整，应按照全国人大立法修法计划，成熟一个修改一个。

再次，要尊重立法的权威性原则。以往实践中，我国立法虽然确定了农村土地承包经营权的15年和30年固定期限，但也规定了例外条款，为频繁调地开了口子。在今后的立法修法中，应按照用益物权的物权法定严格保护思路，明确农地产权的具体期限，严格限定例外条款和调整条件。特别是在法律实施方面，应更加突出法律的严肃性和权威性，对一些地方频繁调地的行为不认可、不保护。

最后，要彰显立法的民主性原则。我国目前的农村土地制度和承包关系是在渐进式改革过程中逐步形成和完善的，由于我国地域广阔，各地人口资源、风俗习惯千差万别，农户家庭情况、利益诉求也多种多样，由此导致农村土地承包制度具有明显的多样化特征，在不同地区也有不同的具体操作办法。因此，在农地产权期限调整过程中，必须坚持民主立法、开门立法的原则，尊重各方利益，倾听各方意见，提高立法的科学性和群众的认知度。

二、确定不同类别农地产权的合理期限

农村集体所有土地包括承包地、宅基地和集体建设用地。三类土地在权利主体、使用方向、管理制度等方面存在较大区别，应根据各自实际情况实行差别化的土地期限制度。

一是农村土地承包经营权期限初步统一延长至70年。“长久不变”是具

有指引方向功能的政策性语言，要转变为准确表述、便于执行的法言法语，在法律修改过程中必须明确土地承包经营权的具体期限。按照我国现行立法规定，农村承包土地主要包括耕地、草原、林地，以及实行承包的荒山、荒沟、荒丘、荒滩等未利用地。其中，耕地承包期为30年，草地承包期为30～50年，林地承包期为30～70年，特殊林木的林地承包期，经国务院林业行政管理部门批准可以延长，立法并未对“四荒”地承包期做出明确规定。考虑到农村承包地生产要素和社会保障的双重功能，修法可将土地承包延长到一个较长的固定期限内。为了承包地管理的一致性和方便性，并且实行较长承包期的草地、林地管理已有一定的基础和经验，可将耕地、草地、林地及“四荒”地的承包期一律延长至70年。在新的土地承包期限届满时，再根据新的情况和变化，集中妥善解决新的矛盾和问题，合理安排下一步承包期限。

二是宅基地使用期限与城市居民居住用地期限统一和并行。我国立法对农户使用宅基地实行“一户一宅”制度，对农民建设住房占用土地的期限没有做出明确限制。这种宅基地管理方式是从节约利用耕地和保障农民基本生存权做出的立法选择，在当时农民生活范围相对固定、流动性不大的特点相吻合。目前农村人口转移和流动日益加快，农村家庭占有和利用宅基地的情况发生了较大变化，出现了“一户多宅”、宅基地转让等许多新情况。随着城乡人口流动加快和城乡规划发展的一体化推进，为强化宅基地使用管理和耕地保护，应当参照城市居民住房用地管理，立法明确合理的宅基地使用年限①。

三是集体建设用地使用权期限与城市建设用地使用权期限衔接和并轨。农村建设用地分为一般建设用地和经营性建设用地，一般建设用地主要是农村学习、医院、基础设施、村级管理组织等建设占地，经营性建设用地是农村集体兴办企业等经营性组织占地。与城市建设用地分为划拨地和出让地的分类颇有相似之处。随着城乡改革的深化推进和资源要素一体市场的形成，赋予集体建设用地与国有土地同等地位，城乡建设用地“同地、同权、同价”的一体化趋势在不断显现。特别是十八届三中全会明确提出建立城乡统一的建设用地市场，在符合规划和用途管制前提下，允许农村集体经营性建设用地出让、租赁、入股。城乡建设用地一体化管理具备了一定的政策条件和实践基础，建议参照城市划拨地的方式管理一般性农村建设用地，参照城镇出让地方式明确农村经营性建设用地的使用期限。

① 我国《城镇国有土地使用权出让和转让暂行条例》第12条规定，土地使用权出让最高年限按下列用途确定：出让方式获得建设用地的，工业用地50年，教育、科技、文化、卫生、体育用地50年，商业、旅游、娱乐用地40年，综合或者其他用地50年。

三、明确农地产权“长久不变”的起点

立法农地产权期限的确定，不仅要明确农地产权期限的长短，还要明确相应的起止时间。现行《农村土地承包法》规定耕地承包30年不变，考虑法律的权威性和稳定性，农村承包地应从本轮承包期限届满时再重新计算下一轮承包期。对于二轮承包期满是否打乱重分的问题，要统筹考虑到各地不同情况，予以区别对待和区分处理。一是对于长期实行“生不增、死不减”模式，自分地到户以来土地承包关系就非常稳定的地方，农户对现有土地承包关系充分认可，二轮承包期满可以不做调整；二是对于长期实行“大稳定、小调整”模式的地方，可在现有土地承包关系基本不变的情况下，针对历史遗留问题和个别特殊案例作最后一次小调整；三是对于个别土地承包关系频繁大范围调整，或者土地长期数量不清、分配不匀的地方，要下大力气摸清底数，在本轮承包期限届满后，在群众充分认可的基础上重新调整分配。对于农村宅基地使用权期限起点问题，鉴于每家每户申请宅基地的时间起点不同，并且农村宅基地管理缺乏详实记载材料，建议以确权登记日期明确宅基地使用权的时间起点。对于集体建设用地使用权期限的起点问题，一般性建设用地参照城市划拨地管理方式，无须确定具体起止时间，而经营性建设用地，要根据土地利用的具体时间或确权登记的时间明确其起点。

四、农地产权实现“长久不变”后要促进流转

农地承包期限的调整和变化，是农地产权关系变革的基础工程，必将对农地权属、交易和管理等制度变迁产生巨大的诱导和促进作用。延长农地产权期限不是结果，而是一种手段，其根本目的是稳定经营预期，降低交易成本。因此，立法明确农地产权“长久不变”的具体内涵后，应当及时对相关制度做出适应性调整，特别是放开对农地流转的限制，赋予农民更加充分而有保障的农地流动自由和实际处置权利。

一是适时放开农地产权转让应当在农村集体经济组织成员内部的限制条件。无论是土地承包经营权，还是宅基地使用权和集体建设用地使用权，如果限定农地使用权的接收方，把农地交易局限在一个比较小的市场范围内，必然会对农地流动性和流转价格造成较大限制，对农民利益造成影响。因此，要进一步放开农地产权转让主体限制，只要是依法、自愿、有偿的转让，都应受到法律的认可和保护。值得注意的是，为了防止因流转期限过长造成农民失地失业和失去生活来源，以及流转前后经济社会情况发生较大变化形成新的不公平，可以参考合同法的规定，对农地流转最长期限做一个限定。例如，《合同法》第214条规定：租赁期限不得超过20年。超过20年的，超过部分无效。

二是明确农地产权继承权。我国农地产权主要采取以户为单位的家庭享有方式。赋予农地产权的更长期限，就意味着在该期限内产权主体的家庭变化较大可能。当部分家庭成员死亡后，应允许由其合法继承人享有继承土地的权利，并且不受继承人是否为本集体经济组织成员、是否为农民等身份条件的限制。

三是适时放开农地产权抵押融资限制。随着城乡发展一体化的加快推进和农村社会保障体系的丰富完善，农地的社会保障功能已经逐渐弱化，而农地的财产属性愈发显现。立法应将土地作为扩大农村有效担保物范围的重点，赋予耕地承包经营权和宅基地使用权的抵押资格，以此为基础改革和重构新型的农地金融法律制度。对于社会各界忧虑的引发高利贷和土地兼并买卖等问题，立法可以参照限制土地流转最长期限的办法予以防范和解决。

五、农地产权实现“长久不变”后要健全相关制度与强化后续管理

农地产权期限的调整，必然诱发以农地为基础的农村生产关系的深刻变化。这些生产关系调整和变化，必然对农业生产力起到一定作用。如何促进正的效用发挥，抑制负的效用显现，关键在于相关配套制度的健全完善与后续管理水平的持续提高。

一是加快农村集体经济组织立法。农地是农村集体资产的重要内容，农地产权期限的调整是对农村集体经济组织成员权利义务的深刻调整。据统计，全国农村集体经济组织拥有 62 亿亩农用地，其中耕地 13.9 亿亩、草地 23.8 亿亩、林地 18.8 亿亩；在全国 2.46 亿亩农村集体建设用地中，近 2 亿亩为宅基地，0.5 亿亩左右为经营性建设用地；集体账面资产 2.4 万亿元，其中大部分依附于农民集体所有的土地，或者是由此衍生而来。因此说，农地是中国规模最大、涉及最广、管理最难的农村集体资产。按照社会主义市场经济发展要求，健全以农地为基础的农村集体产权制度，依法确定农地产权的承担主体、权利内容和具体权能，前提是明确集体经济组织的内涵和边界，清晰界定成员资格、进退条件和变动程序，必须尽快启动农村集体经济组织法立法程序。值得一提的是，在农村集体经济法律法规出台前，现阶段必须尽快明确因成员关系变动引发的产权关系调整问题。比如举家进入设区市农户的成员资格、农地是否可以继承等，需要政策上尽快予以明确。

二是健全耕地保护和农地利用管理法律法规。任何涉农涉地法律法规的修订，都要侧重从确保国家耕地“红线”，强化农地利用管理。延长农地产权期限，丰富产权权能，赋予农民更加长期而有保障的权利和自由，但不能因此否认和排斥国家对土地利用和管理的必要干预。农地是外部性极强的特

殊资源，在我国人多地少、人们土地情结浓厚的国情和当前经济社会条件下，如果对农地这一不可再生而社会性很强的资源不予以必要管制，很可能导致用地投机，进而导致社会总体福利水平的下降。近年来，一些地方占用耕地修建长期甚至永久建筑物、构筑物，城郊农村占用宅基地建设“小产权”房等违法用地现象屡见不鲜。因此，既要尊重和保护农村集体和农民的各项权利，又要从农地是国家资源的战略出发，加强耕地保护和农地利用管理立法建设，明确农地管护的执法主体、执法职责、执法手段，在赋权的同时必须强化监管，确保农地科学、合理和高效利用。

三是加快农村土地征收征用立法。延长农地产权期限，实质上是赋予农民更多的利益期待。按照现行《土地管理法》规定，征收农民土地的补偿费主要包括土地补偿费、安置补助费以及地上附着物和青苗的补偿费。总的补偿标准不超过被征收前三年平均年产值30倍，尽管各地操作中有所突破，但土地转用的增值收益仍然主要归政府所有，农民每亩耕地获得的补偿费远远低于土地转用后的实际价格水平。随着近年来城市地价房价的迅猛攀升，法定较低的土地征收征用补偿水平，既不能满足人们正常的利益期待，也很难达到“原有生活水平不降低”的标准。进一步延长农地产权期限，农民利益期待更高，保护农地动力更强，因此需要根据实际情况和考虑合理因素，尽快对农地征收征用的有关法律法规做出调整和修改。

四是加快农村土地流转平台规范法制建设。农地产权流转平台制度建设，是在城镇化、工业化加快发展的新形势下，农村生产力发展对生产关系调整提出的新要求。近年来，农业农村分工分业明显加剧，农村劳动力大量外出转移就业，致使一些农户家庭及其成员与农地发生了实质上的分离。由于缺乏标准统一、运行规范的农地交易市场，农民流转土地仍然停留在自发、短期、无序状态，这既增加了土地流转的交易资本，又不利于农地真实价值的显现。让农村沉淀的、僵化的农地资产长期、有序和规范地流转起来，建设统一开放、竞争有序的农地流转市场体系，是使市场在农地资源配置中起决定性作用的基础。为促进土地规模经营和农业集约化经营，应按照十八届三中全会提出的“建立农地产权流转交易市场，推动农地产权流转交易公开、公正、规范运行”的要求，加快农村土地流转平台规范法律制度建设，建立健全包括农地产权登记、农地交易指导、农地价格评估、农地担保金融、农地纠纷调处在内的农地流转相关法律制度体系。

我国农地产权制度经过曲折漫长的发展演变历程，时至今日农村资产资源物权属性和农地产权“长久不变”价值理念已经逐渐深入人心。随着全面深化农村改革伟大战略的提出和落实，农业农村生产关系面临着深刻调整，农村法制建设特别是农地产权制度是已经到了加快立法的新阶段，必须依靠法制提高农地产权利用的综合效率和水平，最大程度地保障和实现农民的财产权益。值得一提的是，农地产权期限调整不是一个单一的问题，它能够影响到经济增长中诸多环节和因素，进而成为一个可以影响到全局的问题。如果农地产权期限设置适当，必将对农业农村经济乃至经济全局持续增长带来极大促动，并且对于工业化进程、国民收入分配、城乡资源配置和经济效率提高等方面都能产生积极的影响。然而，农地产权期限“长久不变”制度创新只是新一轮农村土地制度改革中的一个环节，还需与其他配套制度的完善统筹考虑，才能协力促进农村经济的改革与发展。

（作者单位：农民日报社）

农业劳动力老龄化对土地资源利用效率的影响分析

——以丘陵地区水稻种植农户为例

周来友　周　冬　马贤磊　石晓平

一、问题的提出

2014年的中央农村工作会议把保障国家粮食安全放在了核心地位，然而我国正处于工业化的中期阶段，非农建设占用耕地不可避免，同时一些其他措施（如生态退耕、农业结构调整等）也减少了可耕地面积（宋弋等，2006；夏庆利，罗芳，2012），因此在耕地资源日益减少的背景下，要保障国家粮食安全，有效的途径就是提高土地资源利用效率。不过，随着我国非农就业的持续扩大，农村地区大量的青壮年劳动力从农业部门转移到非农部门，使得农业劳动力的老龄化趋势日益明显，农业老龄化现象普遍（Cai等，2012；Li和Sicular；2013)。这一现象引起专家和学者的担忧：一是农业劳动力老龄化影响农业产出效率；二是农业经营后继无人（林本喜，邓衡山，2012)。

大量的研究关注农业劳动力老龄化对土地利用效率的影响，但由于学者在理解土地利用效率的内涵上存在差异，他们选用的衡量指标也存在差别。例如，刘涛等（2008)、林本喜和邓衡山（2012)、夏庆利和罗芳（2012）采用单位土地产出表示或测度土地利用效率；李谷成等（2010)、杨俊等(2011)、Manjunatha等（2013）则采用农业生产技术效率衡量农业效率或耕地利用效率。可以看出，这些研究并没有区分土地利用效率与土地生产率和技术效率的差异。因此，在展开具体的研究之前，有必要对土地生产率、技术效率和土地利用效率的概念进行清楚的界定和厘清。

研究表明，技术效率是指在给定投入和技术水平不变的条件下，生产决策单位获得最大产出的能力，它是经济效率的一个组成部分①（Farrell，1957；Thiam等，2001)；技术效率所测定的是实际产出与生产可能性边界（即最优产出）的比值，它是对所有投入的平均效率的度量（王晓娟，李周，

---

① 经济效率（EE）包括技术效率（TE）和配置效率（AE)，配置效率是指在给定产出的条件下，使用投入最小的能力（Farrell，1957)。

2005)；土地生产率反映的是土地产出和土地投入的比例关系，而土地资源利用效率属于单一要素投入效率，单一要素投入效率（或偏要素投入效率）所测定的是在实际产出和其他投入不变的情况下，某个单一要素投入的最低使用量与实际投入量的比值（Kopp，1981；Kaneko 等，2004；王晓娟，李周，2005)。因此不能将其与土地生产率和生产技术效率等同，农业劳动力老龄化对土地资源利用效率的影响方向及程度需要进一步检验。

同时，水稻作为我国三大主要粮食作物之一，在保障粮食安全中具有重要地位。此外，鲜有研究关注丘陵地区农业劳动力老龄化对水稻种植农户的土地资源利用效率的影响。鉴于此，本文利用 2010 年江西省东北部丘陵地区的水稻种植农户的调查数据，检验农业劳动力老龄化对土地利用效率的影响。

二、理论思考

随着我国农村劳动力非农就业的持续扩大，农业生产中机械替代劳动已经成为普遍现象，而农业机械的广泛使用使得农业生产活动对农业经营者的体能要求有所降低（Mendola，2008；林本喜，邓衡山，2012；胡雪枝，钟甫宁，2013)。尽管如此，由于丘陵地区机械化水平不高[①]，机械还不足以替代因劳动力老龄化出现的体能不足，因此丘陵地区农业经营者的体能资本和人力资本在农业生产中特别是水稻种植中依然重要。

农业经营者体能资本的重要性体现在田间作业的实施上，包括耕地（翻地)、播种（育秧)、施肥、除草、打药、灌溉、收割、运输等生产环节。而农业经营者人力资本的重要性则体现在农业生产的决策上，这些决策包括选择种植作物的类型、购买（或保存）作物种子的数量、确定作物种植的面积以及作物生长过程当中其他生产要素投入的时间和数量等。因此，农业劳动力老龄化是通过影响农业经营者的体能资本和人力资本进而影响农业经营者的生产行为，最终影响土地资源利用效率（图 1)。

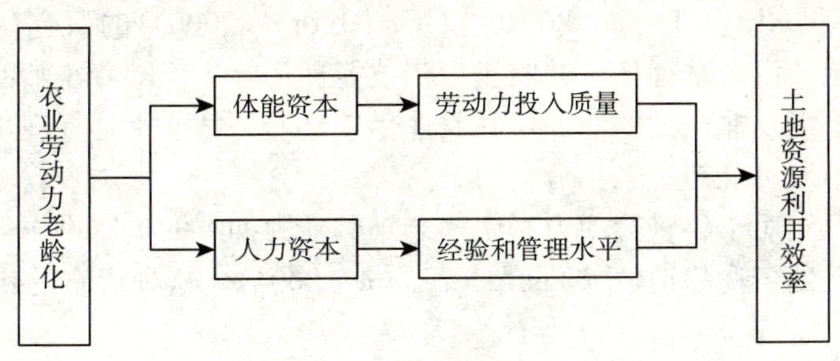

图 1　分析框架

① 根据 2012 年中国农业年鉴和江西统计年鉴，2011 年全国水稻机收水平为 69.32%，而江西省仅为 43%，远低于全国平均水平。

(一) 农业经营者的体能资本与土地利用效率

有研究表明：人的体能资本在 20～60 岁，平均每 10 年下降 10%；在 60～80 岁，平均每 10 年下降 15%；80 岁之后平均每 10 年下降 30% (Mazzeo，2000)。而农业生产的田间作业实施过程需要消耗的体能比较多，因此随着农业经营者年龄的增加，农业经营者的体能资本（包括力量、持久力、视觉等一系列与农业生产相关的健康状况）呈现出不断下降的趋势（Li 和 Sicular，2013)。所以，在非农就业机会缺乏的情况下，老年劳动力在农业生产经营中（主要是田间作业环节）投入的劳动力质量和数量均不如年轻劳动力。特别是在农忙季节，由于农业生产活动强度大，老年劳动力因体能不足而呈现出的劣势可能更为明显。

农业老年劳动力投入劳力减少的这一行为，直接影响其他要素的投入。例如，老年劳动力因劳力投入减少和体能不足，使得耕地（翻地）的深度不够、打药和施肥的次数不够、除草不充分等。而这些要素投入的减少，有可能会降低作物的产出。因此，劳动力投入减少这一行为会对农业生产的要素投入及产出均产生负面影响，进而影响农业生产率或农业生产技术效率[①]以及土地利用效率[②]。此外，丘陵地区由于地形高低不平、田间道路狭小、土地细碎化严重等特征，这一效应可能更加明显。

(二) 农业经营者的人力资本与土地利用效率

因长期从事农业生产经营活动，农业经营者获得了丰富的耕作经验。正如法国著名社会学家孟德拉斯所说：农民获得的耕作知识是常年培养、劳动和观察的结果，是他所独有的（孟德拉斯，2010)。随着农民年龄的增加，这种耕作经验还会增加。尽管在实际生产中，对一些生产要素的使用（包括使用量和使用种类）可以向周围邻居模仿学习来完成（胡雪枝，钟甫宁，2013)，但 Teklu 和 Lemi（2004)、Gelderblom（2005）的研究认为年轻劳动力刚开始并没有掌握任何的农业生产技能和经验，但随着年龄的增加，他们通过正式以及非正式的培训，其农业生产经验和技能水平呈现快速上升的过程，但不大可能超过老年劳动力。

因此，相对于年轻劳动力来说，老年劳动力拥有的丰富耕作经验使其在人力资本上处于优势地位（Teklu 和 Lemi，2004)。这种丰富的耕作经验使

---

① 技术效率（Technical Efficiency，TE）从投入产出角度衡量生产单元能够多大程度运用现有技术达到最大产出的能力，可集中反映其产出能力、资源利用效率和成本控制多方面的经营特征，是效率集中体现（李谷成等，2008)。

② Reinhard 等（1999）认为，生产技术有效率也被认为是资源利用有效率。因此，农业劳动力老龄化影响农业生产技术效率，也会对土地利用效率产生影响。

得老年劳动力对耕地的深度、施肥和打药的数量及次数等农业生产决策环节拥有更充分的信息，所以在获得一定产出的情况下，老年劳动力投入的生产要素可能更加有效，进而拥有较高的土地利用效率。

综上所述，随着农业经营者年龄的增加，其土地利用效率受到体能资本的下降和人力资本的上升共同影响，因此受这两种因素的影响，农业劳动力老龄化对土地利用效率作用可能呈现不同的方向。笔者认为，丘陵地区农业劳动力老龄化的体能资本下降对农业生产的负效应大于人力资本上升对农业生产的正效应，因此对土地利用效率的影响是负向的。基于以上分析框架，可以提出需要验证的假说：

研究假说：随着农业经营者年龄的增加，其人力资本增加对土地利用效率的正效应大于体能资本下降对土地利用效率的负效应；但超过年龄的临界值后，随着年龄的继续增加，农业经营者因人力资本增加对土地利用效率的正效应小于体能资本下降对土地利用效率的负效应。

三、数据来源和方法介绍

（一）样本区域及数据来源

本研究采用的数据来自 2011 年欧盟项目（Sustainable Resource Use in Rural China：Institutions，Policies and Markets）资助的一项对江西省东北部丘陵地区村庄农户的调查。样本村庄的选取是在咨询了当地的研究人员和政策制定者后，依据当地的经济发展水平、自然地理条件、基础设施及市场通达情况等作出的。选取的样本村庄具有代表性，能够代表江西东北部以及中国东南部相对贫穷、以生产水稻为主的丘陵地区多样性的农村条件（Shi 等，2007；Feng 和 Heerink，2008）。

选择样本农户的步骤为：首先根据村庄农户数量计算每个村所需调查的样本农户数量（等于村庄农户总数×23％），然后采用随机抽样方法从村庄中选出确定数量的农户（马贤磊，2009）。通过随机抽样调查，共在铅山县、贵溪市和余江县的 6 个乡镇的 11 个行政村 58 个自然村中调研了 527 户农户，并形成有效问卷 464 份①。调查数据的内容主要包括农户的家庭成员基本特征、农户非农就业、农户的农业生产经营以及农户消费等状况。

（二）研究方法

要验证农业劳动力老龄化对土地资源利用效率的影响，首先需要测算农

① 将其中 54 户未种植水稻的农户、9 户水稻亩产量不符合实际情况（即亩产超出 750 千克）的农户剔除，最终形成有效问卷数为 464 份。

户的农业生产技术效率，在此基础上，再测算农户的土地资源利用效率。在测算农户的技术效率的模型上，由于C-D生产函数具有模型简洁、待估参数少以及经济含义明显等特点，成为测算土地生产率或生产技术效率的常用方法（李谷成等，2010；林本喜，邓衡山，2012；胡雪枝，钟甫宁，2013）。不过，该方法因需要假设投入要素的产出弹性保持不变、且各种生产投入要素的替代弹性为0或1以及不太符合实际生产行为等而受到学者的批评（屈小博，2009；杨俊等，2011；Battese和Collin，1995）。因此有不少研究采用Translog生产函数测算土地利用效率，尽管该函数形式较为复杂、有可能会引起多重共线性等问题（顾乃华，2006；夏莲等，2013），但是能解决投入要素产出弹性保持不变的假设条件带来的缺点，且其被认为是任何形式生产函数的二阶泰勒近似（Battese和Collin，1995；王晓娟，李周，2005；杨俊等，2011）。因此，Translog生产函数这些优越性，使其在测算农业生产技术效率中得到广泛运用。

在评价技术效率的方法上，目前用得最多的是数据包络分析方法（DEA）和随机前沿生产函数方法（SFA）。尽管DEA方法无需估计农户的生产函数，但需要大量的个体样本数据，对算法要求高，且不能分离测算随机误差项造成的效率损失值（杨俊等，2011；许朗，黄莺，2012）。而SFA方法可以估计生产函数中各变量对生产过程的影响，还可以估计各外生变量对技术效率的影响，因而本研究采用SFA方法测算技术效率。同时，本研究选用包容性更强的Translog生产函数，模型展开后的形式如下：

$$\begin{aligned}\ln Y_i = \beta_0 + \beta_1 \ln X_i + \beta_2 \ln L_i + \beta_3 \ln K_i + 1/2\beta_4 (\ln X_i)^2 + \\ \beta_5 \ln(X_i)\ln(L_i) + 1/2\beta_6 (\ln L_i)^2 + \beta_7 \ln(X_i)\ln(K_i) \\ + 1/2\beta_8 (\ln K_i)^2 + \beta_9 \ln(L_i)\ln(K_i) + V_i - U_i\end{aligned} \quad (1)$$

式中，Y_i是第i个农户的农业产出，X_i为本研究所关注的第i个农户土地资源投入要素，L_i为第i个农户的劳动力要素投入，K_i为第i个农户的资本要素投入，β_0为常数项，$\beta_1 \sim \beta_9$为待估系数；（$V_i - U_i$）为混合误差，其中V_i表示的是随机误差项，主要是由于调研、自然环境、气候变化等不可控的外在因素导致的误差，且$V_i \sim iidN$（0，δ_v^2）。U_i是非负的随机误差项，表达的是农业生产过程中，由农民各自水平导致的技术无效，也就是各农户样本的产出与可能的生产前沿面之间的差距，具体表示第i个农户的技术效率损失，且：

$$U_i \sim iidN^{+}(m_i, \delta_u^2) \quad (2)$$

技术无效率函数表示为：

$$m_i = z_i \sim \delta \quad (3)$$

式中，z_i表示影响农户技术效率的外生因素；δ表示未知参数向量，反映变量z_i对技术效率的影响。可以看出，m_i越大，表示技术无效率的程度越高。

在此基础上本研究借鉴 Kaneko 等（2004）的研究方法，推出偏要素利用效率估计公式为：

$$TEX_i = \exp\left(\frac{-U_i}{\beta_4}\right) \tag{4}$$

将式（3）测算得出的农户生产技术效率带入偏要素利用效率的式（4）中，得出土地资源利用效率，并对其影响因素进行分析：

$$TEX_i = \delta_0 + \sum_{k=1}^{n} \delta_k z_k + e_i \tag{5}$$

式中，TEX 为土地资源利用效率；z_k 为影响土地资源利用效率的外生变量；δ_k 为待估参数。

四、实证分析

（一）农户技术效率和土地资源利用效率的测算

以农户的水稻总产量（斤）① 作为产出变量，投入变量包括土地投入（亩）、自家劳动力投入（工）以及资金（水稻种植所有的资金投入，包括机械服务费用、雇工费用、雇佣耕牛费用以及种子、农药、化肥、灌溉、薄膜和其他费用）。利用 Collin（1996）估计随机前沿生产函数的 Frontier4.1 程序对式（1）进行极大似然估计，模型的估计结果见表 1。

表 1　随机前沿生产函数估计结果

变量	系数	T 值	变量	系数	T 值
常数项	3.305***	3.279	土地投入×劳动力投入	−0.027	−1.005
土地投入	0.107	0.292	土地投入×资金投入	0.130**	2.072
劳动力投入	−0.222	−1.342	劳动力投入×资金投入	0.027	1.079
资金投入	1.186***	3.779	γ	0.959***	
土地投入二次项	−0.031	−0.712	Log likelihood	−73.974	
劳动力投入二次项	0.004	0.462	Lrtest	157.945***	
资金投入二次项	−0.092***	−3.540			

注：*** 表示在 1%的程度上显著，** 表示在 5%的程度上显著，* 表示在 10%的程度上显著。

从表 1 中可以看出，γ 值为 0.959，并在 1%的水平上显著，即其值接近于 1，说明复合误差项的变异主要来自于技术无效率 U，占 95.9%，其余

① 不少学者用总产值表示产出变量，但因调研区域的农户收获的水稻并不全是出售给市场，有很大一部分是留给自家作为口粮。因此，本文采用水稻总产出作为产出变量更合适。

4.1%的部分是由农户控制不了的因素引起的，亦说明利用SFA方法测算农户生产技术效率的合理性；似然比检验（Lrtest）在1%的水平上显著，说明模型通过似然比检验，且极大似然值为－73.974，亦表明估计的计量模型在统计上是可靠的。同时，我们看到，土地要素作为农业生产中的一项必要投入，尽管对产出在统计上没有显著的影响，但对产出有正向影响；资金投入对产出的影响符合理论预期；而劳动力投入对产出的影响是负向的，这可能是因为丘陵地区人多地少，存在大量剩余劳动力致使农业生产中投入过多劳动力引起的。

对式（1）的估计除了得出随机前沿生产函数的估计结果外，我们还能得出农户生产技术效率的分布情况。同时，将技术效率值以及估计系数代入式（4），便可以得出农户在水稻种植中利用土地资源的效率。表2为农户生产技术效率以及土地资源利用效率频率分布。

表2　农户农业生产技术效率和土地资源利用效率分布

效率值（%）	农户生产技术效率			农户土地资源利用效率		
	26～40岁	40～60岁	60岁以上	26～40岁	40～60岁	60岁以上
10～20	2	4	2	0	0	0
20～30	1	3	0	0	0	0
30～40	1	5	2	2	1	1
40～50	5	12	2	0	3	1
50～60	3	26	15	1	3	0
60～70	13	51	22	3	12	2
70～80	20	64	35	7	37	19
80～90	15	67	35	32	105	51
90～100	9	41	9	24	112	48
样本总数	69	273	122	69	273	122
平均值	71.29%	72.93%	72.89%	84.76%	85.91%	86.03%
全体样本户平均值		72.68%			85.77%	

从表2中可以看出：①本研究所测得的全体样本农户的平均技术效率为72.68%，说明在现有技术水平和投入不变的情况下，若消除技术效率损失，农户的产出还可以增加27.32%。同时，全体样本农户的土地资源利用效率平均值为85.77%，说明在当前确定的技术水平以及保持其他各投入要素不变的情况下，达到目前各农户的水稻产量，可以减少14.23%的土地资源要素投入。②从各年龄段的数据来看：40～60岁的农户平均生产生产技术效率最高，为72.93%，呈现倒“U”形趋势，且大部分农户的生产技术效率

集中在70%～80%和80%～90%两个区间，但60岁以上的农户土地资源利用效率最高，为86.03%，表明耕作经验在土地资源利用效率中的占有重要地位。

（二）农户土地资源利用效率影响因素分析

1. 变量选择及说明。

（1）自变量。①农业劳动力平均年龄，即将家庭中从事农业生产的劳动力年龄进行简单算术平均后的年龄。根据研究假说，我们预期农业劳动力平均年龄对土地资源利用效率的影响呈倒"U"形关系。②户主年龄，考虑到户主是家庭的决策主体，其决策质量直接影响土地资源的利用效率，因而将户主年龄放入模型中，并预期户主年龄对土地资源利用效率有正向影响。

（2）家庭特征变量。

①农业劳动力平均受教育水平，借鉴农业劳动力平均年龄的计算方法，采用家庭农业劳动力的平均受教育水平来表示；同样，将户主受教育水平单独放入模型。农户或户主的教育水平对土地资源利用效率的影响不确定，一方面农户或户主受教育水平越高，农户的学习能力、经营管理水平可能增加，会促进土地资源利用效率的提高；另一方面受教育水平越高，越容易获得非农就业机会，减少农业生产投入，降低土地资源利用效率。

②非农就业经验，若农户家庭有成员外出务工，则非农就业经验为1，否则为0。农户非农经验越丰富，可能会将非农就业过程中的先进技术或较高的管理水平带进农业生产，因而可能提高土地资源利用效率；但另一方面也有可能意识到农业生产收益较低，不愿将更多的要素投入农业生产，对土地资源利用效率产生负面影响。因此，农户非农就业经验对土地资源利用效率的影响不确定。

③家庭固定资产，采用家庭的房屋、家电、交通等进行折旧换算。家庭固定资产代表农户的富裕程度，它对土地资源利用效率的影响方向不定①。

④家庭中是否有村干部或者党员，有村干部或者党员的取值为1，反之为0。村干部或党员一方面可能拥有较高的社会地位和较为丰富的社会关系，更容易获得非农就业机会，不如普通农户重视农业生产，有可能对土地资源利用效率产生负面影响；但另一方面村干部或党员获取信息和掌握新技术的渠道要多余普通农户，可能会对土地资源利用效率产生正向影响。

⑤风险厌恶程度，通过问卷中三个问题（是否愿意种植新品种、是否愿

① 如果家庭的固定资产大部分通过农业收入而获得，则农户有可能重视农业生产，从而有较高的土地资源利用效率；相反，如果农户的固定资产是通过非农收入而获得，则农户有可能轻视农业生产，对土地资源利用效率产生负向影响。

意借贷投资、是否愿意通过冒险富裕）选项的平均值来反映，1～5 分别代表风险规避程度，评分越低越厌恶风险。一般而言，风险厌恶程度越高的农户，越倾向于采用保守的土地利用方式，不愿意采用新技术、新化肥等有利于效率提高的新事物，因而土地利用效率越低。

（3）土地资源禀赋变量。

①水稻经营规模，指农户实际投入的种植水稻的面积，考虑复种指数，单位为亩。根据以往学者的研究表明，土地资源利用效率与土地经营规模之间是典型的倒“U”形曲线关系，规模过大或者过小都不利于土地资源的利用效率（Li 等，2013）。为了验证这种关系是否存在，本研究将土地经营规模的平方项纳入模型中。

②土地质量，对农户家庭各水稻种植地块的土地质量进行加权平均，各地块通过“壮”“中”“瘦”三个各指标表达，利用数值 1、2、3 分别替代。我们预期土地质量越高，土地资源利用效率越高。

③水稻种植地块的细碎化程度，地块细碎化程度越高，越能消耗农户耕种的时间和体力，增加了农户的耕种成本，因而降低了土地资源利用效率。在计算土地细碎化程度时，本研究借鉴刘涛等（2008）的测算方法，具体形式如下，n 代表了家庭水稻种植的总地块数量，a_i 代表了各个地块的具体面积，SI 是 0～1 之间的数值，越接近于 1 代表水稻种植农户的土地细碎化程度越高，反之越低：

$$SI = 1 - \sum_{i=1}^{n} a_i^2 / \left(\sum_{i=1}^{n} a_i \right)^2 \tag{6}$$

（4）虚拟变量。①是否遭遇灾害，遭遇灾害的取值为 1，反之为 0；②地区虚拟变量，以贵溪县作为参考变量，引入铅山县和余江县两个虚拟变量，若农户属于铅山县或余江县，则为 1，否则为 0。

2. 模型结果分析。分析要素利用效率的影响因素时，有不少学者使用 OLS 方法估计参数（屈小博，2009；夏莲等，2013）。但 Green（2003）的研究结论表明，作为因变量的要素利用效率在（0，1］上取值，采用 OLS 估计的结果有偏且不一致，采用基于极大似然估计法的 Tobit 模型将是无偏和有效的。同时，本研究在统计推断时比较了普通标准差与稳健标准差的差异，认为使用稳健标准差更科学（陈强，2010；耿献辉等，2014）。表 3 列出了农业劳动力老龄化对土地资源利用效率影响的回归结果，F 检验在 1% 的水平上显著，说明模型选用合理，对各影响因素解释如下：

（1）农业劳动力平均年龄。模型结果显示：方程（1）中农业劳动力平均年龄的一次项系数为正，二次项系数为负，且在统计上显著；在控制户主年龄及户主教育水平后，农业劳动力平均年龄的系数方向并未改变，且仍在 15% 的水平上显著。这一结果表明农业劳动力平均年龄对水稻种植农户的土

表 3　农户土地资源利用效率影响因素估计结果

变量名		土地资源利用效率		
		系数		
		(1)	(2)	(3)
自变量	ln(农业劳动力平均年龄)	1.245(1.81)**		1.567(1.67)**
	ln(农业劳动力平均年龄)的平方	−0.153(−1.72)**		−0.194(−1.62)*
	ln(户主年龄)		−0.288(−0.56)	−0.408(−0.84)
	ln(户主年龄)的平方		0.040(0.60)	0.052(0.82)
	ln(农业劳动力平均受教育水平)	0.022(1.88)**		0.022(1.62)*
家庭特征变量	ln(户主受教育水平)		0.011(0.81)	−0.004(−0.26)
	农户非农就业经验	0.013(1.15)	0.008(0.71)	0.012(1.00)
	ln(家庭固定资产数量)	0.004(1.36)	0.004(1.25)	0.004(1.25)
	家庭是否有成员为村干部或党员	−0.001(−0.08)	0.001(0.06)	−0.002(−0.16)
	农户厌恶风险的程度	−0.000(−0.01)	−0.001(−0.20)	−0.003(−0.59)
土地资源禀赋变量	土地质量	−0.015(−1.79)**	−0.014(−1.65)**	−0.014(−1.65)**
	农户土地经营规模	0.000(0.01)	−0.004(−0.18)	−0.003(−0.14)
	农户土地经营规模的平方	−0.000(−0.05)	0.001(0.22)	0.001(0.14)
	土地细碎化程度	0.004(0.15)	−0.003(−0.08)	−0.002(−0.07)
	是否遭受灾害	−0.038(−4.15)****	−0.037(−4.12)****	−0.039(−4.14)****
虚拟变量	铅山县	0.065(4.24)****	0.062(4.07)****	0.061(3.91)****
	余江县	0.049(2.21)*	0.043(1.94)**	0.044(1.97)*
	常数项	−1.751(−1.32)	1.311(1.32)	−1.54(−0.87)
	样本数	420	397	384
	极大似然值	403.27	385.33	372.11
	Prob > F	0.000****		

注：方程（1）所对应的在模型中单独放入农业劳动力平均年龄和农业劳动力平均受教育水平的回归结果；方程（2）所对应的是在模型中单独放入户主年龄和户主受教育水平的回归结果；方程（3）所对应的是在模型中同时放入农业劳动力平均年龄、农业劳动力平均受教育水平、户主年龄和户主受教育水平的回归结果。括号内为 T 值；****、***、**、*分别表示在 1%、5%、10%、15%的程度上显著。

地资源利用效率的影响呈现倒“U”形趋势，验证了我们的研究假说，即随着农业劳动力平均年龄的增加，农户人力资本（如技能水平和管理经验等）的增加速度要快于体能资本下降的速度，农户人力资本对土地资源利用效率的正效应要大于体能资本对土地资源利用效率的负效应，但当土地资源利用效率到达某一临界值后，农户人力资本对土地资源利用效率的正效应要小于体能资本对土地资源利用的负效应，造成土地资源利用效率的下降。通过模型的系数计算得出当 ln（农业劳动力平均年龄）等于 4.06 时，农户的土地资源利用效率值最大，进一步计算得出当农业劳动力的平均年龄为58岁时，农户的土地资源利用效率最高。

从方程（2）中我们看到，户主年龄对农户土地资源利用效率的影响在统计上并不显著，表明户主的决策质量并不显著影响土地资源的利用效率。这说明在丘陵地区的农业生产中，实际参与农业生产的劳动力是影响土地资源利用效率的因素。

（2）农户家庭特征变量。回归结果显示农户平均受教育水平系数在统计上显著，表明平均受教育水平越高的农户，土地资源利用效率更高。作为农户人力资本的一个指标，这一结果进一步验证了人力资本对土地资源利用效率的影响有提高效应。而户主的受教育水平对土地资源利用效率没有显著影响，甚至与我们理论预期相反的是：在方程（3）中，户主受教育水平对土地资源利用效率有微弱的负向影响，这可能是因为户主受教育水平越高，越容易获得非农就业机会而不关心农业生产，因而对土地资源利用效率产生负面影响。

其他家庭特征变量如农户非农就业经验、家庭固定资产数量、家庭是否有成员是村干部或党员以及农户厌恶风险的程度对土地资源利用效率在统计上均无显著影响。其中，农户非农就业经验和家庭固定资产数量对农户土地资源利用效率有微弱的正向影响，这表明非农就业经验给农户带来的先进技术或管理经验以及较多的固定资产数量克服了农业要素投入的资金限制，提高了土地资源利用效率；而家庭是否有成员是村干部或党员与农户风险厌恶程度对土地资源利用效率有微弱的负向影响，这与我们的理论预期一致。

（3）土地资源禀赋变量。模型分析结果显示：土地质量对农户土地资源利用效率在统计上有显著的负向关系，表明土地质量越高（即土地质量得分越低），农户土地资源利用效率越高，符合我们的理论预期。此外，尽管土地细碎化程度对农户土地利用效率尽管在统计上没有显著影响，在从土地细碎化程度的系数来看，它对农户土地资源利用效率还是有微弱影响的，这表明丘陵地区的土地特征（如土地规模小、细碎化严重、地块分散等）对农户土地资源效率有负面影响。

土地经营规模及其平方项对农户土地资源利用效率在统计上无显著影响，而且二者的系数及系数方向在不同的方程中表现不同，这表明土地规模与其平方项对土地资源利用效率的影响较为复杂，需要进一步研究和探讨。

（4）虚拟变量。是否遭受自然灾害对农户土地资源利用效率在统计上有显著的负向影响，同时，地区虚拟变量对农户土地资源利用效率在统计上亦具有显著的正向或负向影响，这表明丘陵地区自然条件对农户土地资源利用效率有较大影响。

五、结论和启示

本研究在界定和厘清土地资源利用效率内涵的基础上，利用2010年对江西省东北部丘陵地区水稻种植农户的调查数据，分析农业劳动力老龄化对农户土地资源利用效率的影响。实证表明，农业劳动力平均年龄对土地资源利用效率的影响呈现倒“U”形关系，当家庭农业劳动力平均年龄为58岁时，农户土地资源利用效率最高，但超过58岁时，农户土地资源利用效率下降，表明农业劳动力老龄化对土地资源利用效率有负向作用。进一步地，我们将户主年龄及其平方项纳入模型中，这一结论仍然成立。

对上述结果的解释是：随着农业经营者的年龄增加，其人力资本的增加（即务农经验的增加以及技能水平的提高等）对土地资源利用效率影响的正效应要大于体能资本下降对土地资源利用效率影响的负效应；然而，对于超过60岁的农业经营者而言，随着年龄的增长，其人力资本增加有限，对土地资源利用效率只有较小的正效应，而体能资本下降明显，对土地资源利用效率有较大的负效应。因此综合来看，丘陵地区农业劳动力老龄化对土地资源利用效率具有负向影响。

对土地资源利用效率的其他影响因素研究发现：土地质量、自然灾害以及地区虚拟变量对农户土地资源利用效率在统计上均有显著的正向或负向影响，这一结果表明丘陵地区的自然条件在农业生产过程中有重要作用。同时，我们也发现，农户平均受教育水平对土地资源利用效率有正向显著影响，在控制户主年龄和受教育水平后，这一结论仍然成立。

随着农村地区非农就业的持续扩大，农业劳动力老龄化是我国未来一段时间内必须面对的现实。未来的政策方向应进一步降低农业劳动力因老龄化而出现的体能资本下降对土地资源利用效率的约束，具体可以从农业技术推广、职业农民培训和社会化服务等方面进行。

参 考 文 献

陈强．高级计量经济学及Stata应用．北京：高等教育出版社，2010.

耿献辉，张晓恒，宋玉兰．农业灌溉用水效率及其影响因素实证分析——基于随机前沿生产函数和新疆棉农调研数据．自然资源学报，2014（6）：934－943.

顾乃华．我国服务业、工业增长效率对比以及其政策内涵．财贸经济，2000（7）：3－9.

胡雪枝，钟甫宁．人口老龄化对种植业生产的影响——基于小麦和棉花作物分析．农业经济问题，2013（2）：36－43，110.

李谷成，冯中朝，范丽霞．小农户真的更加具有效率吗？来自湖北省的经验证据．经济学（季刊），2010（1）：95－124.

李谷成，冯中朝，占绍文．家庭禀赋对农户家庭经营技术效率的影响冲击——基于湖北省农户的随机前沿生产函数实证．统计研究，2008（1）：35－42.

林本喜，邓衡山．农业劳动力老龄化对土地利用效率影响的实证分析——基于浙江省农村固定观察点数据．中国农村经济，2012（4）：15－25.

刘涛，曲福田，金晶，等．土地细碎化、土地流转对农户土地利用效率的影响．资源科学，2008，10（30）：1511－1516.

马贤磊．现阶段农地产权制度对农户土壤保护性投资影响的实证分析——以丘陵地区水稻生产为例．中国农村经济，2009（10）：31－50.

孟德拉斯．农民的终结．李培林，译．北京：社会科学文献出版社，2010.

屈小博．不同规模农户生产技术效率差异及其影响因素分析——基于超越对数随机前沿生产函数与农户微观数据．南京农业大学学报（社会科学版），2009（3）：27－35.

宋戈，吴次芳，王杨．城镇化发展与耕地保护关系研究．农业经济问题，2006（1）：64－67.

王晓娟，李周．灌溉用水效率及影响因素分析．中国农村经济，2005（7）：11－18.

夏莲，石晓平，冯淑怡，等．农业产业化背景下农户水资源利用效率影响因素分析——基于甘肃省民乐县的实证分析．2013，23（12）：111－118.

夏庆利，罗芳．土地利用效率影响因素分析——基于湖北的调查．农业经济问题，2012（5）：15－21，110.

许朗，黄莺．农业灌溉用水效率及其影响因素分析——基于安徽省蒙城县的实地调查．资源科学，2012，34（1）：105－113.

杨俊，杨钢桥，胡贤辉．农业劳动力年龄对农户耕地利用效率的影响——来自不同经济发展水平地区的实证．资源科学，2011，33（9）：1691－1698.

Battese G E，Coelli T J. A Model for Technical Inefficiency Effects in a Stochastic Frontier Production Function for Panel Data. Empirical Economics，1995，20（2）：325－332.

Cai，F. Giles，J. O'Keefe，P. Wang，D. The Elderly and Old Age Support in Rural China：Challenges and Prospects. The World Bank，Washington，DC，2012.

Collin T. J. A guide to Frontier version 4. 1：A computer program for stochastic frontier production and cost function estimation. CEPA Working Paper，University of New England，Australia，1996.

Farrell M J. The measurement of productive efficiency. Journal of the Royal Statistical Society. Series A（General），1957：253－290.

Feng S，Heerink N. Are farm households' land renting and migration decisions inter－related in rural China?．NJAS－Wageningen Journal of Life Sciences，2008，55（4）：345－362.

Gelderblom，A. The Relationship of Age with Productivity and Wages：A Literature Review for the Study of "Ageing and Employment". SEOR University of Rotterdam，Rotterdam，2005.

Greene W H. 计量经济分析．4 版．北京：中国人民大学出版社，2003.

Kaneko S. Tanaka K. Toyota T. Water efficiency of agricultural production in China：regional comparison from 1999 to 2002. International Journal of agricultural resources. Governance and Ecology，2004（3）：231－251.

Koop R J. The measurement of productive efficiency：A reconsideration. Quarterly Journal of Economics，1981（96）：477－503.

Li G.，Feng Z. Re－examing the inverse relationship between farm size and efficiency－The empirical evidence in China. China Agricultural Economic Review，2013，5（4）：473－488.

Li M.，Sicular T. Aging of the labor force and technical efficiency in crop production Evidence from Liaoning province，China. China Agricultural Economic Review，2013，5（3）：342－359.

Manjunatha A V，Anik A R，Speelman S，et al. Impact of land fragmentation，farm size，land ownership and crop diversity on profit and efficiency of irrigated farms in India. Land Use Policy，2013（31）：397－405.

Mazzeo，R. S. Current comment：Exercise and the older adult. American College of Sports Medicine. Available at ACSM on the World Wide Web，2000.

Mendola M. Migration and technological change in rural households：Complements or substitutes？. Journal of Development Economics，2008，85（1）：150－175.

Reinhard，S. Lovell，C. A. K. Thijssen，G. Econometric Estimation of Technical and Environmental Efficiency：An Application to Dutch Dairy Farms. American Journal of Agricultural Economics，1999（2）：44－60.

Shi X，Heerink N，Qu F. Choices between different off－farm employment sub－categories：An empirical analysis for Jiangxi Province，China. China Economic Review，2007，18（4）：438－455.

Teklu T，Lemi A. Factors affecting entry and intensity in informal rental land markets in Southern Ethiopian highlands. Agricultural Economics，2004，30（2）：117－128.

Thiam A，Bravo－Ureta B E，Rivas T E. Technical efficiency in developing country agriculture：a meta－analysis. Agricultural Economics，2001，25（2－3）：235－243.

（作者单位：南京农业大学）

提升农民土地财产权利：潜力、梗阻与对策

——基于安徽省4县（区）的田野调查*

杜宇能　陈传静　张士云　赵建东

“赋予农民更多财产权利”是我国农村发展研究与实践领域中的重大议题，土地是农民最重要的财产，是农民维持生计、增加收入的最基本保障。农民的财产收入主要来源于农村集体经济的资源性资产，特别是土地的用益物权和收益分配权，其水平已成为衡量经济市场化程度和农民富裕程度的重要指标。当前我国农民土地财产权利存量不稳定，而且财产收入增量路径单一而狭窄。为了创造条件让更多的农民获得财产收入，核心是推动土地要素的市场化改革。然而要素的市场化改革总是比商品的市场化改革更为困难，加之我国农村土地产权制度的特殊性，使得提升农民土地财产权利的制度愿景显得有些模糊和遥不可及。

目前，多数研究把提升农民土地财产权利看作一种应然的价值追求，带有较强的理性主义色彩，没能充分认识到制度文本与实际运行之间、土地财产权利提升与现实土地利用管理之间的差距。一方面，相当一部分研究是建立在调查数据基础上的，但这些数据大多是为了论证农民的财产收入占纯收入的比重低，农村居民与城市居民财产收入差距大，存在很强的选择性和目的性；另一方面，很多研究从规范分析入手对农民的土地财产收入增长机制提出了一些观点，但缺乏实证调研。对于农民现有的四类土地，即宅基地、集体“四荒”地、耕地、集体经营建设性用地财产权利的潜力有多大，各类土地现有增收模式存在的梗阻在哪儿，如何通过有效的制度选择去弥合现实与愿景的差距，都亟待通过实证研究寻找出路。

一、样本地区概况

安徽省是我国农村改革的发源地与实验田。缩小城乡居民财产收入差

---

* 安徽省教育厅人文社科重点项目（SK2012A048）《需求变化背景下的农村金融改革问题研究——以安徽省为例》、安徽农业大学自然基金重点项目（2013ZR025）《粮食安全视域下农地流转良性演化机制研究》、安徽农业大学学科建设项目（XK2013020）。

距，让农民平等参与现代化进程，共同分享现代化成果业已成为该省新的改革方向，可以说该地区在“赋予农民更多财产权利”的改革中很具代表性。将调研选择在皖东、皖中、皖西地域内4个县（区）进行（T县、F县和L市的J区、Y区），以田野调研和实地访谈为主，围绕土地利益分配的合理机制以及土地财产权利的制度保障，对农民土地财产权利进行研究。

T县位于安徽省东部，多丘陵和平原地形，地处江淮之间，其经济水平在安徽省处于中游水平。F县位于安徽省中部，地势西北高，东南低，中北部属江淮丘陵。F县是城市的近郊地区，县域内多为平原地形，且处于省会经济圈和承接产业转移示范区的核心地带，综合实力居全国百强。J区和Y区属于L市，L市位于安徽省西部，属于人口大市和农业大市，市域经济实力在安徽省居于中下游。J区属江淮分水岭丘陵地区，而Y区农业人口众多，土地相对规整，该区域其他资源较为匮乏，土地之于农民的意义非常重大。

之所以选择这4个县（区）为样本，原因有两点：一方面，从经济发展状况看，4个县经济发展水平不同，可以使土地财产权利评判更具全面性；另一方面，从地理环境状况看，样本区域分别位于安徽省东部、中部、西部，包含了低山、丘陵和平原地形，农业发展水平也有各自的特点，可以较为充分地代表该省的地理经济特点。在下文中，按照农村宅基地、集体“四荒”地、耕地和集体经营建设性用地的四种用地分类，通过实证分析和经济学解释，厘清农民土地财产权利提升进程中的潜力与梗阻，并探索弥合制度愿景与现实差距的解决路径。

二、农村宅基地：界限的突破与收益的脆弱

宅基地能否流转一直触动着各方敏感的神经，尽管红线依然存在，但现实中农村宅基地的使用权仍然以一些“特殊”方式进行着流转。

宅基地所有权归集体所有，但用益物权可出租甚至买卖，管理相对无序。在L市J区的一些乡镇调研中，当地村委会干部直言“这里的宅基地是不能卖的，但地上的东西只要能用钱衡量的都能转手，还可以改建、扩建”。当问及这种改建、扩建的用途时，当地村民坦言“多数改造房是卖给做生意的人，这样卖的钱多”。尽管当地政府明确规定不得将宅基地流转用于商品房开发建设，但这种另类的交易并未停止。当地农民可将宅基地上的地上建筑及其附属物按一定年限进行出售，且出售后可自行改建，但宅基地所有权仍归集体所有不得转让，此外，在规定的出售年限内老宅基地可改建作为商业用房进行出租使用。这种类型的出租多由农民自行寻找买家、建立“市场”且转让收入归农民个人所有，基本上村集体不参与利益分配，因而当地农民的积极性较高。但受地理位置的限制，距中心城镇远的建筑往往无人问

津，对财产收入的增长贡献尚不明显。

宅基地出让引起收益分配的代际不公。在L市和T县均了解到农民的子女可以继承父辈的房屋，但问及是否可以真正继承宅基地时，有些农民并不清楚房屋的继承和宅基地使用权的继承差别在哪里。他们似乎并不都了解他们继承的仅是父辈的房屋，而不能单独继承父辈的宅基地使用权，如果房屋灭失，就不可再重建或者以其他形式继续使用父辈的宅基地。L市J区农民的宅基地地上附着物出售后，农民的后代不可在出售期满后将宅基地收回进行重建或改建，即实际丧失了宅基地的使用权。当父辈农民将宅基地上房屋出让之获得收益后，其子女也就丧失了因继承父辈房屋而取得收益的可能。在调研中还有村民反映外地嫁入的媳妇是不可继承夫家父辈的房屋的，也就意味着这种宅基地出让收益她们无法享有。

此外，宅基地征收过程中，补偿机制不尽合理，农民搬迁意愿不强。在T县某村的调研中了解到，当地政府为了响应新农村建设拟将居民住宅统一集中安排在靠近公路的闲置地上所新建的小区中。而对于对农户而言，宅基地补偿收益通常是按面积进行分配的，对于建筑物的新旧与配套设施是没有充分考虑的。调研中，村组织领导反映，这种“说拆就拆”的做法，补贴不尽合理，强制性太大，搬迁意愿并不强。有村民坦言“公路边的房子价钱是贵了，却没有原来的小户小院住着舒服”，可见，迁入小区的地价虽是上升了，但农民的实际生活水平却在下降。调研中笔者也注意到有些待拆迁的楼房并不老旧，这一状况更加剧了农民对规划遵守意识不强的现象。

现实中宅基地私下流转是存在且形式多样的，而与之相对应的是，这种突破制度界限的流转与买卖所带来的收益缺乏法律保障，相关各方的收益都显得脆弱和不稳定。这种农民利益诉求与制度界限的冲突，说明了当前农村土地制度强制性安排和其微观环境之间存在显著的不相容性。

三、集体“四荒”地：易于运作与潜力待挖

自1992年山西吕梁出现以拍卖等方式出让集体“四荒”地（荒山、荒沟、荒丘、荒滩）现象后，全国范围内的拍卖“四荒”迅速响应。一般而言，购荒过程中也存在其他两种形式，即协议和招标。在被调研的安徽地区，购荒多以协议形式完成，且承包多以私人形式、期限多以作物生长周期而定，短则十几年，长则几十年。调研过程中发现的问题主要有以下几点：

第一，集体“四荒”地多为细碎化土地，易于承包，但增收潜力仍待进一步挖掘。在调研中了解到L市J区和Y区都有“四荒”地承包经营现象。由于同属一市，两区的地理环境大致相同，荒地大多细碎。由于“四荒”地规模并不大，更适合私人承包经营，因而承包人十分踊跃，易于流转，使得当地农民“因碎得福”。当地一名生产队长也表示“这一块对于增加农民收

入是有一定潜力的”。事物均存在两面性，一方面，由于两地集体“四荒”地规模经营难度大，限制了规模经营的发展，要充分挖掘集体“四荒”地的增收潜力，就必须另辟蹊径；另一方面，由于私人协议承包现象普遍，集体“四荒”地的综合治理缺乏统一标准，且承包多以种植果树、花树为主要用途，投资回收周期长，且作物受气候影响大，收益不稳定。

第二，对于集体“四荒”地承包，农民与中介的收益分配不尽合理，承包人购荒的风险性导致农民收益不稳定。一方面，对于农民和中介组织来说，中介费用如何收取面临尴尬处境。例如，在F县，当地政府组织成立土地流转服务机构，以专业的土地流转中心为中介，由于此机构属于政府的服务性机构，其负责人称“中介服务不收费，政府拨给费用也没到位，让我们觉得难以运作”。与此相对应的是L市J区某村，该村采用卫星定位仪对山地面积进行测量，使得承包按亩计价有据可依，再基于卫星定位测量面积，由村集体作为临时中介协商决定出租价格，并抽取一定比例中介费。另一方面，对于农民和承包人而言，承包人收益波动较大也影响了土地财产收入增长的持续性和稳定性。在L市J区集体“四荒”地的承包农民更为偏好长期合同，租金“一年一付，逐年结清”的承包方式，且“承包做果园，分红按人头算”。而果树的结果盛期一般为5～15年，15年后结果就开始衰退，能否实现投资增值尚不得而知，这就直接影响承包人承包规模与其收益和损失的对应关系。

从承包人处了解到，农业保险和其他转移风险的金融产品在承包过程中很少有人涉及。即使选择投保，过于严重的自然灾害和人为因素造成的损失，除了政策性保险也鲜有保险公司能够承保。即便如此，为什么还有不少人愿意承租“四荒”用地呢？一位农家乐的经营者说出了他的看法：“我看中的是‘四荒’用地未来成为经营用地的潜力，我先包下来，事实上是先把地‘囤’着，以后政策变了，我处置起来就占优势了，至少地现在在我手上。”尽管这种说法，从法理上存在问题，但着实反映了不少“经营”农村土地的人的普遍想法。

“四荒”用地能够从荒芜走向增值，说明了农地财产价值逐渐凸显，而这其中有两个因素起了关键性作用，一是“流转”使得细碎的“四荒”可以集中起来发挥经济效益；二是“四荒”用地用途有着潜在的转换空间，使得一些承包者看中了“四荒”用地的非农用途。而要使农民平等的分享“四荒”用地的价值，则需要土地确权工作的推进以及农村集体产权制度的创新。

四、耕地：“非粮化”与流转隐忧

近年来，在河南、浙江部分地区，由于种植传统粮食作物效益偏低，农地流转后多用于种植蔬菜、林木、花卉及养殖，甚至有些地区用来开发生态农业或农家乐的旅游观光农业。而在安徽省这类现象也时有发生，工业资本下乡使得原本自我协调较为融洽的小农经济受到冲击，农村商品化程度加深的同时也伴随着国家粮食安全问题。

首先，工业资本下乡加速耕地流转的“非粮化”，且补偿价格难以体现土地市场价值，缺乏有效监督与管理。尽管，有学者提出中国农业现代化转型需要借助资本下乡形成的龙头企业带动。其分析论证的着力点在于：相对个体农户而言，龙头企业资本具有相对优势，易于实现规模经济，循环农业，且有能力充分挖掘土地资源的利用效率，为国家粮食安全和农产品质量提供保障，同时也能增加农民收入。现实情况并非如此理想，从乡镇政府的访谈看，其更关注见效快的加工工业和招商引资，而很多涉农投资都是针对收益较高的经济作物。某镇干部谈到这种“非粮化”倾向，也表示“发展粮食生产对地方财政的贡献是负的，还要倒贴”。虽然工业资本下乡对当地经济发展、农民增收有所贡献，但在这种“非粮化”进程中，对于国家粮食安全保障的忽视也让人震惊。L市某乡镇干部在谈到工业资本下乡的负面影响中也指出：“耕地流转中农户、集体与承包商、涉农企业收益分配不合理，农地‘非粮化’威胁了国家的粮食安全”。

其次，农地流转市场不成熟，中介组织自身定位模糊，流转过程利益协调机制不健全。在L市与F县均存在耕地流转后利用率水平低的现象，参与主体与议价机制不对等，农民所获收益与当地的生态保护成本并不对称。典型的是在L市J区的调研，由于农民对传统作物的种植积极性低，非农收入成为主要生活来源。地方政府组织将农地出租给某集团综合经营，而该集团却因经营管理不善，过度使用化肥和农药，导致土壤受到污染，物理性质恶化，土地板结，直接影响作物的质量，更危及农地的利用效率和循环使用。政府作为中介，其扮演的角色定位模糊，同时当地所付出的生态治理成本远高于农民和村集体现阶段取得的收益。而在F县由于市政规划专门成立土地流转中心对土地进行规整出租，其承包定价由流转中心和承租人谈判形成，由于流转市场不成熟，中介的作用难以界定。该中心一边以集体身份进行无偿议价，同时又以监管主体身份规范流转行为，控制谈判价格。当地主管也表示这种双重身份使得其中介组织自身角色的定位、与政府角色的区分不明晰，组织盈利能力低，中介组织市场化推行困难。

此外，在田野调查时还发现，农田基本建设欠账多，阻碍了土地财产功能的发挥。T县的情况在安徽省发达县域经济地区是有代表性的。它毗邻发达大城市，经济受辐射带动作用强，然而T县县域内的农地流转活动则相对滞后，农田基本建设停留在第一次土地承包期间的水平。当地政府对农田的基本建设注重程度不够，村委会表示“农田还是上世纪80年代搞的建设，农业不如工业那样赚钱，政府给的建设资金很少”，“村里和农民们虽然想搞建设但没有那个财力和能力”。农田的基本建设不配套，即使是规模经营承包也很难发挥耕地的财产功能，这种基本建设的缺失如不改善将影响农民及村集体的长期利益。

耕地的“非粮化”、农地流转市场不成熟与农田基本建设的欠账，说到底还是由于农业是一个弱质产业，低比较优势始终是困扰农业发展的桎梏。增加对粮食规模化经营的扶持，加大政府对农田基本建设的投入，是农业与农村工作所必须坚持方向。

五、集体经营建设性用地：渴求与妥协并存

据相关学者统计，我国农村集体建设性用地总量大概有 16.5 万平方公里，其中至少 70%以上是宅基地，真正属于经营性建设用地即乡镇办公和村办企业用地所占比例很小，约占 10%。这就使得要增加农民财产收入，就必须在保证满足农民自住房需要和公益性设施建设需要的前提下把握合理的度，将民营中小企业搞活。此外，小产权房的存在一定程度上导致该等农民不种粮食而改“种房子”以争取增收的方式普遍存在。

集体经营建设性用地的规划水平亟待提高。在 L 市 Y 区的调研中了解到，当地市政规划中将已搬迁农民的宅基地和集体公益性设施用地征用做乡镇办公和村办企业用地，农民可以获得一定补偿。然而，这种依靠财政补偿而增加的农民收入不仅给政府财政造成负担，且部分农民对收益的渴望容易使补偿陷入一种恶性循环即，“大闹大补，小闹小补”。农民遵守市政规划意识不强，政府的妥协式执行方法加剧了恶性循环。这种难以为继的补偿方式不仅不能为农民财产收入提供渠道，反而容易激发社会矛盾，亟待进行系统的规划管理。

小产权房频出，各地区规划管理水平待提高。其中，所调研的 T 县某镇小产权房较多，当地农民倾向于认为“咱们村自己盖的房子，别人凭什么管?”当问及收入时，农民坦言“‘种房子’远比种作物收入高得多”。然而在 F 县所调研地区由于城乡管理机制较为健全，小产权房现象并不明显。L 市靠近交通枢纽地区和近郊地区，由村集体，镇政府主导的小产权房，已经小区化和普遍化。这种“另类”增加土地财产收入的途径在我国学界也饱受争议。“建设统一的城乡建设用地市场”已经成为一种风向标，现有存量不可能一蹴而就实现市场化，如何统一建设在各地仍然没有“标准答案”。在摸索中行进的过程中，要尊重市场，以市场为导向。激发农村建设用地市场活力的同时，也要注重当地实际，结合规划管理，交一份“特色”答卷。

“四荒”用地有被转为经营建设性用地的倾向。由于“四荒”用地的农业产出率相对较低，而现代农业建设对农村土地又有着很大的需求，导致很

多新型农业经营主体倾向于改造“四荒”用地，用于设施农业等现代农业发展。在T县调研中，一位农业企业的负责人这样表达了对设施农业用地的需要。“我的种业公司建设了一个大型冷库，冷库必须建在田间地头，方便运输与仓储，没有建设用地指标，我只好改造一个荒滩，花400万元建了一个冷库。”改造“四荒”用地用于经营建设，在被调研的几个县（区）普遍存在，然而这一方面导致了“四荒”用地的非农化，也导致了在“四荒”用地上的基础设施没有土地证，无法抵押贷款，也就导致了一些农业基础设的财产价值流失。还是引用那位农业企业负责人的话：“400万元的冷库花了那么多钱，建好了，没有证，不让我贷款，资金很紧张。”而一旁的县农委干部则说：“让你在荒滩上建冷库，已经变通到底了，你想想，如果你买这一大块地，然后建冷库，地皮你要花多少钱?”那位农业企业负责人一时语塞。

如果从经济学角度看，当下的农业经营建设用地管理现状，与历史上的“鸟笼经济政策”很有几分类似。一方面，土地政策是国之根本，“鸟笼”的存在是一个长期的现实；另一方面，被“鸟笼”禁锢的农村土地有着巨大价值，是未来改革红利释放的重要渠道。如何在构建土地制度“鸟笼”的同时，实现农村土地财产价值的活力，需要顶层设计，更需要对农村一线情况变化的掌握。

六、对策建议

宅基地上的附着物出售反映了农民的“变通”策略，农用耕地的规模流转体现出“大农”初倪，民营资本开发集体“四荒”地也表现出民间资本的活力，集体经营建设性用地市场活跃，但缺乏规划管理。这一系列问题都需要有完善的管理、监督规则来充分、合理地界定各个主体之间权利与义务关系，将生态与经济同步治理才能实现健康的、可持续的农民增收路径和农村经济发展。据此，本文提出了以下政策建议：

（一）链接农村社会现实与土地制度的执行

综合农村文化和社会环境，充分挖掘土地财产收入增长障碍，在农地流转进程中，改善农村土地投资环境，加强风险监控，合理增加农民土地财产收入。加强土地信贷、提高农业金融和财政支持供给是改善涉农企业和种植大户的承租资金短缺现象的有效途径。但放开金融手段在土地市场的应用也亟待建立起与之配套的规划引导制度，如降低种粮大户种粮补贴的面积下限，100亩以上可以获得政府二次补贴的标准比较合适。在考虑金融和财政支持同时，政府的土地制度规则也应积极引导农民开拓思维，树立全局意识和可持续发展观，加强农民的规划遵守意识和自身的政策执行力度，减少自由裁量，摆脱农民“各自为政”“种房子”的混乱局面。

（二）契合土地交易方式与土地制度

土地交易最为活跃的是耕地流转和集体“四荒”地承包两个方面。这就需要在集体“四荒”地承包中的长期合同与短期支付之间权衡生态意义和经济意义，综合国家、政府、集体和农户之间的利益分配和代际分配关系。需要推进耕地的规模化经营与补贴政策相结合，把耕地的规模化经营作为耕地财产性增收政策设计的首要价值取向。在此基础上，建立基于粮食安全视角下的土地产权激励机制和耕地保护补偿机制。而对于宅基地和建设用地市场，应依法保障农村宅基地用益物权，稳妥推进宅基地用益物权的利益实现机制建构，逐步建立统一的城乡建设用地市场，规范集体经营建设性用地收益分配。在拆迁补偿方面，拓展补偿安置途径，建立多元补偿机制。转变传统的一次性货币补偿途径，以落实农民的社会保障和财产增收为基点，综合采取“留地就业”“就地入股”“带地进城”等多元安置模式，为被征地农民提供更为有利的发展机会。

（三）提升土地财产权治理机制

加快推进土地确权，合理把握确权度，发挥土地财产权的激励、约束作用。增加农民土地财产收入的基础条件应当是赋予农民具有物权性质的土地产权。应当引起注意的是，确权是把双刃剑，应预判确权后带来的利与弊。L市J区是确权的示范区，从该市确权工作的调研中发现，确权后，能够增加土地用益物权的落实水平，但同时也可能阻碍大规模成片土地流转的实施。权衡确权的双面性作用仍要结合当地实际情况，做到具体问题具体分析，把握中心，个个突破。此外，确权、确股、不确地块的做法，应当成为一种补充。采取这种确权做法，村集体在大批量流转土地时，应当采取村民大会的方式，从而保障每个村民的土地股权利益。此外，应在土地确权的基础上对农田的基本建设加大投入，政府，集体积极支持，村民主动配合，建立一个基于土地权利的农田综合建设体系，一方面提高农民的财产收入，另一方面为农业规模经营和农业产业化、商业化经营奠定基础。

（四）拓展土地市场导向

一方面，对能够增加农民土地财产收入的市场因素进行风险预测，合理控制和分散风险，提高收入的稳定性。在扩大“土地金融”覆盖范围的基础上，考虑这一举措所带来的风险，以政策性农业保险为龙头的金融措施分散、降低风险的能力。在科学分散风险措施和合理监控机制的共同作用下，实现农民土地经营的“安全性”和“收益性”共赢，为长期、稳定增加农民土地财产收入提供现实条件。另一方面，积极推进以市场为主导的城乡建设用地市场。在符合城乡规划和建设用地用途管制前提下，综合采用租赁、入股等金融手段，协调用地格局，优先考虑民营中小企业建设用地。同时将建设用地金融投资所得增值收益按合理份额分配给农户和集体，剩余部分应返还"美好乡村"建设。

参考文献

蔡继明．应适时调整农村建设用地结构．经济参考报，2014-03-04.

蔡天新．对陈云"鸟笼经济"说的再认识．中国石油大学学报（社会科学版），2009（1）：15-19.

陈亚萍．论农民增加财产性收入的阈限与对策．生产力研究，2009（7）：30-33.

冯锋，杜加，高牟．基于土地流转市场的农业补贴政策研究．农业经济问题，2009（7）：22-25.

付宇，刘建华，刘乃安．吉林省增加农民财产性收入的路径探析．税务与经济，2012（6）：102-105.

高帆．中国农业弱质性的依据、内涵和改变途径．云南社会科学，2006（3）：49-53.

刘灿．深化农村土地产权制度改革的核心是赋予农民的土地财产权利．经济学家，2013（12）：14-15.

王文龙．范式冲突，农业生产模式转型与资本下乡之争．理论导刊，2013（11）：13-17.

夏宁，夏锋．农民土地财产性收入的制度障碍与改革路径．农业经济问题，2008（11）：66-70.

张立先，郑庆昌．保障农民土地财产权利视角下的农民财产性收入问题探析．福建论坛：人文社会科学版，2012（3）：29-33.

（作者单位：安徽农业大学）

农民土地承包经营权抵押融资改革：现状、问题与对策*

张龙耀　王梦珺　刘俊杰

自 2003 年以来，我国政府在农村金融领域开展一系列改革措施，包括农村信用社改革、农业银行“三农金融事业部”改革、试点村镇银行和资金互助社等新型农村金融组织等，在机构改革的同时，激励农村金融机构开展农村金融产品和服务方式创新。整体而言，农村金融改革在增加农村金融供给和拓宽农村金融覆盖面等方面取得一定成效。银监会的最新数据显示，自 2009 年以来，涉农贷款连续 5 年实现“两个不低于”，即涉农贷款增量不低于上年和增速不低于各项贷款平均增速；存贷款等基础金融服务覆盖全国大部分乡镇。然而，农村地区融资难并未从根本上得到改善，农村金融需求难以满足仍普遍存在。一些研究发现，农户未被满足的信贷需求缺口占到其贷款需求总额的 56.72%（程郁，罗丹，2010）。近年来，随着农业生产组织化和规模化程度提高，专业大户、家庭农场、农民专业合作社等新型经营主体不断增加，截至 2013 年年底，中国有经营规模在 100 亩以上的专业大户 270 多万户、各类家庭农场 87.7 万家、农民专业合作社 82.8 万家以及各类产业化经营组织超过 30 万个（张红宇，2013）。由于新型经营主体的金融需求与传统农户金融需求存在较大差异，并呈现出多样化和多层次的特征，日益成为农村金融的难点（汪小亚，2014）。诸多研究认为，农业和农村融资难的一个重要原因是有效的抵押质押资产缺乏，占农民资产较大比例的农地、住房的抵押权等不能实现（文贯中，2006；叶剑平等，2010）。

2008 年以来，我国启动新一轮农村土地产权制度改革，以赋予农民更加稳定和完整的土地产权。从十七届三中全会提出“赋予农民更加充分而有保障的土地承包经营权；允许农民以转包、出租、互换、转让、股份合作等形式流转土地承包经营权以及扩大农村有效担保物范围”，到十八届三中全会进一步明确提出“稳定农村土地承包关系并保持长久不变，在坚持和完善

* 本文系国家自然科学基金青年项目（71103132）、农业部软科学指南课题（20140601）、江苏省社科应用研究精品工程重点课题（14SWA－022）、江苏高校哲学社会科学研究重点项目（2014ZDIXM011）、南京农业大学中央高校基本科研业务费人文社会科学研究基金（SKCX2014010、SKJD2014001）和南京市委农工办委托课题（201402）的阶段性研究成果，特此感谢。

最严格的耕地保护制度前提下，赋予农民对承包地占有、使用、收益、流转及承包经营权抵押、担保权能”，反映出中央政策层面对农民土地承包经营权抵押担保的限制正逐步取消。尽管与现行法律仍存在一定冲突，但是在中央文件的号召下，2008年以来许多地区开展了多种形式的以农民土地权益为基础的抵押融资试点，形成了不同的农地抵押融资方式，譬如，成都农村土地承包经营权抵押贷款、四川农村土地流转收益保证贷款、湖北武汉农村土地经营权抵押贷款、山东枣庄土地合作社土地使用产权抵押贷款、宁夏平罗“存地证”质押贷款以及浙江宁波的“两权一房”抵（质）押贷款等（汪小亚，2009；张龙耀，褚保金，2010，马贱阳等，2012）。

理论而言，农村土地产权和抵押制度改革使得农户土地可抵押，一方面，可以放松信贷需求者面临的抵押品短缺约束，信贷约束的程度应该可以缓解；另一方面，农村金融机构也可以通过信贷合约设计，克服信贷市场信息不对称状态下的道德风险，最终促进信贷供给的增加。但是，从世界范围内的实践和经验研究结果来看，农村土地产权制度改革对信贷供给的正效应并不具有普遍性，受到农户土地规模、抵押价值、取消赎回权和处置抵押土地的交易成本、外部金融市场完善程度等诸多因素的影响（Carter 和 Olinto，2003；Field 和 Torero，2006；Besley 等，2012）。因此，本文拟选取湖北武汉和山东枣庄作为典型案例地区，分析案例地区土地承包经营权抵押融资改革措施、制度设计、运行现状和取得的初步成效，探讨两个案例地区改革的异同以及改革需具备的制度前提，并进一步剖析当前改革面临的主要问题，最终提出相应的对策建议。

一、农民土地承包经营权抵押融资改革现状：以武汉和枣庄为例

（一）案例地区资源禀赋和农业经营现状

农民土地承包经营权抵押改革涉及到农民土地确权、流转和产权交易等诸多问题，需建立在土地产权制度改革、农业经营体制机制改革等一系列相关配套制度改革的基础之上。因此，本文选取案例地区的重要标准之一是正在开展综合性农村产权制度改革，而非仅仅开展农民土地承包经营权抵押改革，最终我们选定案例地区为湖北武汉市和山东枣庄市。江苏农村金融发展研究中心课题组分别于2013年7月和2014年7月对武汉和枣庄进行了实地调查，与相关政府部门和金融机构进行座谈、搜集相关资料，了解当地农村土地产权制度和抵押融资制度改革的方案、进展和成效等情况，同时对改革区农户进行实地问卷调查，分别获得129户和165户农户样本，主要涉及农户土地流转和金融市场参与情况。

表1反映了两个案例地区相关经济指标、农业主导经营模式和农业经济发展的特征。首先，从经济发展水平和阶段来看，2011年，武汉市农业GDP占比仅为2.94%，达到发达工业化国家的水平，枣庄市的农业GDP占比相对较高，为8.1%，均低于我国平均水平（10.20%）。农业GDP占比的持续下降对农业经营方式尤其是农业经营集约化、组织化和适度规模化提出新的要求，而且通常政府对农业的支持力度和强度也会逐步提高。

表1 2011年案例地区重要经济指标和农业经营模式

	湖北武汉	山东枣庄
农业GDP占比（%）	2.94	8.10
人均GDP（万元）	6.83	4.56
农民人均纯收入（元）	9814	8397
耕地面积（万亩）	309.78	276.10
人均耕地面积（亩/人）	1.13	1.08
农地流转比例（%）	48.90	19.62
主导规模经营模式	"公司＋农户"	"土地合作社＋农户"

资料来源：《武汉统计年鉴2012》和《枣庄统计年鉴2012》。农地流转比例数据来自政府发布的报告。

从人地比例来看，武汉市和枣庄市人均耕地面积分别为1.13亩和1.08亩，人地关系均较为紧张。黄宗智（2010）认为，人均农地规模对农业、农村手工业以及农户收入和消费各方面的内卷与发展，都起着至为关键的作用。随着农村劳动力大量转移，很多地区通过培育农地流转市场来改变人地关系紧张的格局，逐步实现适度规模经营。从两个案例地区的农地流转情况来看，2011年，武汉市农地流转比例相对较高，已接近一半，枣庄市为19.62%，土地流转市场发展程度有一定的差异。此外，武汉与枣庄的农业适度规模经营的主导模式也存在较大的差异，武汉市以"公司＋农户"的形式为主，即工商资本参与农地流转和农业经营占据较大比重；而枣庄市则以"土地合作社＋农户"的方式为主，据统计，75.10%的土地流转进入农民土地合作社。

（二）案例地区农村土地产权制度改革情况

1. 武汉市农村产权制度改革。武汉市最早于2006年开始农村土地承包经营权和集体林权等农村产权确权改革，2009年继成都之后成立全国第二家农村综合产权交易所，2012年4月出台农村产权制度改革方案，在全市范围内推动农村产权制度改革。其主要改革措施包括：农村产权确权、登记和颁证，明晰农村产权关系；建立农村产权交易体系，活跃并规范农村产权交易；农村产权抵押融资；创新农业和农村经营模式；健全农村产权制度改革保障体系。其中，农村产权确权和农村产权交易市场体系是武汉改革的重点领域。武汉市农村产权制度改革试验中的一个创新之处是探索明晰农民土地“所有权”“承包权”“经营权”三者产权关系，对农民土地“经营权”进行界定并研究“经营权”的法律地位，设计相关制度推动“经营权”管理规范化。明晰农民土地产权的“三权”关系为规避改革的法律风险和土地经营权抵押融资创造重要的制度前提。

从改革试验的情况来看，首先，武汉市农村土地承包经营权在2006完成二轮延包的确权工作，确权率为99.5%，改革重点是对农村土地承包经营权进行登记和颁证，2012年对9个试点街（乡、镇）完成了变更登记，并计划于2014年完成确权改革；其次，武汉市于2009年成立非营利性市级农村综合产权交易所，规范土地流转行为，为农民土地经营权流转创造良好的制度条件，其中重点是对流转行为进行鉴证，向农地受让方提供交易鉴证书。目前，武汉农村产权交易市场通过发布产权供需信息、交易参考价格、为鉴证书提供抵押登记等，逐步发挥信息集散、价格发现、资源配置、抵押融资和行为规范等功能。截至2013年8月，武汉市农村综合产权交易所累计办理1470宗农村产权交易，其中85%为农民土地经营权流转。理论而言，农村产权交易所的作用类似于de Soto（2000）提出的“建立正规的产权表达机制，使得资产能够交易并受到保护”。从这个意义上来讲，政府建立产权交易市场是农村资产价值发现和有效配置的基础，也是农村资产资本化的重要前提。

2. 枣庄市农村土地使用产权制度改革。枣庄市自2008年以来开展农村土地使用产权制度改革和农业经营体制机制创新等一系列综合性改革。2012年以来，其改革在政府的支持下快速推进，其改革可以分为2008—2011年和2012年至今两个阶段。枣庄第一阶段改革是以“一证一所一社”三位一体的农村土地使用产权制度改革为主。改革的突破口是将农村土地使用产权从承包经营权中分离出来，实现“村集体拥有土地所有权、农民拥有土地承包权、合作社拥有土地经营权”的“三权分离”。枣庄市于2008年9月发布《关于推行农村土地使用产权改革试点工作的意见》，提出开展“一证一所一社”三位一体的农村土地使用产权改革。“一证”就是赋予农民土地使用产权，由区政府对自愿申请加入土地合作社的农户颁发“农村土地使用产权证”。持证农户在产权期限内，可依法使用、经营、流转土地，也可作价、折股作为资本从事股份经营、合作经营和抵押担保，持证人在不改变土地集体所有和农户承包的基础上，具有土地的使用权、流转权、转让权和收益权。“一所”是建立农村土地使用产权交易所，在市、区、乡镇建立三级农村产权交易所，并重点建设乡镇一级的产权交易所，土地合作社可以持有流转获得的农户土地使用产权证（“小证”）至产权交易所申请颁发合作社土地使用产权证（“大证”），凭借“大证”向银行申请抵押融资。“一社”就是发展农民土地合作社，既实现规模经营和合作优势，也形成土地抵押的规模效应。

枣庄市第二阶段改革是以农业经营体制机制改革为主，在改革内容、改革范围以及政府对改革的投入等方面较第一阶段均有所增加，包括继续完善“三位一体”的农村土地使用产权制度改革、探索农村土地承包关系长久不变改革、开展农村资产产权化改革等。改革范围从农村土地使用产权向多种农村产权延伸，包括农村土地承包经营权、农村集体土地产权、农村房屋所有权以及农村集体资产等。此外，政府在财政和人力等方面均有大量投入，2010 年至今，市级财政投入规模约为 1 亿元。此外还协调地方法院为改革提供司法保障，人民银行提供金融政策支持以及成立由市县财政共同出资的金土地担保公司，为农民土地合作社抵押融资违约提供担保。

3. 案例地区农村土地产权制度改革方式和效应比较。表 2 比较了武汉和枣庄两地农村土地产权制度改革的方式和效应。从改革方式来看，两地均采取以“放活经营权”的“三权分离”为改革突破口，将经营权从农民土地承包经营权中分离出来，并赋予经营权主体入股、流转、抵押等权利，从而在规避现行法律对于承包经营权诸多限制的同时，促进多元化新型规模经营主体的发展。

两地均建立了正规农村产权交易市场，但是在运作模式和功能方面存在一定差异。首先是运作模式的差异，武汉市农村产权交易市场的重点在市级，即大多数的交易在市级产权交易所形成，乡镇产权交易所数量较少，仅 9 家；而枣庄则是在乡镇，截至 2014 年 7 月，枣庄市在 60 个乡镇均建立了产权交易所。因此，相比于武汉，枣庄农村土地进场交易的比例较高，占流转土地规模的 75.10%。其次是功能的差异，武汉市农村产权交易集中在市级层面交易所，随着交易量积累，逐步形成一定的信息集聚效应，其形成的价格指数对区域土地流转价格形成指导；同时，公平、公开竞价和土地规模流转还一定程度上提高了农村产权交易价格。相比之下，枣庄农村产权交易所分布在各乡镇，信息集聚和价格发现的功能不强。

改革成效主要体现在农民土地承包经营权确权和流转交易逐步活跃，正规化、契约化交易水平提高。从获得的数据来看，武汉市先行试点的部分乡镇农地确权比例较高，占全市农地面积近 30%；枣庄市农地确权改革进程相对较快，已经超过 50%。其次，产权交易市场的建立提高了产权交易的活跃度，同时都需签订正规的流转协议，也提高农民土地流转参与率和降低土地抛荒率。武汉市截至 2013 年 6 月，进场交易的农村产权总额达到 89.60 亿元，进场交易土地规模为 92.90 万亩；枣庄市截至 2014 年 7 月，进场交易的农村产权总额达到 10.18 亿元，进场交易土地规模为 60.46 万亩。农村产权交易正规化和契约化既有利于保障农民对相关权属的收益权，避免土地流转纠纷，提高农民产权的流动性，同时也为农民土地经营权的抵押权实现和资本化奠定法律和制度基础。

表 2　案例地区农村产权制度改革情况

	湖北武汉	山东枣庄
1. 改革方式		
1.1　突破口	明晰“三权”，界定和规范“经营权”	“三权”分离，土地使用产权确权颁证
1.2　农村产权交易市场	以市级为重点建立农村综合产权交易所	市、区和乡镇三级且以乡镇为重点
1.2.1　交易所	武汉农村综合产权交易所	枣庄市农村产权交易中心
1.2.2　主要功能	规范交易、信息集聚、价格发现、交易鉴证和中介服务	规范交易、交易鉴证和中介服务
2. 改革效应		
2.1　农民土地承包经营权确权面积（万亩）	81.66	151.38
2.2　农民土地承包经营权确权比例（%）	26.36	54.83
2.3　乡镇产权交易所数量（家）	9	60
2.4　农村产权进场交易数（宗）	1470	192
2.5　农村产权进场交易总额（亿元）	89.60	10.18
2.6　农民土地进场交易规模（万亩）	92.90	60.46
2.7　进场交易规模占流转土地规模比例（%）	61.52	75.10

注：上述资料反映的是武汉市截至 2013 年 6 月和枣庄市截至 2014 年 7 月的情况。

（三）案例地区农村土地承包经营权抵押融资改革现状

1. 武汉市农村土地经营权抵押融资改革。在对农地经营权进行明确界定的基础上，武汉市农业局和中国人民银行武汉分行营业管理部联合印发《武汉市农村土地经营权抵押贷款操作指引》，启动农村土地经营权抵押融资改革。首先，明确界定农村土地经营权，即农业生产经营主体在武汉农村产权交易市场通过流转获得的农用土地从事农业经营的权利，同时赋予农村土地经营权抵押权能；其次，将土地经营权抵押贷款对象瞄准为通过流转获得土地经营权的规模经营主体，而不是小规模农户，实现农地抵押价值的规模效应；再次，探索“交易—鉴证—抵押”的农民土地承包经营权抵押融资模式，由农村产权交易市场对农村土地经营权流转交易进行鉴证并出具鉴证书，鉴证书作为抵押融资的法律文本，使得规模经营主体通过流转获得的土地经营权能够发挥有效担保物的功能，长期以来限制农村金融发展的抵押担保缺失的难题由此得到实质性的突破；最后，为解决抵押农地处置问题，在抵押之前需经土地转出方同意农地抵押和二次流转，同时市财政出资建立农村土地经营权抵押贷款风险补偿基金，弥补金融机构贷款损失之后的风险。

2. 枣庄市农村土地使用产权抵押融资改革。中国人民银行枣庄市中心支行、枣庄市农业局和财政局于 2011 年联合印发《枣庄市农村土地使用产权和经营收益权质押贷款管理暂行办法》，其改革的主要目标是为了解决农村土地合作社融资难，以促进农业规模经营。改革的核心包括：首先将农村土地使用产权从承包经营权中分离出来，并对土地使用产权确权和颁证，通过向申请加入农村土地合作社的农户发放“小证”，并向通过乡镇、区级土地流转市场获得农户土地使用产权的土地合作社发放“大证”，由枣庄市政府出台相关制度赋予农村土地使用产权入股、抵押等权能；其次，将土地使用产权抵押贷款对象主要瞄准为获得土地使用产权且具有一定经营规模的土地合作社；再次，土地合作社凭借其获得的土地使用产权证作为抵押申请银行贷款，本质上抵押的是土地使用权和地上附着物的经营收益权，并不影响承包农户和集体的土地承包关系；最后，为防范可能的失地风险，对土地使用产权的抵押年限、抵押比例进行限制，土地合作社最多可抵押其经营土地面积的 1/3 且不超过 3 年。

随着改革的推进和产权交易逐步活跃，枣庄市逐步将抵押贷款对象拓宽至以土地流转为纽带的合作社和家庭农场等规模主体。同时，土地使用产权证抵押的方式仅作为一种由地方政府界定和担保的过渡式抵押方式，随着 2013 年市级农村产权交易市场建立，枣庄市已放弃原本以土地使用产权作为抵押的方式，转而使用“交易—鉴证—抵押”的融资模式。此外，为了激励金融机构增加对农村土地抵押融资供给，2012 年以来政府还成立了由政府出资的担保公司，为各类经营主体的农村土地抵押贷款提供风险担保。

3. 案例地区农村土地承包经营权抵押融资方式和效应比较。表 3 比较了两个案例地区抵押融资方式，从中可以得到以下结论：①两地抵押融资改革均建立在农村土地经营权正规流转和规模经营的基础之上。通过土地流转市场的发展实现规模经营，以农村土地经营权和地上附着物的收益权为抵押标的，将贷款对象瞄准为规模经营主体，解决小规模农户土地抵押价值过低的问题。但是，最初两地抵押融资方式存在一定的差异，武汉是以农地流转交易鉴证为核心，而枣庄则是以土地使用产权流转颁证为核心，相比之下，武汉改革面临的法律风险相对较小，而枣庄因土地使用产权由地方法规界定，因此地方政府承担抵押贷款的全部法律风险，这也是2014年以来枣庄放弃土地使用产权抵押方式的主要原因。②从风险控制方式来看，武汉成立政府出资的风险补偿基金，但是规模较小，仅3000万元；枣庄市通过成立财政出资的担保公司的方式，担保公司注册资本为1亿元，发生违约风险之后的损失由担保公司和金融机构按照8∶2的比例分担。风险控制和补偿机制的建立本质上对供给方农村金融机构的风险补贴，目的是提高其农地抵押贷款供给意愿。③两地政府均对农地抵押贷款利率进行限制并给予一定比例的利率补贴，实际上这是地方政府对于需求方规模经营主体的补贴，但是这可能导致金融机构放贷易受到政府干预。

表3 案例地区农村土地承包经营权抵押融资情况

	湖北武汉	山东枣庄
1. 抵押融资方式		
1.1 抵押贷款模式	交易—鉴证—抵押	交易—使用产权证—抵押（2008—2013） 交易—鉴证—抵押（2014年以后）
1.2 贷款对象	以通过流转获得土地经营权的农业企业为主	以通过流转获得土地使用产权的土地合作社为主
1.3 风险控制	风险补偿基金	抵押年限和比例限制；担保机制
1.4 贷款利率	上浮不超过基准利率10%；部分贷款贴息（不超过50万元）	上浮不超过基准利率30%；部分贷款全额贴息
2. 抵押融资效应		
2.1 累计抵押贷款规模（亿元）	9.68	5.76
2.2 平均贷款规模（万元）	722.18	—
2.3 单笔最大贷款规模（万元）	5 500	1 000
2.4 单笔最小贷款规模（万元）	—	40

从两地抵押融资的效应来看，农地产权制度改革的信贷供给效应初步显现，农村地区缺乏有效抵押物的难题得到一定缓解，两地累计抵押贷款规模已分别达到9.68亿元和5.76亿元。但是，整体而言，目前农地抵押融资仍主要瞄准规模经营主体，武汉农地经营权抵押贷款平均规模高达722.18万

元，枣庄市最高单笔贷款规模为 1 000 万元。需要说明的是，在调查中了解到，由于抵押农地处置较难且为防范可能的处置风险，金融机构实际上并不仅仅是以农地经营权（使用权）抵押作为放贷依据，还需要贷款主体提供其他形式的抵押或者担保作为补充，因此上述累计贷款规模存在对农地抵押融资的净信贷供给效应的高估。

表 4　案例地区不同经营规模农户贷款情况统计

经营土地规模	湖北武汉			山东枣庄		
	正规贷款		民间贷款	正规贷款		民间贷款
	合计	其中：农地抵押贷款		合计	其中：农地抵押贷款	
＜10 亩	15.00 (2)	0 (0)	— (36)	8.34 (36)	0 (0)	1.24 (81)
10～100 亩	13.50 (4)	0 (0)	— (14)	5.00 (3)	0 (0)	2.36 (13)
＞100 亩	58.00 (2)	0 (0)	— (2)	131.14 (7)	243.33 (3)	48.33 (6)
平均/ （合计）	25 (8)	0 (0)	0 (52)	26.80 (46)	243.33 (3)	4.2 (100)
样本数		129			165	

注：上述资料反映的是武汉样本农户 2010—2013 年贷款情况、枣庄农户 2012—2014 年贷款情况。表中分别统计贷款规模和贷款笔数（括弧中为贷款笔数），单位分别为万元和笔。

进一步使用农户调查数据对农地抵押融资改革的效应进行分析，如表 4 所示。由于武汉农地抵押贷款瞄准对象主要是农业企业，在调查样本中未发现有农户获得农地经营权抵押贷款，从贷款笔数来看，小规模农户仍更多依赖于民间贷款。相比之下，枣庄农地使用产权抵押贷款则瞄准一部分规模农户，经营土地规模大于 100 亩的农户中，有 3 个样本农户获得农地抵押贷款，平均贷款规模为 243.33 万元，而经营土地规模低于 100 亩的农户仍未能从改革中获得融资状况的改善，其原因既可能是由于规模农户的农地抵押价值较高，也可能受到政府支持新型规模经营主体的政策倾向的影响。

二、农民土地承包经营权抵押融资改革存在的问题

（一）农地抵押仅获得中央政策和地方法律的支持，法律依据仍不充分

目前多地开展的形式多样的农地抵押融资试点大多是在中央政策的支持

下、通过地方立法的形式予以支撑，且大部分地区的试点并不涉及农户承包权，而是在农地“三权分离”的基础上以农地经营权（或者使用权、收益权）设定抵押，从而避免与当前《土地承包法》《物权法》《担保法》等法律的直接冲突[①]，被认为有望为解锁农地抵押困局创造最为关键的制度基础（张红宇，2013）。尽管如此，农地承包经营权抵押实际上仍未获得全国层面高位法的支撑，地方出台的法律法规仅获得当地司法部门的认可，这也使得地方政府实际上承担着农地承包经营权抵押融资改革的风险，同时也降低了金融机构参与农地抵押贷款的意愿，尤其是那些属于垂直管理的大型商业银行和股份制商业银行[②]。

（二）农地确权颁证仍未完成，农地流转市场不规范和不活跃，导致抵押物处置困难

农民土地承包经营权能否成为有效抵押物取决于其是否有保障、明确界定且容易转让。Deininger（2003）认为，精确记录且可转让的产权和便利土地低成本交易的制度安排常常能对金融市场的发展做出重要贡献。由于长期以来，我国农地产权制度不清晰、不稳定，因此土地市场不能有效支持农村金融市场发展，改变这一格局依赖于农地确权颁证和规范活跃的农地流转市场。然而，现阶段，我国农地确权颁证仍未完成，譬如枣庄这样的试点地区确权率略高于50%，确权进程缓慢影响农户参与正规农地流转的积极性。同时，我国大多数地区并未建立起完善的农地产权交易市场，且大多数的农地流转交易均是场外交易，甚至仅是口头协议，规范程度较低，无法为农地抵押提供稳定的流转年限、具有法律效力的抵押文本。此外，即使是武汉和枣庄已建立其农地产权交易市场的地区，农地经营权流动性较差，二次流转市场仍未形成，同时农业经营有一定的季节性，导致农地抵押违约后的处置和清偿成本非常高，也影响金融机构的供给行为。

（三）农民土地仍承担部分社会保障功能，且抵押价值相对较低，使得农地抵押融资发挥作用需满足一定前提条件

现有研究发现，在那些单位资本收益已达到特定水平以至于土地不再是主要保障网的国家，农地赋权和抵押能够带来正的信贷供给效应（Deininger，2003）。现阶段，我国大部分农村土地不仅是农民最重要的生

---

① 1995年《担保法》第37条规定，“耕地、宅基地、自留地、自留山等集体所有的土地使用权”不得抵押。

② 目前仅中国农业银行于2014年8月出台《中国农业银行农村土地承包经营权抵押贷款管理办法（试行）》，在一些农村土地承包经营权抵押登记试点或者流转规范地区开展试点。

产资料，还承担着提供基本生活保障的任务，发挥着社会“稳定器”的功能（张红宇，2014），尤其是那些还没有建立良好农村社会保障和养老保险制度的经济欠发达地区，土地社会保障功能更强。囿于农地社会保障功能，承担改革风险的地方政府则通过限制抵押率、限制抵押土地比例等措施来降低农民失地风险，从而进一步限制了农地的抵押价值，最终的结果是只有那些经营土地规模达到一定门槛的主体才能成为潜在的有效需求者。同时，相比于经济发达地区，经济欠发达地区的农地抵押价值也相对较低；种植经济作物等较高附加值的规模主体，其经营农地的抵押价值也相对较高。

从案例地区改革实践来看，农地抵押融资改革获得融资改善的主体不是小规模农户，而是经济较发达地区的经营规模较大、从事项目附加价值较高、具有较强经济积累的新型经营主体。因此，农地抵押融资能否带来正的信贷供给效应需满足一定前提条件，受到农地社会保障功能、社会保障体系完善程度、农地经营规模、农地种植类型等诸多因素的影响。

（四）依赖于地方政府的风险担保和补贴，政策性较强，商业可持续性仍待检验

从各地农地抵押融资改革实践来看，大多数地方政府都对农地抵押供需双方进行补贴。由于现阶段农地抵押融资存在一定的法律风险、农地流动性较差、处置清偿成本较高等问题，在没有政府补贴的情况下，大多数金融机构都不愿意参与。因此，对于供给方金融机构，各地政府都通过一定的机制对违约风险进行补偿或担保。譬如，武汉市政府设立风险补偿基金、枣庄市政府成立专门的土地担保公司等，风险发生之后由地方政府承担部分或全部农地处置和损失补偿的责任，以促进金融机构增加信贷供给。对于需求方，由于规模经营主体的金融需求规模更大且更为多样化，目前各地农地抵押融资主要瞄准的是这部分以流转获得的土地经营权为抵押的规模经营主体。这与 Carter 和 Olinto（2003）在巴拉圭发现的“低于 20 公顷的农业生产者不能从农地抵押的信贷供给效应中获益，信贷供给仅对中等和大的土地所有者而言有所增加”的现象一致。然而，在实践中，各地政府还对规模经营主体贷款部分或全部利率补贴，对需求者的利率补贴与政府支持、鼓励土地流转和规模经营的偏好（杜志雄，2014）有关，但是有可能导致金融机构放贷受到政府干预而形成扭曲，流向那些有更多政治资源和较好社会关系而不是更高经营效率的规模主体。

因此，在没有政府的风险担保和补贴的情况，受到风险和交易成本的限制，金融机构农地抵押贷款供给可能不会发生。同时，政府对规模经营主体的贷款利率补贴，使得农地抵押贷款在本质上类似于地方政府担保和补贴下的政策性贷款。那么，未来在没有地方政府补贴或者地方政府补贴逐步减少

的情况下，农地抵押融资能否实现商业可持续则仍存疑。

三、结论与对策建议

本文基于对武汉和枣庄先行开展农民土地承包经营权抵押融资改革情况的调查，分析当前我国农地抵押融资的现状和存在的问题，主要结论包括：①案例地区农民土地承包经营权抵押融资已初步形成可复制的模式。案例地区开展的农民土地承包经营权抵押融资建立在土地承包经营权确权颁证、土地“三权分离”、培育正规农地经营权流转市场以及地方政府出台支持农地承包经营权抵押的政策制度等一系列制度基础之上，进而发展出“交易—鉴证—抵押”的农民土地承包经营权抵押融资模式。我们认为，这样的土地承包经营权抵押融资模式已具有一定的可复制性。②农民土地承包经营权抵押融资很大程度上属于政策性贷款，其商业可持续性存疑。地方政府对农民土地承包经营权抵押融资的支持至关重要，既包括地方法律和制度层面的支持，也包括利用政府补贴建立农地抵押融资风险补偿基金、政策性担保公司以及对贷款利率贴息等方式，增加农地抵押贷款的有效供给和需求。这意味着，农民土地承包经营权抵押融资在很大意义上属于政策性贷款，其是否商业可持续依赖于地方政府在风险承担和财政等方面的支持水平。③农民土地承包经营权抵押融资具有规模偏好特征。农民土地承包经营权抵押融资是地方政府支持农业规模经营的政策之一，经济较发达地区的经营规模较大、从事项目附加值较高、具有较强经济实力的新型经营主体能够获得融资改善。案例地区经营规模低于100亩的农户不能获得融资改善，普通小规模农户更是难以利用其农地进行抵押融资。

最终，本文依据上述结论提出以下政策建议：①在确权颁证的基础上，积极培育正规农地承包经营权流转市场，引导农民、新型经营主体通过正规农地产权流转市场流转其承包地经营权，由地方政府授权正规交易市场为流转交易进行鉴证，并规定上述条件是地方政府开展农民土地承包经营权抵押融资的先决条件。②农民土地承包经营权抵押融资的可持续性值得关注和研究，若其能实现商业可持续，金融机构的有效供给取决于其收益水平，反之，如不具备普遍商业可持续，政府应当通过政策性金融机构或者成立专业的土地银行、在全国性银行成立土地银行部门来提供农地抵押贷款，在为农业规模经营提供金融支持的同时，为农地抵押贷款可能发生的风险兜底。③农民土地承包经营权抵押融资的信贷供给效应面临一系列前提条件，且具有很强的规模偏好。因此，当前发展农民土地承包经营权抵押融资并不能从全局层面解决农业农村融资难的问题，小规模农户的融资难题仍需更多地依赖于信用贷款、信用合作、生产资料供应商等非正式放贷人的信贷以及其他形式的金融创新。

参 考 文 献

程郁，罗丹．信贷约束下中国农户信贷缺口的估计．世界经济文汇，2010（2）：69－80.

杜志雄．农业规模经营既要讲效率亦要顾公平．农村经营管理，2014（4）：26－27

黄宗智．中国的隐性农业革命．北京：法律出版社，2010.

马贱阳，车士义，谢欣，庞博，陆杨．农村产权制度、金融创新和农村发展——基于十个土地产权改革典型县的实证研究．金融发展评论，2012（5）：57－69.

汪小亚．发展新型农村合作金融．中国金融，2014（5）：22－24.

汪小亚．关于农村土地经营权抵押贷款问题的研究．中国金融，2009（9）：53－55.

文贯中．解决三农问题不能回避农地私有化．前沿视野，2006（11）：38－40.

叶剑平，丰雷，蒋妍，罗伊·普罗斯特曼，朱可亮．2008年中国农村土地使用权调查研究——17省份调查结果及政策建议．管理世界，2010（1）：64－73.

张龙耀，褚保金．农村资产抵押化的前提与绩效：宁波样本．改革，2010（11）：86－90.

Besley，T. J. K. B. Burchardi，M. Ghatak. Incentives and the de Soto effect. The Quarterly Journal of Economics，2012，127（1）；237－282.

Carter，M. R. P. Olinto. Getting institutions "Right" for Whom? Credit Constraints and the Impact of Property Rights on the Quantity and Composition of Investment，American Journal of Agricultural Economics，2003，85（1）；173－186.

Deininger K. Land Policies for Growth and Poverty Reduction. Washington D. C. The World Bank，2003.

Field，E. M. Torero. Do Property Titles Increase Credit Access Among the Urban Poor? Evidence from a Nationwide Titling Program，Working Paper，Department of Economics，Harvard University，2006：24－25.

（作者单位：张龙耀　王梦珺：南京农业大学金融学院
刘俊杰：农业部农村经济研究中心）

中国农村金融服务市场竞争关系的实证研究*

温　涛　白继山　王小华

一、问题的提出

破解“三农”问题，推进城乡经济社会一体化发展，有赖于建立健康高效的农村金融服务体系。农村金融问题是转型期中国农村经济社会发展不可逾越的关键问题。自1979年2月农业银行恢复以来，中国已经进行了30多年的农村金融改革。2004—2014年，连续11个中央1号文件持续强调了农村金融问题的现实性、重要性和紧迫性。十八届三中全会和2014年中央1号文件更是明确提出全面深化农村改革、加快推进农业现代化，必须加快农村金融制度创新，不断丰富农村地区金融机构类型，增强农村金融市场竞争力，改善农村金融服务水平，有效防范金融风险。目前，我国新的农村金融体系已经形成多层次、共同发展的市场格局。截至2012年年末，全国拥有农村信用社1 927家，营业网点数49 034个，从业人员502 829人；农村商业银行337家，营业网点数19 910个，从业人员220 042人；农村合作银行147家，营业网点数5 463个，从业人员55 822人。渣打、花旗、汇丰等外资银行也先后在农村金融市场建立了据点，四大国有商业银行则开始实施返乡战略。到2012年年末，按照银监会部署先后组建开业的村镇银行有800家、贷款公司14家、农村资金互助社也达到49家，营业网点数分别为1 426个、14、49个，从业人员为31 039人。我国农村金融业已形成商业性金融、合作性金融、政策性金融相结合的，各种金融机构同时并存的市场新格局。而我国农村金融服务市场竞争态势已经初步形成，培育农村金融的适度竞争成为进一步深化农村金融改革的关键。竞争是效率之源，农村金融的适度竞争是提升农村金融服务功能和绩效的现实选择，相应地金融机构需要从动态战略管理的角度建立核心竞争优势、选择合适的竞争模式和竞争行为。因此，科学识别和判断农村金融市场服务供给主体的竞争关系、规模效

* 本文受国家社会科学基金重大招标项目（11&ZD047）、国家社科基金青年项目（12CJY062）、教育部博士点基金博导类课题（20130182110025）、中央高校基本科研业务费专项资金（SWU1409314）、教育部人文社会科学研究青年基金项目（13YJC790149）资助。

益和业务拓展边界，对于实现农村金融的适度、有序竞争意义重大。

理论分析和国际经验都表明，引入外部竞争可以促进金融部门展开竞争，从而推动金融市场不断向前发展（Levine，2005；Semih 和 Philippatos，2007）。国外对金融业竞争关系识别的研究主要有结构分析框架和非结构分析框架两种。①结构分析框架主要包括 SCP 分析范式（即“结构—行为—绩效”）、ESH 假说（有效结构假说）。SCP 范式认为：高度集中的市场会使少数企业通过垄断力量获取高额利润，进而降低市场竞争程度。该方法注重研究市场结构和市场绩效之间的关系。20 世纪 60 年代以后，SCP 范式理论基础遭到质疑，许多研究表明市场集中度和效率之间存在非线性关系（Jackson，1992）。Demsetz（1973）和 Peltzman（1977）假定了市场结构与效率的反向因果关系，提出了 ESH 假说：企业通过高水平的生产技术和管理技术等，内生性的决定了市场结构。即高效率导致了高集中度和高收益。②非结构分析框架源于结构分析框架，主要由一些经验方法构成：Iwata（1974）模型、Bresnahan（1982）模型和 Panzar－Rosse（1987）模型。Iwata 模型和 Bresnahan 模型是从寡头垄断利润最大化问题衍生出来的，Panzar－Rosse 模型则是源于收入视角的比较静态分析（殷孟波等，2009）。与结构分析方法相比，非结构方法抛开仅从市场外部来考察产业集中度的关系，结果相对更为可靠（Cetorlli，1999）。该方法不需要界定市场的范围，适合用于不同国家之间的市场比较（Shaffer，2004）。近年来，出现了大量研究运用非结构的方法（主要是 Panzar－Rosse 模型）来测度银行业之间的竞争程度（Claessens 和 Laeven，2004；Shaffer，2004；Matthews 等，2007；Delis，2010；Olivero 等，2011；Bikker 等，2012；Doku 等，2012；Coccorese，2009，2013）。但是，国外关于农村金融市场竞争的应用模型研究相对较少，Pischke（1983）研究了发展中国家农村金融市场对农村经济发展的影响；Dodson（1996）、Kochar（1997）研究了农业信贷市场竞争对农业生产增长的制约；Coetzee（2004）以“规模经济”和“交易成本”分析为主研究了农村金融市场发展的动因；Conning 和 Udry（2005）则重点研究了发展中国家农村金融市场中农村金融组织的动态竞争与机制。这些极为丰富和深刻的理论与应用研究，为本文提供了理论借鉴和逻辑起点。

国内关于农村金融市场竞争的研究刚刚起步。刘锡良、洪正（2005）对我国多机构共存下的小额信贷市场均衡研究表明：正规金融机构、政府机构和非政府机构在同一地区同时开展小额信贷时可能会形成相互间的盲目竞争，导致市场缺乏效率。马九杰（2006）认为，农村金融基础设施、结算网络渠道、网点布局和人力资源竞争将日趋激烈，但农村信用社和其他金融机构的适度竞争可以打破农村金融的垄断格局，不同金融机构也可以通过链接和合作方式，不断完善和强化农村金融体系的整体功能。何广文（2008）提出必须从基于市场竞争、市场公平和效率角度出发来考虑农村金融资源的配置，农村金融机构多元化、构建竞争性可持续发展的农村金融市场体系，是中国农村金融市场发展的战略选择。黄惠春、褚保金（2011）运用 Panzar - Rosse 模型实证分析了降低市场准入限制前后县域农村金融市场竞争度的变化。研究结果表明：降低市场准入限制明显提升了农村金融市场的竞争度；在不同经济发展水平的县域，竞争增强的情况下，市场集中度变化存在显著差异；经济发达地区，竞争度提升使得集中度下降；欠发达地区，竞争度提升后集中度依然保持上升趋势。洪正（2012）比较分析了各类新型农村金融机构的监督效率及其对农村融资状况的影响，指出当前以商业银行为主导的农村金融增量改革，体现了政府隐性存款担保下国家对于民营资本金融风险的过度防范，以及商业银行为了经营特许权价值作出短期选择的双重契合。米运生等（2013）研究了农村金融新范式——金融联结。其理论和实证分析表明：非正规金融机构在信息甄别、监督、合约执行和交易成本等方面的比较优势是金融联结的正向激励，农村市场内生的低固定成本和市场势力促进了金融联结；正规金融机构因处理系统性风险而产生的低成本是其参与金融联结的主要优势。

总体而言，国内外的研究比较一致地认为农村金融市场健康发展对于农村经济发展至关重要。然而，相关研究要么从农村金融与农村经济关系的宏观层面研究农村金融的发展规律，要么则是基于新古典经济学的视角将农村金融机构看作“投入—产出”的“黑箱”，尽管根据对农村金融现状或趋势分析提出了比较有意义的对策建议，但由于缺乏打破“黑箱”的应用模型分析，使得农村金融市场各类主体的竞争关系尚未得到有效揭示。因此，本文将在科学选择与构造金融竞争应用模型基础上，从城乡金融一体化和新农村建设现实背景下我国农村金融发展新格局出发，利用全新的视野、思路、理论、方法和技术手段，通过理论整合、方法创新和实证分析对我国农村金融服务体系的市场竞争状况进行探索，力求为科学设计基于可持续发展的、面向未来的农村金融市场竞争战略提供实证依据。

二、农村金融服务市场竞争的理论模型

农村金融市场竞争的理论基础可以充分借鉴金融生态界说这一仿生概念[①]。在国内，周小川（2004）最早将生态学概念系统地引申到金融领域，

① 生态系统（ecosystem）这一概念是年由英国生态学家泰斯勒（A. G. Tansley）首先提出的。自然界中存在着的各类生态系统基本上都是由两大部分组成，即生物群落和物理环境，或称之为生命系统和环境系统。在自然界中，生物群落和物理环境是彼此依存和相互影响的，通过复杂的营养关系，它们结合为统一的大系统。没有物理环境，生物得不到赖以生存的各种物质，因而就失去了生存的空间和条件；失去生物，环境就是无生命的物质堆积。在一个健康、成熟的生态系统中生物群落同其赖以生存的物理环境之间进行着永不止息的物质循环和能量流动。这种循环和流动保持着动态平衡。

并强调用生态学的方法来考察金融发展问题。他指出：应注意通过完善法律制度等改进金融生态环境的途径来支持和推动整个金融系统的改革和发展。根据生态系统的构造原理，我们可以把现代金融体系看作由不同类型的金融机构形成的金融生物群落及其赖以存在和发展的金融生态环境协同构成，两者之间彼此依存、相互影响、共同发展的动态平衡系统。金融系统之所以可以视为一个生态系统，就是因为在金融系统中存在着与生态系统同样的竞争考验。金融业的演进过程充斥着优胜劣汰的生存竞争，从古老的钱币兑换逐渐演变出经营存、贷、汇的银行业，再进一步演化出证券、保险、基金等行业；这种生存竞争推动了现代金融的秩序结构的形成。金融生态环境是指由居民、企业、政府和国外等部门构成的金融服务的目标群体，以及金融主体生成、运行和发展的经济、社会、法治、文化、习俗等体制和制度环境。简言之，金融生态系统可以概括为各种金融组织为了生存和发展，与其生存环境之间及内部金融组织相互之间在长期的密切联系和相互作用过程中，通过分工、合作所形成的具有一定结构特征，执行一定功能作用的动态平衡系统（许诺金，2005）。在外部经济环境的变化以及内部农村金融生态环境的逐步改善的双重影响下，农村金融生态系统内的不同类型金融组织形成了各自的生态群落，它们之间的竞争关系可以通过种群竞争模型来模拟。目前，从事存款吸收、发放贷款的金融机构作为金融生态群落中的主体，其在农村金融市场的竞争主要表现为：一是城市和农村区域之间金融机构的竞争关系；二是传统国有大型农村金融机构①与非国有中小型农村金融机构②的竞争关系。

（一）理论模型阐释

本文的分析主要沿 ESH 假说的思路进行，即由效率产生的竞争力将决定行业最终的市场结构，希望从金融生态系统这一视角出发，检验关于农村金融竞争的基本假设，为科学界定不同规模金融机构的市场范围和竞争战略提供依据。

在经典微观经济学中，是以边际成本（MC）与边际收益（MR）相等作为厂商决策的依据，并由此为基础来刻画一个市场的竞争状况和厂商之间的竞争行为。这种描述带有一个强假定——市场均衡作为先决条件。如果反过来通过市场的整体状况来描述，可以避开市场均衡这一强假定。本文中针对农村金融市场竞争的理论模型主要来自于演化经济学的相关知识。与新古典经济学的静态均衡分析相比，注重时间与历史在经济演化中的重要地位，

① 本文以中国农业银行、中国农业发展银行和邮政储蓄银行为代表。

② 本文以各地区农村商业银行、农村合作银行、农村信用合作社以及村镇银行、小额贷款公司和农村资金互助社等新型农村金融机构为代表。

强调制度变迁。分析方法采用种群原则，即把经济系统划分为不同属性的亚系统，如技术、制度和特定的产业等。大量使用生物学隐喻，利用多样性原则、遗传原则和选择原则来界定演化过程，根据多样化、选择和变化的持续性来分析组织与环境共同的演化现象。演化经济学以适应行为（包括惯例和创新行为）代替了理性行为，以有序结构代替了均衡结构，以渐变和突变代替了静态不变。利用金融生态界说的概念，将金融市场视为一个生态系统，把从事存款吸收、发放贷款的金融机构视为系统中的生物群落。我们则可以利用种群生物学的理论成果对金融市场的竞争状况进行刻画。种群生态学是生物学的一个分支，来源于达尔文的生物进化论，强调自然对生物物种的选择和决定性影响。利用种群生存竞争模型识别不同竞争种群之间的竞争关系，其最大的好处在于可以简洁有效地对竞争关系的最终结果进行判定，进而对未来的市场结构进行预测。

设市场最大规模为常数 K，只存在单一生命种群。定义：$\frac{x\ (t)}{K}$ 为市场中 t 时刻中生物群落的密度，已知随着密度的增大，有限市场规模的束缚将使种群的增长率逐渐减缓。若 K 趋向于无穷，则均衡时市场中种群数量将呈指数型增长，其瞬时增长率 r 恒定，即：

$$\frac{x'(t)}{x(t)} = r\left(\frac{x(t)}{K}\right) \tag{1}$$

可以推之：

$$x(t) = x(o)e^{rt}(2)$$

但实际上，K 总是有限的。若假设市场中种群的瞬时增长率是群落密度的线性函数，结合市场规模的束缚条件，不失一般性地假定：

$$\frac{x'(t)}{x(t)} = r\left(1 - \frac{x(0)e^{rt}}{K}\right) \tag{3}$$

解得：

$$x(t) = \frac{Kx(0)e^{rt}}{K - x(0) + x(0)e^{rt}}(4)$$

一阶条件下的均衡解为：

$$x(t) = K \tag{5}$$

在上述市场基础上引入另一生物种群，我们以 x_1、x_2 分别表示该市场中的两个生物种群，显然如果不存在竞争，x_1、x_2 的增长过程分别符合上述过程，并会达到各自的最大市场容量 K_1 和 K_2，即在该均衡点保持稳定。

考虑种群 x_2 的存在产生的竞争排除效应对 x_1 的影响，参照前面的线性假设，在该市场中，x_1 的瞬时增长速率可以写为：

$$\frac{x'_1(t)}{x_1(t)} = r_1\left[1 - \frac{x_1(t) + \alpha_2 x_2(t)}{K_1}\right] \tag{6}$$

同理，x_2 的瞬时增长速率可以写为：

$$\frac{x'_2(t)}{x_2(t)} = r_2\left[1 - \frac{x_2(t) + \alpha_1 x_1(t)}{K_2}\right] \tag{7}$$

其中 r_i 是无市场规模限制下种群 x_i 的恒定增长率，α_i 是种群 x_i 存在时对另一种群的影响系数。

则根据式（6），式（7）拥有两个生物种群的市场竞争状况可以刻画为：

$$\begin{cases} x'_1(t) = r_1\left(1 - \dfrac{x_1(t) + \alpha_2 x_2(t)}{K_1}\right)x_1(t) \\ x'_2(t) = r_2\left(1 - \dfrac{x_2(t) + \alpha_1 x_1(t)}{K_2}\right)x_2(t) \end{cases} \tag{8}$$

上述方程组（8）即是描述种群竞争的 Lotka - Volterra 模型。

该方程组的解存在 4 种情况（Apergis，2003）：

令

$$a = \alpha_2 \frac{K_2}{K_1} \qquad b = \alpha_1 \frac{K_1}{K_2} \tag{9}$$

（Ⅰ）当 $a<1$，$b<1$ 时，两种群处于共存状态；

（Ⅱ）当 $a>1$，$b>1$ 时，两种群处于双稳态（bistable），最终的存活种群取决于两种群最初的数量；

（Ⅲ）当 $a<1<b$ 时，种群 x_1 在竞争中占优；

（Ⅳ）当 $a>1>b$ 时，种群 x_2 在竞争中占优。

（二）基本条件设定

20 世纪 70 年代后期，Hannan 和 Freeman（1977）将种群生态学原理运用到组织研究中，创立了组织研究中的种群生态学理论。他们认为，分享相同资源的组织之间会因为争夺资源而相互竞争，而竞争直接影响到组织的生存与发展。种群生态学的建立为企业竞争和战略分析的研究提供了一个新视角。MacMillan 等（1985）就银行业中竞争者以模仿方式做出反击的次数进行了研究。Kim 等（2006）运用竞争分散模型对韩国手机市场进行了动态竞争分析，发现韩国两大手机运营商之间是一种共栖关系。Kreng 和 Wang（2009）运用 Lotka - Volterra 竞争扩散模型，分析了 LCD TV 和 PDP TV 在市场竞争中的相互关系。利用 Lotka - Volterra 模型研究我国金融生态系统中不同种群的竞争状况，除了要求存在不同的竞争种群之外，还需要满足几个基本条件：①相互竞争的种群之间所面临的外部环境一致。②相互竞争的种群的生存空间范围不变。③相互竞争的种群依赖相同的食物来源。④相互竞争的种群的行为保持一贯性。

若将上述生物学上的假定投射到本文所研究的城市和农村区域之间金融机构竞争关系这一问题中，上述假定即代表了：①城市金融机构和农村金融机构所面对的经济环境、社会环境、法制环境等金融生态环境是一致的。②城市金融机构和农村金融机构是在一个空间范围不变的全国整体市场中竞争。③城市金融机构和农村金融机构存活的基础是相同的。④城市金融机构和农村金融机构保持现有经营行为稳定，不存在经营服务的创新。

若将上述生物学上的假定投射到本文所研究的传统国有大型农村金融机构与非国有中小型农村金融机构的竞争关系这一问题中，上述假定即代表了：①传统国有农村金融机构和非国有中小型农村金融机构所面对的经济环境、社会环境、法制环境等金融生态环境是一致的。②传统国有大型农村金融机构和非国有中小型农村金融机构是在一个空间范围不变的市场中竞争。③传统国有大型农村金融机构和非国有中小型农村金融机构存活的基础是相同的（农村地区的存款资源）。④传统国有大型农村金融机构和非国有中小型农村金融机构保持现有经营行为稳定，不存在经营服务的创新。

基于上述假定，可以建立反映城市和农村金融机构之间的交互关系、传统国有大型农村金融机构和非国有中小型农村金融机构之间的交互关系的Lotka－Volterra竞争扩散模型，其模型的参数所反映的结果是在保持竞争种群在外部环境固定和内部行为持续情况下不同种群之间的竞争关系。

三、农村金融市场竞争的实证检验

由国内外相关文献可知，金融业的竞争力主要取决于资金规模、机构规模、产品及服务、经营管理及风险控制能力。实际情况来看，中国城镇化进程以及金融行业日益严酷的竞争状态都在逐渐打破传统的“城乡二元结构”，促进了城乡市场的统一，给农村金融市场的银行业机构创造了一个整体上相对公平的生存发展空间；在中国目前严格的分业经营制度下，银行的收入来源主要来自存贷利差，中间业务种类受监督者严格控制，占总收入比例很小，而经营管理及风险控制能力目前尚难以有效度量。因此，我们可以用资产规模来衡量不同种群类型的金融机构竞争力。

（一）模型设定

基于上述假定，本文可以分别建立反映中国城市与农村金融机构之间交互关系和传统国有大型农村金融机构与非国有中小型农村金融机构之间交互关系的Lotka－Volterra竞争扩散模型。城乡金融生态环境中存在着两个主要的竞争种群，即中国农业银行、中国农业发展银行、邮政储蓄银行、农村信用合作社为主体，包含村镇银行、小额信贷公司、资金互助社等的农村金融机构，与其余三大国有银行、股份制商业银行、城市信用社以及外资银行构成的城市金融机构。而农村金融生态环境中同样存在着两个主要的竞争种群，即中国农业银行、中国农业发展银行、邮政储蓄银行为主体的传统国有大型农村金融机构，与包含农村信用合作社、农村商业银行、农村合作银行和村镇银行、小额信贷公司、资金互助社等新型金融机构的非国有小型农村金融机构。各类种群的生存规模分别都用该类金融机构的资产来衡量。

由于式（8）是一个微分形式，而我们可得的统计数据均为离散的时间序列，所以需要对分析模型进行变化。Leslie（1958）证明 Lotka－Volterra 模型可以转化为如下离散时间序列形式：

$$\begin{cases} x_1(t+1)=\dfrac{e^{r_1}x_1(t)}{1+\dfrac{e^{r_1}-1}{K_1}x_1(t)+\dfrac{(e^{r_1}-1)\alpha_2}{K_1}x_2(t)} \\ x_2(t+1)=\dfrac{e^{r_2}x_2(t)}{1+\dfrac{e^{r_2}-1}{K_2}x_2(t)+\dfrac{(e^{r_2}-1)\alpha_2}{K_2}x_1(t)} \end{cases} \tag{10}$$

不妨令$\begin{cases}\lambda_1=e^{r_1}\\ \lambda_2=e^{r_2}\end{cases}$，$\begin{cases}\beta_1=\dfrac{(e^{r_1}-1)}{K_1}\\ \beta_2=\dfrac{(e^{r_2}-1)}{K_2}\end{cases}$，$\begin{cases}\gamma_1=\beta_1\alpha_2\\ \gamma_2=\beta_2\alpha_1\end{cases}$ （11）

则式（10）可以化简为：

$$\begin{cases} x_1(t+1)=\dfrac{\lambda_1x_1(t)}{1+\beta_1x_1(t)+r_1x_2(t)} \\ x_2(t+1)=\dfrac{\lambda_2x_2(t)}{1+\beta_2x_2(t)+r_2x_1(t)} \end{cases} \tag{12}$$

本文选取上述各类金融机构 1996 年第一季度至 2012 年第四季度的季度总资产数据作为考察指标，2010 年之前的数据来源于《中国金融年鉴》（1997—2012 年），2012 年的数据来自于中国银行业监督管理委员会网站。本文利用 Eviews6.0 软件对我国城市与农村金融机构之间、传统国有大型农村金融机构与非国有中小型农村金融机构之间的竞争关系进行实证研究。对于 Lotka－Volterra 模型式（12），由于它是一个参数非线性的方程组，不能使用普通最小二乘估计来最小化残差方和，而必须使用非线性最小二乘估计技术来估计该联立方程组的参数。

根据前文对 Lotka－Volterra 方程的推导可知，需要根据参数 a、b 判定不同种群之间的竞争状况。由于通过模型估计得到的参数是 γ、β_i、γ_i，所以需要通过参数间的转换确定参数 a、b 的表达式。

因为 $a=\alpha_2\dfrac{K_2}{K_1}$，$b=\alpha_1\dfrac{K_1}{K_2}$而且$\begin{cases}\lambda_1=e^{r_1}\\ \lambda_2=e^{r_2}\end{cases}$，$\begin{cases}\beta_1=\dfrac{(e_{r_1}-1)}{K_1}\\ \beta_2=\dfrac{(e^{r_2}-1)}{K_2}\end{cases}$，$\begin{cases}\gamma_1=\beta_1\alpha_2\\ \gamma_2=\beta_2\alpha_1\end{cases}$

所以可以推出 $\begin{cases} a=\dfrac{r_1\ (\lambda_2-1)}{\beta_2\ (\lambda_1-1)} \\ b=\dfrac{r_2\ (\lambda_1-1)}{\beta_1\ (\lambda_2-1)} \end{cases}$ (13)

(二) 城乡金融机构之间的 Lotka-Volterra 模型估计

利用方程 (12)，城乡金融机构之间的 Lotka－Volterra 模型估计的结果如表 1 所示，进一步将城乡金融机构之间的 Lotka－Volterra 模型估计值带入方程 (13) 可得，$a=-1.71$，$b=-0.46$。即 $b<1$，$a<1$，属于 (I) 型竞争情况，即种群 x_1 和 x_2 在竞争中共存。说明目前城市金融机构与农村金融机构的在农村金融市场竞争中处于共同发展格局；如果在现有金融生态环境不发生改变和缺乏金融服务创新的情况下，城乡金融市场二元结构将难以改变。

表 1　城乡金融机构之间的 Lotka－Volterra 模型估计结果

城市金融机构			农村金融机构		
参数	估计值	t 值	参数	估计值	t 值
λ_1	1.467***	18.549	λ_2	1.186***	4.598 199
β_1	1.16E－05***	4.248	β_2	5.91E－07	0.368 022
γ_1	－2.53E－06***	－4.267	γ_2	－2.13E－06	－0.28 137
R^2	0.998		R^2		0.981
D. W.	1.925		D. W.		1.647

注：①统计量均由 Eviews6.0 检验得出；② *** 表示在 1%水平显著。

同时 $\alpha_1=\dfrac{r_2}{\beta_2}=-3.60$，$\alpha_2=\dfrac{r_1}{\beta_1}=-0.22$。

参考模型中 α_1 的定义（种群 x_i 存在时对另一种群的影响系数），可以得到 a_i 的经济学定义："一类金融主体的存在及发展对竞争对手生存发展的影响效果"。并参考模型参数估计的显著性，可以得到这样一个结论：城乡金融市场的竞争对竞争双方都起到了一定程度上的抑制作用，但是农村金融机构的存在对城市金融机构的抑制效果相对较弱，并且估计参数的不显著说明这种抑制作用的效果并不明显。但是城市金融机构对农村金融机构的抑制效果较强，并且作用显著。

根据实证结果，并结合我国金融市场实际行业状况分析，城市金融机构对农村金融机构的竞争抑制主要有以下几点：①我国目前的经济发展主要依赖于投资推动，而银行类金融机构正是现阶段投资的主要资金来源。由于我国金融业实行严格的分业经营制度，银行类金融机构的主要收入——贷款利息取决于其可贷资金规模，农村金融机构在资产规模上远小于城市金融机构。②相对于农村金融机构处于经营困境的体制僵化、管理混乱、不良资产比率高居不下等转型期弊病，城市金融机构在服务能力、管理能力与金融创新方面都要优于农村金融机构。凭借自身产权明晰，稳健而积极的管理方式，高素质的人才队伍，良好的风险控制，优质的客户服务等管理效率上的领先，在与农村金融机构的竞争中占据优势。而农村金融机构对城市金融机构的抑制作用则主要体现在：①由于长期参与农村地区金融活动，农村金融机构在农村区域形成了基本覆盖到全国绝大部分县乡的经营网络。由于网点上的优势使得农村金融机构每年农村地区的存款增量都远高于非农金融机构。②农村金融机构在信息搜寻成本上要低于城市金融机构。由于经营时间长、网点多使得农村金融机构在机构所在地信息收集的完整程度上要优于城市金融机构。

从20世纪末到21世纪初的10余年的时间里，在城市金融机构将绝大多数资源投向城市和工业时，农村信用合作社等农村金融机构几乎完全垄断了农村金融市场。但是通过对农村金融机构和城市金融机构各自的竞争优势进行剖析以后可以发现，农村金融机构的网点和信息优势是非独占性质的，即是说这种优势在大型国有银行采取相同的战略以后将逐渐消失。随着金融改革的进一步深化和资本市场准入的限制逐渐放开，城市金融机构将面临更加严峻的竞争。但是激烈的竞争同时也大幅提升了其在管理、人才、服务等方面的水平；而农村金融机构在资本和服务创新这些核心竞争力上都没有优势，随着国家政策向农村区域的进一步倾斜，城市金融机构必然会加速进军农村区域的进程。农村金融机构在网点上和信息上的优势将逐步消失殆尽，而服务水平和资产规模这种需要时间积累的竞争优势恰恰是传统农村金融机构在短期内难以模仿的。因此，农村金融机构要在竞争中能够实现可持续发展，必须突破前述假设条件，通过差异化发展战略设计，大力推进适应农村金融市场需求的金融服务创新，从而有效改善其面临的金融生态结构。

（三）传统国有与非国有农村金融机构之间的Lotka-Volterra模型估计

利用方程（12），传统国有与非国有农村金融机构之间的Lotka-Volterra模型估计结果如表2所示，进一步将估计值带入方程（13）可得，$a=0.0987$，$b=9.1503$。即$a<1<b$，属于（Ⅲ）竞争情况，即种群x_1在竞争中占优。说明传统国有大型农村金融机构在与非国有中小型农村金融机构的竞争中处于优势地位；如果在现有农村金融生态环境不发生改变和缺乏金融服务创新的情况下，非国有中小型农村金融机构的市场份额将会被国有大型农村金融机构逐渐蚕食。

同时 $\alpha_1=\frac{\gamma_2}{\beta_2}=-0.690$，$\alpha_2=\frac{\gamma_1}{\beta_1}=-1.308$。

参考模型中 α^i 的定义（种群 x_i 存在时对另一种群的影响系数），可以得到 α_i 的经济学定义："一类金融主体的存在及发展对竞争对手生存发展的影响效果"。并参考模型参数估计的显著性，可以得到这样一个结论：两类农村金融机构群体之间的竞争对竞争双方都起到了一定程度上的抑制作用，但是非国有中小型农村金融机构的存在对传统国有大型农村金融机构发展的抑制效果相对较弱，并且估计参数的不显著说明这种抑制作用的效果并不明显。但是国有大型农村金融机构对非国有中小型农村金融机构的抑制效果则较强，并且作用显著。

根据实证结果，并结合我国农村金融市场实际行业状况分析，国有大型农村金融机构对非国有中小型农村金融机构的竞争抑制主要有以下几点：由于农村金融机构的主要收入——贷款利息取决于其可贷资金规模，国有大型农村金融机构在资产规模上远超非国有中小型农村金融机构。对于以存款作为信贷资金主要来源的银行类金融机构而言，国有大型农村金融机构在吸收存款上具有的规模效应是非国有中小型农村金融机构所无法比拟的。首先，国有大型农村金融机构在经营网点上具有绝对优势，目前中国农业银行、邮政储蓄银行的营业网点基本覆盖到全国绝大部分县级城镇，而中小农村金融机构，除农村信用合作社外，其他新型农村金融机构甚至无法覆盖到其所在城镇，对于农村商业银行、农村合作银行而言，其经营范围仅仅能覆盖自身城市以及其他少数地区。虽然绝大多数大型农村金融机构如中国农业银行、邮政储蓄银行的营业网点吸收存蓄的能力要远小于中小型农村金融机构网点，但是在其庞大基数的支持下，每年的存款增量都远高于中小型农村金融机构。其次，国有大型农村金融机构隐含着国家信用，仍然是大多数农村居民及农村企业存款的主要选择。国有大型农村金融机构与各级政府之间有着千丝万缕的联系，这种联系使得其同中小型农村金融机构竞争某些由政府主

表 2　传统国有与非国有农村金融机构之间 Lotka－Volterra 模型估计结果

大型国有农村金融机构			中小型非国有农村金融机构		
参数	估计值	t 值	参数	估计值	t 值
λ_1	1.057***	33.445	λ_2	0.971***	29.997
β_1	2.56E−07	0.059	β_2	1.71E−06***	3.273
γ_1	−3.35E−07	−0.052 77	γ_2	−1.18E−06***	−3.135
R^2	0.997		R^2	0.998	
D. W.	2.056		D. W.	2.466	

注：①统计量均由 Eviews6.0 检验得出；② *** 表示在 1%水平显著。

导的大型项目时占有一定的优势。而非国有中小型农村金融机构对国有大型农村金融机构的抑制作用则主要体现在：机构规模较小的农村金融机构较层级结构复杂的大型金融机构而言，在自身产权上更明晰、企业组织架构更为简洁。与大型金融机构相比，较简单的组织结构使得单位资本的管理费用更低，交易费用也会更低；同时在信息传导，企业灵活度以及企业创新上，中小型金融机构都较大型金融机构更快、更灵活。

在2002年以后，伴随农村信用合作社改革的推进和农村金融市场准入门槛的降低，农村中小型金融机构凭借自身的比较优势，进入一个高速发展的时期，市场占有率稳步提高。但是，通过对国有大型农村金融机构和非国有中小型农村金融机构各自的竞争优势进行剖析以后可以发现，中小型农村金融机构除了灵活度与交易成本上的优势以外，其他的竞争优势都是非独占性质的。随着金融改革的进一步深化和宏观经济的逐步发展，大型国有商业银行逐渐度过转型期，其在管理、人才、服务等方面和在经营规模上的优势将开始显露，这种需要时间积累的竞争优势恰恰是中小金融机构在短期内难以模仿的。与此同时，随着中小型农村金融机构规模的逐步扩大，涉及业务的增多，困扰大型金融机构的组织架构和风险管控等问题在其经营中也将逐渐凸显。而且农村银行业的进入壁垒降低后，大量的新兴中小型金融机构日益涌现，由于规模的影响，这些新进者往往将自己的竞争对手锁定在同区域的其他规模相当的金融机构上，这样使得中小型金融机构的种间竞争较大型金融机构更加惨烈。而大型国有金融机构间的竞争是一种垄断竞争，同时随着自身效率的提升，利用自身在资金以及隐含国家信用的独特优势，在同中小型金融机构之间的竞争中将逐渐占据优势。因此，中小型农村金融机构要在竞争中能够实现可持续发展，必须突破前述假设条件，充分发挥自身地域、信息、人缘等方面的优势，通过精细分工，针对性地促进适应本地区农村金融市场需求特点的金融服务创新，并科学设计竞争战略，从而有效改善其面临的农村金融生态环境。

四、结论与政策含义

当前中国农村金融服务市场是在城市与农村金融机构之间交互关系和传统国有大型农村金融机构与非国有中小型农村金融机构之间交互关系的双重二元金融结构框架下运行的。这一双重二元金融结构，既可以结合中国实际、进而从其推动农村经济发展的正效应来理解，也可以从其抑制农村金融发展的负效应来解说。本文分别建立反映了这一双重二元金融结构之间交互关系的Lotka－Volterra竞争扩散模型。研究发现：①城市与农村金融机构之间的竞争对双方都起到了一定程度上的抑制作用，但是城市金融机构对农村金融机构的抑制效果较强，并且作用显著；相反农村金融机构的存在对城市金融机构的抑制效果相对较弱。②传统国有大型农村金融机构与非国有中小型农村金融机构之间的竞争对竞争双方也都起到了一定程度上的抑制作用，但是非国有中小型农村金融机构的存在对国有大型农村金融机构发展的抑制效果相对较弱；而国有大型农村金融机构对非国有中小型农村金融机构的抑制效果则较强。③在目前竞争态势下，农村金融机构、尤其是非国有中小型农村金融机构在与城市金融机构和传统国有大型农村金融机构的竞争中，要想获取比较优势，进而生存、发展，并有效支持农村经济发展，必须立足于市场需求、充分发挥自身优势，通过精细分工针对性加强自身的产品与服务创新能力，通过金融创新促进农村金融的有序竞争，从而使农村金融更好地适应新农村建设和城乡统筹的需要。

根据上述研究结论，本文认为在金融风险全球化时代，农村金融必须增强包含产品创新与风险管理等内容的企业能力，建立现代的风险管理模式，提高风险的免疫能力。农村金融只有具备了可持续发展能力，才能够真正提升服务于农村发展的功能。而农村金融可持续发展的前提是农村金融机构必须提高以创新能力和竞争能力为主要范畴的企业能力。农村金融可持续发展的市场战略应当定位为加强农村金融机构的企业能力，特别是金融产品与服务的创新能力，通过金融创新拓展金融产品和服务手段，通过金融创新改善防范、抵御和化解金融风险的能力，通过金融创新实现“支农”与“营利”的共赢。据此，本文提出以下六个方面的政策建议：一是完善金融服务于“三农”的激励机制，保障服务创新的针对性；二是培育农村金融服务的市场竞争机制，充分发挥服务创新的功能；三是制定农村金融服务的质量考核与评价体系，提升服务创新的效率；四是建立农村金融的人才培养和产品研发模式，增强服务创新的能力；五是确保农村金融服务创新与动态竞争的战略协同，推动农村金融与经济协调发展；六是健全农村金融风险的防范与化解制度，确保服务创新的安全性。

参 考 文 献

何广文．农村金融改革成效及深化改革路径．中国农村信用合作，2008（10）22－24.

洪正．新型农村金融机构改革可行吗？——基于监督效率视角的分析．经济研究，2011（2）：44－58.

黄惠春，褚保金．我国县域农村金融市场竞争度研究——基于降低市场准入条件下江苏37个县域的经验数据．金融研究，2011（8）：167－177.

刘锡良，洪正．多机构共存下的小额信贷市场均衡．金融研究，2005（3）：68－79.

米运生，戴文浪，董丽．农村金融的新范式：金融联结——比较优势与市场微观结构．财经研究，2013（5）：112－122.

徐诺金．论我国的金融生态问题．金融研究，2005（2）：35－45.

殷孟波，石琴，梁丹．银行业竞争测度模型评述——基于非结构分析视角．金融研究，2009（7）：197－206.

周小川．完善法律制度　改进金融生态．金融时报，2004－12－07.

Apergis，N. Testing Purchasing Power Parity：results from a new foreign exchange market. Applied economics letters，2003，10（2），91－95.

Bikker J. A. Shaffer S. Spierdijk L. Assessing competition with the Panzar－Rosse model：The role of scale，costs，and equilibrium. Review of Economics and Statistics，2012，94（4），1025－1044.

Bresnahan T. F. The Oligopoly Solution Concept is Identified. Economics Letters，1982（10）：87－92.

Britton N F. Essential mathematical biology. Springer，2003.

Cetorelli，N. Competitive analysis in banking：appraisal of the methodologies. Economic Perspectives，1999（QI）：2－15.

Claessens S. L. Leaven. What Drives Bank Competition? Some International Evidence. Journal of Money，Credit and Banking 2004（36）：563－583.

Coccorese P. Assessing the competitive conditions in the Italian banking system：some empirical evidence. PSL Quarterly Review，2013，51（205）.

Coccorese P. Market power in local banking monopolies. Journal of Banking & Finance，2009，33（7）：1196－1210.

Coetzee A W. What it means to be a loser：Non－optimal candidates in Optimality Theory. University of Massachusetts Amherst，2004.

Conning J. Monitoring by delegates or by peers? Joint liability loans under moral hazard. working paper，2005.

Delis M. D. Competitive conditions in the Central and Eastern European banking systems. Omega，2010，38（5）：268－274.

Demsetz H. Industry Structure，Market Rivalry and Public Policy. Journal of Law and Economic，1977（16）：1－9.

Doku J. N. Abor J. Adjasi C. K. Andoh C. Assessing competitive behaviour in emerging banking market：African evidence. Research in Accounting in Emerging Economies，2012（12）：25－51.

Hannan，M. T. Freeman. J. The population ecology of organizations. American Journal of Sociology，1977（82）：929－964.

Iwata G. Measurement of Conjectural Variations in Oligopoly. Econometrica，1974（42）：947－966.

Jackson W. The price－concentration relationship in banking：a comment. Review of Economics and statistics，1992（74）：373－376.

Kim J，Lee D J，Ahn J. A dynamic competition analysis on the Korean mobile phone market using competitive diffusion model. Computers & industrial engineering，2006，51（1）：174－182.

Kreng V B，Wang H T. The interaction of the market competition between LCD TV and PDP TV. Computers & Industrial Engineering，2009，57（4）：1210－1217.

Leslie，P. H. A stochastic model for studying the properties of certain biological systems by numerical methods. Biometrica，1985（45）：16－31 .

Levine，R. Finance and growth：theory and evidence. Handbook of economic growth，2005（1）：865－934.

Mac Millan I，Mc Caffery M L，Van Wijk G. Competitors' responses to easily imitated new products-Exploring commercial banking product introductions. Strategic Management Journal，1985，6（1）：75－86.

Matthews K. Murinde V. Zhao T. Competitive conditions among the major British banks. Journal of Banking & Finance，2007，31（7），2025－2042.

Olivero M. P. Y. Li，B. N. Jeon. Competition in Banking and the Lending Channel：Evidence from Bank－Level Data in Asia and Latin America. Journal of Banking and Finance 2011（35）：560－571.

Panzar J，Rosse J. Testing for "monopoly" equilibrium. Journal of Industrial Economics，1987（35）：443 － 56.

Semih Yildirim，H. Philippatos G. C. Efficiency of banks：recent evidence from the transition economies of Europe，1993—2000. European Journal of Finance，2007，13（2），123－143.

Shaffer S. Patterns of competition in banking. Journal of Economics and Business，2004，56（4），287－313.

Von Pischke J D，Adams D W，Donald G. Rural financial markets in developing countries：Their use and abuse. Johns Hopkins University Press，1983.

（作者单位：西南大学）

金融是现代农业的核心

郭光磊

农业现代化是我国发展过程中的传统命题。2012 年，党的十八大站在新的历史阶段，提出全新的“四化同步”的发展目标，再一次将农业现代化作为“新四化”之一，对我们的“三农”工作提出了新的要求。十八届三中全会以来，随着中央推动新型城镇化和社会经济转型发展的战略日益清晰，农业现代化作为实施上述战略的关键环节，迅速成为各方关注的热点。如何在推动新型城镇化、促进工业化转型和信息化大发展的背景下，开展体制机制创新，推动与之相应的农业现代化，为国家的整体转型发展提供可靠的支撑，是我们“三农”工作者必须破解的时代课题。

破解当前农业现代化课题最大的关键和难点在于，我们必须把推进农业现代化放在社会主义市场经济的当前阶段，放在推进新型城镇化和推动社会经济转型发展的总目标下进行，必须运用市场的思维，推进制度改革和体制机制创新，让农业现代化与城镇化、工业化和信息化齐头并进，与社会经济转型发展相契合。

为此，“三农”领域的专家学者和各地的“三农”工作者纷纷就这一问题提出了自己的看法和思路，然而，基于多年来形成的思维定式和对农业现代化的传统理解，各方观点和思路依然停留在农业规模化、机械化、设施化、良种化等的深化发掘范畴，并没有能够真正地站在市场经济发展当前的基础及今后的发展需求的视角，运用市场的思维来思考问题和推动工作，更没有把农业现代化与城镇化、工业化和信息化联系起来，因此并没有实现真正意义上的突破，也就注定了这些农业现代的思路无法真正破解当前的农业现代化难题。

解决问题必须要抓重点、抓核心，要破解这个问题，就必须首先搞清楚什么是农业现代化的核心。上述思路之所以不能破解当前农业现代化的难题，从根本上讲，在于没有能够准确抓住现代市场经济条件下现代农业的真正核心，也就不能正确地推动农业现代化。

而要确定什么是农业现代化的核心，就必须从农业现代化的概念、本质目标和我们需要怎样的农业现代化入手。

一、怎样理解农业现代化

（一）传统意义的农业现代化

我们对农业现代化的传统理解，就是传统的种养殖业，基于这样的认识，有人把农业现代化等同于（或看成是）农业规模化、农业机械化，农业设施化和农业良种化。实践中，我们大部分人在推动农业现代化的过程中也往往把注意力集中在了诸如农业设施的改善、农机具的现代化、农业种养殖技术的更新和应用、农业产量的增加以及经营规模的扩展等等方面，国家也在这方面给予了大量的扶植和补贴政策。

（二）市场经济条件下的农业现代化

然而，在市场经济条件下，农业现代化的内涵和外延被大大地拓展了，其概念也突破了传统意义上的农业现代化的范畴，因此对于市场经济条件下农业现代化的理解需要跳出传统思维，运用市场思维来认识农业现代化。

要弄清楚什么是市场经济条件下的农业现代化，必须先弄清农业现代化的目的是什么。市场经济条件下，农业现代化的目的绝不是农业规模经营和技术提升这些表象，其基本目的至少应当包括两个方面的内容：一是提高土地产出率，更加高效地确保国家的农产品供应和粮食安全；二是提高土地经营效率，提升农业的经济效益进而推动农民增收。在这两大目的引导下，农业现代化应当一方面通过技术升级提升农业生产力，推动级差地租的增长，进而提高土地产出率；另一方面则通过改善管理、提高市场化经营运作水平，提高农产品的附加值，进而提高农业的经济效益。

在这样的认识之下，我们对农业现代化的传统认识显然是片面的、狭隘的。事实上，基于农业自身的双重风险等属性以及农业生产技术突破的周期长、难度大的特点，与其他产业相比，农业在技术升级方面具有先天的劣势。在这种情况下，单纯依靠农业本身生产力的提高来使农业的劳动生产率达到社会平均水平是不现实的，而想通过这种方式使农业创造出高于其他产业的经济效益、进而带动农民收入达到或者超过社会平均收入水平更是天方夜谭。

实际上，在现代市场经济条件下，农业现代化早已突破了传统的技术范畴的局限，与市场经济融为一体了。农业发达国家和农业先进地区的实践证明，衡量现代农业真正的标准，不仅要看农业产量、规模和种养殖业技术水平的高低，还要看农业与其他产业的是否实现了高度融合，更要看农业是否全面、深入、彻底地融入了整个区域市场并且能够充分、有效地通过市场来获得所需的资源要素。只有充分融入市场并获得了有效的市场资源配置能力的农业，才是真正意义上的有竞争力的现代农业；只有能够充分融入市场价值链条并有效参与价值分割的农业才是真正能赚钱的农业。习近平总书记夫妇访问荷兰时，荷兰借机又一次成功展示了郁金香文化，这其中公关策划和市场营销起了很大的作用。荷兰的郁金香之所以赚钱，技术只是很小的一方面，更重要的是他们的郁金香产业已经完全市场化了，他们的农业能够充分地参与市场价值的分割，而这正是现代市场经济条件下农业现代化的实质。

二、中国需要怎样的农业现代化

具体到我国农业，我们应该怎样推动农业现代化，这取决于中国究竟需要怎样的农业现代化，推动农业现代化要解决什么问题。

而要回答这一问题，我们必须首先明确一点，那就是中国实行的是社会主义市场经济，中国的农业现代化是社会主义市场经济条件下的农业现代化，因此我们必须运用市场的思维，来思考、规划和推动我们的农业现代化。只有这样的农业现代化，才是中国真正需要的农业现代化。

从中国农业的实际情况看，如果说农业的生产能力是硬件，农民农业的制度条件就是软件，硬件是基础，但软件也制约着硬件作用的发挥。经过三十年的发展，我们在硬件方面持续投入，使得我们的硬件已经基本达到或者接近部分发达国家水平，实际上我们在这方面提升的空间不大。考虑到我国人多地狭的现实局限，尽管近些年来我们大力推动技术革新，但却不得不面对一个严峻的现实：农业硬件改良带来的生产力提升的能力和效率正在逐步递减，如果非要以硬件改良提升农业生产效率，恐怕只能是通过牺牲地力来实现。

事实上，我们农业现代化最大的短板已经不是硬件，而是软件。具体来看包括六个方面：一是制度供给。即当前我国农业受到了来自二元体制为基础的一系列制度的束缚，需要通过进行生产关系的深度调整来实现对生产力的进一步释放，其核心是农村土地制度改革以及相关的体制机制创新等。二是社会化服务。即当前制约我国农业现代化的一个关键因素就是在于农业社会化服务体系不完善，导致我们农业在技术支持和应用效率、经营成本、市场风险等方面长期处于劣势。三是市场资源配置的机制。从实践角度看，在农业资源配置方面，我们要么让农户以家庭为单位面对市场，要么就是政府或者村集体强势主导，再者就是部分农民联合起来面对市场，但最终的结果往往都是农民的利益遭受损失。这反映出我国农业在市场资源配置机制方面的严重不足，我们的市场化资源配置方式和手段还很不丰富，亟须引入更多的市场化的手段和方式。四是管理机制。我国农业的生产效率不高，有技术的原因，但更重要的是农业经营主体的内部管理机制不完善，特别是受到经营规模的限制，大部分经营主体甚至谈不上真正意义上的生产管理。宏观来看，以家庭为单位的小而散的农业生产经营现状，使得在一定区域内土地资源的统筹集约利用难以实现，决定了土地产出率难以在整体上根本提高。五是市场化经营机制。相对发达国家，我国农业市场化程度较低，同时由于以农民为主的经营主体自身的市场素质普遍较低，在市场化运作水平和附加值培育方面与发达国家和地区有较大的差距，导致农产品无法充分参与市场价值的分割。这是我国农业与发达国家农业最大的差距。六是人员素质和服务能力。当前，我国从事农业生产经营的人员整体素质偏低，这决定了其在管理能力、农业新技术接受能力、市场意识与营销能力、服务能力等方面存在不足，这严重制约我国农业生产效率和市场化水平的提高。

由此可见，中国需要的农业现代化除了技术的提升外，还应当包括制度的改革创新、农业社会化服务体系的建立和完善、市场资源配置体制机制的丰富和创新、科学管理机制和市场化经营机制的完善以及人员素质和服务水平的提高。

据此，笔者认为，中国农业现代化应当包括以下几个方面的内容：

一是适度规模化。自十一届三中全会确立家庭联产承包在农业生产经营当中的主体地位以来，我国的农业基本上保持了以家庭为基础的生产经营结构，然而随着我国农业自身发展到了转型升级的节点以及城镇化的快速推进，传统以家庭为单位的、小而散的生产经营结构已经难以适应农业发展的要求，必须根据各地实际，因地制宜选择发展多种形式的适度规模经营，为推动农业现代化提供规模条件。

二是技术应用高效化。有关资料显示，全球60%以上的设施农业在中国，可以说中国农业生产技术水平并不低，中国在农业技术领域与西方发达国家最大的差距，在于农业高新技术受制于人员素质、技术服务和转化机制等方面因素的影响导致转化应用效率低下。未来必须加大力度建立和完善高效的农业技术转化机制，进一步完善技术服务体系，确保农业技术转化应用能力和效率获得实质性提升。

三是产业融合化。市场经济是开放的经济、融合的经济，在市场经济条件下，农业产业不可能与其他产业割裂开来单独发展。从农业发展的趋势来看，我们必须要跳出粮、菜、肉、蛋、奶的传统农业思维定式，把农业发展与其他产业发展结合起来，推动一、二、三产业相融合，使农业真正成为全产业链的大农业，以适应市场经济发展的要求。

四是服务体系完善化。当前制约我国农业现代化的一大因素就是尚未建立完善的、适应社会主义市场经济的农业社会化服务体系。未来必须通过建立和完善服务于现代农业的社会化服务体系，来提高农业的生产效率、降低农业的经营成本和风险、提高农业的整体竞争力，从而更好地为市场提供农产品和服务。

五是经营市场化。现代农业是高度融入市场的农业，农业市场化程度高低决定了农业的经济效益水平的高低，进而决定了农业是否是能够赚钱的产业，而这正是我国农业与发达国家农业最大的差距。未来推进农业现代化，应当在确保粮食安全的前提下，以市场为导向开展农业生产经营，按照市场的需求来控制生产和提供产品，并且积极参与到市场价值的发现和分割过程中，确保农民能够通过农业生产获得更多的收益。

六是人员高素质化。推进农业现代化，关键在人。农业经营管理者和就业人员的整体素质不仅决定了技术应用推广的效率和经营管理的水平，也决定了农业市场化的水平和自身的创造力。未来要在大力发展农业培训体系的基础上，积极采取措施，创新体制机制，逐步吸引高素质人才进入农业领域。

七是发展可持续化。农业是国家的根本产业，是千秋大业。因此，真正的农业现代化绝不能图一时的快速发展而不顾资源、环境的承载能力，必须着眼长远，立足可持续发展的理念，科学规划，统筹推进，确保农业发展与水土资源承载能力相适应、与生态环境相和谐。

三、为什么说金融是现代农业的核心

1991 年春天邓小平同志视察上海时提出："金融很重要，是现代经济的核心。金融搞好了，一着棋活，全盘皆活。"这段话精辟地说明了金融在现代经济生活中的重要地位，高屋建瓴地指出了金融在发展我国经济中的关键作用。可以说，现代市场经济中最强大、最高效的工具就是金融，在当前的市场经济条件下，我们要让市场来最有效地配置资源，就必须让资源要素进入金融市场，而我们要协调复杂的利益关系，最有效的方式就是利用金融的手段。从经济学角度分析，要想扩大再生产，就必须要有新的生产要素进来，而传统农业体系的封闭的，新的生产要素进不来，导致传统的农业只能进行简单再生产，无法进行扩大再生产。这就决定了传统农业只能在一定规模和水平的限定下开展价值循环，无法实现量的突破和质的提升，从而难以在整体上将"蛋糕做大"，也无法在全产业形成真正意义上的"赚钱效应"。而要进行农业的扩大再生产，就必须借助金融来实现。只有将金融与农业结合起来，农业才能真正实现从传统农业向现代农业的质变。

从现代农业的发展历程看，全世界所有农业发达国家的经验表明，正是充分地借助了金融的力量，通过一系列高效和强大的市场化金融机制，各国才真正实现了对资源高效地配置、对利益关系的科学协调以及推动农业扩大再生产的目的，可以说，金融才是世界各国发展现代农业的真正核心力量，具体表现在以下几个方面：

一是借助金融机制高效地配置资源。金融的一大优势就是资产的规范化管理能力。借助金融手段，可以实现资源的标准化，进而使其可计量、可计价和可流通，从而使资源能够顺利进入市场。例如，对于农村土地资源，借助金融手段，可以将土地按照金融资产的要求进行标准化改造，使其可以按照通行的财产单位进行计量，再由金融机构对这些标准化的土地资产进行评估、作价、登记，从而帮助其完成从农村土地向金融资产要素的转变，使其具备进入资源要素市场自由流通并与其他资源要素进行平等交换的资格和条件，从而在流通与交换的过程中实现资源要素的高效、合理配置。从各个农业发达国家的实践来看，借助金融的手段来进行资源的配置是各国普遍的经验，如美国的土地信托模式，日本及我国台湾省的土地银行模式，法国的土地信贷银行模式以及德国的土地抵押信用合作社模式等，这些利用金融机制配置资源的模式在各国或地区推进农业现代化的过程中都发挥了关键性、基础性的作用。

二是利用金融机制有效地管理风险。众所周知，农业经营具有“双重风险性”，即农业经营既要面对市场风险，又要面对自然风险，这使得农业经营的风险远高于普通产业，也正是因为这个原因，使得社会资本在进入农业生产领域方面相对于其他产业领域缺乏积极性。可以说农业经营程中最大的顾虑就是如何应对风险，而金融最核心的功能恰恰就是管理风险。经过数百年的发展和不断完善，金融行业已经形成了一系列成熟、完善的风险管理机制和应对风险的丰富经验积累。引入金融手段，在农业生产和经营过程中，不仅可以实现对市场风险的有效防范，也可以在面对风险时实现专业化的对风险的有效度量、有效评估和有效应对，从而实现对风险的有效控制和科学管理，在保护农民的利益的同时，也有效地保护经营主体进行农业经营的积极性。从对农业发达国家推动农业现代化历史的研究可以发现，各国在应对农业经营风险时充分利用了金融机构的风险管理机制，将农业经营的风险进行制度化的分散和管理，从而有效地解决了农业经营风险问题。从现状看，农业发达国家的农业保险产业非常发达，不仅涉及面广，而且保障机制非常完善，此外信托、银行、债券等其他金融机构也立足自身的机制，推出了大量农业风险类管理产品，不仅涉及农业风险的防范、评估、应对，还涉及风险的转让、抵押乃至上市，从而极大地丰富了农民的选择，有效降低了农业经营风险，保护了经营者经营农业的积极性。

三是借助金融的机制为农业经营建立信用。信用体系是金融的基础，也是市场经济运行的基础。金融机构的一项基本功能就是建立信用，即金融可以通过自身的机制对一个地区的所有市场主体和资源要素进行以信用为单位的标准化改造，并在此基础上在整个区域内建立起基础信用体系。具体说来，借助金融规范的信用管理机制，可以在一个地区实现农村土地等资源要素的标准化、规范化甚至证券化，使之符合金融信贷的抵押要求；可以依据信用评估规则，根据其自身财产状况、信用相关行为以及有效社会关系等条件，对每个农业经营主体和相关机构进行信用评估，并为其建立基础信用；以此为基础，可以在农业生产经营领域乃至整个农村地区建立信用管理机制，为其对接资本市场创造条件。发达国家的农业经营之所以比较顺畅，很大程度上在于其信用体系相对完善。值得注意的是，这对我国具有突出的实践意义。众所周知，当前制约我国土地经营乃至整个农村发展的一个关键的瓶颈就是农村地区信用管理机制的缺失，使其难以通过资本市场进行融资，如能在农村地区建立信用，将不仅会极大地推动我国农业现代化的进程，也将为农村地区加快发展提供空前强大的支撑。

四是借助金融的机制为农业发展通融资金。资金是任何产业发展的基本条件，农业也不例外。而农业现代化涉及产业升级转型，需要大量的资金，仅仅依靠农业经营者自身的投入是远远不够的，而单纯依靠财政投入和当地社会资本也是非常吃力的，同时也有巨大的风险。因此推动农业现代化需要首先面对如何突破资金瓶颈的问题，而融资则是金融最基本的功能，借助金融渠道，农业经营者可以面向全市场融取资金，对接具体的农业项目，从而可以最大限度地调动全社会力量来解决农业现代化面临的资金问题，相对于经营者个人融资、政府资本和社会资本而言，这种方式不仅更符合市场经济的要求，也更加可靠和有效。从发达国家的情况看，其农业现代化的成功与金融机构的资金支持是分不开的，从美国等国依托其发达的金融业向其农业经营者提供丰富的农业贷款，到日本等国农村公库公司为其农民开展农业经营提供信贷支持等，这些国家的农业现代化都极大地受益于金融行业的资金支持，可以说，没有金融，就没有这些国家的农业现代化。

四、中国推动农业现代化应该以金融为核心

（一）解决当前农业现代化现实问题的核心在于金融

从推动中国农业现代化的现实看，当前阶段制约我国推动农业现代化最大的困难在于金融参与不足，其根源在于二元体制的束缚和农业与金融融合创新不够。

表面上看，我国农业现代化存在的问题包括技术转化效率低、制度供给不足、社会化服务体系、市场资源配置体制、管理机制和市场化经营机制不完善以及人员素质和服务水平偏低等。然而，如果我们深入分析就可以发现，这些问题表象的背后，反映出的是我国农业在市场化过程中的“四缺”：一是缺资源要素的市场化配置基础。即在当前我国农业价格的发现是由政府强势主导的，在这种情况下，资源配置效率是不可能提高的。与此同时，在二元体制下，农业生产经营相对封闭，其与市场对接的通道被关闭，外部新

资源要素很难进来，也就谈不上资源要素的自由流通，更不可能进行充分的价值发现。二是缺信用体系。由于受到二元体制以及农业自身市场化发育不足的制约，我国当前农村地区的信用体系还没有真正建立，这直接导致我国农村金融特别是农业金融信贷服务因为信用缺失而陷入困境，在实践中就表现为农户、合作社乃至农业企业普遍面临因为达不到信贷要求而无法从金融机构贷款的难题。三是缺风险控制手段。目前我国农业经营在风险管理方面存在很明显的不足，现有的风险管理主要依靠农业保险、担保以及政府救灾应急、补偿等机制来应对风险，不仅手段有限，而且这些手段都侧重于事后管理，十分被动。特别是由于农业的双重风险性，其经营风险远高于普通产业，仅仅依靠事后管理手段，而不引入事前预防和中期管控手段，显然不足以应对农业经营中的风险。四是缺资金支持。农业现代化需要大量的资金支持，然而由于我们缺市场化机制、缺信用机制、缺风险控制手段，导致资本市场的资金不能、也不敢进来，使得我们的农业现代化长期“贫血”。正是由于这“四缺”，使我们二元经济体制条件下的农业变成了一个排斥外部生产要素的相对封闭的体系，新的生产要素进不来，决定了我们的农业只能进行简单的再生产，不能扩大再生产。

所以，在当前市场经济条件下，农业现代化应该突破传统的技术范畴的局限，通过建立科学机制，使农业向市场敞开大门，实现与其他产业的高度融合，有效地通过市场获取相关的资源要素，而这就必须借助金融来解决。如前所述，金融作为农业现代化的核心，其功能就在于不仅能作为高效的市场化配置机制，还能够帮助农业建立信用体系、管理风险，更能为中国农业现代化提供资金支持，因此，解决中国农业现代化当前“四缺”问题，其核心无疑在于金融。

（二）完成未来农业现代化历史任务的核心在于金融

从推动中国农业现代化的未来趋势看，必须看到，我们今天要推动的中国农业现代化是个空前艰巨、空前复杂的历史任务。我们不仅拥有全世界最庞大的农业人口，还拥有全世界最沉重的粮食安全压力；我们不仅是要推动农业的技术提升，还要推动制度改革创新、建立和完善农业社会化服务体系、丰富和创新市场资源配置体制机制、完善科学管理机制和市场化经营机制以及提高人员素质和服务水平等；我们不仅要解决农业量的问题，还要解决农业质的问题；我们不仅要解决农业本身的问题，还要配合解决农业以外包括城镇化、工业化、信息化乃至社会结构转型等一系列的问题。

要顺利地完成这个历史任务，就必须有效地调动一切可以调动的资源，就必须协调空前复杂的利益关系。在这种情况下，走过去的行政化的老路子显然是不行的，我们必须充分发挥市场在资源配置中的决定性作用，引入市场化资源配置机制、方式和手段，借助市场的力量来调动全社会资源共同完成。而作为最高效的市场资源配置工具和现代农业核心的金融，则必然也必须成为中国推动农业现代的核心。

具体来看，体现在五个方面：

一是金融是完善制度供给的重要手段。借助金融成熟机制，实现农村土地所有权、承包权与经营权的有效分离，并建立委托代理结构，在很好地维护基本经营制度稳定的前提下，充分发挥市场优势，解决农民能力不足问题，提高土地经营效率，降低城乡资源要素交换的成本，从而有效配合当前农村的制度改革和体制机制创新，为我国农业现代化提供更加完善的制度供给。

二是金融是最有效的资源市场化配置方式。利用金融工具，实现对农村资源要素的市场化改造，使之具备进入市场的条件，在此基础上，借助金融平台，实现农村资源要素与全市场资源要素的对接和自由交流，将农业发展亟需的资金、技术、人才、信息和管理服务等要素引向农村，确保农业全面融入城乡一体化市场。

三是金融是农业社会化服务体系的核心。借助金融建立信用的功能，按照规范的程序和步骤，逐步在农村地区建立信用体系，以此为基础，激发农业乃至农村发展活力。此外，借助金融的资源和渠道优势，为建立和完善农业社会化服务体系提供必要的资源要素支持和渠道保障，大大提高相关工作推进的效率，全面促进包括科技服务、生产服务、基础设施服务、经营管理服务、商品流通服务、农村金融服务、农村信息服务、农产品质量安全服务等在内的完善的农业产前、产中和产后社会化服务体系。

四是金融是农业科学管理和市场化经营的有力支撑。利用金融的规范且强调经济的机制，不仅可以促进农业资源的高效集约化管理，也可以推动农业生产经营的规范化水平，避免违规经营。与此同时，借助金融的手段，不仅可以直接提高农业融入市场化的水平，也可以破解农业市场化经营过程中面临的资金和要素瓶颈。

五是金融是农业产业化和科技化的基础。借助金融资源和渠道，可以激活并培育农村地区与农业相关的产业、链条，从而推动农业全产业链化发展。同时，通过引入金融的手段，可以全面突破当前农业技术革新的资金、管理和信息瓶颈，大幅提高农业技术研发、应用和推广的效率，从而全面加快我国农业技术革新的步伐。

六是金融是农业可持续发展的必要条件。依托金融渠道，可以为生态农业等的发展提供有力的资源要素保障，同时借助差别化金融制度设计，从而用市场化方式引导农业向可持续方向发展。

（作者单位：北京市农经办农研中心）

农民专业合作社融资渠道影响因素分析及实证研究*

——以福建省为例

庄哲耕　施生旭　吴声怡

一、研究背景

农民专业合作社作为提高农民组织化程度，增加农民收入，促进农业发展的一个有效平台，已经在世界范围内被广泛认同。随着社会经济的发展与深入，我国也越来越重视农民专业合作社在解决“三农”问题、发展现代农业上发挥的作用。截至2011年年底，全国经工商注册登记的农民专业合作社有52.17万家，实有入社农户4 100万户，占全国农户总数的16.4%。同时，我国专业合作社尚处于起步、摸索阶段，相关的法律法规及制度建设还不完善，尤其是合作社的资金来源渠道的相关制度建设存在不足，其表现就是我国的合作社普遍存在资金匮乏的问题。根据福建农业厅2012年对全省300家样本合作社的调研数据表明，有80%左右的合作社认为资金问题是合作社发展的最主要困难，资金问题已经成为阻碍合作社发展的主要障碍之一。合作社的融资渠道形式多样，现有研究主要将其分为内外部两种形式，既权益融资和债务融资，而外部融资渠道还可分为正规融资渠道和非正规融资渠道，对应正规金融体系及非正规金融体系，不同融资渠道存在截然不同的特征，有必要将其分别进行研究。因此在分析合作社融资渠道影响因素基础上，通过不同融资渠道所受到的影响因素，以此分析合作社融资困难的原因，为解决合作社融资问题的政策提供思考。

二、国内外研究述评

国外对于农村合作经济组织及农村合作金融的研究有相当一段时间，在理论与实践上都聚集了一定的基础。20世纪60年代，Helmberger（1966）提到合作社资金不足问题，认为资金短缺是农民专业合作社面临的关键制约因素。Knoeber和Baumer（1983）从内部融资视角认为合作社成员缺乏对

* 基金项目：福建省“十二五”农民专业合作组织发展专项（编号：[2009] 385）。

合作社投资动力的原因主要是搭便车问题和视野问题。而 Cook 和 Iliopoulos（2000）认为投资组合问题也导致合作社成员缺乏投资动力，而且一大部分权益资金被认为是非永久性的，对外部融资的获得造成一定的难度。对于解决合作社融资困难的方法，国外学者主要从合作社内部提出方案，如 Abrahamsen（1966）提出根据成员惠顾额比例来决定投资比例的方法。Cobia（1982）进一步深化 Abrahamsen 的研究成果，提出“根据成员和合作社的业务交易量来筹集相当比例的资本”。在这种思想下催生的“新一代合作社”将合作社的投资额与交易量进行了挂钩，并允许股权交易，一定程度克服了搭便车和视野问题，减少了成员投资动力不足问题，使合作社债务融资变得更加容易。

大多数学者认为我国的合作社存在以内部权益融资为主的特征，如康峰（2011）对陕西渭南的研究中，会费和股金占合作社资金的62%；余丽燕（2011）对福建的研究中，权益融资比例为73%；杨喻鹏（2013）对辽宁省的研究中，发起人的出资占50%以上的合作社多达46.67%。苗小玲（2005）认为合作社的融资难，导致生产层次较低，限制了合作社的发展和扩大。其中，造成合作社融资困难的基本原因有：①农民自身积累不足，无法支持合作社的内部融资；②农业风险较大，难以得到信贷组织的资金支持；③民间资本的融资成本太高，无法作为农业活动的资金来源。除了上述原因，还包括我国信贷环境较差，银行机构对合作社存在信贷配给、合作社缺乏合适的贷款抵押等原因，这在张雪莲和冯开文（2008）、赵凯（2011）等学者的研究中被提及。

为了研究和解决合作社融资困境的方法，有很多学者开展过合作社及农户的创新融资渠道研究，如“三方协议＋互保联贷＋同一账户＋贴息保险”（赵凯，2011）、“信用社＋专业合作社＋农户”（邓俊淼，2010）、“专业合作社内部资金互助”（夏英，2010）、“专业合作联社”（苑鹏，2008）、“政府贷款贴息＋信用机构担保”（孟召将，2011）等。在拓宽融资渠道、降低融资成本、控制融资风险、提高融资信用水平等方面有不少值得参考的经验。张晓明（2008）认为解除对农民专业合作社融资活动的抑制政策、引导民间借贷向合作社内聚集、大力开展互助合作信用事业是重构合作社融资机制的三大途径。胡卓红（2010）提出完善合作社相关金融法律法规体系、建设合作社内部资金互助社体系、加强对合作社的金融服务、加大对合作社的财政支持力度、加大力度培养合作社金融人才是改善合作社融资情况的重要途径。

三、融资渠道影响因素分析

从合作社的角度来说，融资渠道主要分为内部融资渠道与外部融资渠道。合作社的内部融资渠道有社员入股和社员捐资等形式。社员入股是主要

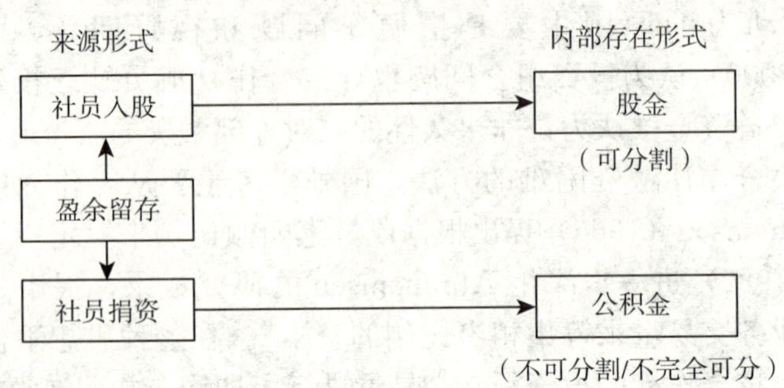

图 1　合作社内部融资渠道

的内部融资渠道（图 1），其所得为股金。股金具有两个明显的特点：一是大股东及负责人的投资额占总的比例极大，而一般社员的投资额与其有明显的差距；二是社员退社时可以退回股金。除了社员入股，社员捐资也构成了一部分内部资金，虽名目不同但基本形式为公积金。与股金相比，公积金在社员退社时一般无法退回。此外，合作社每到一个周期就要从该期收入中提取一定比例的公积金，然后将大部分盈余返还给社员，不过也有保留了一部分盈余，将其以社员入股或者社员捐资的形式重新投入合作社的情况。合作社的外部融资渠道则分为正规金融体系与非正规金融体系，正规金融体系的来源主要是银行或信用社，而非正规体系的来源主要有亲友借贷、各种“会”（如标会）和民间贷款公司等（图 2）。正规金融体系是指经国家登记注册，接受国家监管的金融机构，而非正规金融机构指的是游离于国家监管之外的民间金融。两者在 7 个方面存在明显的区别：①放贷主体不同。正规金融体系的放贷主体是银行、信用社等国家法律框架下规定的金融组织，而非正规金融体系的放贷主体可以是任何资金富余者，或者是专门从事民间借贷，赚取利差的个人或团体。②服务对象不同。正规金融体系更加侧重能够提供规范的标准信息的客户，而非正规体系更加侧重“信任半径”内的客户。③贷款效率不同。正规金融体系的贷款需要经过一些既定的手续，而非正规金融体系贷款手续简便甚至不需要手续和书面契约。④贷款用途不同。正规金融体系主要偏好生产性贷款，较为排斥生活性贷款，而非正规金融体系对贷款用途并没有明显的筛选。⑤放贷者承担的经营成本不同。非正规金

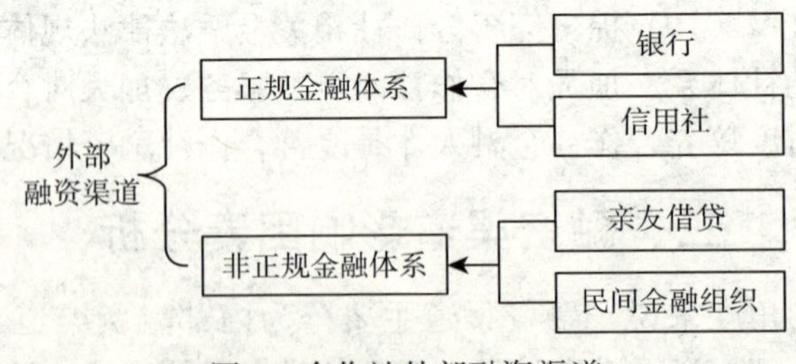

图 2　合作社外部融资渠道

融体系主要发生在“信任半径”内，其经营范围一般不能超出这个范围，否则边际成本就会显著提升，而正规金融体系具有规模优势，随着经营范围和规模的扩大，其边际成本会持续下降。⑥借款者承担的贷款成本不同。正规金融体系的贷款成本主要是利息。而非正规金融的成本除了利息也还包含“人情”等隐性成本，并且“利息”和“人情”两种成本在一定条件下可以互相替代。⑦对担保的要求不同。正规金融体系一般要求提供有形的，在债务人无法履行还债义务时可以变现的所有物作抵押担保，而非正规金融体系一般不要求有形的抵押担保，而是更依赖社会关系、人际网络的担保作用。综合起来，合作社的融资渠道大体可以分为内部和外部两个渠道，而外部则还可以分为正规和非正规两个渠道，这三个渠道具有各自截然不同的特征，因此本文在研究合作社的融资渠道时，将其划分为三个融资渠道，并据此设计指标变量。

在合作社融资渠道变量指标设计上，包括五个部分（表1）：

表1　合作社融资渠道变量因素分析

变量分类	变量意义	赋　值
合作社变量	成立时间	以2013扣去合作社注册成立时间
	主要股东数	5人以下=1；5～50人=2；50人及以上=3
	固定资产	50万元以下=1；50万～100万元=2；100万～500万元=3；500万～1 000万元=4；1 000万元及以上=5
	盈利能力	10万元以下=1；10万～30万元=2；30万～50万元=3；50万～100万元=4；100万元及以上=5
	荣誉级别	无=0；县级示范社=1；市级示范社=2；省级示范社=3；部级示范社=4
负责人变量	年龄	30岁以下=1；30～40岁=2；40～50岁=3；50岁及以上=4
	文化程度	小学至初中=1；中专至高中=2；大专及以上=3
	社会地位	没填=0；选择一项=1；选择两项=2；选择三项=3，最多五项
	收入水平	30 000元以下=1；30 000～50 000元=2；50 000～ 100 000元=3；100 000元及以上=4
管理制度变量	大股东额外表决权	没有额外表决权=0；有20%以下额外表决权=1；有20%以上额外表决权=3
	是否盈余分配	否=0；是=1

（续）

变量分类	变量意义	赋　值
融资历史变量	正规渠道融资历史	自成立以来没有或只进行过一次融资＝0；有超过一次融资历史＝1
	非正规渠道融资历史	自成立以来没有或只进行过一次融资＝0；有超过一次融资历史＝1
金融环境变量	地区经济发展水平	130 亿元以下＝1；130 亿～150 亿元＝2；150 亿～300 亿元＝3；300 亿～800 亿元＝4；800 亿元以上＝5
	正规金融机构是否有针对合作社的金融产品	无＝0；有推荐合作社使用的金融产品＝1；有针对合作社的金融产品＝2
	当地是否有正规贷款公司	无＝0；有＝1
	非正规渠道融资利率	10％以下＝1；10％～15％＝2；15％～17.5％＝3；17.5％～19％＝4；19％及以上＝5
因变量	合作社内部融资渠道	100 万元以下＝1；100 万～200 万元＝2；200 万～500 万元＝3；500 万～1 000 万元＝4；1 000 万元及以上＝5
	合作社外部正规融资渠道	无融资＝0；有融资＝1
	合作社外部非正规融资渠道	无融资＝0；有融资＝1

（1）合作社变量。本文用“成立时间”“主要股东数”“固定资产”“盈利能力”“荣誉级别”来考察合作社的个体特征。因为合作社也是特殊的企业，所以参照了小企业融资的指标，设计了“成立时间”“固定资产”“盈利能力”这三个指标，并加入了具有合作社特色的“主要股东数”和“荣誉级别”两个指标。因我国农民异质性较强，存在综合实力较强的大户和综合实力较弱的小户，大户对合作社的贡献明显强于小户，但是也有别于负责人。“主要股东数”指标的主要考察对象就是大股东对合作社融资的贡献；“荣誉级别”是我国合作社建设中重要的一环，“示范社”的体现，用来考察一般合作社与示范合作社在融资渠道表现上的差异。

（2）负责人变量。负责人是合作社的主要管理者，类似于企业领导人，对合作社的经营、发展以及融资都有重要的影响。本文选取了了“年龄”“文化程度”“社会地位”“收入水平”来考察负责人的个体特征。

（3）管理制度变量。合作社的内部管理制度决定了合作社的性质，也会对合作社的融资偏好产生影响，本文主要使用“大股东额外表决权”和“是否盈余分配”来考察。大股东额外表决权的设立与合作社“一人一票”的精神有所矛盾，但是其对大股东的投资意愿有促进作用，法律中也规定了20%的允许范围。盈余分配是合作社的基本制度，但目前合作社建设中还存在不规范，并没有完全普及。

（4）融资历史变量。目前合作社在外部融资渠道上的可得性还并不是很高，因此这个指标考察是否存在“融得到资的更加融得到资，融不到资的更加融不到资”的现象，为正规融资渠道和非正规融资渠道各设置了一个指标。

（5）金融环境变量。合作社的外部融资渠道受当地的金融环境影响，故根据正规金融和非正规金融体系的特征，设置了“地区 GDP”“正规金融机构是否有针对合作社的金融产品”“当地是否有正规贷款公司”“非正规渠道融资利率”四个指标。

四、实证分析

（一）数据来源与研究方法

本研究主要选取了三明沙县、泉州晋江、泉州安溪、漳州南靖、南平建瓯五个地区的农民专业合作社进行调研。其中，沙县地处闽中山区，是国家农村金融改革的试点区，同时也是全国十佳金融生态示范县，在解决农村金融问题上走在全国前列，作为研究农村金融问题及合作社融资的地区非常合适，在本研究中属于“农村金融环境较好”的代表地区。晋江属于经济发展较为发达的沿海城市，县、区级地方财政收入排在全福建的第一，因本研究涉及了融资问题，需要有一个经济较为发达的地区作为参照，即在本研究中属于“经济较为发达”的代表地区。安溪有福建最有特色的农业产业——茶产业，安溪的茶产业在我国产茶区中较为有名的，因此特别地列为样本的选择地。南靖是闽台农业合作示范县、高优农业示范区，在本研究中，属于“农业发展水平较高”的代表地区。建瓯是全国重点林业县（市）、经济林产业示范县，具有较好的农业条件，并且其所属的南平市的总体合作社发展水平较高，合作社数量全省第二，社员数全省第一，作为福建省内合作社相关问题的研究地点，具有较好的代表性。

本研究通过对合作社进行访谈，以及委托农业厅工作人员发放问卷来获取调研资料和数据。实地调查主要针对研究地域内运行较好的示范合作社，委托农业厅相关工作人员是在农业厅举行的农业相关活动中对合作社负责人发放问卷。问卷调查集中于 2012 年 6 月至 2013 年 9 月期间进行，共发放问卷 190 份，回收调查问卷 190 份，通过完整性检查后，168 份为完整的有效问卷，有效回收率为 88.4%。

表 2　各地区调查样本分布情况

单位：个

	三明沙县	泉州晋江	泉州安溪	漳州南靖	南平建瓯	合计
示范社	26	15	15	18	16	90
非示范社	10	29	2	28	9	78
合计	36	44	17	46	25	168

本研究在借鉴前人实证方法以及根据本研究数据类型，利用二次 logistic 回归分析，识别农民专业合作外部正规融资能力和外部非正规融资能力的关键影响因素；利用有序 logistic 回归分析法，识别农民专业合作内部融资能力的关键影响因素。

（三）内部融资渠道模型回归结果

表 3　合作社内部融资渠道分析结果

	变　量	回归系数	标准差	Wald 值	显著性
Threshold	[内部融资渠道 ＝ 1.00]	1.636	0.537	9.274	0.002
	[内部融资渠道 ＝ 2.00]	2.702	0.563	23.036	0.000
	[内部融资渠道 ＝ 3.00]	4.367	0.635	47.322	0.000
	[内部融资渠道 ＝ 4.00]	5.879	0.740	63.038	0.000
Location	成立时间	－0.222	0.105	4.466	0.035
	主要股东数	0.507	0.212	5.754	0.016
	盈利能力	0.354	0.111	10.233	0.001
	社会地位	0.370	0.221	2.803	0.094
	大股东额外表决权	0.662	0.196	11.455	0.001
	是否盈余分配	0.684	0.334	4.199	0.040

模型的似然比检验得 Chi－square＝44.966，P＝0.000，即该模型的拟合有意义。经过拟合优度检验，Deviance 和 Pearson 两个准则的 P 值分别为 1 和 0.182，均远远大于 0.05，说明模型的拟合度很好。模型的伪决定系数 Cox and Snell、Nagelkerke、McFadden 分别为 0.248、0.263、0.100。

根据回归结果，合作社内部融资渠道的主要影响因素包括：合作社成立时间、主要股东数、盈利能力、负责人社会地位、大股东额外表决权以及是否盈余分配。具体分析如下：①合作社成立时间的回归系数为－0.222，显著性为 0.035，意味着合作社成立时间对内部融资渠道有显著的负面影响，即成立越早的合作社，其股金就越少，负责人以及大股东对其进行的投入较低；而较近成立的合作社，负责人及大股东对其进行的投入较高，负责人及大股东对合作社的信赖度正在逐年提高，且合作社的股金一经投入后，再度增资扩股的余地并不大。②合作社主要股东数的回归系数为0.507，显著性为0.016，意味着合作社主要股东数对内部融资渠道有显著的正面影响。合作社内部融资渠道主要由负责人和大股东（主要股东）的股金构成，而大股东虽然在投资额上一般比负责人稍低，但所有大股东总体在合作社中的投资额应具有相当的比例，即大股东数越多，合作社的内部融资能力越强。③合作社盈利能力的回归系数为0.354，显著性为0.001，意味着合作社的盈利能力对内部融资渠道有显著的正面影响。大户更愿意加入盈利能力较高的合作社，以及合作社大股东对盈利能力较好的合作社更愿意进行投入。④负责人社会地位的回归系数为0.37，显著性为0.094，意味着负责人社会地位对内部融资渠道有一定的正面影响，若负责人的社会地位较高，则人们对负责人就较为信赖，因此也更愿意加入其合作社，或者对其进行投资。⑤大股东额外表决权的回归系数为0.662，显著性为0.001，意味着大股东额外表决权对内部融资渠道有显著的正面影响。大股东额外表决权代表的是拥有资本优势的大股东团体是否能对合作社拥有高于一般社员的控制权。给予大股东适当的高于一般社员的控制权和惠顾权，有助于吸引大股东的投资。根据本研究的结果，较高的控制权——额外表决权对内部融资渠道确实是有帮助的。⑥是否盈余分配的回归系数为0.684，显著性为0.040，意味着是否盈余分配对合作社内部融资渠道有显著的正面影响，证实了大股东更愿意对有进行盈余分配的合作社投资。⑦负责人收入水平在逐步回归阶段就已被剔除，意味着负责人收入对合作社内部融资渠道没有显著的影响。这表示福建省合作社已经基本不存在由负责人一股独大的情况，尽管一般社员的投资额与大股东的投资额存在较大的差距，但是大股东团体对合作社的影响已经超过了负责人个人对合作社的影响。

（二）外部正规融资渠道模型回归结果

表4　合作社外部正规融资渠道分析结果

	回归系数	标准误差	Wald值	显著性	Exp (B)
盈利能力	0.394	0.152	6.769	0.009	1.483
荣誉级别	−0.284	0.184	2.381	0.123	0.752
收入水平	0.449	0.224	4.030	0.045	1.567
是否盈余分配	0.838	0.531	2.492	0.114	2.312
正规融资历史	1.932	0.662	8.511	0.004	6.903
非正规融资历史	1.075	0.463	5.395	0.020	2.929
Constant	−4.477	0.973	21.172	0.000	0.011

使用二元 logistic 回归对合作社外部正规融资渠道进行分析，经过显著性明显较差的变量多次剔除与再次回归，最后回归数据体现 Hosmer and Lemeshow 拟合优度检验中 P=0.371，大于 0.1，模型的拟合优度较好，预测准确率为 81.44%达到较高水平，说明模型有意义。

根据回归结果，对外部正规融资渠道影响最为显著的因素是合作社盈利能力、负责人收入水平、正规融资历史以及非正规融资历史。具体分析如下：①盈利能力的回归系数为 0.394，显著性为 0.009，说明合作社的盈利能力对外部正规融资渠道有显著的正面影响。金融机构在审核贷款资格时，合作社的盈利能力较强，说明合作社的运作处于健康状态，就较容易从金融机构获得贷款。②收入水平的回归系数为 0.449，显著性为 0.045，说明负责人的收入水平对外部正规融资渠道有较大的正面影响。合作社的贷款融资，有很大部分是以负责人或者大股东的名义获得的。③正规融资历史的回归系数为 1.932，显著性为 0.004，说明合作社的正规融资历史对外部正规融资渠道有显著的正面影响。合作社具有通过审核历史，体现达到符合贷款条件的需求，再次进行融资时，对申请手续比较熟悉，审核成本更低，信用也比较高，也更容易得到金融机构的贷款审批。④非正规融资历史的回归系数为 1.075，显著性为 0.02，说明合作社的非正规融资历史对外部正规融资渠道有一定正面影响。非正规融资渠道的"信用""人脉"等因素影响到借贷人是否有能力按时还款，有特殊身份或者较为有权力的农户能比普通农户获得更多的正规金融机构贷款（金烨，2009)，有村级干部领导、企业管理者负责人等社会关系比较充裕的人更加容易获得贷款，也更容易找到担保人(郭红东，2011)。

此外，荣誉级别回归系数为−0.284，显著性为 0.123，不具备显著性。这个研究结果与戎承法（2011)、史宝成（2013）等人的研究存在区别。其原因主要有：合作社的荣誉级别，本身对金融机构来说并没有价值——合作社荣誉级别对金融机构所要求的盈利能力、信用等指标也不具备直接的代表意义。而我国政府鼓励金融机构对合作社放宽条件，对荣誉级别高的合作社优先发放贷款，并且通过各种创新的抵押方式为合作社解决抵押担保的问题，在上述学者的研究中，或许是因为其研究的地区内，该要求的落实情况更好。这就侧面反映出，福建区域内这个要求落实得还不够到位。同时，固定资产、合作社的成立时间、地区 GDP、负责人年龄等变量在逐步回归阶段被剔除，这意味着这些变量与外部正规融资没有显著影响。

（四）外部非正规融资渠道模型回归结果

表 5　合作社外部非正规融资渠道分析情况

变　量	回归系数	标准差	Wald 值	显著性	Exp (B)
年龄	0.575	0.318	3.271	0.070	1.777
文化程度	0.694	0.360	3.722	0.054	2.002
非正规融资历史	3.702	0.607	37.163	0.000	40.530
地区 GDP	0.573	0.179	10.262	0.001	1.774
非正规融资利率	−0.369	0.200	3.400	0.065	0.692
Constant	−5.592	1.869	8.952	0.003	0.004

使用二元 logistic 回归对合作社外部正规融资渠道进行分析，经过显著性明显较差的变量多次剔除与再次回归，最后回归数据体现 Hosmer and Lemeshow 拟合优度检验中 P＝0.8 968，远大于 0.1，说明模型的拟合优度较好，预测准确率为 86.3%达到较高水平，说明模型有意义。

根据回归结果，对外部非正规融资渠道影响最为显著因素是负责人年龄、文化程度、合作社非正规融资历史、地区 GDP、非正规融资利率。具体分析如下：①年龄的回归系数为 0.575，显著性为 0.07，说明年龄对外部非正规融资渠道有一定正面影响。随着负责人年龄增加并不足以导致贷款需求的显著下降，这是由于合作社非正规融资渠道的主要融资对象是亲友，所以非正规融资对合作社负责人的人脉带来了要求，年龄较高负责人的人脉越广，从中越可能找到可以提供非正规渠道融资的对象。②文化程度的回归系数为 0.694，显著性为 0.054，说明文化程度对外部非正规融资渠道有一定正面影响。文化程度较高的负责人，相比文化程度较低的负责人，其交际圈里有更大的几率包含社会地位较高的人，换句话说就是可进行民间融资的对象范围更广，进行非正规渠道融资的机会更多。③非正规融资历史的回归系数为 3.702，显著性为 0.000，说明非正规融资历史对非正规融资渠道有极为显著的正面影响。有过非正规融资的农户有更大几率再次获得非正规融资，而没有获得过非正规融资的农户，很难获得融资，这与正规融资历史有相似的特征，受“信用”和“人脉”的影响较大。④地区 GDP 的回归系数为 0.573，显著性为 0.001，说明地区 GDP 对非正规融资渠道有显著的正面影响。在地区经济较好的地区，居民的收入水平较高，总体个人积累水平也较高，意味着可以提供给非正规融资渠道的资金也越多，合作社获得非正规融资的可能性越大。⑤非正规融资利率的回归系数为−0.369，显著性为 0.065，说明非正规融资利率对非正规融资渠道有一定负面影响。非正规渠道本身就存在融资成本较高的特点，而农业活动本身的利润并不高，随着融资成本的提高，农户选择非正规融资历史的意愿也随之下降。此外，合作社的盈利能力、负责人的收入水平、与是否有正规贷款公司等变量在逐步回归阶段就被剔除，说明这些变量对非正规融资渠道没有显著影响。

五、完善合作社资金融资渠道与因素建设的对策建议

通过对福建省农民专业合作社融资渠道与影响因素的调查研究，立足于福建省现有的条件，改善农民专业合作社融资渠道，可以从以下几个方面进行。

（1）应鼓励实力较好的大户参与合作社并加以规范。从内部融资的角度来说，根据本文的研究结论，大股东的数量对内部融资渠道有较显著的影响，大股东是合作社较为主要的内部资金来源。换言之，合作社为了改善内部融资渠道，应尽量吸收资本实力较好的大户。为了解决合作社成员异质性的问题，可以对合作社内部资本集中度提出要求，原则上反对负责人一股独大的情况，但是不反对由多个资本实力较好的大股东所组成的大股东团体控制合作社的情况。对于符合一股独大情况的合作社，不予评选示范社，可通过吸收其他合作社或者大户来转变为大股东团体控制的合作社。同时，鼓励资本实力相近、提供的产品或服务相关的合作社进行横向或纵向的合并。

（2）负责人应积极提高自身素质和实力。负责人社会地位对合作社内部融资渠道是有促进作用的，即负责人的社会地位越高，合作社成员对合作社的平均投资额越大，也就是社员对负责人就越信任。笔者认为，这是因为负责人的社会地位越高，对信誉就越重视。此外，社会地位越高，表示承认他的人越多，侧面反映了他的个人能力。因此，加入其发起的合作社，受益更有保障，所以成员也更加愿意加入并对其投资。并且，对于非正规外部融资渠道来说，负责人的人脉在很大程度上影响着资金的可得性以及融资利率。人脉也是社会地位的一种体现。

（3）合作社应加强建设，提高盈利能力。从内部融资渠道来说，合作社提高盈利能力并且对盈余进行分配，可以让社员从合作社中得到的收益的增加；而大股东额外表决权的提高，则增加了大股东为自己争取更多利益的空间，即可以得到社员的更多支持。而从外部融资渠道来说，根据本文研究结果，合作社的盈利能力对外部融资渠道有显著影响，金融机构在对合作社发放贷款时，其盈利能力是较为重要的指标。

（4）推动公益性的合作社担保基金。从外部正规融资渠道来说，根据本文的理论分析、调查结果，合作社获取贷款的最大障碍是缺乏担保，而本文的研究中，合作社固定资产难以作为担保的结论也证实了这一点。合作社的

本质决定了其自身可用作担保的资产较为有限，其缺乏担保的问题很难自行解决，或者解决的成本较大，因此解决这个问题需要政府的介入或者牵头。比如中央政府提供一部分资金，地方政府提供一部分，合作社筹集一部分，组成贷款担保基金；为参股的合作社建立信用档案，将合作社最高可获取的担保额度与其参股额度和信用程度挂钩；对一般金融组织不接受的抵押担保形式如土地使用权、房产、未来收成等予以接受，对参股的合作社提供比一般的贷款担保公司更为优惠的贷款担保资金；无法提供任何抵押担保的合作社，亦可直接获取有限度的担保，但若逾期还款则对其信用程度造成不利影响；对达示范社标准的合作社优先发放。

（5）推出适合合作社使用的金融产品。合作社没有向正规金融机构贷款的主要原因除了缺乏贷款，另一个原因是手续烦琐。因此笔者认为，如果金融机构能够考虑合作社及农户的资金需求特征，而推出更加适合合作社及农户使用的金融产品，不仅不会对融资风险和服务水平造成太大影响，还能明显降低手续的烦琐程度，则合作社向正规金融机构融资的意愿就能得到增强。

参 考 文 献

邓俊森．农民专业合作组织推动农户融资模式研究——基于河南省社旗“农民专业合作社＋农村信用社”模式的考察．农村经济，2010（9）：58－61.

郭红东，陈敏，韩树春．农民专业合作社正规信贷可得性及其影响因素分析——基于浙江省农民专业合作社的调查．中国农村经济，2011（7）：25－33.

胡卓红．我国农民专业合作社发展的瓶颈问题与突破之策．现代财经：天津财经学院学报，2010（3）：59－63.

金烨，李宏彬．非正规金融与农户借贷行为．金融研究，2009（4）：63－79.

康峰．农民专业合作社融资困境与完善途径——以陕西渭南为例．西部金融，2011（10）：35－36.

孟召将．农民专业合作社融资困境及路径选择．学术交流，2011（10）：127－130.

苗小玲．农民合作经济组织产生的成本——收益分析．经济经纬，2005（6）：119－122.

戎承法，楼栋．专业合作基础上发展资金互助的效果及其影响因素分析——基于九省68家开展资金互助业务的农民专业合作社的调查．农业经济问题，2011（10）：89－95.

史宝成，赵凯．影响农民专业合作社融资的因素分析——基于陕西关中地区的调查．江苏农业科学，2013，41（2）：403－407.

夏英，宋彦峰，濮梦琪．以农民专业合作社为基础的资金互助制度分析．农业经济问题，2010（4）：29－33.

杨喻鹏，兰庆高．农民专业合作社融资问题研究——基于辽宁省的问卷调查．中国农业会计，2013（5）：50－52.

余丽燕，郑少锋．农民专业合作社融资问题与寻求破解的探索——以福建省为例．农村经济，2011（3）：52－56.

苑鹏．农民专业合作社联合社发展的探析．中国农村经济，2008（8）：44－51.

张晓明．农民专业合作社合作融资机制构建研究．农业经济，2008（10）：70－71.

张雪莲，冯开文．农民专业合作社决策权分割的博弈分析．中国农村经济，2008（8）：61－69.

赵凯．我国农民专业合作社融资模式的比较研究．农村经济，2011（5）：75－78.

Abrahamsen M. A. Discussion：Government Regulationsand Market performance—Problems in Regulations andFuture Roles for Agricultural Cooperatives. Amer. J. Agr. econ，1966（48）：1439－1443.

Cobia D W，Royer J S，Wissman R A，et al. Equity Redemption：Issues and Alternatives for Farmer Cooperatives. University of Minnesota，Department of Applied Economics，1982.

Cook，M. L. C. Iliopoulos. Ill－defined property rights in collectiveaction：the case of US agricultural cooperatives//C. Menard. Institutions，Contracts，and Organizations：Perspectives from New Institutional Economics，Edward Elgar Publishing Limited. 2000.

Helmberger P G. Future roles for agricultural cooperatives. Journal of Farm Economics，1966（48）：1427－1435.

Knoeber C. R. D. L. Baumer. Understanding Retained Patronage Refunds in Agricultural Cooperatives. American Journal of Agricultural Economics，1983，65（1）：30－37.

（作者单位：福建农林大学）

农村金融支持是否促进新型农业经营主体培育？*

——理论模型与实证检验

汪艳涛　苟露峰　金玮博

党的十一届三中全会以来，我国建立了以家庭联产承包经营为基础、统分结合的双层经营体制，由此形成了以小规模家庭经营为主体的传统农业生产方式。随着工业化、城镇化的快速推进，农村劳动力逐步由农业部门向非农业部门转移，农业副业化、农村空心化、农民老龄化问题日益凸显，农业经营主体也发生了变革，由传统的小规模家庭经营转变为多类型经营主体并存的格局（黄祖辉等，2010）。传统小规模家庭经营主要依靠经验种地，缺乏先进的农业技术指导，以及现代化机械操作，影响了劳动生产率和土地生产率的提高（陈春生，2007）。因此，需要创新农业经营体制机制，加快培育多元化新型农业经营主体，为传统农业经营主体提供科学的种养技术和理论指导、科学的农业经营管理以及专业化、社会化的生产性服务体系，促使其向新型农业经营主体转变（张晓山，2013）。中央也出台了一系列政策，鼓励新型农业经营主体的培育，2012 年中共十八大明确提出，建立集约化、专业化、组织化、社会化相结合的新型农业经营体系；2013 年中央 1 号文件再次指出，在保障农户生产经营主体地位的基础上，培育和发展壮大新型农业生产经营组织，充分激发农村生产要素潜能；2014 年中央 1 号又进一步强调扶持和发展多种新型农业经营主体，推进新型农业经营主体培育能力提升，实现农业适度规模经营，促进农业生产效率进一步提高。可见，提升新型农业经营主体培育能力，促进新型农业经营主体快速培育与健康发展已成为当前我国农村发展的重大战略任务。

新型农业经营主体培育离不开农村劳动力、农村生产物质和农村金融等生产要素的投入，其中，农村金融运行效率低下是当前新型农业经营主体培

* 本文得到国家自然科学基金“沿海地区小规模兼业农业向适度规模现代农业转化的体制机制研究——基于农户分化的实证分析”（70973116）、国家自然科学基金项目“农户分化背景下需求导向型农技推广机制研究”（71273248）、教育部人文社科项目“农户兼业化对农业生产效率的影响及提升农业生产效率的机制研究”（2010GNC10957）的资助。

育遇到的最大瓶颈（吴超等，2013）。虽然中央出台了一系列扶持农村金融机构，特别是农村中小金融机构发展的政策，但是这些机构普遍存在着监管困难和系统性风险，对其采取了严格的准入制度，制约了农村中小金融机构的发展（谷洪波等，2007）。农村种养大户、家庭农场、农民专业合作社和中小型农业企业由于缺乏有效的担保抵押物，导致融资贷款困难，同时伴随着融资贷款交易成本高、贷款手续复杂等问题，使得新型农业经营主体培育过程中的资金需求无法得到满足（孙勇智等，2013）。另外，小额信贷等扶持性贷款规模较小，远远无法满足新型农业经营主体的资金需求，导致新型农业经营主体发展缓慢（刘雨松等，2013）。要解决上述问题，必须进一步加大农村金融支持力度，提高农村金融运作效率，创新农村金融运行体制，促进新型农业经营主体培育能力的提升。

但是，现有文献大多是从宏观层面来研究新型农业经营主体的培育，大多分析新型农业经营主体发展现状和前景，培育的必要性进行定性分析，而从农村金融支持的视角研究不是很多。未来农村金融改革的重点是围绕农户来进行，农户不仅是未来农村金融改革的中心，也是改革的出发点和终极目标，以往的一系列改革之所以成效不显著，非常关键的一点就是撇开农户，局限于农村正式金融改革，就体制论体制。因此，农村金融的改革和研究应该从农业生产的微观基层单位“农户”出发，制定有利于农户生产效率提高农户收入持续增长的农村金融改革制度。但是，有关农村金融的研究以农户为单位进行调研实证研究也不是很多。因此，为了弥补现有文献不足，本文首先构建了农村金融影响新型农业经营主体培育的理论模型，通过理论模型，讨论了政府通用性金融支持与主体自身专用性金融支持对新型农业经营主体培育的影响；然后，采用山东省 450 个农户作为样本框，按照重点抽样和随机抽样方法，从中选取了 300 个具有新型农业经营主体特征的农户作为研究样本，用以检验农村金融对其培育效果的影响，并且根据检验结果提出促进新型农业经营主体培育的农村金融改革的一些政策建议。

一、理论模型

为了进一步分析金融支持对培育效果的影响，本文从生产函数传统分析框架出发，设计了一个农村金融影响新型农业经营主体培育效果的理论分析模型。在理论模型中，农村金融、农村劳动力、农村物资设备被当作一项“投入”用于培育过程。这样就得到了新型农业经营主体的培育效果函数：

$$y = F(F, L, K) \tag{1}$$

式中，Y 代表新型农业经营主体培育效果；F 代表农村金融支持水平；L 代表农村劳动力投入；K 代表农村生产物资投入。由于本研究重点分析农村金融对新型农业经营主体培育效果的影响，因此，我们借鉴了 Parente and Prescott（1991）和温涛等（2005）的做法，对农村劳动力和农村物资设备投入加一个容量限制 $\overline{L}$ 和 $\overline{K}$，从而可得如下方程：

$$Y = f(F)\min(L,\overline{L})^{\theta}\min(K,\overline{K})^{\theta},\theta > 0 \tag{2}$$

令 $m=(\overline{L})^{\theta}$，$n=(\overline{K})^{\theta}$，$m$ 和 n 分别表示农业经济最大生产能力时农村劳动力和农村物质资本的最大容量，新型农业经营主体培育效果不会随着农村劳动力和农村物质资本的增加而增加，这就意味着此时新型农业经营主体培育效果主要取决于总的农村金融支持水平。结合式（1）就变成：

$$Y = mnf(F) \tag{3}$$

令 $A=mn$，A 此时可以看成农村劳动力投入和农村生产物资投入达到最大容量时，实现农业经济最大生产能力时的管理技术水平。此时式（3）可变为：

$$Y = Af(F) \tag{4}$$

如果不考虑分配政策、城乡“二元经济”结构、城乡税收差别等因素的影响，利用这一模型，同样可以考察金融支持与新型农业经营主体培育效果之间的关系。新型农业经营主体的培育所需的金融支持既有来自于私人的金融支持，也有来自于外界的金融支持。外界金融支持的来源主要有两种渠道：一种是政府或社会组织的补贴，它们提供的金融一般不针对某个特定的新型农业经营主体，因而这种金融一般具有通用性；另一种渠道是新型农业经营主体向银行贷款融资，这部分金融一般具有针对性，只是对本组织（企业）服务，因而具有很强的专用性。假设农村金融支持符合 C-D 函数，即：

$$f(F) = F_G^{\alpha}F_S^{\beta}I^{\gamma}$$

式（4）变为：

$$Y = AF_G^{\alpha}F_S^{\beta}I^{\gamma} \tag{5}$$

式中，Y 代表新型农业经营主体培育效果；F_G 代表政府提供的通用性金融支持；F_S 代表银行贷款提供的专用性金融支持，I 代表新型农业经营主体自身拥有的具有私人特征的金融支持。其中 α、β、γ 均>0。

因为政府提供的通用性金融支持 F_G 不针对具体的经营主体，不能自由支配，因此，我们假设每一个新型农业经营主体当事人金融禀赋为 $R_i = F_{S_i} + I_i$，那么新型农业经营主体的总金融禀赋为：

$$R = \sum R_i = \sum F_{S_i} + \sum I_i = F_S + I \tag{6}$$

因此，求解新型农业经营主体培育能力最大化：

$$\max Y = AF_G^{\alpha}F_S^{\beta}I^{\gamma} \tag{7}$$

$$\text{s. t. } R = F_S + I \tag{8}$$

建立拉格朗日函数：

$$L = AF_G^{\alpha}F_S^{\beta}I^{\gamma} + \lambda(R - F_S - I)$$

对此函数进行一阶求导，整理可得：

$$F_S = \frac{\beta I}{\lambda} \tag{9}$$

将式（6）带入式（5），对 F_S 求一阶偏导并令其等于 0，可得：

$$F_S^* = \frac{\beta + R}{\beta + \lambda}; \text{当 } F_S < F_S^* \text{ 时}, \frac{\partial Y}{\partial F_S} > 0, \text{当 } F_S > F_S^* \text{ 时}, \frac{\partial Y}{\partial F_S} < 0 \tag{10}$$

一般而言，政府提供的通用性金融支持和银行贷款提供的专用性金融支持在新型农业经营主体培育能力的提升弹性不会大于 1，因此，增加金融支持对新型农业经营主体培育能力提升的影响是呈边际递减趋势的。当 $0<\alpha$，$\beta<1$ 时：

$$\frac{\partial^2 Y}{\partial F_G^2} = \alpha(\alpha - 1)AF_G^{\alpha-2}F_S^{\beta}I^{\gamma} < 0, \frac{\partial^2 Y}{\partial F_S^2} = \beta(\beta - 1)AF_G^{\alpha}F_S^{\beta-2}I^{\gamma} < 0 \tag{11}$$

根据式（9）和式（8）可得：$F_S = \frac{\beta R}{\beta + \lambda}$，对其求导可得：$\frac{\partial F_S}{\partial R} = \frac{\beta}{\beta + \gamma}$，于是我们得到第一个命题。

命题一：新型农业经营主体培育效果随政府提供的通用性金融支持的增加而提升，同时也随银行贷款提供的专用性金融支持的增加而增加，但增加的幅度都呈现边际递减的趋势。为了使新型农业经营主体培育效果最优，专用性金融支持随着金融禀赋 R 的增加而增加；反之亦然。这说明，政府适度的提供通用性金融支持有利于新型农业经营主体培育能力的提升，但也不是无限度的提供，应保持适度。如果有提升新型经营主体培育的技术条件，主体自身会通过增加银行贷款提供专用性金融支持，来扩大经营规模，从而获取更大的培育能力，但由于存在边际能力递减的趋势，因此，经营规模不可能无限制地扩大。这就回答了新型农业经营主体的规模应该遵从“适度规模经营”的原则，而不是盲目扩大生产。

根据式（9）可以得到银行贷款提供的专用性金融支持与政府提供的通用性金融支持的边际技术替代率为：

$$MRTS_{F_G, F_S} = -\frac{\alpha F_S}{\beta F_G} \tag{12}$$

假设新型农业经营主体向银行贷款提供的专用性金融支持利率为 r_1，政府提供的单位通用性金融支持的价格为 r_2，那么金融提供的社会成本函数可以写成：$C = F_G r_2 + F_S r_1$。因此，在社会成本约束下的培育能力最大化是：$\frac{\alpha F_S}{\beta F_G} = \frac{r_1}{r_2}$。从而有：

$$F_S=\sqrt{\frac{\beta}{\alpha}}F_G\text{或}F_G=\sqrt{\frac{\alpha}{\beta}}F_S \tag{13}$$

由式（12）和式（13）我们得到第二个命题。

命题二：政府提供的通用性金融支持与银行贷款提供的专用性金融支持具有一定的替代性，但边际替代率减小。另外，两者的替代性也不是无限制的替代，两者金融支持力度在数量上应保持适当的比例，这样才能使新型农业经营主体在最小社会成本约束条件下获得培育能力的最大提升。

根据式（9）及成本约束条件，可以得到：$I=\frac{\gamma R}{(\gamma+\beta)}$。当 $\beta\rightarrow0$ 时，$I\approx R$，此时，$F_S\rightarrow0$，这意味着向银行贷款所获得的专用性金融支持减少，主要依靠政府提供的通用性金融支持获得培育能力的提升。反之，当 β 的值较大时，由于 F_S 与 F_G 具有一定的替代性，F_G 的增加会使 F_S 有所减少，在资源约束条件 $R=F_S+I$ 下，意味着 I 有所增加，也就是说当 F_G 增加时，同样的 F_S 可以满足更多的 I 的需求，也就意味着新型农业经营主体规模的扩大。于是我们得到第三个命题。

命题三：如果向银行贷款提供的专用性金融支持的弹性较小，那么随着政府提供的通用性金融支持的增多，新型农业经营主体的规模趋于缩小；如果新型农业经营主体提供的专用性金融支持弹性较大，那么随着政府提供的通用性金融支持的增多，新型农业经营主体的规模趋于扩大。

二、数据来源及变量选取

（一）数据来源

现有文献对新型农业经营主体的研究大多集中于国家宏观层面研究，原因之一是微观数据获取的困难性。为了更好地贯彻实施中央关于加大新型农业经营主体培育的指示，科研组于 2013 年 7—11 月对山东省胶州市李哥庄镇、胶莱镇、胶西镇、铺集镇、里岔镇、洋河镇等 6 个镇的农户进行了实地调研。胶州市是山东省农业机械化试点县（市）之一，农业产业化水平较高，并且农业生产具有一定的规模化，已经培育了一批新型农业经营主体，具有很强的代表性和示范性，故选择其作为调查地。研究组按照重点调查法，先在每个镇上选取新型农业经营主体较多的 8 个村庄进行重点调查，然后在每个村庄按照按照随机抽样随机选取 10 户作为调查样本。调查方式为面对面访谈，对于因外出务工等原因不在家的农户，调查人员越过此家，进行下一家进行调查。共发放问卷 480 份，直接搜集到的调查问卷在统计过程中有些信息填写不完全，甚至有些被调查者回答不真实，所以不宜直接采用，不然会使计量检验得出的结果产生偏差，因此，需要对样本进行筛选，删除了那些问答有缺失的或者前后矛盾等问题的问卷，最终得到450份样本，占问卷调查的94.4%，远远超过数据模型所需样本的最低需求①。

（二）样本描述

在进行问卷设计时，考虑到新型农业经营主体的异质性，我们对被调查者进行了适当的分类，把农户分为家庭农场、农民合作社、农业企业、种养大户四类。其中家庭农场是直接根据调查问卷中“是否注册了家庭农场”来划分：如果回答“是”，则该农户被认定为家庭农场。农民合作社是根据问卷中“是否加入农业专业合作社”来划分：如果回答“是”，则该农户被认定为农民合作社。农业企业的划分也是根据问卷中“是否注册了农业企业”来划分：如果回答“是”，则该农户被农业企业。种养大户是指没有注册家庭农场、也没有注册农业企业，根据当地耕作规模，我们把种植面积大于30亩的农户，称为种养大户②。具体调查情况见表1。

表1　调查样本的基本统计特征

变量特征 主体类型		注册为龙头企业（户）		注册为家庭农场（户）		加入合作社（户）		种养大户（户）	
		频数	频率	频数	频率	频数	频率	频数	频率
样本数		31	100%	80	100%	162	100%	27	100%
姓别	男	23	74%	64	80%	138	85%	19	70%
	女	8	26%	16	20%	24	15%	8	30%
年龄	30岁以下	0	0	0	0	2	1%	0	0
	30～40岁	13	42%	28	35%	43	27%	11	41%
	40～50岁	11	36%	37	46%	78	48%	10	37%
	50～60岁	6	19%	13	16%	36	22%	5	18%
	60岁以上	1	3%	2	3%	3	2%	1	4%
农户文化教育程度	小学以下	0	0	0	0	0	0	6	22%
	小学	0	0	4	5%	19	12%	7	27%
	初中	2	6%	12	15%	49	30%	9	33%
	高中	16	52%	46	58%	75	46%	3	11%
	大学及以上	13	42%	18	22%	19	12%	2	7%

在进行样本个数统计过程时，按照“上限不在内”的原则进行统计，同时，频率统计按照四舍五入取整处理。

---

① 郝朝艳，平新乔，张海洋，等．农户的创业选择及其影响因素．中国农村经济，2012（4）：57-65.

② 种养大户目前还没有具体的划分标准，根据当地地理条件和农户耕地规模，在咨询相关专家的基础上确定30亩为其划定标准。

由表1我们可以看出，新型农业经营主体具有很强的异质性，其自身的特征也具有显著的差异性。在调查样本中，四类新型农业经营主体的性别都是以男性为主，其中龙头企业男性占到74%，家庭农场男性占到80%，合作社男性占到85%，种养大户男性占到70%，这说明新型农业经营主体男性起到了一定的生产组织能力，与传统农业中的妇女占主导地位有很大区别，这也是我国传统的“重男轻女”思想造成的。年龄特征方面，四类新型农业经营被调查者年龄段主要集中在30～40岁和40～50岁青壮年阶段，这也与传统农业经营主体中的老龄化趋势有很大的差异性。农户文化教育程度特征方面，我们看到新型农业经营主体主要是高中文化程度占到较多的比重，另外，大学及以上学历龙头企业占到了42%、家庭农场占到了22%、农民合作社占到了12%、种养大户占到了7%。可见，新型农业经营主体也是比传统小农户文化教育水平有显著提高，在某种程度上有利于新技术的采用及管理水平的提高，从而进一步促进农业生产效率的提高。

（三）变量选取

为了进一步分析金融支持对新型农业经营主体培育效果的影响。根据理论模型，我们把农村金融分为政府提供的通用性金融、银行贷款提供的专用性金融和主体自身拥有的私有金融三部分，这三个变量的选取采用问卷中是否获得政府补贴、是否从银行贷款以及农户年收入水平来衡量，虽然变量的选取没有从金融的绝对数值上来分析，但是可以将其作为选择性变量来评判，在某种程度上弥补了这方面的缺失。另外，新型农业经营主体培育效果的评价是抽象的概念，很难用数量来直接衡量，因此，我们采用各类型农业经营主体对培育效果的满意度来间接衡量，虽然此种衡量有一定的局限性，但是采用此方法使得抽象的评价变成了直接的数量评价。因此，本文认为，为了数量化的衡量金融支持对新型农业经营主体培育的影响，采用间接性评价也不失为好的处理方法，具体变量选取及描述见表2。

表2　变量选取及变量描述

变量类型	变量名称	变量描述
被解释变量	新型农业经营主体培育效果（Y_1～Y_4）	“不满意”=1；“一般”=2；“较满意”=3；“很满意”=4
解释变量	政府通用性金融支持（X_1）	“有”=1；“无”=0
	专用性金融支持（X_2）	“有”=1；“无”=0
	自身收入（X_3）	“有”=1；“无”=0

（续）

变量类型	变量名称	变量描述
控制变量	文化程度（X_4）	“小学以下”＝1；“小学水平”＝2；“中学水平”＝3； “高中水平”＝4；“大学及以上”＝5
	年龄（X_5）	“30 岁以下”＝1；“30～40 岁”＝2；“40～50 岁”＝3； “50～60 岁”＝4；“60 岁以上”＝5
	健康状况（X_6）	“差”＝1；“较差”＝2；“一般”＝3； “较好”＝4；“好”＝5
	性别（X_7）	“男”＝1；“女”＝2
	种地年限（X_8）	“三年以下”＝1；“3～5 年”＝2；“5～10 年”＝3； “10 年以上”＝4
	种地规模（X_9）	“30 亩以下”＝1；“30～80 亩”＝2；“80～130 亩”＝3； “130～180 亩”＝4；“180 亩以上”＝5
	对粮食生产的依赖程度（X_{10}）	“根本不依赖”＝1；“不大依赖”＝2；“一般”＝3； “比较依赖”＝4；“很依赖”＝5
	当地交通条件（X_{11}）	“较差”＝1；“一般”＝2；“较好”＝3；“便利”＝4
	农业技术指导（X_{12}）	“能够得到农业技术指导”＝1； “不能得到农业技术指导”＝2

1. 被解释变量。为了区分农村金融对龙头企业、家庭农场、农民合作社和种养大户等不同新型农业经营主体培育效果，本文选择 4 个变量来反映新型农业经营主体培育能力提升：①龙头企业培育效果，用 y_1 表示；②家庭农场培育效果，用 y_2 表示；③农民合作社培育效果，用 y_3 表示；④种养大户培育效果，用 y_4 表示。为了准确地反映上述新型农业经营主体培育效果的好坏程度，分别给予 0～4 的分数。y_1～y_4 的选项分别是：“不满意”＝1；“一般”＝2；“较满意”＝3；“很满意”＝4。

2. 解释变量。为了解释金融支持对新型农业经营主体培育的影响，结合理论模型，我们选取代表政府支持的通用性金融支持变量、代表新型农业经营主体自身专用性金融支持变量和代表农业经营主体自身资金。因此，在调查问卷中我们设置了：①“您在培育过程很重是否得到政府补贴支持”，用其反映政府支持的通用性金融变量对新型农业经营主体的影响，变量用 X_1 表示；②“您在生产中是否从银行贷款”，用其反映经营主体自身专用性金融支持的影响，变量用 X_2 表示；③“您一年的收入有多少”，用其反映农业经营主体自身资金对培育影响。变量用 X_3 表示。

3. 控制变量。为了避免因遗漏变量而造成估计量在小样本下有偏和大样本下不一致，本文选取了如下控制变量：①农户自身特征。具体包括农户的文化程度，用 X_4 表示；年龄，用 X_5 表示；健康状况，用 X_6 表示；性别，用 X_7 表示。②农户生产特征。包括种地年限，用 X_8 表示；种地规模大小，用 X_9 表示；对粮食生产的依赖程度，用 X_{10} 表示；当地交通条件，用 X_{11} 表示；农业技术指导情况，用 X_{12} 表示。

三、检验模型与结果分析

（一）检验模型

在经典计量经济学模型中，被解释变量通常被假定为连续变量。但是经济分析中经常面临许多选择，即人们必须在可供选择的几个方案中做出选择。这些可供选择的方案可以用离散的数据表示。如果被解释变量只存在两种选择，称为二元选择模型；如果被解释变量存在多种选择，称为多元选择模型。离散选择模型起源于 Fechner（1860 年）进行的动物条件二元反射研究，Warner（1962）首次将它应用于经济研究领域。20 世纪 70—80 年代，离散选择模型被广泛应用到了社会、经济、管理等决策研究中。对于二元选择问题可以建立如下计量经济学模型：

$$Y = X_i\beta + \mu$$

其中 Y 的观测值是 0 或 1，由于 $X_i\beta$ 并没有处于［0，1］范围内的限制，因此考虑如下的模型：

$$y_i^* = X_i\beta + \mu_i \qquad \mu \sim \Phi(0,\sigma^2)$$

当 $y_i^* > 0$ 时，$y_i = 1$；其他情况下，$y_i = 0$。

由于这里考虑到了正态分布和逻辑分布都为对称分布，因此有：

$$\begin{aligned} P(y_1 = 1) &= P(y_i^* > 0) = P(X_i\beta + \mu_i > 0) \\ &= P(\mu_i > -X_i\beta) = P(\mu_i < X_i\beta) \\ &= F(X_i\beta) \end{aligned}$$

其中，F 为概率分布函数，上式得到的概率应该在 0～1 之间，因为只有两个选择，故有：

$$P(y_i = 1) + P(y_i = 0) = 1$$

$$P(y_1 = 0) = 1 - P(y_1 = 1) = 1 - F(X_i,\beta)$$

当 F 服从于标准正态分布时，我们称模型为 Probit 模型；当 F 服从逻辑分布时，我们称模型为 Logit 模型。另外，当解释变量大于两个时，就可得到多元离散选择模型。在多远选择离散模型中，由于 Logit 模型更适合于效用最大化时的分布选择，所以应用最多的多元离散模型是 Logit 模型（李子奈，2000）。

如果被解释变量有（$J+1$）个，那么多元 Logit 模型可以表示如下：

$$P(y_i = j) = \frac{e^{x_i\beta_j}}{\sum_{j=0}^{J} e^{x_i\beta_j}}$$

其中 i 为样本数，为了研究方便，进行标准化处理，令 $\beta_0=0$，于是有：

$$P(y_i = j) = \frac{e^{x_i\beta_j}}{\sum_{k=1}^{J} e^{x_i\beta_k}} \qquad j = 1,2,\cdots,J$$

$$P(y_i = 0) = \frac{1}{1 + \sum_{k=0}^{J} e^{x_i\beta_k}}$$

这里 $J=3$ 时，为四元 logit 模型。多元 Logit 模型可以用极大似然法进行估计，用牛顿迭代法得到参数的估计量。根据孙亚范、余海鹏（2012）的做法，本文下面就用四元 Logit 模型对农村金融支持与新型农业经营主体培育效果之间的关系。

（二）检验结果及分析

本文使用统计软件 Stata10.0 进行数据分析，分析中采用对数似然比检验模型的整体拟合果，在给定 5%和 10%的显著性水平下，若统计量所对应的对数似然比检验的显著性指标值小于显著性水平，则自变量总体上对因变量有显著的影响。

表 3　金融支持影响新型农业经营主体培育效果的模型估计

变　量	农业企业 Y_1	家庭农场 Y_2	农民合作社 Y_3	种养大户 Y_4
政府提供通用性金融支持（X_1）	0.258 475 (1.351 877)	0.260 804 * (2.062 893)	0.130 427 * (0.673 606)	0.390 532 * (2.123 916)
新型农业经营主体专用性金融支持（X_2）	0.245 050 * (1.965 585)	0.014 447 * (1.724 362)	0.273 008 * (1.984 776)	0.213 457 (1.548 377)
新型农业经营主体自有资金（X_3）	0.271 243 * * (2.266 930)	0.289 867 * * (2.163 240)	0.241 294 * (1.859 017)	0.403 248 * (1.933 493)
文化程度（X_4）	0.254 166 * (2.028 573)	0.026 109 * (0.155 544)	−0.026 109 (−0.155 544)	−0.068 416 (−0.377 347)
年龄（X_5）	−0.130 480 (−1.110 667)	0.258 475 (1.351 877)	0.318 437 * (1.778 308)	0.015 077 * (1.889 464)

（续）

变　量	农业企业 Y_1	家庭农场 Y_2	农民合作社 Y_3	种养大户 Y_4
健康状况（X_6）	0.306 919*	0.274 610	0.017 122*	0.338 23*
	(1.864 640)	(1.240 391)	(1.945 302)	(1.732 246)
性别（X_7）	0.317 613	0.350 084	0.350 084	0.251 845
	(1.689 018)	(1.678 483)	(1.678 483)	(1.340 750)
种地年限（X_8）	0.258 475	0.036 203	0.403 534*	0.017 122*
	(1.351 877)	(0.413 352)	(1.960 533)	(1.945 302)
种地规模（X_9）	−0.041 928	−0.120 464	0.251 845	−0.135 565
	(−0.539 667)	(−1.117 874)	(1.340 75)	(−1.199 888)
对粮食生产的依赖程度	0.134 453	0.135 565	0.274 610	0.188 990
（X_{10}）	(1.161 136)	(1.199 888)	(1.240 391)	(1.211 227)
当地交通条件（X_{11}）	−0.291 550**	−0.294 765**	−0.289 867**	−0.288 362*
	(−2.219 643)	(−2.148 188)	(−2.163 240)	(−2.069 186)
农业技术指导（X_{12}）	0.410 327**	0.463 124**	0.427 146**	0.425 924**
	(2.370 551)	(2.435 002)	(2.316 260)	(2.124 587)
LR statistic Prob	223.56	235.47	254.23	268.25
(LR statistic)	0.000 0	0.000 0	0.000 0	0.000 0
Log likelihood	−143.889 6	−153.096 0	−162.881 5	−143.544 6
Pseudo R - squared	0.380 2	0.429 1	0.412 5	0.356 4

注：*代表10%的概率下通过检验；**代表5%的概率下通过检验。括号内代表t统计量值。

结合表3的计量结果，我们发现由于龙头企业、家庭农场、农民合作社和种养大户其自身的异质性，导致了培育过程需要的金融支持的差异性：

1. 政府通用性金融支持对种养大户、农民合作社和家庭农场具有显著的正向影响，而对龙头企业影响不显著。政府为了鼓励新型农业经营主体的培育，促进农业生产和保障粮食安全，实施了农业机械购置补贴、节水灌溉补贴、良种补贴、农业技术补贴等多项农业补贴。家庭农场、农民合作社和种养大户主要还是进行农业生产作业，政府补贴在某种程度上从资金上进行了间接的支持。如农业机械购置补贴对家庭农场这种大规模作业来说，购买机械时可以得到政府的一定补偿，有利于机械化的实施。节水灌溉补贴、良种补贴和农业技术补贴都可以提高农业生产率和农户收入，促进新型农业经营主体培育。政府通用性金融支持对龙头企业的培育影响不显著，其主要原因可能在于龙头企业一般从事加工农产品作业，目前国家对农产品加工业的补贴力度没有进行农业生产的补贴力度大，对龙头企业资金运行中的影响力较小，所以造成了政府补贴对其影响不显著。

2. 银行贷款提供的专用性金融对龙头企业、家庭农场和农民合作社具有显著的正向影响，而对种养大户的影响不显著。龙头企业、家庭农场和农民合作社在运行中需要一定的劳动力投入、设备投入和技术投入，这部分专用性金融支持主要来源于银行借贷。银行贷款提供的专用性金融支持对其培育也具有持续的正向拉动作用，因此，我国政府部门应积极促进农村金融机构数量的增加，加大对龙头企业、家庭农场和农民合作社发放贷款，这有利于突破新型农业经营主体遇到的“瓶颈”。另外，银行贷款提供的专用性金融对种养大户的影响不显著，其主要原因可能是银行出于对信用风险的考虑，种养大户不像龙头企业、家庭农场那样有一定的信用抵押，造成种养大户贷款困难的局面。由于金融抑制所造成的农村金融体制改革过于僵硬，加之农业本身收益率较低以及农业贷款风险较大等原因，使得种养大户存在着贷款难的问题。

3. 新型农业经营主体自有资金对龙头企业、家庭农场、农民合作社和种养大户都具有显著的正向影响。这说明新型农业经营主体自身收入的提高有利于其自身的发展。一方面，自身收入提高，有利于带动新型农业经营主体自身的生产的积极性和主动性，他们会把收入的一部分投资到农业生产中，用于良种的购买、设备的采购、人员的培育以及技术的推广应用等，促进新型农业经营主体的发展。另一方面，新型农业经营主体良好的发展也会促进自身收入的提高，这样就形成了良性循环，有利于新型农业经营主体的培育。另外，从横向比较来看，新型农业经营主体自有资金对种养大户的影响系数高于其他主体，说明自有资金对种养大户的影响更大，原因在于自有资金是种养大户培育的主要资金来源。在调查中我们发现，只有1%的种养大户向银行获得借贷，其他种养大户主要是依靠自身收入和政府补贴来增加农业生产的投入。

4. 控制变量农户生产特征中的交通条件和农业技术培训对龙头企业、家庭农场、农民合作社和种养大户都具有显著影响。交通条件的影响系数为负，说明目前的交通建设还不能满足新型农业经营主体培育的需求，尤其是龙头企业和家庭农场种对机械化要求比较高，更需要便利的交通条件给予支持；农业技术指导的影响系数为正，说明农业技术在农业增产增效、节约成本等方面起到了重要作用，应继续加大农业技术的研发和推广，为新型农业经营主体培育提供技术支持；种地规模和对粮食的依赖程度对新型农业经营主体培育影响不显著，但是从种地规模影响系数的正负号可以看出，种地规模的大小要适度，这也与我们的理论分析一致。种地年限对种养大户和农民合作社有正向影响，而对龙头企业和家庭农场影响不显著，这说明种地年限越多积累的种地经验越丰富，越有利于农业技术的创新，更有利于新型农业经营主体的培育。

5. 控制变量农户自身特征也对新型农业经营主体产生不同影响，文化程度对农业企业和家庭农场都有正向影响，而年龄和健康状况对农民合作社和种养大户有正向影响。说明农业企业和家庭农场对教育文化的要求较高。从我们调查的样本数据可以看出，农业企业和家庭农场经营主体的文化教育程度都高于农民合作社和种养大户；年龄和健康状况对农民合作社和种养大户具有正向影响，说明体力劳动还仍然是其主要劳动。可见，不同类型的农业经营主体培育过程中影响因素也不同，这样金融支持方向也要有侧重点，对农业企业和家庭农场要在文化教育和身体素质方面加大投资力度，而种养大户和农民合作社主要加强农户身体素质的投入。

四、结论与政策启示

本文以山东省胶州市为调查对象，采用有序 Probit 模型对我国农村金融支持是否促进新型农业经营主体培育进行了理论分析和实证检验。研究结果表明，政府提供的通用性金融对家庭农场、农民合作社以及种养大户的培育效果都起到正向促进作用，但对龙头企业正向促进作用不明显。银行贷款提供的专用性金融对龙头企业、家庭农场和农民合作社具有显著的正向影响，而对种养大户的影响不显著。新型农业经营主体自有资金对龙头企业、家庭农场、农民合作社和种养大户都具有显著的正向影响。这些结果都说明新型农业培育过程中，三种金融都要提供准确的投入方向和适度的支持力度。

研究结论对促进新型农业经营主体培育的农村金融发展方向提供了以下政策启示：首先，应进一步深化新型农业经营主体培育必要性的宣传教育，尽快提高农户对各类新型农业经营主体培育的基本制度和运行机制的了解和认识，帮助传统农户掌握参与和管理新型农业经营主体运营的基本知识和能力。其次，要落实和完善政府提供的通用性金融和银行贷款提供的专用性金融支持政策，继续加大政府对农业生产的各类补贴政策，加大对农业企业的补贴政策，让补贴真正服务到新型农业经营主体的培育中。另外还要加强银行对新型农业经营主体在信贷服务方面的功能，放低农业贷款的门槛，完善新型农业经营主体的土地信贷政策，不断完善金融机构的服务功能，从而更好地满足新型农业经营主体对其需要，增强各主体培育的带动力。除此之外，也要保障新型农业经营主体自有资金水平，通过金融支持提高新型农业经营主体的收入水平。最后，加大农村金融在新型农业经营主体教育培训的支持力度，通过对新型农业经营主体的教育培训和典型示范，引导新型农业经营主体掌握专业的农业技术，提高农业生产率和农民收入，形成培育过程的良性循环。一方面，建立农村技术培训服务机构，由专业的农技人员进行农技讲解，另一方面，主体之间进行经验交流，互相学习对方在农业生产中的先进农业技术。除此之外，加大对农村道路交通建设的资金投入，使其对农业企业加工产品的运输起到重要作用。总之，创新农村金融体制，提高农村金融运行效率，提升新型农业经营主体培育能力和水平对我国农业现代化的实现和粮食安全的稳定具有重要的战略意义。

参 考 文 献

谷洪波，王文涛．农村金融支持效率的缺损及优化．经济体制改革，2007（2）；94－98.

黄国平．促进城镇化发展的金融支持体系改革和完善．经济社会体制比较，2013（4）；56－66.

黄祖辉，俞宁．新型农业经营主体；现状、约束与发展思路——以浙江省为例的分析．中国农村经济，2010（10）；16－26.

孔祥智．新型农业经营主体中合作社的角色定位．中国农民合作社，2013（11）；29.

刘雨松，刘新智．我国农户创业与金融支持的关系研究—基于我国1992—2011年的数据分析．新疆农垦经济，2013（4）；78－81.

孙勇智，孙启明．信贷模式创新、金融支持与农村经济发展—以黑龙江省为例．当代经济研究，2013（7）；72－77.

汪来喜．农业合作组织发展中的金融支持模式创新．中州学刊，2013（7）；36－41.

汪艳涛，高强．我国农村金融作用农村经济的路径与实效．西部论坛，2013（1）；35－44.

吴超，钟辉．金融支持我国城镇化建设的重点在哪里．财经科学，2013（2）；1－10.

许兆春．家庭农场的困境与金融支持．金融财经理论与实践，2013（8）；105－107.

于亢亢，朱信凯，王浩．现代农业经营主体的变化趋势与动因—基于全国范围县级问卷调查的分析．中国农村经济，2012（10）；78－90.

张晓山．创新发育农业生产经营主体．中国国情国力，2013（03）；10－12.

（作者单位：中国海洋大学）

内蒙古典型牧区牧户草场流转的特征及影响因素研究*

谭淑豪　杨佳晖　房新杰　朱　勇　张巧云

土地是社会生产最基本的要素，更是农业生产不可缺少的重要资源。在农区，家庭承包责任制造成的耕地“细碎化”（谭淑豪等，2003），制约了农业的规模化经营；流转作为实现农地资源优化配置的一种手段，近年来愈发活跃，农地流转市场也得以迅速成长（许恒周，郭忠兴，2011）。然而，内蒙古牧区1982年以来实施的“双权一制”改革，也导致了草地的“细碎化”，使草场资源管理与经营陷入了“围栏陷阱”（杨理，2010）。有别于土地细碎化对农业生产的影响，草地资源的细碎化严重影响了牧业生产中“人—草—畜—生产性资产”的有效匹配，而草地流转有望成为优化资源配置的有效途径。因此了解牧户草场流转的特征及其影响因素，有利于促进草场流转平稳有序地开展。

关于农地流转中的影响因素，学术界已有颇多成果。这些研究发现，土地经营中的规模效益、务农劳动力的机会成本、农户自有资产状况，以及农村金融市场的发育程度和交易成本等对农户参与农地市场有重要影响（Dieninger，Feder 1998）；农户对地权稳定性的预期对土地租赁行为影响显著（田传浩，2005）；近来一些学者利用计量经济模型量化了农地市场发育与农地流转决策中的影响因素，如赵阳（2007）、黎霆等（2009）。土地租赁作为农地流转中的重要形式，成为许多学者的研究对象（De Janvery 和 Sadoulet，2001；Deininger 和 Jin，2002；钱忠好，2003 等；李庆海等，2011），这些研究证实了农地租赁市场在优化农村资源配置、提高农民福利水平等方面的积极作用。

然而，目前文献中关于牧区草场流转的研究相对较少。已有的一些相关研究，专门针对典型牧区牧民行为的较少，如王麒麟等（2007）运用 logit 模型探讨了自家土地面积、机械投入和牲畜规模对锡林郭勒盟农牧交错带农户和牧户土地租赁行为的影响。而对于牧区的研究，利用牧户层面的大样本和计量模型的分析尚不多见。如格日多杰（2010）利用描述统计分析了青海省黄南州草场流转情况，并从制度和法律层面针对草场流转的规范管理给出

* 基金项目：国家自然科学基金项目（71273268）和福特基金项目（1105－1408）。

了相应的建议；余露等（2011）在宁夏盐池牧区调研中发现，草场流转主要受当地的区位条件、政策背景、草场质量、围栏精细程度等因素的影响，因而提出应在适宜的地方实行有条件的开牧政策，规范草场经营权流转管理，从而促进草场流转，提高草场资源利用效率。

相对于农地而言，草地具有地域广大、功能多样、可分性差以及时空异质性强等特点，并且草原畜牧业的生产对象（草和畜）也较种植业的生产对象（作物）更为复杂。并且，调查表明，在现行的产权制度安排下，牧户草场经营中普遍存在"人—草—畜—生产性资产"的失配现象。草场流转是提高牧户生产要素匹配的重要途径，而了解牧户草场流转的特征及其影响因素，有利于促进草场流转平稳有序地开展。本文拟利用本课题组 2011—2012 对内蒙古呼伦贝尔市和锡林郭勒盟 422 个牧户的资料，对以上两方面的内容进行深入探讨。

一、牧户草场租赁的基本特征

呼伦贝尔位于内蒙古东部，土地总面积达 26 万多平方公里，由东向西分布着森林草原、草甸草原和干旱草原。其中，牧业四旗草地资源丰富，草场面积占全市草场面积的 72.1%[①]。牧业四旗的牲畜总量占呼伦贝尔的比重较大，以 2011 年统计数据计算，牧业四旗年中牲畜总量占到整个呼伦贝尔的 37.58%[②]。锡林郭勒位于内蒙古中部，土地面积 20.26 万平方公里，其中可利用草场面积达 18 万平方公里，占土地总面积的 88.5%和全自治区草场面积的 20%，主要包括草甸草原、典型草原、荒漠草原以及沙地植被。以呼伦贝尔和锡林郭勒草原作为研究对象，可以代表我国典型的草原牧区。

（一）数据来源及样本特征

本研究的数据来源于 2011 年 7—10 月对呼伦贝尔牧业四旗和 2012 年 5—7 月对锡林郭勒牧业八旗的实地调研。前者涉及陈巴尔虎旗、鄂温克旗、新巴尔虎左旗和右旗以及林草交错带扎兰屯市 19 个苏木的 210 份牧户问卷，其中新左旗新宝力格苏木有 2 户问卷不符合本研究对于"牧户"[③] 这一概念的界定，新左旗甘珠尔苏木有 1 户问卷存在大量重要信息遗漏问题，以及 6 户扎兰屯市的农牧户（牧业收入比重平均只有 7.5%），考虑这 9 个样本对研究结果可能的影响，遂决定将其排除，因此共保留有效问卷 201 份。后者

① 华西商贸网 http：//www.cnwesthotline.com/west01/nmggk8.htm。

② 据《2012 呼伦贝尔年鉴》计算所得。

③ 本研究中所涉及的"牧户"一般是指拥有自己的草场，即草地证上明确记载其对于一定面积的草地有合法的承包使用权；或者虽无草场，但长期经营牧业生产，拥有稳定规模的牲畜群，以及较为稳定的牧业收入来源。

涉及锡林浩特市、正蓝旗、镶黄旗、正镶白旗、苏尼特左、右旗以及东乌珠穆沁左、右旗26个苏木的221份有效的牧户问卷。具体调查中有效样本点分布情况如表1所示。

表1 调查有效样本分布情况

	旗（区）	样本数量	所占比例（%）	小计
呼伦贝尔	鄂温克旗	38	18.9	201
	陈巴尔虎旗	86	42.8	
	新巴尔虎左旗	38	18.9	
	新巴尔虎右旗	39	19.4	
锡林郭勒	东乌旗	51	23.1	221
	西乌旗	35	15.8	
	东苏	29	13.1	
	西苏	32	14.5	
	正蓝旗	14	6.3	
	正镶白旗	34	15.4	
	镶黄旗	20	9.0	
	锡林浩特	6	2.7	
总计		422	100	

受访牧户的社会人口统计学与生产经营的基本特征如表2第二列所示。从样本的年龄结构来看，牧民以青壮年为主，30～50岁的牧民大约占总样本的2/3，平均为45岁；从受教育程度来看，80.3%的牧民在初中文化水平以下，说明被调查的牧户文化程度总体较低；从牧户家庭的整体特征来看，户均人口有3.6人，户均在牧劳动力2人；从收入结构来看，户均牧业收入占比达到74.1%，表明牧户家庭多以畜牧业为主要收入来源，畜牧业在调查地区占有举足轻重的地位。户均草场面积为315公顷，其中，打草场和放牧草场的户均面积分别为104公顷和211公顷。

（二）租赁草场牧户的基本特征

表2的第三至第五列显示了2011年参与草场租赁的牧户的社会人口统计学特征与生产经营基本特征。就社会人口特征来看，户主年龄方面，2011年中有草场租出行为的牧民平均年龄为49岁，高于有草场租入行为的牧民平均年龄（42岁），这表示，相对于租入草场的牧户而言，倾向于租出草场的户主年龄较大。受教育年限和汉语水平两个指标的平均值，都表现出租入户大于样本总体、后者又大于租出户的特点，表明具有更高人力资本（受教

育年限、汉语水平）的牧民，更倾向于租入草场，反之则倾向于租出。从生产经营特征来看，牧业收入比重、牲畜存栏量以及生产经营性固定资产三个指标的均值，同样表现为租入户大于样本总体、后者又大于租出户的特点，即生产规模较大（牧业收入比重较大、牲畜存栏量较多、固定资产投入较多）的牧户倾向于租入草场，反之则倾向于租出。劳动力方面，租入户和样本总体并没有表现出明显的差别（户均值分别为 2.1 和 2.0 人），但租出户的户均劳动力明显较小（1.3 人），表明家庭在牧劳动力较少的牧户倾向于租出草场。草场面积方面，无论是租入户还是租出户，其自家草场面积的均值均大于样本总体，可见草场租赁行为多发生在草地规模较大的牧户中。

表 2　租赁草场牧户的基本特征

平均指标	样本总体	参与租赁	租入	租出
户主年龄（岁）	45	44	42	49
受教育年限（年）	7.9	7.9	8.5	6.7
汉语水平	2.4	2.4	2.6	2.1
牧业收入比重（%）	74.1	72.0	84.9	39.9
牲畜存栏量（只）	364	455	555	217
生产经营性固定资产（元）	18 673	17 695	21 254	11 375
家庭在牧劳动力（人）	2.0	1.9	2.1	1.3
自家草场面积（公顷）	315	360	363	374
其中：打草场	104	79	55	161
放牧草场	211	281	308	213

注：①“汉语水平”分为“1＝不会、2＝会一点、3＝很好”三个程度，即分数越高，汉语水平越高；②“牲畜存栏量”均折合标准羊单位，1 头牛/1 匹马＝5 只绵羊，1 只山羊＝0.9 只绵羊，表 5、表 6 中“牲畜存栏量”的处理方法相同；③“自家草场面积”是牧户草场承包证上记录数据，即为打草场和放牧草场面积总和。

（三）草场租赁的基本特征

对 422 个牧户样本的统计分析表明，牧区草场租赁呈现出以下特征：

1. 草场流转率不足 30%，且形式较为单一，主要为以租赁为主。如表 3 第二行所示，在所访问的 422 个有效样本中，2011 年有草场租赁行为的牧户占样本总量的 28.0%，其中呼伦贝尔和锡林郭勒牧户参与草场租赁的比率非常接近，分别为 27.4%和 28.5%。尽管《土地承包法》中规定，土地流转可以租赁、转让、互换、入股等方式进行，但实地调查发现目前的草场流转以租赁形式为主，个别地区出现了股份合作形式，如调查中发现的新巴尔虎左旗克尔伦苏木芒来嘎查的养羊合作社，其中参与的十几户牧民就以股份合作形式实现草场资源整合。其他草场流转方式，如转让、互换等并不常见。

表 3　牧户草地租赁的频度和占样本总数的比例

	呼伦贝尔	锡林郭勒	合计
租赁	55（27.4%）	63（28.5%）	118（28.0%）
租入	29（14.4%）	57（25.8%）	86（19.5%）
租出	29（14.4%）	6（2.7%）	35（7.9%）
既租入又租出	3（1.5%）	0（0）	3（0.7%）
样本总数	201	221	422

2. 牧户租入草场的行为较租出更普遍。表 3 第四列显示，在有草场租赁行为的 118 个牧户中，有租入行为的牧户为 86 个，其中只租入的占 70.4%；有租出行为的牧户为 35 个，只租出的占 27.1%；而既租入又租出的牧户有 3 个，占 2.5%。可见，租入草场的牧户明显多于租出草场的牧户。调查发现，部分牧户从嘎查而非其他牧户那里租入草地，这可能是导致租入草场的户数多于租出户数的主要原因。

表 4　牧户草地租赁对象占比

单位：%

	呼伦贝尔	锡林郭勒	合计
亲戚和朋友	24	36	31
同嘎查认识的牧民	37	47	42
其他嘎查认识的牧民	29	12	20
陌生人	10	5	7
合计	100	100	100

3. 草场租赁对象以亲戚朋友和同嘎查的人为主。表 4 显示了牧户草场租赁对象的情况。同嘎查认识的牧民为主要的租赁对象，占总样本的 42%；其次为亲戚和朋友，占 31%；其他嘎查认识的牧民占了 20%，特别是在呼伦贝尔，这一比例高出亲戚朋友 5 个百分点。陌生人参与草场租赁的现象也不少见，占 7%，在呼伦贝尔，这一比例高达 10%。这说明，熟人社会在草场租赁中起着重要作用，但相对于草场资源更为稀缺的锡林郭勒，呼伦贝尔的牧户更倾向于将草场租赁给其他嘎查的牧民和陌生人，而不是亲戚朋友。

4. 流转规模较农区耕地流转的面积要大得多，且租入草场的规模大于租出的规模。草原牧区生产力水平较低，面积较为广大，且畜牧业对生产性资产和畜群规模有一定的要求，户均需要的草场面积也就较农区耕地面积要大。目前，我国的户均耕地面积约为 0.7 公顷①，而本文所调查的全体样本牧户的草场规模户均为 300 公顷以上，就面积本身而言相差 400 倍。此外，牧户租入草场的面积要大于租出的面积，锡林郭勒盟的这一特征尤为明显，户均租入草场的面积（302 公顷）高达租出草场面积（208 公顷）约 1.5 倍。

表 5 牧户草地租赁其他特征的描述统计

指标	呼伦贝尔			锡林郭勒			合计		
	均值	最小值	最大值	均值	最小值	最大值	均值	最小值	最大值
租入面积（公顷）	448	20	1570	302	13	2010	351	13	2010
租出面积（公顷）	422	12	1737	208	37	402	385	12	1737
租金［元/(公顷·年)］	68.96	8.96	373.13	79.70	1.49	597.01	74.69	1.49	597.01
租期（年）	3.2	1	10	3.0	0.125	28	3.1	0.125	28

5. 租金每公顷每年约 70 元，远低于农区耕地流转的价格，且地区差异和户均差异非常大。呼伦贝尔和锡林郭勒两地草场租赁的价格分别为每公顷每年 68.96 元和 79.70 元，但是租金的极差却相当大，两地租金的最小值分别为 8.96 元和 1.49 元，而最大值则分别高达 373 元和 597 元，这在一定程度上反映了不同地区、不同牧户草地质量的差异和牧户议价能力的高低。

6. 中长期的租赁行为较普遍，但差异较大。租赁双方约定的平均年限为 3 年，但在呼伦贝尔市，最长租期长达 10 年，最短为 1 年；而在锡林郭勒盟，最长租期达 28 年，最短租期则仅为 1.5 个月。调研发现其中不乏常年租赁而协议一年一签的情况，说明牧户租赁草场的行为一般属于中长期行为。

二、影响草场租赁决策的因素分析

（一）分析框架

本研究假设牧户是理性“经济人”，即牧户在作出是否参与草地租赁的决策时以自身经济效益最大化为目标。不过，牧户的决策受多种因素的共同影响，这些因素主要包括牧户自身的人力资本和资源禀赋状况，以及其所面临的制度环境。

根据土地流转的已有研究，影响土地租赁的因素可以概括为户主个人特征、户主的观念或认知特征、家庭特征、经济特征及地区特征等几个方面（田传浩，2005；赵阳，2007；黎霆等，2009；王麒麟等，2011 等）。基于

① 根据国家统计局 2012 年数据（农村人均耕地面积 2.34 亩）推算所得。

此，牧户草地租赁行为的模型可以表示为：

$$\rho_i = F(Z_i) = F(\alpha + \beta X) = \frac{1}{1 + e^{(-\alpha + \beta X)}} \tag{1}$$

$$\ln\left[\frac{\rho(r=1)}{1-\rho(r=1)}\right] = \alpha + \beta X + \mu \tag{2}$$

式（1）表示牧户表现出草场租赁行为（包括参与租赁、租入以及租出）的概率，式（2）表示牧户表现与不表现出草场租赁行为概率的比值的对数，是本文的待估模型形式。其中，α 为常数项，X 为牧户草场租赁的影响因素向量，是自变量 x_i 的向量组合，x_i 表示第 i 个影响牧户草场租赁行为的变量，β 为自变量回归系数向量；μ 为随机扰动项。

（二）变量的描述统计及预期影响

依据以上分析框架和调查数据的可获得性情况，本文选择户主个人特征、家庭特征、生产要素特征以及认知特征作为影响牧户草场租赁行为的因素。表 6 显示了模型中所用变量的含义、描述性统计及预期影响方向。

表 6　变量的定义、描述性统计以及预期影响方向

变　量	代码	单位	均值	标准差	预期影响方向		
					参与租赁	租入	租出
户主个人特征							
年龄	Age	岁	44.8	11.21	?	—	+
受教育年限	Edu	年	7.9	3.34	?	+	—
汉语水平	Mand		2.4	0.68	+	+	+
家庭收入特征							
牧业收入比重	Prop	%	74.1	28.79	?	+	—
生产要素特征							
生产经营性固定资产	Asset	元	18673	38264	?	+	—
自家打草场面积	Meadow-1	公顷	104	148	?	—	+
自家放牧草场面积	Meadow-2	公顷	211	294	?	—	+
家庭在牧劳动力人数	Labor	人	2.0	1.0	?	+	—
牲畜存栏量	Inven		364	366	?	+	—
认知特征							
禁牧意愿	Intention		2.90	1.26	?	+	—

注：“禁牧意愿”的原问题为“对破坏严重的草地实行禁牧是否有必要”，牧民的回答分为“完全没必要=1；没必要=2；无所谓=3；有必要=4；很有必要=5”五个程度，即：分数越高，认为禁牧越有必要。

1. 户主个人特征。被调查者个人特征一般包括性别、年龄和受教育程度等。由于牧户家庭经营的特点，样本中户主为女性的比例极少，据此所得结论的可信度较低，因此本文并不考虑性别因素的影响。在家庭生命周期中，户主的年龄与家庭经济活动的决策有紧密的联系；而受教育程度通过影响牧民的知识、技术水平，对其牧业生产也有重要影响；而且我们预期年龄、受教育程度对租赁行为的影响是非线性的，因此在回归模型中加入二次项。此外，考虑到调研地是多民族聚集地，前文亦指出汉语是主要的交流语言，因此加入汉语水平这一变量。

2. 家庭收入特征。牧户家庭收入可以分为牧业收入和非牧业收入两大来源，其中牧业收入包括直接卖牲畜的收入，以及卖牲畜的副产品如毛皮、绒和奶制品的收入；非牧业收入则包括打工收入、自营工商业收入、卖草料收入以及租出草场的收入。牧业收入比重是衡量牧户家庭收入特征的重要标准，反映了牧户家庭对牧业生产的依赖程度，选取此变量的主要目的是将非牧业收入对牧户的影响纳入模型进行考虑。

3. 牧户的生产要素特征。牧业的生产要素主要包括资本、土地、劳动力以及所饲养的牲畜等。本文将牧户生产经营所用的柴油发电机、打草机、摩托车等设备价值加总，用生产经营性固定资产这一变量来表示资本要素。由于调查地牧民将草场分为打草场和放牧草场区别使用，故本文在构建模型时将这两种草地的面积作为两个变量，用于衡量牧业生产中的土地要素。同理引入自家在牧劳动力人数和牲畜存栏量两个变量。上述 4 个变量反映了牧业生产中“人—草—畜—生产性资产”投入要素之间的相互匹配和影响。

4. 牧户的认知特征。认知特征的范畴较广，其中可能对草场租赁行为有较大影响的是禁牧意愿（余露等，2011）。禁牧是指政府长期禁止某块草场放牧，旨在对那些已经退化或即将退化的草场进行休养生息，使之可持续利用。而牧民的禁牧意愿，即是否认为政府禁牧是有必要的，一定程度上反映了自家草地的退化情况可能对租赁行为产生的影响。如认为有必要禁牧，为了维持一定的生计水平或牲畜数量，牧民更可能租入草场，而减少租出草场的可能性。在本研究中，该变量通过询问受访牧民“对破坏严重的草地实行禁牧是否有必要”并由牧民打分进行考察。

此外，由于本次调查的地区包括呼伦贝尔和锡林郭勒，涵盖了 40 多万平方公里的地域范围，所以本研究中加入了代表不同地区的虚拟变量来考察地区差异性是否显著。从表 4 可以看出，各变量均存在足够的变异程度，符合计量经济模型对于样本质量的要求。

三、模型结果与讨论

本节从牧户这一微观角度出发，探究影响牧户选择不同租赁行为差异的主要因素。牧户是否参与草场租赁、租入以及租出草场都是二元选择变量，故本文采用 STATA 12.0 统计软件对调查得到的 422 个有效牧户样本的 2011 年截面数据进行 Logit 回归处理，结果如表 7 所示，三个模型均通过检验，具有较强解释力。

表 7　模型估计结果

变　量	参与租赁		租入		租出	
	系数	Z 值	系数	Z 值	系数	Z 值
户主个人特征						
Age	0.025	0.35	0.257**	2.23	0.029	0.23
Age2	−0.000	−0.49	−0.003**	−2.38	−0.000	−0.24
Edu	0.121	0.98	0.426*	1.69	−0.235	−1.48
Edu2	−0.010	−1.37	−0.026*	−1.85	0.016	1.59
Mand	0.211	1.09	0.611**	2.38	−0.370	−1.06
家庭收入特征						
Prop	−0.012**	−2.66	0.012*	1.71	−0.033***	−4.75
生产要素特征						
Asset	−0.000	−0.86	−0.000	−0.53	−0.000	−0.79
Meadow-1	−0.003**	−2.35	−0.005***	−2.73	0.001	0.76
Meadow-2	0.001	1.29	0.000	0.88	0.001	1.04
Labor	−0.081	−0.67	0.078	0.49	−0.454**	−2.16
Inven	0.001***	3.74	0.002***	4.78	−0.000	−0.28
认知特征						
Intention	0.101	1.08	0.085	0.76	−0.010	−0.05
地区虚拟变量						
District	−0.107	−0.36	0.813**	2.07	−2.167***	−3.52
C	−1.570	−0.85	−11.925	−4.01	1.807	0.55
Log	−232		−167		−81.8	
Number	422		422		422	
LR	36.49		93.18		77.66	
Prob	0.000 5		0.000 0		0.000 0	
Pseudo	0.072 9		0.218 4		0.321 8	

注：①*、**、*** 分别表示在 10%、5%和 1%水平上显著；②"地区虚拟变量"为"呼伦贝尔=0；锡林郭勒=1"。

（一）户主个人特征

牧民年龄、受教育程度对租入行为呈"倒 U 形"影响，但均不影响租出行为。从 Logit 回归结果可以看出，对于租入模型，牧民的年龄及其平方项都在 5%统计水平上对租入行为有显著影响，且平方项系数为负，可见租入行为随牧民年龄增长呈先增后减的“倒 U 形”趋势，年龄为 43 岁的牧民最倾向于租入草场。另一方面，牧民受教育年限及其平方项都在 10%统计水平上显著，且平方项系数为负，可见牧民受教育程度对租入行为的影响也呈“倒 U 形”，和年龄变量类似，受教育年限为 8 年的牧民最倾向于租入草场。之所以租入行为在受教育年限超过 8 年后反而减少，极有可能是这部分牧民已部分或完全地脱离了牧业生产。另一方面，牧民汉语水平对租入行为有显著的正影响，但对租出行为的影响不显著，表明较高的汉语水平能有效提升牧民租入草场的谈判能力、降低交易成本。

（二）家庭收入特征

表 7 显示，家庭牧业收入比重对牧民是否参与租赁以及租入、租出均有显著影响，可见牧户的草场租赁行为与其收入结构之间存在密切的联系。从总体来说，牧业收入比重显著影响牧户参与草场租赁市场。但家庭牧业收入比重与牧户草场租入行为呈显著正相关，而与租出行为呈显著负相关。说明牧户家庭对牧业的依赖程度越高，就越有可能租入草场；反之，牧业收入比重低的家庭主要依靠城市工资等非牧业收入，因而更倾向于租出草场。

（三）生产要素特征

生产经营性固定资产对草场租赁行为的影响不显著，自家在牧劳动力人数对租出行为有负向影响。无论在租入模型还是租出模型中，生产经营性固定资产的回归系数均不显著，不过，对呼伦贝尔样本的计量分析表明，生产性资产在 1%水平上显著影响牧户的草场租出决策，即资产越多的牧户越不倾向于租出自己的草场，而让生产性资产闲置或部分闲置。同理，自家在牧劳动力越多的牧户，越不倾向于租出草场。

与放牧草场面积相比，牧户的打草场面积对租赁行为的影响更大。在牧户是否参与租赁和租入两个模型中，自家打草场面积分别在 5%和 1%统计水平上显著，说明自家打草场面积较小的牧户更倾向于参与草场租赁，通过租入草场来弥补自家打草场的不足；但另一方面，虽然自家打草场面积在租出模型中的回归系数为正，但这种影响并不显著，究其原因，调查发现牧民中普遍存在诸如“草地多比少好”“宁肯闲着也不出租”的认识，反映了牧民对草地的一种文化和心理上的依赖，也是土地社会保障功能的体现。

牲畜存栏量对牧户参与租赁和租入行为具有显著的正影响。可见，草场租赁行为更多的发生在牲畜饲养规模较大的牧业大户中，牲畜存栏量越多的牧户，租入草场的概率越高。牲畜是牧户获得牧业收入的直接来源，而草地为牲畜提供了食物和活动场所，当牧户饲养的牲畜规模超过草地载畜量时，就会出现草蓄失衡、草场退化的现象，因此，牲畜存栏量越高的牧户，越倾向于租入草场以避免自家草场被过度利用而退化、沙化。

（四）认知特征和地区因素

禁牧意愿对牧户草场租赁行为的影响并不显著，但地区变量却显著影响牧户的草场租入和租出行为。相对于呼伦贝尔的牧户而言，锡林郭勒盟的牧户更倾向于租入草场，但更不倾向租出草场。

（五）结论与政策含义

基于实地调研数据，本文采用统计分析和二元 Logit 模型，分析了内蒙古呼伦贝尔市和锡林郭勒盟牧户草地租赁的基本特征及其影响因素。从统计分析和模型结果，可以得出以下结论：

租赁是内蒙古牧区草地流转的主要形式，对两个盟、市 12 个牧业旗县 422 个牧户的调研显示，近 30％的受访牧户在 2011 年参与的草地流转基本上为草场租赁，租入的频度和面积较租出要大，租赁对象以同嘎查认识的牧民以及亲戚朋友为主；租赁期限和租金在租入与租出、地区及牧户个体之间也呈现出较大差异。基于上述特征，牧区草地租赁市场的建设要充分考虑租入和租出、长期和短期以及个体间的较大差异，因地制宜地推动草地租赁市场的稳步发展。

另一方面，牧业生产在很大程度上是“人（劳动力）—草（草场）—畜（牲畜）—生产性资产”的有机结合过程，牧业收入比重、生产经营性固定资产投入、自家打草场面积以及牲畜存栏数对草场租赁行为的影响表明，在现行草场单户经营方式下，草场租赁是优化牧业生产各要素匹配，从而提高牧户升级的有效途径。

参考文献

格日多杰，青海省黄南州草地流转情况调查．草原与草坪，2010，30（2）；83－85.

黎霆，赵阳，辛贤，当前农地流转的基本特征及影响因素分析．中国农村经济，2009（10）；4－11.

李庆海，李锐，王兆华．农户土地租赁行为及其福利效果．经济学（季刊），2011，11（1）；269－288.

钱忠好，农地承包经营权市场流转：理论与实证分析——基于农户层面的经济分析．经济研究，2003（1）；53－91.

谭淑豪，曲福田，尼克·哈瑞柯．土地细碎化的成因及其影响因素分析．中国农村观察，2003（6）；24－30，74.

田传浩．农地制度、农地租赁市场与农地配置效率——理论与来自苏、浙、鲁地区的经验．北京：经济科学出版社，2005.

王麒麟，根锁，鬼木俊次．农牧户土地租赁行为的数理与实证分析．中国农业经济评论，2007，5（3）：292－303.

许恒周，郭忠兴．农村土地流转影响因素的理论与实证研究——基于农民阶层分化与产权偏好的视角．中国人口资源与环境，2011，21（3）：94－98.

杨理．中国草原治理的困境：从“公地的悲剧”到“围栏的陷阱”．中国软科学，2010（1）：10－17.

余露，汪兰溪．探索牧区草场流转发展之路——以宁夏盐池牧区为例．农业经济问题（月刊），2011（4）：105－109.

赵阳．共用与私有——中国农地产权制度的经济学分析．北京：三联书店，2007.

De Janvery A. Sadoulet E. Access to Land and Land Policy Reforms. Oxford Uinversity Press，2001.

Deininger K. Jin S. Land Rental Markets as an Alternative to Government Reallocations? Equity and Efficiency Consideration in the Chinese Land Tenure System. World Bank Policy Research Working Paper，2002.

Dieninger K. Feder G. Land Institution and Land Markets. World Bank Policy Research Working Paper，1998.

（作者单位：中国人民大学）

发达地区农民土地转出意愿影响因素分析

——基于浙江省426份调研问卷的实证

徐美银

现阶段，我国经济发达地区工业化、城镇化进程明显加快，经济发展阶段逐步演化，农村经济社会结构不断转型。以浙江省为例，2011年，浙江省人均GDP为58 665元，三次产业比例为4.9∶51.3∶43.8，已经进入工业化后期阶段；农村居民人均纯收入13 071元，位居全国第一[①]。在这一发展背景下，发达地区城乡一体化建设的重要性日益显现。城乡一体化建设的实质是统筹城乡，通过打破传统二元经济体制的分割状态，努力在城乡统一的市场体系中，合理配置和高效使用城乡资源，包括劳动力资源、土地资源等。就土地资源的利用而言，随着经济发展进程的不断推进，农村土地合理流转以及农村土地适度非农化是一个必然趋势。尤其是，随着城镇化进程的加快，大量农民进入城镇工作和生活，农民阶层逐步分化，农村土地流转趋势日益加强。资料显示，近年来我国农村土地承包经营权流转速度有所加快，流转比例从2008年的8.7％逐步上升到2010年的13.0％。

然而，总体而言，我国农村土地流转比例仍然较低，农村土地资源利用仍然处于较低水平。调查结果显示，我国农地小规模经营问题仍然比较突出，以较为发达的长三角地区为例，农户拥有农地规模普遍偏小，经营规模在3亩以下的农户占64.23％。阻碍我国农村土地流转的因素是多方面的，一些学者着重从宏观角度进行了分析，如黄少安等指出，现有农地制度安排导致产权不清晰，使得公平与效率产生矛盾；李怀等认为，农地流转中的多重委托—代理结构导致了特权干预、股份制风险等制度失衡现象。虽然这些研究结论具有一定的合理性，但是，笔者认为，我国农村土地流转困境的根源在于微观方面，尤其在农户层面，表现为农户的土地流转有效供给不足。在现有制度环境约束下，理性的农户基于自身利益的考虑，主观上不愿意轻易转出土地，使得农村土地流转市场有效供给不足，造成土地流转市场严重失衡。只有深入了解影响农户土地转出意愿的主要因素，才能有针对性地采取措施，减少不合理约束，提高农户的土地转出意愿，保证农村土地流转市

① 《浙江省统计年鉴（2012年）》。

场的有效供给，实现土地流转市场的供求平衡。

因此，本文以浙江省为例，对发达地区进行实地调研，并建立结构方程模型加以分析，深入研究影响农民土地转出意愿的主要因素，并据此提出一系列改革建议，推进我国农村土地顺利流转。

一、文献回顾、研究假说与理论模型

（一）文献回顾

农村土地流转问题一直是学界研究的热点，其中积累了大量的有益文献。归结起来，现有研究认为以下五个方面是影响农户土地流转的主要因素：

其一，非农就业对农户土地流转的影响。多数研究表明非农就业对农民土地流转有积极影响。王晓兵等指出，非农就业参与率直接影响了农户的土地流转意愿。许恒周等以南京市为例，研究认为农民非农收入与农地流转之间存在着长期均衡关系，但短期却存在波动。但也有学者指出非农就业对土地流转的影响机理比较复杂，不能一概而论。江淑斌等指出，劳动力非农就业与土地流转的关系因非农就业的动力而异，农业收入下降推动农村劳动力非农就业可能抑制土地流转；而非农部门工资上涨拉动农村劳动力非农就业，则可以促进土地流转。

其二，农户对国家土地政策的了解程度以及农村土地流转市场的发育程度对农户土地流转的影响。曾福生的实证分析表明，农户对农地产权的认知度对其土地流转意愿具有显著影响。晋洪涛研究发现，农民在长期实践中形成的土地权属事实认知对农地流转有着显著影响。乔颖丽等认为，农户劳动力的机会成本、转出土地的租金决定了农户的土地转出意愿。

其三，农民社会保障程度对土地流转的影响。毛飞等认为，农村保险市场越完善，农户的土地转出意愿越强烈。翟辉等研究指出，缺乏完善的社会保障体系是影响农户土地流转的主要因素。何京蓉等的实证研究表明，农村社会保障和风险防范机制不健全直接影响了农户的土地流转意愿。

其四，农户的个人特征和家庭特征对其土地流转意愿和行为会产生直接影响。韩星焕等通过实证分析指出，农户的年龄、受教育程度等个体特征是影响其土地流转的主要因素。韩菡等认为，家庭财富水平对农户转入土地意愿具有显著的正向影响。陆益龙指出，农户的受教育水平对其土地使用行为影响较大。罗必良等认为，农户的土地转出与农户禀赋具有状态依赖性。

其五，发达地区农户土地流转具有一系列特点。赵丙奇等认为，发达地区农村土地流转方式以转让和出租为主，农户流转土地的主要原因是自己耕种土地的效益太低。陈水生通过比较研究指出，发达地区农村土地流转在流转规模、政策创新、政府行为和农民意愿四个方面具有自身特点。

由此可见，影响农民土地流转意愿和行为的因素是多方面的，需要在理论分析的基础上，对主要影响因素进行归纳总结，并利用实地调研资料，通过计量分析，定量研究各个因素的影响程度。这样才能从理论和实证两个方面，全面把握影响农户土地流转意愿的主要因素，采取有针对性的措施，切实提高农民的土地流转意愿。

（二）研究假说与理论模型

1. 研究假说。基于文献综述、理论分析及研究主题，本文提出如图 1 所示的假说模型，分析农民土地转出意愿的影响因素。假说模型以农民土地转出意愿为内生潜变量，以农户的个人特征、家庭特征、社会特征、区域特征和市场特征为外生潜变量。其中，个人特征包括年龄、受教育程度；家庭特征包括家庭总人口、人均纯收入、非农收入占比；社会特征包括养老保障社会化程度、医疗保障社会化程度、农村合作社发展程度；区域特征包括地区人均纯收入、非农收入占比、城镇化水平；市场特征包括农村土地流转市场发育程度、农民土地政策认知程度。

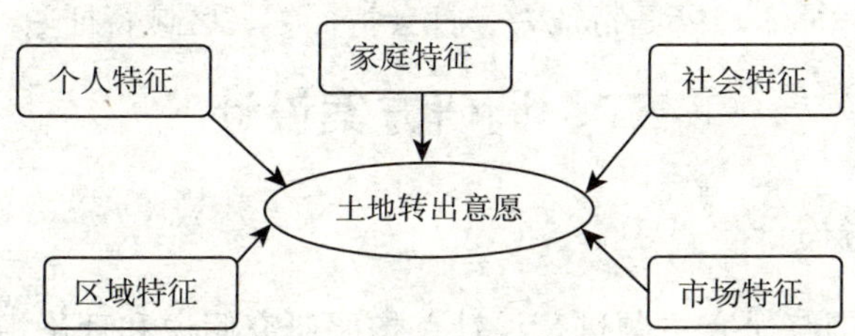

图 1　农民土地转出意愿影响因素的假说模型

根据假说模型，可以提出以下具有总—分关系的研究假设：

H1：农户个人特征、家庭特征、社会特征、区域特征、市场特征会对农民土地转出意愿产生影响。

H2：农户个人的受教育程度、家庭人均纯收入、家庭非农收入占比、养老保障社会化程度、医疗保障社会化程度、农村合作社发展程度、地区人均纯收入、地区非农收入占比、城镇化水平、农村土地市场发育程度、农民土地政策认知程度与农民的土地转出意愿有正相关关系。

H3：农户个人的年龄、家庭总人口数与农民的土地转出意愿有负相关关系。

2. 理论模型。本文重点研究影响农民土地转出意愿的主要因素，变量本身具有明显的主观性，具有难以直接测量以及难以避免主观测量误差的基本特征，适合建立结构方程模型加以分析。结构方程模型（Structural Equation Modeling，SEM）作为一种现代统计分析工具，可以为难以直接测量的潜变量提供一个能够加以观测和处理、并将难以避免的误差纳入分析模型之中的方法。

结构方程模型中有两个基本模型：测量模型与结构模型。测量模型由潜变量与可测变量组成，反映潜变量与可测变量之间的关系。结构模型反映不同潜变量之间的因果关系①。一般地，SEM 由三个矩阵方程来表示：

$$\eta = B\eta + \Gamma\xi + \zeta \tag{1}$$

$$X = \Lambda_x\xi + \delta \tag{2}$$

$$Y = \Lambda_y\eta + \varepsilon \tag{3}$$

方程（1）为结构模型，η 为内生潜变量，ξ 为外生潜变量，ζ 为误差向量，B 和 Γ 为系数矩阵。结构模型通过系数矩阵 B 和 Γ 将内生潜变量与外生潜变量联系起来。

方程（2）和（3）为测量模型，X 为外生潜变量的可测变量，Y 为内生潜变量的可测变量，Λ_x 为外生潜变量与其可测变量的关联系数矩阵，Λ_y 为内生潜变量与其可测变量的关联系数矩阵，ε、δ 为误差向量。通过测量模型，潜变量可以由可测变量来反映。

在本文的结构方程模型中，内生潜变量 η 为农民土地转出意愿，外生潜变量包括个人特征 ξ_1、家庭特征 ξ_2、社会特征 ξ_3、区域特征 ξ_4 和市场特征 ξ_5。

二、调研方案设计

（一）问卷设计

调研问卷围绕研究主题进行设计。按照研究假说和理论模型，从个人特征、家庭特征、社会特征、区域特征、市场特征、土地流转意愿六个方面设计紧密联系特征内容的相关问题，并采取通用的 5 点李克特量表设计。问卷初稿完成后，于 2012 年 2 月在浙江省临安市天目山镇进行了小规模（样本数为 60）的预调研，并据此修订了调研问卷。

正式调研问卷中所涉及变量的含义及取值情况见表 1。

表 1　变量含义及取值

变量类型	潜变量		可测变量		
	符号	含义	符号	含义	取　值
外生潜变量	ξ_1	个人特征	X1	年龄	30岁以下=1，[30，40]=2，(40，50]=3，(50，60]=4，60岁以上=5
			X2	受教育程度	小学及以下=1，初中=2，高中(中专)=3，大专=4，大专以上=5

① 所谓潜变量是指一些不能直接测量的变量，所以潜变量又被称为不可测变量。

（续）

变量类型	潜变量		可测变量		
	符号	含义	符号	含义	取　值
外生潜变量	ξ_2	家庭特征	$X3$	总人口	[1,3]=1,4人=2,5人=3, 6人=4,6人以上=5
			$X4$	人均纯收入	0.5万元以下=1,[0.5,1.0]=2,(1.0,1.5]=3, (1.5,2.0]=4,2万元以上=5
			X5	非农收入占比	[0,20]=1,(20,40]=2,(40,60]=3, (60,80]=4,(80,100]=5
	ξ_3	社会特征	$X6$	养老保障 社会化程度[a]	[0,20]=1,(20,40]=2,(40,60]=3, (60,80]=4,(80,100]=5
			$X7$	医疗保障 社会化程度[b]	[0,20]=1,(20,40]=2,(40,60]=3, (60,80]=4,(80,100]=5
			$X8$	农村合作社 参加时间	未参加=1,参加1年=2,参加2年=3, 参加3年=4,参加3年以上=5
	ξ_4	区域特征	$X9$	人均纯收入	0.5万元以下=1,[0.5,1.0]=2,(1.0,1.5]=3, (1.5,2.0]=4,2万元以上=5
			$X10$	非农收入占比	[0,20]=1,(20,40]=2,(40,60]=3, (60,80]=4,(80,100]=5
			$X11$	城镇化水平	[0,20]=1,(20,40]=2,(40,60]=3, (60,80]=4,(80,100]=5
	ξ_5	市场特征	$X12$	土地流转服务 中心建立时间[c]	未建立=1,建立1年=2,建立2年=3, 建立3年=4,建立3年以上=5
			$X13$	对农村土地 政策了解程度	一点不了解=1,较少了解=2,一般了解=3, 较多了解=4,非常了解=5
内生潜变量	η	农民土地 转出意愿	$Y1$	已经转出 土地比例[d]	[0,20]=1,(20,40]=2,(40,60]=3, (60,80]=4,(80,100]=5
			$Y2$	未来三年愿意 转出土地比例[e]	[0,20]=1,(20,40]=2,(40,60]=3, (60,80]=4,(80,100]=5

注：①养老保障社会化程度＝（新型农村社会养老保险额＋商业养老保险额）/养老保障总额。

②医疗保障社会化程度＝（新型农村合作医疗保险额＋商业医疗保险额）/医疗保障总额。

③土地流转服务中心建立时间可以用来衡量当地农村土地流转市场的发育程度，中心建立时间越长，在一定程度上可以说明当地土地流转市场越成熟。

④已经转出土地比例＝已经转出土地面积/家庭承包土地总面积。

⑤未来三年愿意转出土地比例＝未来三年愿意转出土地面积/家庭承包土地总面积。

（二）样本选择和实地调研

浙江省地处东部沿海地区，经济发展水平居全国前列，工业化、城镇化水平较高，农村土地流转规模总体水平较高。同时，浙江省也存在着区域内经济发展的不平衡，主要包括三大经济板块：浙东经济发达地区、浙中经济比较发达地区、浙西经济欠发达地区。因此，对浙江省农村土地流转改革进行研究具有典型意义。

本文选取浙东的杭州市、浙中的金华市、浙西的丽水市作为研究样本，采取分层逐级抽样和随机抽样相结合的方法，于 2012 年 4 月进行实地调研，并于 2012 年 6 月进行了补充调研。在实地调研过程中，主要采取问卷调查和入户访谈相结合的形式，保证调研资料的准确性。具体样本包括杭州临安市天目山镇、潜川镇和富阳市高桥镇、洞桥镇，金华武义县桐琴镇、泉溪镇和东阳市湖溪镇、南马镇，丽水缙云县东方镇、大源镇和遂昌县云峰镇、妙高镇，每个镇随机抽取 2 个村，每个村选择 20 户符合条件的农户。此次调研共发放调查问卷 480 份，收回问卷 453 份，其中有效问卷 426 份。

三、样本的描述性统计

（一）样本农户基本特征

实地调研过程中，在选择样本农户时，充分考虑了农户的异质性特征，尽可能选择具有不同特征类型的农户，这样能够保证调研结果的一般性。样本农户的基本特征如表 2 所示。

表 2　样本农户的基本特征

	户主年龄（岁）	户主受教育年限（年）	家庭总人口（人）	家庭年人均纯收入（万元）
最小值	23	3	1	0.3
最大值	71	16	7	5.2
平均值	41.3	8.5	3.9	1.1
标准差	13.52	7.65	3.53	2.62

（二）样本农户土地流转意愿

浙江省经济发展水平较高，第二、第三产业发展迅速，农村居民收入水平较高。在这一发展背景下，农民的非农就业机会不断增加，土地流转意愿普遍较高。具体情况如表 3 所示。

表 3 样本地区农户土地流转意愿

单位：%

样本地区	愿意流转土地			不愿意流转土地
	愿意转出土地	愿意转入土地	合计	
杭州市	63.7	6.9	70.6	29.4
金华市	39.6	19.1	58.7	41.3
丽水市	11.8	26.9	38.7	61.3
平均值	38.4	17.6	56.0	44.0

从表 3 可以发现，样本地区平均 38.4%的农户家庭愿意转出土地，17.6%的农户家庭愿意转入土地，合计 56.0%的农户家庭愿意流转土地。

从表 3 还可以发现：其一，经济发展水平较高的杭州市，农户土地流转意愿更为强烈，占比高达 70.6%，其中大多数农户愿意转出土地，愿意转入土地的农户则较少。这是由于当地第二、第三产业比较发达，农民的非农就业机会较多，同时农业的比较收益低，所以许多农户愿意转出土地全心从事非农产业。其二，经济发展水平处于中等的金华市，农户的土地流转意愿也处于较高的水平，超过半数的农户家庭愿意流转土地，其中愿意转出土地的农户高于愿意转入土地的农户。这说明处于这一经济发展水平的农户对土地的依赖程度出现了明显的分化，农户的异质性特征比较明显，一些农户的非农就业机会增加，对土地的依赖程度减弱，而另一些农户则依然主要依赖土地，主要依靠农业获取家庭收入。其三，经济发展水平相对较低的丽水市，农户的土地流转意愿也相对较低，只有 38.7%的农户愿意进行土地流转，其中愿意转入土地的农户超过愿意转出土地的农户 15.1%。这说明由于非农就业机会较少，农业收入依然是多数农户家庭的主要收入来源，这些农户家庭对土地的依赖程度依然较高，愿意通过转入土地适当扩大农业生产规模，提高土地经营收益。

四、实证分析结果

（一）样本的科学性检验

样本的科学性检验包括信度检验和效度检验。信度是指测量结果的一致性、稳定性。效度是指测量工具或测量手段能够反映测量事物的准确程度。只有保证测量结果的准确性，进一步探究潜变量之间的关系才有实质性意义。

本文对样本的信度和效度进行了检验，结果如表 4 所示。

表 4 验证性因素分析结果

变量	因子载荷[a]	t 值	建构信度	抽取方差
个人特征	—	—	0.766	0.622
$X1$	0.712	—	—	—
$X2$	0.859	7.53	—	—
家庭特征	—	—	0.813	0.596
$X3$	0.615	—	—	—
$X4$	0.838	10.23	—	—
$X5$	0.841	9.21	—	—
社会特征	—	—	0.745	0.594
$X6$	0.801	—	—	—
$X7$	0.739	8.27	—	—
区域特征	—	—	0.837	0.631
$X9$	0.783	—	—	—
$X10$	0.769	5.87	—	—
$X11$	0.830	6.31	—	—
市场特征	—	—	0.789	0.652
$X12$	0.786	—	—	—
$X13$	0.828	9.01	—	—
农民土地转出意愿	—	—	0.746	0.597
$Y1$	0.834	—	—	—
$Y2$	0.706	6.30	—	—

注：a. 每个潜变量第一组可测变量的路径系数默认值设定为 1。

从表 4 可以发现，所有潜变量的建构信度值介于 0.745～0.837，大于评价标准值 0.60；所有潜变量的抽取方差值介于 0.594～0.652，大于评价标准值 0.50。这说明，样本具有较好的信度。

从表 4 还可以发现，所有可测变量在相应潜变量上的因子载荷量都比较显著（$t>1.96$），说明测量工具具有良好的收敛效度。

建构效度包括收敛效度和区别效度。为了得到区别效度，运用 SPSS16.0 软件进行探索性因素分析，结果如表 5 所示。本文采用荣泰生（2009）推荐的方法来检验区别效度，将“每个潜变量的抽取方差”与“此潜变量与其他潜变量的相关系数的平方”进行比较。表 5 中对角线上的数值为每个潜变量的抽取方差，非对角线上的数值为不同潜变量间相关系数的平方。

表 5　潜变量之间的区别效度

潜变量	ξ_1	ξ_2	ξ_3	ξ_4	ξ_5	η
ξ_1	0.622					
ξ_2	0.36	0.596				
ξ_3	0.23	0.26	0.594			
ξ_4	0.11	0.20	0.13	0.631		
ξ_5	0.07	0.09	0.14	0.19	0.652	
η	0.32	0.30	0.12	0.15	0.17	0.597

从表 5 可以发现，所有对角线上的数值都大于非对角线上的数值，说明本研究测量工具的区别效度较好。

因此，本研究中测量工具的收敛效度和区别效度均较好，说明本研究量表具有较好的效度。

（二）模型拟合结果

1. 违反估计检验。本文运用 Amos7.0 软件进行结构方程模型分析。在评价模型拟合度之前，必须先检查是否产生了“违反估计”，以检验模型所输出的标准化系数和测量误差值是否超过可接受的范围。对模型进行拟合时发现，变量农村合作社参加时间（X8）的估计值标准化系数超过 1，且误差变异数为负值，表明模型产生了违反估计。本文采用渐进的方式对模型进行了修正，删除了农村合作社参加时间这一因素，最终得到了优化模型。对此的可能解释是，农户农村合作社参加时间这一变量已经体现在农户家庭特征

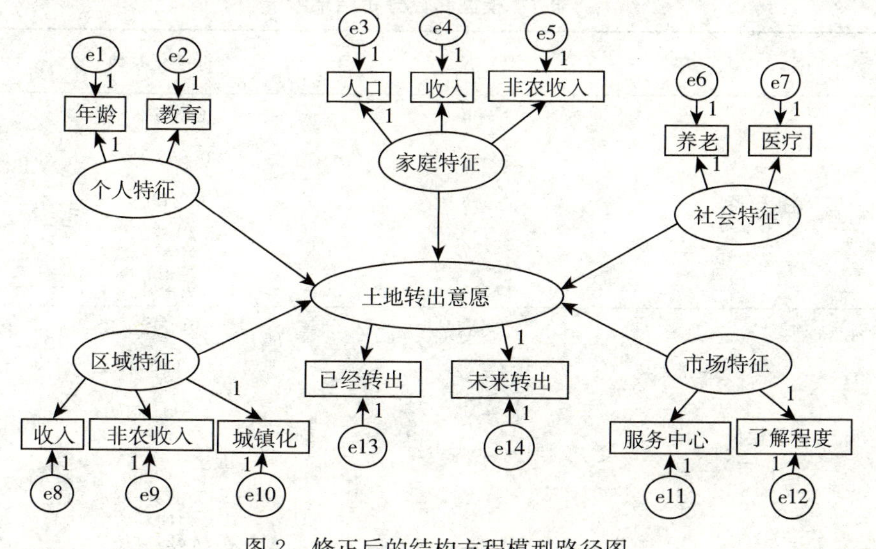

图 2　修正后的结构方程模型路径图

的人均纯收入等变量之中，不适合再作为一个独立变量处理。修正后的结构方程模型路径如图2所示。

2. 整体模型适配度检验。整体模型适配度检验结果如表6所示。

表6 整体模型适配度检验结果

统计检验指标	检验结果	适配标准	模型是否适配
χ^2/df	1.360	<2.00	是
RMSEA	0.015	<0.05	是
CFI	0.971	>0.90	是
GFI	0.955	>0.90	是
AGFI	0.923	>0.90	是
NFI	0.962	>0.90	是

表6表明，模型的整体拟合度较好，说明本研究提出的假说模型与实际调研数据的拟合情况良好，即模型的外在质量较好。

3. 模型路径分析。修正模型的整体拟合指标通过检验后，可以进入模型的路径分析阶段。本文运用Amos7.0软件的极大似然估计法（Maximum Likehood，ML）进行分析。ML法要求大样本并且观测数据符合多变量正态性。在检验可测变量是否符合正态分布时，要求偏度系数和峰度系数都接近于0。本模型偏度系数和峰度系数基本接近于0，说明可测变量基本呈正态分布，同时样本数量足够大，因此适合运用ML法进行路径分析。

模型路径分析结果如表7所示。

表7 模型路径分析结果

模　型	路　径	标准化系数
结构模型	$\xi_1 \to \eta$	0.317 **
	$\xi_2 \to \eta$	0.565 ***
	$\xi_3 \to \eta$	0.349 **
	$\xi_4 \to \eta$	0.471 *
	$\xi_5 \to \eta$	0.208 *
测量模型	$\xi_1 \to X1$	−0.712 **
	$\xi_1 \to X2$	0.859 **
	$\xi_2 \to X3$	−0.615
	$\xi_2 \to X4$	0.838 **
	$\xi_2 \to X5$	0.841 ***
	$\xi_3 \to X6$	0.801 ***

（续）

模　　型	路　径	标准化系数
测量模型	$\xi_3 \to X7$	0.739 **
	$\xi_4 \to X9$	0.783 ***
	$\xi_4 \to X10$	0.769 *
	$\xi_4 \to X11$	0.830 **
	$\xi_5 \to X12$	0.786 *
	$\xi_5 \to X13$	0.828 **
	$\eta \to Y1$	0.834 ***
	$\eta \to Y2$	0.706 ***

注：*、**、*** 分别表示显著性水平为 1%、5%、10%。

结构模型路径分析结果表明，农户的个人特征、家庭特征、社会特征、区域特征和市场特征对其土地转出意愿均具有显著的正向影响。五个特征潜变量的标准化路径系数分别为 0.317、0.565、0.349、0.471 和 0.208，说明农户的家庭特征对其土地转出意愿影响最大，其余按照影响程度由大到小依次为区域特征、社会特征、个人特征和市场特征。对此的解释是：①现阶段，农户的生产经营决策更多地以家庭为基本单位，土地转出意愿及其行为决策也不例外，因此，家庭特征对农户土地转出意愿影响程度最大；②区域经济社会发展水平直接决定了当地大多数农户家庭的经济发展状况，也在很大程度上决定了农户的社会保障程度，因此，区域特征、社会特征对大多数农户的土地转出意愿具有共同性的影响，影响程度较大；③个人特征中可能包含了年龄和受教育程度两个相反方向的影响因素，年龄的影响为负，受教育程度的影响为正（测量模型的路径分析结果证明了这一结论），最终导致个人特征对土地转出意愿的影响程度降低；④土地市场发育程度对农户的土地流转意愿更多地表现为一种促进作用，即土地市场会为那些需要流转土地的农户提供服务支持，而对那些不需要流转土地的农户影响则比较有限，因此，市场特征对农户土地转出意愿的影响程度较小，农户更多地会根据自身家庭状况等因素决定是否转出土地。以上分析结果充分证明，本文提出的理论假说 1 是成立的。

测量模型路径分析结果表明：

（1）内生潜变量方面，可测变量农户家庭已经转出土地比例（标准化载荷系数为 0.834）对农户土地转出意愿的影响程度较大，而可测变量农户家庭未来三年愿意转出土地比例（标准化载荷系数为 0.706）较小。这一点不难理解，已经转出土地比例越大表明农户过去已经产生了比较强烈的土地转出意愿并将这种意愿付诸于行动，而未来三年愿意转出土地比例只是表明农户家庭对未来的土地转出意愿存在一定的预期。同时还发现，两个可测变量的影响方向一致，均为正，说明农户过去已经转出土地比例越高，未来三年转出土地的意愿会有所增强。

(2) 个人特征方面，农民的受教育程度对其土地转出意愿影响强烈，标准化载荷系数为0.859，符号为正。农民的受教育程度越高，人力资本提升越快，越容易从事复杂的非农产业，获取更高的个人收益，因此放弃土地的可能性越大，土地转出意愿越强。农民的年龄对其土地转出意愿具有消极影响，标准化载荷系数为−0.712，符号为负。通常情况下，农民的年龄越大，越不容易从事非农产业，对土地的依赖程度越高，土地转出意愿越弱。同时，年龄越大的农民，风险规避倾向增大，对稳定的农业生产收益偏好增强，更不愿意转出土地。

(3) 家庭特征方面，可测变量家庭非农收入所占比例、家庭人均纯收入两个因素对农户土地转出意愿影响程度相当，标准化载荷系数分别为0.841和0.838，均为正。因为农业生产的比较收益偏低，所以通常情况下，家庭非农收入所占比例越高也意味着家庭人均纯收入越高，两者存在着相互促进的关系，两者都对农户土地转出意愿产生积极影响。家庭非农收入所占比例越高、家庭人均纯收入越高，意味着农户对土地的依赖程度越低，其土地转出意愿越强。可测变量家庭总人口则对农户土地转出意愿产生负面影响，标准化载荷系数为−0.615，但不显著。一般而言，家庭总人口增加，家庭人均纯收入可能会降低，对土地的依赖程度增加；同时，家庭总人口越多，意味着家庭成员劳动分工的可能性越大，部分成员从事非农产业，其他成员从事农业生产，实现家庭内部的兼业化生产经营，因而不会轻易转出土地。但是，总人口的影响是多方面的，如果总人口中劳动力所占比例较高，那么家庭人均纯收入反而会增加，土地转出意愿会增强。所以，家庭总人口对农户土地转出意愿的总体影响比较复杂。调研访谈资料充分证实了这一实证分析结果。

(4) 社会特征方面，可测变量家庭成员养老保障社会化程度（标准化载荷系数为0.801）对农户土地转出意愿影响程度较大，而医疗保障社会化程度（标准化载荷系数为0.739）的影响程度相对较小。相对而言，许多农户家庭更关心成员的养老保障，只有健康状况较差的农民，才会关心医疗保障，所以，养老保障的社会化程度对农户土地流转意愿影响程度较大。同时还发现，两个可测变量的影响方向一致，均为正，说明养老保障和医疗保障社会化程度存在着相互一致的关系，都对农户土地转出意愿产生积极影响，保障社会化程度越高的农户家庭，土地的社会保障功能会得到一定程度的弱化，农户的土地转出意愿越强。

(5) 区域特征方面，三个可测变量都对农户土地转出意愿产生积极影响。区域农民人均纯收入水平越高，说明区域农村经济发展水平越高；区域农民非农收入占比越高，说明当地非农就业机会较多；区域城镇化水平越高，说明更多的农村居民进入城镇就业生活。并且三个因素之间存在着相互促进的关系。这些因素都会提高农户的土地转出意愿。其中，地区城镇化水平影响程度最大，标准化载荷系数为 0.830；当地农村居民人均纯收入、非农收入占比影响程度相当，标准化载荷系数分别为 0.783 和 0.769。地区城镇化水平越高，意味着离开农村进入城镇就业生活的农民数量越多，这些农民本身具有较强的土地转出意愿，因此城镇化水平对农民土地转出意愿的影响最为直接，影响程度也最大。区域农民人均纯收入、非农收入占比两个因素，则决定了当地农村的经济发展水平，以及农民对农业生产的依赖程度，也会对农户土地转出意愿产生相当影响。这一实证分析结果与调研时所掌握的实际情况高度一致。

（6）市场特征方面，可测变量农户对农村土地政策了解程度（标准化载荷系数为 0.828）对农户土地转出意愿影响程度较大，而土地流转市场发育程度（标准化载荷系数为 0.786）的影响程度较小。理论和实证研究均表明，农民更多的是根据自身对外部环境的主观认知进行决策的，在涉及土地问题时，农民也毫无例外地会根据自身对农村土地政策的了解程度进行决策。农民如果对国家土地政策了解越多，理解越深，就会更加放心地转出土地，转出土地意愿就会更加明确和强烈。土地流转市场可以为农民流转土地提供平台，解决土地流转过程中可能产生的纠纷。土地流转市场越成熟，管理和服务质量越高，土地流转纠纷就越少，土地流转过程中的交易费用也越少，会在一定程度上提高农民的土地转出意愿。实地调研时发现，农村土地流转市场发育相对成熟的地区，农民土地流转意愿（包括土地转出意愿）也越强。

以上测量模型路径分析结果充分证明，本文提出的理论假说 2 和假说 3 是成立的。

五、研究结论及启示

本文基于结构方程模型的理论和实证研究表明，个人特征、家庭特征、社会特征、区域特征和市场特征等潜变量均对农民土地转出意愿产生显著影响。具体而言，农民个人的受教育程度、农民家庭人均纯收入、非农收入占比，家庭成员养老保障社会化程度、医疗保障社会化程度、区域农民人均纯收入、非农收入占比，城镇化水平、农村土地流转市场发育程度、农民对国家土地政策了解程度等可测变量对农民土地转出意愿产生积极影响；随着年龄的增加，农民的土地转出意愿会逐步减弱；家庭总人口越多的农民家庭，土地转出意愿越弱。

根据以上研究结论，可以得出一些有益启示：

第一，提高农户家庭收入水平，增加稳定的非农就业机会，是提高农民土地转出意愿最为有效的措施。农户从来都是非常理性的[①][②]，其决策和行为在很大程度上遵循了成本收益的比较原则。在是否转出土地的问题上，只有那些收入水平较高、具有稳定的非农就业机会、能够获取较大非农收益（大于经营土地的机会成本）的农户，才会产生土地转出需求。因此，需要通过推进工业化、城镇化，通过工业支持农业、城市反哺农村，来提高农民收入，创造非农就业机会，提高农民的土地转出意愿。现阶段，在新型城镇化建设过程中，要着力优化产业结构，创造更多的非农就业机会，保证农业转移人口充分就业，实现人口城镇化与土地城镇化的协调发展；同时，还要逐步消除城乡就业歧视，保证农民工与城镇职工同工同酬，切实增加农民家庭的收入水平。

第二，加快地区经济发展水平，有效推进城镇化建设。发达地区尤其要注重区域内经济社会的均衡发展，在保证先进地区经济发展速度的同时，采取措施逐步加快后进地区的经济发展速度。同时，需要切实推进区域的城镇化水平。只有地区经济发展水平、城镇化水平提高了，才能增加所有农民家庭的收入水平，提高非农收入所占比例，从根本上提高大多数农民的土地转出意愿。

第三，提高农民的社会保障程度，会在一定程度上提高农民的土地转出意愿。长期以来，我国农村土地对于农民家庭具有重要的保障作用，发挥了重要的社会保障功能。只有切实提高农民的社会保障程度，扩大农民社会保障的覆盖范围，才能逐步弱化土地的社会保障功能，降低农民对土地的依赖程度，提高农民的土地转出意愿，增加农村土地流转市场的有效供给。一方面，通过增加新型农村社会养老保险和新型农村合作医疗保险数额，从整体上提高农村居民的社会保障水平；另一方面，完善各项社会保险制度安排，保证农业转移人口能够充分享有城镇职工社会保险。同时，大力发展各种形式的农村商业保险，增加农村居民社会保险的选择范围，提高其社会保障水平。

第四，提高农民受教育水平，加强农业转移人口的非农就业技能培训。农民的受教育程度提高，一方面可以提高自身对外部事物的认识能力，也能够提高对政策的解读能力；另一方面可以增加人力资本内涵，寻找更多的非

① 舒尔茨（Schultz，1964）指出，农民作为“经济人”其决策能力毫不逊色于任何资本主义企业家。

② 波普金（Popkin，1979）也认为，农民是非常理性的，总是在权衡长期、短期利益之后，为了追求最大化利益而做出合理的抉择。

农就业机会。这些都有助于农民摆脱对土地的依赖，提高土地转出意愿。因此，一方面应加大农村教育投入，改善农村教育条件，切实普及农村义务教育，提高农民整体的受教育水平；另一方面，政府有关职能部门要根据非农就业岗位的实际要求，定期对农业转移人口进行各种技能培训，提高农业转移人口的城镇就业适应性。

第五，加强农村土地流转市场建设，加强宣传，提高农民对国家土地政策的了解程度，提高农民土地转出意愿。农村土地流转市场是农民进行土地流转的重要平台，它可以通过提供信息将需求与供给有效衔接起来，减少土地流转的交易费用；也可以帮助农民解决土地流转过程中可能出现的纠纷，使农民土地流转行为受到法律的保护；还可以强化政府对农村土地流转市场的管理，提高政府的服务水平。实践证明，农村土地流转市场发育程度比较高的地方，农民的土地流转行为就比较规范，土地流转比例就比较大。因此，应该采取措施，加强农村土地流转市场建设，提高农民土地流转意愿。同时，地方政府要加强宣传，深化农民对国家土地政策的了解，保证农民能够在自愿基础上根据自身实际情况进行土地流转决策，减少农民不必要的顾虑，提高农民的土地转出意愿。

参 考 文 献

陈水生．土地流转的政策绩效和影响因素分析——基于东中西部三地的比较研究．社会科学，2011（5）．

韩菡，钟甫宁．劳动力流出后“剩余土地”流向对于当地农民收入分配的影响．中国农村经济，2011（4）．

韩星焕，田露．农户土地流转意愿及其影响因素实证分析——以吉林省为例．吉林农业大学学报，2012（2）．

何京蓉，李炯光．农村土地流转状况调查与分析——基于三峡库区 7 个乡 23 个村的调查. 经济问题探索，2010（3）．

黄少安，刘明宇．公平与效率的冲突：承包制的困境与出路——《农村土地承包法》的法经济学解释．经济社会体制比较，2008（2）．

江淑斌，苏群．农村劳动力非农就业与土地流转——基于动力视角的研究．经济经纬，2012（2）．

晋洪涛．以农地权属为视角的土地流转行为研究——基于河南 455 个农户样本的调查．社会科学战线，2011（5）．

李怀，高磊．我国农地流转中的多重委托—代理结构及其制度失衡解析——从重庆、四川、广东等省份土地产权流转案例中得到的启示．农业经济问题，2009（11）．

陆益龙．农户的耕地使用行为及其影响——基于 2006CGSS 的实证分析．江苏社会科学，2012（2）．

罗必良，汪沙，李尚蒲．交易费用、农户认知与农地流转——来自广东省的农户问卷调查．农业技术经济，2012（1）．

毛飞，孔祥智．农地规模化流转的制约因素分析．农业技术经济，2012（4）．

乔颖丽，岳玉平．土地流转中农业规模经营组织类型的经济分析——基于农户与规模经营组织双向层面的分析．农业经济问题，2012（4）．

荣泰生．AMOS与研究方法．重庆：重庆大学出版社，2009.

史清华，徐翠萍．农户家庭农地流转行为的变迁和形成根源——1986—2005年长三角15村调查．华南农业大学学报（社会科学版），2007（3）．

王晓兵，侯麟科，张砚杰，等．中国农村十地流转市场发育及其对农业生产的影响．农业技术经济，2011（10）．

吴明隆．结构方程模型——AMOS的操作与应用．重庆：重庆大学出版社，2009.

许恒周，郭玉燕．农民非农收入与农村土地流转关系的协整分析——以江苏省南京市为例．中国人口·资源与环境，2011（6）．

易丹辉．结构方程模型方法与应用．北京：中国人民大学出版社，2008.

曾福生．农地产权认知状况与流转行为牵扯：湘省398户农户样本．改革，2012（4）．

翟辉，杨庆媛，焦庆东，等．农户土地流转行为影响因素分析——以重庆市为例．西南师范大学学报（自然科学版），2011（2）．

赵丙奇、周露琼、杨金忠，等．发达地区与欠发达地区土地流转方式比较及其影响因素分析——基于对浙江省绍兴市和安徽省淮北市的调查．农业经济问题，2011（11）．

赵阳．城镇化背景下的农地产权制度及其相关问题．经济社会体制比较，2011（2）．

Popkin，Samuel. The Rational Peasant：The Political Economy of Rural Society in Vietnam. Berkeley：University of California Press，1979.

Schultz，Theodore W. Transforming Traditional Agriculture. New Haven，Conn. Yale University Press，1964.

（作者单位：南京邮电大学）

农村劳动力非农就业对农地流转影响的实证分析*

罗明忠　段　珺

一、问题提出与文献综述

（一）问题提出

土地和劳动力是人类生存和发展所必需的两种基本生产要素。要提高土地和劳动这两种生产要素的效率，就必须充分利用并使它们得到合理配置。改革开放以来，中国农村的变化主要可以概括为两个方面。一是从 1978 年开始实施的家庭联产承包责任制至今，形成了土地和劳动力要素合理配置创新，即农地流转。二是农业生产效率的提高使农民可以从土地的束缚中解脱出来，伴随着工业化和城市化进程，以进城务工为典型代表的农村劳动力非农就业规模日渐扩大（Brauw，2002）。

在家庭联产承包责任制的背景下，农地流转是改变土地分散化经营的重要途径，将流转出来的土地集中开发，可以促进土地规模化经营，这也是农业现代化经营的必然要求（Elizabeth Brabec 和 Chip Smith，2002；王景新，2007）。农地流转对土地资源的重新配置，促进农村资源的合理利用，增加农民的收入（黄延信，张海阳等，2011），农地流转后，土地用途可能改变（易小燕，2010），可以拓宽农业的增收渠道，活跃农村经济。而且农村非农劳动力市场和农村土地租赁市场存在着因果关系，劳动力市场的发展带动了土地租赁市场的发展，农村劳动力永久迁移城市才能促使真正的城市化，土地自由流转才能保证农业规模化和专业化经营（Kung，2002）。我国目前农地流转期限短，有些地方不明确规定流转期限，而是每年双方进行协商是否继续流转。同时，大多数农地流转都具有显著的亲缘和地缘特征，农地流转主要发生在亲友邻居或本村农户之间，仅以口头协议形式加上个人的信任成

---

* 国家自然科学基金重点项目子课题“要素市场培育的制度设计及其配套改革”（71333004）、国家社科基金项目“非农就业稳定性、制度嵌入与农地流转机制研究”（12BJY088）和广州市哲学社会科学规划课题“农地制度创新与有序推进广州农业转移人口市民化研究”（2014YB018）的阶段性研究成果，并得到广州市哲学社会科学发展“十二五”规划 2014 年重点委托课题“提升广州市农村转移劳动力就业能力研究”的资助。

交，签订正式书面合同的占少数，这均反映出当前农地流转的不稳定性。尤其是中国农村劳动力非农就业和农地流转并未完全同步进行，如何保持农村劳动力持续转移和农地流转顺利推进，促进两者趋于同步发展是我国统筹城乡发展面临的一个重大问题。

（二）文献综述

国内外学者从经济因素（张红宇，2002；叶剑平等，2006）、土地产权制度因素（Krusekopf，2002）、社会保障制度因素（钱文荣，2002）、要素禀赋和土地交易费用（Feder，1985；钱忠好，2003；刘克春，朱红根，2008；钟文晶，罗必良，2013）、农村传统习俗（贺雪峰，2010）等方面对影响农地流转的因素进行了深入分析。

在非农就业与农地流转的关系方面，学者普遍认为，非农就业的发展是近年来土地租赁市场迅速发展的动因，较自由的劳动力市场能产生更多的土地租赁，非农就业对农户参与农地流转具有积极作用（Kung，2002；Yao，2000；Zhang 等，2004,），非农就业普遍的地区农地流转市场也相对发达（Brauw，2002；史清华，2002；倪羌丽，2008）。影响农地流动的最直接、最主要的因素是农业劳动力向非农产业转移的程度（李明权，闫新华，2005）。农村的非农就业人数与农地流转数量成正比，即农村的非农就业人数越多，参与农地流转的农户也就越多（Jin 和 Deminger，2009；李明艳，2010；罗明忠等，2013）。非农产业的发展水平越高，农地流转越多（贺振华，2003）。非农就业的工资率相比从事农业的工资率越高，非农就业时间越长、非农就业转移距离越远，农地流转意愿越强（刘艳，2008；林善浪，2010）。在经济发达地区，非农业收入对农地流转的影响显著；而经济欠发达地区，农地流转主要受政府行为的影响（倪羌莉，2007）。同时，较低的土地收益和劳动力多采取兼业转移，增强了农地流转的压力。非农就业机会多的农户对土地转让权更感兴趣，而非农就业机会少的农户更希望拥有长期而稳定的土地使用权（贺振华，2006）。

对于农地流转契约的研究发现，我国农地流转契约是典型的关系契约。我国绝大多数农户农地流转中都没有正式的契约关系，82.6%的土地转出和81.8%的土地转入未签订书面合同（叶剑平，2010）。我国农户在农地流转合同形式选择上普遍存在“重口头、轻书面”的行为倾向（郭继，2009）。这种关系性土地契约的主要优势是，契约双方相互信任或共享收益，这样就降低了道德风险。但是，在契约的维护上，必须依靠与亲情、人情构建起来的关系网及所内含的村庄“声誉”机制（罗必良，刘茜，2013）。同时，由于交易对象多为亲友邻居，大部分农地流转都发生在小组或村内部，因此流转期限短，大多数情况下是实物地租，在某些土地政策下还可能出现“负租金”的现象（Lohmar 等，2001）。而且，许多农户农地流转期限并不明确，甚至根本没有涉及租期，农户对流转的有效性认定上也倾向于契约随时可以终止（陈和午，聂斌，2006）。因此，我国农地流转表现为短期性和随意性的特点。

可见，国内外学者对非农就业和农地流转的影响因素及其二者间关系的研究已经十分丰富。但是，以往研究较少关注农村劳动力非农就业状况对农地流转的影响，缺乏就非农就业契约对农地流转意愿、流转期限及其契约规范性影响的研究。这正是本文以下要阐述的问题。

二、研究假设、数据来源与关键变量选择

（一）研究假设

土地对于农民而言，不仅仅是生产资料，土地还发挥着重要的保障功能。在劳动力市场不完善和非农就业机会有限的条件下，土地为农民充分利用家庭劳动力创造了条件，特别是在丧失非农就业机会的情况下，是一种对现金型保险的有效替代（姚洋，2000）。有研究指出，农地对农民所具有的就业保障、养老等基本生活保障的功能价值是其直接经济效用的 4 倍（王克强，2005），可以说，土地的社会保障与失业保险两种功能的作用远远超出农业本身。但是土地对农民的价值是相对的。当家庭非农就业率越高，即家庭非农化程度越高时，家庭对土地的依赖程度越低。农民非农收入越高，非农收入占农民总收入的比重提高，土地对农民的保障效用将不断减小。劳动力非农就业时间越长，则参与农地流转意愿越强（林善浪等，2010）。现实中，从事非农就业的农民更多是在容易受到经济周期影响的行业就业，当所在行业就业不稳定的时候，以及农民工非农就业收入容易波动、获取非农收入有风险的时候，丧失非农就业收入的可能性增大，那么土地的重要性会增加，外出务工的农民在失业后多选择重回故里，这时的“一亩三分地”对返乡农民工来说至关重要。同时，由于外出务工农民的社会保障程度低，在外非农就业者没有稳定的安全感，非农就业者仍将所拥有的土地作为其生存的最后保障。社会保障的相对不健全使其不足以替代土地在农民养老、基本生活等方面的保障功能，从而导致农民参与农地流转的积极性受到抑制（黄祖辉，王朋，2009）。农村社会保障制度的完善与养老逐渐社会化会对原有“家庭养老＋土地养老”的模式形成冲击（许恒周，金晶，2011），会促使农民更愿意进行长期的农地流转。

同时，研究表明，劳动契约是外来工的权益维护方式之一（万向东等，2006）。外出非农就业的农村劳动力的合法权益会由于没有签订劳动契约而得不到有效的保障，因此农村劳动力的合法权益受到威胁，就业安全系数低，对土地的依赖性不会减少，在签订农地流转契约时会选择短期甚至不签

订契约，以便在外遭遇就业风险时可以收回土地继续务农。在城市里就业的农村劳动力和雇主之间签订的劳动契约有明显的特征，即短期性和不稳定性，劳动力在就业的空窗期，没了非农收入来源，往往选择回乡继续经营土地，直到找到下一份工作。对于签订的非农就业契约期限短的农民来说，农地流转签订的契约期限越长，农户所要承担的风险也就越大，那些风险厌恶的农户可能宁愿放弃将土地转出的念头。由此，本文提出以下假设：

H　农村劳动力非农就业状况对其农地流转有显著影响

H1　家庭非农就业率对农地流转有显著影响

H2　非农就业收入对农地流转有显著影响

H3　用工单位是否缴纳社保对农地流转有显著影响

H4　非农就业契约对农地流转有显著影响

（二）数据来源

本文的样本数据为课题组于2013—2014年对广东、湖南两省的部分农民工进行随机问卷调查和访谈所得。在样本点选择时充分考虑到广东是农村转移劳动力非农就业大省，湖南是农村劳动力外出就业大省的现实。此次共发放问卷708份，回收问卷623份，问卷回收率为88%。在剔除存在缺失项的问卷后，最终的有效问卷为534份，有效问卷回收率为85.7%。调查样本基本情况如表1所示。

表1　样本基本情况统计表（N=534）

项　目		样本数（个）	占比（%）	项　目		样本数（个）	占比（%）
性别	男	309	57.9	非农就	小于1年	25	4.7
	女	225	42.1	业经验	1～5年（含5年）	195	36.5
年龄	16～20岁	26	4.9		5～10年（含10年）	163	30.5
	21～30岁	194	36.3		10～20年（含20年）	125	23.4
	31～40岁	153	28.7		大于20年	26	4.9
	41～50岁	136	25.5	非农就业	10 000以下	69	12.9
	50岁以上	25	4.7	年收入	10 001～20 000元	153	28.7
受教育	初中及以下	290	54.3		20 001～30 000元	208	39.0
程度	高中、中专、技校	163	30.5		30 001～40 000元	45	8.4
	大专、高职高专	54	10.1		40 001～50 000元	42	7.9
	本科及以上	27	5.1		50 001元以上	17	3.2
家庭非农	小于0.5	222	41.6	非农就业	书面契约	402	75.3

（续）

项目		样本数（个）	占比（%）	项目		样本数（个）	占比（%）
就业率	0.5～1	262	49.1	契约形式	口头或其他协议	89	16.7
	等于1	50	9.4		未签订	43	8.1
非农就业稳定性	非常不稳定	30	5.6	非农就业契约期限	无期限	170	31.8
	不稳定	91	17.0		劳务派遣	26	4.9
	一般	277	51.9		小于3年	150	28.1
	比较稳定	105	19.7		3～5年（含3年）	138	25.8
	稳定	31	5.8		大于5年（含5年）	29	5.4
是否参加农保	是	206	38.6		无固定期限	21	3.9
	否	328	61.4	合计		534	100.0
单位缴纳社保状况	足额按期缴纳社保	365	66.5				
	未足额按期缴纳社保	179	33.5				

（三）关键变量选择及其赋值

根据研究需要，本文的关键变量选择如下：

1. 被解释变量。本文将农地流转作为因变量，包括农地流转意愿、农地流转期限和农地流转契约规范性。

2. 解释变量。解释变量是反映非农就业状况的重要因素，主要包括家庭非农就业率、非农就业年收入、非农就业经验、非农就业稳定性、非农就业契约形式、非农就业契约期限、用工单位缴纳社保状况和参加农保情况。

3. 控制变量。本文将个体特征因素作为控制变量，包括性别、年龄和受教育程度。

各变量赋值见表2。

表2　关键变量及其赋值（N＝534）

变量名称	变量赋值	均值	标准差
性别	男＝1，女＝0	0.58	0.494
年龄	16～20岁＝1，21～30岁＝2，31～40岁＝3，41～50岁＝4，50岁以上＝5	2.89	0.995
受教育程度	初中及以下＝1，高中、中专、技校＝2，大专、高职高专＝3，本科及以上＝4	1.66	0.855
家庭非农就业率	小于0.5＝1，大于等于0.5小于1＝2，等于1＝3	1.68	0.637

（续）

变量名称	变量赋值	均值	标准差
非农就业年收入	10 000元以下=1，10 001～20 000元=2，20 001～30 000元=3，30 001～40 000元=4，40 001～50 000元=5，50 001元以上=6	2.79	1.203
非农就业经验	小于1年=1，1～5年（含5）=2，5～10年（含10）=3，10～20年（含20）=4，大于20年=5	2.87	0.983
非农就业稳定性	非常不稳定=1，不稳定=2，一般=3，比较稳定=4，稳定=5	3.03	0.908
非农就业契约形式	书面合约=1，口头或其他协议=2，未签订=3	1.33	0.618
非农就业契约期限	无期限=1，劳务派遣=2，小于3年=3，大于等于3年小于5年=4，大于等于5年=5，无固定期限=6	2.80	1.454
是否参加农保	是=1，否=0	1.61	0.487
单位缴纳社保状况	单位按期足额缴纳社保=1，单位未按期足额缴纳社保=0	0.66	0.473
是否农地流转	是=1，否=0	0.21	0.406
农地流转期限	1年及以内=1，2～5年=2，6年及以上=3	0.32	0.695
农地流转契约规范性	书面契约=1，口头协议=2，未签订=3	0.38	0.805

三、模型选择与实证检验

（一）模型选择

1. 二元 Logistic 回归模型。本文分析非农就业状况对农地流转意愿的影响，模型的因变量只有两种可能，即有流转意愿和没有流转意愿，属于非连续的二分变量，适合采用二元 Logistic 回归模型进行检验。

因为实际观测到的 Y 为离散变量，故引入一个潜变量 Y^* 来概括二元选择行为，假设指数函数为：

$$Y^* = X'\beta' + \varepsilon^*$$

其中，X'为自变量，β'为待估参数，ε^* 为相互独立且服从正态分布的残差项。Y 与 Y^* 有如下的对应关系：

$$Y = \begin{cases} 0, 若\ Y^* \leqslant 0 \\ 1, 若\ Y^* > 0 \end{cases}$$

设 ε^* 服从逻辑分布，$F(X)$ 为 ε^* 的累积分布函数，则 Y 的概率可以如下表达：

$$P(Y=0)=P(Y^{*}\leqslant 0\mid X)=P(\varepsilon^{*}\leqslant -X'\beta\mid X)=F(-X'\beta)$$
$$P(Y=1)=P(Y^{*}>0\mid X)=P(\varepsilon^{*}>-X'\beta\mid X)=1-F(-X'\beta)$$

2. 线性回归模型。根据已设定的变量，本文选择采用多元线性回归模型检验非农就业状况对农地流转期限和农地流转契约形式的影响。线性回归方程设定如下：

$$Y=\alpha+\sum_{k}^{n}\beta_k X_k+\varepsilon$$

其中 k 为影响因素编号，n 为影响因素的个数，X_k 表示影响因素。

（二）实证检验：结果与分析

1. 非农就业对农地流转意愿影响的二元 Logistic 回归检验。利用 SPSS19.0 软件对问卷调查建立的数据库进行运算，采用二元 Logistic 回归方法分析非农就业状况对农地流转意愿的影响，结果如表 3 所示，模型整体拟合优度良好，家庭非农就业率、非农就业契约期限在 1%的统计水平上显著，单位缴纳社保状况、性别和年龄在 5%的统计水平上显著。

表 3　非农就业对农地流转意愿影响的二元 Logistic 回归检验结果（N=534）

投入变量名称	B	S.E.	Wald 值	Exp（B）
性别	−0.588 **	0.264	4.957	0.556
年龄	0.515 **	0.152	11.533	1.674
受教育程度	0.172	0.160	1.151	1.187
家庭非农就业率	0.837 ***	0.193	18.737	2.310
非农就业年收入	0.073	0.113	0.419	1.076
非农就业经验	0.164	0.135	1.473	1.178
非农就业稳定性	−0.271 *	0.144	3.540	0.762
非农就业契约形式	−0.234	0.281	0.697	0.791
非农就业契约期限	0.585 ***	0.107	29.797	1.795
是否参加农保	−0.202	0.252	0.641	0.817
单位缴纳社保状况	0.790 **	0.289	7.482	0.454
常量	−4.875 ***	1.059	21.178	0.008
−2 对数似然数	437.759			
Cox & Snell R^2	0.183			
Nagelkerke R^2	0.286			
Hosmer - Lemeshow 检验值	17.606			

注：*** $p<0.01$，** $p<0.05$，* $p<0.1$。

(1) 家庭非农就业率与非农就业契约期限对农地流转意愿有正向影响。如表3所示，家庭非农就业率和非农就业契约期限变量系数为正，说明家庭非农就业率高、非农就业契约期限越长，农村转移劳动力对土地的依赖程度越低，农地流转意愿越强烈。

(2) 用工单位是否按期足额缴纳社保对农地流转意愿有显著正向影响。因为用工单位按期为已经在非农产业实现就业的农村劳动力缴纳社保，就意味着这一部分农村劳动力已经进入城镇职工社保体系，无疑对其未来的生活和养老会带来正向激励效应，从而增强其农地流转的意愿。

(3) 性别、年龄对农地流转有显著影响。一方面，女性的农地流转意愿更强。可能的原因是，已经在非农产业实现就业的女性劳动力，其家庭中其他劳动力也基本上都在非农就业，因而更愿意选择通过农地流转增加财产性收入，改善家庭生活，并使农地不至于撂荒。另一方面，年龄越大，农地流转的意愿越强。因为在当前农业耕作以“老龄化、妇女化”为主的背景下，对于已在非农就业的年龄大的农村劳动力来说，其家庭成员仍然从事农业经营的较少，因此与其让农地撂荒，还不如将地流转出去，实现多赢。从这个意义上说，农地流转是一种收益最大化的合理选择。

2. 非农就业对农地流转期限影响的多元线性回归检验。在全部534份问卷中，有111个样本发生了农地流转，把这些样本抽取出来，以非农就业状况为解释变量，农地流转期限为被解释变量，进行多元线性回归检验，结果如表4所示，非农就业契约期限在1%的统计水平上显著，非农就业年收入和是否参加农保在5%的统计水平上显著。

表4 非农就业对农地流转期限影响的多元线性回归检验结果（N=111）

变　量	农地流转期限	
	系数	t值
（常量）	1.987 ***	3.525
性别	−0.193	−1.472
年龄	0.041	0.492
受教育程度	0.031	0.388
家庭非农就业率	−0.174 *	−2.070
非农就业年收入	0.116 **	2.133
非农就业经验	−0.030	−0.416
非农就业稳定性	−0.104	−1.437
非农就业契约形式	−0.151	−0.971
非农就业契约期限	0.153 ***	2.660
在农村是否参加社保	−0.272 **	−2.017

（续）

变　量	农地流转期限	
	系数	t值
单位缴纳社保状况	－0.121	－0.845
R^2	0.232	
调整后 R^2	0.147	
F值	2.719 ***	

注：*** p＜0.01，** p＜0.05，* p＜0.1。

（1）非农就业契约期限及非农就业收入对农地流转期限有显著正向影响。如表4所示，非农就业契约期限变量系数为正，说明农村劳动力非农就业契约期限越长，农地流转期限越长；非农就业年收入越高，农地流转期限越长。究其原因，短期非农就业契约不足以替代土地在农民养老、基本生活等方面的保障功能；非农就业契约期限越长，给农村劳动力的就业安全感越高，根据理性计算的结果，农村劳动力选择较长期限的农地流转，以减少土地空置成本增加财产性收入的可能性越大。同时，非农就业收入越高，农地的保障功能越低，农村转移劳动力对未来的生活预期越好，就越可能把最后的保障即“农地”流转出去增加收益。

（2）是否参加农保对农地流转期限有显著负向影响。究其原因，农村劳动力即使实现了非农就业，如果他们选择参加农村社会保险，就意味着他们把“根”仍然留在农村，时刻准备回到农村继续他们的生活，在农地流转中自然不会选择长期流转，以备自己一旦回到农村还可以“有地可耕”。

3. 非农就业对农地流转契约规范性影响的多元线性回归检验。基于111个有农地流转行为的样本建立的数据库，以非农就业状况为解释变量，农地流转契约规范性为被解释变量，进行多元线性回归检验，结果如表5所示，家庭非农就业率、非农就业契约形式和非农就业契约期限在1％的统计水平上显著。

表5　非农就业对农地流转契约规范性影响多元线性回归检验结果（N＝111）

变　量	农地流转期限	
	系数	t值
（常量）	0.576	1.127
性别	0.099	0.835
年龄	0.021	0.276
受教育程度	0.052	0.710
家庭非农就业率	0.252 ***	3.322

（续）

变　量	农地流转期限	
	系数	t 值
非农就业年收入	−0.041	−0.839
非农就业经验	0.023	0.355
非农就业稳定性	0.112 *	1.702
非农就业契约形式	0.407 ***	2.891
非农就业契约期限	−0.176 ***	−3.378
是否参加农保	0.198	1.616
单位缴纳社保状况	0.117	0.906
R^2	0.378	
调整后 R^2	0.309	
F 值	5.471 ***	

注：*** p＜0.01，** p＜0.05，* p＜0.1。

（1）家庭非农就业率对农地流转契约规范性有显著负向影响。一种可能的原因，是因为家庭成员非农就业率高，其对农地的依赖性减弱，农地流转可能带来的收益在其收入中占比较小，因而对于农地流转契约的规范性不在意，只是出于不能让农地“撂荒”的考虑，把农地流转给愿意耕种者代为耕种。另一种可能的原因，是因为家庭成员非农就业率高，就意味着家庭成员要面临“非农就业失业风险”，因而在农地流转中选择相对不规范的形式，防患于未然，有利于其在需要时，可以回家乡有地可耕种。

（2）非农就业契约形式与期限对农地流转契约规范性有显著正向影响。一方面，非农就业契约作为农村劳动力权益维护的重要方式，可以给农村劳动力增强生活安全感。非农就业契约形式越规范、非农就业契约期限越长，意味着农村劳动力非农就业越有保障，因而，在农地流转中越倾向于采取书面契约方式。另一方面，农村劳动力在非农就业过程中的契约签订过程，本身就是一个“学习”过程，非农就业契约签订的规范化，将激励农村劳动力在农地流转中选择“规范化的契约方式”。

四、结论与启示

基于广东、湖南两省 534 名农村劳动力的问卷调查数据，本文采用二元 Logistic 回归和多元线性回归方法，对农村劳动力非农就业状况与其农村农地流转意愿、流转期限及其流转契约的规范性之间的影响进行实证分析。结果表明，研究假设得到证实。已经实现非农就业的女性及年龄大的农村劳动力的农地流转意愿更强，家庭非农就业率、非农就业契约期限以及用工单位是否按期缴纳社保对农地流转意愿有显著正向影响，非农就业契约期限及其非农就业年收入对农地流转期限有显著正向影响，非农就业契约形式和期限对农地流转契约规范性有显著正向影响，农村劳动力是否参加农保对农地流转期限有显著负向影响。可见，要推进农地流转，其突破口在“农外”，即要让更多的农村劳动力在非农产业实现收入水平更高、契约更加稳定、社会保障更加健全的就业，增强农村转移劳动力的生活信心，提升农村转移劳动力的未来预期，从而激励其选择农地流转，进一步推进农业转移人口市民化进程。

为此，一要促进农村劳动力非农就业并提高其非农就业收入水平。即让更多的农村劳动力从农村出来，并且通过在非农产业实现更高质量的就业，获得更高的收入，形成更稳定的预期，在保障其农地产权的基础上，激励其选择农地流转，增加收益。二要完善社会保障体系。要按照中央关于有序推进农业转移人口市民化的要求，积极推进城镇基本公共服务由主要对本地户籍人口提供向对常住人口提供转变，逐步解决在城镇就业居住但未落户的农业转移人口享有城镇基本公共服务问题，扩大社会保障覆盖面。即以更加健全完善的社会保障，弱化农地对农村劳动力的福利保障功能，激励农业转移人口以更加规范化的方式推进农地流转。三要规范农村转移劳动力的非农就业契约。关键是鼓励用工单位与农村劳动力签订更长期限的稳定的非农就业契约，既为非农产业发展准备充足的人力资源，也为农村转移劳动力扎根非农产业，提升非农就业稳定性创造条件，进一步激励农业转移劳动力实行规范的农地流转，推进农业规模化、集约化经营。

参　考　文　献

陈和午，聂斌．农户土地租赁行为分析——基于福建省和黑龙江的农户调查．中国农村经济，2006（2）：42－48.

郭继．农地流转合同形式制度的运行与构建．中国农业大学学报，2009（4）：37－44.

贺雪峰．地权的逻辑——中国农村土地制度向何处去．北京：中国政法大学出版社，2010.

贺振华．农村土地流转的效率：现实与理论．上海经济研究，2003（3）：11－17.

贺振华．农户兼业及其对农村土地流转的影响——一个分析框架．上海财经大学学报，2006（8）：72－78.

黄延信，张海阳．农村农地流转状况调查与思考．农业经济问题，2011（5）：4－9.

黄祖辉，王朋．基于我国农村土地制度创新视角的社会保障问题探析．浙江社会科学，2009（2）：39－42.

李明权，闫新华．农地流动的影响因素分析——以吉林省延边地区的农地转包为例．农村经济，2005（8）：24－27.

李明艳，陈利根，石小平．非农就业与农户土地利用行为实证分析——配置效应与投资效应：基于2005年江西省．农业技术经济，2010（3）：41-51.

林善浪，王健．家庭生命周期对农村劳动力转移的影响分析．中国农村观察，2010（1）：25-33.

刘克春，朱红根．农户资源禀赋、交易费用与农地使用权流转行为——基于江西省农户调查．统计研究，2008（2）：174-179.

刘艳，韩红．农民收入与农地使用权流转的相关性分析．财经问题研究，2008（4）：12-17.

罗必良，刘茜．农地流转纠纷：基于合约视角的分析——来自广东省的农户问卷．广东社会科学，2013（1）：5-44.

罗明忠，等．农地流转中的非农就业因素研究——基于与化州市播扬镇的实证分析．产经评论，2013（3）：102-109.

倪羌莉．非农就业对我国今后农地经营制度的影响．南京：南京农业大学，2007.

倪羌莉．非农就业中农地流转问题的浅析——以江苏省为例．农业经济，2008（2）：49-50.

钱文荣．浙北传统粮区农户农地流转意愿与行为的实证研究．中国农村经济，2002（7）：64-68.

钱忠好．农地承包经营权市场流转：理论与实证分析——基于农户层面的经济分析．经济研究，2003（2）：83-91.

史清华，贾生华．农户家庭农地要素流动趋势及其根源比较．管理世界，2002（1）：71-77.

万向东，刘林平，张永宏．工资福利、权益保障与外部环境——珠三角与长三角外来工的比较研究．管理世界，2006（6）：37-44.

王景新．中国农村土地制度的世纪变革．北京：中国经济出版社，2007：12.

王克强．土地对农民基本生活保障效用的实证研究：以江苏省为例．四川大学学报（哲学社会科学版），2005（3）：5-11.

许恒周，金晶．农地流转市场发育对农民养老保障模式选择的影响分析：基于有序Probit模型的估计．资源科学，2011（8）：1578-1583.

姚洋．中国农地制度与农村社会保障. 中国社会科学季刊，2000（2）：19-26.

叶剑平，丰雷，蒋妍．2008年中国农村土地使用权调查研究——17省份调查结果及政策建议．管理世界，2010（1）：64-73.

易小燕．典型地区耕地流转模式与农户行为研究．北京：中国农业科学技术出版社，2010：12.

张红宇，刘玫，王晖．农村土地使用制度变迁：阶段性、多样性与政策调整．农业经济问题，2002（2）：16-19.

钟文晶，罗必良．禀赋效应、产权强度与农地流转抑制——基于广东省的实证分析．农业经济问题，2013（3）：6-15.

Baker. G. Gibbons. R. Murphy. K. J. Relational contracts and the theory of the firms. The Quarterly of Economics，2002（1）：39-83.

Brauw A. D，Huang J. k，S. Rozelle. The Evolution of China' Rural Labor Markets During the Reforms. Journal of Comparative Economics，2002（30）：329-353.

Bryan Lohmar, Zhaoxin Zhang, Agapi Somwaru. Land Rental Market Development and Agricultural Production in China. Paper for Presentation at the 2001 Annual Meeting of the American Agricultural Economics Association, Chicago IL, 2001.

Charles C. Krusekopf. Diversity in Land - tenure Arrangements Under the Household Responsibility System in China. China Economic Review, 2002 (2-3): 297-312.

Elizabeth Brabec. Chip Smith. Agricultural land fragmentation: the spatial effects of three land Protection strategies in the eastern United States. USA: LandseaPe and Urban Planning, 2002: 57-59.

Feder G. The Relation between Farm Size and Productivity. Journal of Development Economics, 1985 (3): 297-313.

Kung J. k. Off-farm labor Markets and the Emergence of Land Rental Markets in Rural China. Journal of Comparative Economics, 2002 (30): 395-414.

Productivity and Equity Impacts from China. Washington DC: World Bank Research Department, 2006.

Yao Y. The development of the land lease market in rural China. Land Economics, 2000 (76): 252-266.

Zhang L. Brauw A. Rozelle S. China's rural labor market development and its gender implications. China Economic Review, 2004 (15): 230-247.

（作者单位：华南农业大学）

其　他

QITA

农产品价格波动、生计资本与农村妇女劳动时间分配*

——不同留守状态下的比较

罗 丞

进入21世纪以来，国内农产品价格始终处于波动状态。以农村粮食零售价格指数为例，相对于2000年1月88.7[①]的基础水平，2004年6月之前一直处于快速上升通道并达到历史最高水平134.6，2005年6月在快速回落至98.8之后，尽管波动幅度明显收窄，但仍然处于振荡攀升阶段，并于2010年12月达到国际金融危机暴发之后的最高点115.9，截至2014年3月，该指数为102.9（中经网产业数据库，2014）。在这样的背景下，近年来虽然国家出台了一系列相关政策使农村居民家庭人均年纯收入不断增加且来源日益多样化，但农（林、牧、渔）业收入占比仍然维持在34.3%[②]以上的较高水平，农产品价格波动不可避免地对农村居民家庭收入造成较大冲击和影响。与此同时，伴随着城镇化水平的提高和农村劳动力的流出，农村中农业劳动力性别结构正悄然发生变化，农业生产中女性劳动力比例不断上升，即便按照保守估计也已经达到53.2%[③]。由于丈夫就近或在外务工、经营，农村妇女不得不承担繁重的农业生产、子女养育和老人赡养等经济和家庭责任，调整劳动力配置成为应对这一冲击和影响的自然选择（檀学文，李成贵，2010）。

已有农产品价格波动的研究主要集中在宏观视角下影响因素和后果分析方面，农产品价格波动是内外多种因素共同作用的结果，贸易传导、石油（能源）价格、外部需求、金融因素、国际投机资金和自然灾害等外部冲击对国内农产品价格波动的影响日益显著（顾国达，方晨靓，2010；罗锋，2011）。内部因素中，利率、通货膨胀预期和货币供应量等对农产品价格波动有重要影响（李敬辉，范志勇，2005）。金融支农信贷和财政支农资金（于少东，2012；邱书钦，2013）、专业化生产规模（李明等，2012）、农业

* 本文系国家社会科学基金一般项目“农村留守妇女生计策略及家庭福利效应研究”（项目号：12BRK022）阶段性成果。

① 上年＝100。

② 根据《中经网统计数据库2013》相关数据计算。

③ 根据《中国第二次全国农村普查资料》相关数据计算。

生产成本（王锐，陈倬，2011）、物流和隐性交易成本（唐连生，2012）、正负向信息（朱信凯等，2012）等都是粮食和鲜活农产品波动的主导因素。同时，粮食、蔬菜、玉米等农产品价格变动对经济增长（罗永恒，2012）、粮食安全（吕捷，林宇洁，2013）、人口福利（郭劲光，2009）、工业品生产价格和居民消费品价格指数（罗永恒，文先明，2012）、收入分配结构（樊琦，2012）、政府救济政策（郭劲光，2010）、粮食产量（何蒲明，黎东升，2009）等也有很大的影响。与上述众多研究形成反差的是，仅有少量文献关注了农产品价格波动在种植面积（方福平，李凤博，2010）、订单违约（陈训波，孙春雷，2013）和心理压力感知（陈晓坤等，2013）方面对农户和消费者等微观个体造成的影响，并且缺少基于微观禀赋差异的深入发现。事实上，生计资本本身对生计决定有着重要影响，只有那些拥有较高资本如劳动力、土地和金融可及性的农户才可能从多样化生计活动中获利（梁义成等，2011）。

因此，在农产品价格波动日益频繁和农村妇女已经成为农业生产重要劳动力的背景下，从生计资本出发深入探讨农产品价格波动对农村妇女劳动时间分配的影响对于稳定其个人收入、保障其经济权利、家庭地位和身心健康，乃至促进农业生产的可持续发展和粮食安全都有重要意义。

一、分析框架

英国国际开发署（The United Kingdom Department for International Development，DFID）构建的可持续生计分析框架阐述了脆弱性的个人或家庭基于已有生计资本组合和约束，选择多样化生计策略，导致不同生计结果并通过其对生计资本反馈作用实现可持续生计的整个过程（DFID，2000）。由于清晰展示了影响生计的主要因素和彼此之间的相互关系，同时可以根据特定情况调整和修改某些概念的内涵，从而为理解生计活动提供了一种系统、灵活的思维范式和方法。框架已被大量应用在贫困地区和灾区农户、失地农民和工程移民、农村留守妇女等相关弱势群体的生计分析与研究中（李聪，2010；杨云彦，赵锋，2009；王洒洒，罗丞，2014）。在可持续生计分析框架中，脆弱性环境作为生存的基本外部环境，凭借其宏观性和客观性特征成为最不易控制和短期内难以改变但又必须正视的外在因素，生计分析只有充分考虑它的影响才会具有实际意义。与此同时，生计资本和生计策略是最为重要的两个内部核心要素，现有的生计资本组合构成了不同生计策略的选择基础和约束前提，不同的生计策略又直接产生了不同的生计结果，从而形成了生计资本→生计策略→生计结果的逻辑主线（王洒洒，罗丞，2014）。

根据可持续生计分析框架的解释，脆弱性环境包含外部冲击、主要发展趋势和季节性因素三个范畴，经济因素是三个范畴中共同出现的重要因素。

外部冲击有较强的突发性，主要发展趋势则相对稳定和更容易预测，而季节性因素则更有周期性和规律性。农产品价格的上升和下降，短期内表现出明显的冲击效应，中期内演变为振荡趋势，长期内则显现出以若干时间为周期的规律性（于少东，2012）。因此，农产品价格波动无疑是脆弱性环境中最应该引起注意的经济因素之一；生计资本被划分为人力资本、社会资本、自然资本、物质资本和金融资本五种类型。人力资本代表了劳动力的质和量，是利用其他四种资本的前提。社会资本是指为实现生计目标所拥有的社会资源，通常通过正式和非正式的网络或联系来增加存量并对其他资本有着直接的影响。自然资本是用以维持生计的自然资源。物质资本是通过生产过程创造出的资本，有助于生产力的进一步提高。金融资本是指用于获得生计目标的金融资源，它在五类资本当中最为通用。一般而言，五种资本在不同个体中的存量不可能完全相等，同时资本之间能够相互转化（DFID，2000）；生计策略是指为实现生计目标而从事（或进行）的各种活动（或选择），其本质是对劳动力资源的调整和配置（张原，2011）。对农村妇女而言，为保持家庭经济状况的稳定，农业生产一般被作为基本收入来源而投入劳动力和时间，家庭经营则提高了其对家庭经济的贡献份额，就近务工等工资性活动是重要的收入来源，同时，从事家务劳动、养育孩子和照顾老人等再生产活动的可能性也明显增加。因此，农村妇女的劳动时间主要投向了农业生产、家庭经营、工资性活动和家庭再生产领域（Mu 等，2011；Jacka，2012）。综上所述，论文的分析框架归纳如下（图 1）：

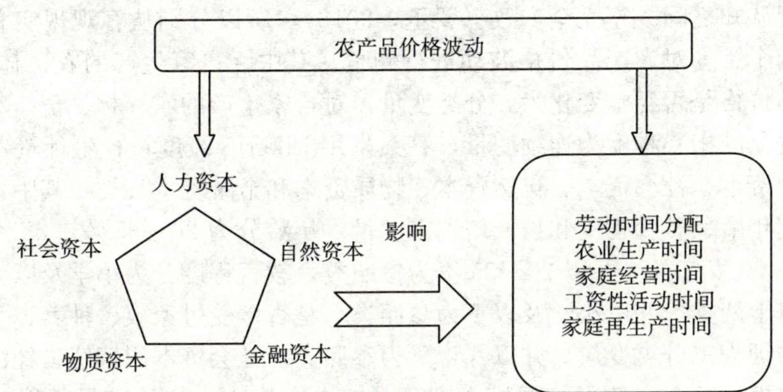

图 1　农产品价格波动、生计资本对农村妇女劳动时间分配影响的分析框架

二、数据和方法

（一）数据来源

论文的数据源于 2012 年 12 月陕西社会科学院农村发展研究所等机构在

安徽巢湖进行的农村妇女生计与福利问卷调查，共涉及个人及家庭基本情况、个人与家庭生计、个人健康状况及幸福感、脆弱性环境认知、相关政策和制度评价等内容。调查采用分层抽样的方法，首先依据经济发达程度在全市 12 个乡（镇）中选取高、中、低发展水平乡镇各 1 个，共 3 个乡镇；随后从每个乡镇随机抽取 5 个行政村；最后在镇、村两级计生人员的协调和配合下，在每个选中的行政村中随机抽取 60 名左右 20～60 岁的已婚妇女。具体执行时由预先经过培训的调查员按照集中讲解（问卷）、现场发放（问卷）、现场监督（答疑）、现场回收（问卷）和现场检查（确认）的流程进行。共发放问卷 905 份，最终回收 904 份，剔除逻辑检验无效的问卷之后，累计获得有效问卷 902 份，问卷有效率为 99.7%。

（二）变量测量

变量分为因变量、自变量和控制变量。

因变量为农村妇女花费在农业生产、家庭经营、工资性活动和家庭再生产等生计活动的时间，农业生产时间是最近一年进行农业、林业、畜牧和水产生产（养殖）的天数总和，家庭经营时间是最近一年进行商业、餐饮等家庭经营天数的总和，工资性活动时间是最近一年进行就近务工等工资性收入活动天数的总和，家庭再生产时间则是一天中进行家务劳动、养育孩子和照顾老人等活动的小时数总和。

自变量包括农产品价格波动和生计资本，由于价格波动的客观现实与个体主观认知之间并不完全一致（罗丞，2012），所以分别从客观现实和担心程度两个维度对农产品价格波动进行测量。其中，自家生产的农、林、畜、水产品价格是否经常变化为二分类变量，对自家生产的农、林、畜、水产品价格变化的担心程度为连续变量，答案采用 Likert5 级度量；生计资本则分为人力资本、社会资本、自然资本、物质资本和金融资本五类，其中，人力资本用年龄、教育程度和技能培训来度量，年龄分为 20～35 岁、35～45 岁和 45～60 岁三类，并以 20～35 岁为参照类，教育程度分为小学及以下和初中及以上两类，并以小学及以下为参照类，是否接受过家政、种养、手工等技能培训为二分类变量，并以“否”为参照类。社会资本用情感、经济和交往等方面的社会支持网络规模来度量，三个变量均为连续变量并以整数计量。自然资本用农村妇女使用的耕地、林地、草地、园地和水面等自然资源的总面积来度量，为连续变量。物质资本用农业生产设备、工具数量和房屋价值来度量，生产和消费型设备（工具）数量为连续变量并以整数计量，房屋价值分为 3 万元以下、3 万～5 万元、5 万～10 万元、10 万元以上四类并以 3 万元以下为参照类。金融资本用名下是否有存款和近三年内是否获得过银行或信用社的贷款来度量，两者均为二分类变量并以“否”为参照类。

控制变量为农村妇女类型，根据丈夫是否外出及外出时间长短将农村妇女分为三类。其中，丈夫没有外出务工、经营的为非留守妇女，丈夫外出务工、经营时间少于6个月的为准留守妇女，丈夫外出务工、经营时间在6个月及以上的为留守妇女，同时以“非留守妇女”为参照类。因变量、自变量和控制变量的描述性信息如表1所示。

表1　变量的描述性信息

变　量	赋　值	均值（标准差）/频数（百分比）
因变量		
农业生产时间	一年内进行农业、林业、畜牧和水产生产（养殖）天数总和	128.85（139.845）
家庭经营时间	一年内进行家庭经营天数总和	49.92（113.522）
工资性活动时间	一年内进行工资性收入活动天数总和	47.95（106.134）
家庭再生产时间	一天中进行家务劳动、养育孩子和照顾老人等活动小时数总和	4.61（2.821）
自变量		
农产品价格波动		
自家生产的农、林、畜、水产品价格是否经常变化	否	690（84.1%）
	是	130（15.9%）
对自家生产的农、林、畜、水产品价格变化的担心程度	1＝一点也不担心，2＝不担心，3＝说不准，4＝担心，5＝非常担心	3.53（1.173）
生计资本		
人力资本		
年龄	20～35岁＝0	265（30.1%）
	35～45岁＝1	414（47.0%）
	45～60岁＝2	202（22.9%）
教育程度	小学及以下＝0	436（49.1%）
	初中及以上＝1	451（50.9%）
是否接受过技能培训	0＝否	620（72.0%）
	1＝是	241（28.0%）
社会资本		
情绪不好时可倾诉人数	连续变量，整数计量	2.27（1.606）
急需开支时可借钱人数	连续变量，整数计量	2.68（1.865）
平时一起放松、娱乐人数	连续变量，整数计量	3.23（4.342）

（续）

变　量	赋　值	均值（标准差）/频数（百分比）
自然资本		
土地总面积	连续变量	6.01 (27.256)
物质资本		
生产和消费型设备（工具）数量	连续变量，整数计量	5.18 (1.777)
房屋价值	3万元以下＝0	147 (17.1%)
	3万～5万元＝1	141 (16.3%)
	5万～10万元＝2	298 (34.5%)
	10万元以上＝3	277 (32.1%)
金融资本		
名下是否有存款	0＝否	593 (68.2%)
	1＝是	277 (31.8%)
是否获得过贷款	0＝否	815 (95.2%)
	1＝是	41 (4.8%)
控制变量		
妇女类型	0＝非留守妇女	218 (24.5%)
	1＝准留守妇女	369 (41.6%)
	2＝留守妇女	301 (33.9%)

（三）计量模型和方法

由于回答农业生产、家庭经营、工资性活动和家庭再生产时间需要简单回忆而耗时更长，因而一些应答者有意放弃回答相关问题并导致上述四个变量的缺失值较多。实际上，对没有回答上述时间的农村妇女而言，并非表示其不参加农业生产、家庭经营、工资性活动和家庭再生产，因变量数据在“0”值处存在着截断问题。因此，最终选用 Tobit 模型分析农产品价格波动、生计资本等变量对农村妇女劳动时间的影响。具体形式为：

$$y_i^* = x'_i\beta + \sigma\varepsilon_i \tag{1}$$

$$y_i = \begin{cases} 0, 若\ y_i^* \leqslant 0 \\ y_i^*, 若\ y_i^* > 0 \end{cases} \tag{2}$$

其中，y_i^* 表示第 i 个农村妇女愿意分配在农业生产、家庭经营、工资性活动和家庭再生产活动上的劳动时间；x_i 是解释变量向量，包含了农产品价格波动、生计资本等变量；σ 为尺度参数，需要与参数 β 一同估计；y_i

表示观察到的第 i 个农村妇女花费在农业生产、家庭经营、工资性活动和家庭再生产活动上的时间，y_i^* 虽然可以取负值，但负值是不可观察的，因此，y_i 在 0 值处删截。

（1）（2）式的对数似然函数为：

$$\ln L=\sum_{y_i>0}-\frac{1}{2}\left[\ln(2\pi)+\ln\sigma^2+\frac{(y_i-x'_i\beta)^2}{\sigma^2}\right]+\sum_{y_i=0}\ln\left[1-\Phi\left(\frac{x'_i\beta}{\sigma}\right)\right] \tag{3}$$

三、结果与讨论

论文利用 Eviews7.0 对农产品价格波动、生计资本对农村非留守、准留守和留守妇女劳动时间分配的影响进行了分析，结果如表 3 至表 5 所示。由表中可见，Tobit 模型整体拟合效果良好，似然结果在 1%水平上显著。

表 2 列出了不区分具体类型情况下，农产品价格波动对所有农村妇女劳动时间影响的回归分析结果。结果表明，由于传统性别角色分工以及相对于农业生产、家庭经营和工资性活动而言更少的投入，家庭再生产成为农村妇女面对外界变化时“最保险”的生计选择而被优先采用（朱海忠，2007）。而随着时间的延长，价格波动的客观影响逐渐稳定，加之农业生产自身的各种现实和隐性收益，尽管对价格变化的担心程度有所加强，农业生产仍然成为农村妇女共同并且是最基本的直接产生经济收入的生计选择（张原，2011）。同时，由于家庭经营收入构成了总收入的首要来源（中国农村统计年鉴，2013），也自然成为农村妇女应对农产品价格变化担心的优先选择。

表 2　农产品价格波动对农村妇女劳动时间分配的影响

	农业生产时间	家庭经营时间	工资性活动时间	家庭再生产时间
常数项	53.836*	−537.289***	−314.616***	4.272***
自家生产的农、林、畜、水产品价格是否经常变化（是）	30.847	78.90 708	2.359	0.996***
对自家生产的农、林、畜、水产品价格变化的担心程度	18.730**	61.875***	−0.465	0.040
Log likelihood	−1 995.471***	−1 205.273***	−1 139.923***	−1 664.385***

注：***、** 和 * 分别表示变量在 1%、5%和 10%统计水平上显著。

表 3 列出了不区分具体类型情况下，农产品价格波动、生计资本对所有农村妇女劳动时间影响的回归分析结果。结果表明，价格波动作为生计活动的客观外部环境因素不可避免地会对生计策略产生影响，而生计资本无疑是这种影响的基础，因为不同的微观禀赋存量将有助于加强或减弱上述影响（梁义成等，2011）。在价格变化对农业生产和家庭再生产时间以及价格变化

的担心程度对农业生产和家庭经营时间的影响过程中，生计资本发挥的不同调节作用，可能正是由于农村妇女在人力、物质和金融等资本上的差异造成的。与此同时，生计资本又直接影响生计策略，由于年龄的增大导致工作流动性的降低，而教育程度的提高和技能培训的经历则意味着生计多样化可能性的提高（李聪，2010），因而在直接产生经济收入的各种生计选择中，中、老年妇女会“被迫”减少或放弃务工等工资性活动而选择在农业生产上投入更多时间，初中及以上文化程度和接受过技能培训的妇女会选择涉足非农业生产而减少农业生产。当然，技能培训作为短期和相对容易获得的人力资本，更可能对工资性活动产生影响。教育程度作为长期和相对难获得的人力资本，则可能对家庭经营和工资性活动都产生影响（Fabusoro 等，2010）。相对而言，商业、餐饮等家庭经营活动是农村妇女可能选择的劳动力需求最大、资本最密集的生计活动。因此，从劳动力需求的角度，代表了社会支持网络最大规模的日常交往人数会明显促进家庭经营的发展（吴惠芳，饶静，2010），并且由于更多的劳动力投向了家庭经营而对农业生产和工资性活动产生不利影响。同样，从资本需求的角度，由于 10 万元以上价值的房屋往往意味着较多的家庭财富，名下有存款和获得过贷款往往意味着更多的资金，这些都是促进家庭经营发展的有利因素。当然，家庭财富的增加还可能使农村妇女通过“购买服务”的方式减轻在家务、照顾孩子和老人等活动上的负担，因此，随着房屋价值的增加其投入家庭再生产的时间逐渐减少。最后，土地、生产和消费型设备（工具）等生产资料实际上构成了农业生产的“沉没成本”，其数量的增多常常使农业生产成为“必须为之”的选择。生产和消费型设备（工具）数量的增多使农村妇女增加工资性活动时间可能暗示了其参加了与自家的农用三轮车、播种机、摩托车等生产设备有关的工资性活动。

表 3　农产品价格波动、生计资本对农村妇女劳动时间分配的影响

	农业生产时间	家庭经营时间	工资性活动时间	家庭再生产时间
常数项	57.727	−768.612***	−595.937***	4.241***
自家生产的农、林、畜、水产品价格是否经常变化（是）	38.019*	38.751	53.261	0.775**
对自家生产的农、林、畜、水产品价格变化的担心程度	12.951**	52.967***	−13.317	0.141
年龄（35～45 岁）	33.584*	−56.199	−62.688	0.123
年龄（45～60 岁）	62.701***	−28.349	−163.159***	0.0 287
教育程度（初中及以上）	−51.939***	100.638**	127.119***	−0.291
是否接受过技能培训（是）	−7.675	−47.172	112.923***	−0.415

（续）

	农业生产时间	家庭经营时间	工资性活动时间	家庭再生产时间
情绪不好时可倾诉人数	7.725	−3.524	11.573	0.013
急需开支时可借钱人数	−5.799	11.867	16.797	0.086
平时一起放松、娱乐人数	−6.941**	16.318*	−20.405*	0.072
土地总面积	15.398***	−0.706	1.102	0.000
生产和消费型设备（工具）数量	7.598*	8.881	29.776**	0.052
房屋价值（3万～5万元）	−29.691	−57.552	−24.764	−1.071***
房屋价值（5万～10万元）	−29.629	−77.966	−41.728	−0.727**
房屋价值（10万元以上）	−24.449	166.195***	−13.547	−0.722*
名下是否有存款（是）	11.317	84.880**	66.432	0.121
是否获得过贷款（是）	−37.777	189.339***	82.297	0.535
Log likelihood	−1 739.522***	−983.472***	−936.055***	−1 451.039***

注：***、**和*分别表示变量在1%、5%和10%统计水平上显著。

表4列出了控制农村妇女类型后，农产品价格波动、生计资本对不同留守状态农村妇女劳动时间影响的回归分析结果。结果表明，与表4相比，农产品价格波动的影响未发生明显变化，但不同类型农村妇女的生计资本对其劳动时间的影响在大致维持前文发现的基础上表现出了若干差异。非留守妇女名下有存款不再对其家庭经营时间有明显促进作用。准留守妇女情绪不好时可倾诉人数的增多明显促进其农业生产时间增加，生产和消费型设备（工具）数量不再对其农业生产时间有明显促进作用，平时一起放松、娱乐人数的增多明显促进其家庭再生产时间增加。留守妇女急需开支时可借钱人数和土地总面积的增多明显促进其工资性活动时间增加，而平时一起放松、娱乐人数不再对其工资性活动时间有明显的消极影响。

在传统性别观念的支配下，家庭资源一般优先掌握在丈夫手中（陈锋，2011）。对于丈夫没有外出的非留守妇女而言，可直接支配的资金非常有限而可能不足以独立进行家庭经营等资源需求较大的生计活动。由于丈夫外出时间不长，准留守妇女还处于需要独自面对众多经济和家庭责任的“特殊适应期”，面临着前所未有的心理和精神负担，情感和交往方面的社会支持在此时显得尤为重要（吴惠芳，饶静，2010）。同时，与“特殊适应期”相对应，准留守妇女的生计选择也趋于保守。一般来说，农业生产和家庭再生产是其通常的选择。因此，情绪不好时可倾诉人数和平时一起放松、娱乐人数明显促进了准留守妇女的劳动时间。当然，相对而言“平时一起放松和娱乐”可能更为触及“家庭再生产”的内涵，因而影响家庭再生产时间，而情绪不好时可倾诉人数更可能影响农业生产时间。此外，情绪不好时可倾诉人数对农业生产时间表现出显著影响而生产和消费型设备（工具）数量失去显著影响，可能还暗示了准留守妇女从事的是面积不大、主要依靠劳动力而非设备投入的农业生产。最后，急需开支时可借钱人数对留守妇女工资性活动表现出显著性而平时一起放松、娱乐人数未表现出显著性，则说明留守妇女经济支持网络中的"有钱人"的示范效应对其从事工资性活动产生了巨大的影响。同时，土地总面积表现出的显著性还可能暗示了留守妇女在从事工资性活动的同时会以全部或部分出租土地的方式继续从事农业生产。

表4　农产品价格波动、生计资本对不同类型农村妇女劳动时间的影响

	农业生产时间	家庭经营时间	工资性活动时间	家庭再生产时间
常数项	44.858	−803.867***	−732.729***	3.781***
自家生产的农、林、畜、水产品价格是否经常变化（是）	35.241*	37.540	43.176	0.790**
对自家生产的农、林、畜、水产品价格变化的担心程度	13.125**	51.420***	−13.082	0.148
年龄（35～45岁）	41.962**	−54.145	−66.133	0.118
年龄（45～60岁）	69.318***	−21.320	−145.506**	0.111
教育程度（初中及以上）	−46.851***	100.229**	125.164***	−0.316
是否接受过技能培训（是）	−4.496	−43.044	119.390**	−0.436
情绪不好时可倾诉人数	9.058*	−3.722	13.580	0.006
急需开支时可借钱人数	−6.940	11.396	19.200*	0.093
平时一起放松、娱乐人数	−6.246**	16.986**	−16.960	0.078*
土地总面积	15.619***	−0.494	1.275*	0.001
生产和消费型设备（工具）数量	7.025	8.6820	37.060**	0.063
房屋价值（3万～5万元）	−38.896	−68.402	−42.349	−1.098***
房屋价值（5万～10万元）	−29.220	−74.305	−43.318	−0.720**
房屋价值（10万元以上）	−25.912	171.220***	−27.972	−0.719*
名下是否有存款（是）	9.000	71.939	55.338	0.110
是否获得过贷款（是）	−30.760	194.612**	93.517	0.585
妇女类型（准留守妇女）	−5.628*	78.751	70.254	0.575*
妇女类型（留守妇女）	2.466	13.534	123.586**	0.389
Log likelihood	−1 715.944***	−966.997***	−910.815***	−1 440.679***

注：***、**和*分别表示变量在1%、5%和10%统计水平上显著。

四、结论与启示

本文通过构建农产品价格波动、生计资本对农村妇女劳动时间分配影响的分析框架，利用安徽巢湖的问卷调查数据，通过建立 Tobit 回归模型方法对农产品价格波动、生计资本对不同留守状态农村妇女劳动时间分配的影响进行深入分析，结果表明：

首先，面临农产品价格波动时，三类农村妇女几乎不约而同采取了相同的应对策略。即首先增加家庭再生产时间，随着时间推移和价格波动主观感受的不断增强，又会不断增加农业生产和家庭经营时间。在这一过程中，生计资本起到了调节作用。放大了价格波动对农业生产时间的正向影响，弱化了其对家庭再生产时间的正向影响，也弱化了价格波动担心程度对农业生产和家庭经营时间的正向影响。

其次，生计资本对农村妇女劳动时间分配也产生了不同影响。年龄、土地、生产和消费型设备（工具）对于农业生产时间具有明显的正向影响；而教育程度、平时一起放松娱乐人数却对于农业生产时间具有明显的负向影响；年龄、平时一起放松和娱乐人数的对于工资性活动时间具有负向影响，教育程度、技能培训、生产和消费型设备（工具）数量对于工资性活动时间却具有正向影响；教育程度、房屋价值、平时一起放松娱乐人数、存款和贷款均对于家庭经营时间具有显著正向作用；房屋价值对于家庭再生产时间具有显著负向影响。此外，上述影响在三类妇女当中也有所差异。准留守妇女当中，情绪不好时可倾诉人数对于农业生产时间具有显著的促进作用，留守妇女当中，急需开支时可借钱人数和土地总面积对于工资性活动时间均具有显著促进作用。

从控制农产品价格波动影响，维持农村妇女收入和福利稳定视角出发。上述结论揭示了保持农村土地耕种面积，推动农业机械化和现代化；加快农村劳动密集型产业发展，引导妇女就近务工；加强农业和农村社会化服务，减轻妇女在农业生产、家务、子女教育、养老等方面的劳动负担；加大金融支持力度，鼓励农村金融机构开展以妇女为对象的小额信贷业务；加强妇女文化教育和技能培训，大力发展互助组织，提高妇女在情感、经济方面的社会支持力度的重要性。

参 考 文 献

陈锋．依附性支配：农村妇女家庭地位变迁的一种解释框架——基于辽东地区幸福村的实地调查．西北人口，2011（1）：83－87.

陈晓坤，何可，张俊飚．居民对农产品价格波动的心理压力感知实证分析——基于 31

个城市 1 203 户家庭问卷调研．中南财经政法大学学报，2013（5）：54-60.
陈训波 孙春雷．农产品价格波动与订单农业违约风险：基于契约理论的分析．西南民族大学学报（人文社会科学版），2013（9）：107-110.
方福平，李凤博．稻谷价格波动与农民种稻行为动态关系的实证分析．中国农村经济，2010（12）：46-54.
高小贤．当代中国农村劳动力转移及农业女性化趋势．社会学研究，1994（2）：83-90.
顾国达，方晨靓．中国农产品价格波动特征分析——基于国际市场因素影响下的局面转移模型．中国农村经济，2010（6）：67-76.
郭劲光．粮食价格波动对人口福利变动的影响评估．中国人口科学，2009（6）：49-58.
郭劲光．政府救济政策制定的时序结构与制度安排：基于大宗粮食商品价格波动的视角. 农业经济问题，2010（12）：25-29.
韩一杰，刘秀丽．中国猪肉价格波动对其他部门产品价格及 CPI 的影响测算．中国农村经济，2011（5）：12-20.
何蒲明，黎东升．基于粮食安全的粮食产量和价格波动实证研究．农业技术经济，2009（2）：85-92.
李聪．劳动力外流背景下西部贫困山区农户生计状况分析——基于陕西秦岭的调查．经济问题探索，2010（9）：50-58.
李敬辉，范志勇．利率调整和通货膨胀预期对大宗商品价格波动的影响——基于中国市场粮价和通货膨胀关系的经验研究．经济研究，2005（6）：61-68.
李明，杨军，徐志刚．生猪饲养模式对猪肉市场价格波动的影响研究——对中国、美国和日本的比较研究．农业经济问题，2012（12）：73-78 .
梁义成，李树茁，李聪．基于多元概率单位模型的农户多样化生计策略分析．统计与决策，2011（15）：63-67.
吕捷，林宇洁．国际玉米价格波动特性及其对中国粮食安全影响．管理世界，2013（5）：76-87.
罗丞．消费者安全食品购买意愿研究．北京：社会科学文献出版社，2013：15-28.
罗锋．外部冲击对我国农产品价格波动的影响——基于 SVAR 模型的实证研究．农业技术经济，2011（10）：4-11.
罗永恒，文先明．我国农产品价格波动与 PPI 和 CPI 的关系．求索，2012（7）：11-13.
罗永恒．中国农产品价格波动对经济增长影响的实证研究．财经理论与实践，2012（4）：119-123.
邱书钦．我国大蒜价格波动周期和特征分析．统计与决策，2013（15）：97-100.
檀学文，李成贵．贫困的经济脆弱性与减贫战略述评．中国农村观察，2010（5）：85-96.
唐连生．我国粮食市场价格波动及应对措施——基于物流成本的视角．中国流通经济，2012（1）：106-110.
王锐，陈倬．“十一五”期间我国农产品价格波动的影响因素分析——基于协整和向量自回归模型的实证研究．财经论丛，2011（3）：8-13.
王洒洒，罗丞．可持续生计分析视角下中国农村留守妇女研究．妇女研究论丛，2014（2）：110-118.

吴惠芳，饶静．农村留守妇女的社会网络重构行动分析．中国农村观察，2010（4）：81－88.
杨云彦，赵锋．可持续生计分析框架下农户生计资本的调查与分析——以南水北调（中线）工程库区为例．农业经济问题，2009（3）：58－65.
杨志海，王雅鹏．农产品价格波动与通货膨胀关系的实证研究．统计与决策，2011（24）：111－114.
于少东．北京市猪肉价格波动周期分析．农业经济问题，2012（2）：75－78.
张原．中国农村留守妇女的劳动供给模式及其家庭福利效应．农业经济问题，2011（5）：39－47.
朱海忠．农村留守妇女问题研究述评．兰州学刊，2007（10）：92－95.
朱信凯，韩磊，曾晨晨．信息与农产品价格波动：基于EGARCH模型的分析．管理世界，2012（11）：57－66.
DFID. Sustainable livelihoods guidance sheets. London：Department for International Development，2000：26－50.
Mu R，van de，Walle D. Left behind to farm? Women's labor re－allocation in rural China. Labour Economics，2011（18）：145－150.

（作者单位：陕西省社会科学院）

粮食目标价格保险制度的构建研究

原瑞玲　龙文军

2014年中央1号文件首次提出“探索粮食、生猪目标价格保险试点”，这是我国对粮食宏观调控政策性业务市场化运作的一次全新尝试。如何构建目标价格保险制度是现阶段亟待解决的关键问题。一方面，价格保险调控手段新颖，可以参考和借鉴的研究基础较少；另一方面，制度设计需要既体现政府政策性目标的要求，又符合保险的基本原理和可保性要求。基于此，本研究拟梳理现阶段我国的粮食价格政策措施，明晰目标价格政策出台的政策背景和作用原理，借鉴美国目标价格补贴和上海市蔬菜市场价格保险的经验，探索建立我国粮食目标价格保险制度，为国家政策稳粮目标的实现提供决策参考。

一、目标价格制度的政策背景和作用原理

（一）政策背景

现阶段我国粮价决定机制主要通过最低收购价和临时收储价实现，是政府对粮食市场的行政干预，其目的在于提高农民种粮的积极性，保障国家的粮食供给。最低收购价和临储政策具有指向明确、操作简单和作用直接的特征，其作用机制是提前公布粮食收购价格，稳定农民价格预期，通过政府干预性收储来减少市场流通量，进行托市保价。最低收购价和临储政策在稳定粮食价格，增加农民收入和保障国家粮食安全方面发挥了重要作用，是粮食产量“十连增”、农民增收“十连快”的重要保障，同时也显现出一些新问题，在新形势下，现有支持政策正面临越来越严峻的挑战。

1. 行政干预严重，价格形成机制扭曲。为保障农民收益，确保大宗农产品合理的价格水平，2008年以来国家连续7年提高了小麦和稻谷的最低收购价，临储价格也稳步提升，从而向市场释放了极强的托市信号，形成了粮价只涨不跌的预期，通过竞价方式在市场上顺价销售的政策性储粮也形成了收购价上调，销售价跟涨的格局，粮食价格市场被严重扭曲，市场呈政策化趋向。

2. 粮食价格倒挂，进口压力加大。目前国内粮食价格已接近或高于国际市场，受内外价差驱动，我国面临较大的进口压力，部分产品已经出现了

表 1　我国历年粮食最低收购价

单位：元/千克

年份		2005	2006	2007	2008	2009	2010	2011	2012	2013	2014
稻谷	早籼稻	1.40	1.40	1.40	1.54	1.80	1.86	2.04	2.40	2.64	2.70
	中晚籼稻	1.44	1.44	1.44	1.58	1.84	1.94	2.14	2.50	2.70	2.76
	粳稻	1.50	1.50	1.50	1.64	1.90	2.10	2.56	2.80	3.00	3.10
小麦	白小麦	—	1.44	1.44	1.54	1.74	1.80	1.90	2.04	2.24	2.36
	红小麦	—	1.38	1.38	1.44	1.66	1.72	1.86	2.04	2.24	2.36
	混合麦	—	1.38	1.38	1.44	1.66	1.72	1.86	2.04	2.24	2.36

资料来源：根据国家发改委网站公布的《最低收购价执行预案》各年整理所得。

过度进口的现象。如果继续提高价格，国内外价格倒挂会进一步扩大，当国内外价差大于最高关税约束水平时，粮食进口将面临失控的风险，适度进口的国家粮食安全战略受到威胁。

3. 财政支出负担重。在粮食产量十连增，最低收购价只涨不跌的情况下，政府面临巨大的财政压力，同时由于国内外价差导致的过度进口，政府面临增加进口和扩大收储的双重压力，财政支出负担加重。此外，最低收购价政策执行主体的多元化促进了粮食市场寡头垄断力量的形成，粮食政策执行主体存在寻租行为，政策执行和监督成本较高。

4. 遵守 WTO 规则难度加大。目前中国非特定产品 AMS 支持空间较大，但部分特定产品 AMS 支持，如棉花、大豆、小麦等产品今后将面临较大压力，可能会突破微量允许水平，这意味着我国今后通过继续提高最低收购价和临储价格来保护农民种粮积极性的政策难以为继。

（二）目标价格制度的作用原理

目标价格制度是政府宏观调控粮食市场的政策延续，是在市场形成农产品价格的基础上，通过差价补贴保护生产者利益的一项农业支持政策。目标价格补贴和目标价格保险是目标价格制度的两种具体实现形式，两者均遵从市场定价原则，并依赖财政补贴实现政策性目标，但在实现方式上存在差异，前者由政府部门直接操作，设定目标价格，进行差价补贴，后者由政府委托保险机构运作。

最低收购价和临时收储政策将国家对农民的补贴包含在价格之中，是一种价补合一的直接价格支持政策。目标价格制度实行价补分离，市场价格反映真实供求关系，政府不直接对市场价格进行干预，不再敞开收购粮食，主要起价格信号的引导作用。相关的政策执行成本较低，在一定程度上能够保障生产者的基本收益，也能发挥市场调节农产品供求的重要作用，减少市场扭曲，从而产生保障供给和稳定价格预期的作用。

从政策操作看，目标价格制度在市场价格过高时补贴低收入消费者，在市场价格低于目标价格时按差价补贴农业生产者。首先由政府根据生产成本加合理利润以后制定目标价格并提前发布，农民随行就市销售粮食，当市场价格低于目标价格时，政府根据价格差对生产者进行补贴；当市场价格过高时，政府启动对消费者的补贴。

当市场价格低于目标价格时，如果实行目标价格保险，国家将农户面临的农产品价格波动风险通过保险机制进行规避，通过价格保险产品的制度设计以及保障水平、保费补贴来实现政策性目标。因而合理设定保险产品的触发价格和保险金额对目标价格保险的有效实施至关重要。当市场价格高于目标价格时，国家根据需要启动低收入人群的保障机制，在本研究中不做详细论述。

二、目标价格制度的国际经验

农产品目标价格制度是当今世界许多国家对农业进行支持和保护的主要政策手段，美国粮食调控的政策体系完整，在目标价格制度的制定和执行等方面积累了成熟的经验。1973 年，美国农业法案中首次引入了目标价格的概念，其中目标价格包括生产成本和合理利润两部分，目的是避免农场主因过低的市场价格而遭受巨大损失，确保其获得基本收入，目标价格与市场价格之间的差额由政府支付。

目前，美国的价格支持政策体系中涉及目标价格的主要由直接支付、营销贷款差额补贴、反周期支付构成。当市场价格低于贷款率时，农户获得贷款差额补贴，直接补贴与市场价格高低无关，但会影响反周期补贴是否启动，如果市场价格、贷款差额补贴和直接支付之和低于目标价格，则启动反周期支付，否则不启动；当市场价格高于贷款率小于目标价格时，不启动贷款差额补贴，市场价格与直接支付之和低于目标价格，则启动反周期支付，否则不启动；当市场价格高于目标价格时，农户获得的有效价格为市场价格与直接支付之和，不启动反周期支付。

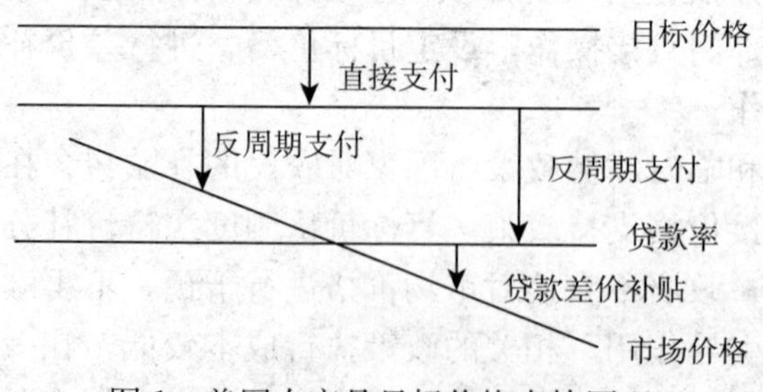

图 1　美国农产品目标价格支持原理

（一）目标价格和市场价格的确定

目标价格是确定反周期等补贴支付率的参考标准之一，由决策者参考农产品价格、农业投入价格和成本收益调查的统计数据进行初定，之后经过美国国会辩论，以政治过程制定出来。2014 年农业法案中，美国放弃使用目标价格，提出了参考价格的概念。从执行情况来看，美国目标价格的设定并不高，大部分产品的设定均低于成本价格，但能够覆盖物化成本。由于近年来市场价格较高，农民获得的补贴主要来自直接支付，目标价格对市场价格的影响较小，市场机制的作用发挥的十分明显。

表 2　美国粮食作物目标价格与成本关系

单位：美元/百磅

年份	小麦			玉米			稻谷		
	目标价格	物化成本	总成本	目标价格	物化成本	总成本	目标价格	物化成本	总成本
2008	6.53	5.07	11.20	4.70	3.66	6.57	10.5	6.67	11.47
2009	6.53	4.70	10.97	4.70	3.38	6.30	10.5	6.05	11.11
2010	6.95	3.78	9.47	4.70	3.21	6.18	10.5	6.33	11.72
2011	6.95	5.40	12.75	4.70	4.70	7.50	10.5	7.26	13.05
2012	6.95	4.82	14.48	4.70	5.29	9.89	10.5	6.85	12.60
2013	6.95	5.48	13.37	4.70	4.05	7.70	10.5	6.91	12.82

注：1 磅＝0.453 592 千克。

资料来源：美国农业部。

市场价格由美国农业部全国农业统计服务局进行收集，为营销年度各月份的平均值，能够反映各类农产品不同品级的价格。农产品初次销售价格的样本来自谷物加工厂和粮库，数据先按州进行分层，再按照平均的分层数据进行加权，得到州平均价格。

（二）面积和单产的确定

美国农产品目标价格补贴计算中，面积和单产是两个重要参数，其中补贴面积由历史播种面积调整得到，单产水平也是基于往期单产的平均值，即目标价格补贴额的计算依赖历史数据，而非当期的单产和播种面积，在一定程度上能够减少对市场的扭曲。

（三）农业保险与价格支持政策的关系

美国的农业保险体系完善，随着农业支持保护政策的调整，保险在农业支持保护政策框架中的地位日益凸显。美国政府通过支持农业保险的发展，以达到稳定生产和保障粮食安全等政策目标，该政策与其他农业支持政策之间既相互替代又互为补充。一方面，由于开展了农业保险业务，美国减少了自然灾害等项目下的直接支付；另一方面，美国农业保险政策有着严格的适用条件，与其他支持政策互为补充，共同支持农业生产。

三、国内关于市场价格保险的做法和经验

在价格形成市场化条件下，价格波动风险受到关注，用保险来规避风险的要求越来越迫切。上海市近几年开展了绿叶菜综合成本价格保险，由安信农业保险股份有限公司承保，保险标的为绿叶菜在特定时期的市场销售价格，以避免菜农在生产经营过程中因市场环境变化导致的实际收益与预期收益的背离，是我国农业保险业务的一次重要创新，对建立粮食目标价格保险制度具有重要的借鉴意义。

（一）理赔方案

上海绿叶菜价格保险分“夏淡”和“冬淡”两个时期，其中“冬淡”承保两个叶菜品种，“夏淡”承保5个叶菜类品种。首先由政府确定理赔标准，即保单约定价。若在保险期间市场平均零售价低于保单约定价，则按其跌幅进行同比例相应赔付，高于保单约定价的则不发生赔付。

保险金额按照保险产量（70%亩产量）与单位生产成本进行计算，其实质为保证菜农生产成本的成本保险。具体的理赔计算方法如下：

保险金额＝亩产×70%×单位成本

保单约定价[①]＝[保险三年前同期市场价格×$(1+r_1)\times(1+r_2)\times(1+r_3)$＋保险两年前同期市场价格×$(1+r_2)\times(1+r_3)$＋保险一年前同期市场价格×$(1+r_3)$]/3×110%

赔偿金额＝保险金额×[保单约定价－保险期间市场平均零售价]/[保单约定价]×保险亩数

其中蔬菜市场价格根据国家统计局上海调查总队采集的上海市18家标准化菜市场前三年同期的零售价格数据作为依据，定损标准透明。

（二）保费补贴情况

上海市规定了绿叶菜的最高投保面积，超过规定面积的市级财政不提供保费补贴。保险基本费率为9%，同时为鼓励蔬菜生产提高组织化程度，对蔬菜生产龙头企业、农民专业合作社、集体合作农场按8%费率执行。市级财政给予50%保费补贴，各区县根据财力予以配套补贴，投保人自缴保费

① r_1、r_2和r_3分别为保险时段内各月价格涨幅。

比例不低于10%。

（三）几点启示

1. 保障成本是关键。从保障水平来看，蔬菜价格保险所保障的主要是蔬菜种植的物化成本，对生产者所起作用主要是在价格大跌时提供再生产所需的部分资金，而不是保障生产者的收益或者是全部成本。

2. 价格保险体现政府需求和导向。目标价格保险政策由政府委托专业保险公司具体执行，是政策性业务市场化的一种尝试，在委托-代理关系下，保险公司与政府的政策目标之间存在不一致是必然结果，政府需要对理赔方法给出规定，避免保险公司和农户的争议。

3. 价格是蔬菜价格保险的核心。价格必须有独立于保险公司之外的农户和保险公司都认可的第三方权威机构定时监测、采集和发布价格信息，作为是否启动赔付和赔付数额的参考标准。

4. 投保对象是规模化生产组织。蔬菜价格保险的投保对象以龙头企业、专业合作社和种植大户优先，保险费率也予以优惠，从方案设计上有利于推动当地蔬菜生产规模化种植，实施起来操作性也更强，但将价格风险相对更高的种植散户排除在政策框架之外，对保障农民受益的目标定位无法实现。

四、粮食目标价格保险制度的构建
——以稻谷为例

本研究以水稻为例，从国家层面设计构建我国粮食目标价格保险制度的政策框架。

（一）构建粮食目标价格保险制度的基本思路

目标价格保险利用政策性农业保险体系，对粮食生产的价格风险进行管理。该政策主要保障种植成本，保护农户免受重大损失，但是不保证其获得稳定盈利。当市场价格下跌时，农民也要承担部分收益下降风险，真正发挥市场机制作用，引导农民合理调整种植结构，提高农业生产竞争力和抗风险能力。保险公司也可设计种植成本以上的保险产品，农户根据自身需求自主选择保障水平，并承担相应的保费，政府依据财力水平适当予以补助。

（二）实施对象

对水稻主产区实施目标价格保险政策，参照最低收购价，早籼稻主产区为安徽、江西、湖北、湖南和广西，中晚稻（包括中晚籼稻和粳稻）主产区为辽宁、吉林、黑龙江、江苏、安徽、江西、河南、湖北、湖南、广西和四川。

（三）理赔方案

水稻目标价格政策保险由政府委托专业保险公司具体执行，政府提供保费补贴，农户与保险公司签订保险合同。具体参数和理赔方法设计如下：

1. 启动保险理赔价格的确定。目标价格保险框架下，保险赔付的触发条件不再是国家制定的目标价格，而是具有随机波动特征的市场价格作为参照价格，才能符合保险的可保性要求。参照上海市蔬菜价格保险的经验，可以选取前 3 年滚动平均价格作为保单约定价，如果市场价格低于保单约定价则启动赔付。由于我国近年的粮食价格形成具有明显的政策干预，缺乏反映真实供求关系的市场价格积累，最初可考虑参照国际粮食价格做适当的调整作为初始的约定价格。

2. 投保对象。在现有水稻种植保险基础上，引入目标价格保险。将目标价格保险纳入政策性保险范畴，中央财政给予保费补贴。

3. 保费支付。目前我国的政策性农业保险采取中央、省和地方政府三级分担的农业保险投入机制，地方政府同时承担了保险相关的交易成本，在一定程度上限制了地方政府的积极性，保障水平也较低。考虑到粮食安全对国家的重要性，保障物化成本时，目标价格保险的保费补贴应由中央财政全部承担。农户支付的部分在保单签订时暂不支付，如果发生实际赔付，保费从赔偿额中扣除；若没有发生实际支付，由政府补贴，农户不再支付。保生产成本和总成本时，中央和地方政府根据财力适当予以保费补贴，农户选择的保障水平越高，自已承担的保险费用越高。

4. 保险金额和费率。保险金额按照保险产量（实际单产的一定比例，建议 100%）与单位生产成本乘积计算，即亩均成本。水稻亩均成本以《全国农产品成本收益资料汇编》为准，亩产量和种植面积以《中国农业统计年鉴》公布的数据为准，每个省份制定一套数据标准。假定保物化成本、生产成本和总成本的保险费率分别为 6%、9%和 12%。

表 3　我国早籼稻成本

单位：元/千克

年份	物化成本	物质与服务	生产成本	总成本	最低收购价
2005	0.57	0.60	1.07	1.23	1.40
2006	0.61	0.63	1.10	1.26	1.40
2007	0.65	0.67	1.13	1.30	1.40
2008	0.80	0.82	1.33	1.55	1.54
2009	0.78	0.80	1.31	1.55	1.80
2010	0.89	0.91	1.54	1.83	1.86

（续）

年份	物化成本	物质与服务	生产成本	总成本	最低收购价
2011	0.94	0.96	1.70	2.00	2.04
2012	1.04	1.07	2.02	2.35	2.40

资料来源：《全国农产品成本收益资料汇编》各年，其中生产成本为物质与服务费用加人工成本，总成本为生产成本加土地成本。

表 4 早籼稻不同保障水平的保费模拟计算

项目	单产（千克/亩）	物化成本保费（元/亩）	生产成本保费（元/亩）	总成本保费（元/亩）
全国	410.72	26.32	61.33	77.89
浙江	406.11	27.65	49.84	72.95
安徽	437.65	25.02	56.43	73.08
福建	437.78	24.23	79.56	100.00
江西	391.5	25.56	54.56	72.71
湖北	429.31	23.63	62.67	76.08
湖南	401.88	24.63	54.81	68.37
广东	424.4	27.83	67.61	87.45
广西	418.7	30.01	73.19	89.06
海南	408.17	26.00	56.64	66.47

说明：物化成本保费、生产成本保费和总成本保费分别按照6%、9%和12%的保险费率计算。

5. 市场价格。市场价格理论上为农户直接卖给粮食收购企业的一手价格，但单个农户出售粮食的水分、杂质等含量差异较大，个体之间的价格存在差异，无法获得具有代表性和准确性的价格数据，粮食目标价格保险制度下，建议市场价格参考统计局的调查样本、粮食加工厂或粮库，按照监测的省级平均价格水平核定，一省一价。

市场价格的计算时间参照最低收购价，早籼稻执行期限为 7 月 16 日至 9 月 30 日。中晚稻在南方稻谷产区的适用时间为 9 月 16 日至 12 月 31 日；在东北产区为 11 月 16 日至次年 3 月 31 日。

6. 理赔方法。若在保险期间内市场价格低于保单约定价，则按其跌幅同比例进行赔付；高于保单约定价格时则不发生赔付。

赔偿金额＝保险金额×[保单约定价－保险期间市场平均价格]/[保单约定价]×保险亩数

7. 补贴发放。水稻目标价格保险赔付资金直接打到农户一卡通上，做到见种承保，上市理赔，赔付资金要在下一年度农户种植水稻前发放，避免耽误农户生产。

由于目标价格保险中，农户面对的是一个平均价格，如果单个农户获得的价格高于市场平均价格，则农户得到的补贴会多一些，如果低于市场平均价，则得到的补贴较少。因此，提升粮食品质，把握市场时机销售粮食才能够获得较多补贴。

五、政策建议

1. 构建粮食生产和市场信息数据库。粮食目标价格保险的实施依赖于完备和客观的数据信息，也是政策推行的难点所在。为保证粮食目标价格保险政策的精准性，一方面要加强对现有统计数据的质量控制，同时要定期采集粮库、粮食加工企业的价格信息，采用卫星遥感和田间监测等技术手段获取粮食播种面积和产量数据，作为保险定价和保险理赔的依据。

2. 加强中央财政保费补贴，拓展政策支持的深度和广度。目前中央财政对农业保险发展的支持主要是保费补贴，补贴水平仍然较低，同时要求地方配套资金，给种粮大县带来财政压力。实施粮食目标价格保险，所需保费补贴应该中央财政全部承担，加强财政补贴力度，提高保险保障水平。同时探索对保险公司的经营管理费补贴、税收优惠和再保险支持等，实现财政支持手段的多元化。

3. 健全农业保险监管制度，规范保险机构业务经营。目标价格保险框架下，通过委托-代理关系，政府保粮食供给的目标依托保险经营机构实现。随着保障水平的提高，保险经营机构的保费收入也会大幅增加，应该建立专门针对农业保险的监管机构，规范保险机构的业务经营，切实保障农户收益。

参　考　文　献

程国强．中国粮食调控：目标、机制与政策．北京：中国发展出版社，2012.

彭超．美国农业目标价格补贴：操作方式及其对中国的借鉴．世界农业，2013（11）：68－73.

王德卿，龙文军，齐皓天．上海绿叶菜价格保险调研．农村经营管理，2013（6）：26－27.

徐雪高，沈贵银，翟雪玲．我国大豆目标价格补贴研究．价格理论与实践，2013（3）：35－36.

张雯丽，龙文军．蔬菜价格保险和生产保险的探索与思考．农业经济问题，2014（1）：66－70.

赵俊晔，张峭．蔬菜价格保险推进特点、存在问题与建议．农业展望，2014（1）：28－32.

（作者单位：农业部农村经济研究中心）

中国粮食价格和通货膨胀的非线性关系研究

——基于 Diks－Panchenko 的非参 Granger 因果关系检验

龙少波　梁　俊

一、粮价与 CPI 共涨的"典型事实"

2004 年以来，我国的粮食产量逐年增加，粮食产量实现了"十连增"。在我国粮食自我供给率达到 95%的情况下，粮食价格却出现了稳步上涨的趋势，并呈现出了比 CPI 上涨更为突出的显著特点。我国主要的粮食作物品种包括小麦，稻米、玉米和大豆几种，而又以前三种为主，2003 年以来各粮食作物的价格涨势非常明显。如图 1 所示，我国小麦、籼稻、粳米、籼米、玉米、大豆定基价格指数（2003 年 1 月为 100）都出现了齐涨的趋势，有的甚至十年间价格翻了一倍，而总的粮食价格指数上涨的幅度也达到了 1.8 倍，明显超过了 CPI（2003 年 1 月为 100）的上涨幅度。粮食价格和 CPI 共涨，且粮价的涨幅超过一般价格水平的特征值得我们研究。

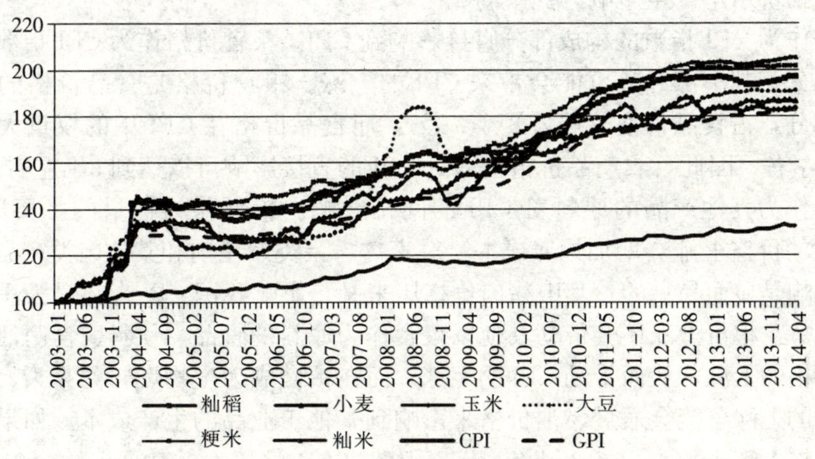

图 1　我国主要粮食作物、粮食价格指数（GPI）和 CPI 的走势

粮食供给关系到社会稳定，而粮价乃百价之基，粮食价格的上涨会关系

到每个居民日常的切身利益，而CPI指标则是各种宏观经济政策和宏观调控最常见的物价参考指标。因此，很自然的一个问题就是，粮食价格的大幅上涨会影响到一般价格水平（CPI）的上涨吗？而CPI的上涨又会对粮价的下一轮上涨有反馈作用吗？粮食价格与通货膨胀之间关系的理清，对于粮食安全、粮价稳定与物价稳定的调控有重要的意义。

粮价与通胀影响影响关系的方向直接影响到粮食价格调节和宏观经济政策的制定。如果CPI的上涨是粮食价格推动的，那么不是从扩大粮食产量增加供给和降低粮食生产成本的方法治理通胀，而是采取加息紧缩货币的需求管理方式来应对通货膨胀，可能会导致需求管理的政策无效，并加大成本推动的力度。简单地说，一方面，若粮食价格对通胀的没有明显影响或者影响有限，那么不必在意粮价的上涨对全面通胀的担忧，而且粮食价格的上涨能够为农民带来收益从而缩小城乡居民差距的有利影响；反之，则需要对粮价的持续上涨进行调控，防止形成全面的通胀。另一方面，若通胀对粮价有反向作用，那么就要注意防范通胀对粮食反向推动而形成所谓粮价上涨→通胀→粮价上涨→通胀的恶性循环趋势；若通胀对粮价没有反馈或者微弱，那么这种担心则是多余的。从理论上分析，粮价与CPI之间可能会存在相会影响的关系，从而使得两者之间存在趋势互动。

（一） 粮食价格对CPI的可能影响途径

农业是整个经济的基础产业，而粮食更是农业的基础，粮食直接是基本食品的来源，还是畜牧业和一些工业的基本原料，粮价还能通过示范作用影响到其他农产品而影响CPI。可见，粮食价格可能会通过直接和间接作用对整体物价水平产生影响。

作为CPI指数的构成部分直接影响到CPI。粮食价格作为CPI指数的构成部分，其上涨趋势可能会带来CPI的上涨。粮食价格是食品价格的组成本部分，占食品价格权重为8%～9%，而食品价格在CPI中的权重大致为1/3左右，因此，农产品价格上涨对CPI的直接影响可以达到3%左右。

作为其他产品的原料对CPI的间接影响。粮食作为饲料的主要原料，粮食的价格上涨会增加饲养成本，对家禽、蛋类、猪肉和其他肉类产品价格地影响是显而易见的，其中猪肉价格历来又是影响我国CPI走势最为重要因素之一。粮价上涨还会带动其他以粮食作为原料的食品、饮料、食用油和酒类价格的上涨，从而带动CPI的上涨。而在粮食成为生物燃料的今天，粮食价格的上涨可能会通过燃油价格来影响到其他工业品的生产成本，如果农产品价格上涨15%，21个行业有2%以上的成本上涨压力（海通证券，2010）。

粮食价格通过对其他农产品的价格示范作用而对CPI的产生间接影响。作为农产品的一类，粮食价格的上涨会对其他农产品带来价格上涨的预期作用，使得其他农产品也产生上涨的趋势。粮食价格的上涨可能使得人们对薯类、蔬菜、水果以及其他农产品产生上涨的预期，从而可能带动农产品整体上涨。

可见，粮食价格的上涨不仅仅因为进入 CPI 的统计核算口径而直接到来 CPI 的上涨，还会通过作为其他产品的原材料和中间投入以及示范效应而间接地影响到 CPI。

（二）通货膨胀对粮食价格的影响途径

CPI 的持续上涨所形成的通货膨胀也可能对粮食价格有影响。通胀主要是通过预期和成本两条途径对粮价产生的影响。通胀对粮价的影响主要包括通胀预期形成的农户储量行为造成的粮食库存调节而影响到粮食价格，通胀造成劳动力工资上涨推升种植成本而推高粮价，通胀影响到种植成本而抬高粮价。

通货膨胀预期通过调节粮食供给影响到粮价。CPI 的上涨会造成农民对未来价格水平持续上涨的担忧，但农民进行保值的资产有限，粮食成为其减轻通胀损失最为重要的资产之一（Lin 和 Song，1997；卢锋，彭凯翔，2002）。当通货膨胀率上升时和实际利率会下降时，会使粮食库存增加，供给减少而使得粮食价格将会大幅上升（孙希芳，牟春胜，2004）。因此，当物价的持续上涨时，农民对未来价格有着上涨的适应性预期，从而通过增加粮食的库存，减少粮食的销售来达到保值的目的。如果农民的粮食惜售心理和预期达成一致，粮食的有效供给就会较大幅度的下降，粮食的供给缺口一旦形成便会造成粮价的上涨。

通货膨胀通过劳动力工资上涨影响到粮食的种植成本。CPI 上升意味着居民日常消费的一篮子物品和服务出现了价格上涨，因此，居民的日常生活将成本上升。为了保持原来的生活水平不下降或者逐渐上升，劳动力会要求工资的上涨，在劳动力工农业自由流动的情况下，农村劳动力的成本也将上升。农村劳动力从事粮食种植所要求的工资（种粮收入）的增加将转嫁到粮食的价格上。

通货膨胀通过农业生产物质资料成本增加影响粮食的种植成本。CPI 的上涨通过提升基本原材料的价格而影响农业生产物质资料价格，农业生产物质资料价格的上涨则会影响到粮食种植的基本成本，粮食种植成本的上升自然会反映到粮食的价格上。例如，CPI 的上涨会使得农药、化肥、种子、农机、柴油生产的化学原料、研究材料、研究人员和生产人员工资的上涨，这些上涨的成本会加成到农药、化肥、种子、农机、柴油价格上，而农药、化肥、种子、农机、柴油的价格直接成为了粮食种植的成本构成部分，这些农业生产物质资料的价格上涨将推升粮食价格上涨。

尽管在理论上粮食价格和通货膨胀之间存在相互影响的关系，但是学者在实证检验上却出现了不一致的结论，大致存在三种实证结果。第一种认为只存从通货膨胀到粮价的单向因果关系。卢锋、彭凯翔（2002）利用1987—1999年月度数据发现只存在从通货膨胀到粮食价格的因果关系，魏君英（2013）也认为仅存在通货膨胀到粮食价格单向的Grange原因。第二种实证结果发现只存在从粮价到通胀的因果关系。吴泰岳等（2006）发现在短期内粮价是物价变动的原因，而物价却没有系统显著地导致粮价的变动。第三种观点则认为粮价和通货膨胀之间存在相互影响的关系。刘小铭（2008）发现我国粮食价格与居民消费价格之间存在双向因果关系。李新祯（2011）利用1998年1月至2010年10月的月度数据发现，粮食批发价格指数和CPI之间存在长期和短期关系，粮价对CPI有滞后1期的影响，CPI对粮价有滞后3期的影响。朱信凯、吕捷（2011）利用Hiemstra和Jones（1994）的非线性因果检验方法，发现中国粮食价格和CPI之间存在双向因果关系，CPI对粮食价格有6个月左右影响，而粮食价格对CPI影响为滞后1个月。

粮价和通胀关系实证检验存在分歧的原因主要包括两方面：①检验方法存在差异。虽然都是利用传统的线性Granger因果关系检验（除了朱信凯、吕捷（2011）的基于H-J的非线性因果关系检验），但是却是不同的线性Granger因果关系检验：有些是序列间的Granger因果关系检验，有些是基于VAR模型的Granger因果关系检验，还有基于VECM的因果关系检验。因此，不同的检验方法可能会存在不同的结论。②选择的样本的长度区间以及粮食价格指标不同。在粮食的指标选择上，有些研究选择的是主要粮食作物的集市批发价，有些选择的是居民粮食价格指数。由于没有主要粮食集市批发价格的总指数，所以各研究对指数合成赋予的权重是不同导致粮价指数不一。为此，本文在以下方面改进，对粮价和通货膨胀的关系进行更为细致的检验：

首先，采用新近发展的Diks-Panchenko（2006）非线性Granger因果检验研究粮价和通胀之间的关系。由于上述粮价对通胀影响途径有直接和非间接的，粮价和通胀之间可能存在是非线性的因果关系。正如朱信凯、吕捷（2011）所述，线性的Granger因果关系检验存在着不能检验非线性关系等弊端，可能会存在因果关系检验的偏误，因此，非线性的Granger因果关系检验是必要的。但是Hiemstra和Jones（1994）的非线性因果检验的缺陷是存在过度拒绝的问题（Diks-Panchenko，2006），因此，我们采用Diks-Panchenko（2006）的T_n检验统计量成功克服该问题，使得检验更为精准。其次，对样本数据进行了季节性调整并取对数以去除季节性趋势的干扰和减小异方差的影响。月度数据具有高度的季节性趋势变动，如果不加以处理会因为季节性因素而导致虚假的结果，而对数化处理能够降低序列的异方差性。再次，我们选择了居民粮食价格指数作为粮食价格指数的代理指标，这样更为精确。因为居民消费的价格指数是粮食的消费端和终端的价格，最贴近居民的消费，且该指数是根据居民对各类粮食消费比例赋予权重，比较合理和具有代表性。最后，我们还首次对因通胀对粮价上涨的成本环节进行检验，验证了通胀对粮价影响的成本渠道中两个环节都是畅通的。

二、研究方法：Diks－Panchenko 非线性因果关系检验

Granger（1969）提出了 Granger 因果关系检验，但是这种传统的因果关系只能够检验变量之间是否存在线性的因果关系。如果变量之间存在非线性因果关系，传统的因果关系检验可能会产生偏误，因此非线性的因果关系检验显得非常重要。虽然 Hiemstra 和 Jones（1994）发展的 H－J 统计量检验能检验非线性性，却忽略了条件分布可能存在的变化，产生原假设过度拒绝的问题，因此 Diks－Panchenko（2006）进行了纠正，发展成了 Diks－Panchenko 的 T_n 非参检验，检验原理如下：

假设变量 $\{X_t, Y_t, t\geqslant 1\}$ 是平稳的，若变量 X 的前期值和当期值包含了变量 Y 未来值的附加信息，则说明 X 变动是在 Y 变动之前，X 是引起 Y 变动的 Granger 原因，反之依然。根据 Diks 和 Panchenko（2006）、Karagianni S. 等（2009），如果以 $F_{X},_{t}$ 和 $F_{Y},_{t}$ 分别表示包含 X_t 和 Y_t 过去观察值的信息集，若（1）式成立，则表明 $\{Y_t\}$ 是 $\{X_t\}$ Granger 原因：

$$(Y_{t+1},\cdots,Y_{t+k}) \mid (F_{X,t},F_{Y,t}) \sim (Y_{t+1},\cdots,Y_{t+k}) \mid F_{X,t} \qquad (1)$$

其中，“～”表示等价分布，$k\geqslant 1$。Granger 因果关系通过检验 $\{Y_t\}$ 的 K 阶滞后条件分布中是否包含 $\{X_t\}$ 过去和现值来实现。假设一个包含两个平稳序列的模型均值为 $E(Y_{t+1} \mid (F_{X,t}, F_{Y,t}))$，通过构建包含 X 和 Y 的 VAR 模型进行回归，分别获得以 X 和 Y 为因变量的回归过滤后的残差。假设 $X_t^{l_X}=(X_{t-l_X-1}, \cdots, X_t)$ 和 $Y_t^{l_Y}=(Y_{t-l_Y+1}, \cdots, Y_t)$ 分别是滞后向量，并且 l_X，$l_Y\geqslant 1$，那么检验的原假设是：H_0 ：$X_t^{l_X}$ 不包含 Y_{t+1} 任何额外信息，也即：

$$H_0 = Y_{t+1}\Big|(X_t^{l_x};Y_t^{l_Y}) \sim Y_{t+1}\Big|Y_t^{l_Y} \qquad (2)$$

原假设变成了（l_X+l_Y+1）维向量 $W_t=(X_t^{l_X}, Y_t^{l_X}, Z_t)$ 的不变分布，其中 $Z_t=Y_{c+1}$，忽视（2）式中的时间 t 和滞后期，并假设 $l_X=l_Y=1$。在原假设情况下，$(X, Y)=(x, y)$ 下 Z 的条件分布与 $Y=y$ 下 Z 的条件分布是等价的。因而，（2）式可以重新表示为联合分布的形式，其中的联合概率密度函数 $f_{x,y,z}$（x，y，z）需满足以下条件，X 和 Z 是独立地条件依赖于

$Y=y$（对于每个固定的 y 值）：

$$\frac{f_{X,Y,Z}(x,y,z)}{f_Y(y)}=\frac{f_{X,Y}(x,y)}{f_Y(y)}\cdot\frac{f_{X,Z}(y,z)}{f_Y(y)} \tag{3}$$

Diks 和 Panchenko（2006）对非线性因果关系的原假设进行的重新详细的说明：

$$q\equiv E[f_{X,Y,Z}(X,Y,Z)f_Y(Y)-f_{X,Y}(X,Y)f_{Y,Z}(Y,Z)]=0 \tag{4}$$

假设 $\hat{f}_W$（W_i）是 w 在 W_i 的随机向量局部密度估计量，$\hat{f}_W(W_i)=(2\varepsilon_n)^{-d_W}$ $(n-1)^{-1}\sum_{j,j\neq i}I_{ij}^W$，其中 $I_{ijW}=I(W_i-W_j<\varepsilon_n)$，$I(\cdot)$ 是指示函数，ε_n 为宽带，带宽根据样本 n 确定。Diks 和 Panchenko（2006）构造了以下的 T_n 检验统计量，以进行非线性的格兰杰因果关系检验：

$$T_n(\varepsilon_n)=\frac{n-1}{n(n-2)}\sum_i\hat{f}_{X,Z,Y}(X,Z,Y)\hat{f}_Y(Y)-\hat{f}_{X,Y}(X,Y)\hat{f}_{Y,Z}(Y,Z) \tag{5}$$

如果 $\varepsilon_n=Cn^{-\beta}$（$C>0$，$\frac{1}{4}<\beta<\frac{1}{3}$），对于一阶滞后（$l_x=l_y=1$），（5）式统计量满足：

$$\sqrt{n}\frac{(T_n(\varepsilon_n)-q)}{S_n}\xrightarrow{D}N(0,1) \tag{6}$$

其中，$\xrightarrow{D}$表示依分布收敛，S_a 为 T_n（$\cdot$）渐进方差的估计值。T_n 检验统计量渐进服从标准的正态分布。Diks 和 Panchenko 检验实施的是单侧检验，如果（6）式右侧值超过临界值，则拒绝原假设。下面，我们利用 Diks 和 Panchenko 的非参方法对粮价和通货膨胀之间的非线性关系进行检验。

三、粮食价格与 CPI 相互关系：非线性 Granger 因果关系检验

（一）变量的选取与平稳性检验

我们使用 CPI（消费者物价指数）作为通货膨胀指标，以居民粮食消费价格指数 GPI 代表粮食的价格。以 2003 年 1 月作为基期（基期值均为 100），利用环比数据换算成定基价格指数，然后取对数，再利用 CENSUS X12 的方法进行季节性调整，最终得到数据分别为 $\ln CPI$ 和 $\ln GPI$，根据统一口径和尽可能长原则，我们将区间定在 2003 年 1 月至 2014 年 6 月，原始数据均来自于中经网统计数据库。

在进行因果关系检验之前，我们首先对数列 $\ln CPI$ 和 $\ln GPI$ 进行平稳性检验，为了检验的稳健性，我们同时采用了 ADF、KPSS 和 PP 三种平稳

性检验方法，检验结果如表 1 所示。ADF 检验、KPSS 检验和 PP 检验均显示 ln*CPI* 和 ln*GPI* 是非平稳序列，而其一阶差分 *D*ln*CPI* 和 *D*ln*GPI* 都是平稳的序列，因此，ln*CPI* 和 ln*GPI* 都是服从一阶单整过程的，可以建立 VECM 模型进行非线性检验。

表 1　变量的平稳性检验结果

检验方法	ADF		KPSS		PP	
变量	T 统计值	（c，t，k）	LM 统计值	（c，t，d）	调正的 T 统计量	（c，t，d）
ln*CPI*	−1.657	（1，1，0）	1.465***	（1，0，9）	−2.339	（1，1，6）
ln*GPI*	2.830	（0，0，8）	1.426***	（1，0，9）	3.069	（0，0，8）
*D*ln*CPI*	−10.392***	（1，0，0）	0.057	（1，0，6）	−10.784***	（1，0，6）
*D*ln*GPI*	−3.750***	（0，0，2）	0.192	（1，0，8）	−7.298***	（0，0，9）

注：符号 *D* 表示一阶差分；ADF 的最优滞后阶数根据 SC 准则确定，（c，t，k）c 表示单位根检验时是否带常数项，c=0，1 分别表示不含常数项和含常数项；t 表示是否带趋势项，若 t=1 和t=0 表示含和不含趋势项；k 表示自回归的滞后阶数。KPSS 检验的原假设为：变量是平稳的，因此，若拒绝原假设，则表明原序列是不平稳的，其中 KPSS 统计量的渐进临界值来自 Kwiatkowski - Phillips - Schmidt - Shin（1992，表 1）、KPSS 和 PP 检验中（c，t，d）的 c。t 意义同 ADF 和 KPSS 检验；d 表示检验的带宽 Bandwidth，带宽根据 Newey - West using Bartlett kernel 确定。***、**、*分别表示在 10%，5%和 1%的显著水平下拒绝原假设。ADF 检验和 PP 检验都为 * MacKinnon（1996）单边检验 P 值。

（二）基于 VECM 模型过滤后的残差 BDS 非线性检验

按照 Diks - Panchenko（2006）的非线性检验原理，在进行非线性检验之前，需要过滤掉变量间存在的线性关系，如果残差存在非线性才能进行 T_n 检验。我们采用对 ln*CPI* 和 ln*GPI* 建立 VECM 模型，过滤 ln*CPI* 和 ln*GPI* 之间存在的线性关系，用获得的残差进行 BDS 检验，看残差是否存在非线性性。为了 BDS 检验的稳健型，我们还采用了利用拔靴法迭代 5 000 次，获得拔靴概率。如表 2 所示，以 ln*GPI* 为因变量的回归残差和以 ln*CPI* 为因变量的回归残差，无论是正态概率还是拔靴概率都在 1%的显著水平拒绝了不存在非线性性的原假设，说明两残差均存在非线性性，因此，可以进行非线性 Granger 因果关系检验。

表 2　BDS 非线性检验

嵌套维度	基于 VECM 模型中 ln*GPI* 的回归残差				基于 VECM 模型中 ln*CPI* 的回归残差			
	BDS 统计量	z-统计量	正态概率	拔靴概率	BDS 统计量	z-统计量	正态概率	拔靴概率
2	0.033	3.732	0.000	0.001	0.023	3.730	0.000	0.002
3	0.062	4.346	0.000	0.000	0.039	3.860	0.000	0.002

（续）

嵌套维度	基于 VECM 模型中 ln*GPI* 的回归残差				基于 VECM 模型中 ln*CPI* 的回归残差			
	BDS 统计量	z-统计量	正态概率	拔靴概率	BDS 统计量	z-统计量	正态概率	拔靴概率
4	0.086	5.042	0.000	0.000	0.057	4.785	0.000	0.000
5	0.107	5.949	0.000	0.000	0.064	5.131	0.000	0.000
6	0.113	6.453	0.000	0.000	0.062	5.157	0.000	0.000

注：嵌套维度 m 分别取 2、3、4、5、6，拔靴法 Bootstrap 迭代 5 000 次。VECM 模型的最大滞后阶数为 6，最优滞后阶数根据 SC 准则选取；BDS 统计量渐进服从正态分布；基于 VECM 模型中 ln*GPI* 的回归残差是指 VECM 模型中以 ln*GPI* 作为被解释变量进行回归所获得的残差；基于 VECM 模型中 ln*CPI* 的回归残差是指 VECM 模型中以 ln*CPI* 为被解释变量进行回归所获得的残差。

（三）粮价和 CPI 的 T_n 非线性 Granger 因果关系检验

利用 Diks - Panchenko（2006）的非线性检验方法对残差进行检验，检验滞后阶数 $l_x=l_y$ 分别为 1～6 期，按照国际文献一般做法，为了防止非线性关系的遗漏，带宽 ε_n 分别选择 0.5、1 和 1.5。粮价和通胀的非线性因果关系检验结果如表 3 所示。存在从粮价 ln*GPI* 到通胀 ln*CPI* 的短期和长期的非线性因果关系，滞后 1～6 期都存在着从粮价 ln*GPI* 到通胀 ln*CPI* 的非

表 3　粮价和 CPI 的非线性 Granger 因果关系检验

滞后期 $l_x=x_y$	原假设：ln*GPI*≠>ln*CPI*			原假设：ln*CPI*≠>ln*GPI*		
	$\varepsilon_n=0.5$	$\varepsilon_n=1$	$\varepsilon_n=1.5$	$\varepsilon_n=0.5$	$\varepsilon_n=1$	$\varepsilon_n=1.5$
1	1.467* (0.071 24)	2.972* (0.001 48)	1.953* (0.025 43)	1.764** (0.038 88)	2.342*** (0.009 60)	2.352*** (0.009 34)
2	1.159 (0.123 20)	0.807 (0.209 95)	1.278 (0.100 68)	0.633 (0.263 39)	1.233 (0.108 87)	2.202** (0.013 84)
3	1.142 (0.126 64)	0.775 (0.219 14)	1.728** (0.042 00)	1.473* (0.070 43)	0.785 (0.216 30)	1.626* (0.051 99)
4	0.191 (0.424 33)	1.126 (0.130 16)	1.794** (0.036 41)	1.410* (0.079 24)	1.717** (0.042 98)	1.890** (0.029 41)
5	−0.287 (0.613 10)	0.690 (0.245 10)	1.447** (0.073 93)	1.128 (0.129 58)	1.345* (0.089 39)	0.705 (0.240 41)
6	—	0.636 (0.262 29)	1.417* (0.078 30)	—	1.417* (0.078 19)	0.856 (0.195 98)

注：*、** 分别代表在 10%和 5%的显著水平下拒绝“不存在非线性格兰杰因果关系”的假设，各种未加括号的数字表示根据 D-P 方法所计算的非参统计量 T_n，非参统计量 T_n 为右侧检验，并渐进服从标准正态分布，因此，只要当 $T_n>1.28$，就能在 10%的水平上显著；圆括号内为伴随概率。ε_n 代表带宽，分别取 0.5、1.0 和 1.5；滞后期 $l_x=l_y$ 表示检验中残差序列的滞后阶数，分别取 1、2、3、4、5 和 6，而嵌套维度为 $l_x+1(l_y+1)$。

线性因果关系，也存在从通胀 ln*CPI* 到粮价 ln*GPI* 的短期和长期（1～6期）的非线性因果关系。也就是说，存在粮价 ln*GPI* 与通胀 ln*CPI* 相互影响的双向非线性因果关系，粮价的上涨会推动一般价格水平的上涨，而通胀的上升又会反过来推动粮价的上涨，而这种相互推动的作用在1个月的时间内显得特别突出，但在长期通胀与粮价的相互影响也是存在。

同时存在从粮食价格到通胀的短期和长期的非线性因果关系，这是因为粮食价格作为CPI指数的构成部分直接影响到CPI，这部分粮价会比较迅速的进入当期的CPI统计，从而会对通胀产生短期的影响；但粮食作为原材料或其他产品原材料形成产品需要一定的时间，而且以粮食为原材料产品生产可能会有一定粮食库存，从而使得粮价上涨的影响会比较长。另外，粮食价格上涨通过示范效应影响到其他产品也需要一定的时间。因此也存在从粮价到通胀的长期非线性影响。

通货膨胀对粮价也同时存在短期和长期的非线性影响。这可能是因为，在我国粮食价格总体上升和长期通胀预期存在的态势下，通货膨胀对农户粮价存粮行为的影响会在短期内形成，使得短期影响效应存在。而另一方面，通胀通过影响到种粮成本，再通过种粮成本上升而影响到粮食的价格上涨则需要较长的时间。

四、通货膨胀对粮价影响的成本渠道分析：经过两环节

通货膨胀通过成本渠道影响粮价需要经过通胀影响到种粮的成本，再通过种粮成本的加成影响到粮价两个环节，其中种粮成本是关键。因此，在研究通货膨胀（CPI）通过种粮成本（农业生产物质资料成本和劳动价格）对粮食价格推动的机制时分为两个环节：一个环节是通货膨胀对种粮成本的影响；另一个环节是种粮成本（农业生产物质资料成本和劳动价格）对粮食价格产生影响。如果两个环节均畅通，则说明通胀确实通过成本渠道影响到了粮价。由于没有专门的粮食生产成本月度指数，我们用农业生产资料价格指数（GPPI）来表示种粮成本。农业生产资料价格指数（GPPI）不仅包括了小农具价格指数、半机械化农具价格指数、化学肥料价格指数、农用机油价格指数和农药及农药械价格指数等农业生产物质资料成本，还包括了农业生产服务价格指数。因此，GPPI包括种粮的生产物质资料成本和劳动力的成本，可以代表种粮的两种成本。同样对GPPI做定基处理（2003年1月＝100），并进行季节性调整和取对数，得到 ln*GPPI*①。

① 单位根检验发现是一阶单整的，构建以 ln*CPI* 和 ln*GPPI* 的双变量 VECM 模型，得到残差进行 BDS 非线性检验，发现存在非线性性，可以进行非线性 Granger 因果关系检验。

（一）通货膨胀对种粮成本的影响

我们对 ln*CPI* 和 ln*GPPI* 进行非线性 Granger 因果关系检验，如表 4 所示，存在从 ln*CPI* 到 ln*GPPI* 的短期（滞后 1 期）长期的非线性因果关系（滞后 1～6 期），但只存在从 ln*GPPI* 到 ln*CPI* 滞后 1 期的非线性因果关系。这说明一般物价水平（CPI）的上涨，会使得劳动力的服务成本、农药、化肥、农业机械等成本在短期和长期内都会有影响，而且影响产生较长时间的持续性，但对于种粮成本对对通胀的影响则主要集中在滞后 1 期。可见，从通胀到粮食生产资料价格（包括农业生产物质资料和劳动力服务价格）影响是存在的并且持续的，因此，通胀影响到种粮的成本的环节是畅通的。

表 4　通胀和粮食生产资料价格的非线性 Granger 因果关系检验

滞后期	原假设：ln*CPI*≠>ln*GPPI*			原假设：ln*GPPI*≠>ln*CPI*		
$l_x=l_y$	ε₋=0.5	ε₋=1	ε₋=1.5	ε₋=0.5	ε₋=1	ε₋=1.5
1	2.000***	2.415***	2.254**	1.371*	1.478*	1.126
	(0.022 77)	(0.007 86)	(0.012 10)	(0.08 515)	(0.069 66)	(0.130 17)
2	0.871	2.661***	2.338***	0.596	0.753	0.421
	(0.191 76)	(0.003 90)	(0.009 68)	(0.275 66)	(0.225 79)	(0.336 91)
3	−0.416	2.287**	2.360***	0.631	0.015	0.808
	(0.661 39)	(0.011 10)	(0.009 14)	(0.264 16)	(0.493 98)	(0.209 42)
4	−0.337	1.416*	2.165**	−0.136	1.042	0.279
	(0.632 05)	(0.078 42)	(0.015 21)	(0.554 07)	(0.148 71)	(0.390 24)
5	1.042	1.262	2.113**	−0.599	0.730	0.435
	(0.148 66)	(0.103 41)	(0.017 31)	(0.725 39)	(0.232 75)	(0.331 94)
6	——	0.542	1.964**	——	−0.785	0.630
		(0.293 80)	(0.024 77)		(0.783 70)	(0.264 37)

注：*、** 分别代表在 10%和 5%的显著水平下拒绝“不存在非线性格兰杰因果关系”的假设，各种未加括号的数字表示根据 D-P 方法所计算的非参统计量 T_n，非参统计量 T_n 为右侧检验，并渐进服从标准正态分布，因此，只要当 $T_n>1.28$，就能在 10%的水平上显著；圆括号内为伴随概率。ε_n 代表带宽，分别取 0.5、1.0 和 1.5；滞后期 $l_x=l_y$ 表示检验中残差序列的滞后阶数，分别取 1、2、3、4、5 和 6，而嵌套维度为 $l_x+1(l_y+1)$。

（二）种粮成本对粮价的影响

接下来，我们对通胀影响粮价的第二个环节进行研究：种粮成本 GPPI 和粮价 GPI 关系①。如表 5 所示，检验的结果显示，粮食成本 GPPI 和粮价

① 与前面类似，构建以 ln*GPPI* 和 ln*CPI* 的双变量 VECM 模型，得到残差进行 BDS 非线性检验，发现存在非线性性，可以进行非线性 Granger 因果关系检验。

GPI 之间存在双向的非线性 Granger 因果关系，ln$GPPI$ 对 lnGPI 的非线性影响滞后 1～6 期，lnGPI 对 ln$GPPI$ 的影响滞后 1～5 期。而粮食生产资料价格 GPPI 和粮价 GPI 之间的相互影响在滞后 1～2 期最为明显。可见，种粮成本（农业生产物质资料和劳动力成本）的上升增加了种粮的成本，通过成本加成的方式到粮价上，造成粮价的上涨。因此，种粮成本推动粮价的作用是存在的，也就是通胀影响粮价的第二个环节也是畅通的。

物价水平持续走高使得维持基本生存生活的成本提高，从而使得劳动力工资呈现逐年增加态势。事实上，种粮等农业生产的劳动力成本大幅上升现象自 2003 年以来已经非常明显。根据 1999—2012《全国农产品成本收益资料资料汇编》，我们整理了农村劳动力成本，发现劳动力成本自 2003 年以来出现了与以往完全不同的连年大幅攀升的现象，农村劳动力成本从 2003 年的 495 元 1 亩上升到了 2011 年的 1 497 元 1 亩，9 年上涨了近 3 倍。而这与 2003 年以来粮食价格不断攀升区间完全相同，但此区间的粮食自我供给率达到 95%以上，也就是说不是因为粮食的供不应求导致了粮食价格的上涨，粮食价格的上升原因来自于粮食生产成本的上升。随着我国农村劳动力的不断转移，我国农村剩余劳动逐渐下降，2003 年以来，刘易斯拐点已经到来，劳动力从事种粮的农业的劳动力成本稳步上升，因此劳动力成本成为推动包括粮食在内的其他农产品价格的重要原因。

从以上的两个环节分析看来，通货膨胀确实会使得农业生产物质资料成本和劳动力成本都出现上涨，而农业生产物质资料的成本和劳动力成本又是种粮的基本成本，这些成本最终会反映到粮食价格上去，从而推动粮食价格的上涨，这就证实了通胀通过成本渠道对粮价的反馈影响作用。

表 5　粮食生产资料价格 GPPI 和粮价 GPI 的非线性 Granger 因果关系检验

滞后期 $l_x=l_y$	原假设：lnCPI≠>ln$GPPI$			原假设：ln$GPPI$≠>lnCPI		
	$\varepsilon_n=0.5$	$\varepsilon_n=1$	$\varepsilon_n=1.5$	$\varepsilon_n=0.5$	$\varepsilon_n=1$	$\varepsilon_n=1.5$
1	1.575* (0.057 57)	2.236** (0.012 66)	1.393* (0.081 74)	2.225** (0.013 03)	2.460*** (0.006 95)	1.595* (0.055 33)
2	1.525* (0.063 57)	1.640* (0.050 48)	1.565* (0.058 75)	1.626* (0.051 94)	2.075** (0.018 98)	1.507* (0.065 97)
3	1.430* (0.076 30)	1.178 (0.119 39)	1.125 (0.130 25)	1.035 (0.150 45)	1.449* (0.073 66)	1.393* (0.081 88)
4	1.729** (0.041 90)	0.666 (0.252 56)	0.623 (0.266 52)	1.567* (0.058 55)	1.314* (0.094 49)	1.211 (0.112 98)
5	1.455* (0.072 85)	0.826 (0.204 43)	0.347 (0.364 20)	1.601* (0.054 64)	1.313* (0.094 67)	1.157 (0.123 60)

（续）

滞后期 $l_x=l_y$	原假设：$\ln CPI \neq > \ln GPPI$			原假设：$\ln GPPI \neq > \ln CPI$		
	$\varepsilon_n=0.5$	$\varepsilon_n=1$	$\varepsilon_n=1.5$	$\varepsilon_n=0.5$	$\varepsilon_n=1$	$\varepsilon_n=1.5$
6	1.368* (0.085 70)	0.725 (0.234 13)	−0.042 (0.516 92)	1.550* (0.060 60)	1.126 (0.130 05)	1.120 (0.131 41)

注：*、** 分别代表在10%和5%的显著水平下拒绝"不存在非线性格兰杰因果关系"的假设，各种未加括号的数字表示根据D-P方法所计算的非参统计量 T_n，非参统计量 T_n 为右侧检验，并渐进服从标准正态分布，因此，只要当 $T_n>1.28$，就能在10%的水平上显著；圆括号内为伴随概率。ε_n 代表带宽，分别取0.5、1.0和1.5；滞后期 $l_x=l_y$ 表示检验中残差序列的滞后阶数，分别取1、2、3、4、5和6，而嵌套维度为 $l_x+1(l_y+1)$。

五、结论和建议

为了防止传统Granger因果关系检验对粮价和通胀非线性关系的遗漏，同时规避Hiemstra和Jones（1994）的非线性因果检验的过度拒绝问题，本文应用Diks-Panchenko（2006）发展的 T_n 非参检验方法，对我国2003—2014年的粮价与通胀之间的非线性Granger因果关系进行了检验。结果发现，我国存在粮价与通货膨胀相互影响的短期和长期的非线性Granger因果关系。粮价的上涨会对通胀产生推动作用，可能是因为粮价通过进入直接进入CPI指数的直接效应和作为其他商品的原材料以及示范效应而对通胀产生滞后1～6期的影响。为了验证通货膨胀对粮价产生影响成本渠道的存在，我们分别对通胀对种粮成本、种粮成本对粮价影响的两个环节进行了非线性Granger因果关系检验。结果证实了存在通胀能够影响到种粮成本（包括农业生产物质资料成本和劳动力成本），而种粮成本也从在短期和长期影响到粮价。

在我国粮食产量连续十年增加，粮食自我供给率达到95%的情况下，粮食的价格却出现了高于CPI的持续上涨的现象。这说明我国的粮食价格的连续上涨存在种粮成本持续攀升内在原因，也就是说我国粮价的持续上涨成本推动造成的。本文也从非线性因果关系的角度验证了劳动力成本与农业生产物质资料成本对粮价的推动作用。基于我国粮价与通胀之间存在相互推升关系的现象，以及成本因素对我国粮价走高的推动的事实，我们提出以下建议：

一是提高农业的劳动产率与技术进步，继续实施农业补贴政策，减轻种粮成本带来粮价上涨的压力。农业部门作为基础性部门，也是技术进步和生产率提高较慢的部门，不能较大幅度消化成本上升带来的压力，种粮成本的上升必将加成到粮价上，导致粮价的上升。因此，需要加大农业技术的引进，增加粮食种子的培育和研发，加大高效化肥、农药的研发，推进农业土地流转，实施农业机械化，进行水利基础设施建设，从而提高粮食生产的效率和粮食的单人亩产量，以减缓因种粮成本增加带来的粮价上涨的压力。国家还需要继续实施农业补贴的政策以减轻农民的种粮成本压力，提高农民种粮的积极性，保证粮食的增产增收。

二是继续实施粮食收购托市政策，保持粮价的平稳上升，防止出现“粮价—通胀”相互推高的恶性循环。为了防止粮食丰收带来的粮价大幅走低所造成的“谷贱伤农“，国家要继续实施粮食最低收购价政策，保证粮食种植的基本收益和下一年种粮的积极性。如果不实施粮食最低价收购政策，某年粮食丰收带来的价格突然下调会大幅挫伤农民下一年粮食生产的积极性，从而导致下一年的粮食减产和粮价大幅提升，也不利于保证人口大国的粮食安全。粮食最低收购价格的制定需要根据种粮成本的涨幅而制定，并且考虑农民收入增长的速度，不能过高或者过低。过低的收购价起不到稳定粮价和保障农民利益的目的，过高的收购价会使得粮食价格上涨幅度过大。由于存在粮价和通货膨胀相互推动的非线性 Granger 因果关系，粮食价格的大都上涨可能会造成通胀，而通胀又会通过粮食生产成本的途径提升粮价，从而形成恶性循环。

参 考 文 献

李新祯．我国粮食价格与 CPI 关系研究．经济理论与经济管理．2011（1）：27－32.

刘小铭．我国粮食价格与居民消费价格关系研究．经济问题探索，2008，（4）：37－41.

卢锋，彭凯翔．中国粮价与通货膨胀关系（1987—1999）．经济学（季刊），2002（7）：821－836.

孙希芳，牟春胜．通货膨胀、真实利率与农户粮食库存的实证分析．中国农村观察，2004（6）：23－33.

魏君英，朱信凯．粮食价格与通货膨胀关系的实证研究．中国农业资源与区划．2013（8）：18－22.

吴泰岳，李慧，张鹏．粮食价格与居民消费价格关系的统计分析．数学的实践与认识，2006（5）：154－159.

朱信凯，吕捷．中国粮食价格与 CPI 的关系（1996—2008）．经济理论与经济管理，2011（3）：16－24.

C. Hiemstra，J. D. Jones. Testing for Linear and Nonlinear Granger Causality in the Stock Price－volume Relation. Journal of Finance，1994（5）：1639－1664.

Diks C. Panchenko V. A new statistic and practical guidelines for nonparametric Granger causality testing. Journal of Economic Dynamics & Control，2006（30）：1647－1669.

Karagianni S. Pempetzoglou M. Saraidaris G. Average Tax Rates and Economic Growth：A Non－Linear Causality Investigation for the USA，Working Paper，2009.

Yifu L. Guoqing S. Mai L. Fang Z. Mingde Y. China's Grain Marketing and Price Volatility. An unpublished research report submitted to the World Bank，1997.

（作者单位：中国人民大学）

中国棉花价格形成机制的成因分析

卢　辞

棉花目标价格补贴制度是棉花市场价格形成机制的具体形式，是社会主义市场经济发展到一定阶段必然采取的政策措施。为了保证棉花目标价格补贴制度的有效执行，必须深入研究棉花目标价格补贴制度的形成元素和运行基础。由于棉花市场价格形成机制囊括了棉花目标价格补贴制度，因此研究前者的形成元素和运行基础也就解决了后者的问题。本文之所以从研究价格形成机制入手解决当前棉花目标价格补贴制度的问题，主要是因为我国对于农产品价格形成机制已经进行了深入研究，并有大量的研究成果，能够为解决目前实行棉花目标价格补贴制度面临的问题提供一定程度的指导。

一、棉花市场价格形成机制成因一般分析

分析棉花市场价格形成机制的成因在于从根本上考察其运行的经济基础。从价格形成机制及其成立基础看，市场价格形成机制的成因包括直接构成因素和间接促成因素两个方面，直接构成因素是其技术手段，间接促成因素是其经济基础。直接构成因素即目标价格、市场价格和目标价格补贴，构成市场价格形成机制的技术主体；间接促成因素即生产组织、系统或战线[①]、组织队伍和物资装备，构成市场价格形成机制运行的动力源泉和支撑基础。一般情况下，价格形成机制运行的效果优劣与否，不仅取决于价格形成机制设计的优劣，或理念的优劣，而且还取决于运行基础的性质和发展状况。我国计划价格形成机制向市场价格形成机制转换的基本经验证明了这一结论的正确性。它表明为什么我国强力推进社会主义市场经济建设20余年，市场价格形成机制仍然带有带有计划价格形成机制的色彩，而且将来可能也摆脱不了这种色彩。以往的研究和实务只是强调价格形成机制技术层面的有

① 战线是我国政府各个部门的称呼，如农业战线、财贸战线。20世纪60年代末，战线是一种政治体制，这种体制下交易费用被压缩到最低，以猪肉为例，毛猪价格为0.92元/千克，而猪肉零售价格1.06元/千克，其间的交易费用只有0.14元，交易费用与毛猪价格比率为15.3%；而2007年毛猪价格15元/千克，猪肉零售价格达到19.2元/千克，其间的交易费用为4.2元，交易费用与毛猪价格的比率为28%，交易费用率几乎增加了一倍。其他各种农产品包括棉花，其交易费用都有类似的情况。交易费用越低，价格形成机制越有优势。在科斯定理看来，20世纪60年代末政治体制支撑的价格形成机制是很有优越性的。

效性和可操作性，而忽视其经济基础层面的巨大支撑和制约作用，从而无法理解技术操作层面无论设计的多么合理，结果仍然显示出计划价格色彩或无序的市场波动状况。因此，棉花市场价格形成机制取代计划价格形成机制，既有技术手段追求又有经济基础支撑，两者缺一不可。如果两者不能有效统一，只有棉花市场价格形成机制的技术手段追求，没有经济基础支撑，从而强行推进棉花市场价格形成机制，必然导致棉花市场价格波动和棉花生产遭受破坏。

计划价格形成机制的重要功能之一是通过计划价格直接提高棉农籽棉销售收入。计划经济时期形成的直接向农民收购籽棉的机制，保障了国家通过棉花提价增加农民出售籽棉的收入，从而保障了棉花生产平稳而不至于大起大落。而计划价格形成机制的经济基础是供销社系统，即通过基层供销社和供销社系统的棉花加工单位构建了棉花计划价格形成机制的经济基础。随着市场经济发展，供销社系统丧失了直接向农民购销籽棉的功能，国家向农民收购籽棉的直接通道随之丧失。棉花计划价格形成机制赖以存在的经济基础要么已不完整，要么已不复存在，计划价格形成机制向市场价格形成机制转变似乎已成必然。但是，以往的市场价格形成机制（主要是技术手段层面）是在计划价格形成机制的经济基础之上运行的，而且经济改革的实践已证明，其对市场价格形成机制运行的支撑是有效的和强大的。这种结果无疑表明，市场价格形成机制的技术手段和计划价格形成机制的经济基础能够更为有效的结合，更为有机的统一，将是未来市场价格形成机制明确的改革方向。

棉花计划价格形成机制的经济基础遭受严重破坏，而且又强制推进社会主义市场经济建设20余年，如果仍然运用棉花计划价格形成机制调节棉花生产就会产生巨大失误，因为国家通过提高计划价格对棉花生产进行的补贴不能进入到棉农手中。主要是由于强制推进社会主义市场经济建设20余年，棉花从棉农的籽棉到国家收储的皮棉之间增加了很多流通环节，收储价格必须经过棉花收储企业、加工企业和棉花经纪人等复杂的市场环节，才能曲曲折折地将微小数量的棉花加价分配到棉农手中，而棉农手中这部分微小的棉花加价又往往被不断高涨的农业生产资料价格所吞噬。这样，政府对于控制棉花产销平衡产量再也无能为力了，不得不选择棉花目标价格补贴这种市场价格形成机制的技术手段，来控制棉花产销平衡产量，以达到市场供需平衡。

强制推进社会主义市场经济建设20余年，形成了复杂的市场环节，是否已经自然而然地奠定了棉花市场价格形成机制的经济基础？这仍是一个需要十分严肃认真对待的问题。棉花市场价格形成机制的经济基础是否已经建立起来了？根本没有。还有，我国选择目标价格补贴这种市场价格形成机制的技术手段，是否能够解决我国当前棉花生产流通出现的进口过剩和储备过剩问题，这完全取决于我国对于价格形成机制的技术手段和经济基础的调整和构建能否适应推进目标价格补贴制度的需要。就目前现状而言，应确定何种具体形式的目标价格、市场价格、目标价格补贴，以往的棉花成本收益资料应如何与目标价格技术手段进行衔接，计划价格形成机制的经济基础应如何改造和构建，才能与棉花目标价格补贴制度相适应，既充分注重了市场的作用，又切实增加了棉农收入和达到了产销平衡，则是首要的而必须解决的难题。

计划价格形成机制和市场价格形成机制是两种不同性质的价格形成机制，计划价格形成机制是全过程控制的有机组成部分，市场价格形成机制是经济运行全过程的一个关键环节，主要表现是两种价格形成机制的技术手段和经济基础截然不同。一种价格形成机制向另一种价格形成机制转型，必须对原有价格形成机制的技术手段和经济基础进行改造和构建。在改造和构建过程中，必须吸取原有价格形成机制的技术手段和经济基础的优势和精华。决不能对原有技术手段和经济基础进行简单丢弃或破坏，重建新型价格形成机制的技术手段和经济基础。如果这样做，就会造成社会资源巨大浪费和整体性重复发展。总之，研究棉花市场价格形成机制的产生因素，必须对其技术手段和经济基础进行全面分析，才能判别其运行优势和创建意图。

二、市场价格形成机制的技术手段

实际上我国推行的棉花目标价格补贴制度或政策就是棉花市场价格形成机制的具体形式。同样，研究目标价格补贴制度仍然需要研究其技术手段和经济基础两个方面。首先进行技术手段研究。棉花目标价格补贴制度的技术手段包括棉花目标价格、市场价格和目标价格补贴额度三个要素，三者简单的关系是，目标价格补贴额度＝目标价格－市场价格。正是这个极其简单的关系式，却给人们带来了无尽的思索和烦恼，展现了价格狂涨狂跌的市场图景。

（一）棉花目标价格

棉花目标价格通常以棉花成本收益为基础进行核定。我国物价部门的农产品成本调查中心每年发布了详细的棉花成本收益资料，对棉花成本项目进行了详细的划分[①]，大多数成本项目的数据在制定目标价格时可以直接使用。但其中的几个重要指标对于计算目标价格不太合理，必须进行调整和另列项目，才符合实际国情和世界上通行做法，如人工成本、土地成本、保险费。

① 成本即生产成本，包括物质与服务费用、人工成本、土地成本，指直接生产过程中为生产该产品而投入的各项资金（包括实物和现金）和劳动力的成本，反映了为生产该农产品而发生的除土地外各种资源的耗费。

人工成本是生产过程中直接使用的劳动力的成本，包括家庭用工折价和雇工费用两部分，基本是按照农村或农业劳动用工价格折算的。在确定人工成本上虽然坚持了实际成本原则，但没有考虑兼业农户中打工收入和农业劳动收入的比价问题，核算出的人工成本偏低，这种思路与当前市场经济环境是格格不入的，也不利于国家对农民从事农业生产的支持和保护。长期以来，农民从事农业劳动和外出打工的人工收入比价通常在1∶3以上。因此，在核定棉花目标价格中，如果利用国家提供的全国农产品成本收益资料核定人工成本，至少对其进行三倍以上的调整，方能反映农产品人工成本体现全国人工平均成本的基本情况。

土地成本不计入棉花目标价格中也低估了棉花目标价格。全国农产品成本收益资料汇编中将土地成本排除在总成本之外，不知作何考虑，既不符合现实情况，也不符合核算要求。因为现实情况是大量存在土地流转，而且凡是流转发生时都产生流转费用，只不过费用有的表现为实物，有的表现为货币，有的表现为劳动如代耕，等等，没有无偿流转的。土地成本必须计入棉花目标价格的成本项目中。对于生产者转包他人拥有经营权的耕地或承包集体经济组织的机动地（包括沟渠、机井等土地附着物）的使用权而实际支付的转包费、承包费（或称出让费、租金等）等土地租赁费用，应当直接确认到棉花目标价格的成本项目中；对于专业家庭农场或自己拥有经营权的土地投入生产，应当将自营地折租计入目标价格成本项目。根据调查，专业家庭农场或自有经营权土地30亩投入生产，就能够获得和外出打工相等的收入，而转包经营约100亩才能和外出打工收入相当①，将自营地折租若能按照转包或承包费用的三倍计入目标价格成本项目，可鼓励专业家庭农场经营。

保险费应当从棉花目标价格成本中剔除。按照世界惯例单列为棉花生产风险补贴。而且这项补贴不应当由棉花生产者或政府以农业保险费的形式支付给保险公司，而应当由政府以棉花生产风险补贴的项目直接支付给棉花生产者。

如果对于前述项目进行了调整以后，就确定了切合实际的成本数额，再将平均收益率确定下来，就可以得到棉花目标价格。以新疆棉花产区为例，新疆平均机采、手采成本为2 091.97元/亩，平均籽棉产量332.8千克/亩②，则籽棉的平均生产成本为6 285.97元/吨，折算为皮棉的生产成本为16 117.87元/吨，衣分为0.39。轧花厂核算的原料（籽棉）17 150.77元/吨③，两者相

① 中原发展研究院：《中原发展报告》，2014年第1期，22页。

② 2013年新疆棉花种植总面积2 538万亩，总产量340万吨。中央政府门户网站，www.gov.cn，2014年1月9日13时13分，来源于新华社。计算过程为（340÷2 538×1 000）×(1÷0.39)=332.8（千克），其中0.39是衣分。

③ 新疆克州籽棉采摘及籽棉收购渐近尾声，中国棉花交易网 http://www.socotton.com 2013-11-25。

差1 032.90元/吨[1]，可作为经纪人费用。收益率可以根据最近5年棉花生产利润率确定，也可以根据当年社会生产平均利润率来确定，还可以根据世界上譬如美国的平均作物收益率（20%）来确定。如果根据我国2006—2010年五年的成本利润率41.86%、38.57%、40.18%、－1.54%、27.27%、74.33%[2]确定，则所确定的收益率为44.08%。根据以上测算，测定的籽棉目标价格为9 062.63元/吨，折算为皮棉价格为23 237.51元/吨（衣分0.39），远远高于国家棉花（皮棉）19 800元/吨、籽棉7 722元/吨的目标价格[3]。若按国家规定的目标价格计算，棉花目标价格的成本利润率仅有23%，这里还包含大部分棉花生产风险补贴。如果除去这一部分，则棉花的目标收益不会超过10%。就目标价格应当体现合理的成本和收益而言，国家规定的目标价格似乎不合情理。

（二）棉花市场价格

对于棉花市场价格形成机制或目标价格补贴政策而言，棉花市场价格不是棉花市场上随时发生的单项交易价格，而是首先确定一段时期内和一定范围或市场内棉花交易的平均价格，再按照调整到棉农出售籽棉的市场价格要求，根据具体费用加以调整确定的价格。通常情况下，在时间上确定为一年或两年，在空间上确定为一个地区或一个影响全国的交易所，具体费用是棉花由棉花种植者出售籽棉到皮棉批发交易过程中发生的一切合理费用。因此，棉花市场价格应当依据公式“棉花市场价格＝棉花（皮棉）平均批发交易价格-加工交易诸费用”加以核定，加工交易费用包括经济人费用、籽棉加工费用、加工利润、棉花交易费用。对于进出口棉花而言，棉花市场价格的核定可以根据世界市场平均棉花价格加减具体费用核定。进口棉花市场价格是到岸价格减去从离岸港口与到岸港口之间发生的各项费用，如果进口棉花市场价格低于国内棉花市场价格，就必须对进口棉花征收“棉花差价税”，以体现国内外棉花生产公平性和统一性；出口棉花的市场价格是平均价格减去从棉花产地到离岸港口之间发生的各项费用。之所以对棉花市场价格作如此调整，是因为各种类型的棉花出售环节都应当统一于棉农销售籽棉的环节

① 此处采用轧花厂和植棉户之间的成本差额作为棉花经纪人费用，可能存在误差；如果与植棉户的棉花出售价格进行比较确定差额，将农户的植棉利润从中剔除，就可能得到合理的棉花经纪人费用。但现实中很难得到棉花种植者与棉花经纪人之间的准确价格资料，所得到的棉农的棉花销售价格多是间接的和差别很大的价格资料，采取上面的做法也是不得已而为之。由此看来，加强农村集体经济建设，依靠农村集体经济组织弄清农户棉花销售价格和利润，是农业现代化的必然趋势。

② 《全国农产品成本收益资料汇编—2011》1-13-1棉花成本收益情况。

③ 应当认真测定棉花目标价格，并将棉花风险补贴单列其外。一般情况，目标价格一经严谨测定就应该贯彻执行。如果公布的目标价格低于实际测算的目标价格，对于这一价格差额，国家财政部门应当允许在农民出售的籽棉市场价格抵扣，以保障农民植棉利益不受侵害。

点上。另外，国家公布的棉花目标价格与实际测定的目标价格应当基本一致，即允许误差不宜超过万分之五。如果超过这一数额，就应当调整棉花市场价格予以体现。

我们以新疆棉区 2014 年 5 月新疆棉花价格行情[①]为例，简要说明棉花市场价格形成机制下棉农出售棉花的市场价格测算方法和过程。

表中测算方法，批发市场上棉花平均价格是根据网络公布的新疆 2014 年 5 月份价格数据，确定每个等级的平均价，再根据每个等级的平均价确定五月份棉花的平均价即 17 714.25 元/吨；经纪人费用是指棉花从植棉户到棉花加工厂发生的费用，即棉花加工厂购进籽棉原料价格与植棉农户出售籽棉价格的差额，本例平均经纪人费用 1 032.90 元/吨，采用的是加工厂原料籽棉价格与植棉户成本数据的差额，每个等级棉花经纪人费用采用平均价格分配法[②]进行测算而得；籽棉加工费是籽棉加工成皮棉发生的费用，包括折旧、工资、水电费、保险费等，加工利润是指加工棉花产生的利润即 945.27 元/吨；棉花交易运费是指棉花从加工厂到储存或批发场所发生的一切费用，本例采用的数据为棉籽和短绒棉出售收入即 2 562 元/吨；棉花市场价格特指棉农出售籽棉环节的市场价格。通过上表测算可以看出，棉农出

新疆棉区籽棉市场价格测算表

单位：元/吨

品级	平均价格	经纪人费用	籽棉加工费用	加工利润	棉花交易运费[①]	棉花市场价格	籽棉市场价格[②]
1129B	18 755	1 093.59	1 209.87	1 000.81	2 712.52	12 738.22	4 967.90
2129B	18 253.75	1 064.36	1 177.53	974.06	2 640.03	12 397.77	4 835.13
3128B	17 400	1 014.58	1 122.46	928.50	2 516.55	11 818.06	4 851.89
4128B	17 200	1 002.91	1 109.56	917.83	2 487.62	11 682.08	4 609.04
1228B	16 962.5	989.07	1 094.23	905.16	2 453.28	11 520.77	4 493.10
平均价格	17 714.25	1 032.90	1 142.73	945.27	2 562	12 031.35	4 692.23

注：①本例棉花交易费用运用棉花加工业的棉籽和短绒棉出售收入换算而得，可能与实际有出入，但达到了测算农民出售棉花市场价格的目的。不过，根据 2013 年棉花收储价格 20 400 元/吨与 2014 年的目标价格 19 800 元/吨进行了调整。这种做法不尽合理，因为市场的运行不能依赖国家的补贴，必须自成体系或与世界市场直接接轨。如此测算的籽棉市场价格将会比现行测算出的市场价格更低。

②衣分 39%，新疆平均机采、手采成本为 2 091.97 元/亩。见王力、王洁菲：《我国棉花产业链各环节利益分配格局研究》《价格理论与实践》2014 年第 3 期，67 页。

---

① 平均价根据新思农网行情频道综合报道，即 2014 年 5 月 29 日发布的《新疆棉花最新报价》资料整理。

② 某等级棉花经纪人费用=某等级棉花平均价格×平均价格分配率；平均价格分配率=平均经纪人费用/总平均价格。其他三项如籽棉加工费用、加工利润、棉花交易运费，都是按照这种分配方法确定的。

售环节的皮棉价格 12 031.35 元/吨，籽棉市场价格为 4 692.23 元/吨。

应当指出，对于棉农皮棉的价格比交易市场上皮棉低 5 682.90 元/吨，这一测算是十分必要的。如果按照皮棉交易市场的价格确定籽棉收购价格，这个差额必须扣除，否则就与国家公布的棉花目标价格不在同一个环节上，就有可能损害了棉农的利益，不利于我国棉花生产在世界上竞争。至于这个数额具体大小，根据每年的具体情况而定，但不能因为每年有变化就不作测算和扣除。依据测算结果和本年国家制定的目标价格皮棉 19 800 元/吨，折籽棉目标价格 7 722 元/吨，则可确定皮棉补贴 7.232 元/千克，籽棉补贴 2.82 元/千克。本例仅以新疆棉区棉花市场价格为例核定国内棉花生产的籽棉市场价格。对于依据世界市场平均棉花价格测算国内棉区生产籽棉市场价格和测算国内棉区最低籽棉市场价格，虽然更为复杂，但基本原理一样，这里从略。因此，对于籽棉市场价格的确定，应当制定科学的程序和方法，才能体现对棉花生产者的支持。如果仅仅依据棉花市场平均交易价格和目标价格确定棉花补贴，则对我国棉花生产补贴和要求远远不够。一般认为，棉花生产的籽棉市场价格由于具有权威性并且体现国家支持棉花生产的意志，必须由省级物价管理部门牵头各地市物价部门组织实施。

必须明确，棉花目标价格是否需要按照经纪人费用、籽棉加工费用、加工利润、棉花交易费用折算为棉农出售籽棉环节的价格？根本不需要。因为长期以来我国棉花收储价格就是假定棉农出售籽棉的价格，是直接补贴给棉农的，但由于没有找到合理的棉花市场价格形成机制，导致对棉农的补贴都补给了流通环节和进口国的棉花生产者。现在棉花市场价格形成机制采用目标价格补贴制度作为具体形式，根本目的就是将棉花目标价格补贴锁定在棉农出售籽棉环节，将国家棉花目标价格补贴全部补到棉农手里，以彻底解决棉农长期补不到足额的国家棉花补贴这个棘手问题。因此，今年国家公布的棉花目标价格 19 800 元/吨，可以作为棉农出售籽棉环节的皮棉综合价格，按照市场棉花等级、衣分折算为相应等级的棉农出售籽棉的目标价格。

（三）棉花目标价格补贴的核定

棉花目标价格补贴是棉花生产补贴的主要构成部分。本文提出将棉花保险费用[①]从目标价格补贴中剔除，另立棉花生产风险损失补贴项目，不仅符合世界棉花补贴的通行做法，而且符合棉花生产风险损失补贴的特殊要求。根据棉花生产损失的性质可区分价格损失和生产风险损失。价格损失是由市

① 棉花生产风险损失补偿的确定，一般根据风险损失统计确定。国际上统计结果，大约十年自然风险造成的损失相当于一年棉花生产的总值。这样，棉花生产风险损失补偿就是 10 年平均产值的 1/10。通常按照最近 10 年平均产值的 10%来计算。

场风险形成的，因而运用目标价格补贴解决市场风险造成的价格损失问题；生产风险损失是由自然风险形成的，因而运用生产风险损失补贴解决自然风险造成的棉花生产损失问题。因此，两者性质截然不同，需要分别运用损失补贴进行补偿。

在确定了棉花目标价格和籽棉市场价格之后，就形成了棉花（皮棉或籽棉）目标价格和市场价格之间的差额。但仅此价格差额还无法确定对棉花生产者进行的棉花目标价格补贴数额，还需要确定棉花产销平衡数量。只有解决了棉花产销平衡数量问题，才能形成棉花目标价格补贴数额。棉花产销平衡数量的确定方式多种多样。世界上通常有因子调整法和欧林匹克平均法。我国目前大量进口棉花，应当采取实际产量法，鼓励本国自己生产棉花。实际产量法即根据棉农实际产量确定对棉农的补贴。如按照这个方法确定实际产量，就要求棉花经纪人在收购棉农的籽棉时必须开具国家规定的正式交易发票，载明棉农出售棉花籽棉的数量。这就要求棉花经纪人必须具备开具正式发票的资格条件，必须遵守交易纪律，保证交易数量的真实性；主管部门应当加强资格准入制度管理，严格认定棉花经纪人。如果确定了棉花产销平衡销售量，再依据棉花目标价格和籽棉市场价格的差额，就能够确定对棉花生产者进行的目标价格补贴数额。如果棉农将自己生产的籽棉直接交给皮棉加工单位，则皮棉加工单位在收购籽棉开具交发票的同时，必须将棉花收购价格和经纪人费用分列，并且两项款项应当同时支付给棉农，以确定籽棉的市场价格。如果不分列棉花收购价格和经济人费用，就要根据测算的结果加以分列。

籽棉销售量的大小直接决定着棉花目标价格补贴数额的多少，必须通过严密措施保证其真实性和可靠性。籽棉销售量的核定要求既有权威性又有公平性，因而在社会主义市场经济条件下，具体实施应由县级以上农业生产经营管理部门负责。

三、市场价格形成机制的经济基础

市场价格形成机制的经济基础是棉花目标价格补贴的经济基础，也是棉花目标价格补贴的间接促成因素，包括系统或战线、组织队伍和物资装备，将棉花目标价格补贴真正补贴到所有棉花生产者手中必须依赖于其经济基础。

美国棉花目标价格补贴提供了活生生的经济基础例证。在美国的经济基础条件下，由于将补贴发放到棉花种植者手中是十分困难的工作，即使棉花补贴价格补贴理论及其完善，棉花目标价格补贴也没有覆盖棉花生产者的30%，而只是对不到10%的大农场进行了补贴，大量的小微家庭农场根本得不到任何补贴。其补贴组织实施的目标也只是针对不到百分之十的大农场。这是一个非常残酷的现实。美国棉花目标价格补贴实施程度和范围之所以执行得如此肤浅和狭窄，完全是美国的经济基础根本无力承担更深入和更宽广的补贴。可见，由美国棉花物流体系、棉花补贴实施的组织队伍和棉花补贴运行的现代物质装备形成的经济基础是何等的脆弱。

但是，在中国如果发挥棉花生产补支持贴棉花生产，提升棉农收入的作用，就必然要求将棉花生产补贴准确无误地发放到棉花生产者手中。要使目标价格补贴做到准确无误发放，对于棉花目标价格补贴的两个基本数据即当年棉花种植亩数和当年棉花种植产量[①]，必须给予准确无误的确定。由于这两个数据每年都在变化，而且涉及每个植棉家庭，要掌握这些每年都在变化的数据，困难和难度可想而知。但是，不准确掌握这些数据，棉花目标价格补贴就无法进行。可见，棉花目标价格补贴必须依靠乡村行政组织力量和集体经济组织力量相结合这种强大的组织力量[②]才能有效进行。

棉花生产风险补贴主要应按照棉花种植面积进行的，农户棉花种植面积是棉花生产风险补贴的基本数据，这个数据需要组集体经济组织向乡镇集体经济组织提供。为了提供准确的当年棉花种植面积，组集体经济组织必须根据承包土地的亩数确定每户棉花种植面积，并将棉花种植面积数交给村民讨论，要求组集体经济组织成员对讨论结果加盖印章或签字，作为组集体经济组织诚信数据的依据。组集体经济组织当年棉花种植面积上报前，应当严格履行集体讨论制度，这是一项非常严肃的政治制度，严禁个别干部包办错报，以假谋私。同时，制定相关政策法规，严厉打击棉花种植面积集体讨论制度的破坏者。

棉花生产者籽棉出售数量是棉花目标价格补贴数额确定的基础数据，构成棉花市场价格形成机制的核心。农户出售籽棉数量可以依据棉花经纪人开具的棉花收购发票确定。如果棉花经济人没有资格开具棉花收购发票，那么棉农出售籽棉时，必须由乡镇集体经济组织工作人员或其委托人员在场参与收购交易。交易后，三方共同签署籽棉交易证明书，由棉花销售方将籽棉销售证明书交由村民小组成员会议审核，村民小组对审核后的交易证明书汇总上报给乡镇财政部门，作为棉花目标价格补贴的依据。

为了准确产生这些数据，必须就棉花目标价格补贴改革、市场价格形成机制，对村民小组成员进行全面教育培训。特别是对组内当年棉花种植面

---

① 棉花是一年一季作物，选择种植亩数和生产数量一般不会对目标价格补贴数额产生过大的差异，因为就某一地区而言，亩产量是大致相同的。如果是一年多季作物，选择亩数或选择产量，对于不同收获季数的地区就会产生很大差别。

② 尽管农村实行政社分开建立乡政府后，乡村集体经济组织力量有所削弱，但是现有的乡村组三级仍有足够的力量针对每个棉花生产家庭，组织棉花目标价格补贴的核算和发放。这是我国独有的农村组织资源。

积、籽棉销售证明书及其汇总公示情况等的审核更要认真宣传教育。教育村民小组严禁利用棉花市场价格形成机制谋取非法利益，消除在棉花目标价格补贴改革过程中损害国家、集体和个人利益的图谋。

四、结　　论

棉花市场价格形成机制运行有效或棉花目标价格补贴政策执行有力要求其技术手段和经济基础能够有机组合，既是生产方式的转换，又是经济基础和上层建筑的统一。棉花目标价格补贴的准确核定和及时发放，还涉及财政、物价、金融等部门的相互配合，乡村组集体经济组织建设的加强和完善。

第一，完善棉花目标价格补贴的集体经济组织。认真完善并发挥农村集体经济组织“双层经营，目标价格”的优势，实现其“交易成本为零”的组织效率。对于棉花生产经营而言，乡镇集体经济组织应具备平衡籽棉市场价格能力，并在该集体经济组织内和一个棉季内实现统一的和保持不变的籽棉市场价格，同时保持棉花平稳生产和在整个棉季内持续销售，对棉花生产资料实行最高限价；村组集体经济组织指导按照棉花销售订单或常规的质量和数量进行生产，并确定每户的棉花种植面积。对于棉花补贴结算而言，组集体负责提供棉农的植棉面积和销售数量，村集体认真审核并保证正确无误，然后报乡镇集体经济组织，由乡镇集体经济组织会同财政部门核定植棉农户的补贴。组集体还可以根据棉花种植生产和植棉户具体情况开展棉花补贴贷款申请。

第二，棉花目标价格补贴的市场组织与乡村集体经济组织无缝对接。将棉花市场组织与乡村集体经济组织无缝对接，形成一个整体，就能产生强大的市场控制力量。实现无缝对接的途径是公平确定籽棉市场价格。即乡村集体经济组织根据世界市场价格确定棉农出售的籽棉市场价格，向棉花市场组织组织出售籽棉，棉花市场组织必须全部收购集体经济组织的棉花。棉花市场组织可以依托中华全国供销合作和中储棉总公司构建。利用他们整合棉花经济人、棉花加工、棉籽加工、棉花进出口、棉纺织等棉花市场力量，降低棉花流通费用，在国内棉花生产和棉花补贴支持下形成我国具有世界竞争力的大型棉花市场组织。

第三，棉花目标价格补贴需要财税物价金融诸部门密切配合。棉花（包括皮棉和籽棉）目标价格、市场价格需由发改委物价部门事先进行准确核定，对于市场价格可以预核定，待棉季结束时再准确核定。发展改革委核定的目标价格和市场价格公布出来，予以实施。棉花种植面积和棉花风险补贴由财政部门按照集体经济组织程序予以确定并负责实施。价格补贴由财政部门会同集体经济组织共同确定，财政部门负责目标价格与市场价格的差额确定，集体经济组织负责棉花出售数量的确定。因此，棉花目标价格补贴以集体经济组织确定为主，财政部门负责监督检查其正确性。金融部门根据发展改革委公布的目标价格和市场价格，密切配合集体经济组织开展棉花补贴贷款。

参　考　文　献

关建波，谭砚文，汤慧．美国 2012 年农业法案中农业支持政策的改革及对我国的启示．农村经济，2013（8）．

郭世勤．关于转换农产品价格形成机制的几个问题．经济研究，1993（12）：59－65.

马凯．关于转换价格形成机制的几个问题．价格理论与实践，1992（12）：4－11.

王力，王洁菲．我国棉花产业链各环节利益分配格局研究．价格理论与实践，2014（3）：67.

温特．企业的性质，姚海鑫，邢源源，译．北京：商务印书馆，2010.

（作者单位：安徽财经大学）

草原碳汇边际机会成本定价

闫　晔　修长柏

温室气体排放导致全球气候变暖，已引起世界各国重视。为缓解气候变化与经济增长之间的矛盾，降低温室气体排放总量，国际社会在全球范围内实施约束性碳市场交易。利用生态系统的碳汇功能实施碳汇交易，是目前普遍认可的经济有效的减排方式。探讨森林、草地及农田等生态系统碳汇功能、碳汇价格形成机制及市场运行模式成为当前学术界研究的重点。现阶段有关碳交易价格方面的研究主要集中于三个方面：一是对国际上已发展成熟的碳汇交易体系的交易价格及影响因素进行分析。二是从工业减排成本角度，以一国或某一省市区域为研究对象，运用边际减排成本方法来计算 CO_2 的排放价格。三是对 CDM 项目下造林和再造林项目的成本、价格及影响因素进行讨论。相较林业碳汇的发展，草原碳汇项目还停留在初期的开发研究阶段，针对草原碳汇方面的相关研究也较少。但草地作为陆地生态系统中面积最大的生态系统，其碳汇功能不容忽视。全球草地面积约为 44.5 亿公顷，碳储量达 7 610 亿吨，草地土壤碳的总水平与森林相当，高于农田和其他生态系统，占全球碳总储量的 37.10%～33.96%。在全球减缓温室气体效应的强烈愿望以及国内外碳汇交易蓬勃发展的前提下，重视草原碳汇功能，研究草原碳汇价格形成机制，对于促进碳汇市场交易、减缓全球气候变暖具有重要意义。

一、草原碳汇的生态、经济属性

草地是全球陆地生态系统中面积最大的生态系统，在保持水土，涵养水源，固碳释氧，调节气候变化方面发挥着巨大的作用。同时，草地生态系统也是草原牧区发展畜牧业，进行经济生产生活和草原文化传承的基础。草地资源兼具生态和经济的双重属性。但是，在国民经济价值评价中，草地资源的生态价值并没有得到合理的核算。生态环境产品市场的失灵，导致草地生态系统被过度利用，草场退化、沙化严重，这也直接影响到了牧区畜牧业的发展和草原固碳释氧、调节气候的功能，形成了经济发展受资源约束和生态环境破坏的不可持续发展模式。如果将生态系统的环境产品作为一种资源在市场上进行有效分配交易，制定相应的市场价格机制，形成完善的交易体系，就会促进资源有偿使用，合理保护，生态与经济的可持续发展。所以，从草地生态经济可持续发展角度来讲，草地生态资源价值迫切需要合理的定价核算。

草原碳汇功能作为草地生态系统的重要功能之一，也具有生态和经济的双重属性。草原碳汇贸易的实现是牧区生态、经济共同发展的有效结合点和切入点。运用草原生态系统的碳汇功能，通过草地植被恢复、合理载畜等管理利用方式的改变，增加草地碳汇量、形成净固碳值，将有效的碳汇额度进行市场交易，通过市场机制来实现生态效益的经济价值补偿，形成生态、经济共同发展的良性循环，达到温室气体排放减少，生态环境改善，经济发展，社会效益提高的多赢局面。

首先，草地碳汇功能的实现，可以吸收固定大气中的CO_2，减缓气候变化，表现出环境资源产品的“有用性”；而且，作为具有碳汇功能的自然资源，其可利用数量在一定时期是有限的。所以，人类利用草地碳汇资源获得减排效果就需要付出一定的代价，其稀缺性由此产生。草原碳汇供给量相对于人类社会应对气候变化的需求是有限的，随着温室气体效应带来自然灾害频发的现状以及越来越多的国际间、区域间的碳汇交易需求，对具有稀缺性的草原碳汇产品的社会支付意愿会越来越高，通过价格的形式反映其价值的定价方法的研究也日益重要。

其次，草原碳汇功能具有典型的公共物品性质，具有非排他性和非竞争性。在开发、利用及价值实现过程中存在“市场失灵”的障碍，通过价格核算对其价值进行量化，有助于公众对草地生态环境资源价值的直观认识，从而增强对环境资源的保护意识。

再次，草原碳汇功能的实现，具有正外部性特征。草原碳汇供给者投入人力物力和财力，改变草地利用方式（降低放牧压力，减少人为干扰）来恢复草地植被，提高草地碳汇能力，吸收固定CO_2，实现温室气体减排。温室效应减缓带来的好处由社会全体成员共享，而碳汇供给者本身并没有因此得到补偿或收益，即生产者在经济活动中获得的私人收益小于该活动带来的社会效益。而且，草地恢复、碳汇功能增强的同时，也会带来草地生态环境的改善。因此，利用草原碳汇减缓温室效应具有正的外部性。

二、草原碳汇定价方法——边际机会成本定价

边际机会成本是指每增加一单位资源生产量所引起的社会成本增加额，是利用某一单位的环境资源所付出的全部成本。环境资源的价格应该与其边际机会成本（MOC）相等，边际机会成本(MOC)＝边际生产成本(MPC)＋边际使用者成本（MUC)＋边际外部成本（MEC)。

(一) 边际生产成本

边际生产成本（MPC）指为了获得某一单位环境资源必须投入的各项

直接费用（生产成本）。包括获取资源所必须投入的原料、动力设备、人员工资、基础设施建设等，以及利用过程中的勘探成本，管理费用，监测费用及科研费用等。

边际生产成本可分为短期边际生产成本和长期边际生产成本。边际生产成本的估算方法常见的有两种，分别是直接市场价格成本核算和平均增量成本核算。直接市场价格成本核算适用于投入周期较短，成本投入边际变动不大的项目核算，直接将周期内投入的边际生产成本求和。对于投入周期较长、一次性投入资金量较大，但在未来周期内继续使用的生产成本，采用平均增量法，将该成本平均分摊到每年新增的资源获取量上，使这部分边际生产成本等于新增资源获取量的平均增量成本，即 $MPC=AIC$。

（二）边际使用者成本

边际使用者成本（MUC）则是指由于资源的多用途性，单位环境资源用于某一用途时所放弃的在其他用途上可能获得的最大收益，也包括现在开发利用单位环境资源而可能放弃的其未来收益和价值。

根据使用者成本的定义，应具备两个理论前提：①在环境资源的用途方面存在多种选择机会，才会产生边际使用者成本。②在环境资源开发利用的时间方面应该具有稀缺性。不同的开发时期，环境资源的稀缺程度不同，对应的环境资源的社会需求意愿也会不同。

（三）边际外部成本

边际外部成本（MEC）是指在利用某一单位环境资源过程中可能给社会或他人带来的未得到补偿的收益或者未进行赔偿的损失。

对于环境资源本身来说，环境资源的存在并不会造成外部收益或外部成本，外部性应该是在资源被开发利用的过程中出现的。外部性包括正外部性和负外部性两个方面。当生产者在经济生产过程中过度利用环境资源，造成环境破坏、生态失衡，给社会其他企业或个人带来损失，这就是外部成本（负外部性）。当生产者合理利用环境资源，使生态环境恢复，进行经济生产的同时也为社会和他人提供了生态环境服务，如保持水土、涵养水源、固碳释氧、净化空气等。而这部分生态环境服务价值往往不能通过有形市场体现，这就是外部收益（正外部性）。所以，在进行生态环境资源开发、利用过程中，要将外部性的两个方面均要考虑、核算。

边际机会成本三部分构成，从不同成本角度反映了环境资源的价格应该等于其边际机会成本。如果环境资源的价格小于其边际机会成本，可能会导致环境资源过度开发利用，反之则会抑制正常的消费使用；只有当环境资源的价格与其边际机会成本相等，才有利于保证环境资源的可持续利用。

边际机会成本定价方法是从经济角度对资源利用进行抽象和度量，包括了生产者获得自然资源所花费的生产成本，反映了自然资源效用和稀缺程度变化的影响，考虑了代际公平性，以及在自然资源开发利用过程的外部性特点，即对他人、社会、环境和未来造成的收益、损失。边际机会成本定价法在水资源、森林资源、煤炭资源定价研究中应用广泛，但在草地资源的价值核算较少，这与草地资源的生产利用方式的复杂性与碳汇资源不稳定性有关。根据草原碳汇的经济特性以及草原碳汇与牧区生产的密切相关性，从生产供给角度研究草原碳汇的价格形成，边际机会成本定价方法是比较适用的。

三、草原碳汇边际机会成本定价核算

草原碳汇功能的实现主要决定于草地植被情况，而草地植被也是牧区牧民进行畜牧业生产的基础，即草原碳汇功能的实现受牧区畜牧业生产影响。因此，草原碳汇价格的核算应与草地管理利用方式及牧区生产投入相联系。

自然气候干旱及天然草原的传统利用方式——放牧使现存的草原出现了不同程度的退化。过度放牧造成草地退化使草地植物和土壤的固碳能力明显下降，而适度放牧可维持土壤碳库，有利于草地植被生长，保护草地资源。采取适当的管理方法使已退化草地恢复其生态功能是草原生态系统固碳能力的重要途径。在核算草原碳汇价格时，草地植被利用程度不同所形成的碳汇量不同，恢复草地植被的生产成本投入也不同，所以将草原碳汇按不同的管理、投入方式分为退化草地恢复形成草原碳汇和未退化草地草原碳汇分别核算。

（一）草原碳汇边际生产成本核算

草原碳汇的形成与牧区畜牧业的生产是息息相关的，要从总的生产投入中将畜牧业生产投入与草原碳汇生态投入相剥离，才能获得草原碳汇的净投入。用一定时期草地总的生产投入，作为生产成本投入，这一时期内草地畜牧业在合理载畜量的情况下获得的收益，作为总的收益；总收益和总生产成本投入之间的差额作为这一时期固碳的总投入，将总投入计算为成本的增量（平均增量法分摊到每年），然后除以这一时期草原碳汇量的增量，即为草原碳汇的边际生产成本。

退化草地生态恢复措施主要有围栏封育，人工种草、补播改良以及禁牧、休牧等。草地恢复形成碳汇过程中，不同的措施，投入的生产成本不同。已退化草地植被恢复形成草原碳汇项目的生产成本可能包括：①直接成本。草地租金，基础设施建设费用（打井、畜棚等），（人工草地：种子、肥料、人工、机械费用）网围栏建设、维护费，自然灾害防治费用，保险投入等。②间接成本。项目管理成本、监测成本、交易成本、科研管理费等。③资本费。政府补贴资金及利息费。

未退化草地形成草原碳汇项目的边际生产成本可能包括：①直接成本。草地租金，基础设施建设费用，网围栏建设、维护费，自然灾害防治费用，保险投入等。②间接成本。项目管理成本、监测成本、交易成本、科研管理费等。③资本费。政府补贴资金及利息费。

用公式表示：

$$草原碳汇边际生产成本 = 固碳投入成本增量 \div 草原碳汇固碳(增)量 \tag{1}$$

其中：固碳投入成本＝载畜总收益－总生产投入

总生产投入＝直接成本＋间接成本＋资本费

平均增量成本法：用 AIC 来确定边际生产成本，即将周期长、资金大的一次性生产成本平均分摊到每年新增的资源获取量上。草原碳汇项目的实施，草地植被的恢复都需要一个较长的期限，对于项目实施过程中会出现如网围栏建设，政府资金投入等数额较大的年度变化量，而且一定周期内草原碳汇量的年度增量也并不稳定，以单一某一年度的成本投入、碳汇获取量来核算不能代表全部碳汇产品的成本价格。所以，采用平均增量法来核算较为合适。即：

$$MPC = AIC = \sum_{t=1}^{n} \frac{\Delta C_t}{(1+r)^t} \Big/ \sum_{t=1}^{n} \frac{\Delta Q_t}{(1+r)^t} \tag{2}$$

一定时期内草地畜牧业在合理载畜量的情况下获得的收益，作为总的收益；总收益和总生产成本投入之间的差额作为这一时期固碳的总投入，ΔC_t 为固碳投入的变化量，将总投入计算为成本的增量（平均增量法分摊到每年），然后除以这一时期草原碳汇量的增量，ΔQ_t 为草原碳汇固碳增量，r 是剔除物价变动后的贴现率（资本的机会成本），n 为草原碳汇实施项目年限。这样就可以得到草原碳汇的边际生产成本。

（二）草原碳汇边际使用者成本核算

根据边际使用者成本的定义及理论前提我们知道草原碳汇边际机会成本核算存在边际使用者成本。第一，草地资源在用途方面存在着两种以上的选择或机会，如传统的草地畜牧业利用方式，草原碳汇项目利用，草地转化为其他用地方式及草原生态旅游等。所以，利用草地资源作碳汇项目开发将会产生边际使用者成本，以放弃其他方式利用草地资源可能获取的最大纯收益来计量。第二，在草地碳汇资源开发利用的时间方面具有稀缺性，不同的开发时期，草地资源的稀缺程度不同，对应的环境资源的社会需求意愿也会不同。

在有效发挥草地资源的生态功能、合理保护草地资源的前提下，现有草地资源利用方式主要为传统的草地畜牧业和草原生态旅游业。在原有的草地资源利用方式下进行草原碳汇项目，草原碳汇项目与草地畜牧业生产并不矛盾冲突，因为适度的放牧有利于草地植被的生长及草地生产力的可持续发展也有利于草地碳汇功能的维持、增强；而过度放牧及过多的人为活动干扰就会造成草地退化形成碳排放，影响草地资源的碳汇功能，也影响畜牧业生产。所以可以在适度放牧的情况下将草地畜牧业与草原碳汇项目有效结合。利用草地资源作碳汇项目开发产生边际使用者成本可能有原来饲养牲畜的收益或放弃草原生态旅游业及草地转化为其他用地方式可能获取的最大纯收益，其计量应与当地实际草地利用方式相结合。也就是说，在原有草地利用方式的基础上，改变草地利用方式进行草原碳汇项目，其使用者成本就是原有利用方式的收益（放弃其他方式利用草地资源可能获取的最大纯收益）。

已退化草地已经丧失了草地资源的生态功能以及经济生产功能，对已退化草地进行适当管理，经过一定时期的恢复，其生态、经济功能恢复的过程也是草原碳汇功能的恢复和增强过程。当已退化草地生态及经济生产功能恢复后，与未退化草地一样在用途方面会存在多种选择机会。所以，已退化草地进行草原碳汇项目的边际使用者成本核算应分阶段计算。如果以恢复过程做为草原碳汇项目进行时，边际使用者成本的计算主要考虑合理载畜量情况下饲养牲畜的收益，而不考虑其他利用方式的可能收益。因为已退化草地恢复进行碳汇项目的过程，需要根据年度草地植被情况及气温、降水等条件核算合理载畜量，逐步减少牲畜数量、减少人为活动的干扰，恢复和增加草地碳汇量，可能放弃的收益只有合理饲养牲畜的收益。而且，其边际使用者成本最小值可能为0，即草地已退化为可饲养牲畜数量为零，最大值为合理载畜量情况下的最大收益。当已退化草地恢复后进行草原碳汇项目时应与未退化草地核算相同。同时，考虑到草地资源利用开发的时间或代际成本，要将可能获得的收益进行一定期间的贴现计算。

未退化草地草地资源的生态、经济生产功能完善，草地资源在用途方面存在着多种选择或机会。如果在原有畜牧业生产基础上进行草原碳汇项目时，其边际使用者成本的计算要考虑减畜损失。在适度放牧的情况下才能保持碳汇量稳定，可能要在原有饲养基础上减少一定的牲畜饲养量，会带来短期内的收益损失。在原有草地资源利用方式为草原生态旅游用地时进行草原碳汇项目，则其边际使用者成本的计算即为原有草原生态旅游的收益。同时，考虑到草地资源利用开发的时间或代际成本，要将可能获得的收益进行一定时期的贴现计算。

用公式表示：

草原碳汇使用者成本＝原有利用方式的最大纯收益

已退化草地恢复过程中草原碳汇使用者成本＝合理载畜收益

未退化草地草原碳汇使用者成本＝减畜损失

或＝草原生态旅游收益或其他利用方式收益

所以，草原碳汇边际使用者成本＝原有利用方式的收益÷草原碳汇年固碳增量，即：

$$MUC = \sum_{i=1}^{n} \frac{\Delta R_i}{(1+r)^t} / \sum_{t=1}^{n} \frac{\Delta Q_t}{(1+r)^t} \quad (3)$$

ΔR_t 为改变原有草地利用方式，进行草原碳汇项目时可能放弃其他利用方式的收益。对于已退化草地，其最小值可能为 0，最大值为合理载畜量情况下的最大收益。对于未退化草地可能是减畜损失或者草原生态旅游收益及其他利用方式收益。ΔQ_t 草原碳汇年固碳增量。

（三）草原碳汇边际外部成本核算

草原碳汇功能的实现，具有典型的正外部性，通过碳汇功能使人类受益，环境、气候的改善等都带给人类难以估价的社会经济效益。目前，针对草原碳汇功能固碳减排的正外部性收益，国内没有专门为碳汇生产者提供的碳汇生产性补贴或者向碳排放者普遍征收碳税的内部化手段。国内外碳汇市场化交易实现外部性内部化的方式正逐渐兴起，但主要针对林业碳汇市场交易，针对草原碳汇的实际市场交易较少。所以，运用替代市场价值法来估算可能的草原碳汇的正外部性收益。可参考的碳汇价值计算方法有国外碳税法：全球施行碳税制度的国家主要包括欧盟、瑞士、荷兰、意大利、挪威、瑞典、澳大利亚等，常被借鉴引用的是瑞典碳税 150 元/吨；国内林业碳汇造林成本价格 260 元/吨；或者取碳税及造林成本价的均值来替代碳汇价格。可参考碳汇价格还有：美国环保协会在新疆的碳减排交易项目的价格 5 美元/吨（2008—2010 年）；北京环境交易所提供的自愿市场碳汇交易参考价格为 35 元/吨（2012 年）；国内首个碳排放交易试点城市深圳挂牌交易碳价约 30 元/吨（2013 年）。如果为了便于计算一定年度期间内碳汇收益增量变化，也可采用国际上发展成熟的碳汇市场交易体系对外公布的各年度碳汇交易价格，这样可以避免参考单一项目价格在时间价值上的误差，同时参考国际碳汇价格也有利于提高国内碳汇交易价格。可以根据发展草原碳汇项目的实际情况进行选择。

公式表示：

$$\text{草原碳汇边际外部成本} = \text{碳汇收益增量} \div \text{草原碳汇年固碳增量} \quad (4)$$

其中：碳汇收益＝碳交易价格×草原碳汇年固碳增量。即：

$$MEC = \sum_{t=1}^{n} \frac{\Delta E_t}{(1+r)^t} / \sum_{t=1}^{n} \frac{\Delta Q_t}{(1+r)^t} \quad (5)$$

ΔE_t 为实现草原碳汇项目可能获得的年度碳汇收益，由项目期内每年的固碳增量及选取的碳汇市场价格决定。ΔQ_t 草原碳汇年固碳增量。由于年度间碳汇价格及碳汇量的不稳定性，采取平均增量法较为合理。

由此，我们可以得到草原碳汇供给价格 P = 草原碳汇边际机会成本（MOC）= 草原碳汇边际生产成本（MPC）+ 草原碳汇边际使用者成本（MUC）+ 草原碳汇边际外部成本（MEC）。

四、结　论

本文将草原碳汇项目与畜牧业生产相结合，运用边际机会成本定价法对草原碳汇投入角度的生产成本，草地利用方式改变及时间价值角度的使用者成本，以及草原碳汇项目开发的外部性成本都进行了核算，是一种完全成本的算法，适于草地资源的合理利用和价值实现。草原碳汇边际机会成本定价理论、方法的探讨研究，对草原碳汇贸易的早日实现，草地资源生态价值的合理体现，牧区生态、经济的可持续发展及全球气候变化的有效缓解都具有重要意义。

草原碳汇作为加快草原牧区经济发展的新兴的生态产业，将带来经济效益、生态效益和社会效益的多赢局面。碳贸易将为牧民带来经济收益，提高他们生产、生活水平的同时为草原牧区生态建设提供新的投融资渠道，减少政府补贴投入，使生态服务通过贸易得到回报，实现生态、经济有效结合的突破口；而且草场植被的恢复有利于 CO_2 总量浓度的下降，为全社会、全人类造福，提高了整体的社会效益。所以，在应对国际碳贸易、碳关税，国内跨区域交易现状的前提下，开发草原碳汇功能，研究草原碳汇价格形成机制具有十分重要的意义。

参 考 文 献

常瑞英，唐海萍．碳贸易中碳价格计算的土地机会成本模型评述及实例分析．资源科学．2007，29（3）：17-23.

陈晓宏，王陟昀．欧洲碳排放权交易价格机制的实证研究．科技进步与对策，2010，10，27（19）：142-147.

陈祖海．基于边际机会成本理论的水资源定价实证分析．中南民族大学学报，2003，22（3）：75-77.

崔长彬，王海南，唐浩．论“中国制造”低碳经济之路——碳排放权与碳汇林权价格形成机制的经济学分析．价格理论与实践，2011（6）：79-80.

董恒宇，云锦凤，王国钟．碳汇概要．北京：科学出版社，2012：3，145.

郭健．开发草原碳汇功能　转变牧区发展模式．农民日报，2012-03.

侯元兆．森林环境价值核算．北京：中国科学技术出版社，2002：89-100.

刘建峰．自然资源价值计量初探．现代经济探讨，2002（1）：32－34.
刘凯旋，我国森林碳汇市场的构建和定价机制研究．北京：北京林业大学，2012.
王湘湘．环境资源的边际机会成本定价研究．福州：福建农林大学，2012.
王毅刚．中国碳交易价格是多少钱最新行情以及如何定价的机制．info. upla. cn/html/2012/05－18/236217. shtml，2012，05－18.
徐向明．煤炭资源边际机会成本定价和影子价格的理论与应用．煤炭经济研究，1998（8）：49－51.
曾晶，石声萍．基于边际机会成本理论的农村自然资源管理制度选择分析．贵州农业科学，2010（3）：214－217.
张帆，李东．环境与自然资源经济学．上海：上海人民出版社，2006：5－61.
赵海涛．甘肃省工业行业 CO_2 排放的影子价格研究．兰州：兰州大学，2012.
中国生物多样性国情研究报告编写组．中国生物多样性国情研究报告．北京：中国环境科学出版社，1997.
White R S M，Rohwder M. Pilot Analysis of Global Ecosystems：Grassland Ecosystems Technical Report. Washington DC：Word Resources Institute，2000.

（作者单位：内蒙古农业大学）

中国乳制品贸易逆差影响因素研究*

——基于 CMS 模型实证分析

何忠伟　韩　啸　余　洁　刘　芳

随着国际乳品市场进一步开放，全球乳制品贸易规模不断扩大，全球乳制品贸易额由 2000 年 244.21 亿美元增加到 2013 年 452.37 亿美元，增幅达 85.24%。近 10 多年来，中国乳制品贸易总额也由 2000 年 2.65 亿美元增长到 2013 年 72.26 亿美元，翻了约五番。其中中国乳制品出口额由 2000 年 0.50 亿美元增长到 2013 年 0.76 亿美元，而进口总额由 2.15 亿美元增加到 71.50 亿美元（图 1）。自 1996 年以来，中国乳制品贸易逆差持续扩大，并以 2008 年为分水岭，1996—2008 年中国乳制品贸易逆差增加额仅为 5.39 亿美元，而 2008—2013 年，增加额高达 65.34 亿美元，中国乳制品贸易逆差形势严峻。中国国内乳制品进口需求持续增加，奶粉等中国主要进口乳制品不断挤占国内市场份额，其中高端婴幼儿奶粉国外品牌份额占到中国市场 85%以上①。中国乳制品贸易逆差严重冲击中国奶业发展，缩小和扭转乳制品进出口差距成为中国奶业发展的重要任务。

目前，国内学者对乳制品贸易研究多偏重于进口市场，系统全面研究乳制品贸易逆差者较少。对中国乳制品进出口市场研究比较有代表性的是于海龙（2011）运用国际竞争力评价指标、引力模型对中国乳制品国际竞争力及其影响因素进行实证分析，研究得出中国乳制品不具有国际竞争力，乳制品产量、出口国 GDP 等是影响出口的重要因素。张亚伟（2014）通过研究奶粉进口市场，得出本国国民信心不足、汇率、关税等是造成国内品牌奶粉份额持续下降的主要因素。其他中国乳制品贸易文献都只是进行描述性分析，没有更深入研究。因此，本文采用联合国贸易数据库相关数据，运用恒定市场份额模型（Constant Market Share Model）分别对中国乳制品进出口市场增长进行分解，以此分析中国乳制品贸易逆差成因，为缓解贸易逆差过快增

---

* 基金项目：2013 年度国家自然科学基金面上项目（71373025）；北京市属高等学校高层次人才引进与培养计划项目（CIT&TCD20140314）；现代奶牛产业技术体系北京市创新团队；北京农业产业安全理论与政策研究创新团队项目。

① 张亚伟，等．奶粉进口激增对我国奶业发展的影响因素分析．中国畜牧业杂志，2014（2）：36-39.

长趋势与促进中国奶业健康发展提供政策参考。

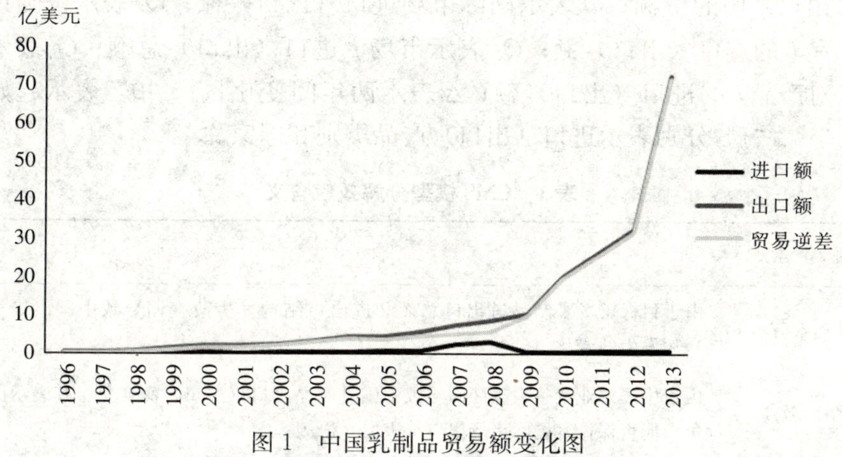

图 1　中国乳制品贸易额变化图

一、模型构建及数据说明

（一）模型构建

CMS 模型由 Tyszynski（1951）首次运用于国际贸易，而后多名学者如 Leamer 和 Stern（1970）、Jepma（1986）等对 CMS 模型多次完善，最终形成现有两层次分解的 CMS 模型，在国际贸易研究上得到广泛推广。CMS 模型适用前提是：该国国际市场贸易份额保持不变。根据这一假设，CMS 模型将该国商品为保持份额不变的出口额（进口额）与实际出口额（进口额）的差额分解为进口需求增长因素（出口供给增长因素）、结构因素和竞争力三大因素。

CMS 模型可以分析进出口增长的主要来源，其第一层次分解基本公式如下：

$$\Delta Q = \underbrace{\sum_i \sum_j S_{ij}^0 \Delta Q_{ij}}_{\text{(结构效应)}} + \underbrace{\sum_i \sum_j Q_{ij}^0 \Delta S_{ij}}_{\text{(竞争力效应)}} + \underbrace{\sum_i \sum_j \Delta S_{ij} \Delta Q_{ij}}_{\text{(竞争力与结构交叉效应)}} \quad (1)$$

第二层分解基本公式如下：

$$\underbrace{\sum_i \sum_j S_{ij}^0 \Delta Q_{ij}}_{\text{(结构效应)}} = \underbrace{S^0 \Delta Q}_{\text{(增长效应)}} + \underbrace{\left[\sum_i S_i^0 \Delta Q_i - S^0 \Delta Q\right]}_{\text{(产品结构效应)}} + \underbrace{\left[\sum_i \sum_j S_{ij}^0 \Delta Q_{ij} - \sum_i S_i^0 \Delta Q_i\right]}_{\text{(市场结构效应)}} \quad (2)$$

$$\underbrace{\sum_i \sum_j Q_{ij}^0 \Delta S_{ij}}_{\text{(竞争力效应)}} = \underbrace{\Delta S Q^0}_{\text{(综合竞争力)}} + \underbrace{\left[\sum_i \Delta S_i Q_i^0 - \Delta S Q^0\right]}_{\text{(产品竞争力)}} + \underbrace{\left[\sum_i \sum_j \Delta S_{ij} Q_{ij}^0 - \sum_i \Delta S_i Q_i^0\right]}_{\text{(市场竞争力)}} \quad (3)$$

（1）、（2）、（3）式中，S 表示该国国际市场份额；S_i 表示该国产品 i 在

国际市场 i 产品进口（出口）份额；S_{ij} 表示该国产品 i 在目标市场 j 全部进口（出口）中的份额；Q 表示国际市场进口（出口）额；Q_i 表示国际市场对产品 i 的进口（出口）额；Q_j 表示市场 j 进口（出口）总额；Q_{ij} 表示市场 j 对产品 i 的进口（出口）额；Δ 表示两年间变化量；"0"表示起始年份；"i"、"j"分别表示进口（出口）产品类别和国家。

表 1　CMS 模型分解效应含义

因　素	含　义
结构效应	由于目标市场乳制品进出口总额和进出口结构发生改变而导致中国出口（进口）额发生的变化
竞争力效应	由于中国奶业竞争力改变而导致中国乳制品出口（进口）额变化，其表示中国竞争力能否保持其国际市场出口（进口）份额
交叉效应	由于中国乳制品竞争力与目标市场进口（出口）额及目标市场进口（出口）结构变化的交互作用而导致中国乳制品出口（进口）额的变化
增长效应	由于国际乳制品需求（供给）总量变动而导致中国出口（进口）的变化，其表示国际市场乳制品需求（供给）因素
产品结构效应	由于出口（进口）乳制品结构变化而导致出口（进口）额变化，其表示中国出口（进口）在需求（供给）增长较快的乳制品的集中度
综合竞争力	在中国乳制品出口（进口）结构不变情况下，由于整体奶业竞争力变化而导致中国乳制品出口（进口）变化
产品竞争力	由于目标市场某类乳制品份额发生变动而导致中国乳制品竞争力变化

（二）数据说明及来源

本文数据均来源于 1996—2013 年联合国粮农组织统计数据库（FAO）和联合国贸易数据库（UNCOMTRADE）。由于缺少 2013 年中国各类乳制品进出口贸易额，所以 CMS 模型分析时只取到 2012 年数据。对于乳制品分类标准，本文采用 HS 分类来界定乳制品范围。按照 HS96 分类法，乳制品主要包含以下六大类商品：HS0401（未浓缩乳及奶油）、HS0402（固状乳及奶油）、HS0403（酸乳）、HS0404（乳清及改性乳清）、HS0405（黄油）、HS0406（乳酪）[①]。中国乳制品出口市场主要是香港（55.37%）、缅甸（18.22%）、尼日利亚（6.55%）等非乳制品生产国家和地区。由于缅甸、尼日利亚等国数据不全且占比较少，在选取出口目标市场变量时只对香

① 国内通行乳制品分类标准将其划分为液态奶和干乳制品：液态奶是指 HS96 分类中 HS0401、HS0403；干乳制品是指 HS96 分类中 HS0402、HS0404、HS0405、HS0406。

港作分析。中国乳制品主要进口来源国是新西兰（62.88%）、美国（9.70%）、法国（6.32%）、德国（4.45%）、澳大利亚（4.43%）、荷兰（2.34%）[①]。以上国家数据可得且份额较高，可以作为进口目标市场变量研究。另外，根据1996—2012年中国乳制品贸易逆差额变动趋势，将其分为两个阶段：2004—2008年表示中国乳制品出口（进口）额缓慢增长阶段；2009—2012年表示中国乳制品出口恢复性增长阶段，中国乳制品进口迸发阶段。

二、模型计算结果与分析

（一）出口增长效应

1. 需求因素。增长效应主要反映目标市场需求总量变化而引起出口国出口额增加，由表2可知，香港乳制品需求增加是导致中国乳制品出口额增长的主要原因。在第一阶段，增长效应贡献率高达591.91%，是中国乳制品出口增长主要发动机。第二阶段，增长效应贡献率虽然仍为正影响，但却降为72.58%。原因是中国出口香港品种单一，以鲜奶和奶粉为主，2008年"三聚氰胺"事件后，鲜奶和奶粉首当其冲，消费者对中国食品安全现状担忧，造成中国出口香港乳制品增幅降低。

2. 结构因素。结构因素包括产品结构效应和交叉效应两方面。产品结构效应逆向拉动中国乳制品出口增长，但是其贡献率从第一阶段的－163.36%下降到第二阶段的－44.4%，说明中国乳制品出口结构有了很大调整，那些需求增长较快产品的出口增长快。交叉效应在第一阶段使得中国乳制品增长额减少548.87万美元。而在第二阶段，交叉效应对增长额起到拉动作用，贡献率高达14.51%。说明在中国奶业竞争力、出口结构和规模交互影响下，中国奶业正在逐渐适应国际市场，优化其出口结构，向着好的方向发展。

3. 竞争力因素。竞争力效应主要包括综合竞争力和产品竞争力两方面，中国奶业综合竞争力一直逆向拉动中国乳制品出口增长，而产品竞争力正向拉动中国出口。第一阶段中国奶业综合竞争力对其出口增长贡献率高达－281.99%，第二阶段其贡献率降低到－7.46%。说明中国奶业整体竞争力非常弱，但是逐步向好。中国乳制品产品竞争力虽然相对较高，但较第一阶段，贡献率下降50%。

① 根据2012年UNCOMTRADE数据整理计算。

表 2　2004—2012 年 CMS 模型测算中国乳制品出口增长结果

单位：万美元，%

增长因素分析	香港			
	2004—2008 年		2009—2012 年	
	绝对额	百分比	绝对额	百分比
实际出口增长	444.17	100.00	2 472.14	100.00
第一层次分解				
结构效应	1 908.39	429.65	1 794.17	72.58
竞争力效应	−915.35	−206.08	319.30	12.92
竞争与结构交叉效应	−548.87	−123.57	358.67	14.51
第二层分解				
增长效应	2 629.10	591.91	2 891.72	116.97
产品结构效应	−720.70	−162.26	−1 097.55	−44.40
综合竞争力	−1 252.53	−281.99	−184.52	−7.46
产品竞争力	337.18	75.91	503.83	20.38
交叉效应	−548.87	−123.57	358.67	14.51

（二）进口增长效应

1. 供给因素。中国乳制品进口市场增长效应反映世界乳制品供给变化对中国进口贸易额拉动变化（表 3），世界供给增长额正向拉动中国进口贸易市场。第一阶段中，增长效应绝对额为 3.50 亿美元，贡献率高达 85.28%，第二阶段增长效应绝对额为 7.04 亿美元，贡献率降低到 35.77%。虽然增长效应贡献率降低，但是世界总供给增长对中国进口额增长有促进作用。从世界各国出口增长效应来看，中国进口需求增长是新加坡、美国等主要进口来源国出口增长的重要因素。这是由于中国生鲜乳生产成本逐步上涨并高于主要进口国家是进口激增的根本原因。如新西兰作为中国最大乳制品进口国，其出口额占中国乳制品总进口额的 60.13%，其第一阶段增长效应绝对额为 2.29 亿，贡献率高达 163.32%，而第二阶段绝对额为 5.13 亿，贡献额降低至 35.24%（表 4）。这一趋势表明新西兰奶业出口结构不断优化，正不断从数量占优到结构最优的过程。因此，在国际乳制品市场供给贡献率下降过程中，中国如何刺激自身供给增产，抵抗国外市场冲击是提高自身竞争力的重要课题。

2. 结构因素。结构因素包含产品结构因素和交叉效应两个方面。中国乳制品进口市场产品结构效应及交叉效应都正向拉动进口增长，且它们贡献率分别从第一阶段的 2.93%和 3.21%到第二阶段的 5.41%和 26.80%。两种同步增加，意味着中国乳制品进口将慢慢集中在出口增长较快的品种和国家上来，并且中国主要进口来源国的乳制品出口结构和份额及自身竞争力交互作用对中国乳制品进口也有一定积极作用。虽然中国乳制品进口来源国交叉效应都促进其对中国出口增长，但是其产品结构效应表现却各有不同。如荷兰其产品结构效应正向拉动向中国出口乳制品贡献率高达 27.59%，而美国产品结构效应却逆向拉动向中国出口，其贡献率高达－14.43%。这是由于 2008 年中新签订自贸协定以后，新西兰对中国干乳制品出口大幅增长，美国作为中国第二大乳制品供应国，其地位受到严重冲击。同时，2008 年中国奶业危机，奶粉进口价格飞涨，新西兰成为最大受益国。

表 3　2004—2012 年 CMS 模型测算中国乳制品进口增长结果

单位：万美元,%

增长因素分析	2004—2008 年		2009—2012 年	
	绝对额	百分比	绝对额	百分比
实际进口增长	41 093.65	100.00	196 911.7	100.00
第一层次分解				
结构效应	36 249.63	88.21	81 080.83	41.18
竞争力效应	3 525.47	8.58	63 056.23	32.02
竞争与结构交叉效应	1 318.54	3.21	52 774.68	26.80
第二层分解				
增长效应	35 045.60	85.28	70 435.84	35.77
产品结构效应	1 204.03	2.93	10 644.99	5.41
综合竞争力	5 505.98	13.40	74 577.89	37.87
产品竞争力	−1 980.51	−4.82	−11 521.7	−5.85
交叉效应	1 318.54	3.21	52 774.68	26.80

资料来源：根据 UNCOMTRADE 数据库数据计算得。

表 4　2004—2012 年 CMS 模型测算中国乳制品进口增长结果

单位：万美元

增长因素分析	法国		德国		荷兰	
	第一阶段	第二阶段	第一阶段	第二阶段	第一阶段	第二阶段
实际出口增长	5 513.32	8 972.67	1 034.00	11 174.17	1 266.12	5 149.73
第一层次分解						
结构效应	2 296.42	4 346.50	279.21	1 475.94	1 432.60	2 901.62
竞争力效应	1 978.09	3 253.67	371.63	7 593.93	−187.70	1 055.90
竞争与结构交叉效应	1 238.81	1 372.50	383.17	2 104.30	21.22	1 192.20

（续）

增长因素分析	法国		德国		荷兰	
	第一阶段	第二阶段	第一阶段	第二阶段	第一阶段	第二阶段
第二层分解						
增长效应	1 774.43	1 354.76	319.95	776.54	1 057.32	1 480.81
产品结构效应	521.99	2 991.75	−40.75	699.40	375.27	1 420.81
综合竞争力	2 447.22	6 339.92	452.99	8 225.32	140.22	2 679.41
产品竞争力	−469.13	−3 086.25	−81.37	−631.39	−327.92	−1 623.51
交叉效应	1 238.81	1 372.50	383.17	2 104.30	21.22	1 192.20

增长因素分析	美国		澳大利亚		新西兰	
	第一阶段	第二阶段	第一阶段	第二阶段	第一阶段	第二阶段
实际出口增长	9 957.41	18 039.78	9 277.21	7 811.55	14 045.59	145 763.83
第一层次分解						
结构效应	7 352.64	9 750.27	1 702.23	3 098.72	23 186.54	59 507.78
竞争力效应	946.90	3 621.14	5 423.69	3 379.13	−5 007.14	44 152.44
竞争与结构交叉效应	1 657.87	4 668.37	2 151.29	1 333.69	−4 133.82	42 103.61
第二层分解						
增长效应	7 614.34	12 352.53	1 340.37	3 097.11	22 939.19	51 374.09
产品结构效应	−261.70	−2 602.26	361.86	1.61	247.36	8 133.69
综合竞争力	769.22	2 428.74	6 157.58	3 507.05	−4 461.25	51 397.45
产品竞争力	177.68	1 192.40	−733.88	−127.92	−545.89	−7 245.01
交叉效应	1 657.87	4 668.37	2 151.29	1 333.69	−4 133.82	42 103.61

资料来源：根据 UNCOMTRADE 数据库数据计算得。

3. 竞争力因素。竞争力因素主要包括综合竞争力效应和产品竞争力效应。中国主要乳制品主要来源国由于其奶业产业竞争力增加，导致其出口中国市场出口额大幅增加，由于其综合竞争力增加而导致出口中国乳制品增加的贡献率为 37.87%，而第一阶段仅为 13.40%。值得指出的是，世界主要乳制品出口国综合竞争力贡献率都呈上升趋势。这是由于 2009 年欧盟宣布对乳制品出口补贴，同年美国也提出乳制品出口补贴计划；澳大利亚、新西兰等国也推出相应政策，由于发达国家的高额出口补贴使得其出口竞争力增加。而反观中国农业，自加入 WTO 后农产品市场面向世界开放。截至 2009 年中国乳制品进口税率仅为 10%左右，较 2002 年乳制品平均关税总体下降了 67%。从 FAO 统计数据来看，中国奶粉进口价格远低于中国出口价格，全年平均价格差高达 4 255 元/吨。中国竞争力和新西兰等出口大国相比还有很大差距。虽然国际市场奶业竞争力增加对中国乳制品进口环境提供了温床，但对国内奶业带来了巨大冲击。对于产品竞争力效应，对国外进口中国乳制品市场颇为不利，确给中国奶业发展带来契机。中国乳制品中主要进口奶粉和液态奶，而这两个品种是中国政府竭力想要遏制进口的主要品种。但是由于国内产能不足、奶源紧张等因素，将使进口继续保持增长状态。

三、研究结论与建议

（一）研究结论

通过以上研究可知，中国乳制品贸易逆差来源主要源自于以下几个方面：

1. 中国乳制品出口国和种类单一，出口过分依赖香港等单一地区和国家的需求扩张。根据中国乳制品出口增长额增长效应结果，第一阶段增长效应贡献率高达 591.91%，而第二阶段显著下降，但仍旧高达 116.97%。表明中国出口增长很大程度依赖于香港等非主要乳制品生产地区，为中国乳制品出口带来很大波动性和不可持续性。

2. 产品结构效应有待提高。虽然第二阶段贡献率下降到－44.40%，但是其对中国出口阻碍作用却依旧显著。原因是中国乳制品出口品种过于单一，主要出口鲜奶和奶粉。由于这些传统份额减少，新兴市场又开拓不够，中国乳制品出口市场结构急需优化。

3. 中国奶业综合竞争力明显提升，但在国际市场仍旧处于弱势。在中国乳制品出口综合竞争力分析中，中国奶业竞争力贡献率从第一阶段的－281.99%猛增到第二阶段的－7.47%。究其原因，这是由于中国自 2008 年婴幼儿奶粉事件以来，中国政府重新重视奶业安全，使得奶业生产结构转型速度不断加快，标准化水平持续提高，生产性能测定（DHI）不断完善，风险预警检测更是趋于常态，乳品市场持续向好。但是中国现阶段综合竞争力效应依旧逆向拉动中国出口，说明中国奶业离“创民族品牌，建世界一流奶业”差距还很大，需要持续推进奶业改革。

4. 国内乳制品供需缺口持续扩大。中国乳制品进口增长效应受到国外供给影响不断变弱，但其贡献率仍旧高达 35.77%。说明中国国内乳制品供需缺口不断扩大，由于国内奶源紧张、国外乳制品价格低廉、供给充裕，使得中国乳制品需求只得转向国际市场。

5. 中国乳制品主要进口国竞争力不断提升，中国国内奶业压力变大。外国奶业竞争力由第一阶段的 13.40%提高到第二阶段的 37.87%，外国竞争力显著增强。值得指出的是，由于外国自身奶业竞争力提升造成中国进口额增加的贡献率成为最主要原因，而增长效应退居第二位。说明中国奶业竞争力和外国奶业竞争力对比中，外国奶业竞争力更具优势，更容易战略中国市场。因此，中国乳业贸易逆差短期内不会发生根本性转变，甚至还将继续保持高速增长态势。

（二）建议

根据以上研究，现阶段缓解为中国乳制品贸易逆差应优化乳制品进出口结构，将中国出口市场开拓到需求增长较快国家；加强奶站监管和生产线监测，开展生产线运输环节专项检查，以婴幼儿配方乳粉奶源基地为重点，加大监管频次和力度，确保生鲜乳质量安全；加快实施奶牛群体改良计划，继续推进奶牛生产性能测定，以提高奶牛单产和生鲜乳质量水平；建立适当贸易保护措施，合理调整关税设置水平，提升反倾销、反补贴调查能力改变乳制品贸易环境，在不违反国际贸易标准条件下，尽可能采取措施保护中国奶业发展。

参 考 文 献

刘芳，路永强，何忠伟．北京市奶牛养殖业发展路径选择研究．农业展望，2013（4）：60－65.

王胜雄．促进我国乳业发展转型问题研究．农业经济问题，2012（8），18－22.

于海龙，李秉龙．我国乳制品的国际竞争力及影响因素分析．国际贸易问题，2011（10）：14－24.

张亚伟，等．奶粉进口激增对我国奶业发展的影响因素分析．中国畜牧业杂志，2014（2）：36－39.

（作者单位：北京农学院）

国外村级组织比较

王征兵　甫永民

各国村级组织，植根于各国政治、经济和文化背景。在对各国村级组织进行综合分析比较的基础上，这里择取典型，介绍9个国家的村级组织情况，进行列举比较，以便较完整地了解每一个国家的村级组织概况。在这9个国家中有亚洲国家：日本、尼泊尔、印度、斯里兰卡、巴基斯坦；非洲国家：坦桑尼亚；欧洲国家：俄罗斯；美洲国家：美国、墨西哥。有的是发达国家，有的是发展中国家，有的是第三世界国家。政体形式多样，有的是联邦制，有的是实行君主制，有的是实行议会制，有的是实行总统制。即使是同一政体，也由于社会历史传统与发展水平的差异，在村组织方面，无论是村的设置、组织管理形式、职权划分，还是运作方式，都各有特点。

一、日本的村级组织

日本是个第二次世界大战后崛起的世界经济大国，农村人口占总人口的近23.9%，农业发展一直落后于手工业发展。

在日本，大化革新以后，推行班田制和公地公民制，743年制定《垦田永世私财法》后，逐渐形成封建庄园制，成为日本农村社会经济的主要形态。1338年，在京都室是町开设幕府，设地头管理庄园，到江户时期，采取幕府“五人组”措施，推行保甲制，后来实行町村制度，1868年明治维新时期建立地方行政体系，开始实行地方自治制度，町村适当合并。在县以下设若干大区，大区内设若干小区，实际上废除了町村，区成为基层政权。到1878年，制定了《郡区町村编制法》，撤销大区和小区，恢复町村。町村议会也得到认可。以后，町村制经过多次修改，特别是第二次世界大战后，日本大量裁并基层町村，鼓励市的发展，推行城乡一体化管理，国会于1947年制定和颁布了《地方自治法》，1953年和1964年先后颁布了《町村合并促进法》《关于市町村合并的特别法律》。《地方自治法》进行了多次修改。依照《地方自治法》规定，日本“地方公共团体为普通地方公共团体和特别地方公共团体，普通地方公共团体为都、道、府、县及市、町、村”。从其权力和地位看，都、道、府、县为同一级的地方组织政府，市、町、村为基层地方自治团体。

日本把町村作为一级行政单位，是基层行政组织，与市一样是与居民关系最密切的基层地方公共团体；市属于城市性质的政权，町与村都是农村基层政权组织，但町比村具有更多的城市特点，相当于我国的镇，村则具有浓郁的农村和农业特点，相当于我国的乡。市町村三者之间无隶属关系，都道府对市町村具有指导权，但不是直接领导者。町村作为农村基层自治机构，设立议事机关和行政机关。议事机关称町村议会，町村议会是议事和权力机关。日本宪法规定了议会的地位及组织原则，指出："地方公共团体根据法律规定设议会为其议事机关，地方公共团体的长官、议会议员以及法律规定的其他官吏由该地方公共团体的居民直接选举。《地方自治法》和后来的《公职选举法》还规定，町村议员及议长都由居民直接选举产生，任期 4 年，年满 20 岁者有选举权，年满 25 岁者有町村议长和议员的被选举权。町村议员根据人口多少来确定，限额是 12～30 名，设议长、副议长和委员。町村议员的选举由町村所设选举委员会办理。町村议会的职责是决定本行政区域内的重大事项，决定预算，承认决算，有关地方税的征收缔结合同，检查事务管理、决议执行及调查町村事务。议长的职权是维持议会秩序，整理议案，管理议会事务并对外代表议会。町村议会还设置各种委员会，分常任委员会和特别委员会两种，常任委员会如总务常任委员会、土木常任委员会等。特别委员会主要是为审查议会委托的特别事件而设立。町村议会每年至少召开 4 次会议。为了实行居民自治，居民不仅具有选举产生町村议会和村长的权利，还具有对地方议会议员和地方行政长官的选举权和被选举权；有请求权，即请求制定和改废条例，请求检查、解散会议，对地方行政官员进行解职；有诉讼权；有同意权，即对于仅适用一地的特别法在国会最后通过后，须交付地方居民投票，得到半数同意时，国会的决议才能被确定为法律；有请愿权，即任何居民都可以由议会介绍向地方议会提出请愿。

町村议会的执行机关是居民直接选举产生的町村长。町村长是町村最高行政长官，由本町村按居民直接选举产生，任期 4 年，凡年满 25 岁以上的本町村居民均有资格当选。町村长全面负责町村事务，同时也执行国家和其他地方公共团体委托的事务。町村设副町村长 1 人，由町村长提名，议会任命，还配置会计和助理人员。町村设若干委员会，通常有选举管理、教育、人事、公平、农业、监察委员会等，委员会成员或由町村长推举，议会任命，或由议会选举任命，但都得服从町村长的领导与监督。町村长既是町村议会的执行者，又必须执行其他地方公共团体交办的任务；既要接收中央及各部主管大臣的一般监督，又要直接接受所在地都道府县的监督与控制，都道府县有权撤换下属町村长。町村长的双重地位，虽确保了中央和上级政府对町村的控制，但也在很大程度上限制了町村长的权力，限制了地方居民自治权。在町村，还设有一种町内会和自治会，大概相当于我国居民小组和村民小组，一般只有十几户或几十户人家，町内会和自治会一般设会长、副会长，一年一选，町内会和自治会没有上下级隶属关系，但承担或协助基层政府从事社会组织与公共服务工作，主要是睦邻友好、防灾防火、环境卫生、报刊分发、负责与市町村练习传达居民的有关事务、反映居民的意见和请求等。

二、尼泊尔的村级组织

尼泊尔是个传统的农业国，耕地面积占国土面积的1/7，人口总数的90％的劳动力从事农业生产。

尼泊尔在基拉塔王朝时期，地方行政管理就分为县、村两级行政管理机构，建立了村民议政会制度。尼泊尔的村与市镇同级。每个县划分为几个村，每个村都有由村民选举产生村民议政会和村民议政会主席，管理村里所有事务。到李查维王朝，村级组织包括村议会和村民议政会。1928 年，尼泊尔颁布法律，村民议政会正式作为合法组织出现，由政府指定的 3 人和村民选举产生的 2 个 25 岁以上的村民，组成 5 人村民议政会。1949 年颁布了关于村民议政会及其司法权的两个法律。建立村议会，由居住在该村至少 1 年以上的所有 21 岁以上的村民组成。村议会选举 1 名村民议政会主席、副主席和委员，任期 3 年。1956 年，颁布了新的村民议政会法律，授权经营一个联合基金会，但取消了其司法权。以后又经过了许多的变化。目前，在全国农村都建立了村民议政会。村民议政会包括两部分：一是村民会议权力机构，最初由村里所有人组成，从 1979 年开始，村民会议由 9 个分区 45 名分区代表和村民议政会主席、副主席共 47 名组成。每年召开两次会议。二是村民议政会行政机构，村民议政会分为几个不同的分区，每个分区选举 1 名代表作为村民议政会成员，9 名议政员加上主席、副主席组成村议政会。主席和副主席由村民议会选举产生，议政会成员由其代表的分区的 21 岁以上的公民选举产生。

村民议会是一个社会团体，其主要职能是三项：选举村议政会主席和副主席；检查村民议政会的工作情况；决定新的发展项目和如何筹建资金。为履行上述三项主要职能，村议会每年召开两次会议，第一次是在季风收成以后召开，第二次是在冬季召开。村议政会的职能有财政、发展、行政管理、社会福利、公益事业等各项，主要包括：负责供水和提供地下卫生设施，并对检查传染性、流行性疾病的扩散做出安排；提供农业服务，推广良种化肥，建立合作社，为农民提供信用贷款，推广家庭副业；建立和管理初级小学，实施成人教育；公共街道的维修和照明；收集和统计有关事项的数据和资料；慰问遭灾村民，发放福利救济款；组织村民参加社会福利活动；建造维护村道路、桥梁、水库、池塘、水井等；植树造林，保护森林资源；办理中央政府或县议政会委托的其他行政工作，协助由中央政府、县议政会在县一级开展的发展工作。村议政会还具有一部分司法和财政职能，司法职能主要是调解纠纷和争端，财政职能主要是收取有关税费。县议政会对村议政会具有协调、支持、监督、提供义务咨询和有关方面的保障服务的职能。

三、印度的村级组织

印度是世界上的农业大国，耕地面积占60%，农业劳动人口占80%。

“印度有着古老的村制度，在吠陀部落时代就形成了村，并发展成村社制度。这种村社制度绵延数千年，是古代印度农村基本的组织和管理形式。它具有一定的自治性和民主性，但又带着浓厚的种姓等级的色彩，被马克思称为东方专制主义的基础。”进入中世纪，印度村庄实行“潘彻亚特”。潘彻亚特译为评议会。评议会由5人组成，又称“五老会”。进入20世纪50年代，印度独立后，在村基层设立村潘彻亚特，即村评议会。

印度的评议会制度一般是由三级组成：村评议会、区评议会和专区评议会。村评议会是自治政府组织，处于最低层，又是法人组织。各邦都制定了村评议会法，赋予其法律地位。村评议会建立在一个或几个自然村的基础之上，一般代表1 000～3 000村民。村民大会是村的最高权力机关，由村评议会管辖区域内全体有选举权的成年人组成。村民大会每年至少举行两次。村民大会的职权是：审议每年村评议会的账目、报表和审计报告；审议上一年的行政管理报告；提出开征新税和增加旧税的议案；审议本村的其他重大事务。村评议会委员、主任、副主任（或主席、副主席）由村民直接选举产生。一般任期5年。如果有2/3的村评议会成员提出不信任案，则主任要被罢免。村评议会主任具有召集会议，签发所有决议案和文件的权力。村评议会每月至少召开1次。村评议会具有强制和非强制性功能。其职能包括村内务、村福利事业、村发展项目等。由于各邦立法，规定的职能细则不完全相同。如西孟加拉邦专门制定了《西孟加拉邦农村评议会法》，1973年由西孟加拉邦立法机关通过，并于1978年、1984年、1988年、1993年进行过修改。该法分为序言、村评议会章程、村评议会的权利和义务、村评议会的建立、治安官和治安员、财产和资金、治安自治委员会，共7章95条，对村评议会的权利和义务有三个方面的规定：一是在其管辖区内负责14个方面的事项，包括环境卫生；资源保护管理；防止群众扰闹滋事；防病治病；供水；道路建设和维护；公共建筑物和财产保护；为上级提供地方情报；为改善地方区域提供自愿的劳工；管理和经营评议会基金会；收缴税费；维护和管理其管辖之内的各种政府分支机构；组成和管理治安委员会；等等。二是其他职责，共有21项，包括教育、福利、安置游民、水利灌溉、农业、作物种植、植树造林、土地和其他资源的合作管理、农村住房规划、农村电气化、妇女儿童的发展，等等。三是自行决定的任务，共21项，规定得具体详细。法律规定还可以要求邦政府为村评议会履行职责拨款，有审议监督新建筑，改善公共卫生、公共街道、水路和其他事项的权力，有防止水污染和对污染水源处理的权力，有要求补偿因任何人的过错造成村评议会损失的权力。对评议会主任、副主任的权力、职责和义务在法律中也都有明确的规定。

印度的村评议会制度实行以来有成功的一面，也有不理想的一面。成功的一面是给村民提供了参与地方事务决策的机会，提高了农民的地位，唤醒了农民的觉悟，保护了他们自身的共同利益，同时，为农业生产的发展起到了积极作用，具有一定的进步意义。但是也有不理想的一面，这主要是，印度民主的基本问题是不能给自治政府系统提供坚实的基础，邦政府的高度集权与地方自治矛盾突出，监控权力过大，自治权力和财力缺乏，加之制度本身也有待进一步完善。

四、斯里兰卡村级组织

斯里兰卡是个农业国，农村人口占总人数的78%，42%的劳力从事农业。

在上古和中古时期，斯里兰卡的村议会作为一种地方政府体系而存在。1818年英国殖民者废除了村议会制度，撤销了自治组织的自主权，遭到农村地区的反对。后来，又逐步得以恢复，并于1871年制定了《村议会条例》，重新确立了村议会的合法地位。第二次世界大战后，独立的斯里兰卡产生了四种地方权力机构，即村议会、镇议会、城区议会、市政议会。1980年，斯里兰卡颁发《发展委员会条例》，在行政区一级设立发展委员会，村议会失去法定地位。但发展委员会被授予地方政府的职能，加快了政治管理体制的分权进程。于是成立了村行政所，以保证村民参与管理。1989年，行政区发展委员会废除，设立分区政府，在村一级仍保留村行政所。

村行政所是非选举产生的结构，设主席和官方秘书，官方秘书是特别公务官员。村行政所可在事先考虑当地可利用资源、居民的需求和其他需要优先考虑的事项后，制定本区域的发展计划，包括有关道路的修建、灌溉用蓄水池、水库、供应水安排及水井等事务，在计划得到批准后，直接参与计划的实施。根据《村行政所基金条例》，村行政所可承担并实施分区地方政府的各种计划、规划和工程，增强乡村经济实力，推动社会福利和社区发展。同时，村行政所也可在所建立的村行政所基金中提取资金。省议会有权授予村行政所更多的权力，但不得剥夺他们已有的权力。

五、巴基斯坦的村级组织

巴基斯坦是个农业国，农村人口占全国人口的72%，从事农业生产的劳动力占全国劳动力的51%。

巴基斯坦在英属殖民地阶段和这之前，村基层制度与印度基本相同，1947年独立，推行村潘彻亚特委员会，但没有得到普及。1959年基本民主法令和1960年的市政管理法令颁布后，建立了村、乡、县、专区四级地方政府系统。1979年各省和阿扎德·克什米尔即联邦直属首都特区又颁布了新的地方政府条例，建立了乡村地方政府，包括设在县一级的县委员会和设在村一级的村联会。

村联会由邻近8～10个村庄组成，是乡村地方政府体制中最基本的，也是最低一级的机构。村联会的成员最多不超过15人，每位成员代表1 000～1 500人。村联会由公民直接投票选举产生，任期4年，再由委员会选出1名主席和副主席。凡年满25岁的公民都可以作为候选人。村联会具有强制性职能。主要有三种：一是内务方面，有27项，包括公路、公共环境卫生、资源的保护和维持、村道路和排水道修建、动物的屠宰，对井、水泵和蓄水池、危险建筑物的维修，公共节日的庆祝活动等。二是社会福利方面，主要包括自然灾害发生后提供救济和其他旨在促进人口福利和健康的工作等。三是村发展方面，主要包括采取有效措施促进粮食生产，农业、工业、林业、社区服务及合作等。部落地方的村联会还被授予司法职能，村联会主席兼任仲裁委员会主席，负责管理有关结婚、离婚和对孤寂的老人依法应负的赡养义务等事务，并担任调解委员会法庭的主席，调解基层民事矛盾和争端。

六、坦桑尼亚的村级组织

坦桑尼亚是古人类发源地之一，农业是国民经济基础，农业人口占总人数的80%，20世纪90年代以来农业产值占国内生产总值的6%。

坦桑尼亚曾长期遭受德国和英国的殖民统治。在农村基层由传统的部落酋长进行管理，最低一级的行政官是村里的头人。后来在县以下划分酋长区和小酋长区。小酋长区相当于村。坦桑尼亚1961年独立，1964年由坦噶尼喀和桑给巴尔组成联合共和国，改称坦桑尼亚联合共和国。此后，废除了大小酋长的行政和司法权力，撤销了大小酋长及村头人。同时设立区和村，取代酋长区和小酋长区。1967年，坦桑尼亚通过了《阿鲁沙宣言》，在农村广泛开展“乌贾马”运动，从根本上改变了传统的村级基层行政体制。

“乌贾马”是坦桑尼亚的斯丸希里语，意为村社。坦桑尼亚实行乌贾马社会主义，是以传统的部落社会中共同劳动和生活的氏族关系联结起来的一种农村基层组织，它既是一种行政组织，又是一种生产和生活组织。目前90%的农民生活在这种村社和传统的村庄里，乌贾马是通过“定居计划”把自然村和小居民点合并而建立起来的，政府首先是采取说服的方法动员农民移民，后来采取强制性措施搬迁。乌贾马以集体形式聚居，村址多选择在公路两侧和水源、交通便利的地方。村社规模大小不等，200～500户，在村里建立小规模的公共农田区，10户一组，从事集体生产，建立必要的公共设施。集体耕作占一小部分；80%为私人耕作，集体耕作所得按劳分配。按照坦桑尼亚法规，乌贾马设村民大会和村管理委员会，村管理委员会设村主席。村管理委员会和村主席都由村民大会选举产生，村管理委员会设25名委员。村民大会是村的权力机关，每年开一次会，在法律上拥有决定村设重大事项的权力。村管理委员会是村民大会的执行机关，村主席总揽全村的政务，委员分管各方面工作。乌贾马村还设有坦盟政党组织，每10户设一党小组，各村建有村支部，村主席一般由村党支部书记兼任，坦盟支部接收坦盟上级组织的领导和监督，并领导村管理委员会。村管理委员会接受政府的监督。上级党政组织给村下达各种工作任务。

实行乌贾马制度的村作为一级行政机构，实际上并没有多少自主权，村民的民主权利也得不到体现，上下关系以及村民的关系比较紧张，村政府和村民积极性不高，农业生产和农村发展也受到影响。因此，从1975年政府颁布了《村庄与乌贾马法令》，停止了“乌贾马村运动”，改为“村庄化”运动，划分了“乌贾马村”和“村子”。乌贾马村实行集体所有制，村民共同劳动和生活，村子则以农民私有制为基础，以集体生产为辅。这后又通过多次调整和改革，村的自主权有所扩大。党支部与村管理委员会职能也有所分开，党支部主要起劳动作用，支部书记不再兼任村主席，村管理委员会和村主席负责全村行政事务。

七、俄罗斯的村级组织

俄罗斯是苏联解体后于1992年4月建立的国家。1993年公布的第四部《俄罗斯宪法》确认了俄罗斯主权地位，规定俄罗斯为共和制的民主联邦法治国家，承认并保护私有制、国家所有制、地方所有制和其他所有制并存。俄罗斯是一个农业较发达国家，农业是国民经济中的一个重要部门，其农业用地有2.156亿公顷，可耕地有1.324亿公顷，农业用地占国土面积的30%。

俄罗斯作为苏联解体后而建立的国家，在农村基层体制上是一场彻底改革，项继权在分析前苏联农村基层体制时有过这样的论述，他说：“前苏联是人类历史上诞生的第一个社会主义国家。在前苏联存在的70多年间，它创立了社会主义农村基层政权最早的形式——苏维埃制。这是历史上农村基层政权与管理体制的革命性变革，并曾深刻对影响了前东欧及其他一些社会主义国家的农村基层政权的建设。前苏联农村基层苏维埃最突出的特点是：共产党是农村政权及其他组织的领导核心；基层政权实行议行合一并实行双重隶属制；基层政权职能广泛，组织形式单一。”据1985年统计，前苏联设有42 312个村。根据宪法规定，村为国家基层政权，村人民代表苏维埃是村权力机关，由本村劳动者选举产生，每届任期2年。村人民代表苏维埃从代表中选举产生执行委员会，一般5～7人，设主席1人，副主席若干人，委员若干人。村苏维埃执行委员会是村苏维埃的执行机关，而且接受上级国家机关的领导。前苏联农村基层政权还有广泛的经济职能，直接领导集体农庄。凡满16岁的公民均可加入集体农庄，集体农庄的最高权力机关是庄员大会，庄员大会选举产生农庄管理委员会主席。前苏联在集体农庄设立了党的基层组织，农村基层党组织在农村基层政权中居于领导核心地位，实行党的核心领导。

1989年前后苏联发生政治巨变，1992年俄罗斯建立，为了适应政治体制的转轨，农村体制发生了根本性的变化。首先是对土地关系进行全面的改革，重新调整土地关系，改变农村所有制、改组集体农庄、合作社和国营农场。一小部分的集体农庄和国营农场维持原体制不变，有一部分则转为各种类型的公司和企业，一部分改造为农业生产合作社，后来大部分改建成私人农场。由于改革采取一刀切的强制性办法，在农村全面推行私有制，劳动组织形式并不完善。因此，改革没有收到灵丹妙药之效。

与此同时，农村党的组织和基层政权体制也发生了深刻变化。由于苏联共产党不再具有法定的劳动地位，基层政权已与共产党在组织上分离，因此共产党不再独立对基层政权领导。由于推行私有制，农民拥有一定的独立性和自主权，政府也不再运用行政手段对农村和农民进行直接干预，农村基层管理体制发生了新的变化，从行政化向自治发展，实行地方和基层自治，自治机构由居民独立确立。《俄罗斯联邦宪法》规定："地方自治在农村居民区以及其他地区考虑历史和其他地方传统实行，地方自治机关的结构由居民独立地确立"，"地方自治机关的结构由居民独立地确立"，"地方自治由公民通过全民公决、选举及直接表达意愿的其他形式，通过选举机构及其他地方自治机构实行"。

八、美国的村级组织

美国是典型的资产阶级民主共和制国家，其农业是典型的现代化资本主义农业，全国3/4以上的人口生活在城市，农业人口仅占总人口的3.6%，20世纪90年代以来，农业总产值仅占国民生产总值的1.7%。

美国的前身是英国在北美的13个殖民地。在欧洲人到来之前，印第安人早已建立起氏族、胞族、部落的基层社会组织。许多国家殖民者的到来，使美洲大陆基层社会组织形式多样。因此，在美国独立后，不同州采取了不同的基层社会组织形式，项继权曾做过分析："在美国从农村基层管理单位和政权组织来看，典型形式是镇、乡和村，也包括部分县。农村基层组织和管理的突出特点是政权组织形式复杂多样，职能简单；地方与基层政府之间不存在严格的行政等级关系，各自依法相对独立，实行高度自治。”

在美国城乡政权的分类中，市是城市地方政府，县是州的再划分，县政府是州政府的代理机构。县域内通常有镇、乡、村作为农村基层政府，建立相应的政府机关。县与镇、乡村有密切关系和交往，这种关系和交往通过一定的契约和协议，在自愿和互惠的基础上进行。如执法合作，合作防灾救灾，交通管制协作，共同承担费用及互惠互利的合作项目等。如果州立法授权，县还具有对镇、乡、村的监督和协调作用。总之县与镇乡村不是领导与被领导关系，是建立在法制和利益基础上的平等互利合作关系。镇是美国农村主要的基层政府组织之一，有的州，镇比村大；有的州，镇相当于村。乡是州政府为实施某些政务而设置的地方政府单位，并不是每个州都设乡，有乡的州也并非每个县都设乡。有的州，村与镇并存；有的州，乡与市并存；有的州，乡之下有村。一般各州法律都规定了设立村的最小限度的人口面积条件，按州法律规定，村一般范围较小，人口较少，但规定不一，如有的州规定人口在150～1 000人的称村，有的规定250人左右的称村。村由州宪章赋予各种权利和义务，主要有财产权，有权举债，征收赋税，缔结契约，兴办事业，有诉讼权，有权制定本村各种规章等。具体还有基层区域所需要的职能，如铺路和装设路灯，供应饮水，请警察和消防队，订立地方性卫生条例，安排垃圾、污水及其他废物的处理，与州县合作直接管理地方学校系统等。各州立法是根据各州的传统，与市镇乡组织形式相对应。村的政权组织形式也不尽一致，主要有三种：村长议会制、委员会制、经理制。但大多数州实行村长议会制，设立有3～9人组成的议会，议员由村域内全体居民选举产生。议会称为村议会或委员会或理事会。村议会为村的立法机关，行驶宪章规定的立法权，议会或设立村长或设立主席或设议会长，由居民直接选举产生。村长主持村议会会议，行驶有限度的否决权，并任命协助村长工作的其他成员。实行经理制的，由议会聘任一位经理管理村政务。

九、墨西哥的村级组织

墨西哥是古代印第安人文明中心之一，1521年沦为西班牙殖民地，1821年独立。墨西哥的农业有着悠久的历史，是农业较发达的国家之一，农牧业产值占国内生产总值的7.6%，农村人口占总人口的30%左右。

墨西哥殖民地时期，农村遍布封建庄园，农民是债务农。1910年实行土地改革，1917年墨西哥颁布了《墨西哥合众国宪法》，实行三种形式的土地所有制，即小地产所有制、村设所有制、印第安公社所有制。宪法规定，“事实上或依法保持公社状态的居民点，有资格共同享有属于他们或已经或将要归还他们的土地、森林和水源”。违反法律规定，“对属于村镇和村落的土地、水源和山林进行的一切转让无效”；并在“各居民点设立一个特别执委会，负责处理土地方面的诉讼案，每个拥有村社公地的居民点设立一个村社特派员办事处”。土地所有制的确立，带来了村社组织的建立和健全。目前，墨西哥的农村基层政权及管理单位是市镇，市镇是由州制定法律设置，实行地方自治。在村设立村社，村社是农村基层的农民组织和生产的基本形式，不是一级政权，但与农村基层政权有着密切关系。目前，墨西哥设村社2 394个。“村社原本是印第安人古老的社会组织，在墨西哥革命过程中被赋予了新的革命的含义。它指土地中被农民所收复的各种公地，后来，又指在得到土地前证明其‘政治地位’为公社的团体，也指获得土地的农民合作社团。作为一种社会经济组织，在某种程度上是古代印第安人农村公社传统在新的历史条件下的再现，只是不再以氏族联盟为基础。”

墨西哥村社的性质及组织形式有两种，即个体村社和集体村社。集体村社的土地不分给社员个人，归全体成员使用，共同经营，按劳分配，集体村社的管理机构是村社管理委员会，由社员选举产生管理委员会和主任。个体村社则属于小农经济性质的村社。墨西哥基层政府对村社不直接干预，主要是依法间接管理，为农业生产提供公共服务，但与村社发生关系的银行、公司等经济组织具有很大的控制权，这些经济组织对村社和农民发号施令，社员无法当家做主，实际上使得村社和社员变相成了他们的共同所有者，导致了农村村社组织作用的削弱。

参 考 文 献

姜士林．世界宪法全书．青岛：青岛出版社，1997.
凯末尔·斯迪克．南亚地方政府比较研究．王振耀，译．北京：中国社会出版社，1994.
李典军．俄罗斯与东欧各国农业改革的比较分析．经济研究参考，2000（15）：47.
李树藩，王新．世界通览．长春：吉林人民出版社，1998.
田为民，张桂林．外国政治制度理论与实践．北京：中国政法大学出版社，1996.
项继权．外国农村基层建制．武汉：华中师范大学出版社，1995.
徐玲州，等，译．印度西孟加拉邦评议会及其选举制度．北京：中国社会出版社，1994.
杨逢春．中外政治制度大辞典．北京：人民日报出版社，1994.

（作者单位：王征兵：西北农林科技大学
甫永民：黑龙江八一农垦大学）

美国2014年农业法案调整的主要内容、特征及其启示

齐皓天

美国国会每5年制定一次农业和食物支持政策，即农业综合法案。上一个农业综合法案于2008年通过。这一法案本应于2012年9月30日到期，由国会通过新法案代替，但由于2012年由民主党控制的参议院通过的《2012农业改革、食品与就业法案》和共和党把持的众议院通过的《食品、农场与就业法案》在占农业开支80%的食品券项目上存在较大分歧，新的农业法案未能被国会通过。所以原法案被批准延期，给国会争取对新法案充分考虑的时间。经过近3年的协商，2014年1月27日美国国会发布公会协议，完成了新的农业综合法案《2014年食物、农场和就业法案》（以下简称新法案），众议院和参议院分别于1月29日和2月4日全票通过了新法案。2月7日经奥巴马总统签署正式成为法律，有效期到2018年，部分条款有效期将超过2018年。

美国2014新农业法案是在美国政府预算紧张、农产品价格持续上涨、农业生产风险加大和美国WTO谈判受阻等背景下进行调整的。新法案在2008农业法案基础上做了哪些调整？这些调整的特征是什么？对我国农业政策的制定有什么启示？本文将首先介绍新法案调整的主要内容；然后分析了新法案农业政策调整的特征；最后，提出其对完善我国农业政策的启示。

一、美国2014年农业法案调整的主要内容

美国2014农业法案包括12大类：农产品支持项目、生态环境保护、农产品贸易、营养援助、信贷、农村发展、研究与推广、林业、生物能源、园艺、农作物保险、杂项（表1）。按照新法案规定，美国国会预算局（CBO）估算（表2），预计在2014—2023财年将花费9 560亿美元，其中，7 560亿美元用于营养援助项目，占财政预算的79%，仍是最大的支出项目；2000亿美元用于农业方面。在用于农业方面的资金里，农作物保险项目在支出900亿美元，占总预算的9%；生态保护项目支出580亿美元，占总预算的6%；农产品支持项目支出440亿美元，占总预算的5%；其余的1%用于资助其他项目，包括贸易、信贷、从农村发展、农业研究与推广、森林、能源、园艺和其他各种项目。

表1　2014年美国农业法案内容框架及未来10年预算支出

大类	项目内容
1. 商品支持	基于农产品价格的支持：价格损失保障计划（PLC） 基于农场收入的支持：农业风险保障计划（ARC） 无追索权营销贷款（NRL）；贷款差额补贴（LDP）；其他有追索权贷款（RL） 与生态保护实践休耕合同挂钩的补贴 补充农业灾害援助：畜牧补贴项目（LIP）；畜牧饲料灾害援助项目（LFP）；养蜂、养鱼紧急援助项目（ELAP）；树木援助项目（TAP） 食糖项目：价格支持和供应管理，进口配额 乳业项目：乳品利润保护计划（DPMPP）——包括基本利润保护（BMP）和辅助利润保护（SMP）；乳品捐赠计划（DPDP）
2. 生态保护	水土保持（休耕）计划（CRP）；农业环境保护地役权项目（ACEP）；环境保护区域合作项目（RCPP）；环境质量改善激励项目（EQIP）；环境保护管理支持项目（CSP）；天然草地保护项目（NPNS）；其他项目
3. 农业贸易	粮食和平行动（FPA）；其他食物援助计划（FAP）
4. 营养援助	补充营养援助计划（SNAP）；紧急食物援助计划（TEFAP）；商品补充食物计划（CSFP）；儿童营养食品分发计划；其他项目
5. 信贷支持	农场贷款项目：农场所有权贷款，农场经营贷款，紧急贷款；其他
6. 农村发展	涵盖农村宽带投资，包括远程教育和远程医疗；水和废水治理设施建设；农村企业和合作社发展项目，包括社区大学和区域管理部门；增值农业活动支持，包括再生能源和本地区域农业生产；一般业务援助；长期缺乏服务的农村社区援助；国家海洋和大气管理气象无线发射机建设资助；以及社区必要设施建设融资，包括学校、医院、和公共安全
7. 研究推广	设粮食和农业研究基金，给农业科研、推广和教育拨款，包括对赠地大学和国家农业试验站的竞争性资助和生产力资助；对农业部（USDA）研究机构的校内资金资助；识别高优先级的研究领域和和开创新的研究
8. 森林	全国森林资源评估与规划；农村森林复兴计划；健康森林保育计划等
9. 生物能源	生物基质采购市场计划；生物能源炼制援助项目；生物能源教育计划；美国农村生物能源计划；生物质能研发激励计划；农村能源自给计划；原料灵活性计划；生物质作物援助计划；森林生物质能源援助计划；社区木材燃料援助计划；生物能源设施研究；可再生肥料研究等
10. 园艺	特色农产品开发计划，农贸市场改善计划，本地和区域农产品促销计划；苹果出口法案；贸易促进计划；有机认证；市场数据信息收集；食品安全质量标准建设；植物病虫害管理；园艺相关研究；营养援助相关项目，其他项目

（续）

大类	项目内容
11. 农业保险	作物产量保险（分基于个体产量和基于团体产量两种），作物收入保险（分基于个体收入和团体收入两种），补充保险选项（SCO）
12. 其他杂项	包括牲畜业支持项目，对新农民、新农牧场主等不利社会条件和资源限制的生产者援助，非保险型作物援助计划

注：项目内容根据美国国会研究局（CRS）研究报告《The 2014 Farm Bill（P. L. 113—79）：Summary and Side - by - Side》整理。

从预算变化看，把继续执行2008年法案的预算和按照2014年农业法案的预算进行比较（表2），新法案对商品支持计划、环境保护计划、营养援助计划三大传统项目的预算分别削减了143亿美元、40亿美元和80亿美元，削减减幅度分别为－24.3%、－6.4%和－1%；对农作物保险预算增加了57亿美元，增幅6.8%；对农业海外市场开发和国际粮食援助（贸易）预算增加1.4亿美元，增幅4%；对农村发展、农业研究与推广、生物能源、森林保育四大长期战略性项目预算分别增加了2.3亿美元、11.5亿美元、8.8亿美元、0.1亿美元，增加幅度分别是17倍、10倍、3.6倍、3.3倍；对特色农产品和有机农业等（园艺）、新农民培育等（杂项）预算分别增加6.9亿、9.5亿，增幅分别是65.4%、67.6%；对农业信贷支持维持原法案规模。依照CBO估计，扣除货币时间价值等隐性影响，2014年农业法案在未来10年的计划开支将比在2008年法案下净减少财政赤字166亿美元（－1.7%）。

表2 2014农业法案预算：基准线、调整值、预计支出（2014—2023年）

单位：亿美元，%

2014农业法案内容分类	CBO预算基准线（按原法案估算）	公会协议通过的CBO预算调整值	2014年法案预计财政支出额（基准线＋调整额）	2014年法案分类支出占总支出比重
1. 商品支持	587.65	－143.07（－24.3%）	444.58	4.65
2. 生态保护	615.67	－39.67（－6.4%）	576	6.02
3. 农业贸易	34.35	＋1.39（4.0%）	35.74	0.37
4. 营养援助	7 644.32	－80（－1.0%）	7 564.32	79.09
5. 信贷支持	－22.4	0（0.0%）	－22.4	－0.23
6. 农村发展	0.13	＋2.28（1 753.8%）	2.41	0.03
7. 研究与推广	1.11	＋11.45（1 031.5%）	12.56	0.13
8. 森林	0.03	＋0.1（333.3%）	0.13	0.00
9. 生物能源	2.43	＋8.79（361.7%）	11.22	0.12

（续）

2014农业法案内容分类	CBO预算基准线（按原法案估算）	公会协议通过的CBO预算调整值	2014年法案预计财政支出额（基准线＋调整额）	2014年法案分类支出占总支出比重
10. 园艺	10.61	＋6.94（65.4%）	17.55	0.18
11. 农作物保险	841.05	＋57.22（6.8%）	898.27	9.39
12. 其他杂项	14.1	＋9.53（67.6%）	23.63	0.25
直接支出总额	9 729.05	－165.04	9 564.01	
收入变化额		1.04		
对赤字净影响		－166.08（－1.7%）		

资料来源：美国国会研究局（CRS）用财政预算局（CBO）的估算（http：//www.cbo.gov/publication/45 049）。

从政策调整动向看，新法案改革了农民收入补贴政策，强化了农业风险保障，整合了生态资源保护方案，修改了营养援助计划，扩展了对特殊农作物、有机农业、农村发展和研究推广及相关项目的支持计划，继续发展可再生能源并提高能源效率，首次提出新农民的概念并制定了对新进入的农民和农场经营者的帮扶计划，加大对鲜活农产品直销和本地和区域食品供应系统建设支持，把原林业政策永久化，继续支持海外贸易市场开发和国际食物援助并增加了紧急援助的灵活性。下文对调整的具体内容进行了分类整理。

（一）改革了农产品支持计划

1. 种植业。新法案废止了直接支付（DP）、反周期支付（CCP）、平均作物收入选择计划（ACRE）和补充收入援助计划（SURE）。新建了基于农产品价格支持的价格损失保障计划（PLC）和基于农场收入支持的农业风险保障计划（ARC），替代了被废除的计划；基于农业保险方案确定的价格[①]目标收入为玉米等饲料谷物、小麦、大米、大豆等油料、花生、干豆类等所有大宗产品的生产者提供收益保障。继续为被保障的大宗商品、棉花、羊毛、马海毛和蜂蜜生产者提供营销援助贷款，除了对陆地棉的贷款率进行了调整。实施新的棉花保险的同时，为陆地棉生产者提供过渡性援助。继续为食糖生产者提供无追索权贷款、市场营销等支持。修改了获得补贴的总收入资格规定：只要总收入（包括非农业收入）不超过90万美元的个体农场都有资格获得商品计划和环境保护计划下农场项目的补贴。调整了补贴限额：对个体农场在商品计划下获得补贴的上限设为12.5万美元（如果是有配偶的农场主，补贴限额可以再增加12.5万美元）。这样可以防止补贴资金流入

① 以农产品期货市场的价格发现机制确定的价格（具体方案参考最新美国农业保险法案）。

少数大农场手中，使得有限的补贴资金分配的更加公平。

2. 畜牧养殖业。废除了乳品价格支持项目（DPPSP）和乳制品出口促进项目（DEIP）。新建了乳品利润保护计划（DPMPP）：在乳品的实际平均利润（全国牛奶价格和平均饲养成本的差额）持续 2 个月降到每英担 4 美元以下时，为生产者提供保险补偿。新建乳品捐赠（市场稳定）计划（DPDP）：要求农业部长在 DPMPP 方案确定的乳品利润持续 2 个月降到每英担 4 美元以下时，采购乳制品捐赠给低收入群体，直到乳品市场价格恢复稳定。增加了补充农业灾害援助：畜牧灾害补贴计划（LIP），畜牧饲料灾害援助计划（LFP），养蜂、养鱼紧急援助计划（ELAP）和树木援助计划（TAP），为畜牧产品、畜牧饲料、蜂蜜、渔业、林木生产者提供永久性灾害援助。

（二）整合了生态资源保护计划

新建了农业环境保护地役权项目（ACEP）把原来的湿地保护项目（WRP）、草原保护储备项目（ GRP）的地役权部分和农地保护项目（FPP）的功能整合到了一起，原项目被废止。原来的农业用水增强项目（AWEP）、切萨皮克湾流域项目（CBWP）、环境保护合作倡议项目（CCPI）和五大湖盆地保护项目（GLBP）被全部整合为环境保护区域合作项目（RCPP）。新建环境质量改善激励项目（EQIP）合并了被废止的野生动物栖息地改善项目（WHIP）的功能和资金，至少有 5%的项目资金是用于改善野生动物栖息地。增加了环境保护管理支持项目（CSP），天然草地保护项目（NPNS）。重新把作物保险保费补贴和水土保持承诺（高度侵蚀的土地和湿地保护）联系起来。

（三）继续支持海外市场开发和并克服农业贸易壁垒

继续通过出口信贷担保项目为缺乏资金的农产品进口国提供贸易融资。继续批准新兴市场和贸易设施担保贷款项目，继续每年授权 2 亿美元支持美国农产品开发新兴市场（与原法案相同），重点支持非营利农产品贸易协会。给予美国国际开发署（USAID）更多灵活性去运用现金进行援助和平食物出口项目，增加了粮食紧急援助的灵活性。特色作物技术援助项目为美国非大宗农产品生产者和贸易商提供技术支持，以帮助他们应对国际市场贸易壁垒。

（四）修改了营养援助计划的部分规定

新法案再次通过了营养援助计划 SNAP（以前的食品卷项目），维持了补充营养援助计划（SNAP）；紧急食物援助计划（TEFAP）；商品补充食物计划（CSFP）；儿童营养食品分发计划，维持了原项目对数百万低收入家庭的补充营养援助（SNAP）资格，但对收到低收入家庭能源援助项目（LIHEAP）补贴对补充营养援助计划（SNAP）补贴影响的大小进行了限制，这一限制将使避免不需要援助的家庭申请援助，使得该项目在未来10年间大约减少SNAP补贴累计86亿美元。同时，增加了2亿美元用于补充营养援助计划参与者的就业培训，1亿美元用于增加水果和蔬菜采购。为紧急食物援助项目（TEFAP）额外提供2.5亿美元资金。为健康食品融资计划提供1.25亿美元，鼓励受援助者购买本地生产的水果和蔬菜，使得有营养的食物更具有可获得性。对“农场-学校”直销项目进行生鲜果蔬采购灵活性试点。资助经营者在低收入社区提供健康的食品。提供资金加强防范补充营养援助项目（SNAP）的非法交易，提高政策公正性。

（五）扩大对地产农产品经营企业和小生产者的信贷支持

新法案继续实施2008年农业法案中对农场主的营销援助贷款计划，为农场主提供农业生产流动资金，但是要调低陆地棉种植户的贷款额度，以满足巴西在WTO对美国的贸易争端诉讼要求。加大对从事食品生产加工、分散、集合、储存、销售的本地和区域性食品企业的贷款支持力度。农场所有权贷款和运营资金贷款计划增加了对新农民和农场经营者的小额贷款计划、分期支付贷款（首付贷款）援助。扩大对附加值农产品生产者的信贷支持。农业环境保护贷款和贷款担保项目为农场主建设农业环境保护设施提供信贷支持。还增加了对所有农场服务机构的信贷支持。

（六）延伸并拓展了农村发展计划

继承延伸了原来大多数农村发展项目，但是总体上减少了资助水平；提供有限的强制性基金，同时对部分项目增加了资助力度。继承延伸了农村电气化和电话建设贷款项目，做了微调。引进和替代了农村商业发展、能源、宽带网络中的一些项目。通过资助集成网络程序在特定商业领域的应用鼓励在农村社区广泛使用网络。提供1.5亿美元改善水和污水处理设施。重点发展符合地区长远发展战略的更加综合完备的应用和项目。保留10％的现有区域性长期投资项目。新增项目有：附加值农产品市场开发奖助、农村宽带信息技术服务、农村能源节约、农村商业发展补助、农村微型企业家援助、农村交通问题研究等项目。并要求农业部通过区域规划和合理的资源利用促进区域经济更好发展，通过简化应用程序进程和更好的数据收集对现有项目的效率进行改进。

（七）拓展了研究与推广支持计划

新法案批准设立2亿美元的农业研究基金，建立公私合作的粮食和农业研究基地。粮食和农业研究基地（The Foundation for Food and Agriculture Research）是一种通过公私合作培育科研和技术转化的非盈利性机构。新法案授权给基地拨款 2 亿美元作为启动资金，基地再联合外部资金。新法案拓宽的研究项目有：对动物健康疾病研究和兽医服务（每年 500 万美元。增加特产农作物研究和推广的强制性资金补贴（每年 8 000 万美元），其中至少 2 500 万用于柑橘紧急病害研究。增加林业产品深利用研究项目支持资金。每财年资助 500 万美元用于研究农业和食物法律。扩大有机农业研究资助金额（总资金是 1 亿美元）规定的农业优先研究领域包括干豆和、咖啡植株、玉米和大豆膳食、其他谷物副食品以及食品安全培训。

（八）强化了森林保育项目的监督管理

继续支持全国森林资源评估与规划、农村森林复兴计划、健康森林保育等原法案实施的计划。加强森林生态系统保护，恢复受威胁和濒临灭绝植物品种，提高生物多样性以及森林碳吸收能力。强化对森林遗产醒目的管理，林业局（FS）管理合同的权利被永久固定，允许林业局（FS）实施恢复工作制度和刺激增加就业。把睦邻授权（Good Neighbor Authority）在全国范围内可得并永久有效。森林计划授权的总资金在原法案的 300 万美元的基础上增加了 1 000 万美元。

（九）扩大了生物能源支持力度

该项目是通过教育、研究和财政援助计划，鼓励投资可替代能源技术和可再生生物质燃料产品；通过联邦优先采购生物质能源和财政支持项目鼓励制造和生产其他可再生的生物化学和生物质产品。新法案进一步增加对生物能源的支持力度，新建立了美国农业部机构能源效率报告（Energy Efficiency Report for USDA Facilities）计划，旨在通过分析 USDA 总部和主要分支机构的能源使用状况、能源审计文件和效率项目管理，识别潜在的能源节约项目。要求美国农业部 USDA 能源效率报告分析 USDA 总部和主要设施的能源使用状况，能源审计文件和项目效率管理，以及识别潜在的能源节约项目。继续支持生物基质采购市场计划，但把原生物质优先采购项目的范围扩大包括林业产品。增加了对生物能源炼制援助项目、生物能源教育计划、美国农村生物能源计划、生物质能研发激励计划、农村能源自给计划、原料灵活性计划、生物质作物援助计划、森林生物质能源援助计划、社区木材燃料援助计划、生物能源设施研究、可再生肥料研究等 2008 年法案创建的能源项目的援助资金，新法案对以上项目授权的资金比 2008 年法案的 2.43 亿美元增加 8.79 亿美元，共提供 11.22 亿美元资助。

（十）拓展了特色农产品、有机农产品、地产农产品生产和促销等园艺项目

1. 特色农产品。新法案扩大了特色农作物研究激励项目（SCRI），新建了特色农作物分类财政补贴计划（SCBG），旨在资助生产者开发具有地方特色的农产品。强制性资金从2013年的5 500万增加到2014—2017每年7 250万美元，其余每年8 500万美元。增加了对特色园艺作物病虫害管理和灾害防治的资金支持力度，把植物病虫害管理项目、灾害防御项目和国家清洁工厂网络项目整合在一起，提高了补贴资金的最低基准线，2014—2018年每年6 250万美元，2018年及其以后每年7 500万美元。把对特色园艺市场数据采集和食物安全教育激励项目、贸易促进项目（包括市场准入项目和国外市场开发项目）以及对特殊农作物的技术援助项目（包括选址卫生、植物检疫卫生以及特产农作物出口技术壁垒）的资助延展到2018年。

2. 有机农业。新建了全国有机认证成本分担项目（NOCCSP）、有机农业研究和推广激励项目（OAREI）、有机数据采集激励项目（ODI）、全国有机认证管理项目（NOP）有机农作物保险项目（CIOC）、有机产品促销订单项目（OCPO）、有机运输支持项目（OTS）。每年1 150万美元被授权用于扩大资金援助有机农业生产者和经理人的有机认证成本，支持生产者提升有机农业保险，加强实施有机管理等。

3. 园艺农产品生产和促销支持。拓展了农贸市场促销计划，新法案把农贸市场促销的支持范围从农场主拓展到包括在本地和地区范围内从事农产品加工、分散、集合、储存、销售的食品企业。规定2014—2018年每年的强制性资金是3 000万美元，比原来FMPP项目资金多了3倍，另外批准财政每年额外拨款1 000万美元。为高附加值园艺农产品市场营销提供6 500万美元用于提升本地和区域食物供应系统建设的奖助资金。扩大了供应学校的生鲜水果和蔬菜的采购项目灵活性，刺激园艺农产品需求；还增加了本地园艺产品生产和项目评估计划，贸易促进计划，市场数据信息收集计划，食品安全质量标准建设计划等，大力支持园艺农产品生产和促销。

（十一）完善了农作物保险计划

在联邦作物保险项目下，私营保险公司销售保单并提供服务，农业部风险管理局（RMA）设计或者审批保险费率、管理保费和费用补贴、审批和支持保险产品，为保险公司提供再保险。新法案增加了补充保险选项（SCO），该项目结合了传统的作物保险政策，提供基于郡平均产量或者收入的保险选项，该保险将在2015年开始实施，并为生产者提供65%的保费补贴。新增棉花重叠收入保护计划（STAX），自2015年开始为陆地棉生产者

提供收入保险，取代棉花价格损失保险和农业风险保障项目。新法案授权联邦作物保险委员会考虑为那些现有保险产品不能很好服务到的作物提供私人研发的天气指数保险，以及研究针对生物质能源作物、鲶鱼、苜蓿、牲畜疾病和经营中断、全农场多元化经营和特殊农作物的食品安全等提供新的保险产品。

（十二）增加了对新进入农民和农场经营者的支持计划

新法案在在后其他杂项中，新建了新农民和新农场经营者培育计划，提高给新农民和大农场经营者的资助金额到每年 2 000 万美元，这些资金的 5%用于经验丰富的老农，把另外 5%用于资源有限的农民和大农场经营者。扩大了对对新农民和新农场经营者等不利社会条件和资源限制的生产者援助，加大了不利社会条件和资源限制的生产者的保费补贴力度。新增非保险型作物援助计划（NAP）为不可获得作物保险的生产者提供与天气相关的损失保障。促进那些休耕合同即将到期的土地从退休和即将退休的农民手里流转到那些愿意恢复土地耕种的新农民或者手里；加强对社会条件差的农民和新农牧场经营者的信贷支持，给予其更多信贷优惠。生产附加值农产品的新农民和农场经营者将被优先资助。加强对退伍军人转业从事农业的服务。

二、美国 2014 年农业法案调整的特征

（一）优化了农业支持结构，提高政策执行效率

美国 2014 年农业法案是在财政赤字压力极大的背景下制定的，削减赤字是新法案的重要任务。然而，美国在略微削减支持农业财政预算的同时，并没有放松对农业的支持力度，而是通过削减传统项目中重叠的和没有效果的政策预算和加强监管节省政策执行成本来减少开支，并适度增加对战略性计划的支持，对农业支持项目进行优化，提升农业财政资金使用效率。首先，削减最多的是商品计划。原来的商品支持项目之间存在补贴重叠交叉的部分（吕晓英，李先德，2014）。新法案从名义上，废除了直接支付（DP）、反周期支付（CCP）、平均作物收入选择计划（ACRE）和补充收入援助计划（SURE），保留营销援助贷款项目，新建了基于农产品价格支持的价格损失保障计划（PLC）和基于农场收入支持的农业风险保障计划（ARC）。实际上，价格损失保障能够一定程度上补偿价格下跌造成的损失，可以视为对反周期补贴的调整；而农业风险保障针对的是收入的损失，可以视为平均作物选择补贴的升级模式。所以，真正取消的补贴是直接支付。直接支付是固定的，不管农民有没有发生损失，或者生不生产，政府都要支付给农民，政策效果不大。固定的直接支付计划的废除，并规定 PLC 和 ARC 中只能选

择一个，这样既保留了原项目的功能，又可节省财政资金约143亿美元。在营养援助计划里通过对补贴扣除项目的限制、加强对申请补贴资格的审查和打击补贴欺诈，不仅提高了营养援助的针对性，而且预计10年可以节约80亿美元财政资金。新法案通过把多种环境保护项目整合成新项目，或者把他们合并到已有的项目中，把USDA管理的环境保护项目的数量从23个减少到13个。同时加强对农业环境计划的监测和评估，将有限的资金运用于环境效益高的项目，10年可节省财政资金约40亿美元。节省的资金部分将增加对农业保险、研究与推广、生物能源、园艺、和新农民培育等项目的重点支持，加强对政策执行的监管，优化了农业支持政策体系，提高政策执行效率。

（二）改革了农业保护思路，调控手段更加市场化

美国在WTO多哈回合农业谈判受阻，是美国调整农业法案的又一重要背景。原农业法案下的目标价格及目标收入补贴属于WTO农业协定的“黄箱”补贴，如果补贴额度过高会违反世贸组织的相关规定，阻碍了美国农产品（尤其是棉花）出口。2014年农业法案逆转了2002年和2008年农业法案形成的以高补贴为主的农业支持、保护思路，逐步放弃政府对农业生产和农产品市场的直接干预，调控手段趋于市场化。补贴方式逐渐由价格支持向收入支持转变，大幅增加对农业一般服务的支持力度。这种较为间接的支持，具有更强的隐蔽性，更好地适应了WTO规则，避免贸易争端。

（三）突出了农业保险作用，注重农业风险管理

农业生产风险加大时美国农业法案调整的背景之一。传统的农业风险管理主要是靠政府财政的灾害援助计划，并且灾害援助对市场风险作用有限。新法案在努力削减预算的情况下对农作物保险计划的预算反而增加了57亿美元（未来10年），这是在所有计划中增加预算最多的。新法案增加了可以防止浅层次损失补充保险选项（SCO），结合传统作物保险帮助生产者抵御价格和产量风险导致的损失。对风险管理机构赋予了明确的任务，2014年农业法案朝着扩大农业保险和为非保险型作物提供援助的方向变动，反映了联邦政府通过保险或者向更好的管理风险的项目调整。

（四）拓宽了农业政策目标，全面提升农业竞争力

2014年新农业法案在削减预算的情况下，仍大幅增加了研究推广、生物能源、对特殊农作物、有机农业、农村发展以及新农民培育等支持计划。这些都是具有长远性和战略性的农业发展计划。可见新法案将指导美国农业政策的目标在以增加农场主收入和提高农产品国际竞争力为两大核心的基础

上，不断向生态环境保护、促进农村发展、保障食品营养健康、培育新农民促进农业可持续发展等多目标拓展。这将全面提升美国农业持久竞争力。

（五）扩大了对弱势群体的支持，注重政策公平性

首先，新法案扩大了对小规模生产者和不利社会条件生产者的支持。美国以前的农业补贴主要集中在大农场，而生产规模小的农户获得的补贴较少，从而影响农业政策的公平性。2012 年美国农业部农业资源管理调查显示，小型农场占农场总数的 25%，经营全国 14%的耕地，却只得到 9%的财政补贴，补贴获得率只有 31%，还有 69%的小型农场没有获得财政补贴①。2014 年农业法案在多个计划中增加了有利于小规模生产者的支持项目和规定。首先，在商品计划里放宽了对个体农场获得补贴的总收入资格限制，同时对个体农场的补贴设置了最大限额，这样不仅能使更多小型个体农场有资格享受补贴，也防止小型农场之间的贫富差距拉大。其次，农村发展计划、特殊农作物有机认证等项目支持也向小型和中小型农场，以及刚起步的社会地位低下的农民和老农倾斜。再次，新法案加大了对低收入群体营养健康食物可获得性的支持。比如食品不安全营养激励计划（FNI）支持机构给补充营养援助计划（SNAP）的参与者发放奖金，激励他们采购本地生产的生鲜果蔬，更水果和蔬菜等健康营养的食品；健康食品融资计划（HFFI）授权美国农业部指定一个社区发展融资机构来管理专用资金，目的是用于支持在低收入社区的食品零售项目等。通过扩大对劣势生产者和低收入消费者的支持，使政策更公平。

三、美国 2014 农业法案的调整对中国农业政策的启示

虽然中美两国农业发展水平差异显著，两国农业政策目标有所不同。但是，随着我国农业的快速发展和全球市场的形成，从美国 2014 年农业法案调整的内容和特征反思我国农业政策，我们也存在很多类似甚至同样的问题。美国 2014 年农业法案的调整，在众多方面体现了农业支持政策演变的一般规律：农业政策法律化、政策手段市场化、风险管理保险化、政策目标长远化等，对我国农业政策的改革调整具有重要启示意义。

（一）加快农业政策立法，加大农业支持力度

政策制定法律化是农业政策的演变规律。农业法案是美国农业政策的主要依据。2014 年农业法案是美国自 1933 年产生第一个《农业调整法》以来

① 美国农业部农业普查报告（2012）（http：//www. agcensus. usda. gov/Publications/2012/）。

的第17个法案。美国依照法律规范，利用法律手段，“依法治农”，将农业生产领域的事宜放置于严格的法律监控之下发展，不断加强对农业的支持力度。美国2014年农业法案的调整注重政策结构的优化和政策执行的效率改善，虽然缩减了农业支持的财政预算，但对农业的支持力度不降反升，更加注重对提升农业长期和综合竞争力的支持。反观我国，一方面，我国不仅还没有一部较为系统的农业法案，甚至还没有建立起完善科学的农业政策法律制定和执行机制；另一方面，我国农业支持政策体系尚不完善，国内农业支持力度远远低于美国。对中国这样一个正处在经济快速增长、工业化和城镇化加速推进的发展中人口大国而言，不断加大对农业的补贴支持力度，是今后不可回避的趋势。因此，加快我国农业支持政策立法，构建系统科学的农业政策体系，把对农业的支持以法律形式稳定下来，并不断增加对农业的支持力度，确保农民有稳定预期的利益保障。

（二）改革农业政策手段，减少对市场的扭曲

政策手段市场化是市场经济的客观要求。美国新农业法案对农业的支持方式已经逐渐实现了市场化方向的调整。让市场在资源配置中发挥决定性作用，是美国农业政策协调高效的最主要原因。我国现行农业支持政策正面临越来越大的挑战，粮食价格支持政策扭曲市场、弱化竞争力、造成社会资源和效率巨大损失，这套粮食政策体系到了改革的一个紧要关头。美国的市场化手段不一定都适合中国国情，但市场化取向是可取的。因此，我国农业政策调整应更多采取市场化手段，既要充分尊重市场运行机制的支撑作用，尊重农业生产发展的内在规律，又要强调政府的功能与作用，但必须尽可能减少对市场的扭曲。

（三）加快农业保险发展，注重农业风险管理

风险管理保险化是农业政策的改革取向。美国通过商品支持计划和农作物保险计划相结合，构筑了帮助农场主抵御自然风险和市场风险的农业安全网。新法案在大幅削减商品计划预算的同时，对农业保险增加预算57亿美元。其安全网计划未来10年总预算1 342.85亿美元，其中农业保险补贴达到898.27亿美元，占了整个安全网计划预算的67％。这突出显示了联邦政府的农业支持项目越来越重视风险管理，尤其是联邦作物保险这种市场化的风险管理工具。我国农业同样面临全球气候变化和国际市场冲击，使我国农业自然风险和市场风险不断加大，然而我国农业保险制度尚不健全，由于农业历史数据不齐全、风险大、费率高等原因，我国农业保险发展缓慢。因此，加快完善我国“政府支持＋保险公司经营＋市场运作”的农业保险制度，是农业支持政策改革重要取向。

（四）调整农业政策目标，促进农业健康可持续

政策目标长远化是农业政策调整的趋势。美国农业政策的目标在以增加农场主收入和提高农产品国际竞争力为两大核心的基础上，不断向生态环境保护、促进农村发展、保障食物营养健康、提升农业科技水平等多目标拓展，旨在全面提升农业竞争力，促进农业健康可持续发展。我国过去10年农业政策以保障粮食安全为主要目标。过分追求产量，促使无限制使用化肥农药导致农业生态环境破坏严重，食品安全事件频发，2013年的湖南镉大米事件已经给我们敲响了警钟；同时，随着城镇化带来的农村空心化，农业劳动力老龄化等新的问题，已经严重影响我国农业的健康可持续发展。而且，我国农业科研推广投入不足，农业科技成果转化程度不高，农持久业竞争力迫切需要加强。国情决定我国农业政策现在可能优先的目标是粮食安全，但不能以牺牲后代粮食安全为代价来确保现在的粮食安全，粮食安全目标必须有相对的有限性。随着我们迈向高收入阶段后，农业政策的目标应该转为最突出的可持续发展问题，即农业资源保护问题。在新形势下，我国农业政策在目标取向上，既要抓“保供给、促增收”的主要矛盾，又要统筹兼顾食品安全、环境保护、农业产业竞争力、农业产业可持续发展、农业多功能等综合目标。具体政策的几点启示：抓紧建立科学的农业资源保护制度，加大农业研究和推广支持力度，建立全面详细精准的农业数据系统，健全农业服务保障体系，新型农民培育，提升农民市场营销能力，增强农业可持续发展能力和竞争力。

参 考 文 献

程国强．农业补贴政策进入调整关口．农经，2013（12）：10.

程国强．中国农业补贴——制度设计与政策选择．北京：中国发展出版社，2011.

冯继康．美国农业补贴政策：历史演变与发展走势．中国农村经济，2007（3）：73－78，80.

吕晓英，李先德．美国农业政策支持水平及改革走向．农业经济题，2014（2）：102－109，112.

彭超，潘苏文，段志煌．美国农业补贴政策改革的趋势：2012年美国农业法案动向、诱因及其影响．农业经济问题，2012（11）：104－109，112.

彭超．美国2014年农业法案的市场化改革趋势．世界农业，2014（5）：77－80.

赵亮．美国参议院2013年农场法案评析．华中农业大学学报（社会科学版），2014（3）：130－137.

Ralph M. Chite. The 2014 Farm Bill（P. L. 113 － 79）：Summary and Side － by － Side. Coordinator. Congressional Research Service Report for Congress，February 12，

2014：R43 076.

USAD ERS. Agricultural Act of 2014：Highlights and Implications/Crop insurance. 2014 - 04 - 11，http：//www. ers. usda. gov/agricultural - act - of - 2014 - highlights - and - implications/crop - insurance. aspx .

USAD ERS. Agricultural Act of 2014：Highlights and Implications/Overview. 2014 - 04 - 29，http：//www. ers. usda. gov/agricultural - act - of - 2014 - highlights - and - implications. aspx .

USAD ERS. Agricultural Act of 2014：Highlights and Implications? / Research. （2014 - 04 - 11），http：//www. ers. usda. gov/agricultural - act - of - 2014 - highlights - and - implications/research. aspx＃. U9eeVY3s7uk.

（作者单位：华中农业大学）

日本农业经营模式、体系构建及对我国的启示

高 强 赵 海

世界各国经验表明，农业现代化的过程也是农业经营规模扩大、主体分化以及体系重塑的过程。进入 21 世纪以来，随着我国工业化、城镇化进程加快，农村劳动力大量向城镇和非农产业转移，谁来种地、怎么种地问题凸现，培育壮大规模化、专业化、集约化、市场化相结合的农业经营组织，创新农业经营体制机制的要求日益迫切。党的十八大报告明确提出，发展多种形式规模经营，构建集约化、专业化、组织化、社会化相结合的新型农业经营体系。十八届三中全会提出，坚持家庭经营在农业中的基础性地位，推进家庭经营、集体经营、合作经营、企业经营等共同发展的农业经营方式创新。可以说，发展各种类型的新型农业经营主体和推进规模经营，已成为我国加快现代农业建设，推进工业化、信息化、城镇化和农业现代化同步发展的战略性选择。日本与中国同属东亚小农社会，在文化背景、资源禀赋、生产条件具有较高的相似性。因此，对日本农业经营的主体构成、模式转换进行探讨，深入分析农业经营体系构建的特征，对于促进中国新型农业经营主体建设具有重要借鉴意义。

一、日本农业经营主体现状特征

在日本，销售农户与农业经营体是日本农业生产的主体力量。销售农户是指经营耕地面积 0.3 公顷以上或者过去一年间农产品销售额 50 万日元以上的农户。除此之外，还有“自给农户”和“拥有土地的非农户”。日本农业普查资料显示，2010 年共有农户 252.88 万户，其中销售农户 163.12 户、自给农户 89.67 户，而拥有土地的非农户（拥有土地面积 0.05 公顷以下的农户）达到 137.42 万户。

1999 年，日本废除了旧的《农业基本法》，颁布了《食品、农业、农村基本法》，首次提出了“农业经营体”这一概念。农业经营体指直接或接受委托从事农业生产与农业服务，并且经营面积或金额达到一定规模的农业经

营个人或团体①。农业经营体既包括家庭经营体，也包括组织经营体。家庭经营体指农业经营体中以家庭劳动力为主要劳动力，并且家庭控制经营权的经营体，其中包括单户法人的情况。除家庭经营体之外的经营体都属于组织经营体。

由此可见，销售农户和农业经营体都属于“规模经营主体”。两者的区别与联系在于：所有的销售农户都属于农业经营体，绝大部分销售农户是家庭经营体；然而，与农业经营体相比，销售农户侧重于农业生产环节，主要指从事大田农作物种植的农户，不包括农产品加工或经营林牧副业农户。由于销售农户和农业经营体在日本农业经营体系中处于主体地位，日本政府每年都会对这两个主体的经营情况展开调查。对于这些调查资料的分析，有助于我们掌握日本农业经营构造的基本情况。

（一）销售农户经营耕地规模扩大，副业化程度加深

2013 年，日本共有销售农户 145.5 万户，比 2012 年减少了 3.3%。其中，销售农户中经营耕地的农户有 145.17 万户，比 2012 年减少了 3.2%。销售农户经营耕地总面积 307.67 万公顷，比 2012 年减少了 0.9%。然而，平均而言，2013 年单个销售农户的经营耕地面积为 2.12 公顷，比 2012 年增加了 2.4%。2013 年，销售农户中的农业从业者有 384.88 万人，比 2012 年减少了 14.61 万人。

表 1　日本销售农户构成情况

单位：万户，%

	主业农户	准主业农户	副业农户	总　计
2012 年	34.37	34.37	81.65	150.39
2013 年	32.45	33.27	79.77	145.50
增减率	−5.6	−3.2	−2.3	−3.3

资料来源：日本农林水产省：《平成 25 年農業構造動態調査》，2014 年 2 月 18 日公布。

为了更好地掌握农业劳动力的老龄化进展情况，日本开始将劳动力的年龄因素纳入到农户分类评价体系中。方法上，日本从农户收入和农户家庭劳动力年龄两个方面对农户进行评价，构建了“主业农户—准主业农户—副业农户”分类标准。过去日本主要依据农户家庭劳动力的兼业情况，将农户划

① 农业经营体的经营规模至少应满足以下三个条件之中的一个：①经营耕地面积 0.3 公顷以上；②下列条件之一：蔬菜栽培面积 0.15 公顷以上；大棚蔬菜栽培面积 350 平方米以上；果树栽培面积 0.1 公顷以上；花卉栽培面积 0.1 公顷以上；大棚花卉栽培面积 250 平方米以上；饲养奶牛或育肥牛 1 头以上；饲养生猪 15 头以上；饲养蛋鸡 150 只以上；年间肉鸡出栏数 1 000 只以上；年间农产品销售额达到 50 万日元以上；③从事农业托管服务。

分为专业农户与兼业农户。同时，根据农业收入的比重，将兼业农户划分为第一种兼业农户和第二种兼业农户。新的分类评价体系中，主业农户指以农业收入为主（农户收入的 50%以上来自于农业），并且至少拥有一名 65 岁以下家庭成员在过去 1 年间直接从事农业生产活动 60 天以上；准主业农户指非农业收入为主（农户收入的 50%以下来自于农业），并且至少拥有一名 65 岁以下家庭成员在过去 1 年间直接从事农业生产活动 60 天以上；副业农户指家庭中不含过去 1 年间直接从事农业生产活动 60 天以上的 65 岁以下家庭成员的农户。

2013 年日本销售农户中，主业农户有 32.45 万户，准主业农户有 33.27 万户，副业农户有 79.77 万户，分别占总体的比重为 22.3%、22.9%和 54.8%。与 2012 年相比，虽然副业农户数量减少了 1.88 万户，但其占总体的比重却增加了 0.5 个百分点。这说明，销售农户的副业化程度进一步加深。同时，这反映出对于年轻人而言，日本农业逐渐失去了吸引力。同时说明，日本农户兼业化程度严重，即便是具有一定经营规模的销售农户，其中一半以上的农户收入也主要来自于非农业。

（二）农业经营体构成出现变化，组织经营体比重不断上升

表 2　农业经营体数

单位：万个,%

	农业经营体①+②	家族经营体①	组织经营体				
			小计②	从事农业生产的经营体		只从事托管服务的经营体	
					法人经营体		法人经营体
2012 年	156.39	153.27	3.12	2.23	1.41	0.89	0.37
2013 年	151.41	148.24	3.17	2.31	1.46	0.85	0.36
增减率	−3.2	−3.3	1.6	3.6	3.5	−4.5	−2.7

注：组织经营体中的“从事农业生产的经营体”一项，不仅包括只农事农业生产的经营体，还包括既从事农业生产又同时从事托管服务的经营体。

资料来源：日本农林水产省：《平成 25 年農業構造動態調査》，2014 年 2 月 18 日公布。

2013 年日本农业经营体数量为 151.41 万个，比 2012 年减少 4.98 万个。其中家庭经营体 148.24 万个，比 2012 年减少了 3.3%，而组织经营体 3.17 万个，比 2012 年增加了 1.6%。这说明，农业经营体的构成出现变化。与农户数量减少趋势相一致，家庭经营体的数量也在缓慢减少。而在政府的支持下，组织经营体取得了一定的发展。近年来，随着日本不断解除对公司等法人组织从事农业的限制，组织经营体中单纯从事托管服务的经营体快速

减少，从事农业生产的经营体不断增加。

组织经营体中，取得法人资格的组织共有1.82万个，而尚未取得法人资格的经营体1.34万个，占到组织经营体的42.3%。从经营形式上看，直接从事农业生产的组织2.31万个，比2012年增加了3.6%；只从事农业托管服务的经营体0.85万个，比2012年减少了4.5%。

（三）土地流转加速，耕地开始向组织经营体集中

表3　日本农业经营体经营耕地面积情况

	年份	有耕地的经营体数（万个）	经营耕地面积（万公顷）	流转面积（万公顷）	平均每个经营体耕地面积（公顷）
农业经营体	2012	154.76	359.56	113.76	2.32
	2013	149.88	358.51	117.87	2.39
	增减率(%)	−3.2	−0.3	3.6	3.0
组织经营体	2012	1.94	48.46	33.67	24.95
	2013	2.04	50.28	35.45	24.65
	增减率(%)	5.2	3.8	5.3	−1.2

资料来源：日本农林水产省：《平成25年農業構造動態調査》，2014年2月18日公布。

从经营耕地规模来看，2013年农业经营体的经营耕地总面积为358.51万公顷，比2012年减少1.5万公顷。经营耕地中的流转面积117.87万公顷，比2012年多流入耕地4.11万公顷，增加了3.6%。平均而言，2013年每个农业经营体的经营面积为2.39公顷，比2012年增加了0.07公顷，与2010年相比增加了0.19公顷。

另外，2013年组织经营体的经营耕地面积为50.28万公顷，比2012年增加了1.82万公顷，比2010年增加了6.58万公顷。2013年，组织经营体流转耕地35.45万公顷，比2012年增加了1.78万公顷，比2010年增加了5.15万公顷。从土地流转的角度来看，组织经营体流转耕地面积占经营总面积的70.5%，远远高于农业经营体32.9%的水平。每个组织经营体的平均经营面积为24.65公顷，同样远远高于农业经营体的平均水平。这说明，农业经营体经营规模逐渐扩大，土地流转成为重要手段。这其中，组织经营体规模集中趋势尤为明显，并逐渐成为土地流转的主力。

（四）多数经营体为单一经营，不同主体间销售业务差异较大

表 4　2013 年农业经营体的经营类别情况

单位：万个

类别	总计	从事销售的经营体	单一经营									复合经营	不从事销售的
			小计	水稻	旱地	露天蔬菜	设施蔬菜	果树类	奶牛	肉牛	其他		
组织经营体	3.17	2.15	1.62	0.65	0.19	0.07	0.09	0.08	0.06	0.07	0.41	0.53	1.02
家庭经营体	148.24	135.67	108.07	70.33	4.59	7.97	4.56	12.71	1.52	2.36	4.04	27.6	12.57
农业经营体	151.41	137.82	109.69	70.98	4.78	8.04	4.65	12.79	1.58	2.43	4.45	28.13	13.59

注："其他"一项，指从事花卉苗木、畜禽养殖等类别的经营体。

资料来源：日本农林水产省：《平成 25 年農業構造動態調査》，2014 年 2 月 18 日公布。

从农业经营体的经营类别来看，2013 年从事销售的经营体有 137.82 万个，占 91%。家庭经营体中，从事销售的经营体占到 91.5%，而组织经营体中，从事销售的经营体只占 67.8%。这说明，与家庭经营体相比，组织经营体对农产品销售的依赖程度较低，经营范围更广。另外，单一经营指主营业务或品种销售额占年度总销售额 80%以上的经营体。组织经营体中的单一经营体 1.62 万个，复合经营体 0.53 万个，分别占从事销售的组织经营体的 75.3%和 24.7%。家庭经营体中单一经营体和复合经营体的比重分别为 79.6%和 20.4%。无论是组织经营体，还是家庭经营体，从事水稻种植的经营体都占有绝对比重。这也从侧面反映出，水稻在日本农业生产中占有重要地位。

二、经营主体多元化，农业法人经营初具规模

（一）政策松动，农事组合法人和公司数量快速增长

农事组合法人指农民或其他组织为了促进农业生产、提高共同利益，依据《农业协同组合法》（昭和 22 年法律第 132 号）成立的法人组织。农事组合法人有两种：第一种是利用共同农业机械设施，为农业生产提供服务的法人组织，称之为 1 号法人；第二种是开展农业经营的法人组织，也被称为 2 号法人。1 号法人与农协相似，而 2 号法人的组织性格更接近于公司。公司法人又可进一步分为合伙公司、合资公司、合同公司、股份公司四类。如表 5 所示，2011—2013 年，日本组织经营体的数量产生了先减后增的变化。从内部构成来看，有法人资格的经营体数量增加与无法人资格的经营体减少

同步进行，提高了法人经营的比例。尤为突出的是，农事组合法人和公司的数量有了快速增长。

表5　2011—2013年组织经营体的构成情况

单位：万个

年份	合计	有法人资格的经营体					无法人资格的经营体
		小计	农事组合法人	公司	各种团体	其他法人	
2011	3.15	1.78	0.39	0.90	0.42	0.07	1.38
2012	3.12	1.78	0.42	0.92	0.38	0.06	1.34
2013	3.17	1.82	0.45	0.94	0.37	0.06	1.34

注："各种团体"一项，包括农协及其联合组织、农业保险组合、森林组合等组织；"其他法人"，包括一般社团法人、一般财团法人、医疗法人、宗教法人等组织。

资料来源：日本农林水产省：《平成25年農業構造動態調査》，2014年2月18日公布；《平成24年農業構造動態調査》，2013年4月15日公布；《平成23年農業構造動態調査》，2013年2月5日公布。

2011—2013年，农事组合法人数量每年以300家的速度递增。2009年12月，日本修改了《农地法》，对于公司通过土地租赁，参与农业等行为，实行"原则自由化"。根据日本农林水产省资料显示，从2009年12月到2010年6月底，近7个月的时间里共有144家企业参与农业，经营土地总面积504公顷（高强，孔祥智，2013）。到了2011年，经营体农业的公司达到9 000家。2011—2013年，公司数量每年以200家的速度递增。这说明，近年来日本农业经营法人化趋势明显，而法人化农业经营的扩张主要依靠公司和农事组合法人数量的增加。

（二）农业法人经营初具规模，经营多元化

农业法人指以法人形态经营农业、依法享有民事权利并承担相应义务的各类组织。为了提高农业产业化、留住人才与促进地域农业振兴，近年来日本政府多次对《农地法》《农协法》和《公司法》等法律进行修改，农业法人数量快速增长，逐渐成为日本农业经营体系中一支重要力量。从组织形态上看，农业法人主要有三种：第一种是公司法人，主要以营利为目的，依据《公司法》成立；第二种是农事组合法人，主要是依据《农协法》设立的具有合作社性质的农业法人；第三种是农业生产法人①，主要依据《农地法》成立，是农业法人中利用土地进行农业经营的法人，是农业法人的一种特殊

① 根据日本《农地法》，利用农地或草地进行农业经营，并满足一定条件的农业法人称之为农业生产法人。因此，利用大棚进行蔬菜花卉种植、畜禽规模养殖等非土地利用法人或者土地面积小于一定的规模等要件不足的土地利用法人都不属于农业生产法人。

形式。由图1可以看出，依据不同法律，日本成立了不同类型的法人组织。这些法人组织享有不同程度的权利，履行各不相同的义务。例如，农事组合法人中的2号法人与公司的业务相似，都是从事农业经营，但是在成员资格、出资额度等方面与公司存在不同之处。根据《农协法》，农事组合法人的成员可以是农民、协会、农地组织或供应商等主体，但是供应商等主体的数量，不能超过总成员数的1/3。同时，农事组合法人可以为非成员提供农业生产服务，但是对外服务的营业额不能超过总营业额的1/5。另外，公司法人与农事组合法人以及农业生产法人之间，在税收减免、组织变更等方面也存在显著差异。

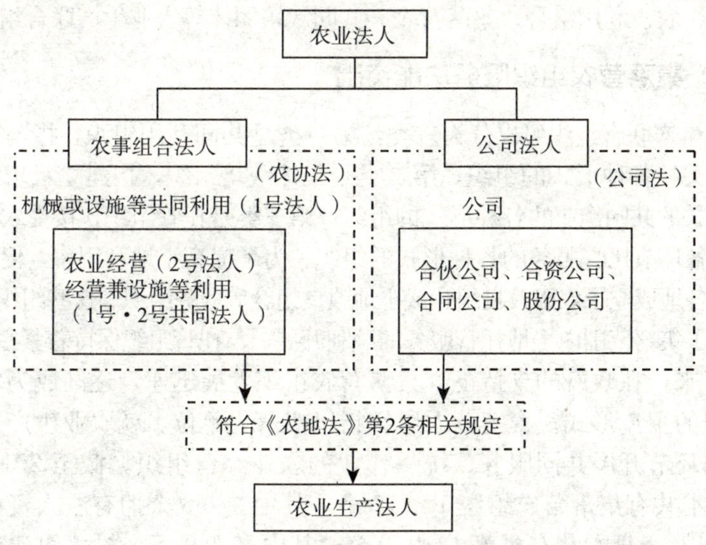

图1 日本农业法人种类及体系

农业经营法人化的意义在于，促使生计与经营分离、便于税收统计及享受优惠政策、促进劳动条件合法化以及提高对外信用等方面。此外，与传统农户或非法人组织相比，农业法人更有利于吸引农村青年就业、农民培训以及部分农业政策的执行。例如，日本大米补贴政策的执行，需要详细核算农业生产者的收益与成本。然而，传统农户或非法人组织缺乏明晰的会计制度，家庭消费和经营支出相互交叉，给政策执行带来一定的难度①。根据《农业构造动态调查》结果，2013年日本农业经营体中有法人资格的组织经营体共有1.82万个，其中农事组合法人0.45万个、公司0.94万个、各种团体0.37万个、其他法人0.06万个。另外，截至2013年，日本农业生产法人共有13 561个，比2012年增加了744个。在政府的支持下，日本各种类型的农业法人均有所增长，农业法人经营初具规模。

① http://www.pref.hokkaido.lg.jp/ns/kei/keiei/kieietai/hojin/hojin/what.htm.

三、农业生产联合组织加快组建，农业经营体系初步形成

农业生产联合组织主要指多个农户或农业法人，就农业生产过程中的某个或多个环节开展共同合作而结成的生产集团，或有组织地从事农业经营或农作业托管服务的组织。农协是日本规模最大、实力最强并且农户参与最多的农业生产联合组织。截至 2013 年 3 月底，日本共有综合农协 738 个，社员 983 万人，其中正社员 467 万人、准社员 517 万人。近年来，在农协加大改革力度的同时，日本政府也加大了其他类型的农业生产联合组织的支持力度。诸如，营农集团、农机利用组合、集落营农、共同栽培团体等农业生产联合组织。

（一）集落营农组织服务功能突出

农业生产联合组织可以分为三类：第一类是共同利用组织，指与机械或设施利用有关的各种形式的组织；第二类是集体栽培组织，指建立栽培协定或从事与之有关的共同作业的各种形式的组织；第三类是托管组织，接受农业经营或农业生产各环节托管服务的各种形式的组织。为了提高土地利用率，促进土地流转，日本各地成立了农事改良组合或土地改良组合等服务组织。这些组织一定程度上，促进了集落范围内土地托管服务的顺利开展，与托管组织保持着紧密的联系。

近年来，在政府的支持下，集落营农组织发展迅速，逐渐成为农业生产联合组织的主流形式。集落营农组织指以集落为单位，就农业生产过程的某个或全部环节开展共同服务、统一作业的农业经营组织。截至 2014 年 2 月 1 日，日本共有集落营农组织 14 717 个，其中 3 255 个拥有法人资格，占全体的 22.1%。日本共有村落 13.9 万个，其中有 2.9 万个村落组建或参加了集落营农组织。集落营农组织中，由单个村落组建的集落营农组织占全体的 74.4%，由 5 个以上村落组建的仅占 7.2%。平均而言，每个集落营农组织为两个村落提供农业生产服务。从经营面积来看，有 52.1%的集落营农组织经营耕地面积（包括托管服务面积）在 20 公顷以上。就经营内容而言，有 79.5%的集落营农组织拥有机械或提供农机服务，有 73.3%的集落营农组织提供农产品生产销售服务，有 58.2%的集落营农组织提供耕地集中或村落范围内的土地调整服务①。这说明，集落营农组织在地域农业支持，尤其是为中小农户服务等方面，发挥着积极作用。

（二）农业经营体系初步建立

近年来，随着日本农业人口高龄化、少子化程度不断加深，日本出现了

---

① 日本农林水产省：《集落营农实态调查结果》，http：//www.maff.go.jp/j/tokei/sokuhou/syuraku2014/index.html，2014 年 3 月 28 日。

农地撂荒、农民人口锐减、农业生产停滞与农村衰退的困境。为了拯救农业与农村，日本政府通过修订法律、制度改革，实施了一系列促进农地流转与规模经营等政策措施，初步形成了以家庭经营为主体、法人经营和集落营农经营相互补充的农业经营体系。家庭经营的主要表现形式是销售农户和家庭经营体。上文数据表明，无论是形式上还是内容上，以家庭为基本单位的农业经营形式，是日本农业经营体体系的主体。

2003 年，为了应对农业劳动力不足与耕地撂荒激增现象，在地方公共团体的强烈要求下，日本政府制定了《构造改革特别区域法》，首次为包括公司在内的"农业生产法人之外的法人"，参与农业经营开辟了道路。同年，日本为了应对撂荒耕地激增现象，进一步推动集落营农组织高效稳定地开展农业经营，设立了特定农业团体制度，扩充实施了游休农地对策，并通过对《农促法》的修改，放宽了农业生产法人的成立条件。2005 年，日本颁布了《食品、农业与农村基本计划》，加快培育骨干农户和推进集落营农组织法人化进程。2009 年，《农地法》被进一步修改，对于企业通过土地租赁，参与

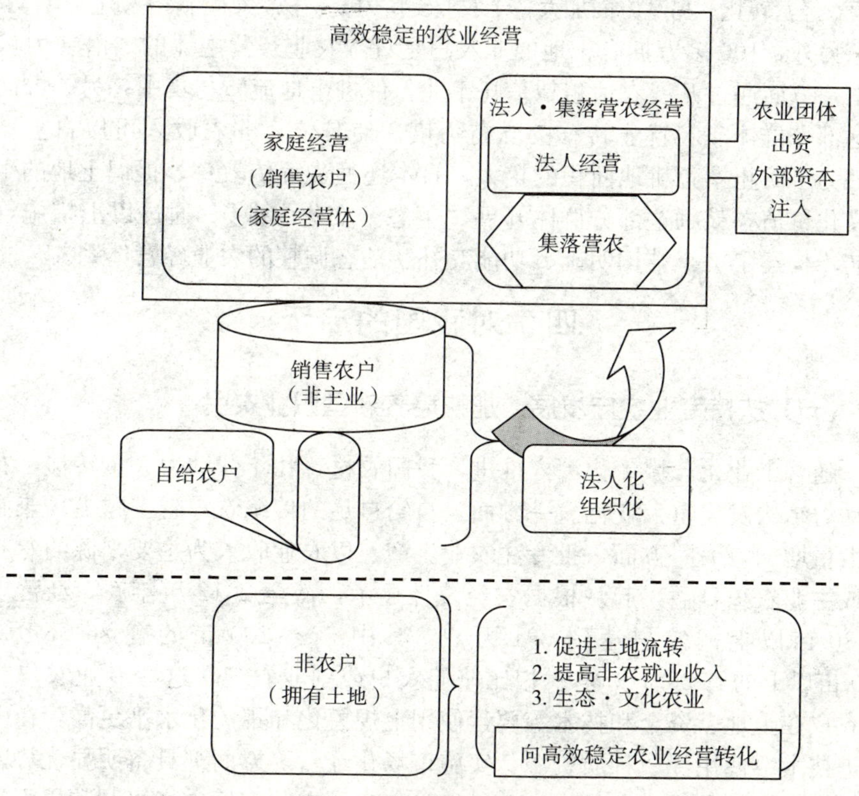

图 2　日本农业经营体系

资料来源：日本农林水产省：《農業の担い手をめぐる現状と農業経営体の育成・強化の方向について》，平成 21 年 7 月公布。

农业生产的行为，实行“原则自由化”（高强等，2013）。在上述制度改革的带动与政策激励下，日本法人经营与集落营农经营快速发展，在农业生产服务与农地高效利用等方面，发挥了重要作用。

如图2所示，家庭经营、法人经营与集落营农经营是日本三大农业经营形式。以销售农户和家庭经营体为主要形式的家庭经营，是日本农业生产与农产品销售的核心力量，承担着维持粮食生产与保障重要农产品供给的重任。以公司和农事组合法人为主要形式的法人经营是日本农业生产中的新型力量。公司等主体拥有先进的生产技术、完善的管理方法与丰富的市场信息，多围绕农作物种植之外的领域，从事产加销一体化经营。近年来，日本政府一方面鼓励农协等农业团体出资，另一方面放开外部资本进入农业的限制，支持法人农业的发展。

集落营农组织作为区域性农业生产联合组织，在农业生产服务、土地流转与规模经营等方面发挥着重要作用。由于农业比较收益低，非主业销售农户和自给农户在日本农户中占有很高的比重。为了改善这一局面，日本一方面通过设立认定农业者制度，采用组织化、法人化等措施，促进这些农户向法人经营和集落营农经营转化；另一方面加大骨干农业支持力度，积极培育新型家庭经营体。

另外，100多万拥有土地的非农户是日本农业经营主体的“潜在力量”。日本一方面通过开展农地租赁信托事业，促进土地流转与集中；另一方面加大这部分群体非农就业转移的支持力度，使其依靠非农收入可以自立。另外，为了防止撂荒耕地面积的扩大，日本还通过宣传教育，提倡土地的生态与文化价值，鼓励这部分群体开展“生态·文化农业”。通过以上措施，日本初步构建了一个结构明确、功能互补、动态调整的农业经营体系。

四、对我国的启示

（一）扶持专业农户发展，加快培养新型职业农民

随着工业化、城镇化深入推进，我国农村青壮年劳动力大量转移，农业劳动力结构发生重大变化。一方面，自给自足的传统农户越来越少，兼业农户大量增加，另一方面一批专注农业生产、以农业收入为主要来源的专业农户或主业农户日益兴起。根据农经统计显示，截至2012年年底，经营规模在30亩以上的农户达到891万户，其中50～200亩的有261.8万户、200亩以上的有25.7万户。相比兼业农户或副业农户，这些专业农户或主业农户在土地、资金和技术等要素使用上规模化和集约化水平更高，在采取先进技术、使用优质种质资源、实施市场化经营等方面都具备明显优势。

职业农民是将农业作为产业进行经营，并充分利用市场机制和规则来获取报酬，以期实现利润最大化的理性经济人，是各类农业经营主体的基础。日本为了缓解农业劳动力兼业化、老龄化趋势，鼓励农地向“骨干农户”集

中，设立了认定农业者制度。在该项制度推动下，土地迅速向认定农业者集中，加快了农地有效集约利用（高强，孔祥智，2013）。作为农村改革试验区，安徽宿州探索建立了职业农民认证注册制度，明确了职业农民认定标准，并提出了职业农民培训和资格鉴定程序。四川崇州建立农业职业经理人队伍，探索“农业共营制”（罗必良，李玉勤，2014）。这为我国新型职业农民培养积累了一定的经验。借鉴日本经验，我国要在扶持专业农户发展的同时，大力加强新型职业农民培养，从国家层面制定中长期新型农民培养规划，并在新增农业补贴、土地流转、奖励补助、扶持培训等方面给予新型职业农民倾斜性政策，让一部分年富力强、有文化、懂技术、会经营的农村劳动力能主要靠提高劳动生产率，获得与其各类要素投入相对称的合理的报酬，使他们能安心在农业中发展和致富（张晓山，2014）。

（二）培育新型经营主体，促进农业经营法人化

农业生产经营组织创新是推进现代农业建设的核心和基础。培育和壮大新型农业生产经营组织，是尊重和保障农户生产经营主体地位的有效手段，也是充分激发农村生产要素潜能的重要载体。在我国，新型农业经营主体主要包括专业大户、家庭农场、合作社和涉农企业。其中，家庭农场、合作社与企业都属于市场法人。与传统农户相比，农业经营法人化，一方面可以促使生计与经营分离，使农民变为自主经营自负盈亏的商品生产者和经营者，提高专业化、集约化水平；另一方面，有利于农业经营者根据商品经济的客观要求，打破地区部门和所有制的界限，发展各种形式的横向经济联合，在平等自愿互利的基础上组建新的经济实体，提高规模化、组织化水平。

日本政府通过不断修订和完善法律，明确了各类农业法人的性质与内涵。近年来，在政府的支持下，日本各种类型的农业法人均有所增长，农业法人经营初具规模。当前，我国新型农业经营主体还面临规模小、运行不规范、发育不足等问题。借鉴日本经验，我国应当尽快明确界定专业大户、家庭农场、农民合作社、龙头企业等新型经营主体的规范标准、认定方法和登记办法，抓紧制定支持新型农业经营主体的政策措施，促进法人农业健康有序发展。

（三）创新农业经营组织模式，鼓励发展农业生产联合组织

当前，由于我国各类农业经营主体具有成员相似性、服务趋同性、对象一致性等特点，各主体之间的联系也越来越紧密。专业大户、家庭农场、合作社与龙头企业之间融合度增强，一些诸如“龙头企业＋合作社＋农户”“龙头企业＋家庭农场＋农户”“合作社＋家庭农场＋农户”等组织模式不断涌现。安徽宿州在承担创新现代农业经营组织体系试验任务过程中，开始探索建立以农业企业为龙头、家庭农场为基础、农民专业合作社为纽带，基于

专业化分工和利益联结的现代农业产业联合体，走在了全国的前列。然而，与日本相比，这些经营主体之间的合作还比较松散，深层次的利益联结机制仍不完善，基本上没有形成固定而约束力的行动规范。

在日本政府的支持下，各类农业经营体之间的联合与合作不断深化，形成了共同利用组织、集体栽培组织及托管服务组织多种类型的农业生产联合组织。这些农业生产联合组织拥有明确的行动计划和发展规划，对内可以相互调剂余缺、发挥信息优势，激活各个经营主体的活力；对外可以联合开发、发挥信息优势，提高市场竞争力。这些生产组织还具有灵活性强、适应性广等特征，可以满足兼业农户、副业农户的生产需求。借鉴日本经验，我国应当积极鼓励各类农业经营主体之间的联合与合作，探索培育多种类型的农业生产联合组织。

（四）推进农业社会化服务新机制，加快新型农业经营体系建设

改革开放以来，我国农业社会化服务体系建设取得了快速发展，但同时也存在着制度供给不足、体系不健全、供需结构不合理、“全要素”服务滞后等问题与挑战。日本农业的最大特色在于“官民结合”的农业社会化服务体系。政府主导的普及指导体系与农协主导的营农指导体系，为日本农业从生产到销售的各个环节以及农村生活中的各个方面提供农业科技服务，有效地促进了日本农业与农村发展。此外，日本政府通过修订法律、制度改革，实施了一系列促进农地流转与规模经营等政策措施，推进家庭经营、法人经营和集落营农经营共同发展，初步构建了一个结构明确、功能互补、动态调整的农业经营体系。

借鉴日本经验，我国应当在加强公益性服务组织建设的同时，加快培育经营性服务机构，探索创新社会化服务模式，形成公共性服务、合作型服务、市场化服务有机结合、整体协调、全面发展的农业社会化服务体系。同时，坚持和完善农村基本经营制度，推进家庭经营、集体经营、合作经营、企业经营等共同发展，构建集约化、专业化、组织化、社会化相结合的新型农业经营体系。

参 考 文 献

高强，孔祥智．日本农地制度改革背景、进程及手段的述评．现代日本经济，2013（2）：81－93.

高强，孔祥智．我国农业社会化服务体系演进轨迹与政策匹配：1978—2013年．改革，2013（4）：5－18.

罗必良，李玉勤．农业经营制度：制度底线、性质辨识与创新空间．农业经济问题，2014（1）：16.

张照新，赵海．新型农业经营主体的困境摆脱及其体制机制创新．改革，2013（2）．

（作者单位：农业部农村经济研究中心）